SÉRIE COMENTÁRIOS BÍBLICOS
JOÃO CALVINO

Tradução: Valter Graciano Martins

Vol. 2

C168s Calvin, Jean, 1509-1564
Salmos / João Calvino ; tradução: Valter Graciano
Martins. – 2. reimpr. – São José dos Campos, SP: Fiel,
2018.
4 v. – (Comentários bíblicos)
Tradução de: Calvin's commentaries: commentary on
the book of Psalms.
Inclui referências bibliográficas.
ISBN 9788599145708 (v.1)
9788599145944 (v.2)
9788581320113 (v.3)
9788599145494 (v.4)

1. Bíblia. A.T. Salmos - Comentários. I. Martins,
Valter Graciano. II. Título. III. Comentários bíblicos
(Fiel).
CDD: 223.207

Catalogação na publicação: Mariana C. de Melo Pedrosa – CRB07/6477

Salmos Volume 2 - Série Comentários
Bíblicos João Calvino
Título do Original: Calvin's Commentaries:
Commentary on the book of Psalms
by John Calvin
Edição baseada na tradução inglesa de
James Anderson, publicada por Baker Book
House, Grand Rapids, MI, USA, 1998.

■

Copyright © 2011 Editora Fiel
Primeira Edição em Português 2011

■

Todos os direitos em língua portuguesa
reservados por Editora Fiel da Missão
Evangélica Literária
PROIBIDA A REPRODUÇÃO DESTE LIVRO POR
QUAISQUER MEIOS, SEM A PERMISSÃO ESCRITA
DOS EDITORES, SALVO EM BREVES CITAÇÕES,
COM INDICAÇÃO DA FONTE.

A versão bíblica utilizada nesta obra
é uma variação da tradução feita por
João Calvino

■

Diretor: Tiago J. Santos Filho
Editor: Tiago J. Santos Filho
Editor da Série João Calvino:
Franklin Ferreira
Revisor: Franklin Ferreira
Tradução: Valter Graciano Martins
Capa: Edvanio Silva
Diagramação: Wirley Corrêa - Layout
Direção de arte: Rick Denham
ISBN: 978-85-99145-94-4

Caixa Postal 1601
CEP: 12230-971
São José dos Campos, SP
PABX: (12) 3919-9999
www.editorafiel.com.br

Sumário

Salmo 31 7
Salmo 32 32
Salmo 33 49
Salmo 34 68
Salmo 35 88
Salmo 36 112
Salmo 37 127
Salmo 38 168
Salmo 39 187
Salmo 40 206
Salmo 41 230
Salmo 42 246
Salmo 43 264
Salmo 44 269
Salmo 45 295
Salmo 46 317
Salmo 47 329
Salmo 48 341
Salmo 49 360
Salmo 50 384
Salmo 51 408

Salmo 52	438
Salmo 53	449
Salmo 54	450
Salmo 55	457
Salmo 56	477
Salmo 57	490
Salmo 58	499
Salmo 59	512
Salmo 60	527
Salmo 61	542
Salmo 62	550
Salmo 63	567
Salmo 64	579
Salmo 65	586
Salmo 66	602
Salmo 67	616
Salmo 68	620

Salmo 31

Uma vez se vendo livre de algum grande perigo, ou, melhor, de muitos perigos, Davi antes de tudo relata as orações que oferecera a Deus em meio aos terrores da morte. Ele então acrescenta suas ações de graças, as quais de forma alguma eram por ele subestimadas, porquanto celebra seu livramento em grande extensão, e exorta a todos os santos a nutrirem boa esperança, já que tinham nele o mais excelente e memorável exemplo da benevolência divina.

Ao mestre de música. Salmo de Davi.

[vv. 1-4]
Em ti, ó Jehovah, tenho depositado minha confiança, jamais seja eu envergonhado; livra-me em tua justiça. Inclina para mim teus ouvidos, livra-me depressa; sê para mim um rochedo forte, uma casa de defesa que me salve. Pois tu és minha rocha e minha fortaleza; e, por amor de teu nome, guia-me e encaminha-me.[1] Tira-me da rede que para mim esconderam; pois tu és minha força.

1. Em ti, ó Jehovah, tenho depositado minha confiança. Alguns são da opinião que este Salmo foi composto por Davi depois de ter inesperadamente escapado do deserto de Maon. A isso não faço objeção, ainda que não passe de duvidosa conjectura. Certamente, Davi celebra um ou mais dos maiores de seus perigos. Logo no início ele nos diz que tipo de oração ele ofereceu em sua agonia e aperto; e sua linguagem bafeja

---

1 "Ou, adresse moy et conduy." – v.m.f. "Ou, dirige-me e guia-me."

afeto da mais ardente natureza. Ele a usa como base da esperança que ele depositava no Senhor ou que continuava a confiar nele; pois o verbo no pretérito parece denotar um ato contínuo. Ele mantém como um princípio, que a esperança que depende de Deus não pode possivelmente ser frustrada. Entrementes, vemos como ele nada apresenta que não seja unicamente pela fé, prometendo a si o livramento só porque está persuadido de que será salvo pelo socorro e favor de Deus. Como, porém, esta doutrina já foi explanada, e ainda ocorrerá com alguma freqüência, presentemente será suficiente um relanceio sobre ela. Oh! se todos nós, na prática, ao aproximarmo-nos de Deus, fôssemos capazes de declarar como Davi de que nossas orações procedem desta fonte, ou seja, da inabalável persuasão de que nossa segurança depende do poder de Deus. A partícula indicativa, *para sempre*, pode ser explicada de duas formas. Como Deus às vezes subtrai seu favor, o significado não pode impropriamente ser: Embora no momento me veja privado de teu socorro, todavia não me expulsaste definitivamente, ou para sempre. E assim Davi, desejando munir-se de paciência contra suas tentações, ele traça um contraste entre dois fatos: viver em aflição por algum tempo e permanecer nesse estado de confusão.[2] Mas se alguém preferir entender as palavras de Davi neste sentido: "Sejam quais forem as aflições que me sobrevenham, esteja Deus disposto a socorrer-me e de vez em quando estender-me sua mão, segundo a situação o requeira", eu não rejeitaria tal significado como inferior ao outro. Davi deseja ser *entregue à justiça divina*, porquanto Deus manifesta sua justiça, pondo em ação sua promessa feita a seus servos. É um raciocínio por demais refinado asseverar que Davi, aqui, recorrer à justiça que Deus graciosamente comunica a seu povo, visto que sua justiça pessoal, com base nas obras, é de nenhum valor. Ainda mais fora de propósito é a opinião daqueles que concluem que Deus preserva os santos de conformidade com sua justiça; equivale dizer, uma vez tendo eles agido de forma tão meritória, a justiça requer que recebam seu galardão.

---

2 "Feroit une antithese entre ces deux choses, Estre en destresse pour un temps, et demeurer confus." –v.f.

É fácil de se perceber, à luz do freqüente uso do termo nos Salmos, que a justiça de Deus significa sua fidelidade, no exercício da qual ele defende todo o seu povo que se entrega a sua guarda e proteção. Davi, pois, confirma sua esperança com base na natureza de Deus, que não pode negar-se a si mesmo e que perenemente continua sendo ele mesmo.

2. Inclina para mim teus ouvidos. Estas palavras expressam com quanto ardor a alma de Davi se animava a orar. Não afeta qualquer aparato ou ornato de linguagem, como os retóricos se deleitam em fazer; simplesmente descreve com figuras próprias a veemência de seu desejo. Ao orar para que fosse libertado *depressa*, demonstrou a agudeza do perigo que o cercava, como se quisesse dizer: Logo todos se assenhorearão de minha vida, a menos que Deus se apresse em socorrer-me. Com as palavras, *casa de defesa*, *fortaleza* e *rocha*, ele notifica que, sendo-lhe impossível resistir seus inimigos, sua esperança repousa unicamente na proteção divina.

3. Porque tu és minha rocha. Este versículo pode ser lido como uma única oração, assim: Visto que tu és uma torre que me defende, então por amor de teu nome dirige-me e guia-me durante toda minha vida. E assim a conjunção, como em muitos casos similares, seria supérflua. Quanto a mim, porém, prefiro um sentido distinto, a saber: que Davi, ao exclamar esta reflexão, se anima não só a orar com intensidade, mas também a nutrir confiante esperança de obter o que solicita. Sabemos, em todos os casos, que é um hábito dele misturar tais elementos em suas orações, como se quisesse remover suas dúvidas e confirmar sua certeza. Havendo, pois, expresso sua necessidade, ele se assegura, com o fim de encorajar-se e animar-se, de que sua oração, com toda certeza, receberá uma resposta feliz. Ele havia dito: *Sê tu minha forte rocha e minha fortaleza*; e agora adiciona: *Com toda certeza tu és minha rocha e minha fortaleza*: notificando que não emitira estas palavras temerariamente, como fazem os incrédulos que, embora estejam acostumados a exigir muito de Deus, são mantidos em suspenso pelos eventos terríveis e incertos. Deste fato ele extrai outro encorajamento, a saber: que terá Deus por seu guia e líder durante todo o curso de sua vida. Ele usa dois termos: *guiar* e *encaminhar*, para expressar a mesma coisa, e ele faz isso (pelo menos assim o explico) por conta dos vários acidentes e das vicissitudes desiguais pelas quais os homens vivem e são provados, como se quisesse dizer: Se tenho de subir as montanhas mais íngremes ou labutar por regiões ásperas ou andar entre os espinheiros, confio que serás o meu Guia constante. Além do mais, como os homens sempre encontram em si mesmos motivos para dúvida, se porventura olham para seus próprios méritos,³ Davi expressamente pede a Deus que se convença a socorrê-lo *por amor de seu próprio nome*, ou em consideração à sua própria glória, visto que, propriamente falando, não existe nenhum outro motivo que o induza a socorrer-nos. É preciso, pois, ter em mente que o *nome* de Deus, que se opõe a todo e qualquer mérito [humano], é a única causa de nossa salvação. No versículo seguinte, sob a metáfora de uma *rede*, tudo indica que ele está a designar as ciladas e artifícios com que seus inimigos o enredavam. Sabemos que se engendravam freqüentes conspirações contra sua vida, as quais não lhe deixavam lugar algum de escape; e como seus inimigos eram profundamente hábeis em matéria de sagacidade, e odiando-o com inconcebível furor, e ardentemente ansiosos por sua destruição, era-lhe impossível desvencilhar-se deles por qualquer poder humano. Por essa razão ele chama Deus *minha força*; como se quisesse dizer: Unicamente ele é suficiente para desmantelar todas as ciladas nas quais ele vê seu aflito povo enleado.

[vv. 5-8]
Em tua mão encomendo meu espírito, pois me redimiste, ó Jehovah, Deus da verdade! Odeio todos quantos se entregam a vaidades enganosas; eu, porém, tenho confiado em Jehovah. Alegrar-me-ei e me regozijarei em tua bondade, pois tens considerado minhas aflições; conheceste minha alma nas angústias. E não me confinaste na mão de meu inimigo;⁴ puseste meus pés num lugar espaçoso.

---

3 "Si les hommes regardent à leur dignite." – v.f.
4 Dr Geddes observa que esta é a tradução literal dos termos hebraicos; "mas", diz ele, "como as proposições negativas em hebraico amiúde são equivalentes em sentido para contrários positivos, julguei ser melhor usar um equivalente como mais favorável ao que precede e procede". Sua tradução é: "Resgata-me da mão de meu inimigo".

5. Em tua mão encomendo meu espírito. Davi uma vez mais declara sua fé em Deus e afirma que tinha pensamentos tão elevados acerca da providência divina, que lançava nela todas as suas preocupações. Todos quantos se lançam nas mãos de Deus e se confia à sua proteção, não só o constituem o árbitro da vida e da morte, mas também serenamente dependem dela para sua proteção em meio a todos os perigos que porventura enfrentem. O verbo está no tempo futuro: "encomendarei", e inquestionavelmente denota um ato contínuo, e portanto é apropriadamente traduzido no tempo presente. É preciso igualmente observar que não é possível que alguém encomende sua vida a Deus com sinceridade, senão aquele que se considera exposto a milhares de mortes e cuja vida pende por um fio, ou que em quase nada difere da brisa que passa de repente e se vai. Estando Davi assim ao ponto de desespero, nada tem a fazer senão isto: seguir seu caminho, confiando em Deus como o guardador e governador de sua vida. É espantoso que, embora muitas coisas aflijam a todos nós, dificilmente encontramos um em cem que seja tão sábio ao ponto de encomendar sua vida às mãos divinas. Multidões vivem dia a dia tão eufórica e displicentemente como se estivessem deitadas em quietas redes, isentas de toda perturbação; tão logo, porém, encontrem algo que as terrifique, se sentem como se a angústia as destruísse. Assim sucede que nunca se rendem a Deus, seja porque se iludem com vãs ilusões, gabando-se de que tudo lhes irá bem,[5] ou porque se sentem tão estremecidos de medo e petrificados com espanto que não nutrem qualquer alento de entregar-se ao seu cuidado paterno. Além do mais, quando as várias tempestades de tristeza nos perturbam e até mesmo às vezes nos lançam de ponta cabeça, ou nos desviam da reta vereda do dever, ou no mínimo nos arranca de nosso posto, o único antídoto que existe para acalmar tais coisas é considerar que Deus, que é o Autor de nossa vida, é também seu preservador. Este, pois, é o único meio de aliviar todas as nossas cargas e impedir-nos ser sermos tragados por tantas preocupações. Visto, pois, que se condescende em tomar cuidado

---

5 "Se faisans à croire que de leur faict ce ne sera que triomphe." – v.f.

de nossa vida e de suportá-la, embora seja ela amiúde exposta a diversas sortes de morte, aprendamos sempre a buscar refúgio em seu asilo; não só isso, mas quanto mais alguém se veja exposto aos perigos, mais se exercite a meditar criteriosamente em seu zelo por nós. Em suma, que seja este nosso escudo contra todos os perigosos ataques – nosso céu em meio a todas as agitações e tempestades –, a saber, embora nossa segurança esteja além de toda esperança humana, Deus é o fiel guardião dela; e que isso também nos desperte à oração, para que ele nos defenda e garanta nosso livramento. Tal confiança levará igualmente cada pessoa a desincumbir-se de seu dever com otimismo, bem como a lutar constante e destemidamente até ao fim de sua peregrinação. Como é possível que tantos sejam indolentes e indiferentes, enquanto que outros perfidamente negligenciam seu dever, senão porque, jungidos pela ansiedade, são terrificados pelos perigos e inconveniências, sem deixar espaço algum para a operação da providência divina?

Concluindo, quem quer que não confie na providência divina, bem como não encomenda sua vida à fiel diretriz dela, ainda não aprendeu corretamente o que significa viver. Em contrapartida, aquele que confiar a guarda de sua vida ao cuidado divino, não duvidará de sua segurança mesmo em face da morte. Devemos, pois, depositar nossa vida nas mãos divinas, não só para que Deus a conserve em segurança neste mundo, mas também para que ele a preserve da destruição da própria morte, como o próprio exemplo de Cristo nos tem ensinado. Da forma como Davi desejava ter sua vida prolongada em meio aos perigos mortais, assim Cristo enfrentou esta vida transitória [para] que sua alma fosse salva na morte. Portanto, esta é uma oração geral, na qual os fiéis encomendam suas vidas a Deus, primeiro para que ele os proteja através de seu poder, sempre que se vêem expostos aos perigos deste mundo; e, em segundo lugar, para que os preserve a salvo na sepultura, onde nada se vê senão destruição. Devemos também assegurar-nos de que não somos esquecidos de Deus, quer na vida quer na morte; porquanto os que Deus protege por meio de seu poder até o término de sua jornada, por fim os recebe em seu seio quando morrem. Esta é uma das principais passagens da Escritura onde podemos com mais eficácia corrigir nossa incerteza. Ela nos ensina, em primeiro lugar, que os fiéis não deve atormentar-se acima da medida com infelizes preocupações e ansiedades; e, em segundo lugar, não devem viver tão dominados pelos temores ao ponto de cessarem de realizar seus deveres; nem definhar e desfalecer de tal maneira ao ponto de se valerem de vãs esperanças e de enganosos auxílios; nem dar vazão aos temores e aos estresses; e, por fim, que não temam a morte, a qual, ainda que destrua o corpo, não pode extinguir a alma. Este deveras deve ser nosso principal argumento a fim de subjugar todas as tentações, a saber, que Cristo, ao encomendar sua alma a seu Pai, garantiu a proteção das almas de todo o seu povo. Estêvão, pois, o invoca para que fosse seu guardador, dizendo: "Senhor Jesus, recebe meu espírito" [At 7.59]. Uma vez que a alma é a sede da vida, ela, neste respeito, como é bem notório, é usada para significar vida.

Tu me redimiste. Alguns traduzem o pretérito, aqui, no futuro; em minha opinião, porém, sem qualquer fundamento. Pois a mim se faz evidente que Davi está aqui se animando a continuar confiando em Deus, evocando a lembrança das provas de seu favor, o qual ele já havia experimentado.[6] Estar plenamente persuadido de que Deus vigiará nossa vida não é um tênue consolo para o futuro, porquanto ele já é nosso libertador. Daí o título pelo qual Davi reconhece a Deus. Ele o chama *verdadeiro* ou *fiel*, porquanto crê que Deus continuará sendo para sempre o mesmo em relação a ele, como sempre o foi. Conseqüentemente, isto é como se fosse um vínculo pelo qual ele une os benefícios divinos anteriores, os quais lhe conferiram confiança para orar, e a esperança de socorro no porvir; como se dissesse: Senhor, tu que és sempre o mesmo e não mudas tua mente como o fazem os homens, já provaste de muitas maneiras que tu és o defensor de minha vida; agora, pois, confio minha vida às tuas mãos, da qual tens sido o preservador. Aqui, o que Davi declara concernente à sua vida

---

6 Horsley, enquanto sua tradução é semelhante à de Calvino: "Tu me livraste", adota um ponto de vista um pouco distinto do significado. "Tu tens, isto é, com toda certeza. – A coisa é tão certa como se já estivesse feita."

temporal, Paulo transfere para a salvação eterna. "Eu sei", diz ele, "em quem tenho crido, e estou convicto de que ele pode guardar aquilo que lhe tenho confiado" [1Tm 1.12]. E com certeza, se Davi extraiu tanta confiança do livramento temporal, é muitíssimo perverso e ingrato de nossa parte se a redenção adquirida pelo sangue de Cristo não nos munisse de invencível coragem contra todos os inventos de Satanás.

6. Odeio todos quantos se entregam a vaidades enganosas. Com o fim de melhor expressar que sua fé estava inabalavelmente firmada em Deus, ele afirma que estava livre das vis contaminações que geralmente desviam nossas mentes de Deus, e sob as quais os incrédulos, em sua maioria, laboram. Pois sabemos que, ao contrastar as coisas que são opostas, um tema é melhor ilustrado. Restringir o termo hebraico הבל, *hebel*, o qual traduzimos por *vaidades*, às artes mágicas, como o fazem alguns intérpretes, é absurdo.[7] Confesso, aliás, que os orientais eram em extremo dedicados a tais imposturas, o que era um mal comum entre eles. Mas como são inumeráveis os inventos com os quais Satanás enleia as mentes humanas, e as fascinações com as quais ele os atrai para longe de Deus, não é de todo provável que o profeta esteja a mencionar uma só espécie. Portanto, sejam quais forem as vãs esperanças que formamos em nosso íntimo, as quais podem afastar-nos de nossa confiança em Deus, Davi geralmente as denomina de *vaidades*, sim, *vaidades falsas* ou *enganosas*, porque, embora elas nos nutram por algum tempo com promessas magníficas, no fim nos ludibriam e nos desapontam. Ele afirma, pois, que, ao repelir as vaidades que os homens costumam inventar em apoio de suas esperanças, ele põe sua confiança exclusivamente em Deus. E visto que os homens

---

7 Hammond considera "vaidades" como uma referência à prática da superstição que, recorrendo aos presságios e adivinhações para se aconselhar e se orientar, prática esta prevalecente entre os pagãos, quando se deparavam com alguma dificuldade ou perigo. Às respostas do presságio demonstravam a maior consideração; ainda que fossem enganados e frustrados na confiança que nisso depositavam. Davi declara que ele detestava todas essas práticas, e que confiava exclusivamente no auxílio divino. French e Skinner, por *vaidades enganosas*, entender ser *ídolos*. "Os ídolos", diz Walford, "são às vezes assim denominados; embora o termo não seja confinado a este sentido, quando todos os amantes da iniquidade são com razão compreendidos nele. – Veja-se Deuteronômio 32.21; Jonas 2.8."

não só se intoxicam pessoalmente com as enganosas fascinações do mundo, mas também, neste aspecto, enganam uns aos outros, o profeta expressamente declara, observando que podemos cuidadosamente evitá-las, a menos que queiramos voluntariamente enlearmo-nos em seus perigosos tentáculos, que ele odiava todos quantos se envolviam com tais mentiras. A segunda cláusula, **tenho confiado em Jehovah**, deve ser lida em conexão com a primeira, porque ambas apontam para a causa de seu ódio pelas enganosas vaidades e mostram que é impossível que os homens tenham alguma fé genuína em Deus, a menos que abominem tudo quanto os arrastam para longe de dele [Deus].

7. Alegrar-me-ei e me regozijarei em tua bondade. Aqui se acha embutida uma ação de graças, embora muitos são, antes, da opinião de que a oração de Davi está interrompida, e que ele faz um voto, para quando for libertado do atual perigo. Visto, porém, que nenhuma condição está anexada, sinto-me, antes, inclinado a pensar que, interrrompendo-se bruscamente em meio à sua oração, ele promete livramento a si mesmo, pelo quê ele terá farto motivo para render graças. Tampouco se deve admirar de que diferentes sentimentos se mesclam nos salmos em que Davi expõe tanto suas tentações pessoais quanto a resistência que sua fé adquiriu em meio a elas, considerando também que, quando ele cantava os louvores de Deus, após haver obtido o livramento produzido por ele [Deus], abarca diferentes períodos em seu cântico, como diz aqui *que Deus levou em conta suas aflições*, notificando com isso o efeito da assistência que Deus lhe proporcionara. E para que pudesse confirmar tal fato mais plenamente, ele adiciona: **e não me entregaste nas mãos de meus inimigos**, palavras estas nas quais há uma antítese implícita, a saber, que enquanto ele era abocanhado de todos os lados por terríveis aflições, ao mesmo tempo era maravilhosamente libertado por Deus. Isso é ainda mais insinuado pela seguinte sentença: **Puseste meus pés num lugar espaçoso**,[8] a qual denota uma súbita e inesperada mudança.

---

8 "Há um contraste na expressão entre os apertos aos quais fora confinado e a liberdade que agora lhe é concedida." – *Walford*.

[vv. 9-13]
Tem misericórdia de mim, ó Jehovah! porque estou angustiado; meus olhos, minha alma e meu ventre são consumidos por causa do desprazer. Pois minha vida está gasta por causa da tristeza; e meus anos, pelos suspiros; minha força desfalece em minha dor, e meus ossos se consomem. Por causa de todos os meus inimigos tornei-me em opróbrio, sim, excessivamente a meus vizinhos, e um horror a meus conhecidos; e os que me viram fora fugiram de mim. Sou esquecido como um morto e tornei-me como um vaso quebrado. Pois tenho ouvido as injúrias de muitos,[9] e o terror me envolve de todos os lados, enquanto juntos se aconselham contra mim, e maquinam tirar-me a vida.

9. Tem misericórdia de mim, ó Jehovah! Com o intuito de mover a Deus a socorrê-lo, Davi magnifica a grandeza de sua miséria e de sua tristeza pelo número de suas queixas; não que Deus careça de argumentos para se deixar persuadir, mas porque ele permite que os fiéis tratem com ele de maneira familiar, a fim de que se aliviem de suas preocupações. Quanto maior o número das aflições com que são oprimidos, mais se encorajam enquanto se deploram diante de Deus, na esperança de obterem sua assistência. Essas formas de expressão podem parecer hiperbólicas, mas é óbvio que o propósito de Davi era declarar e manifestar o que ele sentia em sua própria pessoa. Primeiro, ele diz que **seus olhos, sua alma e seu ventre eram consumidos pela tristeza**. Daqui transparece que não fora levemente nem por um breve tempo que ele esteve assim atormentado e perturbado por tais calamidades. Aliás, ele estava imbuído de tal mansidão de espírito, que não permitia que fosse excitado com facilidade e por fútil circunstância, nem perturbado com incontrolável dor. Ele estivera também, por um longo tempo, acostumado a suportar tribulações. Devemos, pois, admitir que suas aflições eram incrivelmente graves, ao revelar ele tal grau de sentimento. Pelo termo *desprazer*, ele igualmente mostra que não estava sempre com uma firmeza férrea, nem tão isento de sentimentos pecaminosos, que sua tristeza, agora como outrora, não irrompia de um excesso de impetuosidade e ânsia. Daqui inferimos

---

9 "Ou, des grans." – nota marginal francesa. "Ou, dos grandes."

que os santos sofrem freqüentes conflitos, graves e árduas, com suas próprias paixões; e que embora sua paciência nem sempre esteja isenta de impertinência, contudo, ao combatê-la criteriosamente, por fim conseguem chegar a tal ponto que nenhum acúmulo de dificuldades é capaz de tragá-los. Pelo termo *vida* alguns entendem ser os sensos vitais, interpretação esta que não rejeito totalmente. Prefiro, porém, explicá-lo como significando simplesmente isto: sendo consumido pela tristeza, Davi sentia sua vida e seus anos se esvaindo sem alcançar seu objetivo. E ainda por meio dessas palavras Davi lamenta não tanto sua pusilanimidade mental quanto a gravidade de suas calamidades; ainda que de forma alguma se envergonhasse de confessar sua enfermidade, para a qual ansiosamente buscava um antídoto. Ao dizer, **minha força desfalece em minha dor**, alguns intérpretes preferem a redação: *sob minha iniqüidade*; e confesso que o termo hebraico, עוֹן, *on*, produz ambos os significados;[10] ainda mais freqüentemente ele significa *uma ofensa* ou *uma falta*. Mas como ele às vezes é usado para *castigo*, tenho escolhido o sentido que parece ser o mais ajustável ao contexto. E embora seja verdade que Davi costumava atribuir as aflições que amiúde sofria à sua própria culpa, todavia, visto que está apenas considerando suas misérias aqui, sem mencionar a causa delas, é provável que, segundo sua maneira usual, ele expressa a mesma coisa duas vezes fazendo uso de termos diferentes.

11. Por causa de todos os meus inimigos tornei-me em opróbrio. Outros o traduzem assim: *mais do que meus inimigos*, e visto que a letra hebraica, מ, *mem*, é freqüentemente usada como sinal de compaixão, interpretam esta cláusula como se os amigos e conhecidos de Davi lhe causassem mais opróbrio que todos os seus inimigos.

---

10 "O termo עוֹן", diz Hammond, "tanto significa *pecado*, como também significa o castigo do pecado, Isaías 53.6, 11"; e neste último sentido este crítico aqui entende que ele pode ser conectado a *tristeza* e *suspiro*, os quais são mencionados na cláusula precedente, e podem expressar aquelas misérias que os pecados de Davi lhe acarretaram. Rogers observa: "עוֹן significa, aqui, e em alguns outros passos, *aflição*, o castigo ou a conseqüência do pecado; veja-se Gênesis 4.13; 1 Samuel 28.10; 2 Reis 7.9" etc. – *Book of Psalms in Hebrew, metrically arranged*, vol. ii. p. 188. A Septuaginta tem a redação: *em pobreza* ou *aflição*, no que ela é seguida pela Siríaca e pela Vulgata.

Em minha opinião, porém, ele tencionava expressar uma idéia distinta, a saber, que assim como era por toda parte odiado, e seus inimigos haviam induzido quase todo o reino a tomar parte com eles contra ele, Davi adquirira um nome ruim mesmo entre seus amigos e conhecidos; justamente como uma opinião popular, à semelhança de uma tempestade violenta, costuma vulgarizá-lo diante de todos. Suponho, pois, que a cópula hebraica, ו, *vau*, seja usada à guisa de ampliação, com o intuito de mostrar que Davi era alvo do ódio, não só dos estrangeiros de quem ele fora anteriormente desconhecido, mas também de seus principais amigos. Ele adiciona, de igual forma, **os que me viram fora fugiram de mim**. Pelo advérbio, *fora*, Davi quer dizer que eles não estavam pensando em algum homem miserável e indigno de ficar perto deles; não, eles fugiam da própria presença dele, interpondo a maior distância possível, para que o contágio de sua miséria não os atingisse, e porque reputavam ser-lhes injurioso e uma desgraça mostrar-lhe algum sinal de amizade.

12. Sou esquecido como um morto. O salmista continua a perseguir a mesma idéia, e se queixa de que estava completamente apagado da memória de todos os homens, como se estivesse morto. A memória de algumas pessoas, depois de sua morte, floresce por algum tempo entre os vivos, mas com mais freqüência ela se desvanece; porquanto não há mais qualquer relacionamento entre os vivos e os mortos, tampouco podem os vivos ser alguma valia aos mortos. Davi ilustra esta idéia fazendo uso da metáfora de um vaso quebrado,[11] o qual denota completo desprezo e pobreza; como se quisesse dizer que não mais era considerado digno de qualquer posição ou respeito. Por fim acrescenta que se sentia injuriado pela multidão e agitado com terrores. Contudo preferiria traduzir o termo hebraico, רבים, *rabbim*, por *os grandes*,[12] em vez de por *muitos*. Quando os grandes, que são amiúde tão poderosos em juízo quanto em autoridade, nos caluniam e nos difamam como sendo

---

11 "Eu me tornei semelhante a um vaso quebrado"; ou seja, totalmente negligenciado como sendo de nenhum valor.
12 Horsley assume o mesmo ponto de vista. Traduz: "os poderosos".

pessoas perversas, isto aumenta a indignidade com que somos tratados, porque, tudo o que dizem em nossa condenação tem o efeito de sublevar a plebe contra nós. Portanto, será muito adequado entender as palavras no sentido em que Davi era ignominiosamente condenado por toda classe da nobreza; e assim a inocência deste homem aflito foi lançada à sombra pela grandeza deles. Esta interpretação é confirmada pelo que imediatamente se segue: **E o terror me envolve de todos os lados,**[13] **enquanto juntos se aconselham contra mim.** Visto que continua falando das mesmas pessoas, é evidente que tal linguagem se aplica mais apropriadamente aos nobres do que à plebe. Além do mais, notamos que o objetivo primário dos perversos nos enganosos conselhos por meio dos quais conspiravam destruir a Davi era criar em todo o povo ódio contra ele como se fosse um homem perverso e réprobo. Percebemos ainda que, enquanto laceravam sua reputação, o faziam de tal maneira que acobertavam sua perversidade sob a aparência de seriedade e bom procedimento, consultando entre si como destruí-lo como um homem que não mais deveria ser tolerado sobre a terra. Portanto, não se deve admirar que sua mente estivesse magoada, como já vimos, por inúmeras e ferinas tentações.

[vv. 14-18]
Todavia tenho confiado em ti, ó Jehovah! Eu disse: Tu és o meu Deus. Meus tempos estão em tua mão; livra-me da mão de meus inimigos e daqueles que me perseguem. Faz resplandecer teu rosto sobre teu servo; preserva-me em tua bondade. Ó Jehovah! não me deixes ser envergonhado, porque te tenho invocado; que os perversos sejam envergonhados, que eles emudeçam na sepultura. Que os lábios mentirosos emudeçam, que falam coisas injuriosas [ou graves] contra o justo, com soberba e escárnio.

---

13 "*Pavor de todos os lados* ou *o terror rodeia*. Em hebraico, *magor missabib*, nome que Jeremias deu a Pasur, o sacerdote, significando que ele 'seria um terror para si mesmo e para todos os seus amigos' (Jr 10.3, 4)." – *Ainsworth*. Horsley traduz:
"Verdadeiramente ouvi a raiva sussurrante dos poderosos,
Daqueles que são o pavor geral."
Sobre isto ele tem a seguinte nota: "מסביב מגור. Toma isto como uma frase descritiva dos poderosos, cujas malignas ameaças contra aquele que ouvia por acaso, como pessoas universalmente terríveis por seu poder e por sua crueldade."

14. Todavia tenho confiado em ti, ó Jehovah! A tradução correta é: *E eu tenho confiado em ti*; mas a partícula copulativa hebraica, ו, *vau, e*, é usada aqui em vez da partícula adversativa, *todavia*, ou, *não obstante*. Davi, pondo a solidez de sua fé em oposição aos assaltos das tentações, das quais já fez menção, nega que já estivesse esmorecido; antes, mantém, ao contrário disto, que permanecera firme em sua esperança no livramento divino. Tampouco isso implica que ele se vangloriasse de ser tão magnânimo e corajoso que jamais seria vencido pela enfermidade da carne. Por mais estranho que isso pareça ser, essas coisas amiúde vão juntas, como devem ser, na mesma pessoa, a saber, que enquanto ele se definha de tristeza e é privado de toda força, não obstante se vê sustentado por tão forte esperança, que não consegue cessar de invocar a Deus. Davi, pois, não estava de tal forma submerso em profunda dor, e outros pavorosos sofrimentos, que a secreta luz da fé não pudesse brilhar nos recessos de seu coração; tampouco gemesse tanto sob o pesado fardo de suas tentações, ao ponto de ser impedido de despertar-se para invocar a Deus. Ele venceu obstáculos demais para poder fazer a confissão que aqui faz. A seguir ele define o procedimento de sua fé, a saber, que ele ponderava consigo mesmo assim – que Deus jamais o decepcionaria nem jamais se esqueceria dele. Observemos bem seu modo de falar: **Eu disse: Tu és o meu Deus.** Nesta expressão ele notifica que se sentia tão persuadido desta verdade, de que Deus era o seu Deus, que não admitiria sequer a mais leve insinuação em contrário. E enquanto esta persuasão não prevalecer, ao ponto de tomar posse de nossa mente, oscilaremos sempre na incerteza. Não obstante, é preciso observar que esta declaração não é só íntima e secreta – feita antes no coração do que com a língua –, mas que é dirigida a Deus pessoalmente, como aquele que é a única testemunha dela. Nada é mais difícil, quando percebemos nossa fé escarnecida por todo o mundo, do dirigir nosso discurso somente a Deus e descansar satisfeitos com este testemunho que nossa consciência nos dá, ou seja, *que ele é o nosso Deus*. E com toda certeza é uma indubitável prova de fé genuína quando, por mais forte as ondas batem contra nós e por mais dolorosamente os assaltos nos sacodem, sustentamos isto como um princípio bem fixado, a saber, que estamos constantemente debaixo da proteção de Deus e podemos dizer-lhe francamente: *Tu és o nosso Deus*.

15. Meus temos estão em tua mão. Para que pudesse mais jubilosamente confiar a preservação de sua pessoa a Deus, ele nos assegura que, confiando em sua guarda divina, não se preocupava com aqueles eventos casuais e imprevisíveis que comumente apavoram os homens. A significação de sua linguagem é: Senhor, tua é a prerrogativa, e somente teu é o poder, de dispor tanto de minha vida quanto de minha morte. Tampouco usa ele o plural, em minha opinião, sem razão plausível; antes, ele destaca a variedade de casualidades pelas quais a vida de uma pessoa é geralmente molestada. É uma exposição insípida restringir a frase, *meus tempos*, ao tempo em que ele vivesse, como se Davi quisesse dizer não mais que seu tempo ou seus dias terrenos estavam na mão de Deus. Ao contrário, minha opinião é que, enquanto meditava nas diversas revoluções e nos multiformes perigos que casualmente pendem sobre nós, e nos multiformes eventos imprevistos que de tempo em tempo sucedem, ele, não obstante, confiadamente repousava na providência de Deus, a qual ele cria ser, segundo o dito popular, o árbitro tanto da boa quanto da má fortuna. Na primeira cláusula vemos que ele não só denomina Deus de o governante do mundo em geral, mas também afirma que sua vida está em sua mão; e não só isso, mas que, sejam quais forem as agitações a que estiver sujeito, e sejam quais forem as tribulações e vicissitudes que lhe sobrevierem, ele estará seguro debaixo da proteção divina. Nisto está fundamentada sua oração, a saber: Deus o preservará e **me livrará da mão de meus inimigos**.

16. Faz resplandecer teu rosto sobre teu servo. Já dissemos antes, e veremos em muitos exemplos depois, que esta forma de expressão é tomada da preocupação comum dos homens, os quais acreditam que Deus não lhes tem nenhuma consideração, a menos que demonstre real cuidado por eles através de seus efeitos. De conformidade com o critério da razão, as aflições ocultam seu semblante, assim como as nuvens obscurecem o brilho do sol. Davi, pois, suplica a Deus a que, ao dar-lhe imediata assistência, fizesse-lhe evidente que ele desfrutava de sua graça e favor, o que de forma alguma é fácil de discernir em meio às trevas das aflições. Ora, diz-se que Deus levanta sobre nós a luz de seu rosto de duas maneiras: ou quando ele abre seus olhos e assume o comando de nossos afazeres, ou quando ele nos mostra seu favor. Estes dois elementos são deveras inseparáveis, ou, antes, um depende do outro. Mas, pelo primeiro modo de se expressar, nós, segundo nossas concepções carnais, atribuímos a Deus uma mutabilidade que, propriamente falando, não lhe pertence. Enquanto que a segunda forma de se expressar indica que nossos próprios olhos, e não os olhos de Deus, estão fechados ou ofuscados quando parece não levar ele em conta nossas aflições. Pelo termo, *preserva-me*, Davi explica o que quis dizer com a primeira expressão; mas como naquele tempo não houve qualquer aparente segurança para, então se anima a esperar por ela, pondo diante de seus olhos *a bondade de Deus*.

17. Ó Jehovah, não me deixes ser envergonhado! Nestas palavras, o salmista dá seguimento à sua oração, e para fortalecer suas esperanças ele se contrasta com seus inimigos; pois teria sido mais que absurdo permitir aos que, com sua perversidade tão desabrida, provocavam a ira de Deus para escaparem com impunidade, e aquele que era inocente e descansava em Deus fosse desapontado e se tornasse alvo de chacota. Conseqüentemente, aqui percebemos qual a implicação da comparação que o salmista faz. Além do mais, em vez de falar de sua esperança ou confiança, ele agora fala de sua invocação a Deus, dizendo: **porque te tenho invocado**. E faz isso por boas razões, pois aquele que confia na providência divina deve fugir para Deus com orações e forte clamor. **Que eles emudeçam na sepultura** subentende a morte, quando ela sobrevem aos ímpios, restringindo-os e impedindo-os de prosseguir em suas injúrias. Este emudecer se opõe tanto às suas maquinações enganosas e traiçoeiras quanto aos seus insolentes insultos. No próximo versículo, pois, ele adiciona: **Que os lábios men-**

tirosos emudeçam, o quê, em minha opinião, inclui tanto suas astúcias quanto as falsas pretensões e calúnias pelas quais diligenciavam em concretizar seus desígnios, bem como a vã ostentação a quê se entregam. Pois ele nos diz que **falam coisas injuriosas [ou graves] contra o justo, com soberba e escárnio.** Porque o conceito intransigente deles, o qual quase sempre gera desdém, era o que fazia que esses inimigos de Davi fossem tão ousados em mentir. Quem quer que soberbamente arrogue para si mais do que lhe é devido, quase que necessariamente tratará os outros com desdém.

[vv. 19-21]
Oh! quão imensa é tua bondade, a qual ocultaste[14] para aqueles que te temem! A qual puseste em obra em favor daqueles que confiam em ti diante dos filhos dos homens! Tu os esconderás do homem soberbo no secreto [ou, no lugar oculto] de teu rosto; tu os ocultarás das intrigas das línguas como numa tenda. Bendito seja Jehovah! pois ele tornou maravilhosa sua bondade para comigo, como numa cidade fortificada.

19. Oh! quão imensa é tua bondade, a qual ocultaste para aqueles que te temem! Neste versículo o salmista exclama que Deus é incompreensivelmente bom e beneficente para com seus servos. *Bondade*, aqui, significa aquelas bênçãos divinas que são os efeitos dela. A forma interrogativa da cláusula tem uma ênfase peculiar; pois Davi não só assevera que Deus é bom, mas ele se extasia de admiração ante a bondade que experimentara. Era esta experiência, indubitavelmente, que o levou a prorromper em linguagem de enlevo neste versículo; pois fora maravilhosa e inesperadamente libertado de suas calamidades. Fazendo uso de seu exemplo, pois, ele ordena aos crentes que se elevem acima das preocupações de seu próprio entendimento, a fim de se prometerem a esperar muito mais da graça divina do que a razão humana é capaz de conceber. Ele diz que a bondade divina está *oculta* para seus servos, visto ser ela um tesouro que lhes pertence. Indubitavelmente ela se estende, de variadas formas, aos não-religiosos

---

14 "C'est, reservee." – nota marginal francesa. "Isto é, guardaste."

e indignos, e se põe diante deles indiscriminadamente; mas se manifesta muito mais rica e claramente aos fiéis, porque somente eles desfrutam dos benefícios divinos para sua salvação. Deus "faz seu sol nascer para maus e bons" [Mt 5.45], e se mostra liberal até mesmo para com a criação irracional; mas declara ser Pai, no mais verdadeiro e pleno sentido do termo, somente daqueles que se fazem seus servos. Não é sem razão, pois, que se diz estar a bondade divina oculta para os fiéis, a quem exclusivamente ele reputa dignos de desfrutar de seu favor mais íntima e ternamente. Há quem apresente uma interpretação mais sutil da frase: *a bondade de Deus está oculta*, explicando-a no sentido em que Deus, ao exercitar freqüentemente seus filhos com infortúnios e aflições, oculta deles seu favor, ainda que, ao mesmo tempo, não os olvida. É mais provável, contudo, que a mesma deva ser entendida como sendo um tesouro que Deus põe à parte e armazena para eles, a menos que, talvez, prefiramos encará-la como sendo a experiência dos santos, visto que somente eles, como já disse, experimentam em suas almas o fruto da divina bondade; embora a estúpida brutalidade impeça os ímpios de reconhecerem a Deus como um Pai beneficente, ainda quando se põem a devorar alegremente suas coisas boas. E assim sucede que, enquanto a bondade de Deus enche e abarca todas as partes do mundo, ela é, não obstante, geralmente desconhecida. Mas a mente do autor sacro será mais claramente percebida à luz do contraste que existe entre os fiéis e os que são estranhos ao amor de Deus. Como um homem providente regulará sua liberalidade para com todos os homens, de maneira tal que não defraudará seus filhos ou família, nem empobrecerá sua própria casa, gastando sua subsistência com outros de forma pródiga, assim Deus, de igual forma, ao exercer sua beneficência com os que são alheios à sua família, sabe muito bem como reservar para seus próprios filhos aquilo que lhes pertence por direito hereditário; ou seja, em virtude de sua adoção.[15] A tentativa de Agostinho de provar, à luz destas palavras, que os que não crêem nos

---

15 "C'est à dire, à cause de leur adoption." – v.f.

terríveis juízos divinos não qualquer experiência da bondade de Deus, é por demais inadequada. Para perceber-se sua visão equivocada da passagem, basta olhar para a seguinte cláusula, na qual Davi diz que Deus leva o mundo a descobrir que ele exerce inestimável bondade para com aqueles que o servem, seja em protegê-los, seja em prover recursos para o bem-estar deles. Daí aprendermos que o salmista está falando aqui não é da bem-aventurança eterna que está reservada no céu para os piedosos, mas da proteção e de outras bênçãos que pertencem à preservação da presente vida; as quais ele declara serem tão manifestas que mesmo os ímpios se vêem forçados a declarar-se testemunhas oculares delas. O mundo, admito, passa por sobre todas as obras de Deus com seus olhos fechados, e é especialmente ignorante de seu paternal cuidado sobre os santos; todavia é certo que aí se manifesta tais provas diárias desse cuidado, que mesmo os réprobos outra coisa não fazem senão vê-las, a não ser quando voluntariamente fecham seus olhos contra a luz. Davi, pois, fala segundo a verdade, quando declara que Deus fornece evidências de sua bondade a seu povo *diante dos filhos dos homens*, para que claramente vejam que não o servem irrefletidamente ou em vão.[16]

20. Tu os esconderás no secreto [ou, no lugar oculto] de teu rosto. Neste versículo, o salmista especialmente enaltece a graça de Deus, visto que ela preserva e protege os fiéis contra todo malefício. Visto que Satanás assiduamente, e por inumeráveis meios, é contra o bem-estar deles, e visto que a maior parte do mundo deflagra guerra mortal contra eles, por isso vivemos expostos a muitos perigos. Portanto, a menos que Deus os protegesse com seu poder, e viesse de tempo em tempo em seu socorro, sua condição seria ainda mais miserável. O salmista faz uma alusão ao *esconder* de que já fizera menção, e embora a metáfora possa, à primeira vista, parecer algo abrupto, ela expressa mui adequadamente que o Senhor determinou cuidar

---

16 "*Diante dos filhos dos homens*, isto é, publicamente, para que o mundo reconheça que 'há um galardão para o justo'. Compare-se o Salmo 58.11." – *French and Skinner*.

deles, os fiéis estão em perfeita segurança sob a exclusiva proteção dele. Portanto, com este *eulogium* [louvor], ele sublimemente exalta o poder da divina providência, porquanto unicamente ela é suficiente para repelir muitas espécies de males; e enquanto brilha sobre os piedosos, ela cega os olhos de todos os perversos e debilita suas mãos.[17] Na opinião de alguns, o salmista, ao falar do *secreto do rosto de Deus*, sua referência é ao santuário, interpretação esta que não rejeito de todo, embora não me pareça suficientemente sólida. Além disso, ele diz que Deus ocultará os fiéis *da soberba do homem e das intrigas das línguas*, porque, se Deus não restringir os perversos, sabemos que têm a audácia de irromper-se com ultrajante violência contra os verdadeiramente piedosos; mas, por mais desabrida sua luxúria e insolência venham a ser, Deus preserva seu povo da injustiça, cobrindo-os prodigiosamente com o resplendor de seu rosto. Há quem traduza o termo hebraico, רִכְסִים, *rikasim, conspirações*;[18] outros, *perversidades*; mas sem qualquer razão plausível; a etimologia da palavra nem mesmo o admite, pois ela é oriunda de uma raiz que significa *levantar* ou *elevar*. A *soberbo* se acresce *intrigas das línguas*, porque os filhos de Deus devem temer não só os feitos desumanos de seus inimigos, mas também suas calúnias ainda mais perversas e violentas, como Davi mesmo sobejamente experimentou. E visto que nossa inocência nos deve ser com justiça mais querida do que nossa vida, aprendamos a cultivar a integridade de tal maneira que, confiando na proteção divina, desconsideremos toda e qualquer falsa calúnia. E tenhamos sempre em mente que é a prerrogativa peculiar de Deus defender seu povo de todas as injustas humilhações.

21. Bendito seja Jehovah! O salmista, aqui, toma estas verdades gerais e as aplica às suas próprias circunstâncias, e declara que a bondade de Deus em preservar sua vida se manifestou prodigiosamente.

---

17 "Et que quand elle luit sur les fideles, ses rayons sont pour esblouir les yeux de tous les iniques, et affoiblir leur mains." – v.f.

18 Esta é a tradução adotada por Walford. "מרכסי רכס", *colligavit*: daí, 'coligações', 'conspirações'".

Visto que ele fala do socorro que lhe foi repentina e inesperadamente oferecido em muitas e desesperadoras circunstâncias, esses intérpretes julgam corretamente que aqui supre *como*, um sinal de similitude,[19] nesta forma: *como numa cidade fortificada*. Davi apara toda sorte de golpe, como se expusera a toda sorte de injúria, e se gloria de que em sua nudez e carência a assistência divina lhe fora mais providencial do que uma cidade bem fortificada, ou uma fortaleza inexpugnável teria sido.

[vv. 22-24]
E eu dizia em meu temor:[20] Estou lançado de tua vista; mas, verdadeiramente ouviste a voz de minhas súplicas quando clamei a ti. Oh, amai a Jehovah, vós todos os seus mansos! Jehovah preserva os fiéis e abundantemente[21] premia aquele que se porta com soberba. Tende bom ânimo e ele fortalecerá vossos corações, vós todos que esperais em Jehovah.

22. E eu dizia em meu temor. Davi, neste ponto, confessa que em virtude de sua desconfiança ele merecia ser banido de Deus e exposto ao perecimento. É verdade que tal confissão diante dos homens era para ele algo vergonhoso; mas para que pudesse ilustrar mais plenamente a graça de Deus em seu favor, ele não hesita em publicar a ignomínia de seu erro. Ele reitera quase o mesmo reconhecimento no Salmo 116.11: "Eu dizia em minha precipitação: Todos os homens são mentirosos." Estou cônscio de que o termo hebraico, חפז, *chaphaz*, é explicado por alguns no sentido de *fuga*; como se Davi, ao fugir da morte, já que não tinha como resistir, se sentisse abalado por esse medo. Minha referência, porém, é antes à sua mente perturbada. Portanto, quer traduzamos o termo por *precipitação* ou *temor*, significa que Davi tinha sido levado, por assim dizer, a precipitadamente nutrir a idéia de que havia sido negligenciado por Deus. E tal precipitação se opõe a uma calma e deliberada consideração; pois embora Davi estivesse

---

19 "A partícula de similitude está ausente no hebraico, como algo. A intenção do salmista é evidentemente descrever, pelo uso de metáfora, seu sinal de livramento, como se ele fosse guardado por fortificações inexpugnáveis." – *Walford*.
20 "Ou, perturbation; ou, hastivete." – nota marginal francesa. "Ou, perturbação; ou, precipitação."
21 "Ou, par excellence." – "Ou, excelentemente." – nota marginal francesa.

abalado pelo medo, ele se desfalecera em meio às tribulações, e esta persuasão não continuara fixa em sua mente. Pois sabemos que os fiéis são às vezes inquietados pelos temores e pelo calor da impaciência, ou se lançam de ponta cabeça como que por seus desejos em extremo impetuosos ou precipitados, mas que a seguir eles caem em si. Que a fé de Davi jamais se desvanecera por tal tentação, se realça à luz do contexto, pois imediatamente adiciona: **não obstante, verdadeiramente ouviste a voz de minhas súplicas**; se sua fé, porém, se houvera extinguido, ele não poderia ter mantido sua mente fervorosamente engajada em oração, e portanto esta queixa não passou de um deslize da língua a expressar-se com precipitação. Ora, se uma impaciente precipitação de pensamento pôde impelir este santo profeta de Deus, homem este adornado com tantas excelências, ao desespero, quanto mais razão temos nós a temer que nossas mentes fracassem e fatalmente nos precipitem na ruína! Esta confissão de Davi, como já observamos, serve para magnificar a graça de Deus; ao mesmo tempo, porém, ele suficientemente mostra, na segunda cláusula do versículo, que sua fé, embora gravemente abalada, não fora totalmente erradicada, porquanto ele não cessou de orar nesse período. É assim que os santos lutam com sua desconfiança, para que em parte não se desalentem e em parte possam reunir ânimo e se estimulem à oração. Tampouco as debilidades da carne, ainda quando estejam quase destruídos, os impedem de demonstrar que são incansáveis e invencíveis campeões diante de Deus. Mas ainda que Davi intrepidamente resistira a tentação, não obstante reconhece ser indigno da graça de Deus, da qual, em certa medida, se privara por causa de sua dúvida. Pois a partícula hebraica, אכן, *aken*, deve ser aqui entendida como adversativa e traduzida *não obstante*, notificando que Davi fora preservado sem qualquer deserção propriamente sua, porquanto a imensurável bondade divina foi a rival de sua incredulidade. Mas como em hebraico ela é um sinal de afirmação, decidi traduzi-la de forma apropriada, *Mas verdadeiramente*. Não tenho dúvida de que ele opôs sua linguagem às várias tentações com as quais, provavelmente, sua mente fora impelida de um lado para outro.

23. Oh, amai a Jehovah, vós todos os seus mansos! Em minha opinião, o salmista, neste ponto, não exorta os santos a temerem e a reverenciarem a Deus, como muitos pensam, senão que os encoraja a confiar nele; ou, noutros termos, a se devotarem totalmente a ele, pondo nele toda sua esperança e se entregando inteiramente a ele, não se permitindo buscar a nenhum outro. Donde procede que nossos próprios planos nos deleitem tanto, senão porque não nos deleitamos em Deus tanto quanto deveríamos e porque nossas aflições não abrem caminho para ele? Este amor de Deus, portanto, envolve nele todos os desejos do coração. Por natureza, todos os homens desejam profundamente viver num estado de prosperidade e felicidade; mas enquanto a maioria vive fascinada pelas fascinações do mundo, e prefere suas mentiras e imposturas, raramente um em cem põe seu coração em Deus. A razão que imediatamente se segue confirma esta interpretação; pois o salmista inspirado exorta *os mansos* a amarem a Deus, porque ele *preserva os fiéis*, como se desejasse que repousassem satisfeitos sob a guarda divina e reconhecessem que nela encontrariam suficiente socorro.[22] No ínterim, ele os admoesta a conservar uma boa consciência e a cultivar a retidão, visto que Deus promete preservar somente aqueles que são íntegros e fiéis. Em contrapartida, ele declara que **Deus abundantemente premia os soberbos**, para que, quando observarmos que eles, por algum tempo, prosperam com tanto êxito, uma indigna emulação não nos seduza a imitá-los, e que sua insolência e o ultraje que cometem, enquanto acreditam que são livres para fazer o que lhes apeteça, não esmigalhemos e confranjamos nossos espíritos. Isto equivale ao seguinte: Embora os ímpios se gabem, enquanto prosseguem impunemente em sua perversidade, e os crentes são acossados com muitos temores, em meio a muitos perigos, que se devotem a Deus e nutram confiança em sua graça, porquanto ele sempre defenderá os fiéis e premiará os soberbos segundo seu merecimento. Concernente ao significado do termo hebraico, על־יתר, *al-yether*,

---

22 "Et recognoistre qu'en icelle ils ont assez de secours." – v.f.

o qual traduzimos, *abundantemente*,²³ os intérpretes não chegam a um acordo. Alguns o traduzem por *soberba*, significando que aqueles que se portam com soberba Deus lhes retribuirá segundo sua soberba; outros o traduzem por *superabundante* ou *além de toda medida*, porque רתי, *yether*, significa, em hebraico, *resíduo, remanescente*; em vez disso eu o traduzi por *abundantemente, copiosamente*. Há quem o entenda como se estendendo a seus filhos e aos netos, em quem permanece os resíduos de sua descendência. Além disso, como a mesma palavra é às vezes usada para *excelência*,²⁴ não tenho dúvida de que o profeta elegantemente repreende os soberbos que imaginam que sua imaginária excelência não só lhes é um refúgio, mas também uma invencível fortaleza contra Deus. Visto que sua infundada autoridade e poder os cegam, ou, antes, os fascinam, de modo que se vangloriam imoderadamente e sem reserva contra aqueles que são humildes e frágeis, o profeta elegantemente diz que há um prêmio guardado para eles proporcional à insolência com que se intumescem.

24. Tende bom ânimo. Esta exortação deve ser entendida da mesma forma que a precedente; pois a firmeza que o salmista aqui recomenda está fundada no amor de Deus do qual ele já falou, quando, renunciando todos os encantos do mundo, abraçamos de todo nosso coração a defesa e a proteção que ele nos promete. Tampouco sua exortação se destina a encorajar a firmeza desnecessariamente; porque, quando alguém começa a confiar em Deus, o mesmo deve pôr-se de prontidão e armar-se para suportar muitos assaltos de Satanás. Então, antes devemos calmamente entregar-nos à proteção e tutela de Deus, bem como diligenciar-se por ter a experiência de sua munificência permeando toda nossa mente. Em segundo lugar, assim munido com firme prontidão e inquebrantável força, nos sentimos preparados

---

23 Literalmente, "com abundância".

24 A palavra גאה hag, *gaäh*, da qual גאוה, *gaävah*, que traduzimos por *soberbamente*, se deriva, significa *elatus est, eminuit*; e גאוה, *gaävah*, "é às vezes tomada num sentido mau para *orgulho, arrogância*, como no Salmo 10.2; e às vezes num sentido bom para *esplendor, magnificência, força, excelência*. No último sentido ela é usada para Deus, Salmo 68.35: *Sua excelsitude*, ou *excelência, e força estão nas nuvens*." – *Hammond*.

enfrentar diariamente novos conflitos. Não obstante, como nenhum homem é capaz de, por si mesmo, enfrentar tais conflitos, Davi nos exorta a esperarmos e pedirmos a Deus o espírito de força moral, questão esta particularmente digna de nossa atenção. Pois daqui somos instruídos que, quando o Espírito de Deus nos sintoniza com nosso dever, ele examina não o que cada pessoa é capaz de fazer, nem avalia os serviços dos homens pela própria força deles, mas nos estimula, antes, a orar e a implorar para que Deus corrija nossos defeitos, visto que ele é o único que pode fazer isso.

Salmo 32

Havendo Davi extensa e penosamente experimentado quão miserável é sentir o peso da mão divina como resultado de nossos pecados, exclama que a mais elevada e melhor parte de uma vida feliz consiste nisto: que Deus perdoa a culpa humana e recebe a pessoa graciosamente em seu favor. Depois de render graças pelo perdão obtido, ele convida os demais a participar com ele de sua felicidade, apontando, por seu próprio exemplo, os meios pelos quais se pode obtê-la.

Salmo de Davi ministrando instrução.

O título deste Salmo fornece alguma idéia de seu tema. Há quem pense que o termo hebraico, משכיל, *maskil*, o qual traduzimos por *ministrando instrução*,[1] é tomado do versículo 7;[2] é mais prudente, porém, considerá-lo como um título aplicado ao Salmo em concordância com seu escopo como um todo e seu tema. Davi, depois de suportar duradouros e terríveis tormentos, quando Deus o provou severamente, manifestando-lhe os sinais de sua ira, havendo finalmente obtido favor, aplica esta evidência da divina munificência em seu próprio benefício e no benefício de toda a Igreja, para que daqui ele pudesse ensinar a si e a todos o que constitui o principal ponto da salvação. Todos os homens necessariamente, quer estejam em miserável tormento ou, o que é pior, esqueçam-se de si mesmos e de Deus, devem

---

1 "Pour lequl nous avons traduit, Donnant instruction." – v.f.
2 Onde se diz: "Instruir-te-ei e te ensinarei."

continuar em fatal letargia, até que sejam persuadidos de que Deus se reconcilia com eles. Por isso Davi, neste Salmo, nos ensina que a felicidade dos homens consiste única e exclusivamente no gracioso perdão dos pecados, porquanto nada pode ser mais terrível do que ter Deus por nosso inimigo; tampouco pode ele ser gracioso para conosco de outra maneira senão em perdoar nossas transgressões.

[vv. 1-2]
Bem-aventurados aqueles cuja iniqüidade é perdoada e cuja transgressão é coberta. Bem-aventurado é o homem a quem Jehovah não imputa pecado, e em cujo espírito não há dolo.

1. Bem-aventurados aqueles cuja iniqüidade é perdoada. Esta exclamação flui da ardente afeição do coração do salmista, bem como de séria consideração. Visto que quase o mundo inteiro desvia seus pensamentos do juízo de Deus, geram em si um fatal olvido e se intoxica com ilusórios prazeres. Davi, sentindo-se dominado pelo temor da ira de Deus e se predispondo a valer-se da misericórdia divina, também desperta outros para o mesmo exercício, declarando distinta e audivelmente que só aqueles que são abençoados é que podem reconciliar-se com Deus, de modo que reconheça como seus filhos aqueles que, com justiça, poderia tratar como seus inimigos. Alguns se fazem tão cegos pela hipocrisia e soberba, e outros por um tão grosseiro menosprezo por Deus, que não se sentem de forma alguma ansiosos em buscar o perdão, mas todos reconhecem que necessitam de perdão; nem existe sequer um homem cuja consciência não o acuse ante o tribunal divino e não o espicace com muitos espinhos. Esta confissão, por conseguinte, de que todos necessitam de perdão, uma vez que ninguém é perfeito, e que então só estará bem conosco se Deus perdoar nossos pecados, a própria natureza arranca até dos homens perversos. Nesse ínterim, porém, a hipocrisia fecha os olhos das multidões, embora outros sejam tão iludidos por uma perversa segurança carnal, que não se deixam sensibilizar por qualquer senso da ira divina, nem sequer por um tênue laivo dela.

Disto procede um duplo erro: primeiro, que tais homens fazem pouco de seus pecados, e sequer ponderam sobre a centésima parte do perigo advindo da indignação divina; e, segundo, que engendram frívolas expiações com o fim de isentar-se da culpa e granjear o favor divino. E assim, em todas as épocas e em todos os lugares, esta tem sido a opinião prevalecente: embora todos os homens estejam infectados com o pecado, ao mesmo tempo se adornam com méritos que são tencionados para se lhes granjear o favor divino, e que embora provoquem a ira divina, com seus crimes, se munem de expiações e satisfações, com facilidade, para a obtenção de sua absolvição. Esta fraude de Satanás é igualmente comum entre os papistas, turcos, judeus e outras nacionalidades. Toda pessoa, pois, que não se deixa arrebatar pela furiosa demência do papado, admitirá a veracidade desta afirmação, ou seja, que os homens estão num deplorável estado a menos que Deus os trate misericordiosamente, não debitando seus pecados em sua conta. Davi, porém, vai além, declarando que toda a vida do homem está sujeita à ira e maldição divinas, a não ser quando ele se digna, por sua graciosa mercê, recebê-los em seu favor; do quê o Espírito que falou pelos lábios de Davi nos é um infalível intérprete e testemunha pelos lábios de Paulo [Rm 4.6]. Não houvera Paulo usado este testemunho, jamais seus leitores haveriam penetrado o real sentido do profeta; porquanto vemos que os papistas, embora salmodiem em seus templos: "Bem-aventurados aqueles cujas iniquidades são perdoadas" etc., todavia o passam por alto como se fosse algum provérbio popular e de importância. Com Paulo, porém, esta é a plena definição da justiça da fé; como se o profeta dissesse: Os homens, pois, só serão bem-aventurados depois que forem gratuitamente reconciliados com Deus e reputados por ele como justos. Por conseguinte, a bem-aventurança que Davi celebra destrói definitivamente a justiça proveniente das obras. A invenção de uma justiça parcial com que os papistas e outros se iludem não passa de estultícia; e mesmo entre aqueles que são destituídos da luz da doutrina celestial, não se encontrará sequer um que seja tão louco ao ponto de arrogar para si uma justiça perfeita, como transparece das expiações, lavagens e outros meios de pacificar a Deus, os quais sempre estiveram em uso entre todas as nações. Mas ainda hoje não hesitam em impor suas virtudes a Deus, justamente como se houvessem extraído delas grande parte de sua bem-aventurança.

Davi, não obstante, prescreve uma ordem bem diferente, a saber: que ao buscar a felicidade, tudo começaria com o princípio de que Deus não pode reconciliar-se com os que são dignos de eterna destruição de algum outro modo além de graciosamente perdoá-los e conceder-lhes seu favor. E com razão declara que, se a misericórdia lhes fosse negada, todos os homens seriam completamente miseráveis e malditos; pois se todos os homens são inerentemente inclinados só para o mal, enquanto não forem regenerados, é óbvio que toda a sua vida pregressa seria odiosa e nauseabunda aos olhos de Deus. Além disso, visto que mesmo depois da regeneração nenhuma obra que os homens realizem pode agradar a Deus, a menos que ele perdoe o pecado que se mescla com ela, todos seriam excluídos da esperança de salvação. Certamente que nada lhes restará senão motivo para o mais profundo horror. Que as obras dos santos são indignas de galardão por estarem contaminadas com muitas imundícias, parece ser dura expressão aos ouvidos papistas. Nisto, porém, denunciam sua grosseira ignorância ao estimarem, segundo suas concepções pessoais, o juízo de Deus, a cujos olhos o próprio fulgor das estrelas não passa de trevas. Portanto, que permaneça como doutrina estabelecida: visto que só seremos considerados justos diante de Deus pela remissão gratuita dos pecados, então esta é a porta da eterna salvação; e, conseqüentemente, que só serão bem-aventurados aqueles que põem sua confiança na misericórdia de Deus. Que tenhamos em mente o contraste que já mencionei entre os crentes que, abraçando a remissão de pecados, confiam só na graça de Deus e todos os demais que negligenciam recorrer ao santuário da graça divina.

Além do mais, quando Davi três vezes reitera a mesma coisa, isto não equivale a vã repetição. É deveras por si mesmo suficientemente evidente que bem-aventurado é o homem cuja iniqüidade é perdoada; mas a experiência nos ensina quão difícil é persuadir-se deste fato, de tal maneira que se torne indelevelmente afixado em nossos corações. A grande maioria, como já demonstrei, enredada por suas próprias invenções, extingue de si, o quanto pode, os terrores da consciência e todo o temor da ira divina. Sem dúvida, eles nutrem o desejo de reconciliar-se com Deus; e todavia se esquivam da presença dele, em vez de buscarem sua graça sinceramente e de todo o seu coração. Em contrapartida, todos aqueles a quem Deus tem realmente despertado para que se deixem afetar por um vivo senso de sua miséria, estão constantemente agitados e inquietados, tanto que é difícil restaurar a paz de suas mentes. Realmente degustam a misericórdia divina e se diligenciam em tomar posse dela, e no entanto vivem amiúde atemorizados ou cambaleiam sob os múltiplos assaltos que lhes são feitos. As duas razões por que o salmista insiste tanto sobre o tema do perdão dos pecados são estas: para que ele, de um lado, erga aqueles que porventura caíram em profundo sono, inspire a indiferença com ponderação e reavive os entorpecidos; e para, por outro lado, tranqüilizar as mentes temerosas e estressadas com uma confiança segura e disposta. Quanto à primeira razão, a doutrina pode ser aplicada desta forma: "O que pretendeis, ó vós infelizes! que uma ou duas ferroadas em vossa consciência não vos perturbam? Supondes que um certo limitado conhecimento de vossos pecados não é suficiente para abalar-vos com terror, todavia quão irracional é continuardes dormitando em segurança, enquanto sucumbis sob imenso fardo de pecados!" E esta reiteração fornece não pouco conforto e confirmação aos débeis e temerosos. Visto que as dúvidas amiúde lhes sobrevinham, uma após outra, não basta que sejam vitoriosos em apenas um conflito. Esse desespero, pois, para que não os sucumbisse em meio aos vários pensamentos perplexivos com que são agitados, o Espírito Santo confirma e ratifica a remissão de pecados com muitas declarações.

Agora se torna oportuno avaliar a força particular das expressões aqui empregadas. Certamente que a remissão da qual aqui se trata não se harmoniza com as satisfações. Deus, ao lançar fora ou tirar os pecados, e igualmente ao cobri-los e não imputá-los, graciosamente os perdoa. Por essa conta os papistas, ao introduzir suas satisfações e obras de supererrogação, segundo as chamam, se privam desta bem-aventurança. Além disso, Davi aplica essas palavras a fim de completar o perdão. A distinção, pois, que os papistas aqui fazem entre a remissão do castigo e da culpa, com a qual fazem apenas meio perdão, não vem ao propósito. Ora, é necessário considerar a quem pertence esta felicidade, a qual pode facilmente ser extraída da circunstância do tempo. Quando Davi foi instruído que era bem-aventurado através unicamente da misericórdia divina, ele ainda não fora alienado da igreja de Deus; ao contrário, ele se avantajava a muitos no temor e no serviço de Deus, bem como em santidade de vida, e se exercitara em todos os deveres da piedade. E mesmo depois de fazer esses progressos na religião, Deus então o exercitara, a fim de que depositasse o alfa e o ômega de sua salvação em sua gratuita reconciliação com Deus. Tampouco é destituído de razão que Zacarias, em seu cântico, represente "o conhecimento da salvação" como que consistindo em conhecer "a remissão de pecados" [Lc 1.77]. Quanto mais eminentemente alguém se destaca em santidade, mais ele se sente destituído da perfeita justiça e mais que claramente percebe que em nada pode confiar senão unicamente na misericórdia de Deus. Daí ser evidente que estão frontalmente equivocados os que concluem que o perdão de pecado só é necessário para o início da justiça. Uma vez que os crentes todos os dias se envolvem em muitos erros, de nada lhes aproveitará já terem tomado a vereda da justiça, a menos que a mesma graça que os manteve em sua companhia os conduza à última fase de sua vida. Com que objetivo se diz em outra parte que são bem-aventurados "os que temem ao Senhor", "que andam em seus caminhos", "que são retos de coração" etc., a resposta é fácil, a saber, como o perfeito temor do Senhor, a perfeita observância de sua lei e perfeita retidão do coração não se encontram em parte alguma, tudo quanto a Escritura em qualquer lugar diz, concernente à bem-aventurança, se fundamenta no gracioso favor de Deus, através do qual ele nos reconcilia consigo mesmo.

2. Em cujo espírito não há dolo. Nesta cláusula o salmista distingue os crentes tanto dos hipócritas quanto dos insensíveis desdenhadores de Deus, os quais não se preocupam com esta felicidade nem podem eles alcançar o desfruto dela. Os perversos são, aliás, conscientes de sua própria culpa, todavia ainda se deleitam em sua perversidade; tornam-se empedernidos em sua impudência e se riem das ameaças; ou, pelo menos, se deleitam nas enganosas perspectivas de que jamais poderão ser impedidos de ter acesso à presença de Deus. Sim, ainda que sejam infelizes pelo senso de sua miséria e acossados com tormentos secretos, todavia com perversa insensibilidade reprimem todo temor de Deus. Quanto aos hipócritas, se sua consciência, em algum momento, os fustiga, amenizam sua dor com remédios ineficazes. De modo que, se Deus, em qualquer tempo, os cita a comparecerem diante de seu tribunal, põem diante de si não sei que espécie de fantasmas em sua defesa; e nunca estão sem coberturas pelas quais afastam a luz de seus corações. Ambas estas classes de homens são impedidas, pelo doloso coração, de buscar sua felicidade no paternal amor de Deus. Não só isso, mas a maioria deles se precipitam na presença de Deus, ou se inflam com soberba presunção, sonhando que são felizes, ainda que Deus seja contra eles. Davi, pois, quer dizer que ninguém pode experimentar o que é o perdão dos pecados sem que antes seu coração seja purificado de toda malícia. A intenção de Davi, pois, ao usar o termo *malícia* ou *dolo*, pode ser entendido à luz do que eu já disse. Quem não se examina, enquanto na presença de Deus, mas, ao contrário, se esquiva de seu juízo, quer se oculte nas trevas, quer se cubra de folhas, trata perfidamente tanto a si próprio quanto a Deus. Não surpreende, pois, que quem não se sente enfermo recusa o remédio. Como já frisei, as duas espécies desta malícia específica e inevitavelmente estão presentes. É difícil uma insensibilidade mais terrível do que não se deixar dominar pelo temor de Deus e não nutrir a menor solicitude por sua graça, nem se deixar comover senão por uma fria busca de perdão. Daí suceder que nem mesmo de leve percebem que inaudita felicidade é tomar posse do favor divino. Tal foi o caso de Davi por algum tempo, quando uma traiçoeira segurança aproximou-se sorrateiramente, entenebrecendo sua mente e impedindo-o de zelosamente aplicar-se a sair no encalço desta felicidade. Os santos, às vezes, labutam sujeitos à mesma enfermidade. Portanto, se devemos desfrutar da felicidade que Davi aqui nos propõe, então é preciso que prestemos muita atenção para que Satanás, enchendo nossos corações de malícia, nos prive de todo senso de nossa própria miséria, a qual inevitavelmente consumirá todos quantos recorrem aos subterfúgios.

[vv. 3-4]
Enquanto guardei silêncio, meus ossos se debilitaram, pelo que clamei o dia todo. Pois dia e noite tua mão pesava sobre mim; e meu viço se tornou em sequidão de verão.

3. Enquanto guardei silêncio, meus ossos se debilitaram. Neste ponto Davi confirma, mediante sua própria experiência, a doutrina que havia estabelecido, a saber, que quando foi humilhado debaixo da mão de Deus, sentiu que nada era tão miserável quanto ser privado do favor divino. E assim notifica que esta verdade não pode ser corretamente apreendida senão quando Deus nos prova com aquele senso da ira divina. Tampouco fala ele de uma mera e ordinária provação, senão que declara que ele se achava inteiramente subjugado com o mais extremo rigor. E, certamente, a apatia de nossa carne, nesta matéria, não é menos espantosa que sua audácia. Se não formos atraídos por meios forçosos, jamais nos apressaremos a buscar a reconciliação com Deus tão solicitamente quanto devíamos. Finalmente, o escritor inspirado nos ensina, através de seu próprio exemplo, que jamais perceberemos quão imensa felicidade é desfrutar do favor divino, enquanto não tivermos sentido plenamente, à luz dos graves conflitos com as tentações íntimas, quão terrível é a ira divina. Ele acrescenta que, se guardasse silêncio, ou se tentasse agravar sua tristeza clamando e bramando,[3] seus ossos envelheciam; noutros

---

3 A tradução deste versículo, em nossa Bíblia Inglesa, é: "Enquanto guardei silêncio, meus

termos, toda sua força se desvanecia. Disto se segue que, para onde quer que o pecador se volte, ou por mais que ele seja afetado, seu mal-estar em grau algum é aliviado, nem seu bem-estar em algum grau é promovido, até que seja restaurado ao favor divino. Às vezes sucede que, os que são torturados pela mais aguda tristeza, chegam ao ponto de sua dor o corroer e devorar interiormente e de guardá-la velada e reclusa em seu íntimo, sem confessá-la, e a violência de sua tristeza se irrompe com tanto ímpeto que não mais pode contê-la. Pelo termo *silêncio* Davi pretende não insensibilidade nem estupidez, mas aquele sentimento que se põe entre a paciência e a obstinação, e que se alia tanto ao vício quanto à virtude. Pois seus ossos não se consumiam com a idade, mas com os terríveis tormentos de sua mente. Seu silêncio, contudo, não era o silêncio da esperança ou obediência, porquanto ele não trazia à sua miséria nenhum alívio.

4. Pois dia e noite tua mão pesava sobre mim. Neste versículo Davi explica mais plenamente a origem de tal pesada tristeza; ou seja, porque ele sentia a mão divina a abrir-lhe feridas. A maior de todas as aflições é ser tão duramente oprimido pela mão divina, que o pecador sente estar envolvido com um Juiz cuja indignação e severidade o envolvem com infindáveis mortes, além da morte eterna. Davi, conseqüentemente, se queixa de que seu vigor se secara, não mera e simplesmente por meditar em suas dolorosas aflições, mas porque descobrira sua causa e fonte. Todo o vigor dos homens se esvai quando Deus surge como Juiz e os humilha e os deixa prostrados, exibindo os emblemas de seu desprazer. Então se cumpre a dito de Isaías: "Seca-se a erva, e murcha a flor, soprando nelas o hálito do Senhor.

---

ossos envelheceram pelo meu bramido todo o dia"; sobre a qual Street observa: "Eu pessoalmente não entendo como se pode dizer que um homem *fica em silêncio*, que *brama* todo o dia." Por conseguinte, em vez de *Enquanto eu guardava silêncio*, ele traduz: *Enquanto eu me perdia em meditação*; observando que: "o verbo שרח, na conjugação hiphil, significa *ponderar, considerar, estar em profunda meditação*". Mas, segundo a tradução e exposição de Calvino, não há inconsistência alguma entre a primeira e a segunda cláusula do versículo. Para evitar-se uma aparente contradição de concomitantemente *estar em silêncio* e ainda *bramir* o dia todo, o dr. Boothryd, em vez de *bramir*, traduz *em agonia*.

Na verdade o povo é erva" [Is 40.7]. Além do mais, o salmista nos diz que este não era um castigo comum pelo qual fora ele verdadeiramente instruído a temer a ira divina; pois a mão do Senhor não cessava de pesar sobre ele, quer de dia quer de noite. Aliás, desde a infância ele havia sido inspirado com o temor divino, pela secreta influência do Espírito Santo, e fora instruído na genuína religião e piedade pela ministração da sã doutrina e instrução. E no entanto tão insuficiente era tal instrução para sua obtenção desta sabedoria, que tinha de ser ensinado repetidamente como um neófito em meio a seu curso. Sim, embora estivesse então acostumado a chorar seus pecados, a cada dia era de novo reduzido ao mesmo exercício; o qual nos ensina que, quão longe estão os homens de se restabelecerem quando uma vez tenha fracassado; e também quão morosos são eles em obedecer, até que Deus, de tempo em tempo, redobre seus açoites e os intensifique dia após dia. Se alguém indagar acerca de Davi, se ele se tornou calejado sob os açoites que, bem o sabe ele, lhe foram infligidos pela mão divina, o contexto fornece a resposta, a saber, que ele foi reprimido e agrilhoado pelas perplexivas tristezas e perturbado com prolongados tormentos, até que estivesse bem subjugado e manso, que é o primeiro sinal para buscar-se um antídoto. E isto uma vez mais nos ensina que não é sem motivo que se reiteram os castigos pelos quais Deus parece nos tratar com crueldade e sua mão se faz pesada sobre nós, até que nossa ardente soberba, a qual sabemos ser indomável, a menos seja subjugada com os mais ferinos açoites, seja humilhada.

[vv. 5-7]
Reconheci meu pecado contra ti, e minha iniqüidade não mais ocultei. Eu disse: Confessarei contra mim mesmo, a Jehovah, minha perversidade; e tu perdoaste a culpa[4] do meu pecado. Selah. Pelo que aquele que é manso ora a ti a tempo de poder encontrar-te; de modo que, no transbordar de muitas águas,[5] estas a ele não chegarão. Tu és meu lugar secreto; tu me preservarás da angústia; tu me cercarás de cânticos de livramento. Selah.

---

4 "Ou, peine." – n.m.f. "Ou, castigo."
5 "De grandes eaux." – n.m.f. "das grandes águas."

5. Reconheci meu pecado contra ti. O profeta, então, descreve o estado de sua miséria, com o fim de mostrar a todos o modo disponível de se obter a felicidade de que faz menção. Quando seu senso da ira divina dolorosamente o exasperou e o atormentou, seu único alívio foi sinceramente condenar-se diante de Deus e humildemente buscar nele refúgio, implorando seu perdão. Não obstante, ele não diz que seus pecados lhe vieram meramente à lembrança, pois foi assim que se deu também com Caim e Judas, ainda que sem qualquer proveito; porque, quando a consciência dos maus é fustigada por seus pecados, não cessam de atormentar-se e de queixar-se contra Deus. Sim, ainda que ele os force a involuntariamente ir ao seu tribunal, contudo desejam ardentemente ocultar-se. Aqui, porém, se acha descrito um método bem diferente de se reconhecer o pecado; a saber, quando o pecador voluntariamente recorre a Deus, construindo sua esperança de salvação, não na obstinação ou na hipocrisia, mas na súplica por perdão. Esta confissão voluntária está sempre associada à fé; pois do contrário o pecador continuamente buscaria esconderijos onde pudesse esconder-se de Deus. As palavras de Davi claramente revelam que ele veio sincera e cordialmente à presença de Deus, pois sabia que nada lhe poderia ocultar. Ao contar-nos que *reconheceu seu pecado*, e que *não o ocultou*, a última cláusula é adicionada, segundo o idioma hebreu, à guisa de ampliação. Não há dúvida, pois, de que Davi, ao comparecer diante de Deus, derramou todo o seu coração. Os hipócritas, bem o sabemos, costumam abrandar seus maus feitos, disfarçando-os ou falseando-os; em suma, nunca fazem uma confissão honesta dos mesmos, com lábios sinceros e francos. Davi, porém, nega que fosse culpado de tal vileza. Sem qualquer dissimulação, faz notório a Deus tudo o que o entristecia; o que ele confirma com as palavras: **Eu disse**. Enquanto os maus são arrastados pela força, assim como o juiz compele os ofensores a comparecer diante do tribunal, ele nos assegura que compareceu deliberadamente e com firme propósito de mente; pois o termo, *disse*, significa justamente que ele deliberou consigo mesmo. Portanto, segue-se que ele prometeu e assegurou-se do perdão mediante a misericórdia divina, para que o terror não o impedisse de fazer uma franca e sincera confissão de seus pecados.

A frase, *a mim mesmo* ou *contra mim mesmo*, notifica que Davi eliminou de si todas as justificativas e pretensões pelas quais os homens costumam justificar-se, transferindo seu erro ou imputando-o a outra pessoa. Davi, pois, determinou sujeitar-se inteiramente ao juízo divino e tornar notória sua própria culpa, para que, se autocondenando, pudesse, como um suplicante, obter o perdão.

E tu perdoaste a culpa do meu pecado. Esta cláusula é posta em oposição às agudas e horríveis agitações pelas quais diz ele ser acossado antes que tivesse acesso, pela fé, à graça de Deus. Mas as palavras ainda ensinam que, quando o pecador se apresentar perante o trono de misericórdia, com sincera confissão, ele encontrará a reconciliação divina à sua espera. Noutros termos, o salmista quer dizer que Deus não só estava disposto a perdoá-lo, mas que seu exemplo forneceria uma lição geral aos que, na angústia, não duvidariam do favor divino para com eles, assim que recorrerem a ele com uma mente sincera e obsequiosa. A quem infira disto que o arrependimento e a confissão são a causa para se obter a graça, a resposta é fácil, a saber: Davi não está falando, aqui, da causa, mas do modo como o pecador é reconciliado com Deus. A confissão, não há dúvida, intervém, mas devemos ir além disto e considerar que é a fé que, ao descerrar nossos corações e mover nossas línguas, realmente obtém o perdão. Não se admite que tudo o que é necessariamente conectado ao perdão deva ser reputado entre suas causas. Ou, falando de forma mais simples, Davi obteve o perdão mediante sua confissão, não porque ele o merecia ante o mero ato de confessar, mas porque, sob a diretriz da fé, ele humildemente o implorou de seu Juiz. Além do mais, visto que o mesmo método de confissão deve estar em uso entre nós neste dia, o qual foi antigamente empregado pelos pais sob a lei, este fato suficientemente refuta aquele tirânico decreto papal, pelo o papa nos afasta de Deus e nos envia aos seus sacerdotes para a obtenção do perdão.

6. Pelo que aquele que é manso ora a ti. Neste ponto o salmista expressamente declara que tudo o que ele até então descrito em sua pessoa comumente pertence a todos os filhos de Deus. E isto deve ser cuidadosamente observado, porque, de nossa inerente incredulidade, a maioria de nós e morosa e relutante em apropriar-se da graça de Deus. Também podemos aprender deste fato que Davi obteve o perdão, não pelo mero ato de confissão, como pensam alguns, mas pela fé e pela oração. Aqui ele orienta os crentes quanto aos mesmos meios de obtê-lo, a saber, instigando-os a recorrerem à oração, a qual é o genuíno sacrifício de fé. Além do mais, somos instruídos que em Davi Deus forneceu um exemplo de sua misericórdia, o qual pode não só estender-se a todos nós, mas também pode mostrar-nos como se deve buscar a reconciliação. As palavras, *aquele que*, servem para a confirmação de toda pessoa piedosa. O salmista, porém, ao mesmo tempo mostra que ninguém pode obter a esperança de salvação senão mediante o prostrar-se como suplicante diante de Deus, porquanto todos, sem exceção, são carentes de sua misericórdia.

Pensam alguns que a expressão, *a tempo de encontrar*, que imediatamente se segue, tem referência aos momentos ordinários e costumeiros de oração; outros, porém, mais cautelosos, em minha opinião, a comparam[6] com aquela passagem em Isaías [55.6], onde se diz: "Buscai o Senhor enquanto se pode achar, invocai-o enquanto está perto." Aliás, nunca é fora de tempo de buscar a Deus, pois a cada momento carecemos de sua graça, e ele está sempre disposto a satisfazer-nos. Mas, visto que a indolência e a obtusidade nos impedem de buscá-lo, então Davi particularmente realça as épocas críticas quando os crentes são estimulados pelo senso de sua própria necessidade a buscar os recursos divinos. Os papistas usaram mal este texto para provar sua doutrina de que devemos advogados no céu a interceder por nós;[7] mas a tentativa de fundamentar um argumento em abono de

---

6 Na versão Septuaginta ela está traduzida assim: "No tempo de achar favor"; na Arábica: "Numa época de se ouvir"; e na Siríaca: "Num tempo aceitável".

7 "Qu'ils nous faut avoir des advocats au ciel qui prient pour nous." – v.f.

tal doutrina nesta passagem é tão grotescamente absurdo que nem merece refutação. Nela devemos ver, contudo, ou quão impiamente corromperam toda a Escritura ou com que grosseira ignorância andam às cegas nas questões mais simples.

No transbordar de muitas águas. Esta expressão concorda com a da profecia de Joel: "E há de ser que todo aquele que invocar o nome do Senhor será salvo" [Jl 2.32]. O significado é que, embora os profundos vagalhões da morte nos cerquem de todos os lados, não devemos temer que nos traguem; ao contrário, cremos que estaremos a salvo e ilesos, se tão-somente nos valermos da misericórdia de Deus. Somos assim enfaticamente instruídos que os piedosos terão a salvação garantida mesmo na morte, contanto que recorram ao santuário da graça divina. Sob o termo, *transbordar* [dilúvio], estão inclusos todos aqueles perigos dos quais parece não haver nenhuma probabilidade de escape.

Finalmente o salmista se entrega às ações de graças, e embora use apenas umas poucas palavras para celebrar o divino favor, há, não obstante, muita força em sua brevidade. Em primeiro lugar, ele nega que haja algum outro porto seguro além de Deus. Em segundo lugar, ele se assegura de que Deus será seu fiel guarda aqui e além; pois propositadamente retenho o futuro do verbo, ainda que alguns, sem razão plausível, o traduza no pretérito. Entretanto, ele não deve ser entendido como se ele se concebesse salvo das tribulações futuras, senão que põe a Deus como seu protetor das muitas águas. Por fim, qualquer adversidade que porventura lhe sobrevenha, ele está persuadido de que Deus será seu libertador. Pela expressão, *me cercarás*, ele aponta para os multiformes e variados tipos de livramento; como se quisesse dizer que ele estaria obrigado a Deus de inumeráveis formas, e que ele, de todos os lados, ele teria infinito motivo para louvá-lo. Podemos observar no ínterim como ele oferece seu preito de gratidão a Deus, segundo seu método usual, pondo *cânticos de livramento* em lugar de *socorro*.

[vv. 8-11]
Eu te instruirei e ensinarei no caminho em que podes andar; te aconselharei com meu olhar.[8] Não sejas como o cavalo ou a mula, os quais não têm entendimento, cuja boca precisa de cabresto e freio; de outra forma não se sujeitarão [ou se tornarão insubordinados ou obstinadamente desobediente] a ti.[9] Muitas dores serão para os ímpios; mas o homem que espera em Jehovah, a misericórdia o cercará. Alegrai-vos em Jehovah, e regozijai-vos, vós justos; cantai todos vós que sois retos no coração.

8. Eu te instruirei e te ensinarei. Para que sua exortação tenha maior força, o divino porta-voz dirige seu discurso a cada pessoa individualmente; pois a doutrina que é expressa penetra a mente mais rapidamente quando cada pessoa a aplica especificamente a si. Quando o caminho da salvação é aqui apontado aos filhos de Deus, deve-se tomar o maior cuidado para que ninguém se aparte dele no mínimo grau. Podemos também aprender à luz deste fato que somos reconciliados com Deus sob a condição de que cada um de nós se esforce em fazer seus irmãos partícipes dos mesmos benefícios. Davi, para mais fortemente caracterizar seu cuidado sobre eles, o descreve como *a visão do olhar*.[10] Do modo como for observado, os que se mostram solícitos acerca de nosso bem-estar são designados pelo Senhor como

---

8 "Ou, te guideray de mon oeil." – n.m.f. "Ou, Eu te guiarei com meu olhar."

9 Este versículo em hebraico é muito elíptico e obscuro. Daí, além da tradução de Calvino, a qual concorda muito bem com o escopo da passagem, várias outras traduções se têm feito dela. Em nossa Bíblia inglesa, a última cláusula é assim traduzida: "para que não cheguem perto de ti", isto é, para atacar-te. Esta, porém, é evidentemente uma tradução incorreta. Tal não é a prática comum desses animais, os quais são tímidos e não ferozes; cabrestos e freios não são usados com o propósito de mantê-los longe de nós, e, sim, de subjugá-los, guiá-los e mantê-los subservientes à nossa vontade. E fosse este o sentido, a figura seria imprópria, visto que o objetivo do salmista é induzir os homens a se aproximarem de Deus. A cláusula, portanto, é traduzida por muitos críticos: "Ou eles não se aproximarão de ti"; isto é, fugirão de ti. O hebraico para esta última frase é: "Não há uma vinda a ti."

10 A maioria dos comentaristas consideram Jehovah como a pessoa que fala neste versículo. Calvino, contudo, considera Davi o porta-voz. Nesta opinião ele é seguido por Walford. "No Salmo 51.13", diz este crítico, "escrito acerco do mesmo tempo e da mesma ocasião, Davi insiste na mesma razão por que Deus lhe restauraria a alegria de sua salvação, para que pudesse ser capaz de ensinar aos transgressores seus caminhos e para que os pecadores pudessem converter-se a ele (Deus). E assim na passagem que se acha diante de nós, ele se dirige aos pecadores e diz: 'Eu te instruirei e te ensinarei o caminho em que caminharás.'"

guias em nosso caminho, do quê aparece quão grande é a solicitude paternal que Deus tem para conosco.

9. Não sejais como o cavalo ou a mula. Davi agora explica sucintamente a importância do conselho que anteriormente disse que daria. Ele exorta a todos a aprenderem com tranqüilidade a desvencilhar-se da obstinação e a revestir-se do espírito de mansidão. Também há muita sabedoria no conselho que ele dá aos piedosos para que corrijam sua firmeza de caráter; pois se formos tão atentos às correções divinas quanto devemos, cada um de nós solicitamente se apressará a buscar seu favor. Donde provém tanta obtusidade que se vê em todos nós, senão por sermos ou estúpidos ou refratários? Portanto, ao identificar os refratários com os animais irracionais, Davi os expõe ao vexame e ao mesmo tempo declara que os avalia nada mais nada menos que "dar murro em ponta de faca". Os homens, diz ele, sabem como domar a ferocidade dos cavalos usando freios e cabrestos; o que então pensam que Deus fará quando os encontrar indomesticáveis?

10. Muitas dores serão para os ímpios. Sem figura, aqui ele declara qual será a condição dos sediciosos e obstinados.[11] Ele mencionou antes que Deus não queria usar freios e cabrestos para restringir sua obstinação; e agora acrescenta que suas misérias não teriam fim e medida até que fossem completamente consumidos. Embora Deus, pois, nos poupe por algum tempo, contudo que esta denúncia nos encha de temor e nos preserve contra nosso próprio endurecimento, visto que ainda estamos sem disciplina; e que nem nossa prosperidade, que é amaldiçoada por Deus, nos engane fazendo-nos fechar nossa mente para que não reflita sobre as dores imprevistas com as quais ele ameaça a todos os ímpios. E visto que o salmista, de um lado, nos disse que Deus está armado com inumeráveis pragas contra os ímpios, então ele acrescenta, por outro lado, que ele se acha munido com infinita bon-

---

11 Fry traduz: "Muitas são as feridas dos refratários"; sobre o quê ele tem a seguinte nota: "Percebemos neste lugar a exata idéia de רשע, em sua alusão à mula ou cavalo irriquieto, desobediente, indomável, ingovernável. É oposto de בטח, *confiar em, entregar-se a*, ou *sucumbir*, como os animais dóceis plenamente confiam e se entregam ao governo de seu guia."

dade, com a qual poderá socorrer a todos quantos são seus. A suma é: não há outro antídoto para nossas aflições senão que nos humilhemos debaixo da mão divina e encontremos nossa salvação tão-somente em sua misericórdia. E que aqueles que confiam em Deus serão abençoados em todos os aspectos, porque, por mais que Satanás os assalte de todos os lados, o Senhor se lhe oporá, e quanto a eles, usará o escudo de seu poder protetor.

11. Alegrai-vos em Jehovah. Após ensinar quão disponível e acessível é a genuína felicidade a todos os piedosos, Davi, com sobeja razão, os exorta a que se alegrassem. Ele lhes ordena a regozijar-se no Senhor, como a dizer: Não há nada que os impeça de assegurar-se do favor divino, visto que Deus tão liberalmente e tão bondosamente lhes oferece sua reconciliação. Entrementes, podemos observar que este é o incomparável fruto da fé que Paulo igualmente recomenda, a saber, quando a consciência dos piedosos se tranqüiliza e se recreia, eles desfrutam de paz e alegria espirituais. Sempre que a fé for viva, este santo regozijo se seguirá. Visto, porém, que a impiedade do próprio mundo o impede de participar desta alegria, Davi, pois, se dirige exclusivamente aos justos, a quem denomina de *os retos no coração*, a fim de ensinar-nos que a aparência externa da justiça que agrada aos homens é de nenhum valor aos olhos de Deus. Mas como ele chama justos, aqueles cuja plena felicidade consiste em Deus, em sua soberana graça, não lhes imputar seus pecados? Minha resposta é que ninguém mais é recebido em seu favor senão aqueles que se sentem insatisfeitos consigo mesmos em virtude de seus pecados, e se arrependem de todo o seu coração; não que tal arrependimento mereça perdão, mas porque a fé jamais pode separar-se do espírito de regeneração. Assim que eles começam a devotar-se a Deus, este aceita a reta disposição de seus corações como se os mesmos fossem puros e perfeitos. Pois a fé não só reconcilia o homem com Deus, mas também santifica tudo quanto é imperfeito nele, de modo que, pela soberana graça de Deus, ele faz justo àquele que jamais obteria tão imensurável bênção com base em seu próprio mérito.

Salmo 33

Davi, ou quem quer que seja o autor deste Salmo, a fim de compelir os crentes a louvarem a Deus, busca seu argumento na providência geral de Deus, pela qual ele sustenta, protege e governa o mundo inteiro. Depois de celebrar a benevolência paternal de Deus para com seu povo escolhido, demonstrando ao mesmo tempo quão necessário é que o santos sejam abrigados por seu cuidado especial.

[vv. 1-4]
Regozijai-vos em Jehovah, vós justos; aos retos fica bem[1] o louvor. Louvai a Jehovah com a harpa; cantai-lhe com o violino e com instrumento de dez cordas. Cantai-lhe um cântico novo; cantai bem alto e com jovialidade; porque a palavra de Jehovah é reta; e todas as suas obras são em fidelidade.[2]

1. Regozijai-vos em Jehovah, vós justos. Neste ponto o escritor inspirado se dirige aos crentes ou justos nominalmente, porque só eles são capazes de proclamar a glória de Deus. Os incrédulos, que jamais degustam a benevolência divina, não podem louvá-lo com seu coração, e Deus não sente nenhum prazer em seu nome ser pronunciado por suas línguas profanas. O contexto, porém, mostra mais distintamente por que esta exortação se adequa somente aos crentes. Por conseguinte, muitos expõem a última cláusula, **aos retos fica bem o louvor**, no seguinte sentido: se os ímpios ou hipócritas tentam executar este exercício, lançarão ignomínia e desonra a Deus em vez de louvá-lo com propriedade; não

---

1 "Ou, digne d'estre aimee par les" etc. – *n.m.f.* "Ou, é digno de ser amado por eles."
2 "Fideles, c'est, fermes et permanentes." – *n.m.f.* "Fidelidade, isto é, firme e permanente."

só isso, mas outra coisa não fazem senão profanar seu santo nome. Sem dúvida, é muitíssimo verdadeiro, como já observei, que Deus cria para si uma igreja no mundo mediante graciosa adoção, com o expresso propósito que seu nome seja devidamente louvado por testemunhas preparadas para tal obra. Mas o real significado da cláusula, *aos retos fica bem o louvor*, é que não há exercício em que melhor possam ser empregados. E, indubitavelmente, visto que Deus, mediante seus benefícios diários, os mune com tal recurso para celebrarem sua glória, e visto que sua infinita benevolência, como já vimos em alhures, lhes é reservada como um tesouro peculiar, ser-lhes-ia uma desdita e completamente irracional manter em silêncio os louvores pertencentes a Deus. A importância da questão é que o principal exercício no qual os justos são empregados é para publicar entre os homens a justiça, a bondade e o poder de Deus, cuja conhecimento é implantado em suas mentes. Seguindo outros intérpretes, tenho traduzido a cláusula, *fica bem o louvor*, mas a expressão traduzida por *fica bem* pode também apropriadamente ser traduzida por *desejável*, se a virmos como uma derivação do termo hebraico, אוה, *avah*, que significa *querer* ou *desejar*. E com certeza, quando Deus atrai os crentes tão afavelmente, é justo que se ocupem em celebrar seus louvores de todo o seu coração. É justo que se observe também que, quando o profeta, depois de ter usado na primeira cláusula uma qualificação, *os justos*, imediatamente adiciona as palavras, *os retos*, que compreende a integridade interior do coração, ele define o que é a verdadeira justiça ou em que consiste.

2. Louvai a Jehovah com a harpa. É evidente que o salmista neste ponto expressa o veemente e ardente afeto que os fiéis devem nutrir ao louvarem a Deus, quando ordena que instrumentos musicais sejam empregados com este propósito. Não deve omitir nada aos crentes que se inclinam a animar a mente e a emoção dos homens, cantando os louvores de Deus. O nome de Deus, sem dúvida, só pode, propriamente falando, ser celebrado mediante a articulação da voz; mas não sem motivo que Davi acrescenta a isto aqueles auxílios pelos quais os crentes costumavam estimular-se ao máximo para este exercício;

especialmente considerando que ele estava falando ao antigo povo de Deus. Entretanto, há uma distinção a ser observada aqui, a saber, que não podemos indiscriminadamente considerar aplicável a nós cada coisa que antigamente foi ordenada aos judeus. Não tenho dúvida de que tocar címbalos, a harpa e o violino, bem como todo gênero de música que é tão freqüentemente mencionada nos Salmos, era uma parte da educação; ou seja, a pueril instrução da lei: falo do serviço fixo do templo. Porque mesmo agora, se os crentes decidissem recrear-se com instrumentos musicais, creio que não devem nutrir o objetivo de dissociar sua jovialidade dos louvores de Deus. Mas quando freqüentam suas assembléias sacras, os instrumentos musicais para a celebração dos louvores divinos não devem ser mais oportunos do que a queima de incenso, o acender das lâmpadas e a restauração das outras sombras da lei. Os papistas, pois, insensatamente tomaram isto por empréstimo, bem como muitas outras coisas, dos judeus. Os homens que são amantes da pompa externa podem deleitar-se com esse ruído; mas a simplicidade que Deus nos recomenda, através do apóstolo, lhe é muito mais deleitável. Paulo só nos permite bendizer a Deus na assembléia pública dos santos numa língua conhecida [1Co 14.16]. A voz humana, ainda que não entendida pela generalidade, indubitavelmente excede a todos os instrumentos inanimados de música; e ainda vemos o que Paulo determina concernente a falar numa língua desconhecida.[3] O que, pois, diremos da cantilena que não enche os ouvidos com outra coisa senão com sons vazios? Quem objetará que a música é utilíssima para despertar as mentes dos homens e comover seus corações? Eu mesmo; mas devemos sempre tomar cuidado para que não se introduza nenhuma corrupção, a qual tanto pode macular o puro culto de Deus como também envolver os homens na superstição. Além do mais, visto que o Espírito Santo expressamente nos adverte, pelos lábios de Paulo, quanto a este perigo, ir além do que ele nos autoriza é, eu diria, não só um zelo inadvertido, mas ímpia e perversa obstinação.

---

3 "Et neant moins nous voyons ce que Sainct Paul en determine." – *v.f.*

3. Cantai-lhe um cântico novo. Visto que o salmista mais adiante trata das portentosas obras de Deus, e particularmente acerca da preservação da Igreja, não causa surpresa que ele exorte os justos a cantarem um cântico novo, isto é, um cântico raro e selecionado. Quanto mais atenta e diligentemente os crentes consideram as obras de Deus, mais eles se aplicarão em seus louvores. Portanto, não é um cântico comum que ele os exorta a cantar, mas um cântico correspondente à magnificência do sujeito. Este é também o significado da segunda cláusula, na qual ele insiste que *cantem bem alto*. É neste sentido que entendo a palavra hebraica, היטיב, *heytib*, ainda que outros a aplicam antes à colocação correta das notas.

4. Porque a palavra de Jehovah é reta. Como já observei, o salmista primeiro apresenta a providência geral de Deus, pela qual ele governa o mundo inteiro; e ele nos diz que assim Deus aplica seu poder em todo o curso de suas operações, para que a mais perfeita eqüidade e fidelidade resplandeça em todos os lugares. Há quem tome os termos *palavra* e *obra* como sinônimos; mas creio que há certa distinção, e que *palavra* significa o mesmo que *conselho* ou *ordenança*, enquanto que *obra* significa o efeito ou execução de seu conselho. Admito que aqui o mesmo tema é reiterado em diferentes termos, como é o caso em outros lugares; mas uma leve variação será encontrada em tais reiterações, ou seja, que a mesma coisa pode ser expressa de várias formas. A importância do que é expresso é que tudo quanto Deus determina e manda é certo; e tudo quanto ele traz a lume em operação atual é fiel e verdadeiro. Entrementes, é preciso observar-se que o termo *palavra* não deve ser deduzido da doutrina, mas do método pelo qual Deus governa o mundo.

[vv. 5-9]
Ele ama a justiça e o juízo; a terra está cheia da bondade de Jehovah. Pela palavra de Jehovah os céus foram estabelecidos; e todo o exército deles, pelo espírito[4] de sua boca. Ele ajunta as águas do mar como num montão; ele põe as profundezas em tesouros. Tema a Jehovah toda a terra; temam-no todos os habitantes do mundo; pois ele falou, e tudo se fez; ele ordenou, e logo tudo apareceu.

---

4 "C'est, le soufle, le vent." – *n.m.f.* "isto é, o fôlego."

5. Ele ama a justiça e o juízo. Esta é uma confirmação do versículo precedente, e notifica que Deus, por sua própria natureza, ama a justiça e a eqüidade. Segue-se, pois, que os impulsos renitentes não podem pressioná-lo, segundo o costume dos homens, a agir mal. À primeira vista, realmente isto parece apenas uma recomendação corriqueira de Deus e de pouca importância, visto que todos confessam que ele observa a mais perfeita regra de justiça em todas as suas obras. Por que, pois, diria alguém, fala ele de um cântico novo, como se o mesmo fosse composto de matéria incomum? Em primeiro lugar respondemos que, visto ser por demais óbvio quão perversamente uma grande parte do mundo fecha seus olhos para a justiça de Deus, enquanto ou displicentemente ignoram as inumeráveis provas de sua providência ou imaginam que elas sucedem por acaso. Mas há ainda um erro pior que este, ou seja, que se nossos desejos não são satisfeitos, imediatamente murmuramos contra a justiça de Deus; e ainda que a máxima, "Deus faz todas as coisas com justiça", esteja nos lábios de todos os homens, não obstante raramente um em cem firmemente o crê em seu coração, do contrário, tão logo esta verdade é pronunciada, "assim é do agrado de Deus", cada pessoa obedientemente se submeteria à vontade de Deus. Ora, visto que os homens na adversidade, com a máxima dificuldade, são levados a este ponto – reconhecer que Deus é justo e como, na prosperidade, logo se esmorecem do reconhecimento desta verdade, não admira que o profeta, a fim de persuadir os homens de que Deus é um governante justo, afirma que ama a justiça. Portanto, quem quer que abrace totalmente esta doutrina, que o mesmo saiba que ela é de grande proveito.

Outros explicam isto no sentido em que Deus ama a justiça nos homens. Isto, na verdade, é verdadeiro; mas está longe do sentido do texto, porque o desígnio do Espírito Santo, aqui, é manter a glória de Deus em oposição à peçonha da impiedade, a qual se acha profundamente sediada em muitos corações. Na segunda cláusula do versículo, o salmista enaltece outra parte da excelência de Deus, a saber, que **a terra está cheia de sua bondade**. A justiça de Deus deve com razão incitar-nos a louvá-lo, sua bondade, porém, é um motivo ainda mais poderoso; porque, quanto mais experiência uma pessoa tenha da beneficência e misericórdia divinas, mais fortemente é ele influenciado a cultuar a Deus. Além do mais, o discurso é ainda concernente a todos os benefícios de Deus que ele distribui a toda a raça humana. Estes, declara o escritor inspirado, nos satisfazem sempre que volvemos nossos olhos.

6. Pela palavra de Jehovah. Para estimular-nos a pensar mais atentamente nas obras de Deus, ele põe diante de nós a criação do próprio mundo; pois enquanto Deus não for reconhecido como o Arquiteto e Criador do mundo, quem crerá que ele atenta para as atividades dos homens e que a condição do mundo é controlada por sua sabedoria e poder? A criação do mundo, porém, nos leva, por direta conseqüência, à providência de Deus. Não que todos os homens raciocinem com tanta justeza ou que sejam dotados com critério tão sólido, ao ponto de concluir que o mundo é neste dia sustentado pelo mesmo poder divino de quando foi criado; ao contrário disso, a grande maioria imagina que Deus não passa de um espectador ocioso no céu de tudo o que se passa aqui na terra. Mas ninguém realmente crê que o mundo foi criado por Deus a menos que cada um seja também firmemente persuadido de que o mundo é sustentado e preservado por Deus. Sábia e corretamente, portanto, o profeta nos faz retroceder à própria origem do mundo, a fim de gravar em nossa mente a certeza da providência divina na contínua ordem da natureza. Fazendo uso de sinédoque, ele emprega o termo, *céus*, para toda a estrutura do mundo, porque, como já observei alhures, a visão dos céus mais que todas as demais partes da criação nos transporta com admiração. Ele, pois, imediatamente adiciona: **E todos os exércitos deles**, por cuja fraseologia, segundo o método usual da Escritura, ele quer dizer as estrelas e os planetas; pois se os céus fossem destituídos deste ornamento, de certa forma seriam vazios. Ao dizer que os céus foram criados *pela palavra de Deus*, ele magnifica grandemente o poder divino, visto que, unicamente por seu arbítrio[5],

---

5 "Par son simple vouloir et commandement." – *v.f.* "Simplesmente por sua vontade e mandamento."

sem qualquer outro auxílio ou meio, e sem longo tempo de labor,[6] ele criou tão nobre e magnificente obra. Embora, porém, o salmista ponha *a palavra de Deus* e *o fôlego de sua boca* em oposição tanto a todos os meios externos quanto a cada idéia de penoso labor por parte de Deus, todavia podemos verdadeira e indubitavelmente inferir desta passagem que o mundo foi formado pela Eterna Palavra de Deus, ou seja, seu unigênito Filho. Antigos intérpretes, com considerável ingenuidade, empregaram esta passagem contra os sabelianos como prova da eterna Deidade do Espírito Santo. Tudo indica, porém, à luz de outras passagens, particularmente Isaías 11.4, que pela expressão, *o fôlego de sua boca*, que a intenção não é outra senão *discurso*. Pois ali se diz acerca de Cristo: "e ferirá a terra com a vara de sua boca, e com o sopro de seus lábios matará o ímpio." Visto que poderoso e eficaz discurso ali se denomina alegoricamente *a vara de sua boca*, assim também, com outro propósito, se denomina imediatamente a cláusula procedente, *o fôlego de sua boca*, com o fim de caracterizar a diferença que existe entre o discurso divino e os sons vazios que procedem da boca dos homens. Portanto, para provar a Deidade do Espírito Santo não ouso lançar mão deste texto contra os discípulos de Sabélio. Consideremos suficiente que Deus tenha formado os céus pela instrumentalidade de sua Palavra, de uma maneira tal que fique provado a eterna Deidade de Cristo. Se alguém objetar que estas pessoas divinas não seriam distintas se os termos *Palavra* e *Fôlego* forem sinônimos, respondo que o termo *fôlego* não é empregado aqui simplesmente como em outras passagens, onde evidentemente se faz certa distinção entre a *Palavra* e o *Espírito*; senão que *o fôlego de sua boca* é usado figuradamente para a própria enunciação do discurso; como se quisesse dizer: Tão logo Deus emitiu o fôlego de sua boca, ou proclamou verbalmente o que queria que fosse feito, os céus foram instantaneamente trazidos à existência, e foram munidos também com um inconcebível número e variedade de estrelas. Na verdade esta similitude é tomada por

---

6 "Sans aussi y employer beaucoup de temps ou travail." – *v.f.*

empréstimo dos homens; mas as Escrituras amiúde ensinam em outras passagens que o mundo foi criado por aquela Eterna Palavra que, sendo o unigênito Filho de Deus, manifestou-se mais tarde em carne.

7. Ele ajunta as águas do mar como um montão.[7] Neste ponto o salmista não fala de tudo o que poderia ter sido dito de cada parte do mundo, mas, sob um único departamento, ele compreende todo o resto. Ele celebra, contudo, um sinal e notável milagre que vemos ao mirarmos a superfície da terra, ou seja, que Deus reúne o elemento água, líquido e instável como é, num sólido montão e ali a mantém segundo seu prazer. Os filósofos naturalistas confessam, e a experiência publicamente proclama, que as águas ocupam um lugar mais elevado que a terra. Como é possível que, visto que são líquidas e naturalmente se dispõem a jorrar, não se espalham e cobrem a terra, e como é que a terra, que está num plano inferior, permanece seca? Aqui certamente percebemos que Deus, que está sempre atento ao bem-estar da raça humana, fechou as águas dentro de certos limites invisíveis e as mantém encerradas até o presente momento; e o profeta elegantemente declara que elas obedecem às ordens de Deus, como se fossem um monte de matéria fixa e sólida. Nem é sem propósito que o Espírito Santo, em diversas passagens, faz alusão a esta prova do poder divino, como em Jeremias 5.22 e em Jó 38.8.

Na segunda parte do versículo, ele parece reiterar a mesma idéia, com ampliação. Deus não só confina a imensa mansa de águas nos oceanos, mas também as oculta, por um misterioso e incompreensível poder, nas próprias entranhas da terra. Quem se der ao trabalho de comparar os elementos entre si haverá de reconhecer que é contrário à natureza que as profundezas ou os imensuráveis abismos de águas, cuja natural tendência é, antes, tragar a terra, mantendo-a oculta em seu seio. Que tantas cavidades, canais e abismos, por conseguinte, não tragam a terra a

---

[7] Em Gênesis 1.9 lemos: "Ajuntem-se num só lugar as águas que estão debaixo do céu, e apareça o elemento seco. E assim se fez." Aqui o salmista provavelmente faz referência a essa passagem, visto que no versículo 9 há evidentemente uma imitação do estilo no qual Deus é descrito no primeiro capítulo de Gênesis como que plasmando a obra da criação.

cada momento oferece outra magnificente exibição do poder divino; pois embora hoje e outrora algumas cidades e campos foram tragados, não obstante o corpo da terra é preservado em seu devido lugar.

8. Que toda a terra tema a Jehovah. O salmista conclui que há uma justa razão por que o mundo inteiro reverentemente se submete ao governo divino, quem lhe dá a existência e quem também o preserva. *Temer a Jehovah* e *andar em seu temor* simplesmente significa honrar e reverenciar seu infinito poder. É um sinal de grande insensibilidade não curvar-se na presença de Deus, de quem recebemos nosso ser e de quem nossa condição depende. O profeta alude a ambas estas coisas, afirmando que o mundo veio à existência assim que Deus falou e que é que mantido em existência mediante seu mandamento; pois não teria sido suficiente que o mundo fosse criado numa fração de tempo e depois não fosse mantido em existência pelo poder de Deus. Ele não empregou uma grande série de meios ao criar o mundo, mas, para provar o inconcebível poder de sua palavra, ele ordenou que, assim que a palavra fluísse de seus lábios, a criação se concretizasse.[8] Portanto, o termo, *ordem*, confirma o que eu disse anteriormente, a saber, que sua *palavra* outra coisa não era senão uma vontade ou desejo, e que *falar* implica o mesmo que ordenar. É natural, contudo, entender que nesta vontade ou ordem se exibe a eterna sabedoria de Deus.

[vv. 10-12]
Jehovah dissipa o conselho das nações e torna nulas as imaginações dos povos.[9] O conselho de Jehovah permanecerá para sempre, e os pensamentos de seu coração, de geração em geração.[10] Bem-aventurado é o povo cujo Deus é Jehovah, povo a quem ele escolheu para ser sua herança.

---

8 "Il a commandé que si tost qu'il auroit comme prononcé le mot, la chose aussi se trouvast faire." – *v.f.*

9 A Septuaginta, aqui, acrescenta uma frase que não está no hebraico, a saber: "Καὶ ἀθετεῖ βουλὰς ἀρχόντων" – "e frustra os conselhos dos príncipes." A Vulgata, a Arábica e a Etiópica, copiando da Septuaginta, trazem o mesmo acréscimo. O mesmo, porém, não se dá com as versões Caldaica e Siríaca que concordam com nossas Bíblias hebraicas; e deste fato somos levados a concluir que os tradutores da versão grega acrescentaram isto à guisa de paráfrase; liberdade esta que encontramos em outros lugares.

10 Hebraico: *Para gerações e gerações.*

10. Jehovah dissipa o conselho das nações. Após tocar em termos breves sobre a criação do mundo, o salmista se volve ao tema anterior, ou seja, ele mostra que os eventos que diariamente sucedem são provas indubitáveis da providência divina. E para que alguém não ficasse surpreso de que Deus se exibisse como um adversário dos homens, dissipando seus conselhos em vez de estabelecê-los e conduzi-los a um feliz resultado, ele escolhe um exemplo que tinha mais poder para confortar os santos. Sabemos a quantas coisas os homens continuamente se aventuram e inventam contra toda lei e justiça, e como lutam em favor de seus inventos a fim de virar o mundo de ponta cabeça, para que possam tiranicamente adquirir poder e assim pisotear os bons e simplórios. Que criaturas, pois, seriam mais miseráveis que nós, se aos homens, possuídos de uma variedade tão imensa de perversos afetos, fosse permitido agir com irrefreada licenciosidade contra nós? Mas quando Deus declara do céu a nós que sua obra inclui fazer em pedaços as maquinações de tais homens e tornar suas determinações em nulidade, não há razão para não mantermos tranqüilos, mesmo quando se agitam com extremo tumulto. Portanto, de Deus se diz destruir os conselhos dos homens, não porque francamente se deleite em frustrá-los, mas para refrear sua licenciosidade; pois lançariam imediatamente todas as coisas em confusão, fossem eles deixados à mercê de seus desejos. Sim, como, ao ultrajar a eqüidade e perturbar o justo e inocente, não percebem que lutam contra o próprio Deus, é necessário considerar que o poder e a proteção de Deus é são postos em oposição à fúria deles. E como a grande maioria dos homens, desdenhando de toda modéstia, se lança de ponta cabeça em indiscriminada licenciosidade, o profeta fala não só de pessoas individualmente, mas de todas as nações; noutros termos, ele afirma que quanto mais os homens conspirem entre si, que determinem tentar isto ou aquilo com grandes exércitos, todavia seus propósitos serão transformados em nada, porquanto é tão fácil para Deus dissipar as multidões como refrear uns poucos. Mas embora seja, neste lugar, o desígnio divino nos fortalecer com boa esperança contra a ousadia dos maus, ele nos adverte, ao mesmo tempo, a intentar nada sem sua ordem e diretriz.

11. O conselho de Jehovah. O profeta enaltece o infinito poder de Deus de uma maneira tal que pudesse edificar nossa fé em sua grandeza; pois ele aqui não exalta um conselho de Deus que se acha escondido no céu e o qual ele quisesse que honrássemos e reverenciássemos de longe. Mas como o Senhor por toda parte na Escritura testifica que ama a justiça e a verdade; que vela pela justiça e a bondade; e que está sempre inclinado a socorrer seus servos quando são injustamente oprimidos – o profeta quer dizer que tudo isso permanecerá seguro e inabalável. E assim ele declara com que propósito Deus transforma em nada os conselhos das nações, ou seja, pelo fato de indiscriminadamente virar de ponta cabeça toda a ordem.

Em primeiro lugar, pois, aprendamos a buscar o conselho de Deus no conteúdo de sua Palavra; e quando nos sentirmos satisfeitos com o fato de que ele prometeu nada mais que aquilo que determinou fazer, tenhamos imediatamente em nossa mente a imutabilidade daquilo que o profeta aqui fala. E visto que muitas – ou, melhor, todas – nações às vezes lutam por impedir seu curso mediante inumeráveis obstáculos, lembremo-nos também da declaração precedente, a saber, que quando os homens maquinam muitos inventos, está no poder de Deus, e às vezes em seu prazer, transformá-los em nada. O Espírito Santo inquestionavelmente pretendia que nossa fé fosse exercitada neste conhecimento prático; do contrário o que ele aqui diz do conselho de Deus seria insípido e infrutífero. Mas ao sermos persuadido deste fato, a saber, que Deus defenderá seus servos que invocam seu nome e os livrará de todos os perigos, seja qual for o malefício que os maus pratiquem contra eles, seus esforços e tentativas de modo algum nos terrificarão, porque, tão logo Deus se oponha às suas maquinações, nenhuma artimanha de sua parte será capaz de destruir seu conselho.

12. Bem-aventurado é o povo cujo Deus é Jehovah. Este versículo concorda excelentemente com o precedente, porque nos aproveitaria pouco observar o que se diz da estabilidade do conselho de Deus, se tal conselho não se referisse a nós. O profeta, pois, ao proclamar que bem-aventurado é aquele a quem Deus recebe em sua proteção, nos lembra que o conselho ao qual estivera a mencionar não é um conselho secreto que permanece sempre oculto em Deus, mas aquele que se exibe na existência e proteção da Igreja e pode ser aí observado. E assim vemos que não são os que friamente especulam acerca do poder de Deus, e, sim, somente os que o aplicam em seu atual benefício que corretamente reconhecem a Deus como o Governador do mundo. Além do mais, quando o salmista põe toda nossa bem-aventurança no fato de que *Jehovah é o nosso Deus*, ao tocar na fonte do amor divino para conosco, ele envolve, num só termo, tudo quanto geralmente se deseja para tornar a vida feliz. Pois quando Deus se condescende a cuidar de nossa salvação, a abrigar-nos sob suas asas, a prover para nossas necessidades, a socorrer-nos em todos os nossos perigos, tudo isso depende de termos sido adotados por ele. Mas para que não se pense que os homens obtêm tão imenso bem por seus próprios esforços e inventividade, Davi nos ensina expressamente que procede da fonte do gracioso e eletivo amor de Deus o fato de sermos considerados o povo de Deus. É deveras verdade que, na pessoa de Adão, os homens foram criados inicialmente para o preciso propósito de que seriam os filhos de Deus; mas a alienação que se seguiu ao pecado nos privou dessa incomensurável bênção. Portanto, enquanto Deus graciosamente não nos adota, somos todos por natureza desditosos, e não temos nenhuma outro ingresso para ou meios de obter a felicidade senão este: que Deus, de seu próprio beneplácito, nos escolheria, a nós que somos totalmente indignos. Conseqüentemente, quão estultos evidentemente são aqueles que corrompem esta passagem, transferindo para os homens o que o profeta aqui atribui a Deus, como se os homens pudessem escolher a Deus por sua herança. Aliás, admito ser pela fé que distinguimos o Deus verdadeiro dos ídolos; mas este princípio deve ser sempre mantido com firmeza, a saber, que não teremos por ele nenhum interesse a menos que ele nos antecipe com sua graça.

[vv. 13-16]
Jehovah olha desde o céu; ele observa os filhos de Adão. Do lugar onde está se trono ele observa todos os habitantes da terra. Aquele que formou o coração de todos eles,[11] que discerne todas as obras deles. Um rei não se salva pela multidão de seu exército, nem um gigante se livra pela grandeza de sua força. O cavalo é algo ilusório para dar segurança,[12] e não livrará pela grandeza de sua força.

13. Jehovah olha desde o céu. O salmista prossegue ainda com a mesma doutrina, a saber, que os negócios humanos não são arremessados de um lado para o outro fortuitamente, senão que Deus secretamente guia e dirige tudo o que vemos acontecer. Ora, ele aqui enaltece a inspeção divina de todas as coisas, para que, de nossa parte, aprendamos a observar e a contemplar com os olhos da fé sua providência invisível. Sem dúvida, há evidentes provas dela continuamente diante de nossos olhos; mas a grande maioria dos homens, não obstante, nada vêem além de si mesmos e, em sua cegueira, imaginam que todas as coisas se acham sob a diretriz do cego acaso. Não só isso, mas por mais liberal e abundantemente ele derrame sobre nós sua bondade, a menos que desperte nossos pensamentos para ele, ridiculamente só perceberão as circunstâncias externas e imóveis ao seu redor. O profeta, neste ponto, repreende esta vil conduta, porque nenhuma afronta mais grave se pode fazer a Deus do que encerrá-lo em seu céu num estado de ociosidade. Seria o mesmo que encerrá-lo num túmulo. Que gênero de vida seria a de Deus, caso ele não visse nem cuidasse de coisa alguma? Sob o termo, *trono*, igualmente, o escritor sacro mostra o que se acha implícito nele, a saber, que é uma absurda enfatuação despojar Deus de pensamento e entendimento. Ele nos faz entender com este termo que o céu não é um palácio no qual Deus permaneça ocioso e entregue a prazeres, como sonham os epicureus, mas uma corte real, donde exerce seu governo sobre todas as partes do mundo. Portanto, se ele erigiu seu trono no santuário celestial, com o

---

11 "C'est, sans en excepter un." – *n.m.f.* "Isto é, sem uma única exceção."
12 "Hebraico, est mensonge à salut." – *n.m.f.* "Hebraico, é uma ilusão para a segurança."

fim de governar o universo, segue-se que de forma alguma negligencia as atividades terrenas, senão que as governa com a mais preeminente razão e sabedoria.

15. Aquele que formou o coração de todos eles. Tudo indica que isto foi adicionado com o expresso propósito de seguramente persuadir os crentes de que, por mais que os maus astuta e fraudulentamente possam, com seus secretos estratagemas, esquivar-se da supervisão divina, e se ocultem em cavernas, contudo seus olhos penetrarão seus mais escuros esconderijos. E o salmista argumenta a partir da própria criação que Deus não pode senão trazer as maquinações e feitos dos homens à prestação de conta e juízo; porque, embora cada um tenha complexos recantos ocultos em seu íntimo, de modo que há portentosa diversidade de diferentes mentes neste aspecto, e esta grande variedade cria a mais confusa obscuridade, todavia os olhos de Deus não podem ser ofuscados e obscurecidos ao ponto de não poderem julgar e de levar a efeito sua própria obra. Pelo advérbio, *juntamente* [de todos eles], pois, ele não quer dizer que os corações humanos foram formados a um só tempo e sem uma única exceção; de modo que manifestam grande insensatez os que tentam ocultar ou a vedar o conhecimento de seus corações daquele que os formou. O discurso pode também ser entendido no seguinte sentido: que os homens não podem, mediante as errôneas maquinações de seus próprios pensamentos, apoucar a autoridade divina sobre si, de modo que não possa governar, através de sua secreta providência, os eventos que lhes parecem ocorrer por acaso. Vemos, aliás, como, ao estabelecer suas vãs esperanças, despojam a Deus de seu poder e o transferem para as criaturas, numa ocasião com este objetivo, noutra ocasião, com aqueloutro, concebendo que não têm necessidade alguma de seu auxílio, enquanto se acham munidos com os meios e auxílios externos para se protegerem.

Portanto, prossegue: **Um rei não se salva pela multidão de seu exército etc.** Com isto o escritor inspirado pretende ensinar-nos que a segurança das vidas humanas não depende de sua própria força, mas do favor divino. Ele denomina particularmente de *reis* e *gigantes* em vez de outros títulos; porque, visto que não fazem parte da classe comum dos homens, mas de uma condição preeminente, parece a si mesmos como se estivessem muito além do alcance de todos os perigos e dardos, e se alguma adversidade lhes sobrevier, prometem a si mesmos um fácil livramento dela. Em suma, intoxicados com uma presunçoso confiança em sua própria força, raramente têm consciência de que são mortais. Tornam-se ainda mais empedernidos nesta soberba à vista da tola admiração que provém do vulgo que se extasiam ante a grandeza de seu poder. Portanto, se nenhum rei se salva por suas tropas, nem um gigante, por sua força, quando se expõem ao perigo, em vão os homens negligenciam a providência divina e buscam ao seu redor o auxílio humano. Deste fato segue-se que a condição, tanto do forte quanto do fraco, é miserável, até que aprendam a confiar na proteção divina.

17. O cavalo é ilusório para dar segurança. O salmista, neste versículo, lançando mão de sinédoque, sob o nome *cavalo*, deve ser entendido como que indicando qualquer tipo de auxílio. O sentido consiste em que, em termos gerais, os que acreditam que sua vida está bem protegida pelos meios terrenos, são comumente decepcionados em meio às crises de risco, e são miseravelmente levados à total ruína, de modo que, com isso, Deus lhes revela sua estultícia. É verdade que os reis não são debalde armados com espada, nem supérfluo é o uso de cavalos, nem os tesouros e recursos que Deus fornece dependem desnecessariamente das vidas humanas, contanto que se observe que sejam empregados de uma forma correta. Visto, porém, que a maior parte dos homens, quanto mais é cercada por defesas humanas, mais se esquiva de Deus e, com uma falsa imaginação, se persuade de que se acha num céu seguro de toda perturbação, Deus age em plena justiça ao frustrar tal demência. Eis a razão por que seus dons às vezes transcorrem sem efeito, visto que o mundo, ao alienar-se do divino doador, também com razão se priva de suas bênçãos.

[vv. 18-19]
Eis que os olhos de Jehovah estão sobre os que o temem, sobre aqueles que esperam em sua misericórdia, para livrar suas almas da morte e para conservar-lhes a vida no tempo da fome.

18. Eis que os olhos de Jehovah estão sobre os que o temem. Havendo demonstrado que o que os homens consideram sua melhor defesa amiúde não lhes traz nenhum proveito, ou, melhor, é totalmente sem valia quando os homens dependem de tais coisas, o salmista agora mostra, em contrapartida, que os crentes, embora não sejam revestidos de grande poder nem possuam grande riqueza, não obstante são suficientemente protegidos só pelo favor divino e estarão seguros para sempre. Seu sentido é bem ilustrado com esta comparação, a saber, que os reis e gigantes não recebem nenhum auxílio de sua invencível força, enquanto que Deus sustenta a vida dos santos na fome e na morte, tão realmente como se sua vida fosse restaurada quando mortos. Conseqüentemente entendemos melhor por que o profeta põe abaixo toda a força do mundo; seguramente não que os homens fiquem prostrados ou sejam tão quebrantados que se entreguem ao desespero, mas porque, desfazendo-se de seu orgulho, firmem bem seus pensamentos em Deus somente e se persuadam de que sua vida depende da proteção divina. Além do mais, ao dizer que os olhos de Deus estão postos sobre os que o temem e os salva, ele expressa mais do que se houvera dito que sua mão e poder foram suficientes para preservá-los. É possível que uma dúvida entre sorrateiramente nas mentes dos fracos, a saber, se Deus estenderia esta proteção a todo e qualquer indivíduo. Quando, porém, o salmista o introduz como que mantendo vigilância e custódia, por assim dizer, sobre a segurança dos fiéis, não há razão por que algum deles deva tremer ou hesitar em si mesmo por um longo período, uma vez que é certo que Deus está presente com ele e o assiste, desde que o mesmo permaneça tranqüilo debaixo da providência divina. À luz deste fato, também surge ainda mais claramente quão veraz era o que acabava de dizer: *quão bem-aventurado é o povo cuja Deus é Jehovah*, porque, sem ele toda a força e riquezas que porventura possuamos serão debalde, ilusórias e perecíveis; enquanto, com um único olhar, ele defende seu povo, supre suas necessidades, o alimenta no tempo de fome e o preserva vivo quando se acha destinado à morte. Toda a raça humana, sem dúvida, é sustentada pela providência divina; mas sabemos que seu cuidado paternal especialmente se destina a nenhum outro senão a seus próprios filhos, os quais têm consciência de que suas necessidades são por ele realmente levadas em conta.

Além disso, quando se afirma que Deus, em tempos de fome e de morte, tem em prontidão um antídoto para preservar as vidas dos piedosos, somos instruídos de que só os fiéis prestam a devida honra à sua providência quando não permitem que seus corações percam o alento quando chega a mais extrema indigência; mas, ao contrário, despertem suas esperanças mesmo nos recessos do túmulo. Deus às vezes permite que seus servos sofram fome por algum tempo, para que depois os sacie, e que os envolve com as trevas da morte para que a seguir os restaure à luz da vida. Sim, só começamos a pôr nossa firme confiança nele quando a morte comparece diante de nossos olhos; porque, até que conheçamos, por experiência, a vacuidade dos auxílios do mundo, nossos afetos continuarão enredados por eles e jungidos a eles. O salmista caracteriza os crentes por duas marcas, as quais compreendem toda a perfeição de nossa vida. A primeira consiste em que reverentemente sirvamos ao Senhor; e a segunda, que dependamos de sua graça. Os hipócritas podem blasonar alto e bom som de sua fé, mas nunca terão provado ainda que uma pequena porção da bondade divina, até que sejam induzidos a buscar em Deus aquilo de que necessitam. Ao contrário, quando os fiéis se entregam, de todo o coração, ao serviço e temer de Deus, este afeto emana da fé; ou, melhor, a parte principal do verdadeiro culto que os fiéis rendem a Deus consiste nisto: que dependem da misericórdia divina.

> [vv. 20-22]
> Nossa alma espera em Jehovah; ele é nosso auxílio e nosso escudo. Seguramente que nosso coração se alegrará nele, porque[13] confiaremos em seu santo nome. Seja sobre nós, ó Jehovah, a tua misericórdia, conforme temos confiado em ti.

---

13 "Ou, certes." – *n.m.f.* "Ou, certamente."

20. Nossa alma espera em Jehovah. O que o salmista até aqui falou concernente à providência de Deus, e particularmente sobre a fiel tutela com que ele protege seu povo, agora ele fala não tanto de si mesmo, mas como porta-voz do Espírito Santo. Portanto, em nome de toda a Igreja, ele entoa seu cântico declarando que não existe nada melhor que confiar nosso bem-estar a Deus. E assim vemos que o fruto da doutrina precedente é manifesto a todos os verdadeiros crentes, para que, sem qualquer hesitação, se lancem com um coração confiante e alegre sobre o paternal cuidado de Deus. Desta forma, o salmista não declara nada acerca de si próprio em particular, mas une a si todos os piedosos no reconhecimento da mesma fé. Há certa ênfase intencional na palavra *alma*; pois, embora seja este o modo comum de se expressar entre os hebreus, contudo ele expressa um solícito afeto; como se os crentes dissessem: Sinceramente confiamos em Deus de todo o nosso coração, reputando-o como nosso escudo e auxílio.

21. Seguramente nosso coração se alegrará nele. Visto que a partícula כי, *ki*, que é duas vezes empregada neste versículo, tem vários significados no idioma hebraico, aqui pode ser entendida num duplo sentido. Se a explicarmos afirmativamente em ambas as cláusulas, o sentido será que os crentes se gloriam tanto em sua alegria quanto em sua esperança. Tampouco creio ser impróprio que estas duas sejam referidas distintamente no mesmo contexto, assim: Com toda certeza Deus sempre será nossa alegria; com toda certeza seu santo nome será como uma inexpugnável fortaleza para nosso refúgio. Não é só por isso que os crentes continuam perseverantemente a invocar a Deus, mas porque, satisfeitos com o favor divino, sempre contam com este conforto em meio às suas dores e tristezas, o qual é suficiente para manter sua jovialidade. Portanto, é com razão que os crentes afirmam, em primeira instância, que seus corações se regozijam no Senhor; porque, livres dos devaneios segundo as fascinações do mundo, nem vacilam nem hesitam em cada mudança que sofre a fortuna, mas depositam toda a felicidade de sua vida no desfruto do gracioso e paternal cuidado de Deus.

A seguir acrescentam, em segunda instância, que **confiam em seu santo nome**. Entretanto, se porventura alguém prefere entender a partícula כי, *ki*, significando *visto que*, assinalando a causa ou a razão, o sentido continuará não menos correta e elegantemente expresso desta forma: Visto que nossa esperança está firmada em Deus, ele estará igualmente determinado, de sua parte, a ministrar-nos contínuo motivo de alegria. E a experiência sobejamente prova que, quando os homens se vêem submersos em angústia e sucumbem em meio a preocupações, tristezas e ansiedades, então é neste ponto que podem receber o salário de sua loucura; visto que não há nada que enfrentam com mais dificuldade do que depositar suas esperanças tão-somente em Deus, deixando de exultar em suas próprias e ilusórias imaginações com as quais se deleitam.

22. Seja sobre nós, ó Jehovah, a tua misericórdia. Finalmente, o Salmo termina com uma oração, a qual o sacro escritor oferece em nome de todos os piedosos, dizendo que Deus os fará sentir os efeitos provindos do fato de não terem debalde confiado na divina benevolência. Entrementes, o Espírito, ao ditar-nos esta regra de oração através dos lábios do profeta, nos ensina que a porta da divina graça nos estará de par em par aberta, quando a salvação não for buscada nem esperada de alguma outra fonte. Esta passagem nos fornece outra mui doce consolação, a saber: se nossa esperança não desmaiar em meio à nossa trajetória, então não teremos qualquer razão de recear que Deus venha a fraquejar, deixando de usar de misericórdia para conosco, sem qualquer interrupção, perenemente.

Salmo 34

Salmo de Davi, quando mudou seu semblante diante de Abimeleque, o qual o baniu de sua presença e ele se foi.

Davi rende graças a Deus por um sinal de livramento, e aproveita a ocasião para celebrar sua perpétua graça em favor de todos os santos, e para exortá-los a confiar nele e a cultivar a piedade. Afirmando que a única forma de viver a vida feliz e caminhando santa e irrepreensivelmente no mundo, no serviço e no temor de Deus. É óbvio à luz do título em que ocasião específica o favor divino é aqui celebrado. Quando ele se dirigiu ao rei Aquis, como se acha registrado em 1 Samuel 27.2,[1] o qual, com exceção de Saul, ele considerava o mais mortífero de todos os seus inimigos, provavelmente não fosse o caso de jamais poder fugir dele. Portanto, o único meio que tinha para salvar sua vida era fingindo-se de louco, deixando espumar a boca, olhando com olhar feroz e desfigurando seu semblante. Isso tampouco é de se admirar, pois Aquis, se decepcionando em sua confiante esperança que nutria de obter vitória, e atribuindo tão-somente a Davi tanto a derrota que sofrera quanto a desonra que recebera, se voltando contra ele com implacável ódio. Portanto, ao permitir-lhe escapar, o que contrariava sua própria expectativa e a de todos os demais homens, Davi reconhece que ali se exibira um memorável exemplo do favor divino para com ele, fato este que poderá ser de muita valia para a instrução geral

---

1 Deveria ser 1 Samuel 21.11,12.

de toda a Igreja. Em vez de Aquis,[2] aqui se emprega Abimeleque; e é provável que o último nome fosse a designação comum dos monarcas dos filisteus, como Faraó era o título comum dos monarcas do Egito e César, o dos imperadores romanos, o qual foi tomado por empréstimo do nome de Júlio César, que foi o primeiro a ampliar o poder imperial entre os romanos. Sabemos que muitas gerações antes que Davi nascesse, os reis que reinaram em Gerar, no tempo de Abraão, chamavam-se Abimeleque. Portanto, não deve causar surpresa o fato de que este nome seja associado de século após século entre sua posteridade e por ter se tornado o título comum de todos os reis da Palestina. O termo hebraico, טעם, taäm, o qual traduzi por *semblante [rosto]*, também significa *discernimento, compreensão*,[3] e portanto pode ser pertinentemente interpretado desta maneira, ou seja, que ele parecia estulto e insípido. O verbo do qual se deriva propriamente significa *provar*, e portanto é com freqüência transferido para razão, compreensão e todos os sentidos. Conseqüentemente, para Davi, fingindo-se de louco, o termo *compreensão* é muito apropriado. Ora, embora tenha se escapado através deste expediente sutil, ele não nutre dúvida de que fora libertado pela mão divina; tampouco atribui o louvor de seu salvamento à pretensa loucura, antes reconhece que a crueldade de seu inimigo fora abrandada pela secreta influência divina, de tal modo que aquele que anteriormente se enraivecera contra ele agora se torna pacífico mediante um mero artifício. Certamente que não se deve esperar que Aquis tivesse expulso com desdém um homem tão bravo, a quem descobrira ser um inimigo por demais perigoso para todo o seu reino, e de quem tivera que suportar tão graves perdas. Isto suscita a pergunta: Davi fingiu-se de louco sob a orientação do Espírito Santo?

---

[2] Aquis poderia ter sido seu nome particular, enquanto que Abimeleque era o título comum dos reis de Gate. A palavra, *Abimeleque*, significa *Pai – Rei*.
[3] Ainsworth traduz: *sua conduta*, ou *seu juízo, razão*; e observe-se que é "propriamente *o sabor*, como no versículo 9, Jó 6.6, e com freqüência em outros lugares, que é usado tanto para o juízo ou razão íntima de alguém quanto para o gesto e comportamento externo (como o grego aqui o traduz *rosto*) pelo quê uma pessoa é discernida e julgada ser sábia ou insensata, como se discernem os alimentos pelo sabor."

Pois por seu apelo para conectar estas duas coisas: a pretensa loucura e o êxito advindo desta pretensão, poder-se-ia inferir que o mesmo Espírito por quem este Salmo foi inspirado sugeriu à mente de Davi este estratagema[4] e o levou a enganar o rei Aquis. Minha resposta é que, embora Deus às vezes livra a seu povo, enquanto que ao mesmo tempo eles erram em escolher os meios, ou mesmo caem em pecado ao adotá-los, todavia não há nada de inconsistente nisto. O livramento, pois, era obra de Deus, mas o pecado que intermediava, o qual não há razão alguma para ser justificado, deve ser atribuído a Davi. Foi assim que Jacó obteve a bênção pelo favor e beneplácito de Deus; e no entanto a sagacidade da mãe, com a qual a obtenção da bênção se associou, foi, sabemos nós, de sua parte pecaminosa. Às vezes, pois, pode suceder que o evento seja levado à concretização pelo Espírito de Deus, e contudo os santos a quem ele pode empregar como instrumentos se desviarão do caminho do dever. Portanto, seria supérflua a tentativa de justificar-se a Davi, que deveria antes envergonhar-se, porque, ao não confiar sua vida inteiramente a Deus, expôs a si e à graça do Espírito, por quem era governado, ao escárnio dos ímpios. Eu não asseveraria de forma positiva, mas tudo indica que desta decepção houve algum sinal de enfermidade. Se for dito que Davi, aqui, magnifica a graça de Deus, pois ao deformar seu rosto e sua fala escapou da morte, uma vez mais respondo que Davi expressamente faz menção desta circunstância com o fim de tornar a graça de Deus ainda mais preeminente, no fato de que seu erro não foi lançado em sua conta, fazendo-o culpado.

[vv. 1-6]
Bendirei a Jehovah em todo o tempo; seu louvor estará sempre em minha boca. Minha alma se gloriará em Jehovah; os humildes ouvirão e se alegrarão. Magnificai a Jehovah comigo e exaltemos juntos o seu nome. Eu busquei a Jehovah e ele me respondeu e me livrou de todos os meus temores. Olharão para ele e afluirão para ele; e seus rostos não sofrerão vexame. Este pobre clamou e Jehovah o ouviu e livrou de todas as suas angústias.

---

4 "Luy meit aussi au coeur ceste finesse." – *v.f.*

1. Bendirei a Jehovah em todo o tempo.[5] Neste ponto, Davi enaltece a grandeza de Deus, prometendo conservar na memória, ao longo de toda sua vida, a benevolência que lhe fora concedida. Deus assiste a seu povo diariamente para que possam continuamente ocupar-se em louvá-lo; contudo é certo que a bênção da qual se diz ser digna e eterna lembrança, por esta marca se distingue de outros benefícios que são ordinários e comuns. Esta, pois, é uma regra que deve ser observada pelos santos – que devem amiúde evocar à memória todo o bem que lhes tem sido concedido por Deus; mas se nalgum tempo tem de exibir seu poder mais proeminentemente preservando-os de algum perigo, tanto mais os torna solícitos em testificar de sua gratidão. Ora, se por um só benefício Deus nos põe sob a obrigação de honrá-lo por toda nossa vida, de modo que jamais cessaremos legitimamente de proclamar seus louvores, quanto mais quando ele nos cumula de infindáveis benefícios?![6] A fim de distinguir o louvor do qual falara anteriormente estaria continuamente em sua boca daquele som vazio da língua, no qual muitos hipócritas se vangloriam, ele acrescenta, no início do segundo versículo, que o mesmo deve proceder do coração.

2. Minha alma se gloriará em Jehovah. O termo *alma*, neste lugar, significa não o espírito vital, mas a sede das afeições; como se Davi dissesse: Eu sempre terei motivo para gloriar-me com meu coração tão-somente em Deus, de modo que jamais me permitirei esquecer de tão grande livramento. Na segunda cláusula ele especifica isto como o fruto de sua ação de graças, a saber, que o aflito e miserável o tomará como base de sua esperança. O termo hebraico, עֲנָוִים, *anavim*, que traduzimos por *humilde*, significa não todos os aflitos[7] em geral, mas aqueles que, sendo humildes e subjugados pelas aflições, em vez de inflar o espírito com soberba, são lançados abaixo e se dispõem a avil-

---

5 "Isto é, em todas as circunstâncias; na própria postura de minhas atividades." – *Horsley*.
6 "Quand il ne cesse de nous bien-faire?" – *v.f.* "Quando ele nunca cessa de fazer-nos o bem?"
7 "O termo s, *anavim*, também pode ser traduzido por *o aflito*. Nosso autor, em sua exposição, combina ambas as idéias, *humilde* e *aflito*.

tar-se até ao pó. Estes, diz ele, participarão de seu regozijo; mas não, como alguns têm friamente explicado, simplesmente a partir de um sentimento de compaixão, senão porque, sendo persuadidos de que no exemplo de Davi Deus lhes deu um testemunho geral de sua graça, seus corações se recobrariam da angústia e se elevariam às alturas. Conseqüentemente, ele diz que este regozijo fluirá da esperança, visto que, tendo recebido uma garantia de seu livramento, alegremente recorrerá a Deus.

3. Magnificai a Jehovah comigo. O salmista mostra ainda outro fruto que seria o resultado de sua ação de graças a Deus, a saber, que ele induzirá outros, mediante seu exemplo, ao mesmo exercício de devoção; ainda mais, ele conclama a todos os piedosos a se unirem a ele neste exercício, convidando-os e exortando-os a sinceramente e a um só consenso exaltar o Senhor. Portanto, aprendamos, dos muitos exemplos nos quais Deus pode oferecer auxílio a qualquer um dentre seu povo, a tornar-se rico em esperança. E quando cada um enumerar os benefícios pessoais que recebeu, que todos se animem com um só coração e de uma forma pública a entoar os louvores de Deus. Rendemos graças a Deus publicamente, não só para que os homens testifiquem de nossa gratidão, mas também para que eles possam seguir nosso exemplo.

4. Busquei a Jehovah e ele me respondeu. Neste ponto o salmista explica mais claramente e de forma mais plena o que dissera acerca do regozijo. Em primeiro lugar, ele nos diz que suas orações haviam sido ouvidas. Isto ele aplica a todos os piedosos que, encorajados por testemunho tão precioso, poderiam estimular-se à oração. O que está implícito em *buscar a Deus* é evidente à luz da cláusula que se segue. Em alguns lugares ela deve ser entendida num sentido distinto, a saber, submeter a mente, em solícita aplicação, ao serviço de Deus e manter todos os seus pensamentos voltados para ele. Aqui ela simplesmente significa recorrer a ele em busca de auxílio; pois imediatamente se segue que Deus lhe respondeu; e dele corretamente se diz responder à oração e súplica. Pela expressão, *meus temores*, o salmista quer dizer, tomando o efeito pela causa, os perigos que dolorosamente inquietaram sua mente; contudo, sem dúvida ele confessa que fora terrificado e agitado pelos temores. Ele não olhava para seus perigos com uma mente serena e tranqüila, como se os visse a certa distância e de uma posição cômoda e alta, mas, sendo seriamente atormentado com inúmeras preocupações, podia com razão falar de seus temores e terrores. Ainda mais, pelo uso do plural, ele mostra que fora grandemente terrificado não só de uma maneira, mas que fora destroçado por uma variedade de angústias. Por um lado, ele viu uma morte cruel à sua espera; enquanto que, por outro lado, sua mente poderia ter sido dominada pelo medo de que Aquis o enviasse a Saul para seu contentamento, como os ímpios costumam divertir-se às custas dos filhos de Deus. E visto que ele já fora uma vez detectado e traído, poderia muito bem concluir, mesmo se escapasse, que os assassinos de aluguel de Saul o cercariam de todos os lados. O ódio profundo que Aquis nutria contra ele, tanto pela morte de Golias quanto pela destruição de seu próprio exército, poderia dar origem a tantos temores; especialmente considerando que seu inimigo poderia instantaneamente descarregar sua vingança sobre ele, e que nutria boas razões para crer que sua crueldade era de tal vulto que não seria amenizada sujeitando-o a algum forma branda de morte.[8] Devemos observar isto particularmente, a fim de que, se em algum tempo formos terrificados pelos perigos que nos cercam, não sejamos impedidos por nossa pusilanimidade de invocar a Deus. Mesmo Davi, que se sabe ter suplantado a outros em heroísmo e bravura, não possuía um tal coração de ferro ao ponto de repelir os temores e sustos, senão que às vezes se sentia profundamente inquieto e esmagado pelo medo.

5. Olharão para ele e afluirão para ele. Já notifiquei que este versículo e o seguinte deve ser lidos em conexão com o versículo precedente. Ao relatar sua própria experiência, Davi forneceu a outros

---

[8] "Et qu'il avoit bien occasion de penser que la cruaute d'iceluy ne se pourroit pas appaiser à le faire mourir de quelque legere mort." – *v.f.*

um exemplo para que, livremente e sem temor se aproximem de Deus a fim de apresentar suas orações diante dele. Ora, ele diz que virão, e isto também com um resultado feliz. Os primeiros dois verbos são expressos no pretérito em hebraico; não obstante, não tenho dúvida de que a frase deve ser assim explicada: Quando tiverem olhado para e afluído para ele, seus rostos não sentirão vexame. Tenho-os, pois, traduzido no futuro. Davi não está relatando coisas que haviam acontecido, mas está recomendando o fruto do favor que se manifestara a ele próprio. Alguns intérpretes, bem o sei, relacionam as palavras, *para ele*, a Davi,[9] porque imediatamente a seguir ele fala de si na terceira pessoa. Outros com maior propriedade o explicam como sendo Deus mesmo. Uma diferença de opinião também existe quanto ao verbo hebraico, נהרו, *naharu*, que alguns, supondo ser o mesmo derivado da raiz אור, *or*, o traduzem por *iluminados*.[10] Em minha opinião, porém, a significação natural da palavra vem a lume mui apropriadamente neste lugar; como se Davi dissesse: Agora haverá um espelho a refletir, no qual os homens podem ver a face de Deus, serena e misericordiosa; e portanto o pobre e aflito daqui por diante ousará elevar seus olhos para Deus e recorrerá a ele com a máxima liberdade, porque nenhuma incerteza não mais o retardará nem se entregará ele à indolência. Não obstante, se alguém preferir o verbo *iluminar*, o significado será: Os que anteriormente se definhavam em trevas erguerão seus olhos para

---

9 Os que assumem este ponto de vista explicam as palavras como significando que os humildes ou aflitos, olhando para Davi, viram quão graciosamente Deus o tratara, iluminando-o, reavivando--o e encorajando. Também consideram, como o próprio Calvino o faz, os humildes ou aflitos como as pessoas que falam no sexto versículo, onde, apontando, por assim dizer, o dedo para Davi, dizem: "Este pobre homem clamou" etc.

10 Esta é a tradução adotada por Horsley, que entende pela expressão a iluminação da alma pela luz da divina verdade. Ele traduz o verbo no modo imperativo, e sua tradução do versículo inteiro é como se segue:
"Olhai para ele e sereis iluminados;
E seus rostos jamais sofrerão vexame."
Esta tradução é sancionada pela Septuaginta. Supõem-se duas alterações no texto. Primeira, que em vez de הביטו, *hibitu*, *olharam*, devemos ler הביט, *habitu*, *olhai*; e esta última tradução é apoiada por vários de Dr. Kennicott's e De Rossi's MSS. A outra alteração é que, em vez de ופניהש, *upeneyhem*, *seus rostos*, devemos ler ופניכש, *upeneykem*, *vossos rostos*, Poole, em defesa da tradução *vossos*, em vez de *seus*, observa: "que a mudança de pessoas é muito freqüente neste livro."

Deus, como se a luz lhes surgisse repentinamente, e os que se sentiram oprimidos e submersos na humilhação, novamente revestirão seus rostos de jovialidade. Mas como o significado em outro caso é substancialmente o mesmo, não me sinto muito disposto a disputar qual das duas interpretações deve ser preferida.

6. Este pobre clamou e Jehovah o ouviu. Neste ponto Davi introduz todos os piedosos se dirigindo a ele, mais enfaticamente para expressar quanta importância há em seu exemplo para os encorajar. Este pobre, dizem eles, clamou; portanto, Deus convida a todos os pobres para que clamem a ele. Eles contemplam em Davi o que pertence ao benefício comum de todos os piedosos; pois Deus está disposto e disponível neste dia para ouvir todos os aflitos que lhe dirigem seus olhos, seus desejos e seus clamores, com a mesma fé, como esteve naquele tempo ouvindo a Davi.

[vv. 7-10]
O anjo de Jehovah acampa-se[11] ao redor dos que o temem, e os livrará. Provai e vede que Jehovah é bom; bem-aventurado o homem que confia nele. Temei a Jehovah, vós seus santos, porque nada falta aos que o temem. Os leõezinhos passam necessidade e sofrem fome; mas os que temem a Jehovah não terão falta de nenhuma coisa boa.

7. O anjo de Jehovah acampa-se ao redor dos que o temem. Neste ponto Davi argumenta em termos gerais sobre o favor paternal de Deus para com todos os piedosos; e visto que a vida humana se expõe a inumeráveis perigos, ao mesmo tempo ele nos ensina que Deus é capaz de livrá-los. Especialmente os fiéis, que são como ovelhas no meio de lobos, como se vivessem sitiados de todas as formas pela morte, são constantemente acossados pelo medo de que alguma sorte de perigo se aproxime. Davi, pois, afirma que os servos de Deus são protegidos e defendidos pelos anjos. O propósito do salmista é mostrar

---

[11] Esta descrição parece ter sido sugerida pela visão que Jacó teve dos anjos, registrada em Gênesis 32.1, 2: "E Jacó seguiu seu caminho, e os *anjos* de Deus o encontrou. E quando Jacó os viu, disse: Este é o *exército de Deus*; e chamou àquele lugar Maanaim" (isto é, *acampamentos*).

que, embora os fiéis se vêem expostos a muitos perigos, não obstante podem descansar seguros de que Deus será o fiel guardião de sua vida. Mas para confirmá-los o máximo possível nesta esperança, ao mesmo tempo ele acrescenta, e não sem razão, que aqueles a quem Deus deve preservar em segurança, ele os defende mediante o poder e ministério dos anjos. O poder de Deus seria, aliás, por si só suficiente para alcançar tal objetivo, mas em sua mercê para com nossa enfermidade ele se digna em empregar anjos como seus ministros. Tal fato serve não pouco para a confirmação de nossa fé, sabendo nós que Deus possui inumeráveis legiões de anjos que estão sempre disponíveis para seu serviço, sempre que se lhe apraz nos socorrer. Muito mais que isso, os anjos também, que são chamados principados e potestades, estão sempre atentos na preservação de nossa vida, porque sabem que este dever lhes é confiado. Aliás, Deus é designado com propriedade o muro de sua Igreja e todo gênero de fortaleza e seu lugar de defesa.[12] Mas à guisa de acomodação, na medida e extensão de nosso presente estado de imperfeição, ele manifesta a presença de seu poder para ajudar-nos pela instrumentalidade de seus anjos. Além do mais, o que o salmista aqui diz de um anjo, no singular, deve aplicar-se a todos os demais anjos; pois se distinguem pelo título geral, "espíritos ministradores, enviados para ministrar aos que serão os herdeiros da salvação" [Hb 1.14], e as Escrituras, em outras passagens, nos ensinam que, sempre que apraz a Deus, e sempre que ele sabe ser para o benefício deles, muitos anjos são designados para que cuidem de cada um dentre seu povo [2Rs 6.15; Sl 91.11; Lc 16.22]. A suma, pois, do que ficou dito é que, por maior seja número de nossos inimigos e dos perigos pelos quais se vêem cercados, não obstante os anjos de Deus, armados de invencível poder, velam constantemente por nós e se postam de todos os lados com o fim de socorrer-nos e de livrar-nos de todo mal.

8. Provai e vede que Jehovah é bom. Neste versículo, o salmista indiretamente reprova os homens por sua obtusidade em não perce-

---

12 "Toute sorte de forteresse et lieu de defense." – *v.f.*

ber a bondade de Deus, a qual deveria ser para eles mais que uma questão de mero conhecimento. Pelo termo, *provai*, ele imediatamente mostra que eles estão sem discernimento; e ao mesmo tempo assinala a razão disto ser assim, ou seja, que devoram os dons divinos sem sentir o sabor deles, ou mediante uma pervertida indisposição ingratamente os ocultam. Ele, pois, os convoca para que estimulem seus sentidos e dotem seu paladar com alguma capacidade de sentir sabor, para que a bondade de Deus se lhes torne conhecida, ou, melhor, lhes seja uma vívida experiência. As palavras literalmente traduzidas são: *Provai e vede, porque o Senhor é bom*; mas a partícula כי, *ki, porque*, é considerada exegeticamente. A intenção de Davi, pois, é que não há nada da parte de Deus que impeça os piedosos, a quem ele particularmente se dirige neste lugar, de obter o conhecimento de sua bondade mediante uma real experiência. Daqui se deduz que eles também se acham infectados com o vírus comum da obtusidade. Esta doutrina é confirmada pela promessa imediatamente adicionada: **Bem-aventurado o homem que confia nele**, posto que Deus jamais desaponta as expectativas daqueles que buscam seu favor. Nossa própria incredulidade é o único impedimento que o impede de satisfazer-nos ampla e ricamente com a abundância de todas as boas coisas.

9. Temei a Jehovah, vós seus santos. Aqui o povo de Deus é exortado a tomar posse da santidade e da justiça, a fim de que se lhes abra um canal para a passagem das bênçãos divinas. Sabemos que os homens costumam suprir suas necessidades lançando mão da fraude, da pilhagem e até mesmo da vil violência. Nem é possível deixar que os fiéis sintam o estilete do desejo de imitar os maus e até certo ponto os invejem em sua prosperidade, de modo que às vezes se permitem uivar entre os lobos. E embora voluntariamente se abstenham de toda vil violência, contudo a forma comum de se viver entre os que os cercam os arrebatam como uma tempestade; e, entrementes, acreditam que a alegação de necessidade é suficiente para justificá-los. Davi reprime, como por um freio, tais tentações, prometendo que tudo estará bem com o povo de Deus, contanto que se conservem no temor de Deus, o qual ele contrasta com todos os conselhos ímpios e ilusórios; visto que a maioria dos homens considera estultícia os que almejam a simplicidade, visto que ao proceder assim não consultam seus próprios interesses e proveitos. Portanto, embora os ímpios temam a pobreza, e a razão carnal os empurre a tentarem tudo o que sua imaginação lhes sugira que se guardem dela, neste ponto Davi testifica que Deus cuida dos piedosos, de modo que jamais permite que pereçam em suas necessidades. Não temam nem percam a esperança, diz ele, desistindo de ir após o que é certo, porquanto Deus jamais esquece os que andam de forma justa diante dele. O salmista, pois, os convida a dar a Deus toda honra, esperando dele mais do que os maus esperam de seu enganoso tráfico e práticas ilegais. Além do mais, visto que a iniquidade se lança com desenfreada fúria por toda parte e por todo o mundo, ele expressamente convoca os santos a porem-se de guarda, porque ele não seria de nenhuma valia à multidão promíscua. É um sentimento contrário à opinião geralmente cultivada entre os homens que, embora a integridade dos bons e simples é exposta ao arbítrio dos maus, não obstante há maior segurança na integridade do que em todos os recursos da fraude e da injustiça. Não há, pois, qualquer inconsistência em ele admoestar os santos que, de seu próprio alvitre, se esforçam em andar na retidão sem se apartarem do temor de Deus; pois sabemos quão facilmente a luz da piedade pode ser obscurecida e mesmo extinta, quando não se vê nenhuma esperança de se viver feliz e prosperamente, exceto em se possuir o mundo e seus sedutores prazeres.

O salmista ilustra esta doutrina com uma comparação muito conveniente, isto é, que Deus providencia muitas coisas necessárias para seu povo e satisfaz suas carências, enquanto os leões, que sobrepujam em ferocidade a todos os animais selvagens da terra, ronda, em situação de fome, sua presa. Há quem pense que sob o nome, *leões*, se descrevem metaforicamente aqueles homens que são afeitos à violência e à pilhagem. Isto, porém, em minha opinião, é por demais sutil. Davi simplesmente assevera que aqueles que se guardam de toda injustiça lucram muito mais em proceder assim do que se lucra com a pilhagem e a rapina; porquanto o Senhor nutre seu povo enquanto até os leões e outras feras que dependem de suas presas às vezes passam fome. O que ele diz, pois, é que, enquanto os leões perecem de fome e de necessidade, Deus não desapontará os justos e sinceros em sua carência de alimento, os quais, contentes só com as bênçãos divinas, buscam seu alimento tão-somente nas mãos de Deus. Portanto, quem quer que, desta forma, se entrega aos cuidados divinos e confiam implicitamente na paternal bondade e liberalidade de Deus, viverá tranqüila e pacificamente entre os homens, e não experimentará nenhum dano. Se alguém apresentar alguma objeção, dizendo que os bons e os virtuosos nem sempre são isentos de penúrias, minha resposta é que a mão de Deus se estende para socorrê-los no devido tempo, quando forem reduzidos às maiores aperturas, e não sabem que rumo tomar,[13] de modo que os resultados sempre revelam que não buscamos em vão, nele [Deus], tudo quanto é necessário à subsistência da vida.

[vv. 11-14]
Vinde, filhos, ouvi-me; eu vos ensinarei o temor de Jehovah. Quem é o homem que deseja a vida, e quer longos dias para ver o bem? Guarda tua língua do mal e teus lábios de falarem dolosamente. Aparta-te do mal e faz o bem; busca a paz e segue-a.

11. Vinde, filhos,[14] **ouvi-me.** O salmista continua, com crescente solicitude, a exortar os fiéis a que saibam que nada pode ser-lhes mais proveitoso que conduzir-se de forma justa e irrepreensível em relação a todos os homens. Visto que a maioria dos homens imagina que a melhor e mais breve forma de alcançar a vida de felicidade e tranqüilidade consiste em tentar exceder os outros homens em violência, fraude, injustiça e outros meios de malefícios, às vezes se faz necessário reiterar esta doutrina. Além do mais, visto ser necessário que a mente dos homens seja conduzida a um estado de disciplina e humildade, chamando-os de *meus filhos*, Davi se empenha, mediante este gentil e cortês apelo, a apaziguar todos os afetos

---
13 "Et ne sçavent plus de quel costé se tourner." – *v.f.*
14 Era com este apelo afetivo que os mestres hebreus costumavam falar a seus alunos.

obstinados. Ninguém ficará indiferente em meio a tantos assaltos, senão aqueles que foram revestidos pelo Espírito Santo de mansidão e com a mais sólida modéstia. O profeta, pois, lhes diz no início que a norma de vida que ele prescreve só pode ser observada e obedecida por aqueles que são mansos e submissos. Para o mesmo propósito são os imperativos *vinde* e *ouvi*; e implicam que os homens devem pôr de lado todo espírito voluntarioso e subjugar o ardor e a impetuosidade de suas mentes, tornando-se dóceis e mansos. Ele pôs o *temor do Senhor* como norma de uma vida piedosa e santa; como se dissesse: Enquanto a virtude e a justiça nos lábios de cada pessoa, há poucas que levam uma vida santa e vivem como devem; porque não sabem o que significa servir a Deus.

12. Quem é o homem que deseja a vida? O profeta não inquire se há alguém tão disposto, como se todos os homens voluntariamente atraíssem sobre si as misérias que lhes sobrevêm; pois sabemos que todos os homens, sem exceção, desejam viver no mais pleno desfruto da felicidade. Ele, porém, censura acremente a cegueira e loucura que os homens exibem na obstinação de seus desejos, bem como a vaidade de seus esforços por obter a felicidade; pois embora todos os homens estejam buscando e arduamente tentam adquirir o que lhe é aproveitável, dificilmente se achará um em cem que se esforce por adquirir a paz e uma condição tranqüila e desejável de vida por meios justos e eqüitativos. O profeta, pois, admoesta seus discípulos, dizendo que quase todo o mundo é enganado e extraviado por sua própria insensatez, embora prometam a si próprios uma vida feliz, proveniente de alguma outra fonte além da bênção divina, a qual Deus só concede aos sinceros e íntegros de coração. Há, porém, nesta exclamação uma veemência ainda maior, despertando mais eficazmente as mentes obtusas e entorpecidas para a trajetória deste mundo; como se ele dissesse: Visto que todos os homens ardorosamente desejam a felicidade, como sucede, pois, que raramente um consegue obtê-la e cada pessoa, por sua própria culpa, antes traz sobre si uma infinidade de problemas?

13. Guarda tua língua do mal. O preceito que aqui Davi ministra é relativo a uma virtude muito rara, a saber, que devemos ser fidedignos e livres de dolo em nossa linguagem. Aliás, alguns a entendem num sentido muito mais extenso, presumindo que o que se condena nesta primeira cláusula é a calúnia. A mim, porém, me parece mais simples e mais [condizente] com o propósito entender isto como tendo a mesma importância com o que ele reitera na segunda cláusula, a saber, que não devemos *falar dolosamente* com nosso próximo, de modo que nossas palavras se tornem um meio de enredá-lo. E visto que nada é mais difícil do que regular nossa linguagem de maneira tal que nosso falar seja uma verdadeira representação de nossos corações, Davi nos convoca a exercer sobre nossa língua um estrito e vigilante controle, não soltando as rédeas, a fim de que não nos demos ocasião de enganar os outros.

14. Aparta-te do mal e faz o bem. Aqui o salmista ordena aos filhos de Deus que se abstenham de todo mal e que se devotem à atividade de fazer o bem a seu próximo. Este versículo é geralmente citado como se Davi, neste ponto, tratasse das duas partes do arrependimento. O primeiro passo na obra de arrependimento consiste em que o pecador abandone os vícios a que se habituara e renuncie sua anterior forma de vida; e o segundo consiste em que ele molde sua conduta de acordo com a justiça. Neste lugar, porém, somos instruídos mais especialmente em como devemos tratar nosso próximo. Como amiúde sucede que o homem que não só é liberal, mas também pródigo para com alguns, ou, pelo menos, ajuda muitos a agir com benevolência, prejudica outros defraudando-os e injuriando-os, Davi, com muita propriedade, começa dizendo que os que desejam ter sua vida aprovada diante de Deus deve abster-se de fazer o mal. Em contrapartida, visto que muitos pensam que, uma vez não tenham defraudado nem injustiçado nem injuriado alguém, já se acham desobrigados do dever que Deus requer deles, o salmista acrescentou, com igual propriedade, o outro preceito concernente a fazer o bem a nosso próximo. Não é da vontade de Deus que seus servos sejam ociosos, mas, ao contrário, que socorram uns aos outros, desejando uns aos outros bem-estar e prosperidade, bem como promovendo todo bem até onde possam.

A seguir Davi inculca o dever de manter-se a paz: **Busca a paz e segue-a**. Ora, sabemos que esta é mantida mediante a cortesia e a tolerância. Visto, porém, que às vezes temos que tratar com pessoas de espírito irritável, ou faccioso, ou irredutível, ou com aqueles que estão sempre dispostos a incitar contenda na mais fútil ocasião; e visto que também muitas pessoas perversas nos irritam; e visto que outras, por sua própria perversidade alienam de si, o quanto podem, a mente de pessoas bondosas, e outras engenhosamente se esforçam por encontrar motivo para contendas, ele nos ensina não simplesmente que devemos buscar a paz, mas se em qualquer tempo ela parecer escapar de nós, ele nos convida a empregar todo nosso esforço, sem cessar, para mantê-la. Não obstante, não se deve entender isto com alguma limitação. Ocorrerá com freqüência que quando os bons e humildes tiverem feito tudo quanto estava em seu poder para garantir a paz, seja abrandando o coração dos ímpios, seja inclinando-os à retidão, eles, ao contrário, continuarão a reativar sua malícia. Além disso, sua impiedade amiúde nos constrange a separarmo-nos deles e a evitá-los. Ainda mais, quando desafiam a Deus, proclamando, por assim dizer, guerra franca contra ele, seria deslealdade e traição de nossa parte não nos opormos a eles nem resisti-los. Aqui, porém, Davi só quer dizer que em nossas próprias atividades pessoais sejamos mansos e condescendentes, esforçando-nos, o quanto depender de nós, por manter a paz, embora sua manutenção nos abriria uma fonte de muitos problemas e inconveniências.

[vv. 15-17]
Os olhos de Jehovah estão sobre os justos, e seus ouvidos estão abertos ao seu clamor. A face de Jehovah[15] está sobre aqueles que fazem o mal, para eliminar sua memória da terra. Eles clamaram, e Jehovah os ouviu, e os libertou de todas as suas angústias.

---

15 Isto é, a ira de Deus. A *face de Deus* é às vezes equivalente à *ira de Deus*, posto que tal emoção se manifesta particularmente na face. Assim em Lamentações 4.16, lemos: "A ira (literalmente *as faces*) do Senhor os dividiu." E em Levítico 20.5, lemos: "Porei minha face (isto é, minha ira) contra esse homem."

15. Os olhos de Jehovah estão sobre os justos. O melhor apoio para nossa paciência é a firme persuasão de que Deus nos considera e que segundo a própria perseverança do homem numa trajetória de integridade e integridade, assim é ele preservado em paz e segurança sob a proteção divina. Portanto, para que os fiéis não pensassem que se acham expostos aos caprichos do mundo, enquanto se esforçam por conservar-se inocentes, e para que, sob a influência deste medo, não se desviassem da vereda reta, Davi os exorta a ponderar sobre a providência de Deus e a descansar certos de que estão seguros debaixo de suas asas. Ele diz, pois, *que os olhos do Senhor estão sobre os justos* com o fim de preservá-los e para que os bons e sinceros perseverém com mais jovialidade em sua integridade. Ao mesmo tempo, ele os encoraja à súplica e oração, se porventura em alguma circunstância o mundo injustamente os perseguir. Ao dizer que **os ouvidos do Senhor estão abertos ao seu clamor**, ele ensina que a pessoa que é brutal e injustamente perseguida encontrará um remédio disponível e adequado em todas as aflições, invocando a Deus como seu vingador. Em contrapartida, ele declara que, embora Deus às vezes pareça fechar os olhos aos malfeitos humanos, e pareça ignorá-los, uma vez que não inflija imediato castigo sobre eles, não obstante nada escapa à sua inspeção. Embora os ímpios, diz ele, em razão de sua impunidade se endureça no pecado, Deus está vigilante, a fim de **eliminar sua memória da terra** [1Pe 5.10]. Ele fala particularmente deste gênero de castigo, visto que os ímpios não só esperam que sejam felizes durante o curso de sua vida, mas também imaginam que desfrutarão de imortalidade neste mundo. Pedro, em sua primeira Epístola,[16] aplica esta passagem mui judiciosamente, com o propósito de mitigar nossas dores e atenuar nossa impaciência, a fim de que a soberba e a arrogância dos ímpios podem nos levar para além dos devidos limites. Nada é mais útil para a preservação de nossa moderação do que dependermos do auxílio

---

16 Em sua primeira Epístola (3.10, 11, 12) ele cita os versículos 12, 13, 14, 15 e 16 deste Salmo. Ele extrai a citação da Septuaginta.

divino e termos o testemunho de uma sã consciência a fim de confiarmos em seu juízo. Se alguém objetar que os bons homens experimentam o contrário, ou seja, depois de ter sido afligidos por muito tempo, por fim não acham nenhum auxílio nem conforto. Minha resposta é que o auxílio que Deus oferece aos justos nem sempre se manifesta nem é concedido na mesma medida; e no entanto ele assim alivia suas angústias com o senso de que ele jamais os abandona. Além disso, mesmo o melhor dos homens às vezes se priva do auxílio divino; pois raramente um em cem persevera de tal forma em sua trajetória de integridade que, por sua própria culpa, merece sofrer algum tipo de mal. Mas tão logo eles caem, para que o pecado não lance raízes em seu coração, Deus os disciplina e amiúde os castiga com mais severidade do que sofrem os réprobos, a quem ele poupa da total destruição.[17] E no entanto, por mais que as coisas pareçam emaranhadas e confusas no mundo, mais os homens bons descobrirão que não foi em vão que Deus lhes prometeu auxílio contra a violência e as injúrias dos maus.

17. Eles[18] clamaram, e Jehovah os ouviu. A intenção do salmista é que eles são ouvidos assim que clamam. Eis aqui uma doutrina aplicável a todos os tempos; e Davi relata não simplesmente o que Deus fez uma ou duas vezes, mas o que ele costuma fazer. É também uma confirmação da frase precedente, onde ele disse que os ouvidos do Senhor estão abertos ao clamor dos justos; pois ele agora demonstra mediante o efeito, que Deus não está surdo quando pomos diante dele nossas queixas e gemidos. Pelo verbo *clamaram* somos informados que, embora Deus defenda os justos, eles não estão isentos de adversidade. Ele regula de uma forma tão maravilhosa a proteção que lhes oferece

---

17 "Lesquels il espargne pour un temps, afin de les ruiner eternellement." – "A quem ele pouca por algum tempo, para destruí-los eternamente." – *v.f.*

18 É dos maus que se falou no versículo imediatamente precedente; mas *eles*, aqui, evidentemente não se refere aos maus, e, sim, aos justos, mencionados no versículo 15; e, conseqüentemente, em todas as versões antigas as palavras, *os justos*, são suplementares. Os que fizeram este suplemento supõem que a palavra צדיקים, *tsaddikim*, se perdeu do texto. Se lermos, porém, o versículo 16 como um parêntese, não será necessário fazer qualquer suplementação, e as palavras poderão ser lidas exatamente como se acham na versão hebraica: *Eles clamaram*.

que, não obstante, continua a educá-los através de várias tribulações. De igual modo, quando aqui vemos que o livramento só é prometido aos que invocam a Deus, tal fato deve munir-nos não de pouco ânimo para orarmos a ele; porquanto não é sua vontade que os santos assim considerem sua providência como um meio de se cultivar a indolência, mas, ao contrário, para que, sendo firmemente persuadidos de que ele é o guardião de sua segurança, dirijam a ele suas orações e súplicas.

[vv. 18-22]
Perto está Jehovah dos que são de coração quebrantado; ele salvará os que são de espírito contrito. Muitas são as aflições do justo; mas Jehovah o livrará de todas elas. Ele preserva todos os seus ossos; nenhum deles será quebrado.[19] A malícia, porém, matará o ímpio; e os que odeiam o justo serão destruídos. Jehovah redime a alma de seus servos, e os que confiam nele não perecerão.

18. Perto está Jehovah dos que são de coração quebrantado. Neste ponto Davi exemplifica e enaltece ainda mais a doutrina precedente, a saber, que Deus é o libertador de seu povo, mesmo quando se acha muitíssimo humilhado e quando se acha, por assim dizer, meio morto. É uma provação por demais severa quando a graça de Deus se delonga, e toda a experiência dela vai se desvanecendo quando nossos espíritos começam a fracassar; ainda mais, dizer que Deus está perto dos fiéis, mesmo quando seus corações desmaiam e se decepcionam neles, e eles se vêem diante da morte, é plenamente crível à experiência e razão humanas. Por este meio, porém, seu poder se manifesta mais claramente, quando uma vez mais nos ergue do túmulo. Além do mais, é conveniente que os fiéis sejam assim totalmente desalentados e afligidos, para que uma vez mais aspirem tão-somente a Deus. Daqui também aprendemos que nada se opõe mais à verdadeira paciência do que a altivez do coração da qual os estóicos se vangloriam; pois não seremos tidos como realmente humildes até que a genuína aflição do coração nos avilte diante de Deus, de modo

---

19 A última cláusula deste versículo é aplicada no Evangelho de João (19.36) a Cristo, e representada como que recebendo nele seu cumprimento.

que, havendo nos prostrados no pó diante dele, ele nos soerga. É uma doutrina saturada de suave consolação, a saber, que Deus não aparta de nós, mesmo quando nos vemos submersos em uma sucessão de misérias e, por assim dizer, quase privados da própria vida.

19. Muitas são as aflições do justo. Neste ponto o salmista antecipa o pensamento que amiúde vem à mente: "Como é possível que Deus cuide dos justos, os quais são continuamente acossados por infindáveis calamidades e provações? A que propósito serve a proteção de Deus senão que os que são inclinados à vida pacífica desfrutem de paz e repouso? E o que é mais ilógico do que os que causam angústia nenhum deles é atormentado e afligido de todas as variadas formas?" Portanto, para que as tentações pelas quais somos continuamente assaltados não abalem nossa confiança na providência divina, devemos recordar desta lição de instrução, ou seja, que embora Deus governe os justos e cuide de sua segurança, eles estão, não obstante, sujeitos e expostos a muitas misérias, as quais, sendo testadas por tais provações, os munem de evidência de sua invencível constância e experimentam tanto mais que Deus é seu libertador. Se fossem poupados de todo gênero de provações, sua fé se delibitaria, cessariam de invocar a Deus e sua piedade permaneceria oculta e desconhecida. Portanto, faz-se necessário que sejam exercitado com várias provações e, especialmente para este fim, para que reconheçam que foram prodigiosamente preservados por Deus em meio a inumeráveis mortes. Se isso raramente ocorresse, tudo poderia parecer fortuito ou o resultado do acaso; mas quando inumeráveis e intermináveis males lhes sobrevêm sucessivamente, a graça de Deus não pode permanecer desconhecida, quando ele sempre estende-lhes sua mão. Davi, pois, admoesta os fiéis a jamais perderem sua coragem, por mais que os males os ameacem; visto que Deus, que pode tão facilmente libertá-los milhares de vezes da morte, jamais frustrará suas expectativas. O que ele acrescenta concernente a *seus ossos*, não parece uma ilustração de pouca importância da verdade desta doutrina, e para ensinar-nos que os que são protegidos por Deus serão isentados de todos os perigos.

Ele, pois, declara que Deus cuidará para que nenhum de seus ossos seja quebrado; no qual sentido Cristo também diz: "os próprios cabelos de vossa cabeça estão todos enumerados" [Lc 12.7].

21. A malícia, porém, matará o ímpio. O termo hebraico, רעה, *raäh*, o qual traduzi por *malícia*, outros o traduziriam antes por *miséria*, de modo que o significa seria que o ímpio perecerá miseravelmente, porque no fim serão tragados pelas calamidades. A outra tradução, contudo, é mais expressiva, ou seja, que sua impiedade, com que acreditam estarem fortificados, cairá sobre suas próprias cabeças. Portanto, visto que Davi ensinou previamente que não havia melhor defesa que uma justa e irrepreensível, então agora declara que todos os empreendimentos dos perversos, mesmo quando ninguém, em alguma coisa, não se lhes opõe, se voltarão para sua própria destruição. Na segunda cláusula do versículo ele afirma que é por amor aos justos que se ordena que os ímpios sejam eles mesmos a causa e os instrumentos de sua própria destruição. Diz ele: **Aqueles que odeiam os justos serão destruídos**. Portanto, que isto nos seja um muro de bronze e defesa segura, ou seja, que por mais numerosos sejam os inimigos que nos cercam, não devemos temer, porque já se acham destinados à destruição. A mesma coisa Davi confirma no último versículo, no qual ele diz: **Jehovah redime a alma de seus servos**. Como poderiam ser eles preservados em segurança, mesmo por um instante, entre tantos perigos, a não ser que Deus interponha seu poder em sua defesa? Mas pelo verbo *redimir* há expresso um tipo de preservação que é repugnante à carne. Pois é necessário que primeiro sejamos julgados ou condenados à morte, antes que Deus se apresente como nosso redentor. Disto se deduz que aqueles que se apressam com tanta precipitação, e são incapazes de compreender o poder de Deus a menos que ele surja imediatamente operando-lhes o livramento, intercepte a comunicação de sua graça. Além do mais, que ninguém pode formar seu juízo acerca dos servos de Deus exclusivamente mediante suas virtudes morais e filosóficas, como são chamadas, Davi especifica isto como a principal marca pela qual podem ser conhecidos, ou seja, que confiam em Deus, de quem também depende sua salvação.

Salmo 35

Enquanto Saul foi o inimigo de Davi, os nobres e tais como eles, que naquele tempo exerciam alguma autoridade, tinham (segundo o espírito subserviente que sempre prevalece nas cortes dos reis) furiosamente conspirado destruir um homem inocente. Prosseguiram a induzir a plebe a participar com eles em seu ódio e crueldade, de modo que todos eles, dos mais proeminentes aos mais humildes, se volveram contra ele com ódio implacável. Visto, porém, que ele sabia que a maioria deles era irrefletidamente impelida a tal atitude, movida pelo erro, pela insensatez e pela ignorância da verdadeira situação dos negócios, ele só considera seus inimigos aqueles que, com deliberada malícia e impiedade, faziam tudo para agradar a Saul com o fim de granjear seu favor. É contra eles que Davi invoca a vingança divina. E, em primeira instância, uma vez que não tinha consciência de crime algum, ele alega sua inocência perante Deus; e, em segundo lugar, uma vez que procuravam infligir imerecido castigo sobre ele, então implora a Deus por livramento. Depois de queixar-se da ímpia crueldade deles, ele invoca sobre eles o castigo que bem mereciam. Além do mais, como ao confiar no oráculo divino, o qual fora pronunciado por Samuel e pela santa unção, ele aguardava um melhor resultado, então dissemina por todo o Salmo os testemunhos de sua gratidão. Finalmente, ele conclui o Salmo dizendo que, depois de ser libertado, celebrará os louvores de Deus durante toda sua vida.

Salmo de Davi.

[vv. 1-3]
Advoga minha causa, ó Jehovah, contra os que contendem comigo; combate contra os que combatem contra mim. Toma o escudo e o pavês, e levanta-te em meu socorro. Impunha a lança, e põe-te contra meus perseguidores. Diz à minha alma: "Eu sou tua salvação."

1. Advoga minha causa, ó Jehovah! Uma vez que os inimigos de Davi não só declaradamente buscavam tirar-lhe a vida, mas também o atribulavam com calúnia e deturpação, ele pleiteia a reparação de ambas essas injustiças. Em primeiro lugar, ao apelar a Deus que saia em seu auxílio e defenda sua causa, ele indica o que fará com os homens perversos e malignos. Em segundo lugar, ao instar com Deus a que lance mão de armas, ele revela que estava sendo gravemente oprimido. Era algo muito desonroso o fato de que este santo homem, tão eminente por sua beneficência e tão inofensivo em relação a todos os homens, e que por sua cortesia e mansidão merecia, pública e privativamente, a estima e o favor de todos, não lhe fosse permitido escapar aos reproches e calúnias dos homens maus; mas é-nos importante saber tudo isso e pôr diante de nós um exemplo tão proveitoso. Se mesmo Davi não escapou à malícia dos homens maus, então não nos deve parecer surpreendente ou estranho que sejamos censurados e feridos por eles. As injúrias que lançam sobre nós podem ser graves e dolorosas, mas incomparável consolação se nos apresentam nesta consideração de que Deus mesmo se interpõe em nossa proteção e defesa contra as falsas acusações. Ainda que os caluniadores, pois, se ergam e nos estraçalhem, fazendo-nos, por assim dizer, em pedaços, nos acusando falsamente de crimes, não carecemos ficar perturbados, uma vez que Deus se manifesta advogando nossa causa contra eles. Não pode haver dúvida de que na segunda cláusula do versículo Davi implora a Deus que resista a elaborada violência de seus inimigos. A importância de tudo é que, sendo falsamente acusado e cruelmente perseguido, e não encontrando nas mãos dos homens socorro algum, o profeta recomenda a Deus a preservação e a reputação de sua vida.

2. Toma o escudo e o pavês. Certamente que as palavras, em seu sentido estrito e próprio, não podem aplicar-se a Deus, o qual não necessita de espada nem de pavês; porquanto, só pelo sopro de sua boca, ou simplesmente com um aceno, ele pode destruir todos os seus inimigos. Mas ainda que à primeira vista tais figuras pareçam rudes, não obstante o Espírito Santo as emprega à guisa de acomodação em relação à fragilidade de nosso discernimento, com o propósito de imprimir mais eficazmente em nossas mentes a convicção de que Deus está presente para socorrer-nos. Quando surgem os problemas e perigos, quando os terrores nos assaltam de todos os lados, quando até mesmo a morte se apresenta diante de nós, é difícil divisar o secreto e invisível poder de Deus, o qual pode livrar-nos de todas as ansiedades e temores; porquanto nossa compreensão, que é morosa e terrena, se inclina para a terra. Para que nossa fé, pois, galgue os degraus em direção ao poder celestial de Deus, este é aqui introduzido como que armado, segundo o costume humano, com espada e escudo. Da mesma forma, também, quando em outro lugar ele é denominado "homem de guerra", indubitavelmente é uma adaptação à imperfeição de nosso presente estado, visto que nossas mentes, devido à sua tacanha capacidade, não poderiam de outra forma compreender a extensão desse infinito poder, o qual contém em si toda forma de auxílio e não carece de ajuda de alguma outra fonte. Esta, pois, é uma oração que mostra que Deus, pelo exercício de seu secreto e intrínseco poder, é o único capaz de rebater toda a força e os intentos dos ímpios. Há quem suponha que o termo hebraico, צנה, *tsinnah*, aqui empregado, significa *dardo*, ou algum outro tipo de arma; mas, como já vimos no quinto Salmo que ele propriamente significa *broquel* ou *escudo pequeno*, não vejo razão por que o mesmo deva ser diferentemente interpretado neste lugar. Tampouco é inconsistente conectá-lo aqui, como às vezes se faz em outros lugares, ao broquel ou aos escudo.[1] Se a expressão

---

1 A palavra traduzida por *escudo* é, no texto hebraico, מגן, *magen*, que era um pequeno escudo usado simplesmente para defesa. A palavra traduzida por *broquel* (=pavês) é צנה, *tsinnah*. O *tsinnah* tinha o duplo peso do *magen*, e era carregado pela infantaria; o *magen*, sendo mais leve e

aqui empregada fosse designada para significar um dardo, ou qualquer arma semelhante, teria sido mais natural conectá-lo à lança, da qual se faz menção no versículo seguinte. Davi, pois, primeiro menciona as armas defensivas, no uso das quais Deus sustenta e repele os assaltos do inimigo. A palavra hebraica, ריק, *rik*, que significa *desembainhar*, ou d*espir*, eu a interpreto simplesmente como *puxar para fora, tirar*, ou *dar à luz*. A palavra hebraica, סגור, *segor*, a qual traduzi por *opor*, literalmente significa *encerrar* ou *fechar*. Mas como a intenção de Davi é que Deus, ao pôr-se como um muro ou plataforma, impediria seus inimigos de se aproximarem dele, tudo indica que a traduzi fielmente. Ao mesmo tempo, se alguém preferir a tradução, *encerrar* ou *fechar a via de acesso* ou *impedi-la por meio de algum obstáculo*, o significado é substancialmente o mesmo. A opinião dos que dizem que ela é um substantivo[2] não é absolutamente provável.

3. Diz à minha alma. Há quem explique estas palavras assim: Declara-me por secreta inspiração; ou: Faz-me sentir deveras que minha salvação está em tuas mãos. Em minha opinião, Davi deseja ter plenamente fixo em sua mente e estar plenamente persuadido de que Deus é o autor de sua salvação. Disto ele não podia ter certeza e nem determina à luz da presente situação; pois tal é a insensibilidade e obtusidade de nossa natureza, que Deus amiúde nos livra sendo que dormimos e permanecemos ignorando sua salvação. Conseqüentemente, ele faz uso de uma forma muito forçada de expressão, ao orar para que Deus lhe concedesse um vívido senso de favor, de tal forma que, sendo armado com este pavês, pudesse enfrentar muitos conflitos e pudesse transpor os muitos obstáculos contrários; como se dissesse: Senhor, seja o que for que venha me desencorajar, confirma-me nesta persuasão de que minha salvação está segura em ti; e embora as tentações

---

mais manejável, era usado pela cavalaria. Entre os romanos, o *tsinnah* correspondia ao *scutum*, e o *magen*, ao *clypeus*. – Veja-se *Paxton's Illustrations of Scripture*, vol. III. pp. 366, 367.

2 Os que mantêm a opinião de que סגור, *segor*, é um substantivo traduzem-na "a alabarda", e lêem: "Tira a lança e a alabarda para opor-se aos meus inimigos". Segundo Drusius, Vitringa, Michaelis, Dr Kennicott e outros, a palavra significa σαγαρις, ou alabarda, uma sorte de acha-de-armas que era usada pelos persas, pelos sitas e por outras nações nos tempos antigos.

me arremessem de um lado para outro, atrai meus pensamentos para ti de tal forma que minha esperança de salvação esteja acima e além de todos os perigos a que poderei estar exposto;[3] mais que isso, que eu me sinta tão munido de infalível certeza como se dissesses que por meio de teu favor serei salvo.

[vv. 4-7]
Sejam confundidos e cobertos de vexame os que buscam minha alma; voltem atrás e sejam conduzidos à confusão os que engendram meu mau. Sejam como a palha ao saber do vento e o anjo de Jehovah os golpeie [ou os impila].[4] Seja o seu caminho tenebroso e escorregadio, e o anjo de Jehovah os persiga. Pois sem causa ocultaram para mim, numa cova, sua rede, sem causa cavaram uma cova[5] para minha alma.

4. Sejam confundidos e cobertos de vexame os que buscam minha alma. Agora Davi invoca a Deus para tomar vingança de seus inimigos; e roga não só que frustre e destrua seus desígnios, mas também que lhes retribua segundo seus méritos. Em primeiro lugar, deseja que sejam confundidos e cobertos de vexame, levando suas expectativas e desejos ao fracasso; e em seguida avança ainda mais, desejando que, embora se considerem inabalavelmente estabelecidos e profundamente fincados, sejam como a palha ou restolho. Como a palha que se dispersa com o vento, assim também ele deseja que, sendo inquietados pelo secreto impulso do anjo do Senhor, jamais desfrutem de sossego. A imprecação que se segue é ainda mais pavorosa, ou seja: para onde se dirijam, que encontrem trevas e lugares escorregadios; e que em dúvida e perplexidade, o anjo do Senhor os persiga. Por fim, seja o que for que engendrem e para onde se voltem, o profeta ora para que todos os seus conselhos e empreendimentos sejam conduzidos a um término desastroso. Ao desejar que sejam disperso pelo anjo do Senhor, aprendemos disto

---

3 "Que l'esperance de mon salut suparsse tous les dangers qui me seront livrez." – *v.f.*
4 "C'est, chasse et press." – *n.m.f.* "Isto é, castiga-os e persegue-os."
5 A alusão, aqui, é ao costume de cavar-se covas e estender redes sobre elas, cobrindo-as com palha etc., com o fim de apanhar animais selvagens.

que a razão por que os ímpios são perturbados, ainda quando ninguém os persiga, é que Deus os esmaga com um espírito de espanto e pasmo, e os deixa aturdidos com temores tais que se põem a tremer e se vêem apavorados. O mesmo ele expressa mais claramente no versículo seguinte, orando para o anjo do Senhor os conduza por entre trevas e os ponha em lugares escorregadios, de modo que seu juízo e discernimento sejam frustrados e não saibam que direção tomar, nem saibam o que fazer, nem mesmo tenham tempo de tomar fôlego. Nem é preciso que nos surpreendamos que esta obra seja destinada aos anjos, por cuja instrumentalidade Deus executa seus juízos. Ao mesmo tempo, esta passagem pode ser explicada se referindo tanto aos demônios quanto aos santos anjos, os quais estão sempre prontos a executar as os mandatos divinos. Sabemos que ao diabo é permitido exercer seu domínio sobre os réprobos; e por isso com freqüência é dito que "um espírito maligno, da parte de Deus, apossou-se de Saul" [1Sm 18.10]. Visto, porém, que os demônios nunca executam a vontade de Deus, a menos que sejam compelidos a fazê-la quando Deus quer servir-se deles, as Sagradas Escrituras declaram que os anjos santos e eleitos são num sentido muitíssimo proeminente os servos de Deus. Deus, pois, executa sus juízos pela instrumentalidade dos anjos maus e réprobos; mas dá aos anjos eleitos a preeminência sobre eles. Por essa conta, só os anjos bons são corretamente denominados de "principados", como em Efésios 3.10; Colossenses 1.16 e outras passagens similares. Se alguém objetar, dizendo que não próprio que os anjos, que são os ministros da graça e da salvação e os designados guardiães dos fiéis, sejam empregados na execução dos juízos sobre os réprobos, a explicação é simplesmente esta: ele não podem velar pela preservação dos santos sem se preparar para a luta – não podem socorrê-los com sua intervenção sem também opor-se também a seus inimigos e declarar-se contra eles. O estilo da imprecação que o salmista aqui emprega só pode ser explicado tendo-se em mente o que eu já disse alhures, isto é, que Davi não pleiteia simplesmente sua própria causa, nem segue temerariamente os ditames das emoções, nem deseja com inadvertido zelo a destruição de seus inimigos; senão que, sob as diretrizes do Espírito Santo, nutre e expressa contra os réprobos desejos tais como os que se caracterizam por grande moderação, os quais foram removidos para longe do espírito dos que são impelidos ou por desejos de vingança e ódio, ou por alguma outra sórdida emoção da carne.

7. Pois sem causa ocultaram para mim, numa cova, sua rede. Ele aqui declara que não tomava em vão o nome de Deus, nem o invocava por proteção sem justa causa, pois assevera publicamente sua inocência e se queixa de que era assim severamente afligido sem ter cometido crime algum nem dado ocasião alguma a seus inimigos. Cumpre-nos observar cuidadosamente este fato, para que ninguém se precipite inadvertidamente na presença de Deus nem o invoque por vingança, sem o endosso e o testemunho de uma sã consciência. Ao dizer que fora assaltado por estratagema, fraude e práticas ímpias, há implícito nisto um tácito enaltecimento de sua própria integridade.

[vv. 8-10]
Que lhe sobrevenha a confusão da qual não tem consciência; e que o apanhe sua própria rede que ocultara, e que caia nela com confusão. Então minha alma se rejubila em Jehovah e em sua salvação se alegrará. Dirão todos os meus ossos: Ó Jehovah, quem é como tu que livras o pobre daquele que é mais forte que ele, o pobre e o miserável daquele que o espolia?

8. Que lhe sobrevenha a confusão da qual não tem consciência. Davi novamente ora para que Deus volte contra a cabeça de seus inimigos o malefício que haviam dirigido contra um homem justo e inofensivo. A mudança do plural para o singular, mesmo quando o mesmo tema ainda está em pauta, sabemos ser algo muito comum entre os hebreus. Conseqüentemente, o que aqui se diz de um só homem se aplica a todos os inimigos de Davi em geral, a menos, talvez, que estejamos mais inclinados a pressupor que a alusão é feita a Saul ou algum de seus nobres. Visto, porém, ser indubitável que a oração que aqui ele faz contra Saul, como a cabeça se estende a todo o corpo, noutros termos, a todos os seus seguidores,⁶ pouco importa em que sentido o entendemos. O termo hebraico, שׁוֹאָה, *shoah*, às vezes significa *confusão*, e às vezes, *destruição*; e portanto muitos o traduzem: *Que lhe sobrevenha destruição*, ou *desolação*, ou *ruína*. A outra tradução, contudo, parece mais adequada, pois ele imediatamente acrescenta: **Que o apanhe sua própria rede que ocultara, que caia nela em confusão**. A forma como os outros o traduzem, *que ele caia em sua própria destruição*, é certamente forçada e artificial. O significado da cláusula, porém, resultará muito apropriado se for visto como uma oração de Davi para que, como os ímpios que são depositados como a borra do vinho, em presente desfruto e sem nada temerem, como se estivessem além do alcance de todo e qualquer perigo, algumas calamidades que totalmente ignoram de repente lhes sobrevirão como uma tempestade e os tragarão. Nunca por um instante lhes ocorre, como possível, que seus estratagemas e astúcias, suas práticas ímpias e todas as armadilhas que puseram para os bons e ingênuos, se volvam para a própria destruição daqueles que os engendraram. Davi, pois, mui adequadamente, deseja que caiam, confusos, nas redes que eles mesmos armaram; noutros termos, que se encham de espanto e terror quando forem súbita e inesperadamente visitados pela calamidade. Quanto mais ilimitada e extravagante for a exultação humana, por sua vã e insensata imaginação de que escaparão impunemente, mais se encham de espanto e medo quando de súbito a calamidade lhes sobrevem. Entretanto, não tenho dúvida de que Davi, neste ponto, se refere a alguma sorte de calamidade estranha e inusitada. Que lhe sobrevenha, pois, a *confusão* que não espera; isto é, quando se persuadir de que tudo lhe irá bem e prometer a si mesmo paz em suas enganosas fascinações, então que inusitado terror abale seu coração e que ele, em meio aos tumultos, sinta medo de ser apanhado em suas próprias armadilhas.

---

6 "Qu'il fait yci contre Saul comme le chef, s'estend à tout le corps; c'est à dire, à tous ses adherens." – *v.f.*

9. E então minha alma se rejubila em Jehovah. Outros traduzem esta frase no optativo: *Que minha se rejubile em Jehovah e se alegre em sua salvação*. Mas, em vez de continuar a expressar seus desejos, Davi, em minha opinião, promete neste versículo que será grato a Deus. Isto é ainda mais evidente à luz do próximo versículo, no qual, enaltecendo sublimemente a benevolência divina, ele diz que celebrará a memória dela como parte de seu próprio corpo. Portanto, embora alguns atribuam à fortuna, e outros à sua própria habilidade, o louvor de seu livramento do perigo, e poucos, se porventura os há, atribuam todo o louvor dele a Deus, Davi, aqui, declara que não esquecerá o favor que Deus lhe concedera. Minha alma, diz ele, se rejubilará, não num livramento cujo autor se ignora, mas na salvação divina. Para pôr a questão numa luz ainda mais forte, ele designa a seus próprios ossos a função de declarar a glória divina. Como ainda não contente que sua língua seja empregada nisto, ele aplica todos os membros de seu corpo à obra de declarar os louvores de Deus. O estilo da linguagem que ele emprega é hiperbólico, mas dessa forma ele mostra com sinceridade que seu amor para com Deus era tão forte que aspirava gastar seus nervos e ossos em declara a realidade e veracidade de sua devoção.

10. Ó Jehovah, quem é como tu? Aqui ele explica mais plenamente a natureza de sua alegria na salvação divina da qual falara, mostrando que ela consistia em atribuir ele inteiramente a Deus o livramento que havia alcançado. Os homens em geral louvam a Deus de uma maneira que raramente fazem a décima parte do que lhes é devido. Davi, porém, distinguindo-se de todos os outros, distintamente declara que toda a glorificação por seu livramento é uma parte exclusivamente dele. E com certeza só então oferecemos a Deus o que lhe pertence, quando, investindo-o com seu próprio poder, depositamos toda a nossa confiança nele. Com que propósito serve celebrar alto e bom som o nome de Deus com nossos lábios, se fazemos em pedaços seu poder e bondade a nosso bel-prazer? Davi, pois, no genuíno espírito de bondade, enaltece a grandeza divina com este sublime encômio, dizendo que ele é o guardião e defensor do pobre e redime o necessitado e aflito das mãos daqueles que o oprimem; como se quisesse dizer: É o dever peculiar de Deus socorrer os miseráveis. Com estas palavras somos instruídos a aferrar-nos à esperança de melhores coisas na adversidade; porquanto o poder e recursos de nossos inimigos, por maiores que sejam, não é razão para perdermos nossa confiança, visto Deus declarar-nos do céu que ele reina expressamente com o propósito de resistir o forte e poderoso. Se os filhos deste mundo, que empregam seu poder em injuriar e oprimir os fracos, possuíssem um mínimo grau de são juízo, certamente que isso serviria para restringir sua audácia, impedindo-os de continuarem a provocar a ira de Deus.

[vv. 11-15]
Levantam-se testemunhas violentas; acusam-me de coisas que desconheço. Retribuem-me mal por bem, para consternar[7] minha alma. Quanto a mim, porém, quando estavam enfermos, vestia-me de cilício; afligia minha alma com jejum; e tenho derramado minha oração em meu próprio peito. Portava-me para com ele como se fora meu amigo e irmão. Humilhei-me como alguém que pranteia copiosamente por sua mãe. Mas, em minha vacilação, se regozijaram e se congregaram; sim, até mesmo os abjetos a quem não conhecia se congregaram contra mim; e sem cessar espicaçaram-me com seus lábios.

11. Levantam-se testemunhas[8] violentas. O hebraico traz: *eles se levantarão*; mas, ao usar o tempo futuro, o salmista notifica que ele está falando do que havia sofrido por longo tempo. E se queixa de que fora tão oprimido com calúnias, que não teve qualquer oportunidade de defender-se; e que algo mais grave e doloroso que isso nunca sucede aos de mente astuta e que não têm consciência alguma de culpa. Além disso, ele não só diz que fora falsamente acusado, mas também condena a audácia e insolência dos que violentamente se erguem para

---
7 "C'est, desconforter." – *n.m.f.* "Isto é, ao desconforto."
8 "עדי חמס, *testemunhas de injustiça* ou *violência*; isto é, testemunhas depondo a atos de violência, quando cometidos pela pessoa acusada. Veja-se Salmo 27.12." – *Horsley*.

testemunhar contra ele. A isto pertence o que ele adiciona: **Eles me culpam de coisas que desconheço**. Davi, pois, era não só espoliado de seus bens terrenos e desprezivelmente expulso para o exílio, mas era também acusado e cumulado de infâmia sob o pretexto de justiça. Sendo envolvido por tais angústias, ele recorre diretamente a Deus, esperando que ele sustentasse sua inocência. Assim devem os filhos de Deus andar em meio aos bons e aos maus boatos, e enfrentar pacientemente as acusações, até que lá do alto ele reivindique e declare sua inocência. Nos tempos antigos era comum entre os pagãos certo provérbio: "Não há teatro mais encantador do que a sã consciência." E com isso eles exteriorizavam um nobre sentimento; mas ninguém pode ser sustentado e apoiado pela pureza de sua consciência, a menos que seja socorrido pelo recurso divino.

12. Retribuíram-me mal por bem. Davi uma vez mais mostra que a malícia de seus inimigos era de um caráter muitíssimo agravado, porque não só o oprimiam injustamente, visto ser inocente e de não haver dado ocasião alguma a escândalo, mas também porque mesmo os que haviam recebido muitos privilégios e favores da parte dele recompensaram-no de maneira muito estranha e ingrata. Uma conduta tão desditosa como esta fere profundamente os brios de um homem bom, o que é totalmente intolerável. Mas é uma consolação inexpressivelmente grande quando podemos testificar diante de Deus que tentamos, fazendo uso dos diversos meios ao nosso alcance, tranqüilizar o espírito de nossos inimigos e convertê-los à mansidão, embora, não obstante, se precipitem, com insaciável crueldade, em querer nosso mal; pois Deus não tolerará que tão bárbara e brutal ingratidão passe impunemente. A crueldade deles é melhor expressa quando se diz que tudo fazem para consternar (é assim que está propriamente no hebraico[9]) a alma de uma pessoa mansa e pacífica; equivale dizer, privá-la de conforto e deixá-la tão desolada que se sinta submersa em

---

9 "Ont tasché de rendre orpheline car il y a ainsi proprement en Hebrieu." – *v.f.*

desespero e destruída. Davi a seguir relata certos atos de bondade que fizera a eles, e que, se porventura possuíssem algum senso de eqüidade e humanidade, deveriam cultivar muitos sacros laços de mútuo amor. Ele não diz que os socorrera com dinheiro ou com gêneros alimentícios, nem que por algum outro meio exercera liberalidade para com eles, pois muitas vezes sucede que, quando a mão se abre, o coração se fecha. Ele, porém, faz menção de certos emblemas de real e genuíno amor – que lamentara sua desgraça diante de Deus e que se torturara por eles como se houvera chorado a morte de sua própria mãe; e, finalmente, que sentira interesse por eles como se fossem seus próprios irmãos. Visto, pois, que assim os pusera sob severas obrigações em relação a ele, de que mais vil ingratidão poderiam ser culpados senão em vomitar contra ele, em sua adversidade, a peçonha de seu ódio? Com respeito ao significado das palavras, tomo o termo *enfermidade*, neste lugar, metaforicamente para algum tipo de dificuldade ou sofrimento. O que Davi tinha em mente é que, quando alguma calamidade lhes sobreviera, ele compartilhou sua dor. Uma boa evidência disto foi a oração que ele fez: **tenho derramado minha oração em meu próprio peito.** O signifíco correto da expressão é que ele, não de forma ostensiva, pronunciara suas orações em voz alta diante dos homens, à semelhança de tantos que aparentam muito mais afeto do realmente sentem, mas que, ao orar em secreto e sem que o mundo o saiba, ele demonstrou que era sincero e de coração angustiado em virtude de sua aflição. Quando dizemos que uma pessoa se regozija em seu próprio peito, que se satisfaz com o sentimento secreto e íntimo de seu coração, sem o declarar a outrem, assim também se pode dizer de alguém que chora ou ora em seu próprio peito, que não derrama suas lágrimas e orações diante dos homens com o fim de garantir seu favor, mas que, satisfeito em ter Deus somente por sua testemunha, oculta suas emoções em seu próprio coração. Entretanto, não nego que há expressa nessa forma de expressão a atitude de alguém que ora, como se o salmista dissesse que curvou seu corpo e orou com sua cabeça inclinada e seus braços pendidos, como as pessoas aflitas costumam fazer.[10] Mas este devemos especialmente considerar como seu significado, a saber, que não houve dissimulação em sua oração. Há quem pense que há uma imprecação em suas palavras, e as explicam neste sentido: Senhor, se é verdade que não desejei toda prosperidade para eles, que todo o infortúnio caia sobre mil. Essa explicação, porém, é muito forçada. Há ainda outra exposição que contém bem pouca plausibilidade, a saber: Visto que não tive proveito algum em orar por eles, o fruto de minha oração voltou para mim mesmo. O sentido que está mais uníssono com o propósito e bem assim com as palavras do profeta é este: Orei por eles precisamente como orei por mim mesmo. O que, porém, já adiantei sobre o afeto secreto do salmista se provará, espero, satisfatoriamente ao leitor judicioso. Com respeito a *cilício* e *jejum*, ele os usou como auxílios à oração. Os fiéis oram mesmo após suas refeições, e não observam o jejum todos os dias como indispensável à oração, nem consideram usar cilício sempre que comparecem à presença de Deus. Sabemos, porém, que os que viviam nos tempos antigos se entregavam a esses exercícios quando alguma urgente necessidade os pressionava. Em tempos de calamidades ou perigos públicos, todos eles usavam cilício e se entregavam ao jejum a fim de que, humilhando-se diante de Deus e reconhecendo sua culpa, pudessem mitigar sua ira. De modo semelhante, quando alguém em particular era afligido, a fim de incitar-se a um maior fervor em oração, ele vestia o cilício e se entregava ao jejum como emblemas de tristeza e dor. Quando Davi, pois, segundo nos diz aqui, vestiu-se com cilício, era o mesmo que houvesse tomado sobre si os pecados de seus inimigos com o fim de implorar a Deus sua misericórdia em favor deles, embora estivessem usando todo o seu poder para concretizar a destruição de

---

10 "Quando os orientais", diz Boothroyd, "oram em profunda dor, ocultam seu rosto em seu peito. E é a esse costume que o salmista faz alusão aqui. O Rabino Levi, Dathe e outros o explicam de maneira semelhante."

Davi. Embora possamos considerar o uso de cilício e o sentar-se em cinzas pertencentes ao número de cerimônias legais, não obstante o exercício do jejum permanece em vigor entre nós na atualidade como nos dias de Davi. Portanto, quando Deus nos chamar ao arrependimento, mostrando-nos sinais de seu desprazer, tenhamos em mente o fato de que não devemos apenas orar a ele segundo o costume ordinário, mas também empreguemos meios que se adeqüem a promover nossa humildade. Em conclusão, o salmista diz que se conduzia e agia em relação a eles como se cada um deles fosse seu irmão.

15. Mas, em minha vacilação, se regozijaram. Não vejo razão para os intérpretes se perturbarem ante a palavra *vacilação*. Há quem conjeture que Davi tinha sua perna deslocada da articulação, e outros supõem que ele claudicava de alguma enfermidade. Quando, porém, consideramos criteriosamente a passagem como um todo, nada é mais evidente o fato de que ele se refere, por meio desta expressão, às calamidades que lhe sobrevieram; como a dizer: Assim que me vieram a cambalear e prestes a cair, eles a uma se congregaram contra mim e se devotaram inteiramente à minha destruição. Há, pois, nesta expressão quase a mesma metáfora que já vimos na palavra *enfermidade*. Ora, quando os homens às vezes se condoem em ver os infortúnios de seus inimigos, ao ponto de cessarem de odiar ou de perseguir os que já se acham em miseravelmente destroçados, isso já é evidência do mesmo cruel e feroz espírito pelo qual os anteriores amigos de Davi reagiam contra ele, quando, ao vê-lo humilhado e aflito, eram com isso furiosa e insolentemente incitados a arrojar-se contra ele. Desde o início ele fala só de uns poucos; mas imediatamente a seguir, com o fim de mostrar ainda mais a indignidade praticada contra ele, acrescenta-lhes a ignóbil vileza da plebe; não que os culpe a todos por igual, mas para que pudesse melhor demonstrar com que amarga hostilidade era assaltado de todos os lados. É provável que os que então estavam no poder eram, por assim dizer, incendiários que tudo faziam para inflamar por toda parte a chama do ódio contra Davi, para que o povo por toda parte fosse sublevado a destruí-lo, e instigassem uns aos outros nesta empresa. E ele repete duas vezes que *se congregaram*, a fim de mostrar quão resolutos e determinados eram em sua oposição a ele; a menos, talvez, que alguns prefiram explicar as palavras assim: Congregaram-se, não só os que tinham algum pretexto para agir assim, mas até mesmo os mais pobres dentre o povo. O termo hebraico, נכים, *nekim*, literalmente significa *os atormentados* ou *exaustos*,[11] mas que aqui deve ser entendido como que denotando pessoas vis e destituídas de reputação. Alguns intérpretes, aliás, o derivam do termo כאה, *kaäh*, que significa *fazer dano*, e o explicam ativamente: Os que me fizeram dano. Mas as interpretações anteriores concordam melhor com o desígnio da passagem, ou seja, que Davi fora vergonhosamente tratado pelos refugos mais torpes dentre o povo. As palavras, *coisas que desconheço*, podem referir-se tanto à causa quanto às pessoas. Eu, de minha parte, as explico como se referindo às pessoas neste sentido: Quanto a terem algum motivo de queixa de que os ofendi ou lhes fiz algum dano, eu nem mesmo os conheço. Ao mesmo tempo, estas palavras podem ser entendidas como contendo uma queixa por parte de Davi de que o povo se comprometera contra ele sem nenhum motivo, visto que ele não tem consciência de crime algum e pode atribuir como sendo de nenhum fundamento o feroz ódio que nutriam contra ele. Quanto à última cláusula do versículo, igualmente, embora os intérpretes nutram diferentes opiniões, parece-me ter apresentado o significado genuíno e natural. Literalmente é: *e sem cessar espicaçaram-me*; mas não pode

---

11 A palavra se deriva de נכה, *nakah, golpear* ou *castigar*. A LXX traz μαστιγες, *açoites*; Jerônimo traduz: *percutientes, golpeadores*, no que é seguido por Ainsworth, que entende a palavra como significando golpeadores com a língua ou caluniadores, e entende que a LXX, ao traduzir *açoites*, aludia ao azorrague da língua, como em Jó 5.21; e se *golpeadores* é a tradução correta, podemos com certeza concluir que, como esta ação de golpear é representada como praticada contra a pessoa que era seu objeto em sua ausência, era um golpear com a língua. Ao mesmo tempo, este crítico observa que a palavra pode ser traduzida por *o golpeado*, isto é, *pessoa abjeta, torpe*, como em Jó 30.8. O Dr. Kennicott a traduz por *verberones, chicoteados, escravos, patifes torpes*. Outro significado da palavra, segundo Buxtorff, é: *perna torta* ou *coxo*. Neste sentido é usada em 2 Samuel 4.4 e 9.3; e daí o epíteto de *Neco* foi aplicado a um dos Faraós, que coxeava. E assim facilmente veio a ser empregada como um termo de desdém. Calvino e os tradutores de nossa Bíblia inglesa concordam com o significado que se aplica a esta palavra.

haver dúvida de que a linguagem é metafórica, e que a palavra *espicaçar*[12] significa que eles abriam suas bocas, como se Davi dissesse: Insolentemente derramaram contra mim, com suas bocas escancaradas, seus escárnios e palavras injuriosas. A cláusula adicional na frase, *sem cessar*, é uma repetição comum no idioma hebreu, e é empregada para expressar a veemência com que os inimigos de Davi procediam contra ele. Implica que não havia fim ou medida para sua difamação, e que continuaram a derramar com gargantas escancaradas tudo o que lhes vinha à mente.

[vv. 16-18]
Entre os pérfidos bufões em festas, rilham seus dentes contra mim. Ó Senhor![13] até quando contemplarás isso? Livra minha alma de seus tumultos e minha única[14] dos leões. Magnificar-te-ei na grande congregação; diante de um grande povo[15] eu te louvarei.

16. Entre os pérfidos bufões em festas. Outros traduzem assim: Com os hipócritas. Em minha opinião, porém, Davi simplesmente relata a combinação de seus inimigos. E o significado da expressão é para este efeito: Que entre os homens de astuta disposição, que se dedicam ao engano e conseqüentemente perdem todo o senso do pudor, o único e constante tema de suas deliberações era como poderiam destruir este homem aflito. Davi novamente se volve aos líderes do povo e aos que se achavam no poder, como a fonte donde toda a malícia tinha sua origem. Pois esta descrição não podia aplicar-se a uma grande par-

---

12 O verbo קרע, *kara*, para *cortar, espicaçarm*, "é significativo de rasgar ou lacerar, e por uma fácil metáfora é aplicável a feridas feitas pelo ato de falar mal e caluniar." – *Walford*.

13 *Domine*. – latim. אדני, *Adonai*. – hebraico. "Mais de quinze cópias colecionadas pelo Dr. Kennicott têm יהוה aqui em vez de מיהלא. Entre as quais está um dos melhores manuscritos que já foram colecionados. Os judeus dos últimos séculos adquiriram um medo supersticioso de pronunciar a palavra יהוה, e portanto inseriam com muita freqüência אדני ou אלהים no lugar dela." – *Street*.

14 "Asçavoir, mon ame unique; c'est à dire, solitaire et delaissee." – *n.m.f.* "Isto é, minha alma sozinha; ou seja, solitária e abandonada." Em nossas versões brasileiras temos "minha predileta", "minha alma", "minha vida", "minha pessoa" etc. Davi, porém, tencionava notificar sua condição de abandono e desamparo, a não ser que Deus se interpusesse em seu favor. Green traduz: "minha *pessoa* desamparada."

15 "Devant un grand peuple." – *v.f.* "C'est. Beaucoup de peuple." – *n.m.f.* "Isto é, muito povo."

te da plebe, a qual agia antes por impulso irrefletido. Ele, pois, fala particularmente dos líderes e de outros de um caráter semelhante, e os acusa de crueldade, dizendo que rilhavam seus dentes contra ele como animais selvagens furiosos.

Primeiro ele os chama de *pérfidos* ou *perversos*, para que pudesse mais facilmente obter auxílio e socorro de Deus, como que o invocando no extremo de sua angústia; e, em segundo lugar, ele os chama de *bufões* ou *ridículos*, pelo quê ele quer dizer possuem uma impudência tal, e são destituídos de todo senso de pudor, que não há nada que não se atrevam a fazer. Quanto ao significado do termo מעוג, *maog*, que se segue, os intérpretes não estão de acordo. Ele significa propriamente pão assado no meio das brasas. Alguns, contudo, em vista de não poderem extrair dele um significado adequado à passagem, têm pensado que ele deve apontar para o tagarela chistoso, ou para a linguagem fútil. Outros, presumindo imprimir um raio de ação ainda mais amplo às suas fantasias, têm dado ao significado do salmista a idéia de que o escárnio de tais pessoas era-lhes como um pão, porque sentiam-se prazerosas em escarnecer e gracejar. A mim parece que devemos restringir a significação própria da palavra, enquanto que, ao mesmo tempo, ela seja entendida num duplo sentido. Alguns tomando מעוג, *maog*, para *bolo* ou *torta*, são da opinião que Davi, neste ponto, censura as pessoas de paladar delicado que correm após comidas finas e apetitosas, muitas das quais nem sempre se encontram nos palácios dos príncipes. Outros, ao contrário, supõem que ele repreende as pessoas de espírito servil e sórdido que, pela mais trivial consideração, empregam suas línguas em ultrajar outros, precisamente como em todas as épocas têm se encontrado pessoas que, por um bocado de pão, como dizemos, expõem suas línguas à venda. Quando ponderadamente considero outras passagens nas quais Davi descreve a natureza e o caráter de seus inimigos, disponho-me a crer que aqueles que se dedicavam ao gracejo e escárnio nas festas, e que, ao estacionar-se diante de suas taças, discutiam sobre como expor Davi à morte, são aqui referidos. Ele, pois, se queixa de que mesmo em meio aos seus festins e banquetes, os ímpios, que eliminaram todo pudor, tramavam uma maneira de eliminar sua vida.

17. Ó Senhor! até quando contemplarás? O significado da expressão que traduzi por *até quando* é ambíguo no hebraico. Em latim significa: Até quando o verás e o suportarás sem dizer sequer uma palavra? A outra interpretação, porém, é igualmente apropriada, a saber: Depois de parecer não notar nada sobre o problema, e isso por longo tempo, quando, por fim, começarás a notá-lo? O significado, contudo, é substancialmente o mesmo, porquanto Davi se queixa da longanimidade divina, declarando que, embora os ímpios corram excessivamente, Deus consente com eles e delonga excessivamente a ação de sua vingança. E embora Deus inculque nos fiéis o dever de tranqüila e pacientemente aguardar até que chegue o tempo quando então julgará ser o tempo certo para socorrê-los, todavia lhes permite lamentar em oração a tristeza que experimental por conta de tal delonga. Ao mesmo tempo, Davi mostra que, ao falar assim, não está levando à revelia simplesmente pelo fato de seu desejo não encontrar ensejo, senão que se sente constrangido pelo excesso de sua angústia. Pois ele diz que tumultuosamente se precipitaram sobre ele para tirar-lhe a vida, e os compara a *leões*, e chama de *solitária* ou *sozinha* a *sua alma*. Há quem pense que a expressão, *alma solitária*, significa *dileta* e *preciosa*, ou *bem-amada*; isso, porém, não leva em conta suficientemente o propósito de Davi, como foi declarado no Salmo 22.21.

18. Magnificar-te-ei na grande congregação. Neste versículo Davi uma vez mais se move a dar graças a Deus por toda a sua benevolência, visto que os fiéis não podem dar-lhe nenhuma outra recompensa além do sacrifício de louvor, como veremos no Salmo 116.17. E assim, mesmo enquanto se via cercado pelos impetuosos vagalhões de medo e perigos, ele se entrega ao exercício de ações de graças, como se já houvera obtido seu desejo; e com isso ele intentava encorajar-se e confirmar-se na certeza de receber segundo seus pedidos. À luz deste fato podemos discernir uma extraordinária e decisiva evidência de invencível coragem, pois embora um proscrito e fugitivo, destituído de todo auxílio, e, em suma, numa condição de grande excesso e desespero quanto a todas as suas atividades, não obstante ainda pensa em louvar a graça de Deus e faz-lhe votos de solene sacrifício, como se ele visse claramente, em meio às trevas da morte, o livramento cintilando sobre ele. E ele fala não só de render graças privativamente, mas daquelas ações de graças que todos os libertos de algum grande perigo costumam oferecer em assembléia pública, segundo a determinação da lei.

Alguns traduzem a última cláusula do versículo: *um povo forte e poderoso*,[16] mas não vejo exatidão nisso. É mera sutileza argumentar que a Igreja está revestida de grande força, e portanto é chamada de *povo forte*. Visto, porém, que Davi simplesmente tem em mente a grande massa e multidão de pessoas que costumavam subir para o santuário para reunir-se em solene assembléia perante Deus, não tenho dúvida de que, quando ele fala da *grande congregação*, e em seguida de *muito povo*, ele apenas reitera, segundo seu costume, a mesma coisa duas vezes, pois a palavra hebraica é usada em ambos esses sentidos.

[vv. 19-23]
Não se regozijem injustamente sobre mim os que são meus inimigos; nem pisquem os olhos para mim os que me odeiam sem causa. Pois falam de paz,[17] mas engendram palavras enganosas contra as brechas da terra. Escancararam sua boca contra mim; disseram: Ah! Ah! nossos olhos o viram.[18] Ó Jehovah, também o viste; não fiques em silêncio; ó Senhor, não fiques longe de mim. Desperta-te e move-te para o meu julgamento, ó meu Deus! ainda para minha causa, ó meu Senhor!

19. Não se regozijem injustamente sobre mim os que são meus inimigos. Visto que os inimigos de Davi já exultara na esperança de

---

16 Horsley assume este ponto de vista. Ele traduz: "*Entre um poderoso povo*"; e observa que esta é a tradução da versão Caldaica, e que עצם parece propriamente expressar força ou poder mais do que número.

17 "C'est, ne tienent propos d'amis." – *n.m.f.* Isto é, seu discurso não é o de amigos."

18 "C'est, ce que nous desirions." – *n.m.f.* "Isto é, aquilo que desejamos." French e Skinner traduzem: Ah! Ah! nossos olhos vêem!" "isto é", observam eles, "vêem nosso inimigo na condição caída em que desejamos vê-lo." Veja-se o versículo 25 e compare o Salmo 92.11."

ver sua ruína e destruição, ele ora para que Deus não permita que concretizassem um desejo tão perverso. A fim de fazer Deus favorável à sua causa, ele novamente protesta porque eles o odiavam sem que ele fosse culpado ou lhes desse qualquer ocasião, e que foi por culpa deles mesmos que agiram com tal crueldade contra ele; porque, para que se assegurasse do auxílio divino era necessário que comparecesse diante dele com o testemunho de uma sã consciência.

O termo hebraico, שקר, *sheker*, o qual traduzimos por *injustamente*, é por alguns traduzido *enganosamente*, como se Davi indicasse que seus inimigos jaziam à espera dele. Mas isso é feito por razão de sutileza. Além disso, a repetição que imediatamente se segue mostra que ele se queixa do voluntarioso ódio deles, porquanto, espontânea e deliberadamente, perseguiam um homem que não propiciara motivo algum de ofensa, senão que fora seu amigo e benfeitor. O termo hebraico, קרץ, *karats*, aqui significa *piscar com os olhos de esguelha em sinal de mofa*, como no Salmo 22.8, e denota *menear a cabeça* e *espichar o lábio*.

No versículo seguinte, a fim de nutrir ainda maior confiança em Deus, Davi novamente declara que estava envolvido por inimigos de um caráter irreconciliável e terminantemente inclinados à crueldade. À luz deste fato devemos estar firmemente persuadidos de que, quanto mais gravemente sejamos oprimidos, tanto mais com certeza devemos esperar o livramento. Ele, pois, diz que não falavam de outra coisa senão de tumultos e chacina. O significado da última cláusula é um tanto obscuro, oriundo da significação ambígua da palavra רגע, *rige*. Como a palavra da qual se deriva às vezes significa *cortar*, e às vezes *descansar* ou *ficar quieto e em paz*, há quem a traduza por *os mansos e pacíficos da terra*; outros a traduzem por *com os tranqüilos e satisfeitos da terra*; significando com isso os que vivem no meio das riquezas e abundância, no desfruto de imperturbável repouso. Ambas me parecem ser interpretações forçadas. Outros ainda, embora não mais corretamente, expandem a palavra *em covas* ou *lugares secretos*, a fim de que, como dizem, os conselhos perversos e enganosos de tais pessoas não venham a lume. Mas ela pode ser traduzida de forma bem apropriada, *as brechas da terra*, e com esta metáfora se quer dizer os miseráveis e aflitos, que são, por assim dizer, alquebrados e estropiados. Davi, pois, declara que assim que os inimigos divisam alguma brecha, equivalente a dizer, alguma calamidade caindo sobre ele, instantaneamente empregam todos os seus esforços para concretizar sua destruição. Os que, no tempo de sua prosperidade e poder, ousaram sequer pronunciar uma palavra contra ele, começaram então, ao verem que sua influência se debilitava, a planejar sua ruína, como bem sabemos serem os ímpios em sua maioria pessoas de disposição servil e covarde e não assumem o tom de insolência salvo quando se lhes apresenta uma vantajosa oportunidade, bem quando os bons e sinceros se acham em adversidade. Com o mesmo propósito ele os apresenta no próximo versículo, gritando com a boca escancarada: Ah! Ah! e batendo palmas de júbilo quando viram Davi sucumbir-se e, por assim dizer, jazer prostrado no pó, espetáculo este que lhes proporciona grande deleite.

22. Ó Jehovah, também o viste. Há nestas palavras um contraste implícito entre a visão em que Deus é aqui representado falando e a cena em que, como fomos informados no versículo precedente, os ímpios se regozijam. A implicação da linguagem de Davi é: Vocês se regozijaram excessivamente à vista de minhas misérias; mas Deus também vê e toma nota da crueldade e malícia dos que se sente prazerosos e gratificados em ver outros afligidos e perturbados. Davi, não obstante, ao expressar-se assim, não se põe a arrazoar com seus inimigos, mas, antes, se dirige diretamente a Deus e põe sua providência como uma plataforma de defesa em oposição a todos os assaltos dos que buscavam abalar sua confiança e que lhe trouxeram muita perturbação. E é certo que, se nos fortificarmos contra os escárnios e irrisão de nossos inimigos, o melhor meio que podemos empregar para este fim é ignorando-os e elevando nossos pensamentos a Deus e, na confiança de seu cuidado paternal para conosco, suplicar-lhe que mostre, em cada ato, que nossos tribulações não lhe são desconhecidas; sim, que quanto mais ele vê os perversos ansiosamente vigiando cada oportunidade para a concretização de nossa ruína, mais ele incontinenti virá em nosso socorro. Isto Davi expressa através destas várias formas de expressão: **Não fiques em silêncio, não fiques longe de mim, desperta-te e move-te para o meu julgamento.** Ele pode muito bem fazer uso de tais expressões, visto que já se sentia plenamente persuadido de que Deus considera o pobre e aflito e anota todos os males que lhes são feitos. Se, pois, elaborarmos nossos pedidos corretamente, uma clara convicção e persuasão da providência de Deus logo brilharão em nossos corações; tampouco é necessário que apenas isso preceda, em ponto de ordem, todos os nossos desejos; também deve restringi-los e governá-los.

[vv. 24-28]
Julga-me, ó Jehovah meu Deus, segundo tua justiça; e não se regozijem sobre mim. Não digam em seu coração: Ah! nossa alma![19] Não digam: Nós o tragamos. Envergonhem-se e confundam-se juntamente os que se regozijam com o meu mal; vistam-se de vexame e desonra os que se magnificam contra mim. Gritem e alegrem-se os que favorecem minha causa justa, e digam continuamente: Jehovah seja magnificado, que ama a paz de seu servo. E minha língua declarará tua justiça e teu louvor o dia todo.

24. Julga-me, ó Jehovah meu Deus! Neste ponto Davi confirma a oração do versículo precedente de que Deus seria seu defensor e manteria sua causa justa. Havendo sido por algum tempo dominado pelo sofrimento como alguém que fora abandonado e esquecido, ele põe diante dos olhos *a justiça de Deus*, a qual impede que ele abandonasse totalmente o íntegro e justo. Portanto, não é simplesmente uma oração, mas um solene apelo a Deus a que, como ele é justo, manifestasse

---

19 "C'est, nostre desir: nous avons ce que desirions: ou, nostre ame, assavoir s'esjouisse: comme on dit en nostre langue, Grande chere." – *n.m.f.* "Isto é, nosso desejo: temos o que desejamos; ou nossa alma, que equivale dize, está alegre; como dizemos em nossa linguagem: Grande ânimo." French e Skinner traduzem: "não digam em seus corações: Ah! nosso desejo! e observa: "*nosso desejo*" significa nosso desejo está consumado."

sua justiça, defendendo seu servo numa boa causa. E, certamente, quando parece que somos abandonados e privados de todo auxílio, não há remédio que possamos usar mais eficaz para vencer a tentação do que esta consideração, ou seja, que a justiça de Deus, da qual depende nosso livramento, jamais falhará. Conseqüentemente, o apóstolo Paulo, ao exortar os fiéis à paciência, diz em 2 Tessalonicenses 1.6: "se de fato é justo diante de Deus que ele dê em paga tribulação aos que vos atribulam." Ora, Davi uma vez mais apela a Deus neste lugar e lhe implora que manifeste sua justiça, refreando a insolência de seus inimigos; pois quanto mais soberbamente nos assaltam, muito mais pronto está Deus em socorrer-nos. Além disso, ao introduzi-los novamente falando, ele traça num estilo gráfico a crueldade de seus desejos; e com isso ele tenciona mostrar que, se as coisas ocorressem segundo seus desejos, não haveria limite algum à sua obstinação. Mas visto que, quanto mais eles se vangloriam, mais provocam a ira divina contra si, Davi com boas razões usa isto como um argumento para encorajar sua esperança e o emprega como seu apoio e confirmação em oração.

26. Envergonhem-se e confundam-se juntamente os que se regozijam com o meu mal. Esta imprecação já foi explicada; e basta apenas notar que há peculiar força na expressão: *juntamente* ou *imediatamente*. Ela mostra que não era apenas um ou dois, mas uma grande multidão que declarava guerra contra ele e que não se rendera à influência do medo, mas crera que tão logo Deus erguesse sua mão, poderia de um só golpe facilmente vencer a todos eles. Ao dizer que eles buscaram e *se regozijaram no mal de Davi*, isso mostra que se encheram de cruel ódio contra ele. E ao dizer que *se magnificaram contra ele*, isso é um emblema de soberba. Davi, pois, a fim de torná-los ainda mais odiosos à vista de Deus, os representa como cheios de soberba e crueldade. E visto que essa forma de oração foi ditada pelo Espírito Santo a Davi, não pode haver dúvida de que o fim de todo soberbo será tal como é aqui predito, ou seja, que voltarão as costas fulminados pela vergonha e desgraça.

27. Gritem e alegrem-se os que favorecem minha causa justa. Estas duas expressões, que são traduzidas no modo optativo, poderiam ser traduzidas com igual propriedade no tempo futuro; visto, porém, que esta é questão de pouca conseqüência, eu a deixo sem decisão. Davi neste ponto enaltece o livramento que pedira a Deus e exulta nos resultados que emanaram dele, a saber, que seria uma ocasião de geral regozijo e boa esperança para todos os santos, embora ao mesmo tempo os incita a celebrar os louvores de Deus. Ele atribui a todos os fiéis o crédito de desejar que, como um homem inocente, sua causa justa seria mantida. Davi, é verdade, era o objeto do ódio quase universal entre os ingênuos e insuspeitos, os quais eram influenciados por notícias falsas e injustas disseminadas contra ele; mas é também verdade que havia entre o povo aqueles que faziam uma avaliação justa e imparcial dos fatos e sentiam profundamente tudo o que esse santo homem sofria, cuja benevolência era notória, e que estava sendo injusta e erroneamente oprimido. E seguramente o senso comum de humanidade requer que, assim que notamos alguém sendo injustamente oprimido e aflito, se formos capazes de socorrê-lo, pelo menos sintamos por ele compaixão. Ao usar Davi a linguagem, *Jehovah seja magnificado*, seu objetivo parece ser tacitamente o de pôr isto em oposição à soberba dos maus, do quê ele fez menção supra. Como presumem na soberba de seu coração e por sua conduta insolente e despótica obscurecer, ao máximo que podem, a glória divina, assim podem os fiéis, em contrapartida, com boas razões apresentar a oração de que Deus se manifestará na majestade de seu caráter, e demonstrará em todos os seus feitos que ele exerce especial cuidado sobre todos os seus servos, e sente especial prazer em sua paz. Finalmente, o salmista uma vez mais declara, na conclusão do Salmo, sua resolução em celebrar com louvores apropriados a justiça de Deus, através da qual fora preservado e libertado.

Salmo 36

Quase todos os intérpretes concordam em concluir que neste Salmo Davi, em termos gerais, expressa sua surpresa e perplexidade ante a benevolência divina, porque, no exercício de seu favor e misericórdia, Deus tolera os maus que, não obstante, com vileza o ignoram. A opinião que tenho formado é algo diferente. Creio que o santo profeta, sendo cruelmente atribulado e acossado por homens maus e ímpios, primeiro se queixa de sua depravação e em seguida busca refúgio na infinita bondade de Deus, a qual se estende não só a todos os homens em geral, mas, de um modo particular e especial, a seus próprios filhos; e isso ele faz com o fim de consolar e, por assim dizer, tomar alento, na certeza de que por fim será libertado, já que Deus lhe é favorável. Isto é evidente à luz da conclusão do Salmo, na qual ele se arma e se fortifica contra todos os assaltos dos ímpios, ao ponderar que está a salvo sob a proteção de Deus.

Ao mestre de música. Salmo de Davi, o servo de Jehovah.

Por que o designativo, *o servo de Deus*, é atribuído a Davi só neste Salmo e no 18, e em nenhum outro lugar, não pode ser positivamente determinado, a menos que, sendo ele vitorioso num conflito, de todos o mais difícil, provou a si mesmo ser um valente guerreiro e um invencível campeão aos olhos de Deus. Sabemos quão rara e singular é a virtude, quando a impiedade prevalece sem restrição, e quando a sombra de sua obscuridade turva nossa visão espiritual, de olharmos, não obstante, com os olhos da fé para a providência de Deus que, ao predispor nossa mente à paciência, nos conserva continuamente no temor de Deus.

[vv. 1-4]
A impiedade fala ao perverso no âmago de meu coração: Não há temor de Deus diante de seus olhos. Pois a seus próprios olhos se lisonjeia, até que se descubra que sua iniquidade é odiosa.[1] As palavras de sua boca são iniquidade[2] e engano; ele deixou de entender que pode fazer o bem. Em seu leito ele medita [ou engendra] a iniquidade; põe-se num caminho que não é bom; não abomina o mal.

1. A impiedade fala ao perverso no âmago de meu coração. Os comentaristas não são concordes na interpretação do primeiro versículo. Literalmente, é: *Ao dizer* [ou *falar*] *de transgressão*, ou, melhor: *A transgressão diz ao perverso*. Entretanto, visto que a letra ל, *lamed*, em hebraico às vezes é usada para מן, *min*, alguns a traduzem assim: *A impiedade ou transgressão fala do perverso em meu coração*; como se o profeta quisesse dizer: Percebo claramente, à luz da perversidade que os ímpios cometem, que não são influenciados pelo temor de Deus. Como, porém, não há necessidade de se afastar da significação própria das palavras, concordo antes com outros, pressupondo que a linguagem do profeta tem este propósito: A malícia dos perversos, ainda que aparentemente oculta e ignorada, fala soberba em meu coração e sou uma testemunha convicta do que ela diz ou insinua.

É preciso observar-se em primeiro lugar que o profeta não fala de erros externos, mas penetra até mesmo à própria fonte; como se quisesse dizer: Embora os perversos disfarcem sua malícia com astuta dissimulação, todavia estou certo de ouvi-la falar. É de fato verdade que, visto que os ímpios e profanos se lançam de ponta cabeça a todo gênero de impiedade, como se jamais fossem chamados a prestar contas dela, o juízo que Davi aqui expressa poderia ser formulado até mesmo com base na vida deles. Sua linguagem, porém, é muito mais

---

[1] "C'est, tant que chacun commence à avoir en haine l'iniquite d'iceluy." – *n.m.f.* "Isto é, de modo que cada um comece a odiar sua iniquidade."

[2] "Mensonge." – *v.f.* "Falsidade."

enfática, ao dizer que os servos de Deus claramente percebem a depravação de tais pessoas oculta no recesso do coração. Ora, Davi não fala dos maus em geral, e, sim, dos incorrigíveis desdenhadores de Deus. Muitos são os que se entregam a seus vícios, e que, não obstante, não se deixam intoxicar pela deplorável soberba aqui censurada por Davi. Quando, porém, uma pessoa se torna empedernida na prática do pecado, a impiedade por fim a reduz a tal estado de insensibilidade que, desdenhando o juízo divino, se lança sem temor à prática de todo gênero de pecado a quê seu depravado apetite a impele. Portanto, a ousadia irresponsável em se cometer pecado, e especialmente onde ele é associado ao cinismo e escárnio para com toda admoestação, é, por assim dizer, o fascínio de Satanás, o qual indica que a condição de tal pessoa é deveras sem esperança. E embora a religião genuína tenha a eficácia de conservar os corações dos santos no temor de Deus, e de afastar os pensamentos perversos para longe de suas mentes, todavia isso não os impede de perceber e discernir em seus corações o quanto os ímpios se agitam com horrível fúria quando não consideram a Deus nem se amedrontam de seus juízos.

Não há temor de Deus diante de seus olhos. Nestas poucas palavras Davi mostra o fim de todas as más sugestões, ou seja: quando o senso, tanto do bem quanto do mal, é destruído ou suprimido, os homens se reduzem a nada, como se não houvesse no céu nenhum Deus entronizado como o Juiz de todos. Portanto, o significado é este: A impiedade fala em meu coração ao homem perverso, convencendo-o do excesso de sua loucura, tanto que, desvencilhando-se de todo o temor de Deus, se entrega à prática do pecado; equivale dizer: Sei muito bem o que os ímpios imaginam em seus corações, como se Deus me houvera posto como testemunha ou juiz a desvendar sua hipocrisia, sob cuja máscara acreditam que sua detestável malícia permanecerá oculta e profundamente sepultada. Quando os perversos, pois, não são restringidos pelo temor de Deus da prática do pecado, isso procede daquele secreto discurso que fazem a si mesmos, ao qual temos referido e pelo o entendimento deles é tão depravado e cego que, como bestas brutas, correm para todo excesso de devassidão. Visto que os olhos são, por assim dizer, os guias e condutores do homem nesta vida, e por sua influência os demais sentidos se movem de lado para o outro, portanto se diz que os homens têm o temor de Deus diante de seus olhos quando ele regula suas vidas e, exibindo-se a eles de todos os lados para onde se volvam, serve de freio a restringir seus apetites e paixões. Davi, ao usar aqui uma forma contrária de expressão, indica que os ímpios correm em direção a todo gênero de licencioso excesso, sem a mínima consideração por Deus, porquanto a depravação de seus próprios corações os tem feito completamente cegos.

2. Pois a seus próprios olhos se lisonjeiam. Aqui o salmista mostra, através de seus frutos ou pelas indicações de seu caráter, que não há temor de Deus entre os perversos, visto que manifestam tal prazer na prática de atos de perversidade que, embora sejam odiosos à vista de todos os demais homens, ainda nutrem a natural obstinação de seus corações, e espontaneamente se endurecem em sua maligna trajetória. Primeiro ele diz que nutrem seus vícios através de suas próprias adulações,[3] de que não ficarão insatisfeitos consigo mesmos ao pecarem.

---

3 O verbo חלק, *chalak*, que é traduzido por *lisonjear*, significa *amaciar*, e aqui quer dizer que o homem perverso descrito a empenhar-se, com plausíveis argumentos, em pôr um suave, tênue e enganoso verniz em sua perversidade, como se não houvesse nada de repulsivo e odioso, nada impróprio ou indigno nela; e desta forma ele engana a si próprio. Esse é o sentido expresso na tradução literal de Montanus, a qual parece muito forçada: "Quoniam lenivit ad se in oculis ipsius, ad inveniendum iniquitatem suam ad odiendam." – "Pois ele tem se amaciado (ou polido) a seus próprios olhos, com respeito a descobrir em sua iniquidade (isto é, de modo a não encontrar nela) nada odioso." Horsley traduz:
"Pois ele dá às coisas uma aparência bela para si mesmo,
A seus próprios olhos, de modo que não descobre sua própria iniquidade para odiá-la."
"Ele põe um verniz tão falso", diz este crítico, "diante de seus próprios olhos, de suas piores ações, que jamais descobre a negritude de sua iniquidade, a qual, se a percebesse claramente, seria odiosa até mesmo para ele." Os ímpios de todos os tempos têm assim conseguido apresentar-se com uma bela aparência com base em aforismos sem princípio e práticas perniciosas. Pode-se ver que a tradução de Montanus e Horsley da última cláusula do versículo apresenta um significado diferente daquele apresentado por Calvino. O texto original é um tanto obscuro e ambíguo devido à sua brevidade; contudo parece apoiar o sentido dado por esses críticos. O hebraico é למצא עונו לשנא, *limtso avono lisno*, *descobrir para* ou *por* ou *concernente à descoberta de* (sendo o primeiro verbo um infinitivo com o prefixo ל, *lamed*) *sua iniqüidade*

Mas quando acrescenta: **até que se descubra que sua iniqüidade é odiosa**, com estes termos se deve entender uma referência à sua obstinação determinada; pois o significado é que, embora falsamente se adulem, avançam tanto em mau itinerário que sua iniqüidade se torna odiosa a todos os homens. Alguns traduzem as palavras assim: *de modo que eles mesmos descobrem que sua própria iniqüidade é por demais odiosa*. E as entendem como que significando que os perversos persistem em precipitar-se de ponta cabeça no pecado sem qualquer restrição, até que, fartos ou saturados com o regalo de seus desejos depravados, começam a sentir aversão por eles. Pois até mesmo os mais depravados ficam às vezes insatisfeitos consigo mesmos em virtude de sua conduta pecaminosa. A primeira interpretação, contudo, é a mais natural, ou seja, que os perversos, ainda que sejam odiosos a todos os homens em razão de sua iniqüidade, a qual, uma vez descoberta e manifesta desperta um sentimento geral de repulsa, não são afetados por alguma repulsa por si mesmos, mas, ao contrário, antes se aplaudem, enquanto as pessoas os desprezam e abominam a perversidade de suas vidas. O profeta, pois, os condena por sua dissimulação nisto: enquanto todos os demais se sentem ofendidos em sua desditosa conduta, eles mesmos não são de forma alguma afetados por ela. Quanto esteja em seu poder, abolem toda distinção entre bem e mal, e põem sua consciência num estado de insensibilidade, para que ela não os torture e os conduza ao arrependimento. Certamente que o entorpecimento aqui descrito deve ser o tema de nossa séria consideração, entorpecimento este que se manifesta nisto: que os homens que se entregam a uma mente réproba, embora se tornem odiosos aos olhos de todos os demais homens, são, não obstante, destituídos de todo senso de seus próprios pecados.

---

para odiar (ela). "Não posso imaginar", diz Walford, "o prefixo ל sendo traduzido de forma correta por *até que*." Sua tradução é:
"Pois se lisonjeia à sua própria vista
De que sua iniqüidade não se descobrirá ser odiosa."
Isto é, não será vista por outros como algo odioso como de fato é. As palavras originais facilmente apoiarão este sentido, tanto quanto o que foi dado por Montanus e Horsley.

3. As palavras de sua boca são iniquidade e engano. As duas cláusulas deste versículo podem ser entendidas como uma referência à mesma coisa, a saber, que os perversos, se comprazendo na vaidade e ilusão, não percebem nem admitem a luz do entendimento. Entendo que esta é a intenção de Davi. Ele reprova os perversos não meramente por envolver outros com suas astúcias e estratagemas, mas especialmente porque são totalmente destituídos de integridade e sinceridade. Já dissemos que o salmista está aqui falando não dos homens perversos e pecaminosos, em cujos corações ainda resta algum temor de Deus, mas dos profanos desdenhadores de seu Nome, os quais se entregam inteiramente a práticas pecaminosas. Ele, pois, diz que mantêm sempre em mente algumas justificativas frívolas e pretextos fúteis, pelos quais se animam a rejeitar e a escarnecer de toda a sã doutrina. Ele então acrescenta que eles propositadamente suprimem em si todo o conhecimento ou discernimento da distinção entre o bem e o mal, porque não desejam tornar-se melhores do que são. Sabemos que Deus deu ao homem entendimento para levá-los a fazer o que é bom. Ora, Davi diz que os maus se esquivam do bem e se esforçam por privar-se dele, para que não sejam constrangidos a arrepender-se de sua impiedade e emendar suas vidas. Somos instruídos mediante esta passagem que, se por algum momento nos desviarmos da vereda da retidão, o único remédio em tal caso é abrir os olhos de nosso entendimento para que possamos corretamente distinguir entre o bem e o mal e para que assim sejamos trazidos de volta de nosso desvio. Quando, em vez de agir assim, uma pessoa rejeita a instrução, isso é uma indicação de que ela se acha num estado de depravação totalmente irremediável.

4. Em seu leito ele medita em sua iniquidade. Aqui o escritor sacro mostra que a impiedade do ímpio é de um caráter secreto e mui determinado. Às vezes sucede que muitos, que de outra forma não se exporiam à impiedade, erram e caem em pecado por surgir de repente ocasião oportuna. Davi, porém, nos diz que os perversos, mesmo quando se acham longe da vista dos homens e em solidão, arquitetam o mal; e assim, embora não haja surgido diante deles alguma tentação, nem o mau exemplo de outros a impeli-los para ele, de seu próprio consentimento fomentam o mal e se lançam a ele sem serem impelidos por alguma outra coisa. Visto que ele descreve o réprobo através desta marca distintiva do caráter, dizendo que *maquinam o mal em seus leitos*, os crentes genuínos devem aprender deste fato a agir de uma maneira diferente quando sozinhos em meditações, e a fazer de sua própria vida um alvo de exame, a fim de que excluam de suas mentes todo e qualquer pensamento negativo. O salmista em seguida faz referência à obstinação deles, declarando *que se põem numa vereda tortuosa e perversa*; o que equivale dizer, propositada e espontaneamente teimam em fazer o mal. Finalmente, ele acrescenta a razão pela qual agem assim: *não abominam o mal*. Voluntariamente fecham seus olhos, se lançam de ponta cabeça em sua trajetória até que conscientemente se rendem como escravos da impiedade. Apresentemos agora sucintamente o contraste entre os ímpios e o povo de Deus, contido nos versículos precedentes. Os primeiros se deixam enganar pela adulação; os últimos se entregam a um controle estrito e se examinam com um escrutínio rígido. Os primeiros, correndo a rédeas soltas, se precipitam no mal; os últimos são restringidos pelo temor de Deus. Os primeiros disfarçam seus escândalos com sofismas e convertem a luz em trevas; os últimos espontaneamente reconhecem sua culpa e, através de sincera confissão, são conduzidos ao arrependimento. Os primeiros rejeitam todo são juízo; os últimos desejam sempre justificar-se por andar em plena luz do dia. Os primeiros, usando de subterfúgios, variam seu método de fazer o mal; os últimos são persistentes em sua vigilância, sabendo que não podem engendrar nem estimular nos recessos de sua alma qualquer desejo pecaminoso. Os primeiros cultivam um profundo e determinado desprezo por Deus; os últimos voluntariamente nutrem um constante desgosto por seus pecados.

[vv. 5-9]
Tua misericórdia, ó Jehovah, chega até aos céus e tua verdade até às nuvens. Tua justiça é como as montanhas de Deus;[4] teus juízos são como um abismo profundo.[5] Tu preservas, ó Jehovah, o homem e o animal. Ó Deus, quão excelente[6] é tua benignidade! Portanto, os filhos dos homens confiarão na sombra de tuas asas. Eles se fartarão sobejamente com a gordura de tua casa; e tu os farás beber do rio de teus deleites. Pois contigo[7] está o manancial de vida; e em tua luz[8] veremos a luz.

5. Tua misericórdia, ó Jehovah, chega até aos céus. Há comentaristas que pensam que Davi, após ter descrito a grande corrupção e depravação que por toda parte eram prevalecentes no mundo, aproveita então o ensejo para enaltecer em sublimes louvores a prodigiosa paciência de Deus em não cessar de manifestar seu favor e beneplácito para com os homens, ainda quando se acham mergulhados na iniqüidade e no crime. Quanto a mim, porém, como já observei, defendo uma opinião um pouco diferenciada. Após falar da abissal depravação dos homens, o profeta, temendo que fosse afetado por ela, ou de ser arrastado pelo exemplo dos ímpios, como por um dilúvio, afasta-se do assunto e toma fôlego refletindo sobre um tema diferente. Comumente sucede que, ao condenarmos os ímpios, o contágio de sua malícia se insinua em nossa mente quando não somos conscientes dela; e raramente há um em cem que, após queixar-se da malícia de alguém, se conserva na genuína piedade, puro e impoluto. O significado, pois, é este: Embora divisarmos entre os homens uma dolorosa e espantosa confusão, a qual, como um profundo abismo, poderia sorver a mente dos santos, Davi, não obstante, defende a tese de que o mundo está cheio da bondade e da justiça de

---

4 Na versão francesa temos: "Comme hautes motagnes"; – "como as altas montanhas"; e na margem Calvino afirma que no hebraico temos: "Montagnes de Dieu"; – "Montanhas de Deus." Os hebreus costumavam descrever coisas eminentes, como observa Calvino em sua exposição do versículo, adicionando-lhes o nome de Deus; como: "rio de Deus" (Sl 65.9); "monte de Deus" (Sl 68.15; "cedros de Deus" (Sl 80.10); "as árvores do Senhor" (Sl 114.16. "As montanhas de Deus", portanto, significam aqui *as montanhas mais altas*.
5 Lowth traduz: "Um amplo abismo."
6 Hebraico: quão precioso.
7 "En toy." – *v.f.* "Em ti."
8 "Par ta clarte." – *v.f.* "Por tua luz."

Deus, e que ele governa o céu e a terra nos estritos princípios da eqüidade. E sem dúvida, sempre que a corrupção do mundo afetar nossa mente e nos encher de perplexidade, devemos precaver-nos para não restringir nossa visão só no âmbito da impiedade dos homens que transtornam e confundem todas as coisas. Ao contrário, em meio a esta estranha confusão, elevemos nossos pensamentos, em admiração e êxtase, à contemplação da secreta providência de Deus. Davi, neste ponto, enumera quatro atributos cardeais da Deidade, os quais, segundo a figura de linguagem denominada *sinédoque*, inclui todos os demais, e pelos quais notifica, em suma, que, embora a razão carnal nos sugira que o mundo se move ao acaso e seja dirigido a esmo, contudo devemos considerar que o infinito poder de Deus é sempre associado com a perfeita justiça. Ao dizer que a bondade de Deus *chega até aos céus*, a intenção de Davi é que em sua grandeza ela é tão alta quanto os céus. No mesmo sentido ele acrescenta: **Tua verdade chega até às nuvens**. O termo, *verdade*, neste lugar, pode ser tomado ou equivalente a fidelidade que Deus manifesta na concretização de suas promessas, ou equivalente ao caráter justo e bem equilibrado de seu governo, no qual sua retidão é vista como sendo pura e isenta de toda decepção. Mas há muitas outras passagens da Escritura que me constrangem a referi-la às promessas de Deus, na conservação e cumprimento das quais ele é sempre fiel.

6. Tua justiça é como as montanhas de Deus. Neste versículo há um encômio à justiça de Deus, a qual o escritor sacro compara às altas montanhas (sendo esta a forma de expressão – "as montanhas de Deus", pois sabemos que os hebreus costumavam distinguir algo com a designação *divino* ou *de Deus* tudo quanto é excelente), porque é ali que sua glória resplandece mais claramente. Finalmente se diz que seus *juízos são como um grande e infindável abismo*. Com estas palavras ele nos ensina que, para qualquer direção que volvamos nossos olhos, quer olhemos para cima quer olhemos para baixo, todas as coisas são dispostas e ordenadas pelo justo juízo de Deus. Esta passagem é comumente citada num sentido totalmente diferente, a saber, que os juízos de Deus excede muitíssimo nossa tacanha capacidade, e que são por demais misteriosos para nossa capacidade de compreendê-los; e, aliás, neste sentido a similitude de um abismo não se adequa bem. Não obstante, é óbvio, à luz do contexto, que a linguagem do salmista deve ser entendida num sentido muito mais extensivo, e quanto ao significado de que por maior que seja a profundidade da impiedade que há entre os homens, e ainda que ela se assemelhe ao dilúvio que prorrompe e transborda por toda a terra, contudo muito maior é a profundeza da providência divina, pela qual ele, com justiça, dispõe e governa todas as coisas. Portanto, sempre que nossa fé for estremecida pela confusão e desordem das atividades humanas, e quando formos incapazes de explicar as razões desta desordem e confusão, lembremo-nos de que os juízos divinos, no governo do mundo, são, com a mais elevada propriedade, comparados a um profundo abismo que envolve céu e terra, que a consideração de sua infinita grandeza extasie nossas mentes com admiração, destrua todas as nossas preocupações e disperse todos os nossos sofrimentos. Ao acrescentar, no final do versículo, **Tu preservas, ó Jehovah, o homem e o animal**, o significado consiste no seguinte propósito: visto que Deus se digna de estender seu providente cuidado até mesmo à criação irracional, ele muito mais provê para as necessidades humanas. E, de fato, sempre que alguma dúvida surja em nossa mente com respeito à providência divina, devemos fortificar-nos e encorajar-nos, pondo diante de nós esta ponderação, a saber, que Deus, que provê alimento para os animais do campo, e os sustenta em sua presente condição, nunca cessará de cuidar da raça humana. A explicação que alguns têm dado do termo, *animais*, interpretando-o alegoricamente como sendo homens bestiais, considero como demasiadamente forçada, e portanto a rejeito.

7. Ó Deus, quão preciosa é tua benignidade! Há quem explique estas palavras neste sentido: que a misericórdia de Deus é preciosa, e que preciosos são os filhos dos homens que põem sua confiança nela. Este, porém, é sentido um tanto distante das palavras do texto. Outros as entendem neste sentido: que a misericórdia divina é imensurável para os deuses, o que equivale dizer, para os anjos e os filhos dos homens. Isto, porém, é por demais engenhoso.

Fico igualmente surpreso com o fato de que os rabinos judaicos têm se cansado e se desnorteado, sem qualquer necessidade, em busca de novas e sutis interpretações, já que a intenção do profeta é por si mesma perfeitamente evidente; ou seja, que em função de a misericórdia divina ser tão imensa e tão claramente manifesta é que os filhos dos homens se põem confiantes à sombra dela. Visto que Davi, até aqui, tem falado da bondade de Deus, à guisa de acomodação, a qual se estende a toda criatura, a opinião de outros comentaristas, que consideram Davi, neste ponto, como que discursando acerca do favor peculiar que Deus manifesta em relação a seus filhos, em minha opinião é muito correta. A linguagem parece referir-se em geral a todos os filhos dos homens, mas o que se segue é aplicável adequadamente só aos fiéis. Com o fim de manifestar mais claramente a grandeza da graça divina, o salmista fala em termos gerais, dizendo-nos que Deus se condescende de ajuntar debaixo de suas asas a prole mortal de Adão, como diz no Salmo 8.4: "Que é o homem para que dele te lembres? e o filho do homem para que o visites?" A substância da passagem é: Os ímpios podem correr em direção a todo excesso de impiedade, mas esta tentação não impede o povo de Deus de confiar em sua benevolência e de lançar-se sob seu paternal cuidado; enquanto os ímpios, cuja mente é degradada e cujo coração é contaminado, jamais degusta a doçura da benevolência divina ao ponto de se guiarem à fé e assim desfrutarem daquele repouso que se encontra à sombra de suas asas. A expressão metafórica, *asas*, como aplicada a Deus, é muito comum nas Escrituras.[9] Com isso Deus nos ensina Deus que somos preservados em segurança sob seu protetor cuidado, assim como as aves aconchega seus filhotes debaixo de suas asas; e assim ele nos convida para junto de si, bondosa e afetuosamente.

---

9 "Frequens in Psalmis figura ab alio Cherubinorum Arace" etc.; isto é, "Uma figura comum nos Salmos, tomada mais imediatamente, em minha opinião, das asas dos querubins lançando sua sombra sobre o propiciatório que cobria a arca; mais remotamente, porém, das aves que defendem seus filhotes dos raios solares, cobrindo-os com a sombra de suas asas. Vejam-se Salma 17.8; 57.1; 61.4; 91.1 etc. e Deuteronômio 32.11." – *Bishop Hare*.

8. Eles se fartarão sobejamente com a gordura de tua casa. Não tenho dúvida de que com a expressão, *a gordura da casa de Deus*, o profeta tem em mente a abundância de coisas boas que não se destinam a todos os homens indiscriminadamente, mas que se acham armazenadas para os filhos de Deus que se entregam totalmente à sua proteção. Alguns restringem a expressão a graças espirituais; quanto a mim, porém, me parece mais condizente que debaixo dela estão compreendidas todas as bênçãos que são indispensáveis à felicidade e conforto da presente vida, tanto quanto as que pertencem à bem-aventurança eterna e celestial. Deve-se, contudo, observar que, no estilo da linguagem que o profeta aqui emprega, o uso de bênçãos terrenas é conectado com a graciosa experiência de fé, no exercício da qual só podemos desfrutá-las correta e licitamente para nosso bem-estar pessoal. Quando os ímpios se fartam da abundância dos benefícios de Deus, seus corpos na verdade engordam como uma vara de suínos cevados, mas suas almas permanecem sempre vazias e famintas. Só os fiéis, como já disse, é que se fartam da benevolência divina a eles direcionada, porquanto ela é para eles um penhor do paternal e divino amor. Os termos *comer* e *beber* denotam uma completa e perfeita plenitude, e o termo *rio*[10] denota uma transbordante abundância.

9. Pois contigo está o manancial de vida. Neste ponto o salmista confirma a doutrina do versículo precedente, o conhecimento da qual é tão proveitoso que não há palavras que a expressem adequadamente. Visto que os ímpios profanam até mesmo as melhores dádivas de Deus, fazendo mal uso deles, a menos que observemos a distinção que tenho feito, nos seria melhor perecermos de fome centenas de vezes do que nos sentirmos entediados e saturados da benevolência de Deus. Os ímpios não reconhecem que é em Deus que eles vivem, se movem e recebem sua existência, mas antes imaginam que são sustentados por seu próprio poder; e, conseqüentemente, Davi, ao contrário, aqui

---

10 As palavras no original são נחל עדיך, *nachal adanecha*, *o rio de teu Éden*, nas quais há provavelmente uma alusão ao jardim do עדן, *Éden*, e ao rio que fluía através dele para regá-lo.

afirma à luz da experiência dos santos, e como se fosse em seu próprio nome, que o manancial de vida está em Deus. Com isto ele quer dizer que fora dele não se encontrará sequer uma gota de vida, ou que não flua de sua graça. A metáfora da *luz*, na última cláusula do versículo, é tacitamente mais enfática, denotando que os homens são totalmente destituídos de luz, a menos que o Senhor resplandeça sobre eles. Se isto é verdade no tocante à luz desta vida, como será possível que divisemos a luz do mundo celestial, a menos que o Espírito de Deus nos ilumine? Pois devemos confessar que a medida de discernimento com a qual os homens são inerentemente dotados é tal que "a luz brilha nas trevas, mas as trevas não a compreenderam" [Jo 1.5]; e que os homens só serão iluminados mediante um dom supernatural. Mas são somente os santos que percebem que sua luz se deriva de Deus, e que, sem ela, continuariam, por assim dizer, sepultados e envoltos pelas trevas.

[vv. 10-12]
Prolonga[11] tua misericórdia aos que te conhecem, e tua justiça aos de coração íntegro. Não venha sobre mim o pé da soberba, e não me remova a mão dos perversos. Ali se acham caídos os obreiros da iniqüidade; estão derrubados, e não se podem erguer.

10. Prolonga tua misericórdia aos que te conhecem. Agora Davi se põe a orar. Primeiro ele pede, em termos gerais, que Deus continue no exercício de sua misericórdia em favor de todos os santos, e então roga em particular em seu próprio benefício, implorando o socorro divino contra seus inimigos. Os que afirmam que aqui se diz que Deus prolonga ou estende sua misericórdia porque ela é exaltada acima dos céus, se dão a um estilo de linguagem muito pueril. Ao falar Davi acerca dela num versículo anterior, em termos tais, sua intenção não era, como já observei, representar a misericórdia divina como que encerrada no céu, mas simplesmente declarar que ela era difusa por todo o mundo; e aqui o que ele deseja é justamente isto, que Deus continue

---

11 Hebraico, Estenda-se longamente.

a manifestar, até ao fim, sua misericórdia em favor de seu povo. Ele conecta a misericórdia de Deus com sua justiça, combinando-as como causa e efeito. Já dissemos alhures que a justiça de Deus se manifesta ao empreender ele a defesa de seu próprio povo, vindicando sua inocência, vingando suas injustiças, refreando seus inimigos e provando sua fidelidade na preservação de seu bem-estar e felicidade contra todos os que o assaltam. Ora, visto que tudo isso é feito por eles graciosamente por Deus, Davi, com boas razões, faz menção particularmente de sua benevolência, e a cataloga em primeiro lugar, para que aprendamos a depender inteiramente do favor divino. Devemos também observar as qualificações pelas quais ele descreve os crentes genuínos; primeiro ele diz que *conhecem a Deus*; segundo, que *são de coração íntegro*. Deste fato aprendemos que a verdadeira piedade emana do conhecimento de Deus; e, além disso, que a luz da fé deve necessariamente dispor-nos à integridade de coração. Ao mesmo tempo, devemos sempre ter mente que só conhecemos a Deus corretamente quando lhe prestamos a honra à qual ele tem todo direito; isto é, quando depositamos total confiança nele.

11. Não venha sobre mim o pé da soberba. Como já observei um pouco antes, o salmista, aqui, aplica às suas próprias circunstâncias a oração que oferecera. Mas ao incluir em sua oração, no versículo precedente, todos os filhos de Deus, ele pretendia mostrar que não pedia nada para si à parte dos demais, mas que apenas desejava que, como um dos santos e íntegros, que têm seus olhos dirigidos para Deus, ele podia desfrutar de seu favor. Ele empregou as expressões, *o pé da soberba*[12] *e a mão dos perversos* no mesmo sentido. Como os perversos se lançam ousadamente à destruição dos bons, erguendo seus pés para pisoteá-los, e suas mãos se

---

12 Isto é, o pé do homem soberbo, como faz a tradução caldaica, a coisa sendo posta em lugar da pessoa em quem se acha; uma forma de expressão de freqüente ocorrência na Escritura. Assim, *fraude*, em Provérbios 12.17, é posto em lugar de *uma pessoa fraudulenta. Pobreza*, em 2 Reis 24.14, em lugar de *pessoa pobre* etc. Parece haver uma alusão à antiga prática dos tiranos de ameaçar seus inimigos, ou de expulsar os que os ofendiam, de sua presença, com seus pés.

prontificam para causar-lhes dano, Davi implora a Deus que refreie suas mão e seus pés; e assim ele confessa que enfrenta o risco de se expor à sua insolência, ao seu abuso e à sua violência, a não ser que Deus venha celeremente em seu socorro.

12. Ali se acham caídos os obreiros da iniqüidade. Aqui ele extrai confiança de sua oração, não duvidando que já havia obtido segundo seu pedido. E assim vemos como a certeza da fé dirige os santos à oração. Além disso, para confirmar ainda mais sua confiança e esperança em Deus, ele mostra, por assim dizer, apontando com o dedo, a destruição certa dos perversos, mesmo que ela seja apenas uma visão embaçada do futuro. Neste aspecto, o advérbio, *ali*,[13] não é supérfluo; pois embora os ímpios se vangloriam de sua boa fortuna, e o mundo os aplauda, Davi divisa com os olhos da fé, como se estivesse num posto de observação, a destruição deles, e fala dela com tanta confiança como se já tivesse visto sua consumação. Para que nós também obtenhamos semelhante certeza, lembremo-nos de que os que se apressam prematuramente para o tempo da vingança de Deus sobre os maus, segundo o ardor de seus desejos, na verdade erram, e que devemos deixar para a providência de Deus a função de fixar o período em que, em sua sabedoria, ele se erguerá para o juízo. Ao dizer, *Eles são derrubados*, o sentido é que são agitados pela dúvida e cambaleiam como num lugar escorregadio, de tal modo que, em meio à sua prosperidade, não sentem qualquer segurança. Finalmente, acrescenta-se que cairão em completa destruição, de modo que jamais se esperará que tornem a erguer-se.

---

13 Hebraico, שם, *sham*, *ali*, isto é, (apontando com o dedo para um lugar específico), veja ali! Eis os obreiros da iniqüidade caídos. "Representa vividamente diante dos olhos", diz Mudge, "a queda dos perversos. *De todos os pontos* donde praticam suas traições, recebem sua bancarrota." Uma forma semelhante de expressão ocorre no Salmo 14.5.

Salmo 37

Este Salmo, cujo título mostra que foi composto por Davi, contém instrução de rico proveito. Visto que os fiéis, enquanto prosseguem em sua peregrinação terrena ao longo da vida, vêem as coisas estranhamente confusas no mundo, a menos que amenizem sua tristeza com a esperança de um melhor resultado, sua coragem tão logo se esboroaria. Quanto mais ousadamente uma pessoa faz pouco de Deus e segue em direção a todo excesso de impiedade, tanto mais feliz parece ser sua vida. E visto que a prosperidade aparenta ser um emblema do favor divino para com os ímpios, que conclusão, dirá alguém, se poderá extrair disto senão que, ou o mundo é governado pelo acaso, e que a fortuna exerce a soberania, ou que Deus não faz diferença alguma entre os bons e os maus? O Espírito de Deus, por conseguinte, nos confirma e nos fortalece através deste Salmo contra os assaltos de tão forte tentação. Por maior que seja a prosperidade que os maus desfrutam por algum tempo, ele declara que a felicidade deles é transitória e evanescente, e que, portanto, são miseráveis, e a felicidade da qual se vangloriam é maldita; enquanto que os piedosos e devotos servos de Deus nunca cessam de ser felizes, mesmo em meio às suas mais sérias calamidades, porquanto Deus cuida deles e por fim virá em seu socorro em ocasião oportuna. Isto, aliás, é um paradoxo e totalmente repugnante à razão humana. Pois, como é possível que os bons amiúde sofram extrema pobreza e se definhem sob infindáveis dificuldades, sejam cumulados de humilhações e injustiças, enquanto os maus e devassos triunfam e se regalam em meio aos prazeres, sem concluirmos que Deus não se preocupa com o que se aqui na terra? É por essa conta que, como já dissemos, a doutrina deste Salmo se faz muito mais proveitosa; porque, desviando nossos pensamentos deste presente estado de coisas, inculquemos em nós a confiança na providência de Deus, até que ele estenda sua mão para socorrer os que são seus servos, e exija dos ímpios uma estrita conta de suas vidas, como ladrões e assaltantes que abominavelmente abusam de sua liberal e paternal benevolência.

Salmo de Davi

[vv. 1-6]
Não te aborreças por causa dos perversos, nem tenhas inveja dos obreiros da iniqüidade. Pois logo serão roçados como a grama, e murcharão como a erva verde e tenra. Põe tua confiança em Jehovah e faz o bem; habita na terra e alimenta-te da verdade [ou fidelidade[1]]. E deleita-te em Jehovah e ele satisfará os desejos de teu coração. Passa [ou transfere] teus caminhos a Jehovah, e confia nele, e o mais ele fará. E ele fará sobressair tua justiça como a luz, e teus direitos[2] como o meio-dia.

1. Não te aborreças do causa dos perversos. Davi estabelece isto como um princípio geral, ou seja, que a prosperidade dos maus, na qual se deleitam intensamente, de forma alguma perturba ou inquieta os filhos de Deus, porquanto ela depressa desaparece. Em contrapartida, embora o povo de Deus seja afligido por algum tempo, não obstante o resultado de suas aflições se mostrará de tal maneira que sua razão para viverem descontentes com a sorte deles logo desaparece. Ora, tudo isso depende da providência de Deus; pois a menos que sejamos persuadidos de que o mundo é governado por ele, em justiça e verdade, nossas mentes logo ficará atordoada e por fim inteiramente aniquilada. Davi, pois, condena duas volições pecaminosas da mente, as quais são de fato estreita-

---

1 "C'est, jouy des biens d'icelle en repos ferme et asseuré." – *n.m.f.* "Isto é, desfruta das boas coisas dela em tranqüilidade e segurança."
2 "C'est, ton bom droict." – *n.m.f.* "Isto é, tua justa causa, ou tua retidão."

mente aliadas, e uma delas é oriunda da outra. Ele primeiro ordena aos fiéis que não se aborreçam por conta dos maus; e, em seguida, que não devem nutrir um espírito invejoso por eles. Porque, em primeiro lugar, quando vêem os maus desfrutando de prosperidade, donde se pode naturalmente deduzir que Deus não leva em conta as atividades humanas, corre-se o risco de que não se abalem pelo temor de Deus e venha a apostatar da fé. A seguir vem outra tentação, a saber, que a influência do exemplo dos maus gera neles forte desejo de envolver-se com eles na mesma perversidade. Este é o sentido natural. As palavras hebraicas, אל-תתחר, *al-tithechar*, as quais traduzimos por *Não te aborreças*, são por outros traduzidas por *Não te associes com*.[3] Esta interpretação, porém, é por demais forçada, e pode ser invalidada pelo contexto; pois no versículo 8, onde se menciona expressamente a *ira* e *furor*, com certeza seria absurdo interpretar noutro sentido o mesmo verbo que imediatamente se segue a estas duas palavras, e o qual é aqui usado no mesmo sentido e com o mesmo objetivo como neste primeiro versículo. Em segundo lugar, a ordem que Davi observa é muito natural; pois quando a prosperidade dos maus consegue irritar nossa mente, imediatamente começamos a nutrir inveja de sua felicidade e tranqüilidade. Então, primeiro ele nos exorta a salvaguardar nossas mentes, a fim de que uma felicidade que não passa de algo transitório ou, melhor, imaginário, não nos perturbe ou nos inquiete; e, segundo, para que a inveja não nos leve a pecar. A razão pela qual ele enfatiza esta exortação é adicionada no versículo seguinte; pois se os maus vicejam de um dia para o outro como a relva do campo, amanhã será ceifada e murchará. Não carece que fiquemos perplexos com esta similitude com que nos deparamos constantemente nos sacros escritos, visto ser ela um tanto apropriada; pois vemos quão logo se esvai a força da grama, e que quando é arrancada pela rajada de vento, ou é crestada pelo calor do sol, mesmo sem

---

3 Isto é, não entres em comunhão com.

ser cortada por mão humana, ela murcha.[4] De igual modo, Davi nos diz que o juízo divino, como uma foice na mão do homem, ceifará os maus, de modo que de repente perecerão.

3. Põe tua confiança em Jehovah e faz o bem. Agora o escritor inspirado prossegue dizendo, em segundo lugar, que tudo no fim estará bem com o justo, porque o mesmo se encontra sob a proteção divina. Mas como não há nada melhor ou mais desejável do que desfrutar do encorajador e protetor cuidado de Deus, ele os exorta a depositar nele sua confiança, e ao mesmo tempo a seguir após a bondade e a verdade. Não é sem boas razões que ele começa com a doutrina da fé ou a confiança em Deus; pois não há nada mais difícil para os homens do que preservar suas mentes num estado de paz e tranqüilidade, sem se perturbarem com quaisquer temores inquietadores, embora estejam eles neste mundo sujeito a tantas variações. Em contrapartida, enquanto assistem os maus tornando-se ricos por meios injustos, estendendo sua influência e se munindo de poder por meio de uma entrega irrestrita ao pecado, não é menos difícil para eles firmemente perseverar numa vida de piedade e virtude. Nem é suficiente considerar meramente as coisas que são comumente buscadas com a mais intensa solicitude. Alguns dos filósofos da antigüidade eram tão magnânimos que desprezavam as riquezas injustamente adquiridas, e se abstinham da fraude e da extorsão; não só isso, mas também reputavam como ridícula a vã pompa e esplendor dos maus, os quais a plebe contemplam com a mais efusiva admiração. Mas como eram destituídos de fé, defraudavam a Deus de sua honra, e assim sucedia que jamais experimentavam o que era realmente a felicidade. Ora, visto que Davi põe a fé em primeiro lugar na ordem para mostrar que Deus é o autor de todo bem, e que tão-somente por meio de sua bênção é que a prosperidade deve ser buscada; por isso se deve observar que ele

---

4 A adequação desta figura para expressar o caráter transitório e de pouca duração da prosperidade dos maus aparece de uma forma ainda mais notável quando levamos em conta o intenso calor do clima da Palestina.

conecta isto com uma vida santa; pois o homem que coloca toda sua confiança em Deus, e se deixa governar por ele, é que viverá íntegra e inocentemente e se devotará à prática do bem.

Habita na terra. Esta linguagem é muito mais expressiva do que se ele houvera prometido que os justos habitariam seguros na terra.[5] É como se ele os levasse para o lugar e os pusesse na posse dele. Além do mais, com estas palavras ele declara que terão longo desfruto dela [a terra]. Eles não passam, é verdade, de estrangeiros ou peregrinos neste mundo, não obstante a mão do Senhor está estendida para protegê-los, de modo que vivam em segurança e paz. Uma vez mais Davi confirma isto na cláusula seguinte, **alimenta-te da verdade**. Assegurados da proteção divina, ele os exorta depositar inteira e irrestrita confiança nele [Deus]. É surpreendente descobrir como os intérpretes têm torcido e confundido esta cláusula, dando-lhe diferentes significados. Alguns têm tomado o verbo *alimentar* num sentido ativo; e outros o entendem como *alimentar em fé*, denotando nutrir o coração com as promessas de Deus. Outros são de opinião que Davi nos exorta a alimentar nossos irmãos com a fé, ministrando-lhes a pura verdade de Deus, a qual é o alimento espiritual da alma. Outros traduzem o termo *fé* no sentido de *sinceridade*, de modo que a expressão *alimentar em fé* significaria portar-se de uma maneira justa e honesta entre os homens. Mas o escopo e conexão da passagem necessariamente requerem, e está em inteira concordância com a natureza da linguagem hebraica, que o verbo רעה, *re-eh*, deve ser tomado num sentido passivo, *Sê alimentado*. Esta é também a opinião da maioria dos comentaristas que, não obstante, prosseguem diferindo na explicação de seu significado. Alguns deles adotam a interpretação de que somos alimentados com fé, quando as promessas de Deus nos suprem e somos saciados por elas. Outros dão esta explicação: *Alimenta-te com o fruto da fé*, porque Deus de fato mostrará que não foi em vão que cremos nesta

---

5 Alguns traduzem: "Tu habitarás na terra." O verbo hebraico está no modo imperativo; mas o imperativo no hebraico é às vezes usado para o futuro do indicativo. – Glass. tom. il. can. XL. P. 285.

palavra. Outros a explicam desta forma: *Que a verdade seja teu alimento, e que nada te dê maior prazer que conversar sincera e francamente com teu próximo*. Há ainda outra interpretação que, embora em alguns aspectos seja diferente, é semelhante à precedente, isto é, Não vivas às custas de extorsão, mas contenta-te com subsistência lícita; o que equivale dizer, com o que é licitamente adquirido.[6] É certamente algo vergonhoso e desditoso que tantas pessoas cheias de erudição tenham errado numa questão tão clara e óbvia.[7] Não tivesse cada sido levado por sua própria ambição a sair em busca de algo novo, o significado genuíno e natural do profeta ter-se-ia ocorrido de imediato, o qual é este: Habita na terra, para que a desfrutes de forma segura e duradoura. A palavra hebraica, אמונה, *emunah*, não só significa *veracidade* ou *fé*, mas também *continuação segura por um longo período*. E quem não percebe que desde a posse da terra dada aos justos esta última cláusula foi adicionada à guisa de explicação?

4. E deleita-te em Jehovah. Este deleite é posto em oposição às enganosas e vãs fascinações do mundo, que tanto intoxica os ímpios, o qual, desprezando a bênção divina, sonham com nenhuma outra felicidade além da que se apresenta agora a seus olhos. Este contraste entre as vãs e fortuitas alegrias com que o mundo se ilude, e o verdadeiro repouso desfrutado pelos santos, deve ser cuidadosamente examinado; pois quer todas as coisas nos sorriam ou o Senhor nos prove com adversidades, devemos sempre manter firme este princípio, ou seja: visto que o Senhor é a porção de nossa herança, nossa sorte tem caído em lugares amenos,[8] como

---

6 "C'est à dire, qui te vient loyaument." – *v.f.*

7 Críticos modernos têm variado tanto em suas interpretações desta cláusula do versículo como os que precederam a Calvino, de quem ele se queixa. Por exemplo, Ainsworth traduz: "Tu te alimentarás pela fé"; o arcebispo Secker: "Tu serás alimentado com abundância"; Parkhurst: "Tu serás alimentado em segurança"; Dathe: "Tunc terram inhabitabis et secure vivas", assinalando ser a razão para esta tradução que "*pascere securitatem, sive si malis, in securitate*, nihil aliud est quam *secure vivere*"; e Gesenius traduz: "Segue após a verdade", ou: "procura ser fiel", derivando o verbo de uma raiz que significa *deleitar-se em*, ou *seguir após a*.

8 "D'autant que Dieu est la part de nostre heritage, que nostre lot est escheu en lieux plaisans." – *v.f.*

lemos no Salmo 16.5, 6. Portanto, é preciso que evoquemos sempre à nossa mente esta verdade: que nunca estará bem conosco exceto quando Deus nos é gracioso, de modo que a alegria que recebemos de seu paternal favor exceda a todos os prazeres do mundo. A esta injunção adiciona-se uma promessa, ou seja, se porventura nos satisfizermos somente com desfruto de Deus, ele liberalmente nos concederá tudo quanto desejarmos: **Ele satisfará os desejos de teu coração.** Isto não implica que os santos obterão imediatamente o que sua imaginação lhes sugira; nem seria para seu proveito pessoal que Deus lhes concederia todos os seus vãos desejos. O significado é simplesmente este: se fixarmos nossa mente totalmente em Deus, em vez de seguir nossas imaginações como os demais a perambular após fantasias ilusórias e frívolas, todas as demais coisas nos serão concedidas em tempo oportuno.

5. **Passa**[9] **teus caminhos a Jehovah**. Neste ponto Davi ilustra e confirma a doutrina contida no versículo precedente. A fim de que Deus possa concretizar nossos desejos, cabe-nos lançar sobre ele nossas preocupações no exercício da esperança e paciência. Por conseguinte, somos instruídos à luz desta passagem como preservar nossa mente em tranqüilidade em meio às ansiedades, aos perigos e aos dilúvios de dificuldades. Não pode haver dúvida de que, com o termo, *caminhos*, devemos aqui entender todas as *atividades* ou *negócios*. Portanto, o homem que, deixando o resultado de todas as suas atividades com a vontade divina, e que, pacientemente esperando receber de sua mão tudo que o que lhe agrada dar, quer prosperidade quer adversidade, lança todas as suas preocupações e todos os demais fardos que carrega em seu seio; ou, noutros termos, confia a ele todas as suas atividades – tal pessoa *passa seus*

---

9 Calvino aqui dá o sentido exato do verbo hebraico, גלל, *gala*. Literalmente significa *passar* ou *transferir*; e nesta passagem ele evidentemente significa Passa ou transfere todas as tuas preocupações a Deus; "lança teu fardo sobre ele", como no Salmo 55.22; diz Cresswell, "sendo a metáfora tomada de uma carga posta sobre alguém, a qual é própria para alguém que é mais forte." O Dr. Adam Clarke, porém, acredita que a idéia pode ser tomada do camelo que se deita até que a carga seja posta sobre ele.

caminhos para Jehovah. Por isso Davi novamente inculca o dever de esperar e confiar em Deus: **e confia nele**. Com isto ele notifica que só lhe rendemos a honra a que ele merece quando confiamos a ele o governo e a direção de nossa vida. E assim ele provê um remédio para uma enfermidade com a qual todos os homens se acham infectados. Donde procede que os filhos de Deus sintam inveja dos maus e são às vezes atribulados e enfrentam perplexidades e nutrem excesso de angústia, e às vezes até mesmo murmuram e lamentam, senão porque, envolvendo-se imoderadamente com preocupações sem fim, e nutrindo tão ardorosamente o desejo de prover-se sem levar Deus em conta, se afundam, por assim dizer, num abismo, ou, no mínimo, se cumulam de um fardo de preocupações tão pesado que se vêem forçados, afinal, a esmagar-se debaixo delas? Desejo de prover um remédio para esse mal, Davi nos adverte, dizendo que, ao presumirmos tomar sobre nós o governo de nossa própria vida e de prover para todas as nossas atividades como se fôssemos capazes de suportar tão pesado fardo, somos profundamente decepcionados, e que, portanto, nosso único antídoto é fixarmos nossos olhos na providência de Deus e extrairmos dela consolação em todas as nossas angústias. Todos os que obedecem a este conselho escaparão desse horrível labirinto em que todos os homens debalde laboram. Pois quando Deus por fim tiver tomado o governo de nossas atividades em suas mãos, não haverá razão para temermos que a prosperidade nunca nos alcance. Donde provém a idéia de que ele nos abandona e nos decepciona em nossas expectativas, se não é porque o provocamos, pretendendo maior sabedoria e discernimento do que possuímos? Se, pois, apenas lhe permitirmos, ele fará sua parte e não decepcionará nossas expectativas, o que ele às vezes faz justamente para castigar nossa incredulidade.

6. E ele fará sobressair tua justiça como a luz. Isto Davi diz com o fim de antecipar as apreensões que amiúde nos angustiam quando parece que perdemos nosso tempo servindo fielmente a Deus e a viver com integridade em relação a nosso próximo; não só isso, mas também quando nossa integridade é ou exposta às calúnias dos maus ou é ocasião de injúria contra nós por parte dos homens; pois então se conclui que em tudo isso não há qualquer vantagem aos olhos de Deus. Davi, pois, declara que Deus não permitirá que a justiça fique sempre oculta por trevas, senão que será mantida e manifestada pela luz; ou seja, quando Deus nos conceder a recompensa pela qual anelamos. Ele alude às trevas da noite, a qual logo será dissipada pela aurora de um novo dia; como se quisesse dizer: É possível que sejamos às vezes dolorosamente oprimidos, e Deus não pareça aprovar nossa inocência, contudo tal vicissitude não perturbará nossa mente senão como as trevas da noite que cobrem a terra e logo são dissipadas; porque então a expectativa da luz do dia nutre nossa esperança.

[vv. 7-11]
Mantém silêncio perante Jehovah e espera nele; não te aborreças por causa do homem que prospera em seu caminho, contra o homem que comete perversidade.[10] Deixe a ira e abandono o furor; não te irrites, a tal ponto que te leves a fazer o mal. Porque os maus serão exterminados; mas os que esperam em Jehovah herdarão a terra. Pois ainda um pouco, e o perverso não existirá; e o procurarás em seu lugar, mas não o acharás. Os mansos, porém, herdarão a terra,[11] e se deleitarão na abundância de paz.

7. Mantém silêncio perante Jehovah. O salmista continua a ilustração da mesma doutrina, a saber, que devemos paciente e mansamente suportar as coisas que comumente inquietam nossa mente; pois em meio a inumeráveis fontes de inquietude e conflito há necessidade de muita paciência. Com a similitude do *silêncio*, que às vezes ocorre nos escritos sacros, ele declara com mais justeza a natureza da fé; pois como nossos problemas surgem em decorrência de nossa rebelião contra a vontade de Deus, assim a fé, restaurando-nos a um estado de humilde e pacífica submissão, amaina todos os tumultos de

---

10 "Ou, qui vient à bont de ses entreprises." – *n.m.f.* "Ou, que concretiza suas maquinações."
11 "C'est, y auront leurs plaisirs avec grande prosperite. – *n.m.f.* "Isto é, desfrutarão dela com abundante prosperidade."

nossos corações. Com esta expressão,[12] pois, Davi nos ordena que não nos entreguemos às tumultuosas paixões da alma, como faz o incrédulo, nem revoltosamente nos ponhamos em oposição à autoridade de Deus, senão que, antes, nos submetamos pacificamente a ele, para que ele execute sua obra em silêncio. Além do mais, visto que a palavra hebraica, חול, *chul*, que temos traduzido por *esperar*, às vezes significa *lamentar* e às vezes *esperar*, a palavra התחולל, *hithcholel*, neste lugar é interpretada por alguns no sentido de *lamentar moderadamente*, ou *carregar a dor pacientemente*. Pode também ser traduzida mais simplesmente *lamentar perante Deus* a fim de que ele seja testemunha de toda a nossa dor; pois quando o incrédulo se entregam às dúvidas e perplexidades, murmuram mais contra Deus do que depõem perante ele suas queixas. Não obstante, visto que a outra interpretação é mais geralmente aceita, isto é, que Davi está nos exortando à esperança e paciência, ela tem minha adesão. O profeta Isaías também conecta esperança com silêncio no mesmo sentido [Is 30.15].

Em seguida Davi reitera o que havia dito no primeiro versículo: **Não te aborreças do homem que prospera em seu caminho**, ou que leva seus caminhos a um feliz resultado; **nem contra o homem que se porta perversamente**, ou **que concretiza suas maquinações**. Das duas interpretações desta última cláusula, a última está mais em consonância com o escopo do Salmo. Confesso, aliás, que a palavra מזמות, *mezimmoth*, é comumente tomada num sentido mau para fraude e estratagema. Visto, porém, que זמם, *zamam*, às vezes geralmente significa *meditar*, a natureza da linguagem hebraica permitirá este significado, ou seja, que *executar suas maquinações* é da mesma natureza que efetuar o que havia proposto. Agora percebemos que estas duas coisas se acham conectadas, isto é, *dispor seu caminho segundo seus desejos*, ou *prosperar em seu caminho* e *concretizar suas maquinações*.

---

12 O verbo hebraico traduzido por *silêncio* é דום *dom*, do qual parece derivar-se nossa palavra *mudo*. O silêncio aqui imposto é contrário à murmuração ou queixa. A palavra é traduzida pela Septuaginta, ὑποταγνθι *estar sujeito*; que não é uma tradução exata do termo original, mas que expressa bem o significado; pois este silêncio implica toda a nossa submissão à vontade de Deus.

É-nos uma tentação muito forte e difícil de suportar, quando vemos a fortuna sorrindo para o ímpio, como se Deus aprovasse sua impiedade; mais que isso, ela incita nossa ira e indignação. Davi, pois, não contente com uma breve admoestação, insiste um tanto mais sobre este ponto.

Não é supérfluo o acúmulo de termos que ocorre neste próximo versículo, no qual ele põe restrição à ira à semelhança de um freio, amaina o furor e aplaca a paixão. Visto ser necessário, porém, ele antes prescreve numerosos remédios para uma enfermidade que é de difícil cura. E com isso ele nos lembra quão facilmente nos deixamos provocar, e quão dispostos somos em ofender, a menos que usemos um poderoso freio para nossas tumultuosas paixões, a fim de conservá-las sob controle. E embora os fiéis não tenham a capacidade de dominar as concupiscências da carne sem muita dificuldade e labor, enquanto a prosperidade dos ímpios excita sua impaciência, não obstante esta repetição nos ensina que devemos incessantemente combatê-las. Pois se prontamente perseverarmos, sabemos que nossos esforços no fim não serão vãos. Difiro de outros comentaristas na explicação da última cláusula. Traduzem-na *para não fazeres mal*; como se Davi tencionasse que devemos amainar nossa ira para que a mesma não nos leve a causar dano. Visto, porém, que a partícula אך, *ach*, que traduzem *para não*, é amiúde usada afirmativamente em hebraico, não tenho dúvida de que Davi neste ponto ensina que não vai acontecer outra coisa senão que a ofensa que recebemos da prosperidade dos ímpios nos levará a pecar, a menos que diligentemente o refreemos; como se diz em outro Salmo: "Deus romperá as cordas dos ímpios, para que os justos não lancem suas mãos à iniquidade" [Sl 125.3].

9. Porque os maus serão exterminados. Não é sem motivo que ele reiteradamente inculque a mesma coisa, a saber, que a felicidade e prosperidade de que os ímpios desfrutam não passam de máscara ou disfarce; pois a primeira visão delas ofusca nossos sentidos de tal maneira que nos tornamos incapazes de fazer uma avaliação correta de qual será seu resultado, só à luz do qual é possível julgar o valor de tudo quanto vem antes. É preciso, porém, observar o contraste entre as duas cláusulas do versículo. Primeiramente, ao dizer que *os maus serão exterminados*, ele notifica que vicejarão viçosos e verdes até que chegue o tempo de sua destruição; e, em segundo lugar, ao distribuir a terra com os santos, dizendo: **Eles herdarão a terra**, sua intenção é que viverão de tal maneira que permitirão a bênção divina fluir-lhes, mesmo na sepultura. Ora, como eu já disse, a presente condição humana deve ser avaliada pelo estado em que ela terminará. À luz das qualificações com as quais ele distingue os filhos de Deus, aprendemos que eles são exercitados ao travarem duro conflito com a provação de sua fé; pois ele fala deles, não em termos de *justos* ou *santos*, mas como **aqueles que esperam no Senhor**. A que propósito serviria esta espera, a menos que suportem o peso da cruz? Além do mais, a posse da terra que ele promete aos filhos de Deus nem sempre lhes é concretizada aqui; porque é a vontade do Senhor que vivam como estrangeiros e peregrinos nela; tampouco lhes permite ter alguma habitação fixa nela, senão que, ao contrário, os aflige com constantes dificuldades, a fim de que desejem com intenso empenho a eterna habitação no céu. A carne está sempre buscando construir seu ninho por aqui mesmo; e não seríamos arremessados de um lado para o outro, e nem reivindicaríamos descanso, se não esquecêssemos com tanta facilidade que possuímos no céu uma herança eterna. Não obstante, no meio desta inquietação, a possessão da terra, da qual aqui fala Davi, não é tirada dos filhos de Deus; pois sabemos com toda certeza que são os fiéis herdeiros do mundo. Por isso é que devem comer seu pão com uma consciência tranqüila, e embora sofram carência, contudo Deus provê para suas necessidades no devido tempo. Finalmente, embora os ímpios labutem para efetuar sua destruição, e os reputam como indignos de viver na terra, contudo Deus estende sua mão e os protege; mais que isso, ele os defende com seu poder, a fim de que vivam com mais segurança numa condição de exílio do que os maus em seus ninhos que para si conquistaram. E assim a bênção, da qual fala Davi, é em parte secreta e oculta, porque nossa razão é tão obtusa que não podemos compreender o que significa possuir a terra; e no entanto os fiéis verdadeiramente sentem e entendem que esta promessa não lhes é feita em vão, visto que, tendo fixado em Deus a âncora de sua fé, vivem sua vida dia a dia em paz, enquanto Deus faz manifesto em sua experiência que a sombra de sua mão é suficiente para protegê-los.

10. Pois ainda um pouco, e o perverso não existirá. Esta é uma confirmação do versículo precedente. Se bem que se poderia objetar que a atual estado de coisas no mundo é bem diferente do que Davi aqui apresenta, visto que os ímpios se refestelam em seus prazeres, e que o povo de Deus se consome em meio a enfermidades e pobreza. Davi, pois, querendo salvaguardar-nos de um juízo temerário e impetuoso, nos exorta a ficar quietos por um pouco de tempo, até que o Senhor extermine de vez os maus, e mostra a eficácia de sua graça para com seu próprio povo. O que ele, pois, requer da parte dos crentes genuínos é que, no exercício de sua sabedoria, suspendam seu julgamento por algum tempo, e não se preocupem com futilidades, senão que exercitem seus pensamentos com meditação sobre a divina providência, até que Deus manifeste do céu que a plenitude do tempo chegou. Entretanto, em vez de descrevê-los como *os que esperam no Senhor*, ele agora os apresenta como *os mansos*; e isso ele faz não sem boas razões; pois a menos que o homem creia que Deus preserva seu próprio povo de uma forma prodigiosa, como se fossem ovelhas entre lobos, tal homem procurará sempre usar a força.[13] Portanto, só a esperança é que pode, de si mesma, produzir a mansidão; porque, ao restringir a impetuosidade da carne, e amainar sua veemência, ela produz a equanimidade e a paciência naqueles que se submetem a Deus. À luz desta passagem, é óbvio que Cristo se conformou ao que está escrito em Mateus 5.5. A palavra *paz* é geralmente empregada no hebraico para denotar o resultado próspero e feliz dos fatos; no entanto outro sentido concordará melhor com esta passagem, ou seja, enquanto que os ímpios serão agitados com angústias íntimas, e Deus os cercará de

---

13 "De se venger, et de rendre mal pour mal." – *v.f.* "Vingar-se ou retribuir mal por mal."

todos os lados com terrores, os fiéis se regozijarão na abundância de paz. Não significa que são isentos de problemas, mas são sustentados pela tranqüilidade de suas mentes; de modo que, computando todas as provações que suportam, sendo de caráter temporário, eles agora se regozijam na esperança do repouso prometido.

[vv. 12-15]
O ímpio trama contra o justo, e contra ele rilha seus dentes. Mas o Senhor[14] ri dele; pois vê que vem chegando seu dia. Os ímpios desembainham sua espada e retesam seu arco, para derrubarem o pobre e necessitado e para matarem os que são de caminhos íntegros. Sua espada, porém, penetrará seu próprio coração, e seu arco será quebrado.

12. O ímpio trama contra o justo. Davi, neste ponto, antecipa uma objeção que bem poderia ter surgido no versículo anterior. Poder-se-ia dizer: Como é possível encontrar tranqüilidade e alegria quando os ímpios estão enlouquecidos e enraivecidos, e tramam todo gênero de maldade contra os filhos de Deus? E como nutrirão boa esperança quanto ao futuro quando se vêem cercados por infindáveis fontes de morte? Davi, pois, responde: Embora a vida dos santos seja assaltada por muitos perigos, contudo estão seguros no socorro e proteção de Deus; e embora os ímpios tramem contra eles, serão continuamente preservados. E assim, o desígnio de Davi é prevenir nossos temores, para que a malícia dos ímpios não nos terrifique além de toda medida, como se detivessem o poder de fazer conosco tudo quanto lhes apraz.[15] Ele, aliás, confessa que são não só cheios de fraude e expertos em enganar, mas também que ardem em sua raiva e nutrem um furioso desejo de fazer dano, quando ele diz: **eles tramam fraudulentamente fazer dano aos justos, e contra eles rilham seus dentes**. Mas após fazer esta afirmação, ele imediatamente adiciona que seus esforços serão frustrados. Ele, porém, parece oferecer-nos uma consolação muito fria para nosso sofrimento, pois apresenta

---

14 Dominus. Hebraico, אתי, Adonai.
15 "Comme s'ils avoyent puissance de faire de nous à leur plaisir." – v.f.

Deus simplesmente *rindo*. Mas se Deus valoriza muitíssimo nossa salvação, por que então não resiste pessoalmente a fúria de nossos inimigos, e se lhes oponha vigorosamente? Sabemos que esta, como foi dito no Salmo 2.4, é uma provação apropriada de nossa paciência, quando Deus não surge imediatamente armado para desbaratar os ímpios, mas por algum tempo parece conivente e detém sua mão. Visto, porém, que os olhos dos sentidos, em tais circunstâncias, consideram que ele demora demais em sua vinda, e por essa delonga concluem que ele se entrega à passividade e não demonstra nenhum interesse nos afazeres humanos, não é uma consolação pequena ser capaz de abrir os olhos da fé para contemplá-lo rindo. Pois assim somos assegurados de que não está sentado ociosamente no céu, nem tem seus olhos fechados, deixando com o acaso o governo do mundo, senão que propositadamente delonga-se e mantém silêncio porque desdenha da futilidade e da loucura deles.

E a fim de que a carne não continue murmurando e se queixando, perguntando por que Deus apenas ri dos ímpios, e não toma logo vingança contra eles, adiciona-se a razão, ou seja, que ele vê que o dia de sua destruição está perto: **pois ele vê que é chegado seu dia.**[16] Donde procede que as injúrias que sofremos da parte da impiedade de alguém tanto nos atribulem, senão porque, quando não obtemos o que depressa pedimos, começamos a desesperar-nos, não vendo nunca uma situação melhor? Mas aquele que vê o executor em pé atrás do agressor com sua espada desembainhada não mais deseja vingança, senão que, ao contrário, exulta na prospectiva de célere retribuição. Davi, pois, nos ensina que não é natural que Deus, que vê a destruição dos ímpios bem diante de seus olhos, se enfureça e se aborreça como fazem os homens. Há, então, uma tácita distinção aqui, entre Deus e os homens que, em meio a dificuldades e confusões do mundo, não percebem que o dia dos ímpios chegou e que, opressos pelas

---

16 Diz Ainsworth: "Dia é amiúde usado para o tempo do castigo; como: 'a posteridade ficará perplexa em seu dia' (Jó 18.20; 'Ai deles, pois chegou o seu dia' (Jr 1.27. E assim 'o dia de Midiã' (Is 9.4; 'o dia de Jezreel' (Os 1.11); 'o dia de Jerusalém' (Sl 137.7)."

preocupações e temores, não podem rir, mas porque a vingança se demora, se tornam tão impacientes que murmuram e se irritam. Entretanto, não nos basta que saibamos que Deus age de uma maneira totalmente diferente de nós, a menos que aprendamos a chorar pacientemente enquanto ele ri, de modo que nossas lágrimas sejam um sacrifício da obediência. Entrementes, oremos para que ele nos ilumine com sua luz, pois é só por esse meio que nós, contemplando com os olhos da fé aquele que ri, nos tornamos partícipes disso, mesmo em meio ao sofrimento. É verdade que alguns explicam estes dois versículos de um modo diferenciado, como se Davi quisesse dizer que os fiéis vivem tão felizes que os ímpios os invejam. Mas o leitor perceberá agora que isto está longe de ser o desígnio do profeta.

14. Os ímpios desembainham sua espada e retesam seu arco. Davi então prossegue dizendo que os ímpios, se armando com espada e arca, ameaçam com morte os filhos de Deus; e isto ele faz a fim de desviar uma tentação que de outra forma os esmagaria. As promessas de Deus não se concretizam em tempos de quietude e paz, mas em meio a severos e terríveis conflitos. E por isso Davi agora nos ensina que os justos não são privados daquela paz da qual falara um pouco antes, embora os ímpios os ameacem com morte instantânea. A frase deve ser explicada desta forma: Embora os ímpios desembainhem suas espadas e arqueiam seus arcos para destruir os justos, todavia todos os seus esforços se volverão sobre suas próprias cabeças e se reverterão em sua própria destruição. É necessário, porém, notar os termos particulares nos quais a miserável condição dos justos é aqui descrita, até que Deus por fim se digne em socorrê-los. Primeiro, são chamados *pobres e necessitados*; e, segundo, são comparados a ovelhas destinadas à destruição,[17] porque não têm condição de opor-se a violência de seus inimigos, senão que, antes, se vêem subjugados debaixo de seus pés. Donde se segue que um estado estável de desfruto, aqui, não lhes é prometido neste Salmo, mas só se põe diante

---

17 "De brebis destinees au sacrifice." – *v.f.*

deles a esperança de um bendito resultado frente às suas misérias e aflições, a fim de os consolar quando os enfrentam. Visto, porém, que amiúde sucede que os ímpios são odiados e tratados com severidade em virtude de sua iniqüidade, o salmista acrescenta que os que assim sofriam eram *aqueles que palmilhavam caminhos retos*; com isso querendo dizer que eram afligidos sem causa. Anteriormente ele os descreveu como *de coração íntegro*, recomendando com isso a pureza interior do coração; agora, porém, ele recomenda a retidão na conduta e no cumprimento de todos os deveres em relação a nosso próximo; e assim ele mostra não só que são injustamente perseguidos, visto que não fizeram nenhum mal a seus inimigos e não lhes deram motivo de ofensa, mas também que, embora provocados pelas injúrias, não obstante não se desviaram da vereda do dever.

No versículo 15, Davi não está falando do riso de Deus, mas está anunciando vingança contra os ímpios, justamente como vimos no segundo Salmo, no quarto versículo, que, embora Deus pareça compactuar-se com os ímpios, suportando-os por algum tempo que corram à prática de excesso em folgança e orgia, todavia por fim, em sua ira, ele fala a seu respeito em termos de destruição. Equivale dizer que os ímpios prevalecem por pouco tempo, e que a espada que desembainharam se volta e penetra suas próprias entranhas, e que seu arco se faz em pedaços.

[vv. 16-19]
Melhor é o pouco do justo do que a abundância de muitos ímpios.[18]
Pois os braços dos perversos serão quebrados; mas Jehovah sustém os justos. Jehovah conhece os dias dos íntegros, e sua herança será eterna. Eles não se envergonharão no tempo de adversidade; e nos dias de fome serão saciados.

16. Melhor é o pouco do justo etc. Este versículo, sem alguma razão plausível, tem sido traduzido de maneira variada. A palavra המון, *hamon*,[19] que é traduzida por *abundância*, quando na verdade às vezes

---
18 "Ou, aux grans qui sont meschans." – *n.m.f.* "Ou, aos grandes que são ímpios."
19 Ainsworth traduz esta palavra, "bens copiosos", a qual, observa ele, "significa multidão,

significa uma grande multidão de homens e às vezes abundância de coisas; às vezes, também, um adjetivo plural se junta a um substantivo singular. Mas os que torcem as palavras de Davi para esse sentido, ou seja, que poucas pessoas justas equivalem mais que uma grande multidão de ímpios,[20] claramente destrói sua essência e perverte o significado de toda a frase. Tampouco posso aceitar a explicação que outros têm oferecido, ou seja, que o pouco que o justo possui é melhor que a grande abundância do ímpio; pois não vejo necessidade de conectar, contrariando as regras de gramática, a palavra המון, *hamon*, que denota *abundância*, com a palavra רבים, *rabbim*, que significa *muitos* ou *grande*, e não com a palavra רשעים, *reshaim*, que significa ímpio. Portanto, não tenho dúvida de que Davi, neste ponto, contrasta as possessões limitadas de uma pessoa justa com as riquezas e tesouros de muitos ímpios. A palavra hebraica, רבים, *rabbim*, contudo, a qual traduzi por *muitos*, pode também ser tomada com propriedade para denotar pessoas de grande autoridade e poder. Certamente que não é difícil entender que Davi quer dizer que, embora os ímpios se exaltam neste mundo, e se enriquecem com suas possessões em grande profusão e confiam em suas riquezas, todavia o pouco que uma pessoa possui é muito melhor que todos os seus tesouros. Disto aprendemos que Davi está aqui falando, não tanto de grandeza e riqueza externas, quanto da bênção secreta de Deus que verdadeiramente enriquece o justo; pois embora não vivam bem aqui, todavia seu alimento procede do céu como foi com o maná; enquanto que os ímpios vivem sempre famintos, ou se definham em meio à sua própria abundância.

A isto também pertence a razão por que se acrescenta no próximo versículo, a saber, que não há nada estável no mundo exceto o fato de podermos ser sustentados pelo poder de Deus; mas somos

---

abundância ou acúmulo de riquezas ou de alguma outra coisa." A Septuaginta a traduz por *riquezas*. A palavra *mamom* deriva-se desta palavra hebraica.

20 Este é o ponto de vista defendido por Fry, que traduz as palavras assim:
"Melhor é que haja apenas um justo,
Do que a grande multidão dos ímpios."
Por *apenas um justo* e subentende Crist.

cabalmente informados que só *os justos* é que são *sustentados por ele, e que o poder dos ímpios será quebrado*. Aqui novamente vemos que para formar-se uma estima correta e adequada da genuína felicidade, temos que olhar para o futuro, ou contemplar com os olhos da fé a graça secreta de Deus e seus juízos ocultos. A menos que sejamos persuadidos pela fé de que Deus nos afaga em seu seio como um pai faz com seus filhos, nossa pobreza nos será sempre uma fonte de angústia; e, em contrapartida, a menos que tenhamos em mente o que aqui se diz concernente aos ímpios, de que *seus braços serão quebrados*, levaremos em máxima conta sua presente condição. Mas se esta doutrina estiver profundamente arraigada nos corações dos fiéis, tão logo tenham eles aprendido a depender da bênção divina, o deleite e a alegria que experimentarão de seu pequeno estoque serão equivalentes à magnanimidade com que eles olharão, como se estivessem num lugar de eminência, para os vastos tesouros nos quais os ímpios se gloriam. Ao mesmo tempo, somos aqui admoestados que, embora os ímpios confiem em sua própria força e se jactam dela, devemos esperar pacientemente até que Deus se erga e faça seus braços em pedaços. No que a nós diz respeito, a melhor consolação que podemos ter em nossa enfermidade consiste em que Deus mesmo nos sustenta e nos fortalece.

18. Jehovah conhece os dias dos íntegros.[21] Não é sem boas razões que Davi tão amiúde inculque esta doutrina, ou seja, que os justos são abençoados porque Deus supre suas necessidades. Vemos quão inclinada é a mente dos homens a duvidar e o quanto se atormentam com o excesso de preocupações e ansiedades, do qual não conseguem se desvencilhar, enquanto, em contrapartida, caem em outro erro, a saber, sentindo-se ainda mais ansiosos acerca do futuro do que por qualquer outra razão; e no entanto, quanto mais ativos e diligentes são na formulação de seus planos, mais freqüente é o desapontamento

---

21 "'Põe em depósito os dias do íntegro', guarda-lhes em segurança seus dias; pois esta é a idéia original de ירע" – *Fry*.

de suas expectativas e com muita freqüência seu êxito é completamente frustrado. Nada, pois, nos é mais proveitoso do que termos nossos olhos continuamente postos na providência de Deus, que é a única que melhor pode suprir-nos do que nos é necessário. Devemos utilizar-nos desta doutrina como fonte de consolação em todas as vicissitudes que porventura nos ameacem com destruição. Podemos ser acossados de várias formas, e abalados por muitos perigos, os quais a cada instante nos ameaçam com a morte, mas esta consideração deve prover-nos com suficiente base de conforto, de que não só nossos dias se acham enumerados por Deus, mas que ele também conhece todas as vicissitudes de nossa porção terrena. Visto que Deus, então, mui cuidadosamente vela sobre nós para a manutenção de nosso bem-estar, devemos desfrutar, nesta nossa peregrinação terrena, de tanta paz e satisfação como se estivéssemos em plena posse de nossa paternal e celestial herança. Visto que somos considerados por Deus, Davi disto conclui que nossa herança é eterna. Além do mais, ao declarar que os que são íntegros são por isso cuidadosamente protegidos por Deus, ele nos exorta ao sincero cultivo da verdade e da integridade; e se porventura desejarmos ser postos em segurança sob a proteção divina, cultivemos, pois, a mansidão e rejeitemos com asco este diabólico provérbio: "Uivemos quando estivermos entre os lobos."

19. Eles não se envergonharão no tempo de adversidade. Este versículo também nos mostra que os fiéis não têm o direito de esperar tal isenção de aflição e provação como a carne desejaria, senão que são assegurados do livramento até ao final; o qual, embora já esteja em sua posse, todavia é de tal natureza que só pode ser concretizado pela fé. Temos de considerar estas duas coisas como inseparavelmente conectadas, a saber, visto que os fiéis se acham tão misturados com os ímpios neste mundo, que a fome e a adversidade são comuns a ambos. A única diferença entre eles é que Deus estende sua mão para seu próprio povo, no tempo de sua necessidade, enquanto que abandona os ímpios e não se preocupa com eles. É possível que se objete dizendo que os ímpios amiúde se alimentam principescamente no tempo de fome e satisfazem todos os seus anseios, enquanto que os fiéis são oprimidos com pobreza e carência; ao que respondo que a plenitude da qual se faz menção aqui consiste primordialmente nisto: que os fiéis, ainda que vivam frugalmente, e amiúde labutam arduamente para adquirir os meios de subsistência, são, não obstante, alimentados por Deus tão verdadeiramente como se tivessem maior abundância de bens neste mundo do que os ímpios que avidamente devoram as coisas boas desta vida com toda sua variedade e abundância, e contudo nunca ficam satisfeitos. Além disso, como eu já disse alhures, estas bênçãos temporais nem sempre são vistas fluindo de uma forma estável. A mão divina deveras está sempre aberta, mas somos restringidos e limitados em nossos desejos, de modo que nossa própria incredulidade não constitui pequeno entrave à sua liberalidade. Além do mais, visto que nossa natureza corrupta facilmente prorrompe em excesso, Deus trata conosco mais frugalmente; e para que não solte as rédeas de nossa corrupção mediante sua tão imensa liberalidade, ele nos educa na frugalidade, concedendo com a mão um tanto fechada o que de outra forma estaria disposto a derramar sobre nós com grande profusão. E de fato quem quiser poderá aquilatar quão inclinados somos à sensualidade e aos prazeres, não ficará surpreso vendo como Deus prova seu próprio povo com pobreza e carência. Mas, ainda que Deus não nos conceda o que nos é necessário para nosso deleite, não obstante, a menos que nossa própria ingratidão nos impeça, experimentaremos, mesmo em tempo de fome e carência, que ele nos nutre graciosamente e com liberalidade.

[vv. 20-22]
Pois os ímpios perecerão, e os inimigos de Jehovah serão consumidos como a preciosidade[22] dos cordeiros; serão consumidos em fumaça.[23] O ímpio toma emprestado e não paga; mas o justo é misericordioso e dá. Pois os que por ele são abençoados herdarão a terra; e os que são por ele amaldiçoados serão exterminados.

---

22 "Ou, l'excellence, c'est, les agneaux plus beaux et plus gras." – *n.m.f.* "Ou, a excelência, isto é, os cordeiros mais excelentes e gordos."
23 "C'est, s'esvanouiront en brief." – *n.m.f.* "Isto é, se desvanecerão rapidamente."

20. Pois os ímpios perecerão. A partícula causal, כי, *ki*, que é aqui traduzida *pois, porque*, também pode ser traduzida como se fosse usada adversativamente, *porém* ou *embora*, a menos que, talvez, alguém preferisse explicar a frase como se fosse da mais elevada importância. Mas a interpretação preferível é que há aqui um contraste entre os sujeitos de quem se fala, isto é, que os justos ficam contentes no tempo de fome, enquanto que os ímpios perecerão em meio à sua abundância; porque, enquanto confiam em sua riqueza, Deus os conduz à nulidade pelo uso de meios que são secretos e ocultos. Ao denominá-los de *inimigos de Jehovah*, ele nos ensina que são justamente esmagado por sua vingança, a qual evocam sobre si mesmos por sua própria perversidade. Ao dizer que **serão consumidos como a excelência dos cordeiros**, isto é entendido por alguns como referência à sua gordura. Visto, porém, que יכר, *yakar*, significa *excelência*, como eu já disse alhures, não tenho dúvida de que esta expressão denota os melhores cordeiros, e como tais são de extraordinária gordura; e isto é bem adequado ao contraste aqui expresso. Aprendemos disto o que outro profeta igualmente ensina, a saber, que os ímpios são engordados para o dia da matança; de modo que por mais suntuosamente eles vivam, mais repentinamente lhes sobrevirá sua destruição. *Ser consumido em fumaça* é o mesmo que *desvanecer rapidamente*; como se ele quisesse dizer: Não há neles estabilidade nem solidez alguma. Os que entendem o termo יקר, *yakar*, no sentido de *gordura* explicam esta última cláusula no sentido em que os ímpios são consumidos como a fumaça como a gordura se derrete ou desaparecer.[24] O leitor, porém, verá que a primeira interpretação é melhor.

21. O ímpio toma emprestado e não paga. Estão equivocados aqueles que supõem que os ímpios são aqui envergonhados por

---

[24] Supõe-se geralmente que há aqui uma alusão aos serviços sacrificiais da antiga dispensação. Os cordeiros eram então oferecidos em grande número como ofertas queimadas. E se a alusão é aos sacrifícios, como é muitíssimo provável, a doutrina ensinada é que, como a gordura deles se derretia e era total e rapidamente consumida pelo fogo do altar do holocausto, assim os ímpios se derreterão e rapidamente se consumirão no fogo da ira de Jehovah. As paráfrases caldaicas da última cláusula é: "Eles serão consumidos na fumaça da Gehenna", ou do inferno.

suas traições ao enganar os bons mediante fraude e decepção; e que, em contrapartida, os filhos de Deus são enaltecidos por sua bondade ao estarem sempre dispostos a aliviar as carências de seus irmãos mais pobres. O profeta, antes, enaltece, por um lado, a bênção divina para com os santos; e declara, por outro lado, que os ímpios nunca têm o suficiente. O significado, pois, consiste em que Deus trata prodigamente a seu próprio povo, para que o mesmo tenha como socorrer a outros; mas que os ímpios são sempre carentes, de modo que sua pobreza os leva a se valerem da fraude e da rapina. E não fôssemos cegados pela insensibilidade e indiferença, não deixaríamos de perceber as muitas provas disto, as quais são diariamente apresentadas aos nossos olhos. Quanto maior é a abundância dos ímpios, embora sua cobiça seja tão insaciável que, como ladrões, se lançam à direita e à esquerda, e no entanto nunca conseguem pagar;[25] enquanto Deus mune a seu próprio povo com suficiência não só para suprir suas necessidades pessoais e ordinárias, mas também o capacita a ajudar outros. Na verdade não nego que os ímpios sejam reprovados por perdulária extravagância, pela qual defraudam seus credores daquilo que lhes é devido, e também que os justos sejam louvados por se aplicarem a um uso correto da liberalidade divina; mas o desígnio do profeta é mostrar que o elevado valor da bênção divina. Isto é confirmado pelo versículo seguinte, no qual ele ilustra a diferença resultante da bênção e da maldição divinas. Se se pergunta então de que forma os filhos de Deus podem aliviar as carências dos necessitados e exercer liberalidade em favor deles, e por que é que os ímpios estão continuamente a contrair dívidas das quais são impotentes para se desvencilhar, Davi responde que os primeiros são os abençoados do Senhor, e que os últimos são conduzidos a completa ruína mediante a maldição divina. Há quem explique a palavra מברכיו,

---

[25] "Comme escumeurs de mer sans jamais avoir de quoy satisfarire." – *v.f.* "Como piratas, sem nunca terem conta para pagar."

meborakayv, ativamente, como se fosse: *Os que abençoam os justos possuirão etc.*;[26] mas isto é tacanho e absurdo. O significado é simplesmente este: que tudo quanto de que necessitamos para a preservação e manutenção da vida e para o exercício de humanidade para com outros, não nos vem nem do céu nem da terra, mas unicamente do favor e da bênção divina; e que, se ele porventura subtraísse de nós sua graça, a abundância do mundo inteiro não nos satisfaria.

[vv. 23-26]
Os passos de um homem são dirigidos por Jehovah, e em seu caminho se deleitará [ou, terá prazer]. Ainda que caia, não ficará completamente prostrado; pois Jehovah o sustém com sua mão. Já fui jovem, e agora estou velho; e no entanto nunca vi o justo desamparado, nem sua descendência a mendigar o pão. Ele é diariamente misericordioso e empresta, e sua descendência é para a bênção.

23. Os passos de um homem são dirigidos por Jehovah. Alguns mantêm juntas estas duas coisas: primeiro, que os passos dos santos são ordenados pela graça de Deus, visto que os homens, por sua própria força, não seguem o que é justo e certo, mas só até onde o Espírito de Deus os dirige; e daí vem o segundo ponto, a saber, que Deus favorece e aprova o que é dele. Davi, porém, simplesmente continua seu enaltecimento da divina bênção para com os fiéis, de quem isto é especialmente digno de ser lembrado, ou seja, que em tudo quanto empreendem fazer sempre terão um favorável e feliz resultado. Ao mesmo tempo, a razão por que Deus coroa com prosperidade e sucesso todos os nossos esforços ao longo da trajetória de nossa vida, é para que seja observado o seguinte: porque nada intentamos que não seja para seu agrado. Pois considero que se usa a conjunção *e*, na segunda cláusula do versículo, quando se deveria usar a partícula causal *porque* ou *visto que*, e explica todo o versículo assim: Visto que o caminho dos san-

---

26 "Comme s'il y avoit, Ceux qui beniront les justes, possederont" &c. – *v.f.*

tos é aceitável a Deus, ele dirige seus passos a um resultado feliz; de modo que o significa fica sendo este: Uma vez que Deus vê que os fiéis agem conscientemente, e não se desviam do caminho que ele designou, por isso ele abençoa seus esforços. E, certamente, visto que o profeta fala genericamente – e todavia é certo que só os fiéis são aqui mencionados –, a segunda cláusula necessariamente deve ser considerada, por assim dizer, à guisa de explicação. Por conseguinte, o termo, *caminho*, denota sua maneira e trajetória de viver; como se quisesse dizer: os santos não têm outro objetivo em vista senão ordenar suas vidas de acordo com a vontade de Deus e obedecer ao que ele ordenou. O termo *passos* considero como uma referência ao êxito externo.

24. Ainda que caia, não ficará completamente prostrado. Este versículo tem sido geralmente interpretado proverbialmente, significando que, embora os justos caiam em pecado, sua queda não é fatal; isso, porém, não está de forma alguma em consonância com o desígnio do profeta, o qual está tratando da felicidade dos santos. O significado simples consiste em que, quando Deus visita seus servos com severas aflições, ele ao mesmo tempo as mitiga para que não desmaiem sob seu peso;[27] como Paulo declara em 2 Coríntios 4.9: "Somos perseguidos, mas não desamparados; prostrados, mas não destruídos." Há quem diga que os justos não são totalmente prostrados, porque não perdem sua coragem; ao contrário, suportam com invencível resistência todo e qualquer peso que se lhes impõe. Prontamente admito que a razão por que não são esmagados consiste em que não são tão suscetíveis e delicados para deixar-se cair sob a carga. Entretanto, entendo as palavras num sentido mais extensivo e as explico assim: as misérias dos santos são tão temperadas com a misericórdia paternal de Deus, que não se deixam cair sob seu carga, e mesmo quando caem, não

---

27 Diz Adam Clarke: "Tampouco o texto, ou alguma das versões, indica que aqui se implica uma queda em pecado; e, sim, uma queda em angústia, em dificuldade" etc.

se deixam submergir em destruição. À luz destas palavras aprendemos que os santos, embora sirvam a Deus com sinceridade e se esforcem por viver uma vida irrepreensível, não conseguem viver impassíveis e invariavelmente na mesma condição, mas são freqüentemente afligidos e prostrados por várias provações; e que a única diferença existente entre eles e os incrédulos é que suas quedas não são fatais. Sabemos que, se Deus esmaga os réprobos, mesmo que seja de maneira superficial, é bastante para ser a causa de sua final destruição. Salomão fala ainda mais expressivamente quando diz: "Porque sete vezes cai o justo, e outra vez se levanta" [Pv 24.16]; e mediante estas palavras ele nos ensina que os santos são não só submetidos a freqüentes aflições nesta vida, mas que são visitados com provações diárias, e no entanto nunca são esquecidos pelo Senhor. Devemos também observar, em suma, que ainda a mais leve queda é suficiente para destruir-nos totalmente, não nos apoiasse Deus com sua mão.

25. Já fui jovem, e agora estou velho. O significado destas palavras não contêm menos sombra de dúvida, ou seja, que Davi, ainda quando se tornara um homem envelhecido, nunca vira qualquer um dentre os justos, ou qualquer um de seus filhos, a mendigar seu pão. Aqui, no entanto, suscita uma pergunta algo difícil com respeito ao fato expresso; pois é verdade que muitos justos têm sido reduzidos à mendicância. E o que Davi neste ponto declara como fruto de sua própria experiência pertence a todas as épocas. Além disso, neste versículo ele faz referência aos escritos de Moisés, pois em Deuteronômio 15.4, a mendicância é uma das maldições divinas; e a lei, nessa passagem, expressamente isenta dela todos quantos temem e servem a Deus. Onde, pois, está a consistência de que nenhum dos justos nunca mendigou seu pão, já que Cristo pôs Lázaro como um dos mais abjetos dentre eles? [Lc 16.20]. Minha resposta consiste em que devemos ter em mente o que eu disse antes sobre estes tema, a saber: com respeito às bênçãos temporais que Deus confere a seu povo, não se pode estabelecer uma regra definida e invariável. Há várias razões por que Deus não manifesta seu favor de forma equânime a todos os santos neste mundo. Ele castiga uns, enquanto poupa outros; ele cura os males secretos de uns, e não leve em conta outros por não carecerem de um remédio semelhante; ele prova a paciência de uns, de acordo com o espírito de resistência que lhes dá; e, finalmente, ele põe outros para que sirvam de exemplo. De forma geral, porém, ele humilha a todos eles mediante sinais de sua ira, para que, mediante secretas advertências, eles sejam conduzidos ao arrependimento. Além disso, ele os conduz através de grande variedade de aflições, para fixar seus pensamentos em meditação sobre a vida celestial; e contudo não é algo fútil e imaginário o fato de que, como apresentado na lei, Deus conceda bênçãos terrenas a seus servos como provas de seu favor para com eles. Confesso e afirmo que não é debalde ou por nada que uma profusão de bênçãos terrenas, suficientes para suprir as necessidades de todos, é prometida aos santos. Isto, contudo, deve ser sempre entendido com esta limitação: que Deus só concederá estas bênçãos até onde ele considerar conveniente; e, por conseguinte, pode suceder que a bênção divina se manifeste na vida das pessoas em geral, e no entanto alguns dos santos são atormentados com pobreza, porque é para o seu bem. Mas se suceder que algum dentre os fiéis for conduzido à mendicância, que ele erga sua mente para o alto, para aquele bendito estado no qual Deus os recompensará sobejamente por tudo quanto é agora desejado nas bênçãos desta vida transitória. Devemos ter também isto em mente, que se Deus às vezes envolve os fiéis nos mesmos castigos pelos quais ele toma vingança dos ímpios – sendo eles, por exemplo, afetados pelas mesmas doenças –, não inconsistência alguma ao agir assim; pois embora não cheguem a menosprezar a Deus, nem se devotem à impiedade, nem ainda ajam segundo sua própria inclinação, nem cedam totalmente à influência do pecado como fazem os ímpios, todavia não se acham isentos de toda culpa; e, portanto, não carece que admiremos ante o fato de às vezes se sujeitarem aos castigos temporais. Estamos, contudo, certos disto: que Deus faz tal provisão para seu próprio povo porque, vivendo contentes com sua sorte, nunca são consumidos pela carência, porque, vivendo frugalmente, sempre possuem o suficiente, como diz Paulo em Filipenses 4.12: "Sei passar falta, e sei também ter abundância."

26. Ele é diariamente misericordioso. O salmista aqui reitera o que já havia dito, ou seja, que a graça de Deus é a fonte de todas as bênçãos que jamais poderão ser exauridas; e, portanto, embora seja ela exibida em favor dos fiéis, eles não só têm o suficiente para suprir suas próprias necessidades, mas também são capazes de prestar assistência a outros. O que ele acrescenta acerca de *sua descendência* é explicado de forma variada. Que ele está falando dos filhos dos santos piedosos, não pode haver dúvida; e isto se faz evidente à luz do versículo precedente. Mas ao dizer que *serão por bênção*,[28] há quem o entenda como se ele dissesse: Eles serão os ministros da liberalidade divina; de modo que, segundo eles, o sentido seria que seguirão o bom exemplo de seus pais no socorro prestado aos pobres e no exercício da liberalidade em favor de todos os homens. Mas temo que esta explicação seja por demais refinada. Tampouco admito a interpretação apresentada por outros, a saber, que o significado consiste em que a graça de Deus se manifestará tão notoriamente em relação aos filhos dos santos, que seus nomes serão usados numa fórmula de oração, quando se orar por prosperidade e êxito. Este modo de se expressar, admito, pode estar subentendido em muitas passagens, mas aqui, em minha opinião, Davi não designa nada mais além de enaltecer o prosseguimento do favor divino, dos pais para os filhos; como se ele dissesse: A bênção de Deus não termina com a morte do justo, mas se estende até a seus filhos.[29] E de fato não há herança mais

---

28 Esta é também a tradução da Septuaginta: Τὸ σπέζμα αὐτοῦ εἰς εὐλογίαν ἔσται.
29 Ainsworth traduz: "E sua descendência está na bênção", e entende as palavras no sentido em que os filhos do justo "estão na bênção, ou estão apontados para a bênção, como os herdeiros

certa, da qual nossos filhos poderão apropriar-se, do que quando Deus, recebendo-os de igual maneira em seu favor paternal, os faz partícipes de sua bênção.

[vv. 27-29]
Aparta-te do mal e faz o bem; e vivas para sempre. Pois Jehovah ama o juízo e não desampara seus mansos; eles serão preservados para sempre; e a descendência dos ímpios serão exterminados. Os justos herdarão a terra, e habitarão nela para sempre.

27. Aparta-te do mal e faz o bem. Neste versículo Davi argumenta que, a fim de apropriarmo-nos da bem-aventurança da qual ele tem falado, é preciso que nos abstenhamos de toda sorte de mal, praticando os deveres humanitários, devotando-nos à prática do bem em favor de nosso próximo. Esta doutrina está em desacordo com os ditames da natureza humana corrupta; mas, não obstante, é certo que muitos dos problemas e angústias em que toda a raça humana se acha envolvida procede de nenhuma outra causa senão desta: que toda pessoa, respectivamente, em sua própria esfera, que entrega à injustiça, à fraude, à extorsão e à prática do mal, desdenhosamente rejeita a bênção de Deus. E assim, é em conseqüência das barreiras que os homens põem em seu próprio caminho que não atingem a felicidade neste mundo, e que cada pessoa, em seu próprio ambiente, não possui a paz e a tranqüilidade que lhe pertencem. É então com a elevada propriedade que Davi passa da doutrina do contexto precedente a esta exortação; pois se os mansos possuem a terra, então cada um deles, quando respeita sua própria felicidade e paz, deve também diligenciar-se por andar de forma íntegra e aplicar-se às obras de beneficência. É preciso observar também que ele conecta estas duas coisas: primeira, que os fiéis devem praticar o bem de forma estrita; e, segunda, que devem refrear-se de fazer

---

disso" (Gn 28.3; 1 Pe 3.9); e que eles têm ainda abundância, não obstante a liberalidade de seus pais; pois "a bênção do Senhor enriquece" (Pv 10.22).

o mal. E isso ele faz não sem boas razões, pois, como já vimos no Salmo 34, às vezes sucede que a mesma pessoa que não só age bondosamente para com certas pessoas, mas ainda com mão generosa trata abundantemente os seus, todavia em todo tempo se põe a saquear outros e a acumular recursos pelo uso de extorsão e por meios dos quais ele exibe sua liberalidade. Portanto, todos quantos são desejos de ter seus bons ofícios aprovados por Deus, que sejam diligentes em aliviar a seus irmãos que necessitem de seu socorro, mas que não prejudiquem a ninguém a fim de socorrer outros, nem aflijam e entristeçam um a fim de fim de alegrar outro. Ora, Davi, com estas duas expressões, resumiu bem os deveres da segunda tábua da lei: primeiro, que os santos conservem suas mãos isentas de todo malefício, e não dêem ocasião de queixa por parte de alguém; e, segundo, que não vivam para si mesmos e para a mera promoção de seus próprios interesses privativos, mas sejam diligentes em promover o bem comum de todos segundo suas oportunidades e até onde forem capazes de o fazer.

Mas já dissemos que a bênção que é prometida aos justos, de que "herdarão a terra", nem sempre se concretiza no mesmo grau a todo o povo de Deus; e a razão que assinalamos para isto é que Deus não pode achar entre os homens um exemplo tão grande de integridade, mas que ainda o mais perfeito granjeia para si muita miséria, por sua própria culpa. E portanto não carece que nos sintamos surpresos por Deus subtrair, pelo menos em certa medida, sua bênção até mesmo dos seus. Sabemos também a que excesso de luxúria da carne correm desenfreadamente, a menos que o Senhor lhes ponha um freio. Além disso, não há ninguém que esteja tão disposto a engajar-se no hábito de meditar sobre a vida divina, que não seja instado e encorajado a isso por vários motivos. Por isso é que a posse da terra, que Davi aqui destina aos filhos de Deus, nem sempre (como os advogados definiriam o termo) consiste em se ter os pés plantados nela e em sentir-se estabelecido nela com segurança; pois há muitas fontes de inquietude e aflição aqui para atribulá-los. E todavia não se segue que o que ele promete não passa de ficção ou uma coisa imaginária. Pois ainda que diariamente a experiência nos mostre que os filhos de Deus ainda não são herdeiros da terra, todavia, segundo a medida de nossa fé, sentimos quão eficaz é a bênção divina, a qual, como uma fonte que não pode secar, flui continuamente. São, aliás, mais que cegos os que não percebem que os justos já se acham de posse deste galardão, a saber, que Deus os defende e os sustenta com seu poder.

28. Pois Jehovah ama o juízo. Esta, deve-se observar, é uma confirmação da doutrina contida na frase precedente; e é aqui que ela repousa num mais elevado princípio, a saber, que Deus se compraz na justiça e na verdade. É verdade que o argumento parece estar incompleto; mas visto que Davi tem como axiomático – o que deve permanecer profundamente arraigado nos corações de todos os fiéis – que o mundo é dirigido pela providência de Deus, sua conclusão é admirável. Em primeiro lugar, pois, é preciso admitir que a condição da raça humana não vive à mercê do acaso, e, sim, da providência de Deus, e que o mundo é conduzido e governado por seu conselho, de modo que ele regula, em consonância com seu beneplácito, o resultado de todas as coisas, e as controla no exercício de seu poder; e, em segundo lugar, a isto se deve acrescentar o que Davi aqui afirma, ou seja, que a justiça e a verdade são o aprazimento de Deus. Daí se segue que todos quantos vivem uma vida íntegra e irrepreensível entre os homens serão felizes, porque, desfrutando do favor divino, cada coisa por fim deve quanto a eles produzir um resultado feliz e venturoso. Tenhamos em mente, porém, que a promessa que se acha expressa neste versículo deve ser entendida neste sentido, ou seja, que enquanto Deus empreende a preservação dos santos, não os embala continuamente com vida serena e fácil, mas que, depois de certo tempo em prová-los sob o peso da cruz, por fim vem em seu socorro; pois a linguagem aqui empregada, **Jehovah não desampara seus mansos**, é tacitamente muito enfática. Aqueles, pois, que separam o exercício da paciência do favor com que Deus agracia os santos nesta vida interpretam mal este Salmo. Ao contrário, para que ninguém precipitada e displicentemente pronuncie juízo, o profeta ameaça os fiéis a suspenderem seu juízo, até que Deus manifeste seu desprazer depois da morte dos maus, infligindo castigo sobre sua posteridade: **A descendência dos ímpios será exterminada**. Isso é da mesma natureza, como se ele novamente asseverasse que, embora os juízos divinos não sejam imediatamente executados sobre os maus e ímpios, contudo não ficam por essa conta livres deles, visto que o castigo justamente a eles devido se estenderá a seus filhos. Se, pois, a maldição divina não é imediatamente infligido sobre eles, não carece surpresa se ele por algum tempo delonga a manifestação do favor que ele guarda para os fiéis.

29. Os justos herdarão a terra. A repetição da mesma doutrina, aqui, não é supérflua, visto ser tão difícil imprimi-la bem fundo em nossa mente. Pois enquanto todos os homens correm após a felicidade, raramente um em cem a busca em Deus, mas, antes, todos, ao contrário, ao fazer provisão para si provocam a vingança de Deus, como se fosse deliberadamente, e se esforçam por exceder uns aos outros ao agir assim, de modo que alguns deles se conspurcam com fraude e perjúrio, alguns se devotam ao latrocínio e à extorsão, alguns praticam toda sorte de crueldade e outros cometem violência e ultraje mesmo com a espada e peçonha. Além mais, tenho mesmo agora e em diversas outras ocasiões declarado o sentido em que esta habitação eterna na terra, a qual é aqui prometida aos justos, deve ser entendido, ou seja, que embora estejam cercados por tribulações e mudanças que ocorrem neste mundo, todavia Deus os preservas debaixo de suas asas; e embora não haja nada duradouro ou estável debaixo do céu, todavia ele os guarda em segurança como se estivessem protegidos num céu seguro. E, finalmente, desfrutam, além disso, daquela paz íntima da mente que é melhor do que centenas de vidas, e que é, portanto, com razão considerada como um privilégio que excede em valor e importância a todos os demais.

[vv. 30-33]
A boca do justo falará sabedoria, e sua língua pronunciará juízo. A lei de seu Deus está em seu coração; seus passos não vacilarão. O perverso espreita o justo, procura matá-lo. Jehovah não o deixará nas mãos dele, nem o condenará quando for julgado.

30. A boca do justo falará sabedoria. Como costumam os hipócritas confiadamente tirar para seu próprio proveito tudo o que o Espírito de Deus declara concernente ao justo e íntegro, Davi, neste ponto, apresenta uma definição da justiça que Deus requer por parte de seus filhos, e a divide em três partes primordiais – que seu falar seja sincero e veraz; que a lei de Deus reine em seu coração; e que regulem sua conversação de forma certa. Há quem faça uma exposição diferente da primeira parte do que temos feito; dizem que o justo serve de mestre e guia, instruindo outros a viverem bem, e guiando-os no caminho; e, portanto, *falar sabedoria*, e *pronunciar juízo*, é, em seu conceito, da mesma natureza que instruir outros na sã doutrina e guiá-los ao temor de Deus. Não reprovo totalmente esta exposição, mas temo que seja por demais restrita. Sabedoria e integridade são aqui confrontadas com muito da linguagem profana e imunda, pela qual os ímpios procuram macular o nome de Deus, com astúcia e fraude e todo gênero de estratagema e engano; e também com ameaças e terrores com que procuram amedrontar os ingênuos.[30] O significado, pois, é este: primeiro, que o justo fala de

---

30 "Par lesquelles ils taschent d'espouvanter les simples." – *v.f.*

maneira honrosa e reverente da justiça de Deus, de modo que podem fomentar em si mesmos e noutros, em grande escala, o conhecimento e o temor de Deus;[31] em segundo lugar, que tanto em suas próprias atividades quanto nas de outros, aprovem, sem fraude ou engano, o que é justo e razoável, e não se permitem justificar o que é injusto sob o pretexto e o verniz do sofisma; e, finalmente, que jamais se apartem da verdade.

A isto se acrescenta integridade de coração: **A lei do Senhor está em seu coração**. Isto, ainda que preceda em questão de ordem, não é impropriamente posto em segundo plano aqui. Pois as Escrituras não se ocupam em observar especificamente um arranjo exato na enumeração das virtudes e vícios. Além disso, a fonte donde emana esta integridade de coração consiste em que a lei de Deus tem sua sede no coração; e só ela pode prescrever a melhor regra de vida, restringe todos os afetos paixões depravados e imbui a mente humana com o amor pela justiça. Ninguém se devotará constante e resolutamente a uma vida de retidão, nem se aplicará em favor de outros em preferência a seus próprios interesses pessoais, nem renunciará à cobiça, nem subjugará a soberba e nem manterá um constante bem-estar com sua própria natureza, a menos que seja dotado com o temor de Deus.

Em seguida vem a terceira divisão, a qual se relaciona com a conduta externa: **Seus passos não resvalarão**. Há quem acredite que isto equivale a uma promessa; mas eu não duvido que nesta cláusula Davi ainda continua a definição de justiça. O significado, pois, consiste nisto: embora os filhos de Deus sejam tentados de diversas maneiras a cometer pecado, e muitas coisas ocorram instigando-os a pecarem – e ainda que os homens, em sua maioria, se empenham, o quanto podem, por sua malícia desviá-los do temor de Deus –, todavia, visto que a lei de Deus

---

31 "En toutes les parties de la cognoissance et crainte de Dieu." – *v.f.*

governa e reina em seus corações, não resvalarão, senão que permanecerão firmes em seu propósito e inabaláveis em sua determinada resolução, ou pelo menos mantêm-se perseverantes em sua trajetória.

32 e 33. O ímpio espreita o justo etc. Neste ponto Davi ilustra mais claramente a natureza da possessão da terra, da qual falara, ou seja, que Deus preserva seu próprio povo, ainda que seja sitiado de todos os lados por inimigos. E daí somos uma vez mais instruídos que aos fiéis não se promete, no contexto precedente, uma condição tranqüila de vida e a isenção de todo problema e perturbação. Se assim fosse, estas duas afirmações seriam contraditórias: primeiro, que os fiéis, possuindo uma herança, desfrutam de repouso e deleite; e, segundo, que não obstante são diariamente libertados como ovelhas da boca de lobos. Estes dois versículos, contudo, contêm este especial fundamento de consolação: que os fiéis, ainda que cercados por toda variedade de perigos, não obstante escaparão e serão preservados em segurança pelo auxílio divino. Por conseguinte, Davi neste ponto lhes ensina que, quando virem seus inimigos se pondo à sua espera, e buscando por todos os meios disponíveis molestá-los, eles, ao contrário, devem considerar quão profundamente interessado Deus está no bem-estar de seu próprio povo, e quão cuidadosamente vela por ele para conservar sua segurança. Davi de fato confessa que os estratagemas a que os ímpios têm recorrido ao buscar não só privar os homens bons de sua propriedade, mas ainda a arrebatar suas vidas, são terríveis em si mesmos, porque cruelmente maquinam sua destruição.

Mas ele ainda nos ensina, ao mesmo tempo, que devemos continuar mantendo-nos firmes e com denodada coragem, porque Deus prometeu que será nosso guardião e defensor: **Jehovah não o deixará nas mãos deles**. Esta circunstância, contudo, deve ser bem considerada, ou seja, que Deus nem sempre nos garante livramento de imediato, senão que amiúde o retarda, ao ponto de parecer que estamos à mercê da morte. Na última cláusula do versículo, somos ainda admoestados: por mais cuidadosamente os bons sejam guardados de dirigir ofensa contra alguém, procurando fomentar a boa vontade entre todos, e abster-se de controvérsia e contenda, todavia não se isentarão das falsas acusações: **Jehovah não os condenará quando forem julgados**. Davi não diz que receberão aplausos do mundo, e que suas virtudes serão celebradas com os encômios que merecem; mas quando forem arrastados a juízo e esmagados por calúnias, de modo que se assemelhem aos que são condenados, Davi os exorta a descansar contentes com a proteção de Deus, que por fim manifestará sua inocência, mantendo-a contra os injustos juízos humanos. Se alguém objetar, dizendo que, ao contrário, muitos dos filhos de Deus, depois de ter sido condenados, sofreram uma morte cruel e amarga, respondo que seu Vingador, não obstante, está no céu. Cristo foi morto de uma forma a mais cruel e em circunstâncias da mais profunda ignomínia, não obstante, como diz o profeta Isaías [53.8], "pela opressão e pelo juízo foi ele arrebatado." E da mesma maneira Deus continua agindo diariamente em favor daqueles que são seus membros. Se porventura objetar-se ainda, dizendo que Davi está aqui tratando não da vida por vir, mas do estado dos santos na presente vida, em resposta a isto repetiria ainda a explicação que já apresentei antes, ou seja, que as bênçãos terrenas estão à disposição de Deus, e são reguladas inteiramente segundo sua vontade; é por isso que ele nunca concede a todos uma igual medida; senão que, segundo sua sabedoria e como vê ser conveniente, às vezes os priva, no todo ou em parte, e outras vezes expõe essas bênçãos aos olhos de todos. Por conseguinte, sucedia que os santos mártires, depois de serem condenados, eram também entregues à morte, como se Deus os houvera abandonado; mas isso ocorria por ser melhor para eles e porque nada desejavam senão glorificar a Deus através de sua morte. Todavia, aquele que permite aos ímpios exercer sua crueldade, não cessa de ser o defensor da justiça de seus servos; pois ele publicamente mostra perante seus anjos, e perante toda a sua Igreja, que ele a aprova e declara que fará inquisição por ela; ainda mais, soerguendo-os das trevas em que jaziam ocultos, ele transforma suas cinzas em doce e aprazível aroma. Finalmente, depois que o Senhor os entrega para serem humilhados por reproches e violência, pronunciará o juízo pelo qual vindicará sua justa causa das calúnias e das falsas acusações dos ímpios.

[vv. 34-36]
Espera em Jehovah e segue seu caminho, e ele te exaltará para herdares a terra; tu o verás quando os ímpios forem exterminados. Vi o ímpio terrível,[32] e se proliferando como um loureiro.[33] Mas ele passou,[34] e já não era; procurei seu lugar, e não foi encontrado.

34. Espera em Jehovah e segue seu caminho. Davi se volve novamente para o estilo de exortação, a fim de que os fiéis, confiando nas promessas de Deus e sendo sustentados por elas, não se deixassem ser arrojados de um lado para outro por quaisquer

---

32 Espalhando terror por todo lado.

33 O significado próprio da palavra אזרח, *azrach*, tem se controvertido entre os intérpretes e ela tem sido traduzida de forma variada. A maioria dos rabinos, em muitos comentaristas modernos, como Mudge, Waterland, Gesenius e outros, é de opinião que a tradução preferível é "como uma árvore silvestre ou nativa"; isto é, uma árvore que viceja em seu solo nativo, onde cresce mais vigorosamente e alcança seu crescimento maior e mais luxuriante. A Septuaginta a traduz: ὡς τὰς χέδρους τοῦ Λιβάνου, "como os cedros do Líbano"; sendo a árvore que mais cresce e mais se expande. Há quem suponha que os tradutores desta versão teriam tido, em suas Bíblias hebraicas, uma redação diferente da que se acha em nossas cópias atuais; e outros que, como é comum entre eles, parafraseiam as palavras originais para mais claramente expressarem seu sentido. A tradução da Septuaginta é seguida pelas versões Vulgata, Arábica e Etiópica, por Houbigant, Boothroyd, Geddes e outras boas autoridades. Ainsworth traduz: "como um verde *loureiro* crescendo livremente." Bythner diz que ele está fora do juízo em traduzir a palavra por *louro*. "Para a tradução, *loureiro*", diz o renomado Comentário sobre a Bíblia, "não temos consciência de ser de alguma autoridade, exceto aquela muito frágil oferecida por alguns das mais antigas dentre as mais modernas versões neste país e no Continente."

34 As versões Septuaginta, Vulgata, Siríaca e Arábica, Jerônimo, Houbigant, Horsley e Walford traduzem o verbo na primeira pessoa: "Mas passei." A Caldaica adere ao Hebraico: "E ele passou, ou desapareceu, do século ou do mundo, e já não era."

tentações através de formas remotas e pecaminosas, mas para que perseverassem firmemente no serviço de Deus. Em primeiro lugar, ele os exorta à esperança e paciência, como se desejasse que eles, em meio aos tumultos e problemas da vida, confiassem em Deus e cultivassem a paz até que novamente lhes mostrasse seu rosto, o qual por algum tempo oculta deles. Daí surge, em segundo lugar, outra exortação, dizendo que não desviassem do caminho do Senhor; pois sempre que a esperança e a paciência prevalecerem, coibirão as mentes dos homens para que não se irrompam em prática do que é ilícito e perverso. Indubitavelmente se descobrirá que a razão por que toda pessoa se empenha em promover seu próprio benefício mediante práticas nocivas, ou seja, porque nenhuma depende de Deus, ou então conclui: Se a fortuna não sorrir para mim rapidamente, será debalde perseverar na prática da eqüidade e integridade. Além do mais, podemos aprendemos deste fato que, se muitos, mesmo dentre os bons e íntegros, se sujeitam à pobreza e vivam uma vida de protelada aflição e provação, sofrem seu castigo com razão, porque, longe de ser firmemente persuadido de que pertence a Deus como sua função própria, não só soerguer seus servos da esterqueira, mas também chamá-los de seus próprios túmulos, raramente um dentre uma centena deles pacientemente espera em Deus e prossegue persistentemente em sua reta trajetória. Tampouco é sem boas razões que Davi faz uso da palavra *exaltar*, para que saibamos que Deus amiúde estende sua mão para os fiéis, quando parecem viver soterrados sob o pesado escombro de suas calamidades. Ele então acrescenta: os *ímpios* perecerão ante os olhos dos santos. Se seu fim não fosse bem diferente do fim dos justos, o estado em que os réprobos agora se deleitam por certo tempo facilmente atrairia para o mal até mesmo as melhores pessoas. E de fato Deus nos faria diariamente a contemplar tais coisas se tivéssemos olhos para visualizar seus juízos. E contudo, ainda que o mundo inteiro seja cego, Deus não cessa de conferir uma justa recompensa à perversidade humana; mas ao castigar os homens de uma maneira privativa, ele nos subtrai aquele fruto do qual nossa própria obtusidade nos priva.

35 e 36. Vi o ímpio terrível etc. Aqui Davi confirma, com base em sua própria experiência, o que eu já disse, ou seja, que embora o ímpio seja intoxicado com sua prosperidade, e fique perplexo ao olhar para ela, contudo sua felicidade é transitória e evanescente, e portanto não passa de mera ilusão. No versículo 35 ele nos diz que não é algo estranho ou inusitado para os ímpios, inflados com sua prosperidade, expandir-se cada vez mais e ser motivo de terror para o inocente. O salmista então acrescenta que sua grandeza, a qual é considerada com tanta perplexidade, desaparece num instante. Quanto ao significado do termo, עריץ, *arits*, que traduzimos por *terrível*, também pode ser traduzida por *forte*, porque a palavra da qual se deriva às vezes significa *terrificar*, e às vezes *fortalecer*. A palavra מתערה, *mithareh*, é traduzida por alguns por *verde*, mas seu significa é, antes, *descobrir* ou *expandir-se*, como árvores altas e frondosas que expandem seus ramos. Davi, não nutro dúvida alguma, repreende aqui a insolência dos que se gabam imoderadamente. *Passar*, no versículo 36, é usado para *desvanecer*, e assim ele nos admoesta a ficarmos tranqüilos por algum tempo a fim de que se comprove, depois que ela [a insolência] passar, que tudo o que o mundo admira na prosperidade do ímpio não passa de um nevoeiro.

[vv. 37-40]
Observa o homem perfeito e considera o justo; porque o fim de tal homem é a paz. Os transgressores, porém, serão juntamente destruídos; o fim dos perversos será o extermínio. A salvação dos justos procede de Jehovah; ele é sua força no tempo da angústia. Jehovah os ajudará e os livrará; ele os livrará dos ímpios; ele os preservará, porque nele confiam.

37. Observa o homem perfeito. Davi exorta os fiéis a diligentemente considerarem cada instância que porventura desfrutem da graça de Deus, bem como de seu juízo; ao mesmo tempo, porém, ele ensina que é debalde assentar-se alguém em juízo com base no primeiro aspecto das coisas. Quando os homens não esperam paciente e tranqüilamente o tempo que Deus designou em seu beneplácito, amiúde sucede que a fé se extingue e a confiança nas promessas de Deus, ao mesmo tempo, perece com ela. Eis a razão por que Davi nos exorta a observar e a considerar, pois quando nossa mente é tentada a preocupar-se com o que de repente se apresenta ante nossos olhos, um temerário juízo passa a ser a causa de sermos enganados. Mas se uma pessoa alarga o horizonte de sua visão, como se estivesse numa torre de observação, a uma longa distância, descobrirá que o que foi dito é uma grande verdade, ou seja, que *o fim* dos réprobos e *o fim* dos justos, respectivamente, são diametralmente muito diferentes. Esta cláusula, com respeito ao fim dessas duas classes de pessoas, parece ter sido adicionada à guisa de advertência, para que aprendamos a suspender nosso juízo, caso Deus não concretize imediatamente o que falou. Se porventura nos tornarmos impacientes em nossos desejos, moderemos nossa mente pela reflexão, sabendo que o fim ainda não veio, e que convém dar a Deus tempo para restaurar à ordem o confuso estado de coisas. Há quem explique a palavra אחרית, *acharith*, a qual traduzimos por *fim* dos ímpios, de sua posteridade. Isto, contudo, é incorreto. Davi só se refere à diferença que subsiste entre eles e os justos no final; pois Deus, de ter provado severamente a seus servos, e exercitado sua paciência, no fim converte sua adversidade em bênção, enquanto que transforma o júbilo dos ímpios em pranto.

39. A salvação dos justos procede de Jehovah. A suma de tudo é que, seja o que for que porventura aconteça, os justos serão salvos, porquanto se acham nas mãos do Deus que jamais os esquecerá. É preciso observar particularmente o seguinte: os que são fortemente afligidos podem ser sustentados pela certeza de que a salvação que esperam de Deus é infalivelmente certa, porque Deus é eterno e governa o mundo com seu poder; como disse Cristo:

"Meu Pai, que mas deu, é maior do que todos" [Jo 10.29]. Davi ainda inculca este princípio: visto que a justiça é aprova por Deus, nunca poderá ocorrer que ele abandone seus servos fiéis ou que os prive de seu auxílio. Ele, pois, exorta os verdadeiros crentes a dependerem de Deus, não só quando as coisas prosperam de acordo com seus desejos, mas até mesmo quando são dolorosamente afligidos. Mediante estas palavras ele ensina que é suficiente se Deus apenas transmite vigor a seus servos, de modo que, quando forem severamente afligidos e oprimidos com angústia, não desmaiem sob ela, ou que, quando gemerem sob o peso de duras aflições, não sejam esmagados pela carga. Do mesmo propósito é também a expressão que Davi usa duas vezes no último versículo, ou seja, que Deus *livrará*. Com isto ele admoesta os filhos de Deus a aprender pacientemente a suportar as aflições, e que, se Deus as prolongar, tenham sempre isto em sua lembrança: depois que ele tenha provado sua paciência, no final os livrará.

Salmo 38

Sofrendo Davi sob algum grave e perigoso mal-estar, como é possível conjeturar-se, reconhece que seu castigo vem do Senhor, e lhe implora que afaste dele sua ira. Com o fim de mais eficazmente induzir a Deus a ter misericórdia dele, e deplora diante dele a severidade de sua aflição numa variedade de detalhes. Estes consideraremos separadamente e na ordem.

Salmo de Davi para trazer à memória.[1]

O título deste Salmo se relaciona com seu tema. Há quem suponha que ele é o início de um canto popular, porque noutros Salmos o início do cântico, aos quais se põe a música dele, é comumente prefixado. Tal interpretação, porém, é estranha e sem fundamento. Em vez disto, antes penso que o título indica que Davi compôs este Salmo como um memorial para si mesmo, bem como outros, para que não se esquecesse facilmente o castigo pelo qual Deus o afligira. Ele bem sabia quão fácil e rapidamente os castigos com os quais Deus nos visita fogem de nossa mente. Ele era também cônscio de sua pessoal e sublime

---

1 Este título ocorre somente aqui e no Salmo 70. Este Salmo é o terceiro dos que se chamam *Salmos Penitenciais*. Os dois antes deste são o 6 e 32; e os quatro que se seguem são 51, 102, 130 e 143. É um fato curioso que quando Galileu foi sentenciado ao confinamento na masmorra da Inquisição, por um período indeterminado, por ter defendido o sistema copérnico, foi obrigado a repetir como penitência estes sete Salmos Penitenciais, a cada semana, por três anos; pelo quê, a intenção indubitável era arrancar dele uma sorte de confissão de sua culpa e um reconhecimento da justiça de sua sentença.

vocação; visto, pois, ter sido ele designado guia e mestre sobre toda a Igreja, se fazia necessário que tudo quanto aprendera para si mesmo, em privativo, mediante instrução divina, se faria conhecido e metodizado para o uso de todos, para que todos, dessa forma, pudessem tirar proveito. A assim somos admoestados quanto ao fato de que é um exercício muitíssimo proveitoso evocar amiúde à memória os castigos com que Deus nos tem afligido em decorrência de nossos pecados.

[vv. 1-5]
Ó Jehovah, não me repreendas em tua ira, e nem me castigues em teu furor. Porque tuas flechas se cravam em mim,[2] e tua mão desce sobre mim. Não há saúde em minha carne por causa de tua ira; nem paz alguma em meus ossos por causa de meu pecado. Pois minhas iniquidades sobrepuseram minha cabeça, e como uma carga pesada eles se tornaram pesados demais para mim. Minhas chagas se tornaram pútridas, são purulentas, por causa de minha insensatez.

1. Ó Jehovah, não me repreendas em tua ira. Como já expus este versículo no início do Salmo 6, onde ele se repete, e para que não me torne tedioso ao leitor, farei observações bem sucintas aqui. Davi não pede expressamente que suas aflições sejam removidas, mas apenas que Deus modere a severidade de sua disciplina. Daí podemos inferir que Davi não dá rédeas soltas aos desejos carnais, mas apresentou sua ardente oração num espírito de devoção devidamente castigado. Todos os homens naturalmente gostariam de que lhes fosse dada a permissão de pecar impunemente. Davi, porém, põe um freio em seus desejos, e não pretende que o favor e indulgência de Deus se lhes estendam além da medida, senão que fica contente só com a mitigação de sua aflição; como se quisesse dizer: Não nutro indisposição em ser castigado por ti, mas te imploro, entretanto, que não me aflijas além da medida que posso

---

2 Isto é, elas penetram fundo na carne. A Septuaginta traduz: "Ενεπάγησάν μοι"; a Vulgata: "Infixae sunt mihi"; – "São cravadas em mim"; que é uma consequência natural de penetrar fundo, e expressa mais o significa do que comunica a idéia precisa da palavra original. As versões Siríaca e Arábica fazem a mesma tradução da Vulgata.

suportar, mas que moderes a veemência de tua indignação segundo a medida de meu mal, para a severidade da aflição não me esmague completamente. Esta oração, como já disse, foi elaborada segundo a regra a piedade; pois ela nada contém senão o que Deus promete a todos os filhos de Deus. É preciso igualmente observar que Davi não nutre secretamente um espírito irritadiço e queixoso, senão que expande seu lamento diante de Deus; e isto ele faz, não nos moldes de uma queixa pecaminosa, mas de humilde oração e sincera confissão, acompanhadas da esperança de obter perdão. Ele usa *ira* e *furor* como denotando extremo rigor, e os contrasta com disciplina paternal.

2. Porque tuas flechas se cravaram em mim. Ele mostra que fora constrangido por terrível necessidade a pedir alívio para sua miséria; pois sentia-se esmagado sob o peso da carga que sustentava. Esta regra deve ser sempre observada em nossas orações – manter as promessas divinas sempre diante de nossos olhos. Deus, porém, prometeu que disciplinará seus servos, não segundo seu merecimento, mas na medida que possam suportar. Eis a razão por que os santos tão amiúde falam de sua própria debilidade, quando são severamente atingidos pela aflição. Davi, mui apropriadamente, descreve o mal-estar sob o qual laborava, usando os termos, *as flechas* e *a mão*, ou o castigo *de Deus*. Não estivesse ele persuadido de que era Deus quem assim o afligia, e jamais teria sido levado a buscar dele o livramento de sua aflição. Sabemos que a grande maioria dos homens se torna irracional debaixo dos juízos divinos, e imagina que os mesmos não passam de meros eventos do acaso; e raramente um numa centena discerne neles a mão de Deus. Em sua enfermidade, porém, bem como em todas as suas demais adversidades, Davi percebe a mão de Deus erguida para puni-lo por seus pecados. E certamente que o homem que avalia sua aflição só pelo senso da dor que ela produz, e não consegue divisá-lo por nenhuma outra luz, em nada difere dos animais do campo. Assim como toda a disciplina divina deve lembrar-nos de seu juízo, a genuína sabedoria dos santos, segundo declara o profeta Isaías: "Todavia o povo não se voltou para quem o feriu, nem buscou o Senhor dos exércitos" [Is 9.13]. O pronome *teu* é portanto enfático. As palavras de Davi são como se ele dissesse: Não tenho nada a ver com o homem mortal que pode atirar suas flechas só com o impulso na proporção de sua própria força, mas tenho a ver com Deus, que pode arremessar as flechas que vêm de sua mão, com uma força totalmente irresistível.

3. Não há saúde em minha carne por causa de tua ira. Outros traduzem: *Não há formosura*. Isso, porém, não parece ser razoavelmente adequado. Na cláusula que se segue, Davi atribui a Deus o louvor da justiça, sem a qual o reconhecimento que anteriormente tivera seria de pouco valor; mais ainda, em vez disto, tal reconhecimento costuma ao contrário exasperar a mente humana, de modo que os homens provocam a ira divina ainda mais, culpando-o de crueldade e lançando contra ele terríveis blasfêmias. Nada, pois, poderia ser mais despropositado do que imaginar haver em Deus um poder tão supremo e absoluto (como é denominado) ao ponto de privá-lo de sua justiça. Davi, tão logo reconheceu que sua aflição provinha de Deus, se volve para seu próprio pecado como a causa do divino desprazer; pois ele já havia ficado plenamente satisfeito em sua própria mente de que Deus não era como o tirano que exerce crueldade desnecessariamente e ao acaso, mas um Juiz justo, que nunca manifesta seu desprazer infligindo juízos, senão quando é seriamente ofendido. Se, pois, rendermos a Deus o louvor que lhe é devido, aprendamos como o exemplo de Davi a relacionar nossos pecados com a ira divina.

4. Porque minhas iniqüidades sobrepuseram minha cabeça. Aqui ele se queixa de ser esmagado por seus pecados como por um objeto muito pesado, de tal sorte que totalmente desfalece sob seu peso; e no entanto ele novamente confirma a doutrina que já havia declarado, ou seja, que merecidamente sofreu a conseqüência da ira divina, a qual lhe fora infligida de uma forma inusitadamente severa e terrível. A palavra עון, *avon*, que traduzimos por *iniqüidades*, sem dúvida às vezes significa *punição* ou *castigo*, mas isto só num sentido secundário e metafórico. Estou igualmente disposto a admitir que Davi aplica ao efeito o que é próprio da causa, quando descreve pelo epíteto *iniqüidades* o castigo que granjeara por seu próprio pecado; e, não obstante, seu objetivo, ao mesmo tempo, é clara e distintamente confessar que todas as aflições que sofrera deveriam ser imputadas aos seus pecados. Ele não discute com Deus pela excessiva severidade de seu castigo, como o fez Caim, que disse: "Meu castigo é tão grande que não posso suportar" [Gn 4.13]. É verdade, aliás, que Moisés usa a mesma palavra, עוֹן, *avon*, naquela passagem, de modo que há certa similaridade entre a linguagem de Davi e a de Caim. A intenção de Davi, porém, é bem diferente. Quando tais tentações como estas se insinuavam em sua mente: É possível que Deus te aflija com mais severidade do que faz? com toda certeza, visto que ele nada faz para aliviar-te, é um sinal seguro de que ele quer destruir-te e reduzir-te a nada; ele não só faz pouco de teus suspiros e gemidos, senão que, quanto mais ele te vê prostrado e desamparado, mais te persegue com o maior rigor e com a mais intensa ferocidade – para obstar a entrada de tais maus pensamentos e conjeturas, ele se defendia com esta consideração, como se fosse um escudo: ele afligido pelo justo juízo de Deus. Ele aqui atribui a seus próprios pecados como sendo a causa do peso da ira divina que sentia; e, como descobriremos no próximo versículo, ele uma vez mais reconhece que, o que ele agora sofre é provindo de sua própria insensatez. Portanto, embora ao deplorar suas próprias misérias ele poderia parecer, até certo ponto, estar a discutir com Deus, contudo ainda nutre a humilde convicção (porquanto Deus não aflige além da medida) de que não lhe resta nada mais senão implorar a divina compaixão e perdão; enquanto os ímpios, ainda que convencidos por sua própria consciência de que são culpados, murmuram contra Deus, à semelhante de bestas selvagens, as quais, em seu rugir, mordem as correntes com que são presas.

5. Minhas chagas³ se tornaram pútridas. Neste versículo, o salmista apresenta o longo prosseguimento de sua enfermidade como um argumento para a obtenção de algum lenitivo. Ao declarar o Senhor em Isaías 40.2, concernente à Igreja, "que seu bem-estar é concretizado, que sua iniqüidade é perdoada, pois que recebeu da mão do Senhor duplamente por todos os seus pecados", sua intenção é que, quando ele castigava suficientemente a seu povo, era imediatamente pacificado em relação a eles; e então, se ele continua a manifestar seu desprezar por longo tempo, movido por sua misericórdia, ele, por assim dizer, se cansa de seu enfado de tal modo que depressa concede livramento, como diz em outra passagem [Is 48.9, 10]: "Por amor de meu nome retardo minha ira, e por causa de meu louvor me contenho para contigo, para que eu não te extermine. Eis que te purifiquei, mas não como a prata; provei-te na fornalha da aflição." Portanto, o objetivo que Davi tem em vista, ao deplorar a longa continuação de sua miséria consiste em que, depois de suportar o castigo que merecia, por fim poderia obter o livramento. Ser mantido em contínuo enfraquecimento e, por assim dizer, putrefar e dissolver-se em deterioração em suas misérias, com certeza para este servo de Deus não era uma provação superficial. É esta sua constância que atrai mais admiração, porque ela não sucumbia em meio ao longo período de delonga, nem se prostrava sob o imenso fardo de sofrimento. Ao usar o termo *insensatez*, em vez de *pecado*, ele não busca com isso atenuar seus erros, como os hipócritas fazem quando são impossibilitados de escapar da acusação de culpa; pois para justificar-se em parte, alegam a falsa pretensão de ignorância, apelando e desejando que se creia que seu erro tem por base a imprudência e inadvertência. Mas, segundo a forma comum de expressão no idioma hebraico, pelo uso do termo, *insensatez*, ele reconhece que estivera fora de seu são juízo ao obedecer as concupiscências da carne em oposição a Deus. O Espírito, ao empregar este

---

3 "O significa próprio de חכר não é uma ferida, mas uma contusão ou um vergão causado por um golpe. Meus vergões causados por severo castigo estão ficando pútridos e o pus escorre." – *Fry*.

termo em inúmeras passagens para designar os mais atrozes crimes, certamente não pretende atenuar a criminalidade humana, como se os homens fossem culpados simplesmente de algumas ofensas superficiais; ao contrário, porém, os acusa com fúria maníaca, visto que, embrutecidos por desejos profanos, voluntariamente vituperavam seu Criador. Conseqüentemente, o pecado é sempre conjugado com a loucura ou demência. É neste sentido que Davi fala de sua própria insensatez; como se quisesse dizer que ele era destituído de razão e arrebatado por loucura, à semelhança da desvairada fúria dos animais selvagens, ao negligenciar a Deus e ao seguir suas próprias paixões.

[vv. 6-10]
Estou encurvado, estou abatido além da medida; ando lamentando [literalmente de luto] o dia todo. Pois minhas rédeas estão cheias de ardor [ou inflamação[4]] e não há saúde em minha carne. Estou fraco e muito alquebrado; dou rugido por causa do desassossego de meu coração. Ó Senhor,[5] tu conheces todos os meus desejos, e meus gemidos não te estão ocultos. Meu coração está agitado, minha força me falha; e quanto à luz de meus olhos, ela também se foi de mim.

6. Estou encurvado. Esta descrição claramente revela que este santo homem se via opresso com extrema tristeza, tanto que é espantoso como, sob tão imenso acúmulo de misérias, sua fé fosse suficientemente forte para resistir sua mente. Ao dizer, *encurvado*, parece tacitamente contrastar sua humildade e reclusão com a soberba e obstinação de muitos que não permitem ser humilhados pelos muitos castigos com os quais Deus os aflige, mas antes se endurecem, tudo fazendo para resisti-lo e opor-se-lhe. É indubitável que precisam necessariamente sentir a dor de suas aflições, mas caem em tal estado de insensibilidade que não se deixam afetar por ele. Davi, pois, desta sua circunstância extrai um argumento para induzir seu Juiz celestial a usar de compaixão para com ele, mostrando que não era um daqueles que

---
4 Berlin traduz: "aestu torrente"; Horsley: "com um coração abrasado"; e este o ponto de vista defendido por Hare, Dathe, Gesenius e pela versão Caldaica.
5 Dominus. Na Bíblia hebraica é אדני, *Adonai*; diversos MSS., porém, trazem יהוה, *Yehovah*.

obstinadamente se rebelavam contra ele, recusando-se a curvar-se em humilde submissão, mesmo quando a mão divina pairava sobre eles. Ele, porém, se sente aviltado e humilhado, da forma como o Apóstolo Pedro exorta a todos os santos a "humilhai-vos debaixo da poderosa mão de Deus" [1Pe 5.6]. Portanto, aprendamos que não há outro modo de obter-se consolação quando nos vemos em aflições, senão lançando de si toda obstinação e orgulho e submetendo-se humildemente à disciplina divina. A palavra כודר, *koder*, a qual traduzi por *luto*, é traduzida por outros, *vestido de luto*,[6] e explicada como sendo uma referência à aparência externa, o ar sombrio que sempre assume quem está dominado pela tristeza. Mas a opinião daqueles que a entendem como o escurecimento da pele é mais correta; pois sabemos que a tristeza torna o rosto dos homens macilento, pálido e sombrio. Davi, pois, com este emblema da tristeza, descreve a profundidade de sua aflição, visto que a cor natural de seu rosto tinha se descorado, e assemelhava-se a um cadáver, definhado e enrugado.

Neste versículo, a palavra כסלים, *kesalaim*, a qual traduzi por *rédeas* é por outros traduzida por *as ilhargas*. Mas a opinião mais geralmente aceita é que ela denota a parte sob as rédeas, a qual se estende para as ancas, ou o espaço entre as coxas e as ilhargas, onde geralmente se provocava uma ferida. Os comentaristas também diferem em sua opinião com respeito à palavra נקלה, *nikleh*, a qual traduzi por *ardor*. Em minha tradução tenho seguido os que aderem ao significado original da palavra; pois o verbo קלה, *kalah*, significa *queimar* ou *consumir com fogo*. Outros, é verdade, a explicam, não sem propriedade, no sentido de *imundície e deterioração*. Não obstante, não me inclino a limitá-la a uma chaga. Em minha opinião, o sentido é simplesmente que suas rédeas, ou ilhargas, ou ancas, foram dominadas por uma enfermidade inflamatória, ou pelo menos se cobriram

---

6 "קדר é literalmente 'vestido de luto'; daí, através de uma plangente figura, pode denotar os olhares melancólicos de um pranteador. – *Horsley*. Este é o sentido impresso na expressão pela Septuaginta: "Ὅλην τὴν ἡμέραν σχυθρωπάζ ων ἐπορευόμης"; – "Eu vivia com um semblante enlutado todo o dia."

com chagas pútridas; pois essas partes do corpo estão mais sujeitas a inflamação e mais suscetível de contrair líquidos pútridos. Alguns a explicam alegoricamente, significando que Davi se sentia repugnante a seus próprios olhos, ao meditar em sua humilhação. Isso, porém, parece um tanto forçado. Ao acrescentar que sentia-se *enfraquecido* e *alquebrado*, ele confirma ainda mais o que já havia dito nos versículos precedentes; pois com estes vários termos ele desejava expressar a intolerável punção de sua tristeza. Ora, como homem que se distingue pela coragem, não reclama nem censura, e como sabemos que Davi não se esquivava em suportar suas aflições, podemos deduzir disto que seu sofrimento era em extremo severo e doloroso, visto que não só pranteava amargamente, mas também se via obrigado a clamar e a murmurar. O substantivo נהמת, *nahamath*, o qual traduzi por *bramir*, pode derivar-se de outro verbo além daquele que Davi usa aqui; mas o significado é óbvio, ou seja, que as emoções descompassadas de seu coração o forçava a clamar.

9. Ó Senhor, tu conheces todos os meus desejos. Ele acrescenta isto, não tanto em referência a Deus, quanto para se fortalecer na esperança de obter algum alívio para sua angústia, e assim estimular-se a perseverar em oração. Pode ser explicado num duplo sentido, ou como denotando sua confiante certeza de que suas orações e gemidos seriam ouvidas pelo Senhor, ou simplesmente declarando que derramara diante de Deus todas as suas preocupações e ansiedades; mas o significado é substancialmente o mesmo: enquanto os homens nutrirem alguma sombra de dúvida se seus gemidos chegarão à presença de Deus, são mantidos em constante inquietude e medo, que tanto agrilhoam e mantêm cativas suas mentes, que não conseguem elevar suas almas a Deus. Ao contrário, uma firme persuasão de que nossos gemidos não se desvanecem em sua ascensão a Deus, senão que ele graciosamente os ouve e familiarmente os atende, o que produz prontidão e alacridade na prática da oração. Portanto, o fato de Davi ter se aproximado de Deus, com isenção de dúvida e tremor, deve ter lhe fornecido não pouca base de coragem; ao contrário, o fortaleceu e o encorajou com a certeza da qual já falamos, e que ele mesmo fala em outras passagens, tanto que suas lágrimas foram depositadas no odre divino [Sl 56.8]. Para que pudesse ter acesso a Deus, devemos crer que ele é "o galardoador dos que diligentemente o buscam", como o apóstolo declara em sua Epístola aos Hebreus [11.6]. Minha aprovação, contudo, é posta sobre a outra interpretação, a saber, que Davi, neste ponto, declara que tomara todos os seus sofrimentos e os depositara no seio de Deus. A razão por que a maioria dos homens não extrai proveito algum em revolver-se em seu sofrimento com lamentos profundos é que não dirigem a Deus suas orações e suspiros. Davi, pois, a fim de animar-se a segura convicção de que Deus será seu libertador, diz que ele sempre fora testemunha de seus sofrimentos, e que estava bem familiarizado com eles, porquanto não se entregara a um espírito de mau humor nem lançara ao ar seus lamentos e bramidos como os incrédulos costumam fazer, senão que expusera diante de Deus todos os desejos de seu coração.

10. Meu coração tem se agitado. O verbo que Davi aqui usa significa *andar* ou *vaguear de um lado para outro*; aqui, porém, ele tomado como a agitação ou a inquietude que produz a ansiedade do coração, quando não sabemos o que fazer. Quando as pessoas sentem sua mente inquieta, é como elas girassem para todos os lados, e assim se diz que seus corações se agitam ou giram para lá e para cá. Visto, porém, que a fé, quando uma vez é conduzida à obediência a Deus, mantém nossas mentes fixadas à sua palavra, aqui se pode perguntar, à guisa de objeção, como é possível que o coração de Davi fosse tão afetado por inquietude e angústia. A isto respondo que, embora continuasse a andar nas veredas de Deus, ainda que fosse sustentado pelas promessas divinas, todavia não estava de todo isento dos males humanos. E deveras sempre ocorrerá que, tão logo caiamos diante de algum perigo, nossa carne nos sugerirá vários artifícios e planos, e nos conduzirá a muitos erros em nossa busca de conselhos; de modo que o mais confiante fracassaria ou se desviaria, a menos que use a mesma restrição pela qual Davi era preservado e se mantinha em sujeição, ou seja, mantendo todos os seus pensamentos encerrados dentro dos limites da Palavra de Deus. E então, mesmo nas orações que oferecemos quando nossas mentes desfrutam de tranqüilidade, experimentamos sobejamente bem quão facilmente nossas mentes se desviam e se dispersam em vãos e frívolos pensamentos, e quão difícil é conservá-las ininterruptamente atentas e fixas no mesmo grau de intensidade sobre o objeto de nosso desejo. Se isto ocorre quando não somos provados por alguma série dificuldade, qual será o caso quando formos agitados por violentas tormentas e tempestades que ameaçam com mil mortes, e quando não há via de escape? Portanto, não surpreende muito se desviavam o coração de Davi, de modo que esteve sujeito a grande variedade de emoções em meio a tais tempestuosas agitações. Ele acrescenta que *sua força tinha falhado nele*, como se se comparasse a um homem morto. O que ele acrescenta concernente a *a luz de meus olhos*, há quem entenda como se dissesse que se sentia tão oprimido com desespero de todos os lados, que nenhum conselho ou previsão lhe foi deixado. O significado mais simples, contudo, é que a luz da vida lhe fora arrebatada, visto que nela se revela principalmente a energia da alma.

> [vv. 11-14]
> Meus amigos e meus companheiros evitam minha chaga; e meus parentes se põem à distância. Também os que buscavam minha vida me armaram laços; e os que procuravam meu mal falavam de traição e maquinam astúcias o dia todo. Mas eu, como um surdo, não ouço; e sou como um mudo que não abre sua boca. E eu era como um homem que não ouve e em cuja boca não há censuras.

11. Meus amigos e meus companheiros evitam minha chaga. Aqui Davi enumera outras circunstâncias com o fim de mostrar o agravado caráter de sua miséria, procurando incitar a compaixão de Deus. Uma delas é que ele não encontra qualquer auxílio ou conforta entre os homens. Ao dizer que *meus amigos evitam minha chaga*, sua intenção é que eles param de praticar em seu favor qualquer um dos ofícios de humanidade. Tal coisa provém ou da soberba ou do medo. Se porventura se retraíam deste pobre aflito porque o desprezavam, então eram cruéis e soberbos; e se lhe recusam assistência por medo de serem alvos do ódio, então seria uma imperdoável covardia. Nesse ínterim, porém, agravou-se consideravelmente a calamidade de Davi, ao ponto de mesmo seus amigos e parentela não ousarem a revelar-lhe qualquer sinal de compaixão. É realmente uma mui dolorosa provação, quando uma pessoa, que possuía invejável número de amigos, chega a ser abandonada por todos eles.

12. Também os que buscavam minha vida me armaram laços. Aqui se acrescenta outra circunstância, ou seja, que os inimigos de Davi lhe armaram laços e planejaram sua destruição e forjaram fraudes entre eles.[7] O teor do que é afirmado consiste em que, enquanto seus amigos covardemente se sentam tranqüilamente, sem fazer nada para ajudá-lo, seus inimigos vigorosamente se põem em ação, e buscam por todos os meios destruí-lo. Ele diz que *buscaram minha vida*, porque, visto serem eles seus mortais inimigos e homens sanguinários, não se contentavam em fazer-lhe alguma injúria corriqueira, senão que, furiosamente, buscavam sua destruição. Ele, contudo, aqui se queixa não tanto por ser assaltado pela força das armas e com violência, senão que os acusa de traiçoeira conspiração, o que ele designa em primeiro lugar metaforicamente pelo termo *laços*, e em seguida adiciona em termos claros que *falavam de sua destruição*, e secretamente se consultavam sobre a forma de feri-lo. Ora, como é certo que Davi não toma por empréstimo nenhum artifício retórico do tribunal (como fazem os oradores profanos[8] quando pleiteiam sua causa), com o fim de conquistar o favor divino, mas, antes, extrai seus argumentos da Palavra de Deus, devemos apropriar-nos das frases que ele aqui ajunta para a confirmação de sua fé, para nosso próprio uso. Se nos vemos totalmente destituídos de auxílio e assistência humanos, se nossos amigos falharam

---

7 "Et machiné des finesses pour le surprendre." – *v.f.* "E maquinaram estratagemas com o fim de emaranhá-lo."
8 "Comme celles des orateurs profanes." – *v.f.*

para conosco no tempo de nossa necessidade, e se outros buscaram nossa ruína e nada mais aspiraram senão nossa destruição, lembremo-nos de que não nos é debalde expor estas coisas em oração na presença de Deus, cuja alçada é socorrer aqueles que estão em miséria, tomar em sua proteção aos que são perfidamente abandonados e atraiçoados, restringir os ímpios e não só obstar sua violência, mas também antecipar seus fraudulentos conselhos e frustrar seus desígnios.

13. Mas eu, como um surdo, não ouço etc. O escritor sacro, neste ponto, compara a si mesmo como um surdo e mudo, e isto por duas razões. Em primeiro lugar, ele notifica que se vira tão oprimido pelos falsos e ímpios juízes de seus inimigos, que nem mesmo lhe foi permitido abrir a boca em sua própria defesa. Em segundo lugar, ele alega diante de Deus sua própria paciência, como um apelo para induzir a Deus a mais prontamente ter compaixão dele; pois tal mansidão e brandura, não só com boas razões, assegura o favor ao aflito e inocente, mas é também um sinal de genuína piedade. Os que dependem do mundo, e nutrem respeito só para com os homens, se não se vingam das injúrias que lhes são feitas, claramente revelam, mediante suas audíveis queixas, a ardente raiva e fúria de seus corações. Portanto, a fim de que o homem possa tranqüila e pacientemente suportar a insolência, a violência, a calamidade e o engano de seus inimigos, é necessário que ponha em Deus toda sua confiança. O homem que é plenamente persuadido em seu próprio coração de que Deus é seu defensor, acalentará sua esperança em silêncio, e, invocando-o em seu socorro, porá um freio em suas próprias paixões. Por conseguinte, Paulo, em Romanos 12.19, mui apropriadamente diz que "daí lugar à ira", quando, ainda que oprimidos aos olhos do mundo, não obstante em Deus descansamos tranqüilamente. Em contrapartida, aquele que dá rédeas soltas à suas paixões, tira de Deus o quanto pode, a quem unicamente pertence o direito de fazer vingança, além de se privar da assistência divina. É deveras certo que, se Davi houvesse conseguido audiência, teria prontamente defendido sua própria inocência; percebendo, porém, que fora avaliado em nada, e que lhe fora vedado e impedido de defender sua própria causa, ele humildemente se fez submisso, aguardando pacientemente o Juiz celestial. Ele, pois, diz que mantivera sua paz, como se já fosse um mudo convicto e assumido. E é de fato muito difícil quando somos cientes de nossa própria inocência, paciente e silenciosamente suportar uma injusto condenação, como se todo argumento nos houvesse falhado, e não nos fosse deixado qualquer justificativa ou direito de réplica.

[vv. 15-20]
Pois em ti, ó Jehovah, eu espero; tu me responderás, ó Senhor,[9] meu Deus! Pois eu disse: Para que não se regozijem sobre mim; quando meu pé resvala, eles se gloriam contra mim. Certamente, estou prestes a tropeçar, e minha dor está continuamente diante de mim. Convictamente confesso minha iniqüidade; e me desfaleço por causa de meu pecado. E no entanto meus inimigos se enchem de vida e se tornam fortes; e os que injustamente se me opõem se tornam poderosos. E os que me retribuem mal por bem são meus adversários, porque eu sigo o que é bom.

15. Pois em ti, ó Jehovah, eu espero. Neste ponto Davi apresenta a fonte de sua paciência. Ela consistia nisto: confiando na graça de Deus, ele vence todas as tentações do mundo. Indubitavelmente, a mente humana jamais cultivará a gentileza e a mansidão, nem será capaz de vencer suas paixões, enquanto não aprender a jamais desistir da esperança. O salmista, ao mesmo tempo, acrescenta que nutre sua esperança com constante meditação a fim de não ceder ao desespero. E este é o único meio de nossa perseverança: quando, com base em suas próprias promessas com que somos munidos, apelamos para ele, melhor ainda, quando pomos ante nossos olhos sua fidelidade e sua constância em cumprir o que prometera, somos penhores para nós mesmos por ele. Por conseguinte, Paulo, em Romanos 5.4, mui apropriadamente junta a paciência com a esperança e consolação. A repetição de termos neste versículo mostra

---

9 Dominus. Hebraico, אתי, *Adonai*. Mas em vez de אתי, *Adonai*, o MSS. cento e dois de Kennicott e Rossi traz יהוה, *Yehovah*, que presumivelmente é a redação genuína. Como os judeus, à luz da sacralidade que atribuem ao nome *Jehovah*, nunca o pronunciam, e quando ele ocorre na leitura das Escrituras, pronunciam אתי, *Adonai*, é fácil supor-se que os escribas judaicos, ao fazerem cópias das Escrituras, ao lerem constantemente *Adonai* em lugar de *Jehovah*, poderiam facilmente cair em equívoco, escrevendo a primeira palavra em vez da última.

que este santo homem ficara sujeito a um conflito severo e árduo. Diz ele: **Tu, ó Senhor, me responderá**. Sua linguagem implica que, se Deus delongasse em vir em seu socorro, havia razão para se temer que viesse a desfalecer de exaustão, ou a cair em desespero, a menos que, pondo diante de si esta dupla defesa, perseverasse bravamente no conflito.

16. Porque eu disse: Para que não se regozijem sobre mim. Ele aqui também confirma sua fé e sua dedicação à prática da oração a partir desta consideração: que se ele fosse desamparado por Deus, seus inimigos triunfariam. Esta indignidade, da parte deles, não é de pouco peso para induzir a Deus a socorrer-nos; pois os ímpios, ao assim magnificarem-se contra nós, e ao dedicarem-se ao desdém, não só fazem guerra usando nossa carne, mas também diretamente assaltam nossa fé e empenham-se por destruir tudo o que há de religião e o temor de Deus em nossos corações. Qual é o objetivo de todo seu motejo, senão persuadir-nos de que o que Deus prometeu é fútil e sem valor? O salmista imediatamente acrescenta que não é sem causa que se vê estremecido com o receio de que seus inimigos se regozijariam sobre ele, visto que já havia experimentado suas arrogantes exultações. À luz desta passagem somos instruídos que, na proporção que nossos inimigos crescem em insolência e crueldade em relação a nós, ou, visto que já sucumbimos sob o pesado fardo das adversidades, em seu arrogante desdém nos pisam sob seus pés, devemos acalentar a mais profunda esperança de que Deus virá em nosso socorro.

17. Certamente, estou prestes a tropeçar. Este versículo tem levado expositores a suporem que Davi era afligido com alguma chaga, da qual ele receava de ter contraído a enfermidade da manqueira por todos os seus dias. Eu, porém, já demonstrei, no Salmo 35.15, que esta suposição é muito improvável. Certamente que não temos maior razão para supor que Davi era coxo do que Jeremias também o era, quando disse: "todos os meus íntimos amigos, aguardando o meu coxear..." [Jr 20.10]. Portanto creio que Davi, nesta cláusula, emprega uma forma metafórica de expressão, e que sua intenção consiste em que, se Deus não viesse logo em seu socorro, não haveria esperança de ser restaurado à sua anterior condição; e que ele era tão profundamente afligido, que andaria como se fosse mutilado ou aleijado por todos os dias de sua vida.[10] Ele diz em seguida, à guisa de explicação, que **meu sofrimento está continuamente diante de mim**. Eis o sentido: ele se achava tão profundamente aflito que não conseguia esquecer por um só instante, sem poder obter qualquer alívio. Em ambas as cláusulas do versículo, Davi confessa que sua doença era incurável, a menos que conseguisse algum antídoto da parte de Deus; e que não podia suportá-la, a menos que fosse soerguido e sustentado pela mão do próprio Deus. Eis a razão por que ele dirige todos os seus pensamentos e seus pedidos exclusivamente a Deus; pois se Deus vier a desviar-se dele, nada mais verá senão ruína imediata.

18 e 19. Certamente confesso minha iniqüidade. À guisa de comparação, ele amplia o que esteve justamente dizendo concernente ao orgulho e à conduta repreensível de seus inimigos; pois ele diz que, enquanto permanece numa condição de imundície e miséria, e abandonado por Deus como se fosse ímpio, eles se entregavam à pândega e euforia; ainda mais, trazem suas cabeças levantadas, porquanto são ricos e poderosos. Antes, porém, é oportuno notar em que sentido *ele declara seu pecado*. Em minha opinião, está equivocado quem entende esta passagem simplesmente significando uma confissão de sua culpa perante Deus, com o fim de obter dele o perdão. Segundo sua interpretação, supõe-se o salmista a repetir, aqui, o que já o vimos dizer no Salmo 32.5: "Reconheci meu pecado contra ti, e minha iniqüidade não ocultei." Neste lugar, porém, ele não está falando tanto de seu arrependimento, quanto está deplorando sua triste e miserável condição; e, portanto, *pecado* e *iniqüidade* devem ser entendidos em relação às aflições e castigos que são emblemas da ira divina; como se dissesse que a mão divina estava contra si, e que pesava demais sobre si, que ante a miséria a que fora reduzido, o mundo em geral poderia considerá-lo um homem condenado e réprobo. A fim de tornar o significado mais óbvio, os versículos 18 e 19 têm de ser lidos juntos, assim: *Declaro minha iniqüidade, e meus inimigos estão desfrutando da vida;*

---

10 "Et que son affliction est telle, qu'il ne sera jour de sa vie qu'il ne s'en sente." – *v.f.* "E que sua aflição era tal, que não havia um só dia de sua vida que não a sentisse."

estou consternado por causa de meu pecado, eles, porém, ficam ainda mais fortes. Não obstante, não nego que ele considerasse as misérias a que fora submetido como que procedentes de seus pecados. Neste aspecto, os santos diferem do ímpios, nisto: ao serem admoestados de sua transgressão por meio de adversidade, humildemente se aproximam do tribunal de Deus. Por conseguinte, julgando a causa à luz dos efeitos, ele leva em conta estas duas coisas: Primeiro, que sentindo oprimido e aflito, ele se vê sob um pesado fardo de misérias; e, segundo, que todos esses males lhe são, com justiça, aplicados como disciplina.

Este *vivendo*[11] [desfrutando da vida], que ele atribui a seus inimigos, implica tanto quanto desfrutar de contínua e abundante prosperidade em todas as coisas; e portanto ele acrescenta que *se tornaram fortes e cresceram em poder*. Interpreta a palavra, רבב, *rabbab*, neste lugar, *crescer em poder*, porque sua expressão seria imprópria se fosse entendida como se ele dissesse: *eles se multiplicaram*. Ele aqui não se queixa de que aumentaram em número, mas, antes, exalta sua grandeza, porque, quanto mais adquiriam riquezas, tanto mais audaciosos se tornavam em oprimir os bons e inocentes. Ele nos diz que era *assaltado por eles injustamente*, e sem causa, com o intuito de induzir a Deus a ser-lhe mais favorável e propício. E seguramente, se tivermos o favor de Deus por nossa defesa, então que tomemos sempre e muito cuidado para não injuriarmos pessoa alguma e de nada fazermos que provoque o ódio de alguém contra nós.

Isto é mais plenamente confirmado no versículo seguinte, no qual ele declara que lhe pagaram com o mal o bem que lhes havia feito. Mais que isto, contudo, se acha implícito na linguagem de Davi. Impli-

---

[11] Ainsworth traduz: "*estão vivos*, ou *vivendo*"; "isto é", diz ele, "vigorosamente, luxuriosamente, alegremente, com robustez e saúde, ou ricos, como parece indicar a palavra em Eclesiastes 6.8." Dr. Lowth, em vez de חיים, *chayim*, *vivendo*, propõe que se leia aqui, חנם, *chinam*, *sem causa* – *têm se fortalecido sem causa*. "Creio", diz ele, "que חנם, em vez de חיים, aqui, ser um notável exemplo de redação meramente conjetural, sem o apoio de qualquer autoridade, mas que, à luz do contexto, da verdade, não pode haver dúvida de que se pode fazer. Hare e Houbigant, e suponho muitos outros leitores competentes, têm sucesso nisto. Você percebe que os dois hemistíquios são paralelos e sinônimos, palavra correspondendo a palavra." – *Dr. Lowth in Mr Merrich's Note on this place*. – Street e Dr. Adam Clarke concordam nesta alteração.

ca que não só se absteve de todo e qualquer tratamento prejudicial em relação a seus inimigos, mas que lhes havia feito todo o bem que se achava em seu alcance; e por essa conta, a raiva dos ímpios é ainda menos justificável, a qual não só os move a prejudicar outros sem causa, mas que igualmente não pode ser minimizada mediante sinais de humanidade exercida em favor deles. É realmente verdade que não há nada que fira tanto os que possuem uma disposição mental ingênua que quando os perversos e ímpios os recompensam de forma um tanto desonrosa e injusta. Mas quando ponderam sobre esta consoladora consideração, de que Deus não é menos ofendido com tal ingratidão do que aqueles a quem se faz a injúria, eles não têm nenhuma justificativa de se magoarem além da medida. Para mitigar seu sofrimento, que esta doutrina seja o tema de sua constante meditação, a saber: Sempre que os ímpios, em favor de que nos devotamos fazendo-lhes o bem, nos retribuírem mal por bem, Deus certamente será o Juiz deles.

Em último lugar, acrescenta-se, como sendo o mais elevado grau de sua desesperada perversidade, que odiavam a Davi porque ele se exercitava na prática da retidão: **Eles se me opõem, porque eu sigo o que é bom**. Deve-se admitir que os que são em extremo obstinados e perversos nutrem uma disposição tão diabólica, que sentem pela retidão uma repugnância tal que deliberadamente declaram guerra contra os que saem à procura dela. Na verdade é uma sórdida tentação que o povo de Deus, que se empenha por servi-lo com toda, atraia sobre si tantas e tantas dificuldades e sofrimentos. Esta consideração, porém, deve provar ser-lhes uma sólida e suficiente base de consolação, ou seja, que são não só sustentados pelo testemunho de uma sã consciência, mas que também sabem que Deus está sempre à disposição; e que também, por essa mesma razão, se dispõe a manifestar sua misericórdia para com eles. Com base nesta certeza, ousam comparecer à presença de Deus e a implorar-lhe, já que sua causa é importante quanto à deles, que a mantenha e a defenda. Não pode haver dúvida de que Davi, através de seu próprio exemplo, prescreveu esta como uma regra comum a todos os fiéis, para que não incorram no ódio e indisposição do mundo e num mínimo grau se desviem da vereda do dever, e sem a mínima hesitação considerem como seus inimigos aos que sabem muito bem se opõem ao que é probo e justo.

> [vv. 21-22]
> Não me desampares, ó Jehovah, meu Deus, e não fiques longe de mim! Apressa-te a vir em meu auxílio, ó Senhor,[12] minha salvação![13]

Nestes versículos conclusivos, Davi sucintamente declara o ponto primordial que ele desejava e a suma de toda a sua oração, ou seja, que, enquanto ele era desamparado dos homens e gravemente afligido de todas as maneiras, Deus o recebesse e o soerguesse novamente. Ele usa três formas de expressão: primeira, que *Deus não o desamparasse*, ou não cessasse de cuidar dele; segunda, que *Deus não ficasse longe dele*; e, terceira, que *se apressasse em socorrê-lo*. Davi estava deveras persuadido de que Deus está sempre perto de seus servos, e que sua delonga nunca vai além do que é necessário. Mas, como já vimos em outro passo, não é de forma alguma surpreendente que os santos, quando se desvencilham de suas preocupações e suas angústias e as depõem no seio de Deus, façam seus rogos na linguagem que se harmonize com o sentimento da carne. Não devem envergonhar-se de confessar seus males nem ocultar as dúvidas que surgem em suas mentes. Entretanto, embora a espera fosse exaustiva a Davi segundo a carne, todavia numa só palavra ele claramente mostra que não orava sem sentir certeza quando chama Deus *minha salvação*, ou o autor de sua salvação. Há quem traduza a expressão, *para minha salvação*, o que é um tanto forçado. Davi, antes, estabelece isto como um muro de defesa contra todas as maquinações pelas quais, como já vimos, sua fé era assaltada, ou seja: que tudo quanto porventura viesse a ocorrer, ele estava, não obstante, bem seguro de sua salvação em Deus.

---

12 Dominus. Hebraico, אדני, Adonai.
13 "Ou, de mon salut." – *n.m.f.* "Ou, de minha salvação."

Salmo 39

No início do Salmo, Davi notifica que seu coração fora apoderado de uma tristeza de extrema amargura, a qual o forçava a dar vazão às queixas com profunda veemência e ardor. Ele confessa que, embora se dispusesse a manter silêncio e a exercitar a paciência, não obstante era compelido, pela veemência de seu sofrimento, a irromper num excesso que de forma alguma era sua intenção. Então relata as queixas que havia misturado às suas orações, o que indica grande angústia mental; de modo disto transparece que ele lutara com inusitado esforço por resistir a tentação, a fim de não cair em desespero.

<small>Ao mestre de música, Jedutum. Salmo de Davi.</small>

É bem notório que Jedutum era um dos principais cantores de quem a história sacra faz menção.[1] É, portanto, provável que este Salmo fosse entreve ao cantor principal, que era da família de Davi. Alguns, aliás, entendem o nome como que denotando um tipo particular de melodia, e supõe-se que era o início de algum outro cântico. Esta interpretação, porém, considero como sendo demasiadamente forçada. Nem posso concordar com outros que presumem que Davi, neste passo, se queixa de alguma enfermidade; pois a menos que alguma razão urgente o requeira, é impróprio limitar afirmações gerais a casos particulares. Ao contrário, à luz extremo caráter dos sofrimentos que ele

---

[1] Veja-se 1 Crônicas 9.16; 16.38, 41, 42.

aqui descreve, pode-se presumir que uma variedade de aflições é aqui incluída, ou, no mínimo, que alguma é referida como sendo mais grave do que as demais, a qual havia permanecido por bastante tempo. Além disso, deve-se considerar que neste Salmo Davi não está proclamando seu mérito pessoal, como se em sua aflição houvera apresentado suas orações a Deus na linguagem e de acordo com o espírito ditado por genuína piedade. Ele, antes, confessa o pecado de sua enfermidade jorrando imoderado sofrimento, e sendo ele levado pela veemência desta aflição a irromper-se em queixas pecaminosas.

[vv. 1-3]
Eu disse: Atentarei para meus caminhos, a fim de não pecar com minha língua; guardarei minha boca com uma mordaça, enquanto o ímpio estiver diante de mim. Fiquei mudo em meu silêncio; fiquei em silêncio acerca do bem; e minha dor se agravou. Meu coração encandeceu-se dentro de mim; em minha meditação, acendeu-se um fogo; eu falei com minha língua.

1. Eu disse: Atentarei para meus caminhos. Davi explica e ilustra a profundidade de sua tristeza por meio desta circunstância que, contrariando sua inclinação e resolução, prorrompeu nas mais graves queixas. Substancialmente, o significado é que, ainda que subjugara seu coração à paciência, e resolvera guardar silêncio, contudo a violência de sua tristeza foi tal que o forçou a quebrar sua resolução e a arrancar dele, se assim podemos falar, expressões que indicam que ele dera vazão a um indevido grau de dor. A expressão, *Eu disse*, é bem notório, nem sempre significa o que é expresso em palavras, mas é às vezes usada para denotar o propósito do coração, e portando às vezes se acrescentam as palavras, *no coração*. Davi, pois, não pretendia dizer que se gabava de sua resistência e constância, e apresentou uma exibição diante dos homens, senão que diante de Deus ele se sentia, mediante meditação contínua, bem fortificado e preparado para suportar pacientemente as tentações, pelas quais ora se via assaltado. Devemos observar particularmente a prudência pela qual se distinguia. Não é sem razão que ele vivesse tão atento no exercício da vigilância sobre si mesmo. Ele agia assim em virtude de ser consciente de sua debilidade pessoal, e também conhecia muito bem os múltiplos inventos de Satanás. Ele, pois, olhava para a direita e para a esquerda, e vigiava de todos os lados para que a tentação não o apanhasse desprevenido e encontrasse uma fresta pela qual pudesse atingir até seu coração. O acesso a ele, pois, teria sido impossível, já que se acha fechado de todos os lados, se a extrema gravidade de sua tristeza não o oprimisse e não quebrasse sua resolução.

Ao dizer: **Guardarei minha boca com mordaça,**[2] **a fim de não pecar com minha língua**, o salmista não deve ser entendido como se restringisse e ocultasse sua tristeza só com muita dificuldade (pois não passa de mera pretensão querer alguém mostrar, através do semblante e da expressão verbal, aparência de mansidão, quando o coração se acha intumescido pela soberba); mas como não há nada mais enganoso e devasso do que a língua, Davi declara haver se empenhado com a máxima prudência para refrear suas aflições, para que nem sequer uma palavra escapasse de seus lábios que denunciasse nele a mínima impaciência. E que o homem deve realmente revestir-se daquela singular resistência que o leve sincera e deliberadamente refrear sua língua, a qual é demasiadamente propensa a conduzir ao erro. Quanto ao que se segue, **enquanto os ímpios estiverem diante de mim**, é geralmente entendido como se Davi houvesse ocultado sua tristeza a fim de não dar ocasião a blasfêmia por parte dos ímpios, os quais, assim que vêem os filhos de Deus caírem sob o peso de suas aflições, insolentemente prorrompem em motejos contra eles, o que equivale dirigir desdém contra Deus mesmo. A mim, contudo, parece-me que pelo termo, *estiverem*, Davi pretende expressar algo mais – que mesmo quando visse os ímpios ditando regras, exercendo autoridade e exaltados

---

2 A palavra hebraica, מחסום, *machsom*, traduzida por *freio* em nossa versão, significa propriamente uma *mordaça*, e é assim traduzida em Deuteronômio 25.4. Observa Mant: "Nossas traduções dizem 'como com um freio'. Mas não vemos como um freio impediria a pessoa de falar; nem mesmo é uma frase correta, como se dá no caso da mordaça." É provável que os freios dos antigos fossem feitos na forma de mordaças.

a uma posição de honra, ele resolveu que não diria uma palavra sequer, mas que suportaria com paciência, com pobreza e indignidade o que costuma causar não pouca tristeza e tormento mesmo às pessoas de bem. Conseqüentemente, ele diz não simplesmente que quando estivesse na presença dos ímpios se refrearia para não ter que enfrentar seu escárnio, mas que mesmo quando os piores dentre os homens prosperassem[3] e, orgulhosos de sua elevada categoria, desprezassem os demais, ele estava plenamente determinado em sua própria mente a não se deixar perturbar por ele [seu escárnio]. Com isso ele mui claramente mostra que se via tão sitiado homens maus, sempre prontos a causar dano, que não podia sequer suspirar livremente sem tornar-se o alvo de ridículo e escárnio. Visto, pois, tornar-se uma tarefa mui difícil a Davi ter que refrear sua língua para não pecar, dando vazão às suas queixas, aprendamos isto de seu exemplo: sempre que os problemas nos molestarem, envidemos todo esforço para energicamente moderarmos nossas emoções, a fim de que nenhuma ímpia expressão de insatisfação contra Deus nos faça cometer algum deslize.

2. **Fiquei mudo em meu silêncio**. Ele então declara que esta resolução, da qual já falara, não havia sido um mero pensamento passageiro e momentâneo, mas que havia demonstrado por meio de sua conduta que deveras era uma resolução profundamente arraigada em seu coração. Ele diz ainda que mantivera seu silêncio por algum tempo, justamente como se ele fosse surdo, o que era uma singular manifestação de sua paciência. Quando então determinou manter silêncio, sua resolução não era a de pessoas de disposição volúvel, que dificilmente conhecem sua própria mente e que com muita dificuldade conseguem levar seus desejos à concretização; ele se habituara desde muito e imperturbavelmente ao exercício da paciência; e isso fizera não só em guardar silêncio, mas em fazer-se totalmente mudo, como se fora privado da faculdade da expressão verbal. A expressão, *acer-*

---

3 Dr. Geddes traduz a última cláusula do versículo assim: "Enquanto os ímpios prosperam diante de mim."

ca do bem, é explicada por alguns no sentido em que ele não só se refreara de divulgações pecaminosas e de palavras inadvertidas, mas também que se absteve de falar sobre qualquer outro assunto. Outros pensam que ele guardara silêncio acerca do bem, ou porque, sendo oprimido com misérias e aflições, ele não achava alívio para onde se virava, ou porque, em virtude de intensidade de seu sofrimento, não conseguia cantar os louvores de Deus. Minha opinião, porém, é que o sentido natural consiste em que, embora pudesse adequadamente defender-se e pudesse demonstrar que não procurava motivos justos e oportunos de queixa, todavia se refreava de falar movido por sua mera e própria vontade.[4] Ele poderia ter combatido os ímpios com uma boa defesa de sua própria inocência, mas preferiu, antes, anteceder a instauração de sua justa causa, do que dar vazão a alguma dor imoderada. Na última cláusula do versículo, ele acrescenta que, embora conseguisse refrear-se por algum tempo, não obstante por fim a violência de sua angústia irrompeu todas as barreiras que impusera à sua língua. Se Davi, que era um campeão tão indômito, fracassou em meio à sua trajetória, quão maior razão temos nós a temer de cairmos de modo semelhante? Diz ele: **minha dor se agravou**, porque, como logo veremos, o ardor de suas emoções se inflamou tanto que se tornou tumultuoso. Há quem traduza a frase neste sentido: *minha dor corrompeu-se*, como se sua intenção fosse: tornou-se pior; como sabemos muito bem que uma ferida se torna pior quando sucede de putrefazer-se ou supurar. Tal sentido, porém, é forçado.

3. Meu coração encandeceu-se dentro de mim. Ele agora ilustra a intensidade de sua tristeza, introduzindo um símile, dizendo-nos que seu sofrimento, sendo intimamente reprimido, encandeceu-se de tal forma que a ardente emoção de sua alma continuava a

---

4 French e Skinner traduzem: "Guardei silêncio acerca do bem e do mau." No hebraico temos simplesmente "do bem"; eles, porém, observam: "Esta expressão ocorre freqüentemente na Escritura, poderia parecer que, apropriando-se do constante usa dela, uma parte só da frase fosse aqui expressa. E então: 'Guarda-te, que não fales a Jacó *nem bem nem mal*' (Gn 31.24). E ainda: 'Absalão não falou *nem bem nem mal*' (2Sm 13.22)."

crescer em força. Deste fato podemos aprender uma lição muitíssimo proveitosa, a saber: que quanto mais energicamente alguém exerça obediência para com Deus, e emprega todos os seus esforços em dinamizar o exercício da paciência, mais vigorosamente se vê assaltado por tentações. Porquanto Satanás, enquanto não costuma importar muito o indiferente e displicente, mesmo raramente se lhes aproxima, exibe todas as suas energias em hostis arremetidas contra o crente fiel. Se, pois, em qualquer tempo sentirmos ardentes emoções surgindo e provocando comoção em nosso peito, recordemos deste conflito de Davi, para que nossa coragem não se arrefeça ou, pelo menos, nossa enfermidade não nos lance de ponta cabeça ao desespero. As secas e quentes exalações que o sol causa ao despontar do verão, se nada ocorresse na atmosfera para obstruir seu progresso, ascenderiam ao ar sem qualquer distúrbio; mas quando a interferência de nuvens impede sua livre ascensão, surge então o conflito, do qual se produzem os trovões. É semelhante com respeito aos santos que desejam elevar seus corações a Deus. Se se resignam às vãs imaginações que se suscitam em sua mente, poderão desfrutar de uma sorte de liberdade irrestrita que libera toda sorte de fantasia; visto, porém, que se devotam a resistir sua influência, e dedicadamente buscam a Deus, as obstruções que surgem da oposição da carne começam então a perturbá-los. Portanto, sempre que a carne empregar seus esforços e acender em nossos corações um fogo abrasador, saibamos que somos exercitados com o mesmo gênero de tentação que ocasionou tanto sofrimento e perturbação em Davi. No final do versículo, reconhecemos que a severidade da aflição com que fora visitado por fim o vencera e permitira que palavras insensatas e inadvertidas fluíssem de seus lábios. Em sua própria pessoa, ele nos põe diante de um espelho de enfermidade humana para que, sendo advertidos do perigo a que estamos expostos, aprendamos a tempo a buscar proteção à sombra das asas divinas. Ao dizer que, **eu falei com minha língua**, esse não é modo supérfluo de expressar, e, sim, uma legítima e mais plena confissão de seu pecado, no fato de que não só dera vazão a murmurações pecaminosas, mas chegara mesmo a altissonantes queixas.

[vv. 4-6]

Faz-me, ó Jehovah, conhecer meu fim e o número de meus dias, para que eu entenda o quanto posso viver.[5] Eis que deste aos meus dias um palmo, e minha idade como se fosse nada diante de ti; na verdade, todo homem, por mais firme que esteja, é totalmente vaidade. Selah. Na verdade o homem anda em sombras; na verdade em vão se inquieta; amontoam [riquezas[6]] e não sabem quem as levará.

4. Faz-me, ó Jehovah, conhecer meu fim. Daqui transparece que Davi fora transportado por um impróprio e pecaminoso excesso de emoção, uma vez que acha falta em Deus. Isso transparece ainda mais claramente à luz do versículo seguinte. Deveras é verdade que no que se segue ele introduz orações pias e convenientes, mas aqui ele se queixa de que, sendo um mortal, cuja vida é frágil e transitória, não é tratado por Deus com a devida brandura. Desta queixa, e de outras similares, os discursos de Jó estão saturados. Portanto, Davi não consegue falar isento de ira e ressentimento: "Ó Deus, visto que ages para comigo com tanta severidade, pelo menos faz-me saber quanto tempo determinaste para minha vida. Já que minha vida não dura mais que um breve momento, por que então ages com um rigor tão intenso? E por que cumulaste minha cabeça com um fardo de misérias tão pesado, como se eu tivesse ainda muitos anos de vida? Que proveito tive em nascer, se passo o período de minha existência, o qual é tão breve, em tanta miséria e oprimido com interminável sucessão de calamidades?"

Por conseguinte, este versículo deve ser lido em conexão com o seguinte. **Eis que deste aos meus dias um palmo.** Um palmo é a medida

---

5 Ou, como Horsley o traduz: "quão breve eu sou."
6 A palavra *riquezas* é suplementar; não havendo na versão de Calvino, nem no texto hebraico, nenhum equivalente para ela; mas o significado evidentemente é: amontoam, acumulam ou ajuntam riquezas". Horsley traduz: "Suas riquezas acumuladas – ele não sabe quem as levará."

da mão espalmada, e é aqui considerado como uma medida por demais pequena; como se quisesse dizer que a vida de uma pessoa se esvai rapidamente, e que o fim dela, por assim dizer, roça o começo dela. Daqui o salmista conclui que todos os homens não passam de *vacuidade* na presença de Deus. Quanto ao significado das palavras, ele não solicita que a brevidade da vida humana lhe seja comprovado, como se ele não o soubesse. Haveria nesta linguagem uma espécie de ironia, como se dissesse: Conta-me o número dos anos que ainda me restam sobre a terra, e serão suficiente recompensa para as misérias que suporto? Há quem traduza a palavra חדל, *chedel*, mundano; e outros, *temporal*, que equivale aquilo que dura apenas pouco tempo. A última tradução, porém, não é adequada neste lugar, pois Davi ainda não declara expressamente a brevidade de sua vida, mas continua falando desse tema de forma ambígua. Se o termo *mundano* for adotado, o sentido será: Mostra-me se prolongarás minha vida até ao fim do mundo. Em meu juízo, porém, a tradução que tenho seguido é muito mais apropriada. Além disso, pode ter havido uma transposição das letras ד, *daleth*, e ל, *lamed*, convertendo a palavra *chedel* em *cheled*. Entretanto, é possível ser tomada apropriadamente como sendo uma idade ou período de vida.[7] Ao dizer que *sua idade é, por assim dizer, nada na presença de Deus*, visando a incitar Deus a agir com mais piedade e compaixão, apela a ele como testemunha de sua fragilidade, notificando que não lhe era desconhecido de quão transitória e passageira é a vida de uma pessoa. A expressão *totalmente* ou *juntamente vaidade*,[8] implica que entre a raça humana como um todo não existe nada, senão vacuidade. Ele

---

7 "Mine age, ou seja, toda a extensão de minha vida." – *Cresswell*.
8 A palavra הבל, *hebel*, traduzida por *vaidade, vacuidade*, segundo alguns, significa *miragem*, aquele decepcionante aparecimento de um poço de águas à distância, o qual o viajante, atravessando os desertos arábicos, imagina ver diante de si, e do qual ele ansiosamente espera estancar sua sede. Mas quando se aproxima dele, nada encontra senão areias escaldantes cujo reflexo da luz do sol dera a aparência de um lago. Segundo outros, vaidade significa *vapor*, como o hálito que emana da boca de alguém, o qual rapidamente se desvanece, como a referência do apóstolo Tiago (4.14). "Considero a palavra em seu sentido próprio" [vapor], diz o Bispo Mant, "como mais poético e enérgico do que o derivado de 'vaidade'." Vejam-se Simonis e Parkhurst sobre בהל. Abel deu a seu segundo filho o nome de *Hebel*, vaidade, e aqui Davi declara que כל-אדם , *col-adam*, todo adão, cada pessoa é *hebel*, vaidade.

declara isto dos homens, mesmo quando *são firmes*;⁹ o que equivale dizer que, estando no primor e vigor da vida, desejam ser tidos em estima, homens que a si mesmos pareçam possuidores de considerável influência e poder. Foram as punções do sofrimento que forçaram Davi a dar vazão a estas queixas. Mas é preciso observar que é principalmente quando os homens são dolorosamente oprimidos pela adversidade que são levados a sentir sua nulidade à vista de Deus. A prosperidade os intoxica de tal forma que, olvidando sua condição e se protegendo na insensibilidade, sonham com uma imortal condição sobre a terra. É-nos muito proveitoso ter consciência de nossa própria fragilidade, mas é preciso estarmos cônscios de que não podemos em hipótese alguma cair num estado tal de sofrimento que sejamos levados a murmurar e a desabafar o descontentamento. Davi fala veraz e sabiamente, ao declarar que o homem, mesmo quando pareça atinge a mais elevada condição de grandeza, não passa de espumas produzidas pela água e que se desfazem pelo vento. Ele se acha culpado, porém, quando aproveita a chance de reclamar de Deus. Portanto, sintamos, então, a miséria de nossa presente condição: quanto mais derrotados e aflitos, mais podemos, como humildes suplicantes, erguer nossos olhos para Deus e implorar sua misericórdia. Isto encontramos Davi um pouco depois a corrigir. Porque não prosseguiu entregue às temeridades e inconsideradas lamentações, senão que, soerguendo sua alma pelo exercício da fé, obtém consolação celestial.

6. Na verdade o homem anda em sombras.¹⁰ Ele ainda se mantém no mesmo tema. Com a palavra *sombra* ele quer dizer que não existe nada de substancial no homem, senão que não passa, como

---

9 Esta palavra aqui traduzida por *firme* "é bem parafraseada por Dathe: 'Dum firmissime constitutus videatur.'" – *Rogers' Psalms in Heb.*, vol. ii. p. 200.

10 No hebraico, literalmente é: "O homem anda numa imagem"; um fantasma que nada tem de real e substancial, que não é digno desse caráter que não passa mera aparência. A vida não passa de mera aparência; "uma vil encenação diante dos olhos"; trás a aparência de solidez, mas que não há nela nenhuma realidade. A palavra ocorre novamente no Salmo 73.20: "Tu desprezas a imagem deles"; sua vão exibição ou fantasmagórica prosperidade. Walford traduz: "anda *como uma sombra*"; observando que "o prefixo ב é com freqüência usado para כ, como uma partícula de similitude". Ele observa ainda que a tradução de Dathe, "ele persegue uma sombra", fornece bom sentido, mas não comunica a exata noção da figura que é transmitida pelo hebraico.

costumamos dizer, de uma fútil exibição, e que, bem sei, não tem muito mais além de espetáculo e ostentação.[11] Alguns traduzem o termo por *trevas*, e entendem a linguagem do salmista neste sentido: A vida de uma pessoa se desvanece antes mesmo de ser conhecida. Nestas palavras, porém, Davi simplesmente declara acerca de cada pessoa individualmente, o que Paulo estende ao mundo inteiro, quando diz: "A aparência deste mundo passa" [1Co 7.31]. E assim ele nega que haja algo [de concreto] permanente no ser humano, visto que a aparência de força que se exibe nele por algum tempo logo passa. O que ele acresce, dizendo que *os homens se inquietam em vão*, revela o cúmulo de sua vacuidade; como se quisesse dizer: É como se o homem nascesse com o único propósito de tornar-se mais e mais desprezível; pois embora não passe de uma mera sombra, todavia, como se fosse insensato ou, melhor, insano, se envolve desnecessariamente em perturbadoras preocupações e se destrói sem qualquer propósito. Ele expressa ainda mais claramente o homem manifesta sua loucura, declarando que, enquanto exaustiva e criteriosamente amontoa riquezas, jamais pára para pensar que, de súbito, pode deixar sua presente habitação. E por que os homens afadigam assim sua mente e corpo, senão pelo único fato de que imaginam que nunca possuem o bastante? Porque, mediante seu insaciável desejo de ganhar, procuram avidamente acumular todas as riquezas do mundo, como se fossem viver centenas de vezes a vida [neste mundo]. Além do mais, Davi, nesta passagem, não se ergue com o intuito de escarnecer a cobiça de uma pessoa no mesmo sentido em que Salomão o faz em Eclesiastes 5.10; pois ele não só fala de seus herdeiros, mas declara em termos gerais que os homens se inquietam e se atormentam com preocupações, embora não saibam que amontoarão o fruto de seu labor ajuntando riquezas.[12] Realmente po-

---

11 "Et je ne scay quelle parade et ostentation." – *v.f.*
12 É importante observar a diferença entre a palavra hebraica, צבר, *tsabar*, aqui traduzida *amontoar*, e a palavra אסף, *asaph*, traduzida *ajuntar*. "A primeira", diz Hammond, "aqui parece conter todo o labor da colheita, ceifando, amarrando, depositando e amontoando as coisas, e recolhendo-as de vários lugares onde aumentam num *cumulus*. A última denota o ato de embalar, e alojar, de armazenar, de remover ou carregar do campo, para o lugar onde é amontoado e arma-

derão desejar fazer provisão para si; mas que demência e insensatez atormentar-se com incessantes e infrutíferas preocupações que não têm nenhum objetivo definido ou nenhum limite? Davi, neste ponto, condena tais ardentes e desabridos desejos, sob a influência dos quais os homens profanos são arrebatados e falam de uma estranha maneira, confundindo céu e terra. Pois não admitem que são mortais, muito menos consideram que sua vida é limitada pelos estreitos limites de um palmo. Davi falou sob a influência de um estado mental tumultuado e angustiado; mas há incluso em sua linguagem esta lição de muito proveito, ou seja, que não há nenhum antídoto mais qualificado para capacitar-nos a situar-nos acima de todas as desnecessárias preocupações, do que o reconhecimento de que o breve período de nossa vida é, por assim dizer, apenas de um palmo.

[vv. 7-9]
Agora, pois, ó Senhor,[13] que espero eu? Minha esperança está em ti. Livra-me de todos os meus pecados; não me faças o opróbrio dos insensatos.[14]
Emudecido estou; não abro minha boca, porque és tudo quem o fizeste.

7. Agora, pois, ó Senhor, que espero eu? Davi, havendo reconhecido que seu coração permanecera por tanto tempo sob a influência de ardente e impetuosa emoção, da qual experimentara profunda inquietude, agora se volve a um estado mental de serenidade e solidez. E à luz deste fato, o que eu já disse se torna ainda mais óbvio, ou seja, que este Salmo consiste em parte de orações convenientes e em parte de queixas impensadas. Eu disse que Davi, neste Salmo, começa a orar corretamente. É verdade que mesmo os homens profanos costumam

---

zenado, ficando à espera do uso. Porque אסף às vezes significa *depositar*, às vezes *levar*. Esta, pois, é a descrição da vaidade de nosso estado humano, que quando uma pessoa tem percorrido todas as vias de aquisição, e não vê nada interposto entre ela e seus desfrutos, contudo ainda assim fica incerta, não só quanto se a possuirá até ao fim, mas quanto também se seus herdeiros também o farão. E então não sabemos se seu inimigo não o molestará; ele não pode dizer 'quem ajuntará seus bens no armazém', ou se desfrutará deles quando lá estiverem."
13 No original é אדני; mas em alguns MSS. é יהוה, que é provavelmente a redação genuína.
14 "Ou, vauneant et desbauché, ou, meschant." – *n.m.f.* "Ou, o ocioso e libertino, ou ímpio."

sentir da mesma maneira como Davi que aqui reconhece que sentia; mas o conhecimento de sua própria vacuidade não os leva a buscar o substancial apoio divina. Ao contrário, antes voluntariamente se tornam insensíveis, de modo que vêem imperturbáveis em sua própria vacuidade. Podemos aprender desta passagem que ninguém olha para Deus com o propósito de depender dele e de repousar sua esperança nele, enquanto não sentir sua fragilidade pessoal, sim, até que se sinta reduzido a nada. Há tacitamente grande força no advérbio *agora*, como se Davi dissesse: A gabolice e vãs imaginações pelas quais a mente humana se acomoda no sono seguro não mais me enganem, mas agora estou plenamente sensibilizado de minha condição. Mas devemos ir além deste estágio elementar; pois não basta que, sendo despertado pelo senso de nossa própria enfermidade, buscarmos, com temor e tremor, conhecer nosso dever, a menos que ao mesmo tempo Deus se nos manifeste, tão-somente de quem depende toda nossa expectativa. Conseqüentemente, visto que não serve a nenhum propósito convencer o homem profano de sua completa vacuidade, ainda que convencidos disto nunca progridem, aprendamos a prosseguir e a progredir ainda mais, para que, vivendo como se estivéssemos mortos, sejamos vivificados por Deus, cuja peculiar função é criar todas as coisas do nada; pois então o homem cessa de ser vacuidade e começa a ser verdadeiramente algo, quando, socorrido pelo poder de Deus, ele aspire as coisas celestiais.

8. Livra-me de todos os meus pecados. Neste versículo o salmista continua ainda sua piedosa e santa oração. Ele agora não mais é arrebatado pela violência de sua tristeza a murmurar contra Deus, mas humildemente se reconhecendo culpado perante Deus ele recorre à sua misericórdia. Ao rogar que fosse libertado de suas transgressões, ele atribui a Deus o louvor da justiça, enquanto se responsabiliza por toda a miséria que ora enfrenta; e se culpa não só em virtude de um só pecado, mas reconhece que é justamente culpável de uma multidão de transgressões. É por esta regra que devemos deixar-nos guiar, caso desejemos obter o abrandamento de nossas misérias; porque, enquanto toda a fonte delas não secar, jamais cessaremos ser atingidos por outras numa rápida sucessão. Davi inquestionavelmente desejava receber alívio de suas misérias, visto, porém, que esperava ser logo reconciliado com Deus, o castigo de seus pecados também cessaria, ele aqui apenas pede que seus pecados lhe sejam perdoados. E assim somos instruídos através do exemplo de Davi a não buscar meramente livramento das misérias que nos afligem e nos perturbam, mas ligá-las à sua causa e fonte, rogando a Deus que não mais lance nossos pecados em nossa conta, senão que apague nossa culpa.

O que se segue concernente a *opróbrio* ou *escárnio dos insensatos* pode ser entendido numa significação tanto ativa quanto passiva, denotando ou que Deus não o abandonaria ao escárnio dos maus, ou que ele não o envolveria na mesma desgraça aos ímpios é destinada. Não obstante, visto que ambos estes sentidos concordarão perfeitamente bem com o desígnio do salmista, deixo ao leitor a adoção do que preferir. Além disso, a palavra נבל, *nabal*, significa não só pessoa insensata, mas também desprezível, pessoa completamente sem valor e vil. Pelo menos é certo que com esta palavra se subentende os réprobos, a quem as Escrituras condenam por sua loucura. Porque, sendo privados de sua razão e discernimento, prorrompem em todo excesso, contendendo com Deus e recriminando-o.

9. Emudecido estou. Nesta expressão Davi se responsabiliza por não ter preservado o silêncio que, como já vimos, a violência de sua tristeza o forçara a quebrar. Ao dizer, pois, que *emudecera*, ele não pretende com isso fazer uma recomendação da invariável e perseverante restrição que exercera sobre si mesmo. Antes, é uma correção de seu erro, como se ao reprovar sua própria impaciência ele falasse consigo mesmo desta forma: O que vocês fez? Não ordenou a si mesmo que guardasse silêncio? E agora você murmura arrogantemente contra Deus? O que espera lucrar com tal presunção? Temos aqui uma lição muitíssimo proveitosa e instrutiva. Porque nada é mais adequado para restringir os violentos paroxismos da tristeza do que o reconhecimento de que temos a ver, não com o homem mortal, mas com Deus, que sempre mantém sua própria justiça em oposição a tudo o que os homens possam dizer contra ela em suas murmurantes queixas, e até mesmo em suas ultrajantes acusações. Qual é a razão pela qual a grande maioria dos homens se atiram a tal excesso de impaciência, senão porque esquecem que, agindo assim, ousam mover controvérsia contra Deus? E assim, enquanto alguns imputam todas as suas misérias à fortuna, e outros, aos homens, e ainda outros as consideram provenientes de uma variedade de causas que suas próprias fantasias sugerem, enquanto raramente um em cem reconheça nelas a mão divina, eles concedem a si mesmos o direito de se queixarem amargamente sem jamais imaginar que, agindo assim, estão ofendendo a Deus. Davi, ao contrário, com o fim de submeter todo santo desejo e pecaminoso excesso, se volve para Deus e resolve guardar silêncio, visto que a aflição que agora sofria era oriunda de Deus. Visto que Davi, que era assim afligido com as mais severas provações, resolveu, não obstante, guardar silêncio, aprendamos, pois, disto que um dos primordiais exercícios de nossa fé consiste em nos humilharmos debaixo da poderosa mão de Deus, bem como submeter-nos aos seus juízos sem murmuração ou queixa. É preciso observar ainda que os homens só se submetem humilde e calmamente a Deus quando se persuadem, não só de que ele, mediante sua poderosa força, faz o que bem lhe apraz, mas também porque ele é justo Juiz; pois embora os homens perversos sintam que a mão divina está sobre eles, todavia, visto que o acusam de cruel e tirania, não cessam de proferir horríveis blasfêmias contra ele. Entrementes, Davi considera os secretos juízos de Deus com tal reverência e perplexidade, que, satisfeito com sua exclusiva vontade, ele considera pecaminoso abrir sua boca para proferir uma única palavra contra ele.

[vv. 10-11]
Remove de sobre mim teu flagelo; estou desfalecido [ou desmaiado] pelo golpe de tua mão. Tu castigas o homem com repreensões por sua iniqüidade; como uma traça, tu fazes sua excelência ser consumida; com certeza todo homem é vaidade. Selah.

10. Remove de sobre mim teu flagelo. Nesta expressão Davi confirma a oração que já havia apresentado, a saber, que uma vez obtido o perdão divino, ele podia, ao mesmo tempo, ser tratado por ele de maneira branda. Esta oração, contudo, não perturba o silêncio do qual já fizera menção. Pois nossos desejos e orações, se forem elaborados segundo a regra da palavra de Deus, não serão meros sons inconsiderados e ruidosos a provocar o desprazer divino contra nós, mas procederão da calma e serenidade que a fé e a paciência produzem em nossos corações. É deveras verdade que quando alguém ora fervorosamente a Deus, ele não pode misturar com a oração seus próprios sentimentos, emanando suas queixas, e, sim, deixando manifestar com ela um extremo fervor. Vemos, porém, que Davi, que anteriormente deplorara suas misérias em lamentações altissonantes, agora se põe calmamente a considerar e avaliar o que de fato merecia e ora por perdão. Sua intenção é que Deus mitigasse o castigo que lhe havia sido infligido. A razão imediatamente se segue: **estou desfalecido pelo golpe de tua mão.** Ao expressar-se dessa forma, Davi não alega isto como uma escusa que atenuasse sua culpa, mas deseja que ele fosse sensibilizado ante sua enfermidade.

Visto que ele diz com respeito a si próprio em termos individuais, que se sentia consumido por sentir a mão divina contra ele, então imediatamente declara no versículo 11 a mesma verdade em termos gerais, dizendo-nos que se Deus começasse a tratar-nos segundo as estritas exigências da lei, a conseqüência seria que todos nós pereceríamos e seríamos completamente esmagado sob sua ira. Ele claramente mostra, primeiro que está falando não de qualquer pessoa, ou mesmo dos homens em geral, porque faz uso de termo hebraico que denota um homem famoso por seu valor, coragem ou excelência;[15] e então, em segundo lugar, ele diz que se Deus expusesse tais pessoas ao castigo, tudo quanto estimam como sendo por si mesmo precioso seria consumido ou dissolvido. A suma é que entre os homens não há um sequer

---

15 "Car il use d'un mot par lequel les Hebrieux signifient un homme vertueux, courageux, ou excellent." – *v.f.* A palavra hebraica é איש, *ish*.

dotado de tal poder e glória a quem a ira divina, ardesse intensamente contra ele, não reduzisse a nada sem demora. Será necessário, porém, examinar as palavras mais minuciosamente.

Davi não descreve simplesmente o terrível caráter da ira divina; senão que, ao mesmo tempo, declara e apresenta sua justiça em todos os castigos que ele inflige contra os homens. Os juízos divinos costumam despertar temor e medo nos corações até mesmo dos pagãos; sua cegueira, porém, os enche de um ódio tal que prosseguirão a fazer guerra contra Deus. Pelo termo, *repreende*, Davi quer dizer os severos castigos, aqueles que são os emblemas da estrita justiça e os sinais da ira divina. Sabemos que Deus amiúde usa a vara de sua disciplina sobre os genuínos crentes, mas ele age assim de tal maneira com o intuito de puni-los, enquanto que ao mesmo tempo ele lhes oferece uma prelibação de sua misericórdia e seu amor, e não só tempera os castigos com que os visita, mas também os mescla com conforto, o que serve para torná-los muito mais toleráveis. Davi, pois, não está falando, neste lugar, do castigo paternal, mas do castigo que Deus inflige sobre os réprobos, quando, como um inexorável juiz no exercício de seu ofício, executa contra eles o juízo que bem merecem. Ele nos diz que, quando Deus faz tal rigor ser sentido, não há homem algum que prontamente não se consome. À primeira vista, a compaixão divina em favor de uma traça pode parecer absurdo; pois que relação há, pode-se dizer, entre um minúsculo verme e a infinita majestade divina? Eis minha resposta: Davi, com muita propriedade, fez uso deste símile para sabermos que, embora Deus não troveje abertamente do céu contra os réprobos, todavia sua secreta maldição não cessa de consumi-los, justamente como a traça, ainda que imperceptível, consome com seu secreto roer um pedaço de tecido ou madeira.[16] Ao mesmo tempo, ele

---

16 O significa, de acordo com nossas versões inglesas, parece ser que a beleza do homem é consumida como a traça é consumida. Diz Walford: "Mas isso não oferece um sentido correto e adquado. O intuito não é afirmar que a traça é consumida, mas que ela é um consumidor ou destruidor de tecidos." Ele traduz assim:
"Com repreensões, tu castigas o homem por iniqüidade,
Então destróis sua beleza como uma traça que destrói um tecido."

faz alusão à *excelência*[17] do homem, a qual ele diz ser destruída como se fosse por corrosão, quando Deus é ofendido, precisamente como a traça destrói as roupas mais preciosas, consumindo-as. As Escrituras amiúde mui apropriadamente empregam várias similitudes desta maneira, e costumam aplicá-las às vezes em um sentido e às vezes noutro. Quando Ezequias [Is 38.13] compara Deus a um leão, ele assim faz em referência às emoções de sua própria mente, visto achar-se ele prostrado e sucumbido pelo temor e pelo terror. Nesta passagem, porém, Davi nos ensina que, embora o mundo não perceba a terrível vingança de Deus, contudo ela consome os réprobos, corroendo-os secretamente. Esta frase, *que todo homem é vaidade*, é novamente repetida com muita propriedade; pois ainda somos vencidos pelo poder de Deus e como que humilhados no pó, nunca o descobrimos em nossos próprios corações que o conhecimento de nossa vaidade pessoal pode despojar-nos de toda presunção. Donde é que os homens são tão insensatamente insatisfeitos consigo mesmos, sim, ao ponto de se aplaudirem, senão que, enquanto Deus os suporta, são voluntariamente cegos para suas próprias enfermidades? O único antídoto, pois, pelo qual os homens são curados da soberba, é quando, alarmados com o senso da ira divina, começam não só a sentir-se insatisfeitos consigo mesmos, mas também a humilhar-se até ao pó.

[vv. 12-13]
Ouve, ó Jehovah, minha oração e inclina-te ao meu clamor; e não te cales[18] perante minhas lágrimas; pois sou um estranho diante de ti, e um peregrino como foram meus pais. Deixa-me sozinho para eu possa recobrar as forças antes que me vá e não mais exista.

Essa é precisamente a interpretação de Calvino. A traça é chamada em hebraico, שע, *ash*, por *corroer* e *destruir* a textura do tecido etc. Veja-se o Léxico de Parkhurst sobre a palavra שע. A metáfora aqui empregada é de freqüente ocorrência na Escritura. Por exemplo, em Oséias 5.12, Deus diz: "Eu serei para com Efraim como uma traça", isto é, os consumirei; e em Isaías 1.9, se diz: "A traça os roerá como um vestido."

17 A palavra original, que Calvino traduz por 'excelência' é traduzida por Hammond 'coisas preciosas'; pelo quê ele entende riqueza, grandeza, saúde, beleza, força e, em suma, tudo quanto se nos divisa como precioso.

18 "Ne dissimule point." – *v.f.* "Não te dissimules."

12. Ouve, ó Jehovah, minha oração! Davi paulatinamente faz crescer sua veemência em oração. Primeiro ele fala de *oração*; em segundo lugar, de *clamor*; e em terceiro lugar, de *lágrimas*. Esta gradação não é mera figura de retórica, a qual só serve para adornar o estilo ou para expressar a mesma coisa em diferente linguagem. Isso mostra que Davi deplorava sua condição, sinceramente e do âmago de seu coração; e nisto ele nos fornece, mediante seu próprio exemplo, uma regra para a oração. Ao chamar a si mesmo um *estranho* e um *peregrino*, ele uma vez mais mostra quão miserável era sua condição; e acrescenta expressamente, *diante de Deus*, não só porque os homens vivem ausentes de Deus enquanto habitarem este mundo, no mesmo sentido, porém, em que anteriormente dissera: *Meus dias são como nada diante de ti*; equivale dizer, Deus, que não carece que alguém o informe, sabe sobejamente bem que os homens não têm mais que uma curta jornada a realizar neste mundo, o fim da qual é logo atingido, ou que permanecem apenas um curto período nele, como os que são alojados numa casa não quitada.[19] O propósito do discurso do salmista consiste em que Deus vê do céu quão miserável nossa condição seria, se ele não nos sustentasse com sua misericórdia.

13. Deixa-me sozinho, para que eu possa recobrar as forças. Literalmente, *cessa de mim*, e portanto alguns o explicam: Que haja um muro erguido entre nós, para que tua mão não me alcance. Outros traduzem, como um suplemento, usando a palavra *olhos*; mas para o sentido pouco importa qual das explicações deva ser adotada, porquanto o significado continua sendo o mesmo, a saber: Que Davi roga a Deus que lhe conceda uma pequena pausa para sua angústia, a fim de recobrar as forças ou, pelo menos, desfrute de um curto repouso antes de partir deste mundo.

Este versículo conclusivo do Salmo se relaciona com a emoções inquietas e pecaminosas que experimentara segundo a carne; pois ele parece, na forma de queixa a Deus, pedir que no menor

---

19 "Comme des gens qui sont logez en une maison par emprunt." – *v.f.*

tempo possível lhe fosse permitido morrer, segundo os homens costumam falar quando são gravemente acossados por sua aflição. Admito que ele fala de uma maneira apropriada, ao reconhecer que não havia esperança alguma de restaurado de sua saúde, caso Deus não cessasse de manifestar seu desprazer; contudo erra nisto, a saber, ele pede conforto o tempo suficiente para que pudesse morrer [em paz]. Aliás, podemos considerar a oração como lícita, entendendo-a neste sentido: Senhor, visto não me ser possível suportar teu azorrague por mais tempo, senão que devo perecer de forma miserável, caso insistes em me afligir tão severamente, pelo menos me dês alívio por pouco tempo, para que tranqüilo e em paz possa eu encomendar minha alma às tuas mãos. Podemos facilmente inferir, porém, à luz da linguagem que ele emprega, que sua mente se achava tão afetada com a amargura de sua tristeza, que não lhe possibilitava apresentar sua oração pura e bem sazonada com a doçura da fé; pois ele diz: **antes que me vá e não mais exista** – forma de expressão que indica uma emoção quase ao ponto de desespero. Não que Davi considerasse a morte como total aniquilação humana, nem que, renunciando toda e qualquer esperança de sua salvação, se resignasse à destruição; mas emprega esta linguagem em virtude de ter sido previamente oprimido em demasia em função de sua tristeza; e assim ele não pôde elevar ao alto seu coração com aquela alegria que era seu anelo. Esta é uma forma de expressão que pode ser encontrada inúmeras vezes nas queixas de Jó. É óbvio, pois, que, embora Davi se empenhasse criteriosamente por restringir os anseios da carne, todavia estes lhe ocasionaram tanta inquietude e angústia, que o forçaram a exceder os limites próprios em sua tristeza.

Salmo 40

Uma vez se vendo Davi liberto de algum grande perigo, e nunca era de um só, mas de muitos, ele enaltece de forma mui sublime a graça de Deus; e por esse meio sua alma se enchia de admiração ante a providência divina, a qual se estende a toda a raça humana. Então protesta que se devotará totalmente ao serviço de Deus, e define em termos breves de que maneira Deus deve ser servido e honrado. Em seguida ele se volta uma vez mais ao exercício de ações de graça e celebra os louvores do Eterno, recitando muitos de seus gloriosos e poderosos feitos. Finalmente, depois de haver se queixado de seus inimigos, ele conclui o Salmo com uma nova oração.

Ao mestre de música. Salmo de Davi.

[vv. 1-3]
Esperando esperei[1] por Jehovah, e ele se inclinou para mim e ouviu meu clamor. E tirou-me duma cova extraordinária, dum lodo lamacento, e pôs meus pés sobre uma rocha, e firmou bem meus passos. E pôs em minha boca um novo cântico, um hino a nosso Deus; muitos verão isso, e temerão, e confiarão em Jehovah.

1. Esperando esperei. O início deste Salmo é uma expressão de gratidão na qual Davi relata que fora libertado, não apenas do perigo, mas

---

1 "C'est, paciemment." – *n.m.f.* "Isto é, pacientemente." Calvino deu ao texto uma tradução literal do hebraico. *Esperando esperei* é um hebraísmo que significa veemente desejo e, contudo, inteira resignação mental. "A duplicação do verbo (esperar)", diz Ainsworth, "denota gravidade, constância, paciência."

também da presença da morte. Há quem defenda a opinião, mas sem boas razões, de que ela deva ser entendida como resultado de enfermidade. Deve-se antes pressupor que Davi, nesta passagem, compreende uma infinidade de perigos dos quais ele escapara. Certamente estivera mais que exposto ao maior dos perigos, à morte; de modo que, com boas razões, podia dizer que fora tragado pelo abismo da morte afundado em *lodo lamacento*. Não obstante, o que transparece é que sua fé ainda continuava firme, porquanto não cessou de confiar em Deus, embora a longa permanência da calamidade havia deixado sua paciência bem perto da exaustão. Ele não nos diz simplesmente que havia esperado, mas pela repetição do mesmo verbo ele mostra que fora deixado por longo tempo em ansiosa expectativa. À medida, pois, que sua provação se prolongava, a evidência e prova de sua fé em suportar a delonga com calma e equanimidade mentais se faziam ainda mais evidente. O significado em sua consiste em que, embora Deus delongasse seu socorro, não obstante o coração de Davi não desfaleceu, nem se cansou; senão que, depois de dar, por assim dizer, suficiente demonstração de sua paciência, por fim foi ouvido. Em seu exemplo surge diante de nós uma doutrina muito proveitosa, a saber: embora Deus não se apresse em vir em nosso socorro, mas propositadamente nos mantém em suspenso e perplexidade, todavia não devemos perder a coragem, visto a fé não ser totalmente provada senão pela longa espera. O resultado também do qual ele fala em termos de louvor deve inspirar-nos com crescente constância. Deus pode socorrer-nos mais lentamente do que gostaríamos, mas quando parece não tomar conhecimento de nossa condição, ou, se podemos usar tal expressão, quando parece inativo e a dormitar, isso é totalmente distinto de nos enganar; pois se somos incapazes de suportar, mediante a invencível força e poder da fé, o tempo oportuno de nosso livramento por fim surgirá.

2. E me tirou da cova extraordinária. Há quem traduza: *da cova da desolação*,[2] visto que o verbo שאה, *shaäh*, do qual o substantivo שאום,

---

2 A Septuaginta traduz: "Εχ λάχχου ταλαιπωρίας." – "De um poço de miséria"; e Ainsworth: "do poço de profunda calamidade", ou "da masmorra de tumultuosa desolação", "no qual", diz ele, "ecoavam e ressoavam ruídos medonhos." "Os sofrimentos do salmista", Observa o Bispo Mant,

shaon, se deriva, significa *destruir* ou *devastar*, tanto quanto *ressoar* ou *ecoar*. Mas é mais apropriado considerar que há aqui uma alusão aos abismos profundos, donde as águas jorram com força violenta.³ Com esta similitude ele mostra que fora exposto a um iminente perigo de morte como se houvera sido precipitado num profundo poço, extraordinário pela impetuosa fúria das águas. Com o mesmo propósito é também a similitude de *o lodo lamacento*, pelo qual ele notifica que ele estivera tão perto de ser submerso pelo peso de suas calamidades, que não lhe fora fácil desvencilhar-se delas. Em seguida surge uma súbita e incrível mudança, pela qual manifesta a todos a grandeza da graça que lhe fora concedida. Declara que *seus pés foram postos sobre uma rocha*, enquanto que anteriormente havia sido submerso em água; e que *seus passos foram bem firmados*, enquanto que antes não só eram vacilantes e escorregavam, mas também se atolara na lama.

3. E pôs em minha boca um novo cântico. Na primeira cláusula do versículo, ele conclui a descrição do que Deus lhe havia feito. Com a expressão, Deus *pôs um novo cântico em minha boca*, ele denota a consumação de seu livramento. Seja qual for a maneira em que Deus se apraz em socorrer-nos, ele não exige nada mais de nós senão que sejamos agradecidos pelo socorro e o guardemos na memória. Portanto, à medida em que ele nos concede seus benefícios, tão logo abramos nossa boca e louvemos seu nome. Visto que Deus, ao agir liberalmente para conosco, nos encoraja a cantar seus louvores, Davi com razão reconhece que, havendo sido tão portentosamente liberto, o tema de novo cântico lhe fora fornecido. Ele usa o termo *novo* no sentido de raro e não ordinário, ainda quando a maneira de seu livramento era singular e digno de eterna memória. É verdade que não há benefício divino tão minúsculo que dispense nossos mais elevados louvores; quanto mais ele estende sua mão, porém, visando a

---

"são aqui descritos sob a imagem de uma caverna escura e subterrânea da qual não havia como emergir-se; e onde atroantes cataratas o perturbavam, envolvendo-o de todos os lados, até que, como se expressa no Salmo 18: "Deus desceu e o tomou e o tirou das muitas águas."

3 "Un marveilleux bruit." – *v.f.* "Um ruído portentoso."

nos socorrer, mais devemos incitar-nos um fervoroso zelo neste santo exercício, de modo que nossos cânticos correspondam à grandeza do favor que porventura nos tenha sido conferido.

Muitos o verão. Aqui o salmista estende ainda mais o fruto do auxílio [divino] que experimentara, dizendo-nos que o mesmo proverá os meios de instrução comum a todos. E certamente é a vontade de Deus que os benefícios que derrama sobre cada um dos fiéis seriam provas da benevolência que ele constantemente exerce para com todos eles, de modo que um, instruído pelo exemplo do outro, não há dúvida que a mesma graça se manifestará em favor de cada um deles. Os termos, *temor* e *esperança*, ou *confiança*, à primeira vista não parecem harmonizar-se. Davi, porém, não os juntou impensadamente; pois ninguém jamais nutrirá a esperança do favor divino senão aquele cuja mente é antes imbuída com o temor de Deus. Entendo *temor* em geral significando o sentimento de piedade que se produz em nós pelo conhecimento do poder, da eqüidade e da misericórdia de Deus. O juízo que Deus exerceu contra os inimigos de Davi serviu, é verdade, para inspirar em todos os homens o temor [divino]; em minha opinião, porém, Davi antes pretende que, pelo livramento que obtivera, muitos seriam induzidos a consagrar-se ao serviço de Deus e a submeter-se, com toda reverência, à sua autoridade, porquanto o conheceriam como o Juiz do mundo. Ora, todo aquele que cordialmente se submete à vontade de Deus necessariamente associará a esperança com o temor; especialmente quando surge diante de seus olhos a evidência da graça pela qual Deus comumente atrai a si todos os homens. Pois eu já disse que Deus se manifesta ante nossos olhos como misericordioso e bondoso para com outros, a fim de que nos asseguremos de que ele será o mesmo em relação a nós. Quanto ao verbo, *verão*, do qual Davi faz uso, devemos entendê-lo como uma referência não só aos olhos, mas principalmente à percepção da mente. Todos, sem distinção, viram o que aconteceu, para muitos deles, porém, nunca ocorreu reconhecerem o livramento de Davi como obra de Deus. Visto, porém, que tantos são cegos relativamente às obras de Deus, aprendamos que somente os que se consideram com a faculdade de ver claramente, a quem foi dado o Espírito de discernimento, os quais não ocupar sua mente em pousar sobre os meros eventos que sucedem, mas que podem discernir em si, pela fé, a mão secreta de Deus.

[vv. 4-5]
Bem-aventurado é o homem tem posto Jehovah por sua confiança, e que não atentam para os soberbos, nem para os que se desviam para a mentira.[4] Muitas são, ó Jehovah meu Deus, as obras portentosas que tens operado; e é impossível calcular em ordem a ti[5] teus conselhos para conosco. Declararei e falarei deles; eles são mais do que se pode contar.

4. Bem-aventurado é o homem que tem posto Jehovah por sua confiança. Neste ponto Davi narra que base para boa esperança seu livramento daria a todos os fiéis; contanto que, pondo de lado todas as fascinações do mundo, com isso seriam encorajados a entregar-se confiantes à proteção divina; persuadidos não só de que são felizes os que confiam unicamente em Deus, mas que todas as demais expectativas em divergência com isso são enganosas e malditas. Tal certeza não nos é inerente, senão que se deriva em parte da Palavra de Deus e em parte de suas obras; embora, como eu já disse antes, o só contemplar as obras de Deus não acenderia esta luz nos recessos de nossa alma, a menos que Deus, nos iluminando com sua Palavra, nos revele sua benevolência. Depois de ter prometido nos ser gracioso, manifestando também sua bondade mediante provas indubitáveis, ele confirma com sua mão o que previamente pronunciou com seus lábios. Davi, pois, à luz do fato de ter sido restaurado à vida, saindo dos abismos da morte, com razão declara que os fiéis são instruídos por esta prova – no que os homens são naturalmente tão relutantes a crer – de que só são felizes os que confiam unicamente em Deus.

Visto que a instabilidade de nossa natureza comumente tende a arrastar-nos para baixo, e visto que todos nós, de nossa própria inclinação,

---

4 "A vanité." – *v.f.* "Para a vacuidade."
5 "Devant toy." – *v.f.* "Diante de ti, ou na tua presença."

nos nutrimos de ilusões, somos tentados por infindáveis maus exemplos, Davi imediatamente acrescenta que é bem-aventurado *quem não pende para os soberbos*. É verdade que alguns traduzem רהבים, *rehabim*, *os ricos* ou *os grandes deste mundo*, mas indevidamente, em minha opinião. Porque *soberba* e *desvio para mentiras* são duas coisas que Davi, nesta passagem, mantém juntas. *Pender para os grandes da terra*, portanto, não significa, como se supõe, confiar em seu poder e riquezas, como se o bem-estar humano dependesse disto, mas, antes, significa deixar-se levar por seus exemplos, imitar sua conduta. Ao olharmos para todos os lados e vemos os homens inflados de soberba, os quais desdenham de Deus, e atribuímos sua mais elevada felicidade à ambição, à fraude, à extorsão, às maquinações astutas, um perverso desejo de imitá-los se assenhoreia gradualmente de nós; especialmente quando tudo surge ao sabor de seus desejos, uma fútil e ilusória expectativa nos insinua que tentemos a mesma sorte. Davi, pois, sabiamente e fundado em boas razões, nos adverte que, para termos nossa mente constantemente voltada para uma sincera confiança em Deus somente, devemos guardar-nos contra os maus exemplos que sempre buscam atrair-nos, de todos os lados, a apostatar dele [Deus]. Além do mais, ao dizer que os soberbos *se desviam para a mentira*, ou *para a vacuidade*,[6] assim ele descreve sucintamente a tola confiança carnal. Que outra coisa é a soberba dos que põem suas fantasias no lugar de Deus senão uma fútil ilusão? Certamente, o homem que, inchado pelo anelo de tolo conceito, arroga alguma coisa para si, no mesmo grau, se vangloria de sua própria destruição. Em suma, a soberba e a vaidade são opostas à santa confiança que se lança somente nos braços divinos; pois não há nada mais difícil para a carne do que confiar só em Deus, e o mundo está sempre cheio de pessoas orgulhosas e arrogantes que, confortando-se com as vãs fascinações, prontamente corromperiam as mentes dos santos, caso este impedimento não fosse posto sobre eles, para restringir, como com um freio, suas errôneas e extravagantes opiniões.

---

6 "Ou vanité." – *v.f.*

5. Muitas são, ó Jehovah meu Deus, as obras portentosas que tens operado! Os intérpretes não estão inteiramente concordes no tocante a estas palavras. Mas geralmente se admite que Davi, nesta expressão, contempla com admiração a providência divina no governo do gênero humano. Antes de tudo ele exclama: *as obras portentosas de Deus são grandes* ou *muitas*;[7] significando com isto que Deus, em sua inescrutável sabedoria, governa as atividades humanas de tal forma que suas obras, que ocupam muito pouco o pensamento humano em virtude de sua constante familiaridade com elas, excedem muitíssimo a compreensão da mente humana. E assim descobrimos que de uma espécie particular ele avança para toda a classe; como se quisesse dizer: Deus demonstrou, com este ato particular, não só o paternal cuidado que ele exerce em relação aos homens, mas para que, em geral, sua portentosa providência resplandecesse nas diversas partes da criação. Então acrescenta: *os conselhos de Deus* concernentes a nós são tão elevados e secretos, que é impossível calculá-los numa ordem distinta e harmoniosa segundo sua natureza. Há quem pense que a palavra אלינו, *elenu, para conosco*, é empregado à guisa de comparação, neste sentido: Os conselhos de Deus vão muito além de nossa compreensão (Davi, porém, antes enaltece o cuidado que Deus se digna empregar em nosso favor); e visto que, desta forma, a conexão das palavras é quebrada, somos constrangidos a traduzir a palavra ערוך, *aroch*, a qual traduzi, *pôr na ordem*, de forma diferenciada, ou seja, ninguém é igual a Deus nem se pode comparar a ele.[8] Mas para que eu não entre em alguma refutação extensa aqui, o leitor inteligente concordará comigo em considerar que o genuíno sentido é este: Deus, por sua incompreensível sabedoria, governa o mundo de tal maneira que não podemos calcular suas obras em sua própria ordem, visto nossas

---

7 "Sont grandes ou infinies." – *v.f.* "São grandes ou inumeráveis."
8 Diz Ainsworth: "Este verbo é às vezes usado para equiparar, comparar." Neste sentido, a palavra ocorre no Salmo 89.7; e este é o sentido em que a Septuaginta o entende aqui: "Καὶ τοῖς διαλογισμοῖς σου οὐχ ἔστι τις ὁμοιωθήσεται σοι"; – "e em teus pensamentos não há ninguém que possa equiparar-se a ti." Street traduz: "Não há ninguém que se possa comparar a ti"; e observa que mais de sessenta cópias da coleção do Dr. Kennicott têm ערוך, aqui particípio passivo, em vez de ערך".

mentes não poderem, em virtude de seu próprio embotamento, atingir tão imensa altitude. Em seguida, *a ti*, porque, embora estejamos tão longe de ponderar quão maravilhosamente o Senhor é capaz de fazer provisões para nossas necessidades, contudo tal consideração é limitada pela imperfeição de nossa compreensão; daí ser ela insuficiente demais para atingir a infinita glória de Deus. Os que apresentam esta exposição, de que *os conselhos de Deus* não se referem a ele, visto que a maioria dos homens imagina que tudo se acha sujeito ao acaso e à fortuna, como se Davi tencionasse de passagem censurar a ingratidão dos que defraudam a Deus de seu louvor, indubitavelmente estão equivocados quanto ao significado. Ao declarar, como Davi o faz, imediatamente depois, dizendo que, por mais que se pusesse a recitar as obras de Deus, no entanto fracassaria em não poder recitar a metade delas. Ao declarar tal coisas, ele mostra com suficiente clareza que a santa e devota meditação, em que os filhos de Deus freqüentemente se vêem envolvidos, só lhes comunica, por assim dizer, um leve sabor delas e nada mais. Chegamos então à intenção do salmista. Havendo falado antes do livramento que a Deus aprouve conceder-lhe, ele aproveita a oportunidade para anunciar a providência geral de Deus na nutrição e na preservação dos homens. Faz parte de seu propósito também exortar os fiéis a uma consideração da providência de Deus, para que não hesitassem em lançar sobre ela toda a sua preocupação. Enquanto alguns se vêem em constante dor em virtude de sua própria ansiedade e descontentamento, ou se estremecem ante a mais leve brisa que vêem soprar, e outros labutam duramente para fortificar e preservar sua vida fazendo uso dos recursos terrenos – tudo isso procede da ignorância da doutrina que ensina que Deus governa os negócios deste mundo segundo próprio beneplácito. E visto que a grande maioria dos homens, medindo a providência divina por seu próprio entendimento, impiamente a obscurecem ou a degradam, Davi, colocando-a em sua base própria, sabiamente remove este impedimento. O sentido da expressão, pois, equivale a isto: nas obras de Deus, os homens devem reverentemente admirar que não podem compreender por sua própria razão; e sempre que a carne os move à contradição e à murmuração, devem elevar-se acima do mundo. Se Deus cessa de agir, é como se ele dormitasse, porque, restringindo suas mãos ao uso externo dos meios, não consideramos que ele age por meios que são ocultos. Portanto, desta passagem podemos aprender que, embora a razão de suas obras nos seja oculta ou desconhecida, ele, não obstante, é prodigioso em seus conselhos.

Este versículo está estreitamente conectado ao precedente. Ninguém põe, como deveria, inteira confiança em Deus, senão aquele que, fechando seus olhos para as circunstâncias externas, se deixa governar por ele em consonância com seu beneplácito. Além do mais, havendo falado até aqui na terceira pessoa, Davi agora, repentinamente, dirige seu discurso a Deus – contudo não inadvertidamente –, para ele nos leve o mais eficazmente possível a esta sobriedade e discrição. Não obstante, ao afirmar que as obras de Deus não podem ser distintamente conhecidas por nós, ele o faz não com o propósito de dissuadir-nos de buscar o conhecimento delas ou do exame delas, mas unicamente para pôr certa restrição em nossa temeridade, a qual de outra forma ultrapassaria as devidas fronteiras neste aspecto. Com isto em vista, as palavras *a ti*, ou *diante de ti*, são expressamente empregadas, pelas quais somos admoestados quanto ao seguinte: por mais diligentemente uma pessoa se põe a meditar sobre as obras de Deus, ela só pode alcançar as superfícies ou as bordas delas. Embora sendo assim uma grande altitude, muito acima de nosso alcance, devemos, não obstante, diligenciar-nos, o quanto nos for possível, por aproximar-nos dela mais e mais mediante contínuo progresso; ao vermos também a mão divina estendida para descortinar-nos, o quanto nos é oportuno, aquelas maravilhas que por nós mesmos somos incapazes de descobrir. Não há nada mais absurdo do que simular, propositadamente, uma grosseira ignorância da providência de Deus, uma vez que não podemos compreendê-la perfeitamente, a não ser discerni-la só em parte. Mesmo em nossos dias encontramos pessoas que empregam toda a sua diligência em sepultá-la no esquecimento, com nenhuma outra pretensão senão porque ela excede nosso entendimento, como se fosse irracional permitir a Deus algo mais senão o que nos parece certo e próprio, segundo nossa razão carnal. Davi age de forma muito diferente ao considerá-la. Sentindo todos os seus sentidos absorvidos por uma inconcebível majestade e fulgor, para os quais ele sequer consegue olhar,[9] ele confessa francamente que tais coisas são maravilhosas demais, das quais ele não podia compreender com a razão. Mas ainda não abstém totalmente e de por toda parte fazer menção delas, mas, segundo sua capacidade, se põe com devoção a meditar sobre elas. Disto aprendemos quão estulta e vã coisa é dizer, à guisa de prudência, que ninguém deve falar dos conselhos ou propósitos de Deus, visto que são por demais sublimes e incompreensíveis. Davi, ao contrário, ainda que estivesse disposto a ponderar sobre sua importância, cessou, não de contemplá-las, e se absteve, não de falar delas, porque sentiu ser uma tarefa ímpar o repeti-las, mas ficou contente, depois de haver declarado sua fé neste tema, em concluir seu discurso com sua admiração.

[vv. 6-8]
Tu não tens prazer em sacrifício e oblação; furaste minhas orelhas; nem holocausto nem oferta pelo pecado os requereste. Então eu disse: Eis aqui venho; no rolo do livro está escrito a meu respeito: que eu faça tua vontade, ó meu Deus! Tenho-me deleitado em fazê-la, e tua lei está no âmago de minhas entranhas. [Hb 10.5]

6. Tu não tens prazer em sacrifício e oblação. Nesta expressão Davi oferece não só o sacrifício de louvor, ou, como o profeta Oséias o chama [14.2], "os novilhos dos lábios", mas, como emblema de sua gratidão, se oferece e se consagra inteiramente a Deus; como se quisesse dizer: Agora me sinto totalmente devotado a Deus, porque, havendo sido liberto por seu maravilhoso poder, sou duplamente devedor a ele por minha vida. Ao mesmo tempo, tratando do verdadeiro culto

---

9 "Sentant tous ses sens engloutis d'une majesté et resplendendeur infinie, que sa veuë ne pouvoit porter." – *v.f.*

divino, ele mostra que ele consiste, não de cerimônias externas, e, sim, daquele que é espiritual. Conseqüentemente, o significado é este: ele chegou à presença de Deus, não simplesmente com pompa externa ou cerimônia e figuras da lei, mas trazia consigo a verdadeira devoção do coração. Sabemos, aliás, que todos os homens possuem algum senso de religião impresso em seus corações, de modo que ninguém ousa desvencilhar-se pública e totalmente de seu culto, e no entanto a maioria dos homens se esquiva, caminhando por veredas sinuosas e fraudulentas; e daí sucede que, servindo a Deus de maneira perfunctória, seu culto não passa de zombaria a ele dirigida. Vemos, pois, a razão por que Davi, na presente ocasião, mostra em que consiste o genuíno culto que agrada a Deus, ou seja: para que ele saiba distinguir entre si mesmo e os hipócritas, que se aproximam de Deus meramente com seus lábios, ou, pelo menos, para pacificá-lo com cerimônias frígidas e sem significado.

Agora chegamos à exposição dos termos. Não tenho dúvida de que Davi, sob os quatro diferentes tipos de sacrifícios que ele aqui enumera, abrange todos os sacrifícios da lei. Sua intenção, para expressá-la em poucas palavras, consiste em que Deus não requer meras cerimônias daqueles que o servem, mas que se satisfaz unicamente com a sinceridade do coração, com a fé e santidade de vida. E Deus não tem prazer algum meramente no santuário visível, no altar, na queima de incenso, na morte de animais, na iluminação, nos aparelhos caros e nas abluções externas. À luz disto ele conclui que precisava ser guiado por outro princípio, e observar outra regra no culto divino, além de uma mera atenção a essas coisas, a fim de dedicar-se totalmente a Deus.

Furaste minhas orelhas. Há quem pense que ao usar esta forma de expressão, Davi faz referência ao ritual sob a lei do qual lemos em Êxodo 21.6. Se algum escravo, ao chegar o tempo de ser ele desobrigado da servidão, não fizesse conta de sua liberdade, ele era levado ao lugar de julgamento público, e havendo declarado que desejava continuar em servidão, seu senhor furava sua orelha com uma sovela, com uma marca de escravidão perpétua. Esse método de interpretação, porém, parece um tanto forçado e sutil.[10] Ainda outros simplesmente consideram que ela é do significado para tornar adaptado ou qualificado para o serviço, pois Davi não menciona apenas um ouvido, mas ambos. Os homens, bem sabemos, são inerentemente surdos, porquanto são tão obtusos, que seus ouvidos permanecem tapados até que Deus os fure. Por esta expressão, portanto, se denota a docilidade com que somos conduzidos e modelados pela graça do Espírito Santo. Entretanto, aplico esta forma de expressão mais estreitamente ao escopo da passagem que se acha diante de nós, e a explico neste sentido: Davi não era de audição morosa e obtusa, como geralmente são os homens, de modo que ele não podia discernir nada, senão o que o que terrena nos sacrifícios, mas que seus ouvidos haviam sido purificados para que ele fosse melhor intérprete da lei e capaz de submeter todas as cerimônias externas ao culto espiritual de Deus. Ele embute a frase, *Furaste minhas orelhas*, por assim dizer, entre parêntesis, enquanto trata francamente dos sacrifícios, de modo que a frase pode ser explicada desta maneira: Senhor, abriste meus ouvidos para que eu distintamente entenda tudo o que ordenaste concernente aos sacrifícios, ou seja, que de si mesmos não te oferecem nenhum prazer;

---

10 As objeções a esta interpretação são as seguintes: 1. Que o verbo כרה, *carah*, aqui usado, não significa *furar*, mas que a idéia radical da palavra é *fincar, esburacar*, como furar um poço (Gn 26.25); uma cova (Sl 7.15); cavar ou abrir uma sepultura na rocha (2Cr 16.14); e daí a achamos transferida das grutas do sepulcro para as presas de natureza humana (Is 51.1, 2). Williams, vendo o verbo como propriamente significando *furado, cavado* ou *cortado*, no sentido de *formar*, explica as palavras como se o salmista dissesse: "Meus ouvidos tu os fizeste, ou *preparaste*, para a mais exata e completa obediência." Stuart (Commentary on Heb. x.5), e Davidson (Sacred Hermeneutics, p. 461), vendo a palavra como que significando *furado, cavado*, simplesmente no sentido de *aberto*, traduz assim: "Meus ouvidos tu abriste"; o que ele explica assim: Tu me fizeste obediente, ou Estou inteiramente devotado ao teu serviço; observando que *abrir* ou *destapar* o ouvido era uma expressão costumeira entre os hebreus, significando revelar algo a alguém, inclusive a idéia de ouvir a comunicação, seguido de pronta obediência (Is 1.5; 1Sm 20.2). Há outro verbo com as mesmas letras radicais, que significa *comprar* ou *suprir*, e este é o sentido em que a LXX entendeu כרה, *carah*, como se faz evidente à luz de sua tradução para κατηρτίσω. 2. Que o verbo usado em Êxodo não é כרה, como aqui, mas רצע, *ratsang*. 3. Que só uma orelha era furada, como transparece das passagens no Pentateuco em que se descreve o ritual. Mas aqui se usa o número dual, denotando ambas as orelhas. À luz destas considerações, conclui-se que não há aqui qualquer alusão ao costume de furar a orelha de um servo sujeito à lei.

porque tu, que és Espírito, não te deleitas nesses elementos terrenos e não necessitas de carne nem de sangue; portanto, requeres algo de natureza muito mais excelente e muito mais celestial. Não obstante, se se objetar, dizendo que os sacrifícios eram oferecidos pelo expresso mandamento de Deus, eu já disse que Davi, nesta passagem, distingue entre o culto espiritual de Deus e aquele que consistia de tipos e sombras externas. E ao fazer esta comparação, não é de se admirar encontrá-lo dizendo que os sacrifícios não são de valor algum, visto que não passavam de auxílios destinados a conduzir os homens à genuína piedade, e se destinavam a um fim muito mais elevado do que aquele que inicialmente era aparente. Visto, pois, que Deus fez uso destes elementos, com o fim único de levar seu povo aos exercícios da fé e do arrependimento, concluímos que ele não se deleitava em ser cultuado mediante os sacrifícios. Devemos ter sempre em mente que, tudo quanto não agrada a Deus, visando a seu próprio bem, mas somente até onde ele leva a algum outro fim, se é posto no lugar de seu culto e serviço verdadeiros, é por ele rejeitado e se desvanece.

7. Então eu disse: Eis aqui venho. Pelo advérbio *então* ele notifica que não seria um bom aluno e capaz de tirar proveito da instrução, enquanto Deus não abrisse seus ouvidos; mas tão logo recebesse instrução pelas secretas inspirações do Espírito, ele nos diz que, então, seu coração estava pronto a devotar-se a uma obediência voluntária e jovial. Aqui verdadeira obediência apropriadamente se distingue de uma constrangedora e escrava sujeição. Todo serviço, pois, que os homens ofereçam a Deus será fútil e ofensivo a seus olhos a menos que ao mesmo tempo ofereçam a si próprios; e, além do mais, este oferecimento de si mesmo não é de nenhum valor a menos que seja feito espontaneamente. Estas palavras, *Eis aqui venho*, devem ser bem observadas, bem como as palavras, *Tenho me deleitado em fazer a tua vontade*. Pois a palavra hebraica, חפצתי, *chaphatsti*, significa: Estou bem contente, ou: Espontaneamente concordo. Aqui Davi indica sua prontidão em revelar obediência, com cordial afeto de seu coração e perseverante resolução. Sua linguagem implica que ele cordialmente preferiu o serviço divino a qualquer outro desejo e ocupação, e tinha não só aceito uma voluntária sujeição, mas também abraçado a norma de uma vida piedosa e santa, com um propósito fixo e determinado de aderir a ela. Isso ele confirma ainda mais na terceira cláusula do versículo, onde ele diz que a *lei de Deus* estava profundamente *arraigada no âmago de suas entranhas*.[11] Daqui se depreende o seguinte: primeiro, por mais belas e esplêndidas as obras humanas pareçam, não obstante, a menos que emanem da fonte viva do coração, não são em nada melhores que mera pretensão; e, segundo, que não levaria a nada que os pés, as mãos e os olhos fossem idealizados com o fim de guardarem a lei, a menos que a obediência tenha o coração como ponto de partida. Além do mais, transparece de outros textos da Escritura que o ofício peculiar do Espírito Santo consiste em gravar a lei de Deus em nossos corações. Deus, é verdade, não efetua sua obra em nós como se fôssemos granitos ou troncos, atraindo-nos para si sem que nossos corações sentissem emoção ou anelo por ele. Visto, porém, que há em nós, inerentemente, uma vontade, a qual, não obstante, é depravada em virtude da corrupção de nossa natureza, assim que, sempre que ela nos inclina para o pecado, Deus a muda para melhor, e assim nos conduz cordialmente em busca da justiça, para com a qual nossos corações previamente eram completamente avessos. Daí vem a lume que a verdadeira liberdade, a qual obtemos quando Deus molda nossos corações para obedecê-lo, os quais anteriormente jaziam na escravidão do pecado.

No rolo do livro. Uma vez que a Septuaginta fez da palavra *cabeçalho*, em vez de *rolo*,[12] alguns têm se inclinado a filosofar sobre esta

---

[11] Esta é a tradução literal do hebraico, e significa: "Para mim é tão querida quanto a própria vida (Jo 6.38; Jó 38.36).

[12] Antigamente, os livros não consistiam, como os nossos, de um número de folhas distintas coladas juntas, mas eram compostos de tiras de pergaminho unidas umas às outras e enroladas em cilindros de madeira para preservação, como são hoje nossos mapas geográficos. E nesta forma estão todos os MSS. sacros das sinagogas judaicas até hoje. *O rolo do livro*, pois, simplesmente significa *o próprio livro*. Com respeito à redação da Septuaginta, "Εν κεθαλίσδι βιβλίου" – "No cabeçalho do livro", e a qual Paulo, em Hebreus 10.7, cita em lugar do texto hebreu; esta é uma expressão que a LXX emprega simplesmente para significar *o livro*, como em Esdras 6.2; Ezequiel

cláusula com tanto refinamento de especulação, que se expõem ao ridículo por sua estultas e simplórias invenções. Mas a etimologia da palavra במגלת, *bemegilath*, é a mesma da palavra latina, *volumen*,[13] o que chamamos de *um rolo*. Faz-se necessário determinar em que sentido Davi reivindica particularmente para si o que é comum ou igual a todos os homens. Visto que a lei prescreve a todos os homens a norma de uma vida santa e íntegra, não transparece, pode-se dizer, que o que aqui se afirma pertença a um único homem ou a algum grupo de homens. Eis minha resposta: embora a doutrina literal da lei pertença a todos os homens em comum, contudo, visto que em si mesma ela é morta, não passando de golpes no ar, Deus ensina a seu próprio povo de outra maneira; e que, visto que o ensino interno e eficaz do Espírito é um tesouro que lhes pertence de forma peculiar, está escrito a seu respeito somente no livro secreto de Deus que cumprirão sua vontade. A voz de Deus, aliás, ressoa através do mundo inteiro; mas ela só penetra o coração dos santos, em favor de quem a salvação está ordenada. Portanto, como um general registra os nomes de seus soldados para que possa saber seu número exato, e como um diretor escreve os nomes de seus alunos num livro de registro, assim Deus escreveu os nomes de seus filhos no livro da vida, para que pudesse retê-los debaixo do jugo de sua própria disciplina.

Resta ainda outra dificuldade relacionada a esta passagem. O Apóstolo, em Hebreus 10.5, parece distorcer esta passagem, quando restringe a Cristo só, o que é falado de todos os eleitos, e expressamente disputa que são invalidados os sacrifícios sob a lei, os quais diz

---

2.9 e 3.1-3; e não o *início* ou *o cabeçalho do livro*. No tocante à extremidade ou o cilindro no qual o כפר, βιβλιου, livro ou manuscrito era enrolado, era *cabeças* ou *saliências arredondadas* por questão de conveniência para os que usavam os manuscritos. A *saliência* ou *cabeça*, κεθαλις é aqui tomada como *uma parte* substituindo *o todo*. Portanto, Κεθαλις βιβλίου significa Βιβλιου, ou ספר, com um κεθαλις, isto é, um rolo manuscrito. – *Stuart on Heb. x.7*. Por isso se faz evidente que não devemos entender esta frase, *o cabeçalho do livro*, como uma referência à profecia em Gênesis 3.15. No tocante ao que o livro aqui se refere há certa diversidade de opinião entre os intérpretes. Alguns o entendem como sendo o livro dos decretos divinos, outros o Pentateuco e ainda outros tudo o que foi escrito acerca de Cristo "na Lei de Moisés, nos Profetas e nos Salmos".

13 Volumen procede de *volvo, eu enrolo*.

Davi não serem agradáveis a Deus comparavelmente à obediência do coração. E ao citar as palavras da Septuaginta[14] em vez de diretamente as palavras do profeta, ele infere delas mais do que Davi pretendia ensinar. Quanto à restrição que ele faz nesta passagem à pessoa de Cristo, a solução é fácil. Davi não fala só em seu próprio nome, mas mostrou em geral o que pertence a todos os filhos de Deus. Mas ao ter a visão de todo o corpo da Igreja, era necessário que nos sujeitasse à própria cabeça. Não há objeção alguma em que Davi logo depois impute a seus próprios pecados as misérias que ora suporta; pois não é de forma alguma algo incomum descobrirmos que nossos erros, por uma forma de expressão não estritamente correta, transferidos para Cristo. Quanto à invalidação dos sacrifícios sob a lei, eis minha resposta: Sua invalidação pode ser corretamente inferida da linguagem dos profetas; pois este não é como muitos outros lugares em que Deus condena e rejeita os sacrifícios que foram oferecidos por hipócritas, e que lhe eram com razão ofensivos em virtude de sua impureza; pois nestes Deus condena a cerimônia externa em virtude do abuso e corrupção dela, o qual a tornava numa mera zombaria. Enquanto que nesta passagem, quando o Profeta fala de si mesmo como alguém que adorava

---

14 A Septuaginta aqui tem a redação: "Σῶμα δὲ κατηρτίσω μοι"; – "Mas um corpo preparaste [ou adequaste] para mim." Esta redação difere amplamente daquela de nossas Bíblias Hebraicas; e, por essa conta, os críticos e comentaristas têm lançado mão de várias conjeturas, nem o tema se isenta de considerável dificuldade. Alguns pensam que a Septuaginta foi corrompida, e outros, que foi o texto hebraico. Grotius é de opinião, e é seguido por Houbigant, que a redação original da Septuaginta era ἄκουσμα, *auditum*, que depois, no processo de transcrição, foi mudada para σῶμα; enquanto Drs Owen e Hammond pensam que a redação original era ὠτία, *ouvidos*. Kennicott conjetura que o texto hebreu foi mudado de גוה אז, *az gevah*, então *um corpo*, para אזנים, *aznayim*, *ouvidos*; conjetura esta que encontra a aprovação do Dr. Lowth, Dr. Adam Clarke e do Dr. Pye Smith. Mas está longe de apoiar a exatidão do texto hebreu como o temos agora, com a qual as versões Siríaca, Caldaica e Vulgata concordam, e que em todos os manuscritos coletados por Kennicott e De Rossi não há uma única variação. Com respeito à citação que o Apóstolo faz da Septuaginta e não do texto hebreu, é suficiente dizer que ele assim o fez por estar a Septuaginta, então, em pleno uso. E é digno de observação que seu argumento não depende das palavras σῶμα δὲ κατηρτίσω μοι; seu propósito era mostrar a insuficiência dos sacrifícios legais e para estabelecer a eficácia da obediência de Cristo à morte. E seu argumento seria igualmente completa tivera ele omitido estas palavras; pois ele não dependia da *forma* da obediência. – Veja-se a apta dissertação do Arcebispo Secker, sobre o tema no Appendix to Merrick's Notes on the Psalms; e Stuart sobre Hebreus 10.5, e Excursus xx.

a Deus sinceramente, e no entanto nega que Deus tenha prazer em tais sacrifícios, pode-se facilmente inferir que os rudimentos nos quais Deus manteve jungido seu antigo povo por algum tempo tinham outro propósito em vista, e não passavam de infantis instruções destinadas a prepará-los para alguma condição mais elevada. Mas se sua verdade e substância se acham contidas em Cristo, é certo que foram abolidas com seu advento. É verdade que estavam ainda em vigor no tempo de Davi; e no entanto ele nos admoesta que o genuíno culto devido a Deus, mesmo quando celebrado sem sacrifícios, era perfeito e completo em todas as suas partes e em todos os lugares; e que as cerimônias são coisas que podem ser consideradas não essenciais e, por assim dizer, não adventícias. Isto é digno de observação, ou seja, saibamos que Deus, mesmo depois de remover as figuras que ordenara por certo tempo, a semelhança dele mesmo nunca cessa; pois nesses cultos exteriores ele visava unicamente os homens. Quanto ao fato de que o Apóstolo, seguindo a Septuaginta, fez a palavra *corpo* subserviente a seu próprio uso, a qual não é usada aqui por Davi, não há qualquer inconsistência em tal alusão. Pois ele não se ocupa expressamente de expor e explicar, em cada ponto, a intenção do salmista; mas, como já havia dito que, pelo singular sacrifício de Cristo todos os demais foram abolidos, ao mesmo tempo acrescenta que um corpo foi preparado para Cristo a fim de que, mediante a oferenda dele, pudesse cumprir a vontade de Deus.

> [vv. 9-11]
> Tenho proclamado tua justiça na grande assembléia; eis que não refreei meus lábios; ó Jehovah, tu o sabes! Não ocultei tua justiça dentro de meu coração; declarei tua verdade e tua salvação; não escondi tua bondade nem tua verdade na grande assembléia. Tu, ó Jehovah, não desvies de mim tuas ternas misericórdias; que tua benevolência e tua verdade me preservem sempre.

9. Tenho proclamado tua justiça na grande assembléia. Nesta expressão Davi uma vez mais apresenta sua gratidão pessoal, e por nenhuma outra razão senão para induzir a Deus a continuar exercendo sua bondade para com ele. Sempre que Deus manifeste sua liberalidade para conosco, também nos encoraja a render-lhe graças; e prossegue agindo em nosso favor de forma semelhante quando vê que somos gratos e cônscios do que ele nos tem feito. Em primeiro lugar, Davi faz uso simplesmente da palavra *justiça*; mas ela deve ser subentendida como sendo a justiça divina, a qual expressamente menciona logo depois. Tampouco diz que oferecia seu louvor a Deus só no sentimento secreto do coração, ou de forma privativa, mas o havia publicamente proclamado na assembléia solene, ainda quando, naqueles dias, os fiéis costumavam testificar de sua devoção, apresentando a Deus ofertas pacíficas, assim que eram libertados de algum grande perigo. *A grande assembléia* de que ele fala não deve ser entendida como sendo a concorrência do povo que comparecia em reuniões formais ou em praça pública, mas denota a Igreja de Deus genuína e legitimamente constituída, a qual, sabemos, se reunia no recinto de seu santuário. Por conseguinte, ele declara que não havia escondido a justiça divina em seu coração, a qual nos faz publicamente conhecidos pela edificação recíproca. Os que a ocultam em seus corações estão seguramente buscando o quanto podem fazer que a memória divina seja sepultada no olvido. Ele invoca a Deus como testemunha deste fato, não só para fazer distinção entre ele e os hipócritas, os quais amiúde proclamam ruidosamente e com toda a sua força, os louvores de Deus, e contudo fazem isso sem a menor fagulha de afeto; mas também para tornar o mais sobejamente óbvio que ele, sincera e ardentemente, fizera ressoar os louvores de Deus, e fora prudente em não defraudá-lo da menor parte deles. Esta afirmação nos ensina que o tema do qual ele aqui tratava não era de pequena importância; pois embora Deus de forma alguma careça de nossos louvores, contudo sua vontade é que este exercício, por diversas razões, prevaleça em nosso meio.

10. Não ocultei tua justiça dentro de meu coração. Aqui se faz necessário observar o acúmulo de termos que são empregados para denotarem a mesma coisa. À justiça de Deus o salmista acrescenta sua verdade, sua salvação e sua misericórdia. E qual é o propósito disto senão para magnificar e ressaltar a bondade de Deus através de muitos termos ou expressões de louvor? É preciso, contudo, notar em que aspectos estes termos diferem; porque desta forma poderemos determinar em que aspectos se aplicam ao livramento sobre o qual Davi aqui discursa. Se estas quatro coisas forem tomadas em devida ordem, *misericórdia* manterá o primeiro lugar, como aquele elemento pelo qual só Deus se induz a dignar-se a abençoar-nos. Sua *justiça* é a proteção pela qual ele constantemente defende a seu próprio povo, e a bondade pela qual, como já dissemos alhures, ele o preserva. E, para que não haja dúvida alguma de que ela fluirá num curso constante e ininterrupto, Davi acrescenta, em terceiro lugar, a *verdade*; pela qual somos instruídos de que Deus prossegue sendo sempre o mesmo, e que jamais se cansa de socorrer-nos nem em tempo algum nos deixa escapar de sua mão. Ao mesmo tempo há implícito nisto uma exibição de suas promessas; pois nenhum outro jamais se apropriará corretamente da justiça divina senão aquele que a abraça como ela lhe é oferecida e apresentada na Palavra. *Salvação* é o efeito da justiça, pois Deus continua a manifestar a seu povo seu gracioso favor, oferendo-lhe diariamente auxílio e assistência, até que o mesmo seja completamente salvo.

11. Tu, ó Jehovah, não desvies de mim tuas ternas misericórdias. Agora sabemos com mais clareza, sobre o quê tenho apenas advertido, que Davi fala de sua gratidão pessoal, a fim de que assegurar-se do contínuo e divino favor para consigo. E que abriu sua boca a entoar os louvores de Deus, para que continuasse adquirindo novos favores, contra os quais nosso perverso e ingrato silêncio mui amiúde fecha a porta. Devemos, pois, cuidadosamente observar a relação que a cláusula, na qual Davi afirma não ter fechado seus lábios, comporta o que se segue, ou seja, que Deus, de sua parte, não reduziria nem interromperia o curso de suas misericórdias; porque por esse intermédio somos instruídos que Deus estaria sempre pronto a receber-nos por sua bondade, ou, melhor, que a derramaria sobre como de uma fonte infalível, caso nossa própria ingratidão não interferisse ou obstruísse seu curso. *As ternas misericórdias* de Deus, o que ele expressa fazendo uso do termo רחמיד, *rachamecha*, e do que ele aqui fala, difere muito pouco de sua bondade. Entretanto, não era sem causa que Davi decidisse fazer tal distinção. Primeiro, só podia ser porque ele era incapaz de satisfazer-se com outro método enaltecer a graça de Deus; e, segundo, porque era um requisito para mostrar que a fonte da qual procediam a misericórdia e a bondade divinas, quando Deus se movia em compadecer-se ante nossas misérias em socorrer-nos e em ajudar-nos. Ele então põe sua confiança salvífica na benevolência e na fidelidade de Deus, visto que devemos necessariamente começar (como eu disse um pouco antes) com o gracioso favor de Deus, para sua liberalidade se estenda até nós. Mas visto que somos incapazes de discernir que Deus é gracioso para conosco até que ele nos conceda mais certeza de seu amor, sua constância é, com muita propriedade, posta em conexão com sua veracidade em cumprir suas promessas.

[vv. 12-15]
Pois incontáveis males me têm rodeado de todos os lados; minhas iniqüidades me têm se apoderado de mim, de modo que não posso ver;[15] excedem o número dos cabelos de minha cabeça; e meu coração desfalece. Digna-te, ó Jehovah, em livrar-me; apressa-te, ó Jehovah, em socorrer-me. Sejam juntamente envergonhados e confundidos os que buscam minha vida para a destruir; tornem atrás e se envergonhem os que buscam meu mal. Sejam destruídos como recompensa de sua afronta os que me dizem:[16] Ah! Ah!

12. Pois incontáveis males me têm rodeado de todos os lados. Esta frase, no original, denota mais do que se pode expressar em qualquer tradução; pois ele diz, עלי, *alay*, *sobre mim*, significando com isto que não se achava apenas sitiado de todos os lados, mas que também um acúmulo de males comprimia sua cabeça. Ele, contudo, agora não se queixa de ser punido injustamente ou além de seu merecimento, senão que confessa claramente que a punição é a justa recompensa de seus pecados que lhe é paga. Porque, embora a palavra עון, *avon*, a qual

---

15 "Mês iniquitez m'ont atrtappé, *voire en si grand nombre* que ne *les* ay peu veoir." – *v.f.* "Minhas iniqüidades têm se apoderado de mim, *em número tão grande* que não posso *vê-las*."
16 "Ou, dit de moy." – *n.m.f.* "Ou, que têm dito a meu respeito."

traduzimos por *iniqüidade*, significa também *o castigo da iniqüidade* (como vimos alhures mais de uma vez); no entanto, é preciso que levemos em conta a derivação da palavra.[17] Por conseguinte, visto que Davi denomina as aflições que suportava de o fruto ou efeito de suas transgressões, há implícito nisto uma humilde confissão, à luz da qual podemos deduzir com que reverência e mansidão ele se submetia aos juízos divinos, visto que, quando esmagado pelo acúmulo de misérias, ele expõe seus pecados em toda sua magnitude e agravante, para que Deus não lhe fosse suspeito de indevida severidade. Ao vermos Davi sendo tratado com tamanha severidade, aprendamos também, ao sermos oprimidos com aflições extremas, e estivermos gemendo debaixo delas, a humildemente implorar a graça e a misericórdia de nosso Juiz. Tampouco é seu propósito mostrar que ele fora estúpido e empedernido, ao dizer: *meu coração desfaleceu* ou *me abandonou*. Sua linguagem significa que não apenas estava quebrantado, mas que jazia como se estivesse morto. No entanto é preciso entender este *desmaio* ou *desvanecimento do coração* como uma referência às comoções da carne. Pois sua perseverança em oração é uma prova infalível de que sua fé nunca fora totalmente extinta. Visto, porém, que ficara, no que toca a uma pessoa, destituído de conselho e totalmente sem força, não sem razão que ele diga que seu coração desfalecera nele.

13. Digna-te, ó Jehovah, em livrar-me. O verbo de que Davi faz uso aqui significa desejar uma coisa de pura bondade e boa vontade.[18] Ele deseja, pois, ser libertado pela graciosa mercê divina. Quanto ao seu desejo de que Deus *se apressasse*, já falamos dele em outra parte. Mesmo quando Deus se delonga em socorrer-nos, é nosso dever lutar contra o senso de aborrecimento; mas tal é sua bondade que ele nos permite usar esta forma de oração, a saber: que ele se apresse segundo nossos anseios. Então, segundo sua prática usual, intiman-

---

17 A palavra עָוֹן, *avon*, é derivada de עָוָה, *avah, ele ficou curvo, oblíquo*; e daí o substantivo significar *iniqüidade, depravação, perversão*. Mas é também traduzido pelo castigo devido à iniqüidade.
18 "רָצָה, retse, *estar contente*. De רָצָה, *ratsah, ele quis bem, ficou satisfeito, aceitou*, inclusive algum mérito como base para tal aceitação." – *Bythner's Lyra*.

do seus inimigos a comparecerem perante o tribunal de Deus, ele se sente confiante de que, em virtude da crueldade e ódio injusto e perverso deles, ele obterá o que pede. É preciso que mantenhamos como um princípio fixo que, quanto mais injustamente nossos inimigos nos aflijam, e quanto mais cruelmente nos prejudiquem, tanto mais Deus se dispõe a oferecer-nos seu socorro. Já falamos várias vezes dos sentimentos com que Davi pronunciava tais imprecações, e faz-se necessário novamente aqui renovar nossa memória sobre o tema, para que alguém, ao dar rédea solta às suas emoções, não apresente o exemplo de Davi como paliativo ou justificativa. Esta perversa e falsa imitação por parte daqueles que seguem o poderoso impulso da carne, em vez de se deixarem guiar pelo zelo do Espírito, deve ser sempre relegada à condenação.

Quando o salmista ora [v. 15] para que seus inimigos *fossem destruídos como recompensa de sua afronta*, o sentido é o seguinte: visto que o único desejo deles é ver-me oprimido com afrontas, a fim de que, enquanto assim apavorado e confuso, eles me transformem num objeto de desprezo, assim também que uma confusão semelhante caia sobre suas cabeças. Na segunda cláusula do versículo, ele descreve a natureza desta confusão, relacionando os termos de sua triunfante perversidade, pelos quais lançavam desprezo sobre ele enquanto estivesse oprimido pela miséria e aflição. Aqui somos assim instruídos: quando nossos inimigos nos tiverem perseguido ao ponto máximo, uma recompensa lhes é também preparada; e que Deus se voltará e fará que caia sobre suas próprias cabeças todo o mal que engendraram contra nós. E esta doutrina deve funcionar como um restringente em nós, para que nos portemos compassiva e bondosamente para com nosso próximo.

[vv. 16-17]
Alegrem-se e se regozijem todos os que te buscam; e os que amam tua salvação, digam continuamente: Jehovah seja magnificado! Eu, porém, sou pobre e necessitado: Jehovah tem cuidado de mim; tu és meu auxílio e meu libertador; tu, ó meu Deus, não demores!

16. Alegrem-se e se regozijem todos os que te buscam. Nesta expressão Davi usa outro argumento – argumento este ao qual alude com freqüência em outros passos – a fim de obter livramento; não que seja necessário apresentar razões para persuadir a Deus, mas porque é proveitoso para confirmar nossa fé com tais suportes. Visto, pois, ser a vontade de Deus que seja ele conhecido em seu gracioso caráter, não de um ou de dois, mas de todos os homens em geral, sempre que se digne livrar a algum de seus filhos, é um comum benefício que todos os fiéis devem aplicar a si mesmos, quando vêem na pessoa de alguém de que maneira Deus, que nunca é inconsistente consigo mesmo, agirá em relação a seu povo. Davi, pois, mostra que nada pede para si, como indivíduo, e, sim, o que pertence à Igreja toda. Ele ora para que Deus alegre os corações de todos os santos, ou ofereça a todos um motivo comum de regozijar-se; de modo que, assegurados da prontidão divina em ajudá-los, poderão recorrer a ele com muito mais alacridade. Daqui concluímos que, no caso de cada indivíduo, Deus fornece uma prova de sua bondade para conosco. O adendo, **os que amam tua salvação**, é também digno de nossa observação. Daqui podemos inferir que nossa fé só se prova ser genuína quando ou esperamos ou desejamos a preservação, não de outra fonte, senão de Deus somente. Os que inventam diversos outras formas ou meios de preservação para si mesmos, neste mundo, desprezam e rejeitam aquela salvação a qual Deus nos instruiu a aguardar tão-somente dele. O que foi dito antes, *os que te buscam*, é do mesmo teor. Se algum indivíduo depender totalmente de Deus e anelar ser salvo por sua graça, que renuncie, pois, a toda vã esperança e a empregar todos os seus pensamentos na recepção da energia divina. Aqui, uma vez mais, é preciso observar que duas coisas se contrastam entre si. Anteriormente, Davi dissera que os ímpios *procuravam* a vida dele; aqui ele atribui aos fiéis um sentimento totalmente contrário, ou seja, que eles buscam a Deus. De forma semelhante, ele relatou os reproches e desdém dos ímpios, quando disse: Ah! Ah!, e agora introduz os santos falando de maneira muito diferente, dizendo: O Senhor seja magnificado!

17. Eu, porém, sou pobre e necessitado. Nesta cláusula concludente, ele associa oração com ação de graças, embora seja possível que esteja a registrar um pedido que já havia feito quando estivera envolto por perigos extremos. A primeira cláusula do versículo pode ser assim traduzida: Embora eu fosse pobre e miserável, Deus pensava em mim. À medida em que alguém é afligido, e então é desprezado pelo mundo, nossa conclusão é que ele não desfruta de nenhuma consideração por parte de Deus; portanto, é preciso que entendamos firmemente que nossas misérias de forma alguma produzem da parte de Deus uma sensação de enfado em relação a nós, de modo que se lhe torne enfadonho nos socorrer. Não obstante, é preciso que leiamos a cláusula nesta forma: Quando eu era miserável e pobre, o Senhor olhou para minha necessidade; de modo que, por esta circunstância, ele realça a graça de Deus. Se Deus nos antecipa com sua benevolência, e não espera até que a adversidade nos importune, então seu favor para conosco é muito mais evidente. Portanto, esta comparação ilustra mui claramente a glória de Deus no livramento de Davi, já que ele se digna de estender sua mão a um homem que era desprezado e rejeitado por todos os homens; aliás, que era destituído de todo auxílio e esperança. Ora, se se fazia necessário que Davi fosse reduzido a tal extremo, não surpreende se pessoas em condição muito mais humilde sejam freqüentemente humilhadas da mesma maneira, para que sintam e reconheçam absolutamente sério que têm sido libertas do desespero pela mão divina. O significado simples e natural da oração consiste nisto: Senhor, tu és meu auxílio e meu libertador, portanto não demores a vir em meu socorro. Visto ser algo estulto aproximar-se de Deus com a mente e dúvida e oscilante, o salmista se mune de coragem, como costumava fazer em sua própria experiência, e se persuade de que o auxílio divino, pelo qual fora até aqui preservado, não o frustraria.

Salmo 41

Enquanto Davi era severamente afligido pela mão divina, ele percebia que era injustamente acusado pelos homens que o consideravam alguém que já havia sido condenado e devotado a eterna destruição. Envolto por esta provação ele se fortalece pela consolação advinda da esperança. Ao mesmo tempo, ele se queixa em parte da crueldade e em parte da traição de seus inimigos. E embora reconheça que a aflição com que fora visitado era um justo castigo de seus pecados, todavia culpa seus inimigos de crueldade e malícia, visto que prejudicavam e afligiam a alguém que se dedicava sempre a fazer-lhes o bem. Finalmente, ele registra uma expressão de sua gratidão e alegria, porque havia sido preservado pela graça de Deus.

Ao mestre de música. Salmo de Davi.

[vv. 1-3]
Bem-aventurado aquele que julga sabiamente o pobre;[1] Jehovah o[2] livrará no dia do mal. Jehovah o guardará e o conservará com vida; ele será abençoado sobre a terra;[3] e tu não o entregarás à vontade de seus inimigos. Jehovah o sustentará[4] no leito da enfermidade; tu lhe amaciarás todo o seu leito em sua doença.

1. Bem-aventurado aquele que julga sabiamente o pobre. Os intérpretes são geralmente de opinião que aqui se recomenda o exer-

---

1 "C'est, de l'affligé." – *n.m.f.* "Isto é, o aflito."
2 "Asçavoir, l'affligé." – *n.m.f.* "Isto é, o aflito."
3 "Il prosperera en la terre." – *v.f.* "Ele prosperará sobre a terra."
4 "Confortera. " – *texto francês*. "Soulagera." – *texto marginal*. "Confortará."

cício da benevolência e compaixão manifestado no cuidado que se presta aos miseráveis, prestando-lhes auxílio. Entretanto, os que sustentam que o salmista aqui enaltece a ponderada candura daqueles que julgam sábia e caridosamente as pessoas em sua adversidade, formam um melhor juízo de seu significado. Aliás, o particípio משכיל, *maskil*, não pode ser explicado de alguma outra forma. Ao mesmo tempo, é preciso observar por que é que Davi declara ser bem-aventurado os que formam um sábio e prudente juízo acerca das aflições com as quais Deus disciplina seus servos. Já dissemos que em seu próprio coração ele tinha argumentos contra os perversos juízos dos homens insensatos e ímpios, porque, quando a aflição sobrevinha pesadamente sobre ele, a consideração de muitos é que ele caíra em desesperadora condição e estava completamente sem esperança de recobrar-se. Indubitavelmente, sucedeu-lhe justamente o que experimentara o santo patriarca Jó, a quem seus amigos reputaram como sendo o mais perverso dos homens, ao verem Deus tratando-o com grande severidade. E certamente é um erro muitíssimo comum entre os homens olhar para os que se acham oprimidos com angústias como se fossem condenados e réprobos. Visto que, de um lado, a maioria dos homens, julgando o favor divino pelo prisma de um estado incerto e transitório de prosperidade, aplaude os ricos e aqueles para quem, como dizem, a fortuna sorri. E então, do outro lado, agem com desprezo em relação aos que enfrentam infortúnio e miséria, e estultamente imaginam que Deus os odeia por não exercer tanta clemência para com eles como o faz em favor dos réprobos. O erro do qual falamos, ou seja, que a atitude de se julgar injusta e impiamente é algo que tem prevalecido em todas as eras do mundo. As Escrituras em muitas passagens clara e distintamente afirmam que Deus, por várias razões, prova os fiéis com adversidades, numa ocasião para exercitá-los à paciência, e noutra para subjugar as inclinações pecaminosas da carne, e ainda noutra para purificá-los dos resíduos que restam das paixões da carne, os quais ainda habitam neles; às vezes para humilhá-los, às vezes para fazer deles um exemplo para outros, e ainda outras vezes para instigá-los à contemplação da vida celestial. Pois a maioria de nós, é verdade, com freqüência fala temerária e indiscriminadamente acerca de outros, e, ao agir assim, lançam no mais profundo abismo os que lutam em meio à aflição. Para restringir esse espírito temerário e desabrido, Davi diz que são bem-aventurados os que não se permitem, ao falar ao acaso, julgar temerariamente a seu próximo; discernindo, porém, corretamente as aflições pelas quais são visitados, mitigam, pela sabedoria do Espírito, os severos e injustos juízos a que são naturalmente propensos. Já evoquei como exemplo o caso de Jó, a quem seus amigos, vendo-o envolto por extrema miséria, não hesitaram em considerar um proscrito e alguém cujo situação era irremediavelmente sem esperança.[5] Se alguém dotado de candura e possuído e disposição humanitária se deparasse com tal caso, ele o consideraria no exercício da mesma discrição que aqui Davi recomenda. Quanto a nós, sendo admoestados por este testemunho do Espírito Santo, aprendamos a guardar-nos contra um juízo tão precipitado. Devemos, pois, julgar prudentemente nossos irmãos que enfrentam aflição; o que equivale dizer que devemos esperar pela sua salvação, para que, caso os condenemos imerecidamente antes do tempo, esta injusta severidade no fim não venha a cair sobre nossas próprias cabeças. Todavia, é preciso observar-se especialmente o que deveras já observei, a saber: que o objetivo que Davi tinha em mira, quando se viu, por assim dizer, fulminado pelos juízos maliciosos e cruéis que lhe eram direcionados, era fortalecer-se com isto como uma base de consolação, a fim de que não sucumbisse sob a tentação. Portanto, se nalgum tempo Satanás tentar destruir o fundamento de nossa fé, fazendo uso dos juízos temerários e presunçosos dos homens, aprendamos também a recorrer a este artifício da sabedoria para desapercebidamente não cairmos em desespero. Este é o uso próprio da doutrina contida nesta passagem.

Jehovah o livrará no dia do mal. Há quem conecte esta expressão, *no dia do mal*, com a cláusula precedente; e a redação assim

---

[5] "Pour un homme reprouvé et forclos d'esperance de salut." – *v.f.*

sugerida realmente pode ser admitida. A distinção, porém, que eu tenho seguido se adequa melhor ao sentido, e é também apoiada pelo acento hebraico. E assim pelo menos a doutrina deduzida destas palavras é suscetível de um significado mais completo, ou seja, que o Senhor livrará o pobre no dia de sua adversidade. Há quem pense que Davi, nesta expressão, ora por um bênção em favor dos íntegros e compassivos; como se quisesse dizer: que o Senhor mesmo os recompense uma vez mais por sua bondade, se nalgum tempo suceder que sejam gravemente afligido! Outros pressupõem que Davi, nesta expressão, registra a linguagem de tais pessoas, à luz da qual podemos chegar ao conhecimento de sua sabedoria e integridade. Em minha opinião, todavia, ambos estão igualmente errados quanto à redação desta cláusula na forma de um desejo ou oração. Na verdade, quer Davi fale em seu próprio nome, ou no nome de outros, ele sucintamente enaltece e impõe a bondade que devemos exercer em favor dos aflitos; pois embora Deus por algum tempo manifeste seu desprazer contra eles, não obstante, ele será gracioso para com eles, de modo que o resultado finalmente será mais feliz e mais alegre do que o juízo que poderíamos ser levados a formar do presente aspecto das coisas. Agora vemos que o sentido em que tenho explicado este versículo é muito mais copioso e mais pleno de significado, ou seja, que devemos esperar pela salvação e livramento que provêm da mão do Senhor, mesmo no dia da adversidade. Pois, do contrário, ninguém que uma vez tenha caído em estado de sofrimento e tristeza teria condição de erguer-se outra vez. E isto digo, porque o desígnio do Espírito Santo, nesta passagem, não é só exortar os fiéis a se disporem a demonstrar bondade para com seus irmãos quando os virem em angústia, mas também para realçar o remédio que foi providenciado para a mitigação de nosso sofrimento, sempre que nossa fé for abalada pela adversidade.

2. Jehovah o guardará e o preservará com vida. Nesta expressão Davi segue o mesmo sentimento expresso no versículo precedente, quando diz que o Senhor guardará o aflito, cuja destruição cruel e injusta parecia inevitável. É igualmente necessário ter sempre em mente o contraste que é traçado entre o dia do mal e a bênção do livramento. Neste versículo, as expressões, denotando *restauração à vida* e *bem-aventurança sobre a terra*, são de similar importância. Por meio destas expressões, Davi pretende mostrar que embora fosse aparentemente um homem morto, contudo a esperança de vida tanto para ele quanto para os fiéis não havia sido extinta. É verdade que poderia parecer um tanto inconsistente em prometer a si mesmo uma vida feliz neste mundo, visto que nossa condição aqui seria realmente miserável se não tivéssemos a expectativa de um estado melhor no mundo vindouro. Mas a resposta a isto consiste em que, como muitos haviam perdido a esperança de sua recuperação, ele expressamente declara que ele ainda seria restaurado ao seu estado anterior, e continuaria vivo; muito mais, que nele ainda se veria os emblemas do favor divino. Com estas expressões ele não exclui um mínimo sequer da esperança de uma vida melhor após a morte. O que se segue concernente ao *leito de sofrimento* tem levado alguns a conjeturas que, em minha opinião, de forma alguma são prováveis. O que Davi diz da aflição em geral, sem determinar que gênero de aflição, consideram aplicável exclusivamente a doença. Mas não algo incomum que aqueles que se acham estremecidos e entristecidos em sua mente se lancem em seus leitos e busquem repouso; porque o coração humano é às vezes mais afetado pela tristeza do que pela doença. É certamente muitíssimo provável que Davi estivesse naquele tempo aflito por alguma calamidade muito séria, o que poderia ser um sinal de que Deus estivesse bastante descontente com ele. Na segunda cláusula do versículo há certa obscuridade. Há quem entenda a expressão, *amaciar o leito*, no sentido como se Deus, procurando comunicar algum alívio a seu servo, no tempo da angústia, desse ao seu leito um arranjo como costumamos fazer com aqueles que acham enfermos, para que possam deitar-se em algo mais macio.[6]

---

[6] Visto neste sentido, a passagem é belíssima e sublimemente consoladora. Quão refrigerador é na doença ter um leito afofado e cheirando a novo! E esta é maneira pela qual Deus refresca e alivia a pessoa misericordiosa em sua doença. Ele age em relação a tal pessoa como se fosse um

Outros argumentam, e em minha opinião mais corretamente, que quando Davi foi restaurado à saúde, seu leito, que anteriormente lhe servira como um leito de enfermidade, foi *virado*, isto é, foi *mudado*.[7] E assim o sentido seria que, embora ele agora se debilitasse em meio ao sofrimento, enquanto que o Senhor está a castigá-lo e treiná-lo por meio da aflição, todavia, em pouco tempo, ele experimentará alívio pela mão do mesmo Deus, e assim recobrará sua energia.

> [vv. 4-6]
> Eu disse: Tem misericórdia de mim, ó Jehovah! Sara minha alma, pois pequei contra ti. Meus inimigos têm falado mal de mim: Quando morrerá ele, e perecerá seu nome? E se um deles vem me ver, fala mentiras; seu coração amontoa iniqüidade para ele mesmo; e quando ele se vai, é disso que fala.

4. Eu disse: Tem misericórdia de mim, ó Jehovah! Neste versículo o salmista mostra que em sua adversidade ele não buscou amortecer sua mente com adulação, como faz a maioria dos homens que tenta abrandar suas angústias, fazendo uso de vã consolação. E com toda certeza o homem que é guiado pelo Espírito de Deus, quando acautelado por Deus mediante as aflições com quê é visitado, francamente reconhece seus pecados, e serenamente se submete às admoestações de seus irmãos; não, ele até mesmo as antecipa mediante voluntária confissão. Davi, nesta expressão, delineia uma marca pela qual distingue a si mesmo dos réprobos e perversos, ao dizer-nos que rogava ardentemente que seu pecado não lhe fosse posto em conta, e que havia buscado refúgio na misericórdia de Deus. Ele realmente suplica que algum alívio lhe fosse concedido para a aflição que suportava. Ele, porém, vai a uma fonte de alívio mais elevada, quando pede que através do perdão de seus pecados ele pudesse obter a reconciliação com Deus. Como já vimos alhures, invertem a ordem natural das coisas os que buscam remédio tão-somente para suas misérias externas, sujeito às quais labutam, mas que

---

enfermeiro, virando e sacudindo todo o seu leito, e assim fazendo-o suave e confortável para ele.
7 "C'est à dire, changé."

em todo tempo ignoram a causa delas; agindo como pessoa doente que só busca aumentar sua sede, porém nunca pensa na febre que sob a qual labuta e a qual é a principal causa de seu problema. Portanto, primeiro Davi fala da cura de sua alma, o que equivale dizer, de sua vida:[8] **tem misericórdia de mim**; e com esta cláusula devemos conectar a razão que imediatamente se segue: **pois pequei contra ti**. Ao dizer isso, ele confessa que Deus está com razão desgostado com ele, e que só pode ser novamente restaurado ao favor divino, se seus pecados forem apagados. Tomei a partícula יכ, *ki*, em seu significado próprio e natural, e não em seu aspecto adversativo, como alguns a entenderiam. Ele pede, pois, que Deus tenha misericórdia dele, uma vez que pecou. Disso procede *a cura da alma*, a qual ele interpõe entre sua oração e sua confissão, como sendo o efeito da compaixão e misericórdia de Deus; pois Davi espera que tão logo tenha ele obtido o perdão, também obteria o abrandamento de sua aflição.

5. Meus inimigos têm falado mal de mim. *Falar* é aqui usado no sentido de *imprecar*. Ao descrever assim a inconveniente conduta de seus inimigos, ele busca, como já disse alhures, induzir a Deus a ter misericórdia dele; porque, quanto mais Deus vê a seu próprio povo sendo cruelmente tratado, tanto mais ele se dispõe a misericordiosamente socorrê-lo. E assim Davi, por meio de seu próprio exemplo, nos instiga e nos encoraja a nutrir maior confiança em Deus; porque, quanto mais nossos inimigos se irrompem em sua crueldade para conosco, tanto mais isso nos granjeia favor aos olhos de Deus. Os termos através dos quais seus inimigos pronunciam esta imprecação mostram quão cruel tinha sido o ódio deles em relação a Davi, visto que o mesmo só poderia ser aplacado mediante a destruição do salmista; e que o mesmo era também seguido de humilhação e ignomínia; porquanto desejavam que sua vida, bem como seu nome, fossem também apagados de vez.

6. E se um deles vem me ver, ele fala mentiras. O que está contido neste versículo se relaciona a seus falsos e traiçoeiros amigos. Os que

---

8 "C'est à dire, de sa vie." – *v.f.*

eram seus inimigos confessos não dissimulavam sua animosidade contra ele, senão que publicamente o perseguiam; e isso ele já havia mostrado no versículo precedente. Além disso, ele agora se queixa que muitos vinham a ele com declarações de afeição por ele, como se fossem seus amigos que, não obstante, mais tarde instilavam secretamente sua maliciosa indisposição contra ele. Inimigos deste gênero, que assim encobre e oculta sua malícia, e se insinuam sob a máscara de uma atraente aparência, simplesmente com o propósito de secretamente fazer-nos dano, deveras devem ser muito mais temidos do que os que francamente exteriorizam suas ímpias intenções. Conseqüentemente, havendo se queixado de seus inimigos públicos, ele agora fala de seus pretensos amigos, de quem declara que vinham vê-lo com o único propósito de *falar mentiras*, e contudo nesse ínterim maquinavam algum enganoso e malicioso propósito contra ele; mais ainda, que secretamente *amontoavam iniqüidade* e, por assim dizer, a armazenavam em seu coração. E então acrescenta que, quando *se iam* de sua presença, manifestavam sua hipocrisia e fraudulência.

[vv. 7-9]
Todos os que me odeiam cochicham entre si contra mim; tramam o mal contra mim. Um malfeito de Belial o atinja de vez; e agora que está deitado, que nunca mais se levante. O próprio homem de minha paz, em quem confiava, o qual come de meu pão, levantou contra mim seu calcanhar.

7. Todos os que me odeiam cochicham entre si contra mim. Aqui ele parece incluir, em termos gerais, ambas as classes de inimigos seus: os que procuravam oprimi-lo de uma forma franca e na qualidade de inimigos devotados; e os que, sob a pretensão de amizade, procuravam fazer a mesma coisa, só que mediante fraude e estratagema. Por conseguinte, ele diz que todos eles se aconselhavam acerca de sua destruição, justamente como bem sabemos fazem os homens perversos reunindo-se secretamente para se consultarem acerca de seus tencionados atos de traição, e cochicham entre si sobre sua execução. Daí, ele acrescenta os verbos *meditar* ou *tramar*, os quais ele emprega para denotar suas vis conspirações e pecaminosas consultas.

8. Um malfeito de Belial o atinja de vez. Deste versículo transparece que assim foi sua conspiração para que fosse ele destruído, com base no fato de que o consideravam um homem perverso e uma pessoa merecedora de mil mortes. A insolência e arrogância que demonstravam em relação a ele procediam do falso e ímpio juízo que haviam formado a seu respeito, e do qual ele fez menção no início do Salmo. Portanto, dizem que *um malfeito de Belial* mantinha-o calado e, por assim dizer, atado. Isso é o que o verbo יצוק, *yatsuk*, propriamente significa. Ao traduzir o versículo, porém, segui a tradução que é mais comumente aceita, lendo *se apega a ele etc*. Esta expressão é por outros traduzida assim: *espalha nele*; esta interpretação, porém, parece-me um tanto forçada. Quanto ao termo *Belial*, já falamos dele no Salmo 18. Mas, como os gramáticos argumentam que ele se compõe de בלי, *beli*, e יעל, *yaäl*, o que significa *não subir*, a expressão, *coisa de Belial* (pois é assim que se acha literalmente no hebraico), entendo significar, neste lugar, um crime extraordinário e hediondo, o qual, como comumente dizemos, jamais poderá ser expiado, e do qual não há possibilidade alguma de escape; a menos, talvez, alguém prefira referir-se à aflição propriamente dita sob a qual ele labutava, como se seus inimigos houvessem dito que ele fora assenhoreado por alguma doença incurável.[9] Mas, seja o que for no tocante a este aspecto,

---

9 Parece haver certa dificuldade quanto ao que está embutido nas palavras לעיעל, *debar beliyaäl*. Literalmente, significam *uma palavra de Belial*. Mas *palavra*, no hebraico, às vezes é usada para *uma coisa* ou *um assunto* (Êx 18.16; Dt 17.4; 1Rs 14.13). E *Belial* é usado pelos hebreus para designar alguma perversidade detestável. E assim as palavras originais produzem o significado que Calvino determina para elas. E no mesmo sentido são entendidas por vários críticos. O Dr. Geddes traduz: "um feito ilícito"; e explica a expressão como uma referência a "o pecado de Davi no caso de Urias; o qual seus inimigos agora assinalam como a causa de sua presente calamidade; como se quisessem dizer: 'Este pecado finalmente o apanhou' etc." Horsley traduz: Alguma coisa maldita o comprimia esmagadoramente"; e por "alguma coisa maldita" ele entende "o crime que supostamente era a causa do juízo divino sobre ele". Fry traduz: "Algum crime diabólico se lhe aferrava." Cresswell adota a interpretação de M. Flaminius: "Dizem: Algum peso de iniqüidade o comprime (ou lhe adere), de modo que da posição em que se acha não mais poderá levantar-se." Mas há outro sentido que as palavras comportarão. A Septuaginta traduz: "λόγος παράνομος"; a Vulgata: "uma palavra ímpia"; A Caldaica: "uma palavra perversa"; a Siríaca: "uma palavra iníqua"; e a Arábica: "palavras contrárias à lei"; e assim a expressão pode significar uma grave difamação ou calúnia. Este é o sentido que Hammond a entende. Diz ele: "E isto diz-se aderir a ele de vez; sen-

seus inimigos consideravam como absolutamente certo que Deus lhe era totalmente hostil, e que jamais se reconciliaria com ele, visto que o castigava com extrema severidade. Ao acrescentarem, na cláusula seguinte, **ele nunca mais se levante**,[10] isto claramente mostra que eliminaram completamente dele toda esperança de recuperação. E com toda certeza era uma dolorosa tentação para Davi, que tinha em si o testemunho de uma sã consciência, imaginar que fora considerado pelos homens alguém que era perseguido pela vingança divina; sim, que até mesmo fora lançado de ponta cabeça no inferno. Mas aprouve a Deus provar assim seu servo que, atentando no testemunho de sua própria consciência, deixaria de atentar para o que os homens possam dizer, ou se deixar afligir pelos reproches que poderiam lançar-lhe em rosto. Era também seu desígnio ensinar-nos, mediante seu exemplo, que devemos buscar o prêmio de nossa justiça em algum outro lugar além deste mundo, já que vemos com que disparatado desequilíbrio o mundo costuma avaliar a diferença existente entre virtude e vício.

9. O próprio homem de minha paz. Ante o panorama de todas as suas misérias, Davi, nesta expressão, declara que descobrira a mesma traição em alguém, aliás, em muitos de seus maiores amigos. Pois a mudança de número é muito freqüente no idioma hebraico, de modo que ele podia falar de diversos indivíduos como se fosse apenas uma pessoa. E assim o significado seria: Não só as pessoas em geral, ou os estranhos de quem não sou conhecido ou não tenho familiaridade, mas meus maiores amigos, sim, mesmo aqueles com quem desfruto de intimidade, e os de minha própria casa, com quem

---

do isto a natureza das calamidades que fortemente se fixa em algo, adere firmemente e deixa certa marca ruim atrás deles: *Calumniare fortiter, aliquid haerebit.*" Em nossa versão popular, temos "uma doença má". Não há dúvida de que דבר, *debar,* às vezes significa uma *praga* ou *pestilência*. Segundo esta tradução, o sentido seria que ele foi atingido por uma enfermidade perniciosa em decorrência de seus crimes, da qual ele jamais se recobraria.

10 Hammond traduz assim: *Agora que ele está deitado, não mais se levantará,* e entende que esta é uma frase proverbial que existia entre os hebreus, e que era aplicada a alguma sorte de ruína, e que é produzido por doença física. Ele observa ainda: "O caluniador pode destruir e arruinar como o faz a pestilência; e os mais freqüentes perigos que Davi enfrentava provinham dele, e não de uma doença contagiosa."

me admitia comer e beber em minha mesa, se vangloriam em meu detrimento. Entre os hebreus, a expressão, *homens de paz*, denota seus parentes e pessoas de seu relacionamento íntimo; mas era um parentesco muito mais estreito, e alguém que se sentia seguro por uma observância mais estrita das leis da amizade, *comia o pão* de Davi, em sua companhia direta; é como se empregasse o título: *meu companheiro*.[11] Não obstante, se alguém o entende como se tratasse de algum traidor particular, e não de várias pessoas, não faço objeção a isso. *Levantar o calcanhar*, em minha opinião, deve ser entendido em termos metafóricos, e significa *erguer-se desdenhosamente* contra uma pessoa que se acha aflita e humilhada.[12] Outros explicam a expressão assim: *pôr-se à espreita secretamente*; mas a primeira interpretação se adequa melhor, ou seja, que o ímpio, vendo que Davi se via em circunstâncias embaraçosas, ou já prostrado no pó, aproveitou a chance para desferir-lhe um golpe direto; sim, mas sempre com insolência – o que geralmente acontece entre pessoas de disposição perversa e servil. Cristo, ao citar esta passagem [Jo 13.18], a aplica à pessoa de Judas. E certamente devemos entender que, embora Davi fale de si mesmo neste Salmo, todavia fala não como uma pessoa comum e particular, mas como alguém que representava a pessoa de Cristo, uma vez que ele era, por assim dizer, o exemplo segundo o qual toda a Igreja seria conformada – ponto este que deve chamar bem nossa mente, a fim de que cada um de nós se prepare para enfrentar a mesma condição. Era indispensável que o que tivera início em Davi fosse plenamente concretizado em Cristo; e portanto deve necessariamente acontecer que a mesma coisa seja cumprida em cada um de seus membros, ou seja, que não só sofreriam violência e coerção externas, mas também dos inimigos

---

11 "Mon compagnon ordinaire, et qui estoit à pot et à feu avec moy, ainsi qu'on dit en commun proverbe." – *v.f.* "Meu companheiro comum, e alguém que, segundo o provérbio popular, dividia cama e mesa comigo."

12 "*Levantou contra mim seu calcanhar*, isto é, me insultou em minha miséria. Comp. Ps. Xxxvi.11." – Cresswell.

externos, sempre dispostos a traí-los, como o próprio Paulo declara que a Igreja seria assaltada, não só por "lutas de fora", mas também por "temores por dentro" [2Co 7.5].

[vv. 10-13]
Mas tu, ó Jehovah, tem misericórdia de mim; levanta-me e eu lhes retribuirei. Com isso eu sei que fui aceito por ti, porque meu inimigo não mais triunfa sobre mim. E quanto a mim, tu me sustentarás em minha integridade,[13] e me estabelecerás diante de tua face para sempre. Bendito seja Jehovah, o Deus de Israel, para sempre e sempre. Amém e Amém.

10. Mas tu, ó Jehovah, tem misericórdia de mim. Olhando para a injusta crueldade de seus inimigos, ele novamente se mune coragem para orar. E há incluso no que ele diz um tácito contraste entre Deus e os homens; como se quisesse dizer: Visto não ter encontrado auxílio ou socorro algum no mundo, senão que, ao contrário, um inusitado grau de crueldade, ou malícia secreta, prevalece por toda parte, pelo menos tu, ó Senhor, agrada-te em socorrer-me por tua misericórdia. Esta é a trajetória que deve ser seguida por todos os angustiados, a quem o mundo injustamente persegue; equivale dizer, devem ocupar-se não só em deplorar os erros que lhe fazem, mas devem também encomendar sua causa a Deus; e quanto mais Satanás se esforça por destruir sua fé e distrair seus pensamentos, mais devem eles fixar seu espírito atentamente só em Deus. Ao usar tal linguagem, o salmista novamente atribui sua restauração à misericórdia divina, como sua causa. O que ele diz na cláusula conclusiva do versículo, sobre tomar vingança, parece temerário e inconseqüente. Se ele confessou verazmente e de todo o coração, na parte precedente do Salmo, dizendo que Deus foi justo em assim afligi-lo, por que ele não estende o perdão a outros, como deseja que o perdão lhe seja concedido? Seguramente seria um vergonhoso abuso da graça de Deus se, depois de termos sido restaurados e perdoados por ele, ainda recusássemos seguir seu exemplo, demonstrando misericórdia. Além disso, teria sido um sentimento muito mais comovente de

---

13 Ou solidez.

humildade ou bondade, para Davi desejar ainda vingança, ainda quando estivesse face a face com a morte. Aqui, porém, duas coisas têm de ser levadas em conta: primeiro, o procedimento de Davi não era como o da plebe, e, sim, um rei designado por Deus e investido de autoridade; e, segundo, não provinha de um impulso carnal o ser levado a denunciar contra seus inimigos o castigo que bem mereciam, mas em virtude da natureza de seu ofício. Se, pois, cada indivíduo, indiscriminadamente, ao tomar vingança contra seus inimigos, alegasse em sua defesa o exemplo de Davi, seria necessário, primeiramente, levar em conta a diferença que subsiste entre nós e Davi, por razão das circunstâncias e posição em que Deus o colocara;[14] e, em segundo lugar, seria necessário determinar se o mesmo zelo que se achava presente nele reina também em nós, ou, melhor, se somos dirigidos e governados pelo mesmo Espírito divino. Davi, sendo rei, estava autorizado, em virtude de sua autoridade real, a executar a vingança divina contra os homens maus; quanto a nós, porém, nossas mãos estão atadas. Em segundo lugar, visto que ele representava a pessoa de Cristo, assim ele acalentava em seu coração afeições puras e santas; e então, ao falar como fez no versículo, não era impulsionado por seu próprio espírito irado, mas cumpria fielmente os deveres da posição a que fora chamado por Deus. Em suma, ao agir assim, ele executava o justo juízo de Deus, da mesma forma como nos é lícito orar para que o Senhor mesmo exerça vingança contra os ímpios. Porque, visto não estarmos armados com o poder da espada, é nosso dever recorrermos ao Juiz celestial. Ao mesmo tempo, ao rogar-lhe que se apresente como nosso guardião e defensor, exercendo vingança contra nossos inimigos, devemos fazê-lo num estado mental de calma e equilíbrio, e exercitar um vigilante cuidado para não perdermos o controle de nossos desejos, rejeitando a regra prescrita pelo Espírito. Quanto a Davi, os deveres de sua posição requeria que empregasse meios por conter os rebeldes e para que fosse verdadeiramente o ministro de Deus em infligir castigo sobre todos os ímpios.

---

14 "Pour raison de la condition et estat qu'il avoit de Dieu." – *v.f.*

11. Com isto eu sei que fui aceito por ti. Davi então parte para o exercício de ação de graças; aliás, a não ser que, mediante a alteração do tempo do verbo, queiramos, antes, ler com alguém este versículo em conexão com o precedente, assim: Nisto saberei que me favoreceste; se não toleras que meus inimigos triunfem sobre mim. Mas adequa-se muito mais entender a frase como uma expressão de alegria em virtude de algum livramento que Deus lhe havia concedido. Depois de ter oferecido suas orações, ele então atribui a Deus seu livramento e fala dele como um benefício manifesto e singular que havia recebido dele. Contudo, é possível que se pergunte se é um método suficientemente seguro de chegarmos ao conhecimento do amor divino para conosco pelo fato de Deus tolerar que nossos inimigos triunfem sobre nós. Pois amiúde sucederá que uma pessoa seja libertada do perigo, e que a mesma, não obstante, não é vista por Deus com agrado; e, além disso, o beneplácito divino para conosco é conhecido principalmente em sua palavra, e não simplesmente mediante a experiência. A resposta a isso é fácil. Davi não era destituído de fé, mas para a confirmação dela ele tirava proveito dos auxílios que Deus mais tarde acrescentara à sua Palavra. Ao falar assim, ele parece referir não só ao favor e beneplácito que Deus concedera a todos os fiéis em comum, mas ao favor especial que Deus lhe conferira, escolhendo-o para ser rei; como se quisesse dizer: Agora, Senhor, sou mais e mais confirmado na confiança de que te dignaste adotar-me para ser o primogênito entre os reis da terra. E assim ele estende o auxílio divino a toda a condição do reino, por meio do qual fora libertado da mesma calamidade particular.

12. E quanto a mim, tu me sustentarás em minha integridade. Há quem exponha a cláusula assim: visto que Davi seguia após a integridade, Deus estendeu para ele sua mão. Esta interpretação, porém, não concorda muito bem com a frase precedente, na qual reconhecia que havia sido justamente castigado por Deus. A calamidade que lhe sobreviera o expusera aos insultos e escárnios de seus inimigos; mas não é provável que fossem os autores dela; e por isso teria sido inoportuno que fizesse menção de sua integridade com esse propósito, porque do Senhor se diz que ele leva em conta nossa integridade, quando nos defende de nossos inimigos e nos livra dos ultrajes dos homens. Devemos, pois, buscar outro significado. A palavra hebraica que traduzimos por *integridade* pode indicar tanto o corpo quanto a mente, assim: Continuarei *íntegro*, porque me preservarás e me estabelecerás. Ele parece, contudo, estender o favor divino ainda mais, como se quisesse dizer que havia sido assistido pela divina não só uma vez, mas durante todo o curso do período havia desfrutado de prosperidade e que sempre fora edificado pelo poder de Deus. Se porventura alguém entender este termo mais no sentido de piedade e sincera disposição pela qual Davi foi distinguido – e este significado seria muito adequado –, não se deduzirá disto que Davi gloria de sua vida pregressa, mas apenas que declara que quando foi conduzido à prova, ou esteve no meio do conflito, mesmo quando Satanás e os ímpios se empenharam a abalar sua fé, contudo não se desviou do temor de Deus. Com estas palavras, pois, ele dá testemunho de sua paciência, porque, quando dolorosamente desacorçoado e atormentado, ele não abandonara a vereda da retidão. Se porventura este sentido for adotado, é preciso observar que este benefício, ou seja, que Davi continuou invencível e ousadamente suportou estes assaltos da tentação, é imediatamente atribuído a Deus, e que no futuro Davi buscava preservação, não por outros meios senão pelo poder sustentador de Deus. Se a linguagem for entendida como se referindo à sua condição externa, isso se adequará igualmente bem ao escopo da passagem e o significado será este: Deus nunca cessará de manifestar seu favor enquanto não mantiver seus servos em segurança, até ao fim. Quanto à forma de expressão, **para que Deus os estabeleça diante de sua face**, isso se refere àqueles a quem ele defende e preserva de tal maneira, que mostra mediante evidentes sinais do cuidado paternal que ele exerce sobre eles; visto que, por outro lado, quando parece ter se esquecido de seu próprio povo, diz-se que ele oculta deles sua face.

13. Bendito seja Jehovah, o Deus de Israel, para sempre e sempre.[15] Aqui o salmista confirma e reitera a expressão de ação de graças contida num versículo anterior. Ao chamar Deus expressamente *o Deus de Israel*, ele testifica que nutria em seu coração uma profunda e total impressão do pacto que Deus firmara com os Pais; visto ser ele a fonte da qual procedia seu livramento. O termo *amém* é reiterado duas vezes para expressar mais forte veemência e para que todos os santos fossem mais eficazmente incitados a louvar a Deus.

---

15 O Saltério Hebreu está divido em cinco livros. Este é o final do primeiro livro. O segundo termina com o Salmo 72, o terceiro com o Salmo 89, o quarto com o Salmo 106 e o quinto com o Salmo 150. É digno de nota que cada um destes cinco livros se conclui solenemente com uma atribuição de louvor a Deus; somente no final do quinto livro não aparece nenhuma doxologia, provavelmente porque o último Salmo é todo ele um louvor. Os escritores judaicos afirmam que esta forma de abençoar foi adicionada pela que coletou e distribuiu os Salmos em sua presente forma. Quão antiga é esta divisão, não se pode agora determinar com clareza. Jerônimo, em sua Epístola a Marcela, e Epifânio falam dos Salmos como tendo sido divididos pelos hebreus em cinco livros; mas quando esta divisão foi feita, eles não nos informam. As formas de atribuição de louvor, adicionada no final de cada um dos cinco livros, estão na versão Septuaginta, do quê podemos concluir que esta distribuição foi feita antes que a versão fosse efetuada. Provavelmente foi feita por Esdras, depois do regresso dos judeus de Babilônia para seu próprio país, e o estabelecimento do culto divina no novo templo; e foi, talvez, em imitação de uma distribuição similar dos livros de Moisés. Ao fazer esta divisão do Saltério Hebreu, tudo indica que atenção especial foi dada ao tema dos Salmos.

Salmo 42

Em primeiro lugar, Davi mostra que, quando fora forçado a fugir em virtude da crueldade de Saul e exposto a uma condição de exilado, o que de tudo mais o entristeceu foi ser ele privado da oportunidade de ter acesso ao santuário; pois preferia o culto divino a todas as vantagens terrenas. Em segundo lugar, ele mostra que ao ser tentado com desespero, ele tinha a este respeito uma controvérsia muito difícil de sustentar. A fim de fortalecer sua esperança, ele também introduz oração e meditação sobre a graça de Deus. Por fim, ele novamente faz menção do conflito íntimo que mantinha ante o sofrimento que experimentava.

> Ao mestre de música. Lição instrutiva aos filhos de Coré.

O nome de Davi não está expressamente no título deste Salmo. Muitos conjeturam que os filhos de Coré eram os autores do mesmo. Penso que isto não é absolutamente provável. Visto ser ele composto na pessoa de Davi que, sabe-se muito bem, foi dotado acima de todos os demais autores com o espírito de profecia, quem crerá que foi escrito e composto por ele através de outra pessoa? Ele foi o mestre geral de toda a Igreja e um distinguido instrumento do Espírito. Ele já havia entregue à ordem dos levitas, de quem os filhos de Coré eram uma parte, outros Salmos para que fossem entoados por eles. Que necessidade, pois, haveria de valer-se de sua cooperação, ou de recorrer-se à sua assistência numa questão em que ele era muito mais apto de executar do que eles? Portanto, quanto a mim, parece mais provável que os filhos de Coré são aqui mencionados porque este Salmo lhes foi confiado como um precioso tesouro a ser preservado por eles, como sabemos que do número dos cantores, alguns foram escolhidos e designados como os protetores dos Salmos. De não haver qualquer menção do nome de Davi, por si mesmo não envolve qualquer dificuldade, visto vermos a mesma omissão em outros Salmos, dos quais há, não obstante, um base mais forte para se concluir que ele foi o autor. Quanto à palavra משכיל, *makil*, já fiz algumas observações sobre ela no Salmo 32. Esta palavra, é verdade, é às vezes encontrada no título de outros Salmos além daqueles nos quais Davi declara que se sujeitara à vara disciplinar de Deus. Entretanto, é preciso observar-se que ele é adequadamente aplicado aos castigos, visto o desígnio deles ser a instrução dos filhos de Deus, quando não tiram suficiente proveito da doutrina. Quanto ao tempo específico da composição deste Salmo, os expositores não chegam a um consenso unânime. Há quem suponha que Davi, aqui, se queixa de sua calamidade, quando foi expulso do trono por seu filho Absalão. Mas estou antes disposto a defender uma opinião diferente, fundada, se não engano, em boas razões. A rebelião de Absalão foi imediatamente reprimida, de modo que não impediu por muito tempo a Davi do acesso ao santuário. E todavia, a lamentação que ele aqui faz se refere expressamente a um longo estado de exílio, sob o qual ele se debilitou e, por assim dizer, foi dominado de tristeza. Não o sofrimento de uns poucos dias o que ele descreve no terceiro versículo; sim, o escopo da composição inteira revelará claramente que ele se enfraquecera por um longo tempo na deplorável condição da qual fala. Tem-se alegado como um argumento contra conectar este Salmo ao reinado de Saul, ou seja, que a arca do concerto era negligenciada durante seu reinado, de modo que não é provável que Davi, naquele tempo, conduzisse os mencionados serviços corais no santuário; este argumento, porém, não é muito conclusivo; pois embora Saul só cultuasse a Deus como uma mera formalidade, todavia ele não estava disposto a ser considerado de uma outra forma senão como um homem devoto. E quanto a Davi, ele tem mostrado em outras partes de seus escritos com que diligência freqüentava as santas assembléias, e mais especialmente nos dias festivos. Certamente, as palavras que encontraremos no Salmo 55.14: "e em companhia andávamos na casa de Deus", remontam ao tempo de Saul.

[vv. 1-3]
Como o cervo brama[1] pelas correntes de água, assim minha alma brama após ti, ó Jehovah! Minha alma tem sede de Deus, sim, do Deus vivo. Quando irei e comparecerei diante da face de Deus? Minhas lágrimas têm sido meu pão dia e noite, enquanto me dizem diariamente: Onde está teu Deus?

1. Como o cervo brama pelas correntes de água. O significado destes dois versículos é simplesmente que Davi preferia a oportunidade de acesso ao santuário a todos os deleites de riquezas, prazeres e honras deste mundo, para que desta maneira ele pudesse inspirar e fortalecer sua fé e piedade pelos exercícios prescritos na lei. Ao dizer que *bramava pelo Deus vivo*, não devemos entender isso meramente no sentido de ardente amor e anelo por Deus; mas devemos lembrar-nos de que maneira é que Deus nos atrai para si e por quais meios ele eleva nossas mentes ao alto. Ele não nos manda que nos ascendamos incontinenti aos céus, e, sim, perscrutando nossa debilidade, ele desce até nós. Davi, pois, considerando que a via de acesso se fechara diante dele, clamou a Deus, visto ter sido excluído do serviço cúltico

---

[1] Horsley também traduz: "brama". No hebraico temos: "zurra". No hebraico há palavras distintas para destacar a voz do cervo, do urso, do leão, da zebra, do lobo, do cavalo, do cão, da vaca e da ovelha. O angustiante bramir do cervo parece estar expresso aqui. Sendo naturalmente de uma constituição ardente e sangüínia, ele sofre muito com a sede nas regiões orientais. Quando carente de água e incapaz de encontrá-la, ele faz um ruído lamentoso e ansiosamente busca as águas frescas; especialmente quando perseguido por caçadores no deserto seco e escaldante, ele procura o manancial de água com intenso anseio e bravamente mergulha nele com avidez, tão logo tenha alcançado suas tão desejadas margens, uma vez extinta sua sede e escapado de seus mortais perseguidores. É a fêmea do cervo o que está em pauta aqui, visto que "zurra" é feminino e a tradução da LXX também o demonstra, isto é, ἡ ἔλσφος.

externo do santuário, o qual é o sacro laço de comunhão com Deus. Não equivale dizer que a observância de cerimônias externas por si mesma pode nos introduzir ao favor divino, e, sim, que são exercícios religiosos dos quais não podemos privar-nos por razão de nossa enfermidade. Davi, pois, sendo excluído do santuário, não é menos ofendido do que se fosse separado de Deus mesmo. É verdade que ele não cessava, no ínterim, de dirigir suas orações aos céus, e ainda ao próprio santuário; mas, cônscio de sua própria enfermidade, mas sentia-se especialmente magoado porque a via pela qual os fiéis obtinham acesso a Deus lhe fora fechada. Este é um exemplo que pode ser suficiente para expor ao vexame a arrogância daqueles que, sem se preocuparem em se vir privados desses meios,[2] ou, melhor, que soberbamente os menosprezam, como se estivesse em seu poder ascender ao céu num momento de êxtase; sim, como se superassem Davi em zelo e alacridade mental. Não devemos, contudo, imaginar que o profeta se permitisse repousar em elementos terrenos,[3] mas simplesmente que fez uso deles como uma escada pela qual pudesse ascender a Deus, sabendo que não tinha asas com que voar para onde quisesse. A similitude que ele usa de *um cervo* [ou sua fêmea] se destina a expressar o extremo ardor de seu anelo. O sentido que alguns usam para explicar isto consiste em que as águas são procuradas avidamente pelos cervos, para que possam recobrar-se da fadiga; mas isso é talvez um tanto limitado. Admito que, se o caçador perseguir o veado, e os cães também se puserem firmes em seu encalço, ao virem-no se aproximando de um rio, reunirão novas energias para saltarem sobre ele. Mas, também sabemos que, em certas estações do ano, os cervos, com um anseio quase incrível, e mais intensamente do que poderiam fazer movidos por mera sede, saem em busca de água; e embora eu não contenda por essa causa, todavia creio que esta é a referência do profeta aqui.

---

2 "Qui ne soucient pas beaucoup d'estre privez de ces moyens." – *v.f.*
3 "C'est assavoir, és ceremonies externes commandees en la Loy." – *n.m.f.* "Equivale dizer, nas cerimônias externas ordenadas pela lei."

O segundo versículo ilustra mais claramente o que eu já disse, ou seja, que Davi não fala simplesmente da presença de Deus, mas da presença de Deus em conexão com certos símbolos; pois ele põe diante dos olhos o tabernáculo, o altar, os sacrifícios e outras cerimônias pelas quais Deus testificava que estaria perto de seu povo; e que cabia aos fiéis, ao buscarem aproximar-se de Deus, começar com essas coisas. Não que eles continuassem atados a elas, senão que, auxiliados por esses sinais e meios externos, procurassem contemplar a glória de Deus, a qual, por sua própria natureza, se acha oculta da vista [humana]. Conseqüentemente, quando vemos as marcas da divina presença impressas na Palavra, e as sacras instituições de seu culto, ou quando formamos alguma grosseira ou terrena concepção de sua majestade celestial, outra coisa não fazemos senão inventar para nós mesmos visionárias representações, as quais desfiguram a glória de Deus, e transformar sua verdade numa mentira.

3. Minhas lágrimas têm sido meu pão. Aqui o salmista faz menção de outro dardo, afiado e penetrante, com o qual os ímpios e malevolentes feriam dolorosamente seu coração. Não pode haver dúvida de que Satanás fez uso de meios tais como estes para abanar a chama que consumia o profeta com intensa tristeza. Podemos pressupor que o adversário tenha dito: "O que queres? Não vês que Deus te rejeitou? Pois com toda certeza ele deseja ser cultuado no tabernáculo, ao qual não tens agora qualquer chance de acesso e do qual foste banido." Estes eram assaltos violentos, e seriam suficientes para transtornar a fé deste santo varão, exceto que, sustentado pelo poder do Espírito num grau muito além de ordinário, ele fizera uma forte e vigorosa resistência. É óbvio que seu sentimento ficara real e fortemente afetado. É possível que sejamos amiúde agitados, e contudo não a tal ponto de nos abstermos de comer e beber; mas quando uma pessoa voluntariamente se abstém de alimento, e se entrega demasiadamente ao pranto, ao ponto de diariamente negligenciar sua ração ordinária e é continuamente massacrada pelo sofrimento, é óbvio que tal pessoa não é atribulada num grau leve; senão que ela se vê severamente ferida, aliás, o próprio coração.⁴ Ora, Davi diz que não experimentara alívio em coisa alguma que fosse maior que seu pranto; e portanto entregou-se a ele, justamente da mesma forma que as pessoas sentem prazer e alegria em comer; e ele diz que este era o caso a cada dia, e não por um curto período de tempo. Portanto, sempre que os ímpios triunfarem sobre nós, em nossas misérias, e malevolamente escarnecer de nós, dizendo que Deus está contra nós, não nos esqueçamos jamais que é Satanás quem os move para falarem desta maneira, com o fim de destruir nossa fé; e que, portanto, não é tempo de sairmos em busca de tranqüilidade ou de nutrirmos indiferença, quando uma guerra tão perigosa se deflagra contra nós. Há ainda outra razão que nos deve inspirar com tais sentimentos, e que é esta: que o nome de Deus é assaltado com escárnio pelos ímpios; porque não podem ridicularizar nossa fé sem fazer-lhe grande ofensa. Se, pois, não somos totalmente insensíveis, devemos em tais circunstâncias sentir-nos afetados com a mais profunda dor.

[vv. 4-6]
Quando me lembro destas coisas,⁵ eu derramo minha alma dentro de mim, porque eu ia na companhia deles [literalmente em número], guiando-os até à casa de Deus, com voz de júbilo e louvor, uma multidão dançando de alegria.⁶ Ó minha alma! por que estás humilhada? e por que te inquietas dentro de mim? Espera em Deus! pois ainda o louvarei pelos socorros [ou salvações] de sua graça. Ó meu Deus! minha alma fica abatida dentro de mim, quando me recordo de ti, desde a terra do Jordão e do Hermonim [ou: e desde os Hermons], desde o monte Mizar.

---

4 "Mais qu'il est nauré à bom escient et jusques au bout." – *v.f.*
5 "Coisas" é um suplemento. Boothroyd prefere traduzir "estes tempos".
6 Neste versículo há evidentemente uma referência às festivas solenidades religiosas dos judeus, quando costumava-se cantar e dançar. Estas também formavam uma eminente parte dos ritos religiosos dos antigos gregos e de outras nações pagãs. Entre os gregos dos dias atuais, é prática que uma jovem de distinção lidere a dança e seja seguida por um grupo de outras jovens, a imitar seus passos; e se ela canta, as outras forma um coro. Isto serve para lançar luzes sobre a descrição que se faz de Miriã, quando "lançou mão de um tamboril, e todas as mulheres saíram após ela com tamboris e danças" (Êx 15.20). Ela liderou a dança; as outras seguiram-na e imitaram seus passos. Quando Davi "dançou diante do Senhor", ao transportar a arca, "com gritos e ao som de trombeta", é provável que fosse acompanhado pelos demais, a quem liderava na dança (2Sm 6.15, 16). É a esta prática que se faz evidentemente alusão nesta passagem; e a alusão realça grandemente sua beleza.

4. Quando me lembro destas coisas. Este versículo é um tanto obscuro, em decorrência da variação dos tempos no hebraico. Não obstante, não tenho dúvida de que o verdadeiro e natural sentido consiste em que Davi, ao lembrar-se de sua anterior condição, experimentou uma tristeza muito mais profunda, ao compará-la com sua presente condição. A recordação, digo eu, do passado não exerce pequena influência no agravamento de sua miséria, ante o pensamento de que ele, que anteriormente exercera a parte de um líder e de porta-estandarte em conduzir outros às santas assembléias, agora seria barrado de entrar no santuário. Sabemos que aqueles que se acostumaram a sofrer desde sua infância se tornam insensíveis a este sofrimento, e a própria continuação da miséria produz em nós um certo grau de calosidade, de modo que cessamos de pensar nela ou de considerá-la como algo inusitado. É diferente com aqueles que não se acostumaram a ela. E portanto não é de admirar se Davi, que não era dentre a plebe, senão que ultimamente ocupara um lugar de supremacia entre os príncipes, e que fora líder e cabeça de ponte entre os fiéis, se sentisse ainda mais dolorosamente inquieto, ao ver-se completamente alijado e não admitido a uma posição mesmo entre os mais humildes. Por conseguinte, conecto o pronome demonstrativo, *destas*, com a declaração que se segue, ou seja, que recordava de como ele costumava misturar-se com a multidão dos santos e guiá-los à casa de Deus. *Derramar a alma* é considerado metaforicamente, por alguns, em lugar de *dar vazão à sua tristeza*; outros são de opinião que significa *alegrar-se profundamente*, ou, como costumamos dizer, *derretido* ou *dissolvido em alegria*. A mim parece que Davi quer antes dizer que suas afeições estavam, por assim dizer, derretidas dentro de si, quer de alegria, quer de tristeza. Visto que a alma humana é que sustenta a pessoa, enquanto conserva suas energias coletadas, assim também ela é posta a pique em seu interior e, por assim dizer, se desvanece quando algo de suas emoções, por excessiva indulgência, ganha ascendência.[7] Conseqüentemente, ele

---

7 "Car ainsi que l'ame de l'homme le soustient tandis qu'elle conserve sa vigueur et la tient comme amasse, aussi elle se fond, et par maniere de dire, s'esvanouit quand quelque affection desmessuree vient à y dominer." – *v.f.*

diz que derrama sua alma, a qual se vê tão excitada, que suas emoções perdem sua resistência, e começam a fluir. A linguagem de Davi implica que sua alma derreteu-se e desmaiou dentro dele movida pela intensidade de seu sofrimento, quando lembrou da condição da qual caíra. Se porventura alguém prefere, antes, entendê-la como sendo *alegria*, a linguagem admitirá uma ilustração tal como esta: Anteriormente, dominado de tal deleite em andar como o principal nas fileiras do povo, e o guiava em procissão ao santuário, que meu coração se derretia dentro de mim de tanta alegria, e me sentia totalmente transportado por ela. Portanto, se agora for novamente restaurado à mesma condição feliz, todos os meus sentimentos serão arrebatados pelo mesmo deleite. Eu, contudo, já declarei o que a mim parece ser a melhor exposição. Não devemos supor que Davi fosse esmagado pela tristeza provinda do mundo; mas, visto que em sua presente miséria ele discernia a ira divina, ele apenas sofria uma santa sorte, visto que, por sua própria culpa, provocara o desprazer divino contra si. E, mesmo sem tocar nesta razão de seu sofrimento, divisamos a fonte da qual ele procedia. Mesmo quando afligido por tantas privações pessoais, ele, não obstante, se sente magoado só pela ausência do santuário, com isso mostrando que estaria menos opresso se porventura fosse privado da vida do que prosseguir num estado de exílio da presença de Deus. E, deveras, a maneira pela qual devemos regular todas as nossas emoções é esta: de um lado, nossa alegria pode ter respeito para com o amor e favor paternais de Deus para conosco; e, do outro, a única causa de nossa tristeza pode ser oriunda do sentimento de que Deus está irado contra nós. Esta é a "tristeza santa" de que Paulo fala em 2 Coríntios 7.10. Pelo termo, *número*, que no hebraico se chama סך, *sach*, Davi, não tenho dúvida, tinha em mente *fileiras*, ou *multidões em procissão*; porque quando iam ao tabernáculo, nos dias santos, não iam desordenadamente ou em multidões confusas, mas caminhavam em ordem regular [Lc 2.44].

5. Ó minha alma! por que estás abatida? À luz desta expressão, parece que Davi contendia veementemente contra sua dor, para que não transigisse com a tentação; mas o que devemos principalmente observar é que ele experimentara um forte e amargo conflito antes de ter obtido a vitória sobre o mesmo. Ou podemos melhor dizer que ele não foi libertado dele [o conflito] depois de um alarmante assalto, mas era com freqüência convocado a entrar em um novo cenário de conflito. Não carece que excitemos nossa admiração ante o fato de que ele vivesse tão intranqüilo e abatido, já que não conseguia divisar algum sinal do divino favor para com ele. Mas Davi, neste ponto, apresenta a si mesmo como se houvera formado dois partidos opostos. No que concerne ao exercício da fé, ele confiava nas promessas de Deus, sendo armado com o Espírito de invencível energia, pondo-se em oposição às emoções de sua carne, restringindo-as e subjugando-as; e, ao mesmo tempo, repreendia seu próprio coração de covardia e imbecilidade. Além do mais, embora travasse guerra contra o diabo e o mundo, contudo não entra em franco e direto conflito com eles, senão que, ao contrário, se considera como o inimigo contra quem deseja principalmente contender. Indubitavelmente, a melhor forma de vencer Satanás consiste em não sairmos para fora de nós mesmos, mas sustentando um conflito interno contra os desejos de nosso próprio coração. É preciso, contudo, observar-se que Davi confessa que sua alma estava abatido em seu íntimo. Pois quando nossas enfermidades se manifestam em grande escala e, como as ondas do mar, ameaçam tragar-nos, nossa fé nos parece desfalecer, e conseqüentemente somos vencidos por mero temor de que nos falta coragem, e assim receamos enfrentar o conflito. Portanto, sempre que tal estado de indiferença e desalento se apodera de nós, lembremo-nos de que, para governar e vencer os desejos de nossos corações, e especialmente contender com os sentimentos de desconfiança que são naturais a todos, é um conflito ao qual os santos são constantemente chamados. Aqui, porém, há dois males específicos, os quais por mais evidentemente diferentes que sejam, todavia assaltam ao mesmo tempo os nossos corações: um é o *desânimo*; o outro, a *inquietude*. Quando ficamos totalmente abatidos, não nos desvencilhamos da sensação de inquietude, a qual nos leva a murmurar e a nos queixar. O remédio para ambos é adicionado: **espera em Deus**, que é o único que nos inspira a mente, primeiramente com confiança em meio às maiores angústias; e, segundo, pelo exercício da paciência, as apazigua. No que se segue, Davi expressa muito bem o poder e a natureza da esperança, mediante as palavras: **Eu ainda te louvarei**. Pois ela tem o efeito de elevar nossos pensamentos à contemplação da graça de Deus, quando esta se acha oculta de nossa vista. Pelo termo, *ainda*, ele confessa que no presente, e no que concerne aos louvores de Deus, sua boca está emudecida, visto achar-se oprimido e cercado de todos os lados. Isso, contudo, não o impede de estender sua esperança a algum período futuro e distante; e, a fim de escapar à sua presente tristeza, e, por assim dizer, e ficar fora de seu alcance, ele promete a si mesmo o que ainda não tinha nenhuma aparência de obter. Tampouco é esta uma expectativa imaginária produzida por uma mente fantasiosa; mas, confiando nas promessas de Deus, ele não só se anima a nutrir boa esperança, mas também promete a si mesmo infalível livramento. Não podemos ser competentes testemunhas da graça de Deus perante nossos irmãos quando, em primeiro lugar, não testificamos dela aos nossos próprios corações. O que se segue, **os socorros de sua graça**, pode ser diferentemente explicado. Os comentaristas, em sua maioria, suprem a palavra *por*; de modo que, segundo este ponto de vista, Davi, aqui, expressa a matéria ou causa da ação de graças – que *ainda apresentaria louvores ou ações de graças a Deus pelo socorro de sua graça*. Estou disposto a admitir esta interpretação. Ao mesmo tempo, o sentido não será impróprio se lermos os termos separadamente, assim: *socorros* ou *salvações* provêm *da graça de Deus*; pois tão logo ele se digna de olhar para seu povo, o põe em segurança. A graça de Deus [o semblante de Deus] é equivalente a manifestação de seu favor. Seu semblante, pois, se manifesta sereno e gracioso em nosso favor; enquanto que, ao contrário, a adversidade, como um nuvem a interferir, escurece ou obscurece seu aspecto benigno.

6. Ó meu Deus! minha alma fica abatida dentro de mim. Se supusermos que este versículo não reclama suplemente, então ele consistirá de duas frases distintas e separadas. Literalmente, ele pode ser lido assim: *Ó meu Deus! minha alma está abatida dentro de mim, portanto me lembrarei de ti etc.* Mas a maioria dos expositores traduz a palavra על־כן, *al-ken*, por *visto que* ou *porque*, de modo a ser empregada para expressar a razão do que está contido na cláusula precedente. Certamente, ela seria muito apropriada neste sentido: à medida que Davi, desde a terra do Jordão, na qual ele agora está escondido como exilado, se põe a pensar no santuário, sua tristeza é gradualmente agravada. Não obstante, se alguém preferir antes, como já observei, dividir este versículo em duas partes, ele seria entendido como que significando que Davi ponderava acerca de Deus em seu exílio, não para nutrir sua tristeza, mas para a suavizar. Ele não agia da parte daqueles que não achavam nenhum alívio nas aflições deles, senão em esquecer a Deus; pois embora ferido por sua mão, ele, não obstante, falhou em não reconhecê-lo como seu Médico. Conseqüentemente, a importância de todo o versículo será esta: Estou agora vivendo em condição de exilado, banido do tabernáculo, e pareço mais um estranho em relação à casa de Deus; mas isso não me impedirá de considerá-lo e de recorrer-me a ele. Estou agora privado dos sacrifícios costumeiros, dos quais sinto muita carência, contudo ele não me suprimiu sua Palavra. Não obstante, visto que a primeira interpretação é a mais geralmente aceita, e isto também parece ser adicionado à guisa de explicação, é aconselhável não se apartar dela. Davi, pois, se queixa de que sua alma era oprimida com tristeza, porquanto se viu expulso da Igreja de Deus. Ao mesmo tempo, há nestas palavras um tácito contraste;[8] como se dissesse: Não é o desejo de ver minha vida restaurada, nem minha casa, nem alguma de minhas possessões, o que me leva a fazer tão dolorosas considerações, ou seja, que hoje me encontro impedido de tomar parte no culto divino. É mister que aprendamos disto, que embora sejamos privados dos auxílios que Deus designou para a edificação de nossa fé e piedade, é, não obstante, nosso dever sermos diligentes

---

8 "C'est à dire, consideration d'autres choses a l'opposite." – *n.m.f.* "Equivale dizer, a consideração de outras coisas completamente opostas."

em despertar nossa mente para que jamais nos permitamos esquecer de Deus. Acima de tudo, porém, é preciso observar-se isto: como no versículo precedente vimos Davi contendendo corajosamente contra suas próprias emoções, também agora aqui vemos por quais meios ele firmemente manteve sua causa. Ele fez isso por ter recorrido ao auxílio divino e buscar refúgio nele como num sacro santuário. E uma vez certos de que a meditação sobre as promessas de Deus não nos guia à oração, não teremos suficiente poder para nos sustentarmos e nos confirmarmos. A menos que Deus nos comunique sua energia, como haveríamos de subjugar os infindáveis maus pensamentos que surgem constantemente em nosso espírito? A alma humana, por assim dizer, serve ao propósito de Satanás como sua oficina onde ele forja métodos mil de desesperança. E portanto não é sem razão que Davi, depois de um forte conflito consigo mesmo, tenha recorrido à oração e invocado a Deus como testemunha de seu sofrimento. Pela expressão, **a terra do Jordão**, deve ser entendida como sendo uma parte do país que, no sentido da Judéia, fica além do rio do mesmo nome. Isso transparece ainda mais claramente à luz da palavra Hermonin ou Hermons. Hermon era um distrito montanhoso, que se estendia a uma considerável distância; e visto que tinha vários picos, era chamado no plural, Hermonin.[9] É possível que Davi também tivesse propositalmente feito uso do plural em virtude do temor pelo qual era freqüentemente forçado a mudar seu lugar de refúgio e a vaguear de um lado para outro. Quanto à palavra *Mizar*, há quem suponha que não era o nome próprio de uma montanha, e portanto a traduz por *pequeno*, supondo que haja aqui uma comparação indireta dos Hermons com a monte de Sião, como se Davi quisesse dizer que Sião, que era comparativamente uma pequena colina, era maior em sua estima do que os mais elevados Hermons. Quanto a mim, parece-me ser esta uma interpretação um tanto forçada.

---

9 Justamente como dizemns os Alpes e os Apeninos. Os Hermons formavam parte da cordilheira das colinas altas chamadas Antilíbano. As fontes do Jordão se encontram na vizinhança. Davidson traduz: "*Desde a terra do Jordão, até aos Hernons*; significando as duas expressões o mesmo distrito." – *Sacred Hermeneutics*, p. 667.

[vv. 7-8]
Abismo chama outro abismo[10] ao som de tuas trombas d'água;[11] todas as tuas vagas e dilúvios têm passado sobre mim. De dia, Jehovah ordenará sua bondade; e de noite, seu cântico estará comigo; uma oração ao Deus de minha vida.

7. Abismo chama outro abismo. Estas palavras expressam a profundidade, bem como o número e a duração, das misérias que ele sofria; como se dissesse: Sou oprimido não só por um tipo de miséria, mas muitos tipos de angústias me vêm em forma de torvelinhos, de modo que parecem surgir de todos os lados, sem medida. Em primeiro lugar, pelo termo, *abismo*, ele mostra que as tentações pelas quais era assaltado eram tais que bem podiam ser comparadas aos abismos marítimos. Então se queixa de sua longa duração, o quê ele descreve fazendo uso de muitas figuras apropriadas, dizendo que suas tentações clamavam à distância e convocavam unas às outras. Na segunda parte do versículo, ele continua com a mesma metáfora, ao dizer que **todas as vagas e dilúvios de Deus têm passado sobre minha cabeça**. Com isso ele quer dizer que tinha sido dominado e, por assim dizer, tragado pelo acúmulo de aflições. Contudo, tem que observar-se que ele designa a crueldade de Saul e de seus inimigos como sendo *dilúvios*

---

10 "Un abysme crie à l'autre abysme." – *v.f.* "Um abismo clama a outro abismo."

11 Uma tromba d'água é um grande tubo ou cilindro formado de nuvens, por meio do fluído elétrico, sendo a base mais elevada e a extremidade descendo perpendicularmente das nuvens. Ela tem um tipo particular de *movimento circular* na extremidade; e sendo oco por dentro, atrai vasta quantidade de água; a qual freqüentemente derrama em torrentes na terra ou no mar. Tão grande é a quantidade de água, e tão repentina e precipitada é a queda, que se ocorre descer sobre um navio, quebra-o em pedaços e o afunda num instante. As trombas d'água que o Dr. Shaw viu no Mediterrâneo, temos assim sua informação: "parecia uma infinidade de cilindros de água caindo das nuvens"; e declara que elas "são mais freqüentes nas proximidades dos cabos de Latikea, Greego e do Carmelo do que em qualquer outra parte do Mediterrâneo." – (*Travels*, p. 333) Harmer obsrva que "Todos estão localizados na costa da Síria, e o último deles todos sabem que está na Judéia, sendo um lugar que se tornou famoso pelas orações do profeta Elias. Os judeus, pois, não podiam ignorar o que ocorria em suas partes litorâneas; e Davi certamente conhecia tais perigos do mar, se porventura não tivesse até mesmo assistido a alguns deles." – (*Observações*, vol. III. p. 222) Na descrição de uma tempestade marítima violenta e perigosa, pela qual ele aqui retrata sua grande angústia, ele, pois, esboçaria sua imagem desse pavoroso fenômeno, o qual era de freqüente ocorrência nos literais judaicos.

de Deus, para que diante de todos os nossos adversários nos lembremos sempre de humilharmo-nos sob a poderosa mão de Deus que nos aflige. Mas é importante irmos além disto e considerarmos que, se for do agrado de Deus chover com violência sobre nós, tão logo abra ele as comportas ou *trombas d'água*, não haverá término de nossas misérias até que ele o queira; pois ele tem em seu poder maravilhosos e incógnitos meios de executar sua vingança contra nós. E assim, quando uma vez sua ira for acesa contra nós, não haverá apenas um único abismo a tragar-nos, mas abismos convocando outros abismos. E como a insensibilidade humana é tal que os homens não se deixam dominar pelo medo das ameaças divinas, ao grau que deveriam sempre que se menção da vingança divina, recordemos deste versículo para nosso reconhecimento.

8. De dia, Jehovah ordenará sua bondade. O verbo aqui usado pertence ao tempo futuro; contudo não nego que, de acordo com o idioma hebreu, ele pode ser traduzido no pretérito, como alguns crêem que Davi, aqui, enumera os benefícios que anteriormente recebera de Deus, a fim de, à guisa de contraste, imprimir mais força à queixa que ele faz de sua presente triste e miserável condição; como a dizer: Como é possível que Deus, que anteriormente manifestara tanta bondade para comigo, tenha, por assim dizer, mudado sua mente, me tratando agora com tamanha severidade? Mas como não há suficiente razão para mudar-se o tempo do verbo, e como a outra interpretação parece mais em consonância com o escopo do texto, é bom aderirmos a ela. Aliás, positivamente não nego que, pelo fortalecimento de sua fé, Davi evoca a memória para os benefícios que já havia experimentado, provindos de Deus. Não obstante penso que ele, aqui, promete a si mesmo livramento futuro, ainda que o mesmo lhe seja ainda oculto. Não tenho, pois, nenhum desejo de suscitar qualquer discussão quanto ao verbo, se deva ser tomado no futuro ou no pretérito, contanto que seja plenamente admitido que o argumento de Davi é com este propósito: Por que não esperar eu que Deus seja misericordioso para comigo, de modo que de dia sua bondade se manifeste em meu favor, e que de noite em meu leito esteja comigo um cântico de alegria? É indubitável que ele coloca esta base de conforto em oposição ao sofrimento que ele poderia bem apreender do terríveis sinais do divino desprazer, os quais ele enumerara no versículo precedente. A *oração* de que ele fala no final do versículo não deve ser entendida como a oração de uma pessoa aflita ou triste. Ela, porém, compreende uma expressão do deleite que se experimenta quando Deus, ao manifestar-nos seu favor, nos concede livre acesso à sua presença. E, portanto, ele também o chama **o Deus de minha vida**, uma vez que do conhecimento deste fato emana alegria do coração.

> [vv. 9-11]
> Direi a Deus, minha rocha: Por que te esqueceste de mim? Por que continuo a chorar por causa da opressão do inimigo? É como uma ferida[12] em meus ossos, quando meus inimigos me afrontam, dizendo diariamente: Onde está o teu Deus? Por que está abatida, ó minha alma? e por que te inquietas dentro de mim? Espera em Deus; pois ainda o louvarei, os socorros [ou salvamentos] de meu rosto e meu Deus

9. Direi a Deus, minha rocha. Se lermos o versículo anterior no pretérito, o significado deste versículo será: Visto que Deus, desta forma, até aqui se mostrou tão bondoso para comigo, então orarei a ele agora com muito mais confiança. Pois a experiência que tenho tido de sua bondade me inspirará coragem. Mas se o versículo precedente for traduzido no futuro, Davi, neste versículo, combina a oração que ele contém com as reflexões que a fé nos leva a fazer. E certamente que, quem quer que, à luz da persuasão do amor paternal de Deus, antecipar para si mesmo o mesmo favor que Davi justamente está a descrever, também será induzido, por seu exemplo, a orar por ele com maior confiança. O significado, pois, será este: Visto esperar que Deus me seja favorável, visto que de dia manifesta seu favor para comigo, e continua agindo assim, de modo que ainda de noite eu tenho ocasião de louvá-lo, deplorarei minhas misérias diante dele com mais ousadia,

---

12 "Ou, tuerie." – *n.m.f.* "Ou, massacre."

dizendo: **Ó Senhor, minha rocha, por que te esqueceste de mim?** Ao esboçar tal queixa, os fiéis não devem entender como se Deus os tivesse rejeitado terminantemente; pois se não crerem que estão sob seu cuidado e proteção, então lhes será inútil invocá-lo. Eles, porém, falam nestes termos segundo o senso carnal. Tal esquecimento, pois, se relaciona tanto à aparência externa quanto à inquietude pela qual os fiéis se sentem atribulados pelo prisma da carne, embora, no ínterim, repousem seguros, crendo que Deus os ama e que não estará surdo aos seus rogos.

10. É como um massacre em meus ossos. Este versículo está um tanto envolto em questão de expressão. Mas no tocante ao significado, não há qualquer obscuridade. Davi, aqui, afirma que a tristeza que experimentava, provinda das afrontas de seus inimigos, o feria em menor grau se seus ossos fossem perfurados. A palavra ברצה, *beretsach*, significa *matar*; e portanto me tenho restringido a esta idéia na tradução dela. E no entanto não condeno a opinião daqueles que a traduzem como *uma espada destrutiva*.[13] Há aqui certa diferença quanto à redação, oriunda da grande similaridade que há entre as duas letras, ב, *beth*, e כ, *caph*, o sinal de similitude. Visto que a letra ב, *beth*, às vezes é supérflua, me disponho mais, numa questão duvidosa como esta, a omiti-la completamente. Mas, como disse, o sentido é perfeitamente claro, a não ser o fato de que os intérpretes parecem não levar isto suficientemente em consideração, ou seja, que pela expressão, *meus ossos*, há uma referência ao amargor da tristeza; pois sentimos muito mais intensamente algum mal que se faz aos nossos ossos do que se uma espada perfurar nossas entranhas ou as demais partes do corpo que são flexíveis e sem resistência. Tampouco devam os filhos de

---

13 A palavra original, רצח, *retsach*, é constantemente usada, em prosa, para um *homicida* ou *assassino*, derivando-se do verbo, רצח, *ratsach*, que significa *matar, assassinar*; e embora não seja usado em alguma outra passagem por *uma espada*, observa Horsley que "pode, mui naturalmente em poesia, aplicar-se ao instrumento de matança, a espada". Em apoio deste ponto de vista, ele indica uma passagem numa das tragédias de Sófocres, nas quais Ajax chama sua espada, sobre a qual está para cair, 'Ο σφαγεὺς '; o que dá a tradução literal do hebraico רצח, *retsach, assassino*. A tradução de Horsley é: "Enquanto a espada está em meus ossos."

Deus considerar esta similitude como hiperbólica; e se alguém sentir-se perplexo pelo fato de Davi levar a sério demais o desprezo de seus inimigos, digamos que ele apenas manifesta nisto sua própria sensibilidade. Porque de todos os males amargos que nos sobrevêm, não há nada que mais nos aflija com mais gravidade do que vermos os ímpios espicaçar a majestade de Deus e esforçar-se por destruir e consumir nossa fé. A doutrina ensinada por Paulo [Gl 4.24], concernente à perseguição de Ismael, é bem notória. Muitos consideram sua infantil jocosidade como coisa de momento, mas visto que ela tencionava que o pacto divino fosse estimado como algo de nenhum valor, é por essa conta que, segundo o juízo do Espírito Santo, o fato deve ser considerado como a mais cruel perseguição. Davi, pois, com muita propriedade, compara a uma espada mortífera, a qual penetra até mesmo o âmago dos ossos e medula, a zombaria de seus inimigos, pela qual ele divisou sua própria fé e a palavra de Deus calcadas sob a planta dos pés. E no tocante a Deus, de quem todos se orgulham de ser seus filhos, devemos aprender a tolerar seus erros particulares com muito mais paciência e a manifestar o mesmo veemente zelo pelo qual Davi aqui se distingue, e quando a palavra também que lhes comunica vida é incluída na mesma afronta!

11. Por que estás abatida, ó minha alma? Esta repetição nos revela que Davi não tinha vencido completamente suas tentações num único confronto ou mediante um único e extraordinário esforço, como se fosse desnecessário para ele entrar novamente no mesmo conflito. Por este exemplo, pois, somos admoestados que, embora Satanás, com seus assaltos, às vezes nos sujeita a uma renovação da mesma tribulação, não devemos perder nosso ânimo ou permitir que sejamos humilhados. A última parte deste versículo difere do versículo cinco numa só palavra, enquanto que em muitos outros aspectos concordam. No versículo cinco temos *os socorros de **Seu** semblante* [sua graça], aqui, porém, temos o pronome relativo da primeira pessoa, portanto, *Os socorros de **Meu** rosto*. É provável que neste lugar a letra, *w, vau,* que no idioma hebraico denota a terceira pessoa, esteja faltando. Todavia, como todas as demais versões concordam na redação que tenho adotado,[14] Davi poderia, sem qualquer obscuridade, chamar Deus por esta designação: *Os socorros ou as salvamentos de Meu rosto*, uma vez que, como buscava confiança para um livramento, manifesto e infalível, como se Deus aparecesse de uma forma visível como seu defensor e o protetor de seu bem-estar. Não pode haver dúvida, contudo, de que neste lugar o termo *socorros* ou *salvamentos* deva ser visto como um epíteto aplicado a Deus; pois imediatamente a seguir vem a frase: **e meu Deus**.

---

14 Todas as versões antigas, com exceção da Caldaica, traduzem em ambos os versículos: "meu rosto". Hammond crê que, como estas palavras são o tema deste Salmo e do seguinte, e como o significado destas outras palavras da frase em que ocorrem é o mesmo nos versículos diferentes, não é improvável que a antiga redação em ambas as frases tenha sido "meu rosto".

Salmo 43

Este Salmo é muito semelhante ao precedente.[1] Davi, que provavelmente foi o autor dele, sendo perseguido e expulso de seu país, pela injusta violência e tirania de seus inimigos, invoca a Deus por vingança, e se anima a esperar por restauração.

[vv. 1-5]
Julga-me, ó Deus, e pleiteia minha causa; liberta-me da nação cruel [ou inclemente], livra-me do homem fraudulento e perverso. Pois tu és o Deus de minha força; por que te alienaste de mim? Por que ando triste por causa da opressão do inimigo? Envia tua luz e tua verdade; que elas me dirijam, que elas me conduzam ao teu santo monte e aos teus tabernáculos. Então irei ao altar de Deus, a Deus que é minha suprema alegria [literalmente, a alegria de meu regozijo], e ao som de minha harpa te louvarei, ó Deus, meu Deus! Por que estás abatida, ó minha alma? e por que te inquietas dentro de mim? Pois ainda o louvarei, a ele que é o socorro de meu rosto e meu Deus.

1. Julga-me, ó Deus! Davi, antes de tudo, se queixa da extrema crueldade de seus inimigos; nos versículos que imediatamente se seguem, porém, ele mostra que não há nada do que sentia que fosse

---

1 Este Salmo e o precedente têm sido considerados pela maioria dos críticos como que formando originalmente um só Salmo, e formam um só no quadragésimo sexto MSS. A similaridade do estilo, sentimento e estrutura métrica, bem como a ocorrência do versículo intercalado nos versículos 5 e 10 do Salmo 42, e o versículo 5 do Salmo 43, confirma esta opinião. Diz Williams: "O fato, deveras, é auto-evidente, e facilmente aconteceu. Os coralistas judeus tendo, em alguma ocasião, achado o antema longo demais, o dividiu para sua própria conveniência (atitude não incomum entre os coralistas), e uma vez tendo sido dividido, foi ignorantemente considerado como assim dividido."

pior do que ser privado da oportunidade de ter acesso ao santuário. Temos uma evidência do triunfante testemunho de sua sã consciência, nisto: que ele deposita a defesa de sua causa na mão divina. O verbo julgar, do qual ele lança mão, outra coisa não significa senão *confiar a alguém a defesa de sua causa*; e expressa seu significado mais claramente, acrescentando: **pleiteia minha causa**. A substância e objetivo de sua oração realmente era para que pudesse livrar-se dos homens perversos e maliciosos, por quem era ele imerecidamente perseguido. Mas visto que é aos miseráveis e injustamente culpados, os quais são iniquamente afligidos, que Deus promete seu auxílio, Davi, antes de tudo, se submete a ser examinado por aquele que, havendo descoberto e provado plenamente a retidão de sua causa, finalmente pode conceder-lhe socorro. E visto ser uma fonte mui alegre de consolação para nós, descobrir que Deus se digna de tomar conhecimento de nossa causa, assim também nos é debalde esperar que ele vingue as injúrias e males que nos são feitos, a menos que nossa própria integridade seja manifesta de tal forma a induzi-lo a nos ser favorável contra nossos adversários. Pela expressão, **a nação inclemente**, deve-se entender toda a companhia dos inimigos de Davi, os quais eram cruéis e destituídos de todo e qualquer sentimento de humanidade. O que se segue concernente a **o homem fraudulento e perverso**, pode muito bem ser aplicado a Saul; mas tudo indica que é uma forma de expressão na qual, por meio de análage, o singular é usado em lugar do plural.

2. **Pois tu és o Deus de minha força**. Este versículo difere bem pouco do versículo 9 do Salmo precedente, e a diferença consiste mais em palavras do que em essência. Colocando como um escudo contra a tentação o fato de que havia experimentado a presença do poder de Deus em seu íntimo, ele se queixa de que sua vida é gasta em pranto, porquanto se vê como se estivesse entregue ao arbítrio de seus inimigos. Considera absolutamente certo que seus inimigos não teriam poder de fazer-lhe mal se isso não lhes fosse permitido por Deus; e portanto pergunta, como se fosse algo completamente irracional,

como poderia acontecer que seus inimigos prevalecessem contra ele enquanto se achava sob a segura proteção e vigilância de Deus. Deste fato ele extrai coragem para orar, ou seja, que Deus uma vez mais teria prazer em manifestar seu favor, o qual parecia ter ocultado dele por algum tempo. O termo, *luz*, deve ser entendido como denotação de *favor*; porquanto as adversidades não só obscurecem a face de Deus, mas também tolda os céus, por assim dizer, com nuvens e nevoeiros, assim também, quando desfrutamos da divina bênção que enriquece, é como a alegre luz de um dia sereno brilhando ao nosso redor. Ou, melhor, a luz da vida que dissipa toda aquela densa escuridão que nos mergulha em tristeza. Por esta palavra o salmista comunica duas coisas: primeiro, que todas as nossas misérias não emanam de nenhuma outra fonte, senão desta, a saber: que Deus retrai de nós os emblemas de seu paternal amor; e, segundo, que tão logo se agrade ele de manifestar em nosso favor seu sereno e gracioso semblante, o livramento e a salvação também se nos manifestam. E acrescenta, *verdade*, porque esperava esta luz provinda só das promessas de Deus. Os incrédulos desejam o favor divino, mas não erguem seus olhos para sua luz, pois a natural disposição do homem tenderá sempre para a terra, a menos que sua mente e todas as suas emoções sejam elevadas às alturas pela Palavra de Deus. Então, a fim de se animar na esperança de obter a graça de Deus, Davi descansa sua confiança nisto: que Deus, que é a verdade e a ninguém pode enganar, prometeu assistir seus servos. Devemos, pois, explicar a frase assim: Envia tua luz, a fim de que ela seja um emblema e testemunha de tua verdade, ou que ela real e eficazmente seja uma prova de que és fiel e isento de todo ludíbrio em tuas promessas. O conhecimento do divino favor, é verdade, deve ser buscado na Palavra de Deus; a fé não possui nenhum outro fundamento no qual possa descansar com segurança exceto a Palavra; mas quando Deus estende sua mão para ajudar-nos, a experiência disto não é uma pequena confirmação tanto da Palavra quanto da fé.

Davi declara qual era o principal objetivo de seu desejo e que fim ele tinha em vista ao buscar livramento de suas calamidades, quando diz: **Que me dirijam e me guiem ao teu santo monte.** Como a principal causa de seu sofrimento consistia em ser ele banido da congregação dos santos, assim ele coloca o valor de todo o seu desfruto nisto: que tivesse a liberdade de tomar parte nos exercícios da religião e cultuar a Deus no santuário. Tacitamente, de fato Davi faz um voto de ação de graças a Deus; mas não pode haver dúvida de que, por estas palavras, ele notifica que o fim que tinha em vista, ao buscar o livramento de suas aflições, era que, como anteriormente podia livremente regressar ao santuário, do qual fora expulso pela tirania de seus inimigos. E merece particular observação que, embora fosse privado de sua esposa, espoliado de seus bens, de sua casa e de todos os demais confortos terrenos, todavia sempre sentiu um tão ardente anseio de ir ao santuário, que quase esquecia as demais coisas. Para mim, porém, é suficiente no momento observar sucintamente o seguinte: no Salmo precedente já tratei em maior extensão deste santo desejo de Davi, o qual deve ser imitado por todos os fiéis.[2] No entanto, é possível que ainda se pergunte: Como se faz menção aqui ao *Monte Sião*, o qual não fora ainda designado para o serviço cúltico de Deus ainda depois da morte de Saul? A única solução desta dificuldade que posso oferecer é que Davi, compondo este Salmo num período futuro de sua vida, emprega em concordância com a revelação que subseqüentemente lhe foi dada, linguagem que de outra forma ele teria usado mais geralmente ao falar só do tabernáculo, e sem absolutamente especificar o lugar.[3] Não vejo nisto inconsistência alguma.

4. E irei ao altar de Deus. Aqui ele promete a Deus um sacrifício solene, em comemoração do livramento que obtivera dele; pois fala não só do serviço diário ou ordinário, mas, ao fazer menção do altar no qual costumava-se oferecer os sacrifícios pacíficos, ele expressa o emblema de gratidão e ação de graças de que falara. Por esta razão, também, ele chama **Deus, o Deus de minha alegria**, porque, sendo

---

2 "Laquelle tous fideles doyvent ensuyvre." – *v.f.*
3 "Ssns specfier le lieu." – *v.f.*

libertado do sofrimento, e restaurado a um estado de alegria, ele resolve reconhecer publicamente tão grande bênção. E o chama de **alegria de meu regozijo**, o que podia mais ilustrativamente apresentar como a graça de seu livramento. A segunda palavra no genitivo é adicionada à guisa de um epíteto, significando que seu coração fora plenificado de alegria, não de uma espécie comum, quando Deus o restaurou, contrariando a expectativa de todos. Quanto ao versículo 5, já tratei dele suficientemente no Salmo precedente, e portanto julgo supérfluo falar dele aqui.

Salmo 44

Este Salmo é dividido em três partes principais. No início dele, os fiéis registram a infinita misericórdia de Deus para com seu povo e os muitos sinais pelos quais testificara seu paternal amor para com eles. Então se queixam de que nem agora percebiam que Deus lhes é favorável, como o fora antigamente para com seus pais. Em terceiro lugar, fazem referência ao pacto que Deus fizera com Abraão, e declaram que, o tinham guardado com toda fidelidade, não obstante as dolorosas aflições a que foram submetidos. Ao mesmo tempo, se queixam de que são cruelmente perseguidos por nenhuma outra causa senão por terem conservado com toda firmeza a pureza do culto pertencente a Deus. No final, adiciona-se uma oração, dizendo que Deus não esqueceria da injusta opressão sofrida por seus servos, a qual tende especialmente a trazer desonra e afronta à religião.

Ao mestre de música, dos filhos de Coré, ministrando instrução.

É incerto quem teria sido o autor deste Salmo; mas é claramente manifesto que foi composto certamente por qualquer outra pessoa, menos por Davi. As queixas e lamentações que ele contém podem ser com propriedade referir-se àquele miserável e calamitoso período em que a ultrajante tirania de Antíoco destruiu e devastou tudo.[1]

---

[1] Dr. Geddes pressupõe juntamente com Calvino que este Salmo foi composto durante a perseguição de Antíoco Epífanes; e que Matias bem que poderia ser seu autor. Veja-se 1 Macabeus capítulos 1 e 2. Walford aponta o mesmo período para ele. Não há, certamente, nenhuma parte da

Realmente alguns se dispõem a aplicá-lo em termos mais gerais; pois após o regresso dos judeus do cativeiro babilônico, raramente viveram livres de dolorosas aflições. Tal ponto de vista, indubitavelmente, não seria aplicável ao tempo de Davi, sob cujo reinado a Igreja desfrutou de prosperidade. É possível, também, que durante o tempo de seu cativeiro babilônico, um dos profetas tenha composto esta lamentação em nome de todo o povo. Ao mesmo tempo, contudo, é preciso observar-se que aqui se descreve o estado da Igreja, tal como deveria ser após a manifestação de Cristo. Paulo, em Romanos 8.36, como veremos mais adiante em seu devido lugar, não entendeu este Salmo como uma descrição do estado da Igreja em uma só época, mas nos adverte que aos cristãos se destinam as mesmas aflições, e não se deve esperar que sua condição terrena, até ao final do mundo, seja diferente do que Deus fez conhecido a nós, como se fosse à guisa de exemplo, no caso dos judeus após seu regresso do cativeiro. Cristo, é verdade, depois se manifestou como Redentor da Igreja. Ele contudo não dá a impressão de que a carne viveria em paz sobre a terra, senão que, ao contrário, que deflagraríamos guerra debaixo da bandeira da cruz, até que fôssemos recebidos no descanso do reino celestial. Quanto ao significado da palavra משכיל, *maskil*, já foi exposto alhures. Ele é às vezes encontrado na inscrição dos Salmos cujo tema é a alegria; mas ele é mais comumente usado quando o tema trata de angústia; pois é um meio singular de levar-nos a tirar proveito da instrução do Senhor, quando, subjugando a obstinação de nosso coração, ele nos mantém sob seu jugo.

> [vv. 1-3]
> Ó Deus, temos ouvido com nossos ouvidos, nossos pais nos declararam a obra que fizeste em seus dias, nos tempos da antigüidade. Tu expulsaste

---

história dos judeus com a qual se familiarizam, à qual a afirmação feita no versículo 17, seja tão aplicável quanto ao tempo quando foram tão cruelmente perseguidos por causa de sua religião, por Antíoco Epífanes, rei da Síria, e quando, não obstante, a grande massa do povo exibiu uma invencível determinação em se proteger das contaminações da idolatria e aderir ao culto do verdadeiro Deus.

os pagãos [ou nações[2]] com tua mão e os plantaste;[3] devastaste os povos[4] e os multiplicaste [ou os[5] fizeste expandir-se]. Pois não foi por sua própria espada que tomaram posse da terra, e seu próprio braço não os salvou; mas tua mão direita, e teu braço, e a luz de teu rosto, porque sentiste amor por ele.

1. Ó Deus, temos ouvido com nossos ouvidos. O povo de Deus aqui relata a bondade que antigamente se manifestou em favor de seus pais, para que, exibindo a grande dessemelhança de sua própria condição, pudesse induzir a Deus a aliviar suas misérias. Começam declarando que não falam de coisas desconhecidas ou duvidosas, mas que relatavam eventos, verdades que eram autenticadas por irrepreensíveis testemunhos. A expressão, *temos ouvido com nossos ouvidos*, não deve ser considerada uma forma redundante de linguagem, mas uma expressão de grande valor. Destina-se a realçar que a graça de Deus para com seus pais era tão famosa que sem dúvida podia ser acolhida. Acrescentam que seu conhecimento dessas coisas passava de século para século por aqueles que testificavam delas. Não significa que seus pais, que foram tirados do Egito, tinham, mil e quinhentos anos depois, declararam à sua posteridade os benefícios que lhes havia conferido. A substância da linguagem é que não só o primeiro livramento, mas que também as várias outras obras que Deus operara de tempo em tempo no meio de seu povo, tinha chegado, por assim dizer, de mão em mão, numa série ininterrupta, até ao último século. Portanto, visto que aqueles que, depois de um intervalo de

---

2 Isto é, os cananeus.

3 "Asçavoir, nos peres." – *n.m.f.* "Isto é, nossos pais." Israel é aqui comparado a uma vinha plantada na terra prometida. Vejam-se Êxodo 15.17; Isaías 5.17. Veja-se também Salmo 80.8, onde esta elegante figura é expressa com notável vigor e beleza de linguagem.

4 Os cananeus.

5 "Asçavoir, nos peres." – *n.m.f.* "Isto é, nossos pais." A redação em nossas versões é: "e os expulsaste", isto é, os pagãos. Mas a tradução de Calvino parece ser mais adequada ao gênio da poesia hebraica, e também concorda com o significado do original. "A metáfora como um todo", diz o Dr. Geddes, "é extraída da videira ou de alguma outra árvore exuberante. Em nossa versão comum, 'e os expulsou', se perde o paralelismo e desaparece a beleza da frase." O verbo hebraico, aqui, é geralmente aplicado à germinação das plantas, ou aos brotos e expansão dos galhos. Deus fez que seu povo escolhido se expandisse, para lançar raízes e galhos como os de uma videira.

muitos séculos, se tornaram testemunhas e arautos da graça que Deus exercera para com este povo expressava o relatório da primeira geração, os fiéis estão autorizados a dizer, como aqui fazem, que seus pais lhes declararam o que certamente conheciam, porque o conhecimento dele não se havia perdido por razão de sua iniqüidade, mas era continuamente preservado pela memória dele de pais para filhos. A suma de tudo é que Deus se manifestara sua bondade para com os filhos de Abraão, não só por dez ou vinte anos, mas sempre, visto que os recebera em seu favor, jamais cessou de derramar sobre eles contínuos sinais de sua graça.

2. Tu expulsaste os pagãos com tua mão. Eis uma ilustração do versículo precedente. Pois o escritor inspirado não tinha expressamente ainda se referido à obra de Deus, cuja fama havia sido preservada por seus pais. Portanto agora acrescenta: *Deus, com sua própria mão, expulsou os pagãos*, a fim de *plantar* em seu lugar os filhos de Abraão; *os devastou e os destruiu, para que fizesse aumentar e multiplicar* a semente de Abraão. Ele compara os antigos habitantes da terra de Canaã a árvores; porque, desde muito continuavam de posse do país, tinham, por assim dizer, fincado raízes nele. A mudança abrupta, pois, que ocorreu entre eles foi como se um homem arrancasse árvores pelas raízes e plantasse outras em seu lugar. Mas como não era suficiente que o antigo povo de Deus primeiro fosse plantado no país, outra metáfora é aqui adicionada, pela qual os fiéis testificam que a bênção divina fez que este povo escolhido aumentasse e se multiplicasse, como se fossem uma árvore, lançando suas raízes e estendendo seus galhos frondosamente, ganhando ainda maior força no lugar onde fora plantado. Além disso, é necessário observar com que propósito é que os fiéis aqui magnificam esta manifestação da graça divina. Às vezes sucede que nosso próprio coração nos sugere motivos de desesperança quando começamos a concluir que Deus nos rejeitou, visto que ele não continua a nos conceder os mesmos benefícios que em sua benevolência se dignou conceder a nossos pais. Mas era completamente inconsistente que os fiéis dispondo aqui seus corações à oração, permitissem que tal obstáculo os impedisse de exercitar aquela confiança que é indispensável à oração. Francamente admito que quanto mais pensamos nos benefícios que Deus tem concedido aos outros, mais profunda se torna a tristeza que experimentamos quando ele não nos dá alento em nossas adversidades. A fé, porém, nos conduz a outra conclusão, a saber, que devemos crer de coração que no devido tempo também experimentaremos algum lenitivo, visto que Deus continua imutavelmente o mesmo. Não pode haver motivo para dúvida de que os fiéis agora estão a evocar a lembrança das coisas que Deus outrora fez para o bem-estar de sua Igreja, com vistas a inspirar suas mentes com mais consistente esperança, como já os vimos agindo de maneira similar no início do Salmo 22. Não traçam simplesmente a comparação, a qual tende a delinear a linha de separação entre aqueles que em tempos mais antigos foram preservados pelo poder de Deus e aqueles que agora labutavam e gemiam debaixo de aflições; senão que apresentavam o pacto divino como o vínculo da santa aliança entre eles e seus pais, para que pudessem concluir disto que todo e qualquer montante de bondade que a Igreja, em algum tempo, tivesse experimentado em Deus pertencia também a eles. Por isso é que por fim usam a linguagem de queixa, perguntando por que é que o curso do favor paternal de Deus para com seu povo é, por assim dizer, interrompido; mas incontinenti corrigem seu equívoco e tomam alento para uma nova consideração – a consideração de que Deus, que os adotara como fizera a seus pais, é fiel e imutável. Não obstante, não causa estranheza se os fiéis, mesmo em oração, tenham em seus corações divergências e emoções conflitantes. O Espírito Santo, porém, que os habita, amenizando a violência de sua dor, pacifica todas as suas queixas e os conduz paciente e cordialmente à obediência. Além do mais, ao dizer aqui que seus pais lhes proclamaram os livramentos que Deus realizou no seio de sua Igreja, o que os pais corresponderam neste aspecto aos preceitos da lei, pelos quais aos pais foi ordenado que ensinassem a seus filhos. E todos os fiéis devem ponderar sobre o fato de que a mesma responsabilidade lhes é imposta por Deus até aos dias atuais. Ele lhes comunica a doutrina da salvação e os faz cônscios de sua responsabilidade com este propósito – para que a transmitam à sua posteridade, e, tanto quanto lhes é possível, envidar todo esforço por estender sua autoridade, a fim de que seu culto seja preservado século após século.

3. Pois não foi por sua própria espada que tomaram posse da terra. Aqui o escritor sacro confirma, mediante um contraste, o que acaba de dizer; pois se não lograram a posse da terra por seu próprio poder e habilidade, segue-se que foram plantados nela pela mão de outro. A multidão de homens que saíram do Egito era mui numerosa; mas uma vez que não foram treinados na arte da guerra, e só estavam acostumados ao trabalho servil, logo teriam sido derrotados por seus inimigos, os quais os exceliam em número e força. Em suma, não houve falta de sinais evidentes pelos quais ao povo se fizesse conhecer tanto sua própria debilidade quanto o poder de Deus; de modo que era seu sagrado dever confessar que a terra não foi conquistada por sua própria espada, e também que fora a mão de Deus que os havia preservado. O salmista, não contente com a mera menção de *tua mão direita*, acrescenta, *teu braço*, com o intuito de ampliar a matéria e imprimir maior peso ao seu discurso, para que pudéssemos saber que foram preservados de uma forma prodigiosa, e não por algum meio ordinário.

A luz de teu rosto é aqui tomada, como em outros lugares, em lugar da manifestação do favor divino. Visto que, por um lado, ao nos afligir Deus com severidade, parece nos olhar com desagrado e sombrear sua face com densas nuvens, assim, por outro lado, quando os israelitas, sustentados por seu poder, venceram seus inimigos sem grande dificuldade, e os perseguiu em toda direção, longe ou perto, diz-se que então olharam para o semblante sereno e plácido de Deus, justamente como se houvera manifestado perto deles de uma forma visível. Aqui se faz necessário observar o método de raciocínio que o profeta emprega, ao argumentar que foi pelo gracioso dom divino que o povo adquiriu a terra por herança, uma vez que não a adquiriu por seu próprio poder. Então realmente começamos a dar a Deus o que lhe pertence, ao considerarmos quão sem valor é nossa própria força. E com toda certeza, a razão por que os homens, como que agindo com desdém, ocultam e ignoram os benefícios que Deus lhes haja conferido, seria devido a uma ilusória imaginação a levá-los a arrogar tudo para si como se fosse propriamente deles. O melhor meio, pois, de nutrir em nós, habitualmente, um espírito de gratidão para com Deus é expelindo de nossas próprias mentes esta tola opinião acerca de nossa capacidade pessoal. Há ainda outra expressão na parte conclusiva do versículo, a qual contém um testemunho ainda mais ilustrativo da graça de Deus, quando o salmista atribui tudo ao beneplácito divino: **porque sentiste amor por eles**. O profeta não pressupõe alguma dignidade na pessoa de Abraão, nem imagina que houvesse algum mérito em sua posteridade, em virtude do qual Deus os tratasse de forma tão liberal, mas atribui tudo ao beneplácito divino. Suas palavras parecem ser tomadas da solene declaração de Moisés: "O Senhor não pôs seu amor sobre vós, nem vos escolheu, por serdes mais numerosos do que qualquer povo (pois éreis o mais ínfimo de todos os povos); mas porque o Senhor vos amava" [Dt 7.7, 8]. Aqui se faz menção especial à terra de Canaã; mas o profeta apresentou o princípio geral por que foi que Deus se dignou tomar a esse povo para ser seu rebanho herança peculiar. E com toda certeza, a fonte e origem da Igreja está no gracioso amor de Deus; e quaisquer benefícios que ele concede à Igreja, todos eles procedem da mesma fonte. A razão, pois, por que somos congregados na Igreja, e somos nutridos e defendidos pela mão de Deus, deve ser buscada em Deus. Tampouco o salmista, aqui, trata da benevolência geral de Deus, a qual se estende a toda a raça humana; mas seu discurso visa a diferença que existe entre os eleitos e o resto do mundo; e a causa desta diferença é aqui atribuída ao mero beneplácito de Deus.

[vv. 4-8]
Tu, sim, tu, és meu Rei,⁶ ó Deus! manda [ou ordena] livramentos a Jacó. Através de ti temos empurrado [ou ferido] nossos adversários com nossos chifres; em teu nome temos pisado ao pé os que se levantaram contra nós. Pois não confiarei em meu arco, e minha espada não me salvará. Certamente nos salvaste de nossos inimigos e expuseste à ignomínia os que nos odeiam. Em Deus nos temos gloriado o dia todo, e confessaremos teu nome para sempre. Selah.

4. Tu, sim, tu, és meu Rei, ó Deus! Neste versículo, os fiéis expressam ainda mais claramente o que já realcei um pouco antes, ou seja, que a bondade divina não só se evidenciou no livramento do povo de Deus, mas também lhes fluiu em contínua sucessão de século após século. É portanto se diz: *Tu, sim, tu, és meu Rei*. Em meu critério, o pronome demonstrativo, הוא, *hu*, transmite a idéia como se o profeta tivesse reunido uma longa série dos benefícios divinos depois do primeiro livramento. De modo que pudesse parecer que Deus, que uma vez foi o libertador de seu povo, não se revelasse de outra forma à sua posteridade; a menos que, talvez, o pronome seja considerado uma ênfase e seja empregado com o propósito de asseverar as coisas apresentadas de uma forma mais forte, ou seja, que os fiéis só louvam a Deus como o guardião de seu bem-estar com a exclusão de todos os demais e a renúncia do socorro de qualquer outra fonte. Daí apresentarem também a oração para que Deus ordenasse e anunciasse a seu povo novos *livramentos*; pois, visto que tem em seu poder inumeráveis meios de preservação e livramento, diz-se que ele destina e envia livramentos como seus mensageiros, sempre que lhe pareça bem.

5. Através de ti temos empurrado, ou ferido, nossos adversários com nossos chifres.⁷ Aqui o profeta declara em que sentido Deus se

---

6 Geddes traduz: "Nosso Rei". "O hebraico", diz ele, "tem *meu Rei*; mas visto que o salmista fala em nome de sua nação, o plural é preferível, como em numerosos outros exemplos". "O porta-voz em todo o Salmo", diz Walford, "é a Igreja, o que preferível o uso de ambos, singular e plural, em diferentes partes."

7 A alusão é ao *empurrar*, *golpear* ou *chifrar* dos bois e outros animais com seus chifres, e significa *reprimir* ou *dominar* (Dt 33.17; 1Rs 22.11; Dn 8.4). "Literalmente", diz Dr. Adam Clarke, "'Lançá-los-emos no ar com nossos chifres'; metáfora esta tomada de um boi ou touro lançando ao ar os cães que o atacam."

manifestou como Rei de seu povo. Ele fez isso investindo-os com tal força e poder, que todos os seus inimigos se encheram de medo deles. A similitude que usa aqui, tomada dos touros, pretende mostrar que haviam sido dotados com uma força mais que humana, pela qual puderam assaltar, dominar e pisar sob seus pés tudo quanto se lhes opunha. *Em Deus* e *em nome de Deus* são da mesma importância, só que a última expressão denota que o povo tinha sido vitorioso por ter se refugiado na autoridade e direção de Deus. É preciso observar-se que o que tinham falado antes acerca de seus pais, agora aplicam a si mesmos, porquanto ainda faziam parte do mesmo corpo da Igreja. E fazem isso expressamente para inspirar-se com confiança e coragem, porque, se tivessem se separado de seus pais, esta distinção, em certo sentido, teria interrompido o curso da graça de Deus, de modo que ela teria cessado de fluir sobre eles. Mas agora, visto confessarem que tudo quanto Deus conferira a seus pais tinham também concedido a eles, então podem ousadamente desejar que continue sua obra. Ao mesmo tempo, é preciso observar-se novamente neste lugar que, como já declarei um pouco antes, a razão por que atribuem suas vitórias totalmente a Deus consiste no fato de que não eram capazes de alcançar tal concretização pelo uso de *sua própria espada ou de seu próprio arco*. Ao sermos levados a considerar quão grande é nossa fragilidade pessoal e quão indignos somos sem Deus, este contraste ilustra muito mais claramente a graça de Deus. Novamente declaram [v. 7] que foram salvos pelo poder de Deus, e que este também havia perseguido seus inimigos e os expusera à ignomínia.

8. Em Deus nos temos gloriado[8] **o dia todo**. Esta é a conclusão da primeira parte do Salmo. Para expressar o significado de umas poucas palavras, eles reconhecem que em todos os tempos a bondade de Deus fora tão infinita para com os filhos de Abraão, que os muniu de contínuo motivo de ações de graças. Como se o fato estivesse ainda vivo diante

---

8 Hammond traduz: "Temos louvado a Deus." Ele considera a preposição ב, *beth*, anteposta a Deus como um pleonasmo.

de seus olhos, reconhecem que deveriam louvar a Deus sem cessar, visto que eles lançaram raízes e triunfaram, não simplesmente durante um século, ou durante um curto período de tempo, mas porque continuaram a fazer isso sucessivamente *de século em século*.[9] Pois toda e qualquer prosperidade que lhes sobrevinha, eles a atribuíam à graça de Deus. Indubitavelmente, quando os homens experimentam a prosperidade que lhes sobrevem, uma santa e equilibrada alegria prorrompe em louvores a Deus.[10] Portanto, em primeiro lugar, tenhamos firme em nossa mente que este versículo se relaciona ao tempo de alegria e prosperidade no qual Deus manifestava seu favor para com seu povo; em segundo lugar, que os fiéis manifestam aqui que não são ingratos, já que, havendo se desvencilhado de toda fútil vanglória, confessam que todas as vitórias pelas quais se tornaram grandes e se fizeram famosos procediam de Deus, e que unicamente por seu poder é que continuavam até aqui a existir e haviam sido preservados em segurança; e, em terceiro lugar, que não foi apenas uma ou suas vezes que a questão da alegria lhes foi proporcionada, senão que a mesma existiu por longo tempo, visto que se manifestara em favor deles durante um longo e ininterrupto período, fornecendo provas e sinais de seu paternal favor, de modo que continuação e, por assim dizer, a longa experiência que tinham dela teriam sido o meio de confirmar sua esperança.

[vv. 9-14]
Não obstante, te enfadaste de nós[11] e nos expuseste à ignomínia; e não sais com nossos exércitos. Fizeste-nos voltar as costas ao inimigo, e os que nos odeiam nos despojaram à vontade. Entregaste-nos como ovelhas para alimento e nos dispersaste por entre os pagãos. Vendeste teu povo, e não ficaste rico,[12] e não lucraste com seu preço. Fizeste de nós um opróbrio aos nossos vizinhos, um escárnio e irrisão aos que nos cercam. Puseste-nos por provérbio entre os pagãos e um menear de cabeça entre os povos.

---

9 "Mais que la chose a continué d'aage e aage." – *v.f.*
10 "Quiand d'icelle ils entrent à rendre louanges à Dieu." – *v.f.* "Quando dela são levados a render louvores a Deus."
11 "Ou, mis en oubli." – *n.m.f.* "Ou, nos esqueceste."
12 "C'est, sans aucun profit pour toy." – *n.m.f.* "Isto é, sem qualquer proveito para ti."

9. Não obstante, te enfadaste de nós. Aqui surge uma queixa, na qual deploram suas atuais misérias e extrema calamidade. Aqui se descreve uma mudança tal que revela não só o fato de Deus haver cessado de exercer para com eles seu costumeiro favor, mas também que se tornara publicamente contrário e hostil a seu povo. Primeiro, se queixam de que foram rejeitados com ódio, porquanto é isso o que exatamente comunica a palavra זנחת, *zanachta*, a qual, juntamente com outros, traduzi por *te enfadaste*. Todavia, se porventura alguém preferir, antes, traduzi-la por *esqueceste*, ou *rejeitaste*, não faço muita objeção. Em seguida acrescentam que foram expostos à ignomínia, isto é, visto que necessariamente se seguiria que tudo iria mal com eles caso fossem privados da proteção divina. Isto eles declaram imediatamente em seguida, ao dizerem: **Deus não mais sai com nossos exércitos** – não sai como seu Líder ou Guia, quando saem para guerra.

10. Fizeste-nos voltar as costas ao nosso inimigo. Aqui o povo de Deus se queixa ainda mais de que foram obrigados a fugir diante de seus inimigos e lhes foram entregues como presa para serem devorados por eles. Visto que os santos firmemente crêem que os homens só se sentem fortes e valentes enquanto Deus os sustenta com seu secreto poder, então também concluem que, quando fogem e são assenhoreados pelo medo, isso é indicativo de que Deus os espanta com terror, de tal maneira que as pobre e miseráveis criaturas se vêem privadas da razão, e tanto sua capacidade quanto sua coragem se desvanecem nelas. A expressão aqui usada é extraída da lei [Dt 32.30], onde Moisés afirma: "Como poderia um só perseguir mil, e dois fazer fugir dez mil, se sua Rocha não os vendera, e o Senhor não os entregara?" Os fiéis, plenamente persuadidos desta verdade, não atribuem à fortuna a mudança que ocorre neles, ou seja, que aqueles que outrora costumavam vigorosa e destemidamente acossar seus inimigos, agora são terrificados por sua mera sombra. O fato é que se asseguram de que foi pelo desígnio celestial que são assim desbaratados e postos em fuga diante de seus inimigos. E visto que antigamente confessavam que a força que até agora possuíram era dom de Deus, então, por um lado, também reconhecem que o temor pelo qual são agora inquietado lhes fora infligido como castigo divino. E quando Deus assim os priva de coragem, então dizem que se vêem expostos à vontade de seus inimigos. Neste sentido é que interpreto a palavra למו, *lamo*, a qual traduzi *por si mesmos*, isto é, seus inimigos os destruiu a seu bel-prazer e sem qualquer resistência, como sua presa.

Com o mesmo propósito é aquela outra comparação [v. 11], na qual dizem: **fomos entregues como ovelhas para alimento**.[13] Com isto o profeta notifica que, sendo já vencidos antes mesmo da batalha, caíram, por assim dizer, por terra diante de seus inimigos, prontos para devorados por eles,[14] e não com nenhum outro propósito senão para satisfazer sua insaciável crueldade. É preciso observar-se que, quando os fiéis apresentam Deus como o Autor de suas calamidades, não é com o propósito de murmurarem contra ele, senão para que possam com mais plena confiança buscar alívio, por assim dizer, não mesma mão que os golpeou e os feriu. É indubitavelmente impossível que os que imputam suas misérias à fortuna possam sinceramente recorrer a Deus, ou buscar nele socorro e salvação. Se, pois, devamos esperar um remédio da parte de Deus para nossas misérias, então devemos crer que as mesmas nos sobrevieram não da fortuna ou do mero acaso, mas que nos são infligidas propositadamente por sua mão. Havendo afirmado que foram assim abandonados à vontade de seus inimigos, acrescentam, ao mesmo tempo: **fomos dispersados por entre os pagãos**. Dispersão esta que lhes era cem vezes mais dolorosa que a morte. Toda a glória e felicidade do povo consistia nisto: estando unidos sob um só Deus e um só Rei, formavam um só corpo; e que sendo este o caso, era um sinal de que a maldição divina pesava sobre eles, sendo misturados com os pagãos e espalhados aqui e ali como partes desmembradas.

---

13 "Isto mui forte e notavelmente comunica a extensão da perseguição e matança a que foram expostos; não há criatura no mundo que em tão vasto número seja constantemente dizimado como as ovelhas, com vistas à subsistência do próprio homem. A constância de tal matança é também mencionada no versículo 22, o que ilustra a contínua opressão a quê os hebreus estavam sujeitos." – *Illustrated Commentary upon the Bible*.
14 "Prests à estre par eux devorez." – *v.f.*

12. Vendeste teu povo, e não ficaste rico. Ao dizer que foram vendidos sem qualquer lucro, significa que foram expostos a venda como escravos desprezíveis e de nenhum valor. Na segunda cláusula, também, **e não lucraste com o preço deles**, parece haver uma alusão ao costume de exporem-se coisas a leilão e de vendê-las pelo maior lance possível. Sabemos que os escravos que eram vendidos não eram entregues aos compradores enquanto o preço deles não recebesse o maior lanço. Portanto os fiéis querem dizer que foram banidos como se fossem algo totalmente sem valor, de modo que sua condição era muito pior que a de qualquer escravo.[15] E visto que apela a Deus para que não voltem para seus inimigos, de cuja soberba e crueldade por justa causa se queixam, aprendamos disto que não há nada melhor ou mais vantajoso para nós, em nossa adversidade, do que entregar-mo-nos à meditação sobre a providência e juízo de Deus. Quando os homens nos atribulam, sem dúvida é o diabo que os leva a fazer isso, e com ele que temos a ver; mas devemos, não obstante, elevar nossos pensamentos a Deus mesmo, para que saibamos que somos provados e testados por ele, ou para nos disciplinar, ou para exercitar nossa paciência, ou para subjugar os desejos pecaminosos de nossa carne, ou para humilhar-nos e treinar-nos na prática da renúncia. E quando ouvimos que os Pais que viveram sob a lei foram tratados de forma tão ignominiosa, não há razão por que devamos perder a coragem por algum ultraje ou maltrato, uma vez que Deus, em qualquer tempo, vê necessidade de nos sujeitar-nos a isso. Não se diz aqui simplesmente que Deus vendeu algumas pessoas, mas que vendeu seu próprio povo, como se sua própria herança fosse de nenhuma valia a seus olhos. Mesmo em nossos dias, podemos em nossas orações ainda formular a mesma queixa, contanto que nós, ao mesmo tempo, façamos uso deste exemplo, com o propósito de fortalecer e estabelecer nossa fé, de modo que, quanto mais afligidos formos, mais nossos corações suportem

---

15 Como se dissesse: Tu nos vendeste a nossos inimigos a qualquer preço que ofertassem; como uma pessoa que vende a qualquer preço as coisas que são inúteis, não tanto por amor ao lucro, mas para se livrarem daquilo que consideram de nenhum valor e incômodo.

sem desmaiar. Em Isaías 52.3, Deus, fazendo uso da mesma forma de linguagem, diz que vendera seu povo sem preço; mas temos que entender isto num sentido diferente, ou seja, para mostrar que ele não terá dificuldade em redimi-los, porque tem obrigação nenhuma diante dos que os compraram, e nem recebeu deles coisa alguma em troca.

13. Fizeste-nos um opróbrio a nossos vizinhos. Aqui o salmista fala de seus vizinhos, que eram todos instigados ou por alguma indisposição secreta ou alguma animosidade declarada pelo povo de Deus. E certamente amiúde sucede que a vizinhança, que deveria ser o meio de preservar mútua amizade, engendra toda sorte de discórdia e intriga. Mas havia uma razão especial com respeito aos judeus, pois tomaram posse do país a despeito de todos os homens, e sua religião, tornando-se odiosa a outros, serviu, por assim dizer, como uma trombeta a incitar a guerra, e inflamava o furor de seus vizinhos contra eles. Muitos, também, nutriam para com eles um sentimento de inveja, tais como os idumeus que se inflavam em virtude de sua circuncisão, e imaginam que também cultuavam o Deus de Abraão da mesma maneira que os judeus. Mas a prova de sua maior calamidade era que se expunham ao opróbrio e irrisão dos que os odiavam em virtude de seu culto ao verdadeiro Deus. Os fiéis ilustram ainda mais a grandeza de sua calamidade com base em outra circunstância, dizendo-nos, na última cláusula do versículo, que eram alvos de opróbrios de todos os lados, pois se viam cercados por seus inimigos, de modo que jamais conseguiam desfrutar sequer de um momento de paz, a menos que Deus miraculosamente os preservasse. Sim, acrescentam ainda mais [v. 14] que se tornaram um *provérbio*, ou um *menear de cabeça*, ou uma *pilhéria*, mesmo entre as nações mais distantes. A palavra, משל, *mashal*, que é traduzida por *provérbio*, pode ser tomada no sentido de uma *pesada imprecação* ou *anátema*, tanto quanto um *exemplo proverbial* ou um *motivo de mofa*; mas o sentido será substancialmente o mesmo, ou seja, que não houve povo algum debaixo do céu que fosse mais detestado, visto que seu próprio nome corria de boca em boca, por toda parte, em alusões proverbiais, como um termo de desdém. Com o mesmo propósito é também o *sacudir* ou *menear a cabeça*, o qual ocorre no Salmo 22, do qual já falamos. Não haver dúvida de que os fiéis reconheciam isto como que infligido contra eles pela vingança divina, da qual se faz menção na lei. Com o fim despertá-los à consideração dos juízos divinos, compararam cuidadosamente as ameaças de Deus com todos os castigos que ele lhes infligia. Mas a lei havia declarado de antemão, em termos expressos, esta irrisão dos gentios, o que agora relacionam como algo que já havia passado [Dt 28.3]. Além do mais, ao dizer: *entre os pagãos*, e *entre os povos*, a repetição é muito enfática e expressiva. Pois era algo totalmente inconveniente e intolerável que as nações pagãs presumissem atormentar com seus escárnios o povo eleito de Deus, e a seu talante os enxovalhassem com suas blasfêmias. Que os santos não se queixavam destas coisas sem motivo, é sobejamente óbvio à luz de uma passagem de Cícero, em sua oratória em defesa de Flaccus, na qual esse orador pagão, com sua costumeira arrogância, não escarnece menos de Deus que dos judeus, asseverando que era perfeitamente evidente que eram uma nação odiada pelos deuses, visto que mui amiúde e, por assim dizer, época em época eram dizimados por múltiplos infortúnios, e por fim se sujeitaram a uma escravidão por demais miserável, sendo mantidos debaixo dos pés de Roma.[16]

[vv. 15-21]
> Meu opróbrio está diariamente[17] diante de mim, e a vergonha de minha face me tem coberto completamente por causa da voz daquele que me afronta, por causa da face do inimigo e do vingador. Tudo isso me sobreveio, e não nos esquecemos de ti, nem nos portamos falsamente para com teu pacto. Nosso coração não voltou atrás, nem nossos passos se declinaram de tua vereda, ainda que nos devastaste onde habita os dragões e nos cobriste com a sombra da morte. Se tivéssemos nos esquecido do nome de nosso Deus, e estendido nossas mãos a um deus estranho, porventura não haveria Deus de esquadrinhar isso? pois ele conhece os recônditos do coração.

---

16 "Et comme tenue sous les pieds des Romains." – *v.f.*
17 "Ou, tout le jour." – *n.m.f.* "Ou, todos os dias."

15. Meu opróbrio está diariamente diante de mim. As palavras hebraicas, כלהיום, *col-hayom*, significam todos os dias, e denotam longa continuidade. Todavia podem ser compreendidas de duas formas: ou denotando um dia todo ou inteiro, de manhã à noite, ou denotando a contínua sucessão de dias. Segundo ambas estas interpretações, o significado consiste em que não há fim para seus infortúnios. Quanto à mudança de número, do plural para o singular, não é absolutamente inconsistente o fato de que o que se fala no nome da Igreja seria expresso, por assim dizer, na pessoa de um homem. Aduz-se a razão por que estavam tão submersos em vergonha, que não ousavam erguer seus olhos e seu *rosto*, isto é, em virtude de não desfrutarem de respeito algum, senão que eram incessantemente expostos à insolência e afronta de seus inimigos. Houvera-lhes sido permitido esconder-se em algum canto, teriam suportado, o quanto pudessem, suas calamidades em segredo. Mas quando seus inimigos publicamente zombavam deles com a mais extrema insolência, tal coisa serviu para duplicar a ferida que lhes fora feita. Eles, pois, se queixam que suas calamidades haviam se cumulado numa extensão tal, que se viram forçados a ouvir incessantemente blasfêmias e ferinas afrontas. Descrevem seus inimigos pelo epíteto, *vingadores*, termo este que, entre os hebreus, denota barbaridade e crueldade, acompanhadas de soberba, como já observamos no Salmo 8.

17. Tudo isso nos sobreveio etc. Uma vez que já haviam atribuído a Deus todas as aflições que suportavam, se dissessem agora que eram imerecidamente afligido, seria o mesmo que acusar a Deus de injustiça. Portanto, o que se expressa não mais seria uma oração, e, sim, uma crassa e ímpia blasfêmia. Não obstante, é preciso observar-se que os fiéis, embora em suas adversidades não percebessem qualquer razão óbvia para serem tratados dessa forma, contudo descansam certos disto, e o consideram como um princípio estabelecido, ou seja, que Deus tem razões plausíveis para tratá-los de forma tão severa. Ao mesmo tempo, é oportuno observar-se que os santos não falam, neste ponto, do tempo pretérito, senão que trazem à memória sua paciente perseverança, a qual não um insignificante sinal de sua piedade, visto que, da forma mais humilde possível, baixaram seu pescoço ao jugo divino. Percebemos que a maioria dos homens murmura e obstinadamente se encrespa contra Deus, à semelhança de cavalos refratários que se precipitam furiosamente contra seus domadores e os escoiceiam com seus pés. E assim sabemos que o homem que enfrenta aflição impõe a si mesmo uma santa restrição para que sua impaciência não o arrebate da vereda do dever, e nada realiza inconsideradamente, fora do temor de Deus. É tão fácil, mesmo para os hipócritas, bendizer a Deus em tempo de prosperidade; mas tão logo começa ele a tratar os homens com aspereza, eles se precipitam raivosamente contra ele. Por conseguinte, os fiéis declaram que, embora suportem inúmeras aflições, as quais tendem a arrojá-los para fora da reta vereda, todavia não se esquecem de Deus, mas o servem sempre, mesmo quando não lhes demonstra seu favor e misericórdia. Portanto, não proclamam suas virtudes num período anterior e distante de sua história, senão que apenas alegam que mesmo em meio às aflições se mantiveram firmes em *o pacto de Deus*. É notório, pois, que muito antes da perseguição de Antíoco, houve muitos abusos e corrupções que provocaram a vingança divina contra eles, de modo que, com respeito a esse período, não tinham como gloriar--se de tal integridade como é aqui descrita. A verdade é que, como veremos logo a seguir, Deus os poupara, mostrando assim que foram afligido mais em decorrência do nome de Deus do que dos próprios pecados deles. Mas a tolerância que Deus exerceu para com eles neste aspecto não foi suficiente para autorizá-los a pleitear isenção de culpa. Portanto, demos considerar que aqui não fizeram nada mais que alegar sua própria paciência, dizendo que, em meio a tão dolorosas e duras tentações, não se desviaram do culto devido a Deus.

Em primeiro lugar, afirmam: **Não nos esquecemos de ti**. Pois de fato as aflições são, por assim dizer, como densas nuvens que ocultam o céu de nossa vista, de tal modo que Deus, então, facilmente escapa de nossa memória, como se nos afastássemos para longe dele. Em segundo lugar, acrescentam que: **Nem nos portamos falsamente para com teu pacto**. Pois, como eu já disse, a perversidade dos homens se revela mais especialmente quando são tratados mais severamente do que previam. Em terceiro lugar, declaram que **nosso coração não voltou atrás**. E, finalmente, que **nossos passos não se declinaram das veredas de Deus**. Visto que Deus está diariamente a nos convidar, assim nossos corações devem estar sempre dispostos a trilhar as veredas nas quais ele nos chama a andarmos. Disso se segue a direção de nossos caminhos; pois mediante nossas próprias obras e nossa própria vida testificamos que nosso coração está de fato sinceramente devotado a Deus. Em vez da tradução, *Nem nossos passos se declinaram*, a qual tenho proposto, alguns sugerem outra redação, a qual não carece de certo grau de plausibilidade, ou seja: *Tu fizeste nossos passos declinarem*. Pois, em primeiro lugar, o termo תט, *tet*, pode ser assim traduzido; e, em segundo lugar, de acordo com o arranjo das palavras, não há negativa nesta cláusula. Quanto ao seu significado, contudo, não comungo absolutamente com sua opinião; pois conectam esta passagem com aquela de Isaías [63.17]: "Por que, ó Senhor, nos fazes errar de teus caminhos?" A queixa que aqui se faz equivale antes a isto: que os fiéis são semelhantes a pobres e imprestáveis criaturas a perambularem por lugares desertos, visto que Deus retirou de sobre elas sua mão. A expressão: *as veredas de Deus*, nem sempre se refere a doutrina, mas às vezes a eventos prósperos e desejáveis.

19. Ainda que nos devastaste onde habita os dragões. No hebraico temos: *Porque nos quebraste* etc.; mas a partícula causal, כי, *ki*, segundo o idioma hebreu, é com freqüência tomada no sentido de *embora* ou *quando*.[18] E certamente deve ser assim traduzido neste lugar, porquanto estes três versículos se conectam, e a frase é incompleta até ao final das palavras: **Pois ele conhece os segredos do coração**. Os fiéis repetem mais amplamente o que já vimos, ou seja,

---

18 "Il y a en Hebrieu, Car tu nous as, &c. Mais souvent selon la maniere de la langue Hebraique, Car, se prend pour Combien que, ou Quando." – *v.f.*

que embora se achassem mergulhados na mais profunda das misérias, todavia continuavam firmes em sua resolução e em seu reto caminho. Se considerarmos as aflitivas circunstâncias em que foram colocados, não nos parecerá um modo hiperbólico de falar, quando dizem que foram esmagados nas profundezas do mar. Pois entendo *onde habita os dragões*, não os desertos e lugares solitários, e, sim, os abismos mais profundos do mar. Conseqüentemente, a palavra תנים, *tannim*, que outros traduzem por *dragões*,[19] eu, ao contrário, traduziria por *baleias*,[20] como é também assim subentendido em muitos outros lugares. Esta interpretação é obviamente confirmada pela cláusula seguinte, na qual se queixam de que *haviam sido cobertos com a sombra de morte*, o que implica que haviam sido tragados pela própria morte. Entretanto, lembremo-nos de que nestas palavras o Espírito Santo nos prescreve uma forma de oração; e que, portanto, se nos ordena cultivarmos um espírito invencível vigor e coragem, o qual nos servisse de sustentação sob o peso de todas as calamidades a que pudéssemos ser chamados a suportar, de modo que fôssemos capazes de testificar do fato de que, mesmo quando reduzidos a extremo desespero, jamais cessamos de confiar em Deus; que nenhuma tentação, por mais inesperada que seja, jamais poderá expelir de nossos corações o temor de Deus; e, por fim, que jamais seremos tão esmagados pelo fardo de nossas aflições, por maior seja ele, quando temos nossos olhos sempre dirigidos para

---

19 "Lequel les autres traduizent dragons." Este é o sentido em que a expressão é entendida por diversos críticos eminentes. Aquila a explica assim: "Num lugar deserto onde se encontram grandes serpentes"; e Bishop Hare, assim: "Em lugares desertos entre animais selvagens e serpentes." "*O lugar de dragões*", observa o Bispo Mant, "parece significar o deserto; como ilustração do qual pode-se notar do Dr. Shaw que 'víboras, especialmente no deserto de Sin, que podem ser chamadas a herança dos dragões [veja-se Ml 1.3], eram muito perigosas e asquerosas; não só nossos camelos, mas os árabes que as observavam, a todo instante corriam risco de ser picados.'" Visto por este prisma, devemos entender a linguagem ou significando que os israelitas tinham sido expulsos de suas habitações e compelidos a habitar em algum deserto tenebroso infestado de serpentes, ou que os ferozes e cruéis perseguidores, em cujas mãos Deus os havia entregue, se comparam a serpentes, e que as circunstâncias em que as tribos escolhidas ora estavam colocadas assemelhavam-se às de um povo que caíra num deserto, onde nada ouviam senão o silvo de serpentes e os uivos de animais ferozes em busca de sua presa.

20 Williams traduz: "*No lugar de monstros marinhos*, talvez crocodilos"; e acredita que a alusão é a um naufrágio.

ele. Todavia, é oportuno notarmos ainda mais particularmente o estilo de falar aqui empregado pelos fiéis. A fim de mostrar que ainda continuavam firmes no puro culto divino, afirmam que não ergueram seus corações ou suas mãos a qualquer outro, senão unicamente ao Deus de Israel. Não lhes seria suficiente ter nutrido alguma noção confusa da Deidade; era necessário que recebessem, em sua pureza, a genuína religião. Mesmo os que murmuram contra Deus podem ser constrangidos a reconhecer alguma divindade; mas elaboram para si um deus segundo seu próprio talante. E este é um artifício do diabo, que, uma vez que não pode erradicar imediatamente de nossos corações todo senso de religião, se esforça por destruir nossa fé, sugerindo à nossa mente estes inventos – que devemos sair em busca de outro Deus; ou que o Deus a quem até aqui servimos deve ser apaziguado de outra maneira; ou que a certeza de seu favor deva ser buscado em outra parte além da lei e do evangelho. Visto, pois, ser muito mais difícil para os homens, em meio aos ventos e ondas da adversidade, continuarem firmes e tranqüilos na verdadeira fé, devemos cuidadosamente observar o protesto que os santos Pais aqui fazem, a saber, que mesmo quando eram reduzidos ao mais humilhante extremo de angústias e calamidades de todo gênero, não obstante jamais deixaram de confiar no verdadeiro Deus.

Isto expressam ainda mais claramente na cláusula seguinte, na qual dizem: **Não estendemos nossas mãos**[21] **a um deus estranho**. Ao usar estas palavras, eles notificam que, contendendo somente com Deus, não corriam o risco de ver sua esperança dispersa em diferentes direções nem olhar ao redor em busca de outros meios de assistência. Daqui aprendemos que aqueles cujos corações se deixam assim dividir-se em distrair-se por várias expectativas se esquecem do verdadeiro Deus, a quem fracassamos em oferecer a honra que lhe é devida, caso não repousemos confiantemente nele só. E com toda certeza, no genuíno e legítimo culto pertencente a Deus, a fé e a súplica que procede dela

---

21 Isto é, na atitude de adorá-lo.

mantêm o primeiro lugar; pois somos culpados de privá-lo de da parte primordial de sua glória , quando buscamos fora dele, no mínimo grau, nosso próprio bem-estar. Tenhamos, pois, em mente que é um verdadeiro teste de nossa piedade, quando, ao nos mergulharmos na mais profunda das angústias, dali erguemos exclusivamente para Deus nossos olhos, nossa esperança e nossas orações. E só serve para demonstrar mais convincente e claramente a impiedade do papado, quando, depois de haver confessado sua fé no único e verdadeiro Deus com os lábios, seus adeptos imediatamente degradam a glória divina, atribuindo-a a objetos criados. É verdade que se justificam alegando que, ao recorrerem a São Cristóvão e a outros santos de sua própria invenção, não reivindicam para eles a posição de Deidade, mas apenas os empregam como intercessores diante de Deus para que obtenham seu favor. Entretanto, é bem notório a cada um que a forma das orações que dirigem aos santos[22] não é de forma alguma diferente das orações que apresentam a Deus. Além disso, embora lhes apliquemos este ponto, ainda assim será frívola escusa pretender que saem em busca de advogados ou intercessores para si. Isso é equivale dizer que Cristo não lhes é suficiente, ou, melhor, que seu ofício é totalmente nulo entre eles. Além do mais, é mister que observemos atentamente o escopo desta passagem. Os fiéis declaram que não estenderam suas mãos a outros deuses, visto ser um erro tão comum entre os homens abandonar a Deus e sair em busca de outros meios de lenitivo ao descobrirem que suas aflições continuam a oprimi-los. Enquanto formos gentil e afetivamente tratados por Deus, recorremos a ele; mas tão logo alguma adversidade nos sobrevem, a dúvida começa a crescer. E se formos oprimidos ainda mais intensamente, ou se nossas aflições não tiverem um fim, a própria permanência delas nos tenta a perdermos a esperança; e a falta de esperança gera vários tipos de falsa confiança. Daí nasce uma infinidade de novos deuses engendrados segundo a fantasia humana. Quanto à expressão, *erguer as mãos*, já falamos em outro lugar.

---

22 "Que le formulaire des prieres qui ils font aux saincts." – *v.f.*

21. Porventura não haveria Deus de esquadrinhar isso? Temos aqui um solene e enfático protesto, no qual o povo de Deus ousa apelar para ele como o Juiz de sua integridade e retidão. Deste fato transparece que não pleiteiam sua causa publicamente diante dos homens, mas conversavam entre si como se estivessem diante do tribunal de Deus; e ainda mais, como um emblema de confiança ainda maior, acrescentam que nada está oculto de Deus. Por que é que os hipócritas amiúde evocam a Deus como testemunha, senão por imaginarem que, ao ocultar sua impiedade sob alguma espécie de disfarce, podem escapar do juízo divino? E assim representam o caráter de Deus como sendo diferente do que realmente é, como se suas fraudes pudessem ofuscar seus olhos. Portanto, sempre que chegarmos perante Deus, lembremo-nos ao mesmo tempo que nada se ganha com alguma vã pretensão na presença divina, uma vez que Deus conhece o coração.

> [vv. 22-26]
> Certamente, por amor de ti somos entregues à morte o dia todo; somos considerados como ovelhas para o matadouro. Levanta-te, ó Senhor! por que dormes? Desperta-te, não te esqueças de nós para sempre.[23] Por que escondeste teu rosto? Porventura te esqueceste de nossa miséria e nossa aflição?[24] Pois nossa alma está humilhada no pó; nosso ventre pegado à terra. Levanta-te em nosso socorro, e redime-nos, por amor à tua benignidade.

22. Certamente, por amor de ti somos entregues à morte o dia todo. Aqui os fiéis sublinham outra razão por que Deus deve usar de misericórdia para com eles, a saber, que se acham sujeitos a sofrimentos não em decorrência dos crimes cometidos por eles, mas simplesmente porque os ímpios, odiando o nome de Deus, se lhes opõem. É possível que se objete que "esta parece à primeira vista uma queixa sem sentido, pois a resposta que Sócrates dá à sua esposa

---

[23] Fry traduz a última cláusula assim: "Desperta-te, não nos abandones para sempre"; e observa: "O termo é às vezes aplicado à ausência de um manancial numa terra seca."

[24] "Et oublies nostre affliction et nostre oppression?" – *v.f.* "E te esqueceste de nossa aflição e de nossa opressão?"

aparentemente vinha bem a calhar, quando ela lamenta que ele estava para morrer injustamente,[25] ele a reprovou, dizendo: 'É melhor para mim morrer inocentemente do que por um erro seu.' E mesmo a consolação que Cristo pronuncia em Mateus 5.10: 'Bem-aventurados aqueles que são perseguidos por causa da justiça', parece diferir amplamente da linguagem aqui expressa pelo povo de Deus. Aparentemente também se opõe ao que Pedro diz: "mas, se padece como cristão, não se envergonhe, antes glorifique a Deus neste nome" [1Pe 4.16]. A isto respondo: embora seja um alívio muito maior ao nosso sofrimento quando a causa por que sofremos é comum com a do próprio Cristo, contudo não é debalde nem inoportuno que os fiéis aqui pleiteiem diante de Deus para que sofram injustamente por causa dele, a fim de que ele se apresente mais vigorosamente em defesa deles. É justo que ele tenha zelo pela manutenção de sua glória, a qual os ímpios fazem tudo por destruir quando insolentemente perseguem os que o servem. E disto transparece mais claramente que este Salmo foi composto quando o povo se definhava em cativeiro, ou quando Antíoco devastava a Igreja, visto que naquele tempo a religião era causa de sofrimento. Os babilônios estavam enfurecidos pela persistência do povo, ao perceberem que toda corporação dos judeus, dizimada e destroçada como estava, não cessava por isso de condenar as superstições do país. E o furibundo Entíoco estava totalmente entregue à total extinção do nome de Deus. Além do mais, o que fez a situação parecer ainda mais estranha e insuportável era que Deus, em vez de reprimir a insolência e os males infligidos pelos ímpios, lhes permitia, ao contrário, prosseguir em sua crueldade e lhes dava, por assim dizer, rédeas soltas. Conseqüentemente, os santos declaram que **somos entregues à morte o dia todo**, e que seu valor não era mais que o de **ovelhas para o matadouro**. Não obstante, é sempre bom ter em mente o que eu já observei, ou seja, que não eram tão isentos de culpa que Deus, ao afligir-lhes,

---

25 "Quand elle se lamentent de ce qu'on le faisoit-mourir à tort." – *v.f.*

não pudesse por justa causa castigá-los por seus pecados. Mas ainda que em sua incomparável bondade ele perdoe plenamente todos os nossos pecados, todavia nos deixa expostos a imerecidas perseguições para que, com maior alacridade, nos gloriemos em levar a cruz com Cristo, e com isso tornar-nos partícipes com ele em sua bendita ressurreição. Já dissemos que não havia outra razão por que a fúria do inimigo fosse tão inflamada contra eles, senão para que o povo não se revoltasse contra a lei e não viesse a renunciar o culto devido ao Deus verdadeiro. Agora nos resta aplicar esta doutrina às nossas próprias circunstâncias. Primeiro, consideremos que ela nos faz, segundo o exemplo dos pais, pacientemente submissos às aflições pelas quais se faz necessário selarmos a confissão de nossa fé. Segundo, que mesmo nas mais profundas aflições, devemos continuar a invocar o nome de Deus e a permanecer em seu temor. Paulo, contudo, em sua Epístola aos Romanos [8.36], vai ainda mais além, pois faz esta citação não só à guisa de exemplo, mas também afirma que a condição da Igreja em todos os tempos se acha aqui retratada. E assim, pois, devemos considerar como uma questão axiomática que um estado de contínuo combate, carregando a cruz, nos é imposto por divina determinação. É verdade que às vezes uma trégua ou pausa é possível que nos seja concedida; pois Deus tem compaixão de nossas debilidades. Mas ainda que a espada da perseguição nem sempre se acha desembainhada contra nós, todavia, uma vez que somos membros de Cristo, cabe-nos estar sempre de prontidão para sopesarmos a cruz juntamente com ele. Portanto, para que a dureza da cruz não nos faça desmaiar, tenhamos sempre diante de nossos olhos esta condição da Igreja, ou seja, visto que fomos adotados em Cristo, estamos destinados ao matadouro. Se nos negarmos de fazer isso, nos sobrevirá o mesmo que sucede a muitos réprobos; pois visto que em seu juízo por demais severo e miserável estado, mesmo enquanto vivem são continuamente mortos, é que sejam expostos ao desprezo de outros, não encontrando sequer um momento isentos de temor – desvencilhar-se daquela necessidade que os faça vergonhosamente renunciar e negar a Cristo. Portanto, a fim de que a exaustão ou o terror da cruz não erradique de nossos corações a verdadeira piedade, ponderemos continuamente sobre isto: que nos cabe beber o cálice que Deus pôs em nossas mãos, e que ninguém pode ser realmente cristão a não ser que dedique a Deus.

23. Levanta-te, ó Senhor! por que dormes? Aqui os santos desejam que Deus, tendo piedade deles, por fim lhes envie socorro e livramento. Embora Deus permita a seus santos pleitear junto a ele, desta forma balbuciante, quando em suas orações rogam que ele acorde e se levante, todavia é necessário que estejam plenamente convictos de que se mantém vigilante para sua segurança e defesa. Devemos precaver-nos contra a noção de Epicuro, o qual engendrou um deus que, fixando residência no céu,[26] só se deleitava no ócio e nos prazeres. Visto, porém, que a insensibilidade de nossa natureza é de tal porte que não compreendemos imediatamente o cuidado que Deus tem por nós, os santos aqui suplicam que ele se agrade em fornecer-lhes alguma evidência de que ele não se esquecera deles nem se delonga em socorrê-los. Realmente devemos crer com toda firmeza que Deus não cessa de nos amar, embora pareça o contrário; todavia tal é a certeza da fé, e não da carne, o que não nos é natural,[27] os fiéis familiarmente dão vazão diante de Deus a este sentimento contrário que concebem do estado de coisas como se lhes apresenta à vista; e ao agir assim, liberam de seu peito aquelas emoções mórbidas que pertencem à corrupção de nossa natureza, em conseqüência do quê a então resplandece em seu caráter puro e nativo. Se porventura alguém objetar dizendo que a oração, por mais santa que seja, se corrompe quando alguma obstinada imaginação da carne se lhe mistura, confesso que isto é verdade, mas, ao usar esta liberdade que o Senhor nos concede, consideremos que, em sua bondade e misericórdia, pelas quais ele nos sustenta, ele elimina esta falta, para que nossas orações não sejam contaminadas por ela.

---

26 "Lequel estant au ciel." – *v.f.*
27 "C'est à dire, en nostgre sens naturel." – *v.f.*

25. Pois nossa alma está humilhada no pó. O povo de Deus uma vez mais deplora a seriedade de suas calamidades, e a fim de que Deus se disponha mais a socorrê-los, lhe declara que são afligidos de uma forma incomum. Mediante as metáforas que eles aqui empregam, pretendem não só dizer que são humilhados, mas também que se acham lançados no pó da terra, de tal modo que não conseguem erguer-se novamente. Há quem tome a palavra *alma* equivalente a corpo, de modo que haveria neste versículo uma repetição do mesmo sentimento. Eu, porém, o tomaria antes pela parte na qual consiste a vida de uma pessoa; como a dizer: Somos lançados no pó da terra e nos prostramos sobre nosso ventre, sem qualquer esperança de nos erguermos novamente. Após esta queixa, eles juntam uma oração [v. 26] para que Deus os *levante com seu socorro*. Pelo verbo *redimir* pretendem não o tipo ordinário de socorro, pois não havia nenhum outro meio de garantirem sua preservação, senão através de sua redenção. E contudo não pode haver dúvida de que se dedicaram diligentemente a meditar na grande redenção da qual todos os livramentos divinos se efetuam diariamente em nosso favor, quando ele nos defende dos perigos oriundos de vários meios, fluam de sua fonte como mananciais. Numa parte anterior do Salmo, se gloriaram na firmeza de sua fé; mas ao mostrar-nos que, ao fazer uso de tal linguagem, não se gloriaram em seus próprios méritos, não reivindicam aqui alguma recompensa pela qual tudo fizeram e tudo sofreram por Deus. Ficam satisfeitos em atribuir sua salvação à imerecida benevolência de Deus como a única causa dela.

Salmo 45

Neste Salmo, a graça e a beleza de Salomão, suas virtudes em governar o reino, bem como seu poder e riquezas, são ilustrados e descritos em termos de elevado enaltecimento. Mais especialmente, visto que tomara por esposa uma estrangeira do Egito, a bênção de Deus lhe é prometida nesta relação, contanto que a noiva recém-desposada, sendo despedida de sua própria nação e renunciando todos os laços com ela, se devotasse totalmente a seu esposo. Ao mesmo tempo, não pode haver dúvida de que, sob esta figura, a majestade, riqueza e extensão do reino de Cristo são atribuídas e ilustradas em termos apropriados, com o fim ensinar aos fiéis que não há felicidade maior e mais desejável do que viver sob o reino deste rei e sujeitar-se ao seu governo.

> Ao mestre de música sobre os lírios; dos filhos de Coré; para instrução; cântico de amores.

É bem notório que este Salmo foi composto concernente a Salomão; mas é incerto que fosse ele seu autor. Em minha opinião, é provável que algum outro dos profetas ou dos santos mestres (se depois da morte de Salomão ou enquanto este ainda vivia, não é de nenhuma importância saber) tomou este como o tema de seu discurso, com o propósito de mostrar que toda e qualquer excelência que foi vista em Salomão teve uma aplicação mais elevada. Este Salmo se chama *um cântico de amores*, não, como se supõe, porque ilustra o amor paternal de Deus, em razão dos benefícios que ele conferira de uma forma tão distinta a Salomão, mas porque ele contém uma expressão de regozijo em virtude de seu matrimônio feliz e próspero. Portanto, as palavras, *de amores*, são usadas como um epíteto descritivo, e denotam que ele é um cântico de amor. Aliás, Salomão foi chamado ידידיה, *yedidyah*, que significa *amado do Senhor* [2Sm 12.25]. O contexto, porém, em minha opinião, requer que este termo, ידידות, *yedidoth*, que equivale dizer, *amores*, deve ser entendido como uma referência ao amor mútuo que esposo e esposa devem nutrir um pelo outro. Visto, porém, que a palavra, *amores*, é às vezes tomada num sentido ruim, e visto que mesmo a afeição conjugal, propriamente dita, por melhor regulada que esteja, possui sempre alguma irregularidade carnal a ela misturada; este cântico é, ao mesmo tempo, chamado משכיל, *maskil*, para ensinar-nos que o tema aqui tratado não é de forma alguma obsceno nem uma aventura impudica, e, sim, sob o que aqui se diz de Salomão como um tipo, se descreve e apresenta a santa e divina união de Cristo e sua Igreja. Quanto à parte restante da inscrição, os intérpretes explicam de várias maneiras שושן, *shushan*, significa propriamente um *lírio*; e o Salmo 6 traz em sua inscrição o mesmo termo no singular. Aqui e no Salmo 18, se emprega o plural. É, pois, provável que ela fosse ou o início de um cântico popular ou algum instrumento musical. Visto, porém, ser esta uma questão de pouca conseqüência, não opino, mas a deixo sem definição; porque, sem qualquer prejuízo para a verdade, cada um pode livremente adotar neste detalhe o ponto de vista que lhe parecer bem.

[vv. 1-5]
Meu coração ferve com palavras boas; falarei das obras que tenho feito concernente ao rei; minha língua é como a pena de um habilidoso escritor. Tu és mais formoso que os filhos dos homens; a graça se derramou de teus lábios; porque Deus te abençoou para sempre. Cinge tua espada à tua coxa, ó poderoso, com glória e majestade![1] Em tua majestade tu prosperas, cavalgando sobre a palavra da verdade, a mansidão e a justiça; e tua mão direita te ensinará coisas terríveis. Tuas flechas são agudas (de maneira que as pessoas cairão debaixo de ti) no coração dos inimigos do rei.

---

1 "(Qui est), gloire et magnificence." – *v.f.* "(Isto é,) glória e majestade."

1. Meu coração ferve[2] com palavras boas. Este prefácio mostra suficientemente que o tema do Salmo não é de forma alguma comum; pois quem quer que tenha sido seu autor, ele aqui notifica, bem no início, que tratará de coisas grandes e gloriosas. O Espírito Santo não costuma inspirar os servos de Deus a pronunciar palavras bombásticas nem a lançar sons vazios no ar; e portanto podemos naturalmente concluir que o tema de que trata aqui não é de um reino meramente transitório e terreno, mas algo muito mais excelente. Não fora esse o caso, de que serviria anunciar, como faz o profeta em estilo tão magnificente, que seu coração *estava fervendo* de ardente desejo de ser usado em proclamar os louvores do rei? Há quem prefira traduzir a palavra por *proferir*; mas o outro significado da palavra parece-me o mais apropriado; o que é confirmado pelo fato de que deste verbo se deriva o substantivo מרחשת, *marchesheth*, palavra esta que se encontra duas vezes em Moisés, e significa uma frigideira, em que se assam carnes. É, pois, da mesma essência como se o escritor inspirado dissesse: Meu coração está pronto a emitir algo excelente e digno de ser lembrado. Em seguida ele expressa a harmonia entre a língua e o coração, quando compara sua língua *a pena de um habilidoso* e expedito escritor.

2. Tu és mais formoso que os filhos dos homens. O salmista começa seu tema com o enaltecimento da beleza do rei, e então prossegue louvando também sua eloqüência. Excelência pessoa é atribuída ao rei, não que a beleza do semblante, a qual por si mesma não se inclui no número das virtudes, deva ser demasiadamente valorizada, mas porque uma nobre disposição mental amiúde resplandece no próprio semblante humano. Este bem que poderia ser

---

2 "רחש, *rachash, ferver* ou *espumar*, denota a linguagem do coração, cheio e pronto para falar." – *Bythner's Lyra*. O coração do salmista estava tão cheio e aquecido de entusiasmo com o tema do Salmo, que não podia conter-se; e o início do poema convence que era assim, pois abruptamente interrompe um anúncio de seu tema como se a impaciência o restringisse. Ainsworth pensa haver aqui uma alusão à fervura do *minchah*, ou oferta de cereal sob a lei, na assadeira (Lv 7.9). Tinha que ser assado no azeite, sendo feito de flor de farinha sem fermento, misturado com azeite (Lv 11.5); e a seguir era apresentado ao Senhor pelo sacerdote (v. 8 e segs.). "Aqui", diz ele, "o assunto deste Salmo é a *minchah* ou oblação, que com o azeite, a graça do Espírito, era aquecida e preparada no peito do profeta, e agora apresentada."

o caso de Salomão, de tal sorte que seu próprio semblante pode ter aparentado que ele fosse dotado com dons superiores. Tampouco é a graça da oratória imerecidamente recomendada num rei, a quem ela pertence por virtude de seu ofício, não só para governar o povo pela autoridade, mas também para atraí-lo à obediência mediante o argumento e a eloqüência, justamente como os antigos inventaram que Hércules tinha em sua boca cadeias de ouro, com as quais cativava os ouvidos da plebe e a atraía para si. Quão manifestamente isto reprova a pobreza de espírito dos reis de nossos dias, por quem é considerado como derrogatório de sua dignidade dialogar com seus súditos e empregar a censura a fim de assegurar sua submissão; mas qual? exibem um espírito de bárbara tirania em busca antes de compeli-los pela força do que persuadi-los com humanidade; e em escolher antes abusar deles como se fossem escravos do que governá-los por leis e com justiça como pessoas tratáveis e obedientes. Visto, porém, que esta excelência era exibida em Salomão, igualmente resplandeceu mais tarde muito mais plenamente em Cristo, para quem sua verdade serve de cetro, como teremos mais tarde ocasião de observar com mais detalhes. O termo עַל־כֵּן, *al-ken*, o qual traduzimos, *porque, visto que*, é às vezes traduzido, *pelo que*; mas não é necessário que o interpretemos neste lugar no último sentido, como se Salomão fosse abençoado em virtude de sua beleza e excelência, pois ambas são bênçãos de Deus. Deve ser antes entendido como a razão por que Salomão se distinguiu por esses dotes, ou seja, porque Deus o abençoara. Quanto à interpretação que outros dão desta expressão, *Deus te abençoará por tua excelência*, é tanto insípida quanto forçada.

3. Cinge tua espada em tua coxa. Aqui Salomão é igualmente louvado por seu valor militar, o qual infunde terror em seus inimigos, como por suas virtudes que lhe imprimem autoridade entre seus súditos e lhe garante a reverência deles. De um lado, nenhum rei será capaz de preservar e defender seus súditos, a menos que ele seja formidável ante seus inimigos; e, por outro lado, será de pouco propósito fazer guerra ousadamente contra reinos estrangeiros, se o estado interno de seu próprio reino não estiver bem estabelecido e bem regulado com retidão e justiça. Conseqüentemente, o escritor inspirado diz que a espada com que ele se acha cingido será, em primeiro lugar, um emblema de bravura militar para repelir e desarraigar seus inimigos; e, em segundo lugar, também de autoridade, para que ele não seja menosprezado entre seus próprios súditos. Ele acrescenta, ao mesmo tempo, que a glória que ele obterá não será algo meramente transitório, como a pompa e vanglória dos reis, que logo murcham, mas será de duração interminável e aumentará imensamente.

Ele então passa a falar das virtudes que se expandem muito num tempo de paz, e as quais, mediante uma similitude adequada, ele mostra ser o verdadeiro meio de adicionar força e prosperidade a um reino. À primeira vista, é verdade, parece uma forma estranha e não elegante de expressão falar de **cavalgando a palavra da verdade, a mansidão e a justiça** [v. 4], mas, como eu já disse, ele mui apropriadamente compara estas virtudes a carruagens, nas quais o rei conspiquamente se inclina no alto com grande majestade. Ele contrasta não só estas virtudes com a vã pompa e desfile em que os reis terrenos se exibem soberbamente, mas também com os vícios e corrupções por meio dos quais mui comumente procuram adquirir autoridade e renome. Salomão mesmo diz nos Provérbios [20.28]: "Misericórdia e verdade preservam o rei; e seu trono é sustentado pela misericórdia." Mas, ao contrário, quando os reis profanamente desejam alargar seus domínios e aumentar seu poder, ambição, orgulho, ferocidade, crueldade, extorsão, rapina e violência são os corcéis e carruagens que empregam para concretizar seus fins; e portanto não se deve admirar se Deus mui amiúde os precipita, ao se ensoberbecerem com incontida arrogância e vanglória, de seus tronos oscilantes e deteriorados. Para os reis, pois, cultivar a fidelidade e a integridade, bem como temperar seu governo com misericórdia e benignidade, constitui o verdadeiro e sólido fundamento dos reinos. A última cláusula do versículo notifica que tudo quanto Salomão intentasse fazer prosperaria, contanto que combinasse com a coragem militar as qualidades de justiça e misericórdia. Os reis que se deixam levar por impulso cego e violento, por algum tempo pode até mesmo espalhar terror e consternação ao seu redor, todavia logo cairão pela compulsão de seus próprios esforços. Portanto, devida moderação e invariável autocontrole são os melhores meios para tornar as mãos do bravo mais temidas e respeitadas.

5. Tuas flechas são agudas. Aqui o salmista uma vez mais faz referência ao poder bélico, ao dizer que as *flechas* do rei serão agudas, de modo que penetrarão **os corações de seus inimigos**; pelo quê ele notifica que tem em suas mãos armas com quê golpear, mesmo a longa distância, a todos os seus inimigos, quem quer que resista sua autoridade. No mesmo sentido, ele também diz que **o povo cairá debaixo dele**; como se quisesse dizer: Quem quer que se engaje na tentativa de abalar a estabilidade de seu reino perecerá miseravelmente, pois o rei tem em sua mão suficiente poder par abater a obstinação de todas as pessoas como essas.

[vv. 6-7]
Teu trono, ó Deus, é para todo o sempre; o cetro de teu reino é o cetro de eqüidade. Tu amas a justiça e odeias a perversidade; por isso Deus, o teu Deus, te ungiu com o óleo de alegria acima de teus companheiros.

6. Teu trono, ó Deus, é para todo o sempre. Neste versículo o salmista enaltece outras virtudes principescas em Salomão, ou seja, a eterna duração de seu trono, e então a justiça e a retidão de seu método de governo. Os judeus, aliás, explicam esta passagem como se o discurso fosse dirigido a Deus, mas tal interpretação é frívola e improcedente. Outros dentre eles lêem a palavra אלהים, *Elohim*, no caso genitivo, e a traduzem, *de Deus*, assim: *O trono de teu Deus*. Para tal atitude, porém, não há qualquer fundamento, e apenas trai sua presunção em não hesitarem torcer as Escrituras de forma tão deprimente, ou seja, não se deixam vencer pelo reconhecimento da deidade do Messias.[3] O sentido simples e natural consiste em que Salomão reina não de forma tirânica,

---

3 Veja-se Apêndice.

como o faz a maioria dos reis, mas de forma justa e por leis equânimes, e que, portanto, seu trono será estabelecido para sempre. Embora seja ele chamado *Deus*, visto que Deus imprimiu alguma marca de sua glória na pessoa dos reis, todavia este título não pode de forma alguma aplicar-se a um mortal; porque em parte alguma das Escrituras se lê que um homem ou anjo haja sido distinguido por este título sem alguma qualificação. É verdade, aliás, que tanto os anjos quanto os juízes são coletivamente chamados אלהים, *Elohim, deuses*; mas não individualmente, e nenhum homem é chamado por este nome sem algum termo adicionado à guisa de restrição, como quando Moisés foi designado para ser um deus em relação a Faraó [Êx 7.1]. Disto podemos naturalmente inferir que este Salmo indica, como logo adiante veremos, algo muito mais elevado do que algum reino terreno.

No versículo seguinte há posto diante de nós uma afirmação mais plena da justiça pela qual este monarca se distingue; pois somos informados de ele não é menos rigoroso no castigo da iniqüidade do que na manutenção da justiça. Sabemos quantos e grandes males são engendrados pela impunidade e licença na prática do mal, quando os reis são negligentes e frouxos em castigar os crimes. Daí o antigo provérbio: É melhor viver sujeito a um príncipe que não dá nenhuma concessão do que sujeito a um que não impõe qualquer restrição. Com o mesmo propósito é também o notório sentimento de Salomão [Pv 17.15]: "O que justifica o perverso e o que condena o justo, ambos são abominação para o Senhor." O governo justo e legítimo, pois, consiste destas duas partes: primeiro, os que governam devem refrear criteriosamente a impiedade; e, segundo, devem vigorosamente manter a justiça. Justamente como Platão disse bem e sabiamente, que o governo civil consiste de duas partes – recompensas e castigos. Quando o salmista acrescenta, dizendo que o rei foi **ungido acima de seus companheiros**, isto não deve ser entendido como o efeito ou fruto de sua justiça, mas, antes, como a causa dela; pois o amor pela integridade e eqüidade, pelas quais Salomão atuava, era oriundo do fato de que ele fora divinamente designado para o reino. Ao ordená-lo à dignidade de autoridade e império, Jehovah, ao mesmo tempo, o muniu com os dotes necessários. A partícula על-כם, *al-ken*, portanto, como na instância anterior, deve ser entendida aqui no sentido de *porque, por isso*, como se ele dissesse: Não surpreende que Salomão seja tão ilustre por seu amor pela justiça, visto que, dentre todos os seus irmãos, ele foi escolhido para ser sagrado rei mediante santa unção. Ainda antes de nascer, ele foi solenemente chamado por um oráculo divino como sucessor ao reino, e quando foi elevado ao trono, ele também foi adornado com virtudes principescas. Disto se segue que a unção em relação à ordem precedia a justiça, e que, portanto, a justiça não pode ser considerada a causa da unção. A dignidade real é chamada *o óleo de alegria*, por causa de seu efeito; pois a felicidade e bem-estar da Igreja depende do reino prometido à casa de Davi.[4] Até aqui tenho explicado o texto no sentido literal. É necessário, porém, que eu proceda agora a ilustrar algo mais amplamente a comparação de Salomão com Cristo, a qual só curiosamente observei. Seria totalmente suficiente, no tocante aos pios e humildes, simplesmente afirmar o que é óbvio, à luz do teor usual da Escritura, que a posteridade de Davi tipicamente representava Cristo ao antigo povo de Deus. Visto, porém, que os judeus e outros homens ímpios se recusam a submeter-se cordialmente ao vigor da verdade, é de suma importância mostrar em termos breves, à luz do próprio contexto, as principais razões à luz das quais parece que algumas das coisas aqui expressas não são aplicáveis plena e perfeitamente a Salomão. Como indiquei no início, o desígnio do profeta que compôs este Salmo era confirmar os corações dos fiéis e guardá-los contra o terror e expectação com que a melancólica mudança que ocorreu logo depois venha a encher suas mentes. Uma duração eterna, pode-se dizer, foi prometida a este reino, e ele caiu em decadência após a morte de um único homem. A esta objeção, pois, o profeta responde que, embora Roboão, que foi o primeiro sucessor daquele glorioso e poderoso rei, teve sua soberania reduzida dentro de tacanhos limites, de modo que uma grande parte do povo foi excluída e posta além das fronteiras de seu domínio, todavia essa não foi a razão por que a fé da Igreja decaiu; pois

---

4 "Promis à la maison de David."

no reino de Salomão Deus exibira um tipo ou figura daquele reino eterno que ainda podia ser contemplado e esperado. Em primeiro lugar, o nome do rei é atribuído a Salomão, simplesmente à guisa de eminência, com o fim de ensinar-nos que o que aqui se diz não indica algum rei comum ou ordinário, e, sim, daquele ilustre soberano cujo trono Deus prometeu duraria enquanto o sol e a lua continuassem a brilhar nos céus [Sl 72.5]. Davi certamente foi rei, e assim foram os que sucederam a Salomão. É necessário, pois, observar que há neste termo alguma significação especial, como se o Espírito Santo houvera selecionado este único homem dentre todos os demais para distingui-lo pela mais elevada marca de soberania. Além disso, quão inconsistente seria enaltecer demais o valor militar de Salomão, o qual era pessoa de disposição mansa e tranqüila, e que uma vez assentado no trono num tempo em que o reino desfrutava de tranqüilidade e paz se devotou exclusivamente ao cultivo dessas coisas, as quais são próprias de um tempo de paz, e jamais se distinguiu por alguma ação em batalha! Acima de tudo, porém, nenhum testemunho mais clara se poderia deduzir da aplicação deste Salmo a Cristo do que o que aqui se diz da eterna duração do reino. Não pode haver dúvida de que aqui se faz alusão ao santo oráculo do qual eu já fiz menção: que enquanto o sol e a lua durarem nos céus, seria a duração do trono de Davi. Até mesmo os judeus são constrangidos a referir isto ao Messias. Conseqüentemente, embora o profeta comece seu discurso apontando para o filho de Davi, não pode haver dúvida de que, guiado pelo Espírito Santo a uma composição mais sublime, ele compreendeu o reino do verdadeiro e eterno Messias. Além disso, está presente o título אלהים, *Elohim*, que é oportuno observar. Sem dúvida, também se aplica tanto aos anjos quanto aos homens, mas não pode aplicar-se a um mero homem sem qualificação. E portanto a divina majestade de Cristo, além de qualquer sombra de dúvida, expressamente se denota aqui.[5]

---

5 É um tanto estranho, depois de fazer as observações acima, que Calvino considere este belo Salmo uma referência primária a Salomão e a seu casamento com a filha de Faraó. Que este é um *epithalamium* ou *canto nupcial*, é prontamente admitido; mas que é uma referência às núpcias de Salomão com a filha de Faraó parece não haver uma base justa para se concluir. Se Salomão não

Agora procedo a observar as várias partes, as quais, contudo, só farei menção em termos breves. Já disse que embora este cântico seja denominado, *um cântico de amor*, ou *canto nupcial*, todavia se faz divina instrução para manter o mais proeminente lugar nele, a fim de que nossa imaginação não nos leve a considerá-lo como uma referência a alguma aventura lasciva e carnal. Sabemos também que no mesmo sentido Cristo é chamado "a perfeição da beleza"; não que houvesse alguma extraordinária exibição dela em seu rosto, como alguns homens grosseiramente imaginam, mas porque ele se distinguia pela posse de dons e graças singulares, nos quais ele excelia muitíssimo aos demais. Tampouco é um estilo incomum de expressão, dizer que o que é espiritual em Cristo deva ser descrito sob a forma de figuras terrenas. Diz-se que o reino de Cristo será opulento; e em acréscimo se diz que ele atingirá um estado de imensa glória, tal como vemos onde há grande prosperidade e amplo poder. Nesta descrição se inclui também abundância de deleites. Ora, nada de tudo isto se aplica literalmente ao reino de Cristo, o qual é separado das pompas deste mundo. Visto, porém, ser o desígnio dos profetas adaptar sua instrução à capacidade do antigo povo de Deus, portanto, ao descrever o reino de Cristo e o culto divino que se deve observar nele, empregaram figuras tomadas das cerimônias da lei. Se mantivermos em mente este método

---

fosse descrito como "mais belo que os filhos dos homens", como "poderoso guerreiro", como "vitorioso vencedor", como "um príncipe cujo trono é para todo o sempre"; – se o título "Deus" não lhe fosse aplicado; – se não fosse dito que seus "filhos", em lugar de seu pai, fossem "feitos príncipes em toda a terra" (v. 16); que "seu nome" "seria lembrado por tdas as gerações", e que "o povo o louvaria para todo o sempre" (v. 7); – se estas coisas não fossem expressas acerca dele, sem muita incongruência, poderia com razão pôr em dúvida se a aplicação primária deste Salmo é a ele. Além disso, embora Salomão fosse tipo de Cristo, ele não o era em todas as coisas, e não há nada neste poema, nem em alguma outra parte da Escritura, que podemos ler acerca do matrimônio deste príncipe com a filha de Faraó como uma imagem ou tipo do matrimônio místico de Jesus Cristo com a Igreja. Portanto, concordamos com Rosenmüller, de que "a noção de Rudinger e Grotius", e outros críticos, de "que este cântico é um *epithalamium* – um cântico em celebração do matrimônio de Salomão e sua principal esposa, a filha de Faraó (1Rs 3.5), deve ser totalmente rejeitada"; e que ele se aplica exclusivamente ao Messias e à união mística entre ele e sua Igreja; posto numa alegoria tomada dos costumes de uma corte oriental e sob a imagem do amor conjugal, ele é representado como o noivo e a Igreja, sua noiva.

de afirmação, em concordância com quê se fazem tais descrições, não haverá mais obscuridade alguma nesta passagem. Merece também nossa observação o fato de que, depois que o salmista enalteceu este rei celestial por sua eloqüência, também o descreve como armado com *sua espada*. Visto que, por um lado, ele governa pela influência de persuasão os que espontaneamente admitem sua autoridade e manifestam docilidade de disposição, assim, por outro, visto que sempre houve em todos os séculos, e continuará a haver, muitos que são rebeldes e desobedientes, faz-se necessário que os incrédulos sejam levados a sentir em sua própria destruição que Cristo não veio desarmado. Portanto, enquanto ele nos atrai a si com mansidão e benevolência, sujeitemo-nos pronta e submissamente à sua autoridade, para que ele não nos sobrevenha armado como está com sua espada e suas flechas mortíferas. Diz-se, aliás com muita propriedade, que **graça se derrama de seus lábios**; pois o evangelho, por sua própria natureza, exala o odor de vida; se formos, porém, obstinados e rebeldes, esta graça se converterá em motivo de terror, e Cristo mesmo converterá a mesma doutrina de sua salvação em espada e flechas contra nós. Deste fato também nos vem pouca consolação, ou seja, que a multidão e insolência dos adversários de Cristo não têm como desencorajar-nos. Sabemos muito bem com que arrogância os papistas rejeitam Jesus Cristo, a quem, não obstante, como sendo seu Rei; sabemos também com que profano desdém a maior parte do mundo o escarnece, e como obstinadamente os turcos e judeus o vituperam. No meio de tal desordem, lembremo-nos da profecia que diz que Cristo não carece de espada e flechas para vencer e destruir seus inimigos. Aqui uma vez mais se repetirá sucintamente o que eu já observei acima, ou seja, por mais que os judeus procurem, com suas cavilações, perverter o sentido deste versículo: **Teu trono, ó Deus, é para todo o sempre!**, contudo é suficiente dizer que ele estabelece a eterna divindade de Cristo; pois quando o título, אלהים, *Elohim*, é atribuído aos anjos ou aos homens, alguma outra qualificação é ao mesmo tempo geralmente acrescentada para fazer distinção entre eles e o único e verdadeiro Deus. Aqui, porém, se aplica a Cristo, simplesmente e sem qualquer qualificação. Não obstante, é da máxima importância observar que Cristo é aqui apresentado tal como ele é "Deus manifestado em carne" [1Tm 3.16]. Ele é também chamado *Deus*, visto ser ele a Palavra, gerada do Pai antes de todos os mundos; mas aqui ele é anunciado no caráter de Mediador, e é neste sentido que também se faz menção dele um pouco depois, como estando sujeito a Deus. E, de fato, se o você limitar a natureza divina que aqui se diz que seu reino é de duração eterna, nos privaremos do inestimável benefício que nos resulta desta doutrina, quando aprendemos que, visto ser o cabeça da Igreja, o autor e protetor de nosso bem-estar, ele reina não meramente por certo tempo, mas possui uma soberania infindável; porque disto deduzimos uma mais profunda confiança tanto na vida quanto na morte. Do versículo seguinte também transparece claramente que Cristo nos é aqui exibido no caráter de Mediador. Porquanto aqui nos é declarado que foi *ungido de Deus*; sim, muito *acima de seus companheiros* [Is 42.1; Hb 2.17]. Isto, contudo, não pode aplicar-se à eterna Palavra de Deus, mas a Cristo na carne, e neste caráter ele é tanto o Servo de Deus quanto nosso Irmão.

> [vv. 8-12]
> Todas as tuas vestes recendem a mirra e a aloés e a cássia, desde os palácios de marfim, donde te tornaram alegre. As filhas dos reis estavam entre tuas mulheres ilustres;[6] à tua direita[7] estava tua consorte, ornada de finíssimo ouro de Ofir.[8] Ouve, ó filha, e considera, e inclina teu ouvido, esquece teu próprio povo e a casa de teu pai. E o rei desejará muitíssimo tua formosura; pois ele é teu Senhor e tu o adorarás.[9] E a filha de Tiro com um presente; os ricos dentre o povo suplicarão tua face.

---

6 "Ou, d'honneur." – *n.m.f.* "Damas de honra."
7 À mão direita era o lugar de dignidade e honra.
8 "אופיר, *Ophir*; em ouro *de Ofir*, em *um manto dourado*. Ofir era um país da Índia rico em ouro precioso (1Rs 9.28), cujo ouro era *obryzum* ou *ophrizum*, isto é, muito excelente." – *Bythner's Lyra*.
9 "C'est, luy porteras reverence." – *n.m.f.* "Isto é, tu o reverenciarás."

8. Todas as tuas vestes recendem a mirra. Quanto à significação das palavras, não me disponho a discutir em demasia, pois entendo que mesmo os judeus não concordam entre si quanto ao significado do terceiro elemento, afora o fato de que à luz da similaridade da pronúncia pode conjeturar-se que denota cássia. É suficiente que entendamos o profeta como tendo em mente que as vestes do rei são perfumadas com odores preciosos e de fragrância muito suave. Ele descreve Salomão saindo de seu palácio de marfim entre aclamações de alegria universal. Não explico a palavra מִנִּי, *minni, fora de mim,* porque nenhum significado tolerável se pode extrair disto. Eu a traduzo, *daqui,*[10] e a faço referir-se aos *palácios de marfim.* Não se pode justificar os prazeres supérfluos e em excesso, não só na plebe, mas nem mesmo nos reis; todavia, por outro lado, necessário se faz guardar-se contra a austeridade em demasia, para que não condenemos a moderada exibição da excelência que se adequa à sua dignidade, ainda quando, um pouco depois, o profeta descreve a rainha suntuosa e regiamente paramentada.[11] Devemos, contudo, ao mesmo tempo, considerar que tudo quanto aqui se realça em Salomão não teve a aprovação de Deus. Para

---

10 Calvino, aqui, toma a palavra מִנִּי *minni,* o que tem deixado os comentaristas um tanto perplexos, em ser a partícula מִן, *min, fora de,* com י *yod,* paragógico, como no Salmo 44.9 e muitos outros lugares; e supor que o relativo אֲשֶׁר, *asher, o qual,* pronome este freqüentemente omitido, deve ser entendido: *"fora dos quais palácios te fizeram alegre."* Este é o ponto de vista defendido por muitos intérpretes. Outros entendem a palavra מִנִּי, *minni,* como um substantivo (e de Jr 51.27 transparece que מִנִּי, *minni,* era o nome próprio de um território, o que Bochart mostra como sendo um distrito da Armênia); e traduzem as palavras assim: "Dos palácios de marfim da Armênia fizeram tua alegria", te alegram com presentes. Outros pressupõem que מִנִּי, *minni,* é aqui o nome de uma região, *Minnaea* na Arábia Felix, que era rica em mirra e incenso; e segundo este ponto de vista, a cláusula pode ser traduzida assim: "Os minnaeitas de seus palácios de marfim te fazem alegre"; isto é, vindo a ti de seus palácios de marfim, te alegraram com presentes. Rosenmüller pensa com Schmidt, De Wette e Gesenius, de que o sentido mais elegante seria produzido se entendermos מִנִּי, *minni,* como um substantivo plural numa forma um tanto incomum, mas do qual há vários outros exemplos no Velho Testamento, tais como שְׁכוּשִׁי (2Sm 23.8); כְּרִי (2Rs 9.4, 19); עַמִּי (2Sm 22.44; Sl 144.2). "A palavra", diz ele, "de acordo com estes exemplos, aponta para מִנִּים, e significa, como na Siríaca (Sl 150.4): *cordas,* instrumentos musicais *de cordas.* O sentido da cláusula seria: 'Dos palácios de marfim, instrumentos musicais – músicos ou instrumentos musicais – te fazem alegre.'" – *Rosenmüller on the Messianic Psalms,* pp. 213-215. – *Biblical Cabinet,* vol. XXXII.

11 "Comme un peu apres le prophete descrit la Royne ornee somptueusement et magnifiquement." – *v.f.*

não falar de outras coisas, é bem notório que a partir do próprio início, o pecado de poligamia foi algo desagradável a Deus, e no entanto as concubinas são aqui mencionadas como que incluídas entre as bênçãos divinas, pois não há razão para se duvidar que por *as mulheres nobres* ou *damas de honra*,[12] o profeta indica as esposas de Salomão, de quem se faz menção noutro lugar. A filha do rei do Egito, com quem Salomão se casou, era sua esposa principal e a primeira em posição;[13] mas tudo indica que as outras, a quem a história sacra descreve como que ocupando uma posição inferior, eram tratadas de uma forma liberal e honrada. A estas o profeta chama *as filhas dos reis*, visto que algumas delas descendiam de sangue real. Em que sentido, pois, se poderia perguntar, o profeta inclui entre os louvores de Salomão o fato de ter ele muitas esposas – coisa esta que Deus condena em todas as pessoas individuais, mais expressamente nos reis? [Veja-se Dt 17.17.] Indubitavelmente, é possível facilmente inferir-se que ao enaltecer, segundo a prática comum, a riqueza e glória do rei, como o profeta faz aqui, não significava aprovar o mal uso delas. Não era seu propósito delinear o exemplo de um homem em oposição à lei de Deus. De fato é verdade que o poder, a dignidade e a glória que Salomão desfrutava lhe foram concedidos como bênçãos singulares da parte de Deus; mas, como geralmente sucede, ele as maculou grandemente, não exercendo autocontrole e abusando da rica abundância com que foi abençoado, mediante a excessiva indulgência carnal. Em suma, aqui se registra quão imensa foi a liberalidade que Deus manifestou para com Salomão, concedendo-lhe tudo em grande abundância. Quanto ao fato de ele ter tomado para si tantas esposas e de não ter exercido a devida moderação em sua pompa, isto não deve ser incluído na liberalidade divina, senão como uma coisa meramente acidental.

10. Ouve, ó filha, e considera. Não tenho dúvida de que o que aqui se diz tem referência à mulher egípcia, a quem o profeta tem

---

12 "Ou, dames d'honneur." – *v.f.*
13 "Car combien que la fille du Roy d'Egypte que Salomon avoit espousee fust sa principale femme,, et teinst le premier lieu." – *v.f.*

descrito como estando à direita do rei. Com toda certeza, não era lícita a Salomão casar-se com uma mulher estrangeira; mas isto por si mesmo deve ser contado entre os dons de Deus, ou seja, que um rei tão poderoso como era o do Egito, buscou sua aliança. Ao mesmo tempo, por uma determinação da lei, requeria-se que os judeus, antes de contrair relações matrimoniais, procurassem instruir suas esposas na pureza do culto divino e emancipá-las da superstição. No presente caso, em que a esposa descendia de uma nação pagã, e que, mediante seu atual matrimônio, foi incluída no corpo da Igreja, o profeta, a fim de desviá-la de sua má educação, a exorta a esquecer seu próprio país e a casa de seu pai, bem como a assumir um novo caráter e outros costumes. Se ela não fizesse isso, havia razão para temer, não só que continuaria a observar privativamente os métodos supersticiosos e falsos de adorar a Deus aos quais fora habituada, mas também, mediante seu exemplo público, ela se desviaria muito numa trajetória semelhantemente má; e realmente isso de fato ocorreu logo depois. Tal é a razão da exortação que o profeta aqui lhe ministra, na qual, a fim de tornar seu discurso ainda mais grave, se lhe dirige pela designação, *filha*, termo este que teria sido inadequado para algum homem em particular usar. Para mais claramente mostrar o quanto convinha à recém-casada tornar-se totalmente uma nova mulher, ele emprega vários termos para com isso chamar sua atenção: *Ouve, considera* e *inclina teu ouvido*. É certamente um caso no qual muita veemência e urgente persuasão se fazem necessárias, quando se pretende levar-nos a uma completa renúncia daquelas coisas nas quais nos deleitamos, quer por natureza quer por costume. Ele, pois, mostra que não há razão por que a filha de Faraó deva sentir pesar em abandonar a *seu pai*, sua parentela e a terra do Egito, visto que ela receberia uma gloriosa recompensa, a qual deveria suavizar a tristeza que ela experimentaria ao separar-se deles. A fim de conciliar seu pensamento de deixar seu próprio país, ele a anima ante a consideração de que ela se acha casada com um rei muitíssimo ilustre.

Volvamo-nos agora para Cristo. Em primeiro lugar, lembremo-nos do seguinte: o que aqui é espiritual nos é descrito figuradamente; ainda quando os profetas, em virtude da obtusidade dos homens, estavam sob a obrigação de tomar por empréstimo similitudes das coisas terrenas. Quando temos em mente este estilo de expressão, o qual é muitíssimo comum nas Escrituras, não pensaremos ser estranho que o escritor sacro tenha aqui feito menção de *palácios de marfim, ouro, pedras preciosas* e *perfumes*; pois é por esses meios que ele notifica que o reino de Cristo será reabastecido com rica abundância e suprido com todas as coisas excelentes. A glória e a excelência do dons espirituais, com os quais Deus enriquece sua Igreja, são deveras de nenhum valor entre os homens; mas à vista de Deus, eles são de muito mais valor do que todas as riquezas do mundo. Ao mesmo tempo, não é necessário que apliquemos engenhosamente a Cristo cada detalhe aqui enumerado;[14] como, por exemplo, o que aqui se diz das muitas esposas que Salomão possuía. Se se deve concluir disto que poderia haver diversas igrejas, a unidade do corpo de Cristo seria rasgada em pedaços. Admito que, visto ser o crente individualmente chamado "templo de Deus" [1Co 3.17 e 6.19], assim também poderia cada um ser chamado "esposa de Cristo"; propriamente falando, porém, só existe uma única esposa de Cristo, a qual consiste da totalidade do corpo dos fiéis. Dela se diz estar *sentada ao lado do rei*, não que ela exerça algum domínio peculiar a si própria, mas porque Cristo governa nela; e é nesse sentido que ela se chama "a mãe de todos nós" [Gl 4.26].

Esta passagem contém uma notável profecia em referência à futura vocação dos gentios, pela qual o Filho de Deus firmou uma aliança com estrangeiros e os que eram seus inimigos. Houve entre Deus e as nações incircuncisas uma controvérsia moral, um muro de separação que os

---

14 Esta certamente é a regra mais importante na interpretação das composições alegóricas da Escritura. Não se deve imaginar que hajam alegorias distintas entre cada parte de uma representação alegórica e os temas espirituais que se destinam a ilustrar. O intérprete que permite sua engenhosidade comprimir de forma muito estreita todos os pontos da alegoria aos temas espirituais expressos nela, buscando pontos de comparação nas partes complementares, as quais são introduzidas meramente com o propósito de imprimir mais animação e bela ao discurso, corre o risco, mediante suas fantasiosas analogias, de degradar a composição e cair em obscuridades.

separava da semente de Abraão, o povo eleito [Ef 2.14]; pois o pacto que Deus fez com Abraão excluiu os gentios do reino do céu até à vinda de Cristo. Cristo, pois, de sua livre graça, deseja firmar uma santa aliança de núpcias com o mundo inteiro, nos mesmos moldes em que um judeu nos tempos antigos tomava para si uma esposa de uma terra estrangeira e pagã. Mas a fim de conduzir sua casta e imaculada esposa à presença de Cristo, o profeta exorta a Igreja adquirida dentre os gentios a esquecer sua anterior forma de vida e a devotar-se totalmente a seu esposo. Visto esta mudança, pela qual os filhos de Adão começam a ser filhos de Deus, e são transformados em novo homem, ser uma coisa por demais difícil, o profeta impõe a necessidade dela o mais energicamente possível. Ao inculcar sua exortação dessa forma mediante diferentes termos, *ouve, considera, inclina teu ouvido*, ele notifica que os fiéis não negam a si mesmos e não se desvencilham de seus antigos hábitos sem intenso e doloroso esforço; pois tal exortação seria de todo supérflua, se os homens natural e voluntariamente se dispusessem a ela. E de fato a experiência revela quão entorpecidos e morosos somos em seguir a Deus. Pelo termo, *considera*, ou *compreende*, nossa natural estupidez é tacitamente repreendida, e não sem boas razões; pois donde nasce aquele amor próprio que é tão cego, a saber, a falsa opinião de que possuímos inerentemente sabedoria e força, a decepção oriunda das fascinações do mundo e, enfim, a arrogância e a soberba que nos são inerentes, senão pelo fato de não considerarmos quão precioso tesouro Deus nos apresenta em seu unigênito Filho? Se tal ingratidão não nos impedir, sem qualquer pesar, segundo o exemplo de Paulo [Fp 3.8], reputemos como nada ou como 'esterco' as coisas que mais admiramos, para que Cristo nos reabasteça com suas riquezas. Pelo termo, *filha*, o profeta gentil e meigamente conforta a nova Igreja; e também põe diante dela a promessa de uma farta recompensa,[15] com vistas a induzi-la, por amor a Cristo, a voluntariamente desprezar e abandonar tudo quanto até aqui ela valorizou. Certamente não é uma consolação de somenos importância saber que o Filho de Deus se deleitará em nós,

---

15 "En luy proposant bonne recompense." – v.f.

quando nos despirmos de nossa natureza terrena. Entrementes, aprendamos que negar-nos a nós mesmos é o princípio daquela sacra união que deve existir entre nós e Cristo. As expressões, *casa do pai* e *seu povo*, indubitavelmente significam todas as corrupções que levamos conosco desde o ventre de nossa mãe, ou as cultivamos dos maus costumes; sim, sob esta forma de expressão há compreendido tudo quanto os homens possuem de si mesmos; pois não há parte alguma de nossa natureza que seja sã ou isenta de corrupção.

Faz-se necessário também observar-se a razão que se adiciona, a saber, que se a Igreja se recusa a devotar-se totalmente a Cristo, ela perde sua devida e legítima autoridade. Pelo termo, *culto*, devemos entender não só a cerimônia externa, mas também, segundo a figura de linguagem chamada sinédoque, um santo desejo de render reverência e obediência. Queira Deus que esta admoestação, tão necessária, seja plenamente considerada! Pois a Igreja de Cristo seria, pois, mais obediente à sua autoridade, e nós não teríamos hoje tão grande luta a sustentar em referência à sua autoridade contra os papistas, os quais imaginam que a Igreja não é suficientemente exaltada e honrada, a menos que, com desabrida licenciosidade ela insolentemente triunfe sobre seu próprio esposo. Sem dúvida que nestas palavras atribuem suprema autoridade a Cristo, dizendo que todo joelho se dobre diante dele, mas quando sustentam que a Igreja tem ilimitado poder para promulgar leis, que outra coisa é isto senão entregar-lhe toda a rédea e isentá-la da autoridade de Cristo, a fim de que se lance a todo excesso segundo seu talante? Não suporto observar quão impiamente arrogam para si o título e designação da Igreja. Mas é intolerável sacrilégio roubar a Cristo e então adorar a Igreja com espólios. Não é uma dignidade de somenos importância que a Igreja desfruta ao sentar-se à mão direita do Rei, e uma honra de pequena monta ser ela chamada "a Mãe" de todos os santos, pois a ela cumpre nutri-los e mantê-los sob sua disciplina. Ao mesmo tempo, porém, é fácil de se deduzir das inúmeras passagens da Escritura que Cristo não eleva tanto sua própria Igreja que seja ele amesquinhado ou comunique um mínimo seque de sua autoridade.

12. E a filha de Tiro com um presente. Esta também é uma parte da recompensa que o profeta promete à rainha a fim de mitigar ou, melhor, de extinguir inteiramente o anelante desejo que ela poderia ainda sentir por sua anterior condição. Ele diz que os tírios viriam humildemente prestar sua reverência, trazendo consigo presentes. Sabemos que Tiro foi antigamente uma cidade de grande renome e, portanto, ele considera uma elevada honra que os homens venham de uma cidade tão distinguida e opulenta a saudá-la e a protestar-lhe submissão. Não nos é necessário examinar cada palavra minuciosamente a fim de aplicar à Igreja tudo quanto aqui se diz concernente à esposa de Salomão; mas em nossos próprios dias colhemos venturosos frutos desta profecia quando Deus então a ordenou, que alguns dos grandes homens deste mundo, embora se recusem a submeter-se à autoridade de Cristo, agem com bondade para com a Igreja, mantendo-a e defendendo-a.

[vv. 13-17]
A filha do rei é toda gloriosa lá dentro; seu vestido é de revestimento bordado a ouro. Ela será conduzida ao rei com vestuário bordado; as virgens que a acompanham, suas companheiras, serão trazidas a ti. Com alegria e regozijo as trarão; entrarão no palácio do rei. Em lugar de teus pais estarão teus filhos; farás deles príncipes em toda a terra. Farei que teu nome seja lembrado por todas as gerações; por isso os povos te louvarão para todo o sempre.

13. A filha do rei é toda gloriosa lá dentro.[16] Este versículo pode ser entendido num duplo sentido. Ou significa que a rainha, não só quando aparece em público diante de todo o povo, mas também

---

16 Dathe e Berlin se entendem *dentro* como sendo o interior do palácio da rainha, o que parece concordar melhor com o contexto. A palavra original traduzida *dentro* denota *o interior de uma casa* (Lv 10.18 e 1Rs 6.18). Fry explica as palavras assim: "*Muitíssimo esplêndida é a filha real debaixo* do toldo de sua viatura coberta"; e se refere ao quadro de Mr. Lane de uma procissão nupcial egípcia. Dr. Geddes traduz:
"Toda gloriosa é a rainha em seu apartamento,
Seu manto é enfeitado com ouro;
Ao rei será ela conduzida brocado,
Assistida por suas companheiras virgens."
Diz ele ainda sobre o versículo 13: "Este e os dois versículos seguintes contêm uma excelente descrição dos costumes orientais. A rainha, antes que seja levada ao apartamento do rei, é regiamente vestida por si próprio; e daí segue com seu séquito feminino para o palácio real."

quando está sentada privativamente em sua própria câmara, está sempre suntuosamente paramentada; ou que o esplendor e deslumbrante aparência de seu vestuário não é meramente algo a ser exibido, destinado a ofuscar os olhos dos humildes, mas consiste de material dispendioso e realmente substancial. Portanto, o profeta realça a condição feliz e imponente da rainha mediante a circunstância em que ela não só tem paramentos suntuosos nos quais pode aparecer em ocasiões específicas, mas também por seu vestuário ordinário e cotidiano. Outros o explicam neste sentido: toda sua glória consiste em o rei a convidar familiarmente para entrar em sua presença; e esta opinião repousa sobre a base que imediatamente depois há uma descrição dada dela entrando na câmara do rei acompanhada de um grande e glorioso séquito de companheiras. Esta exibição de pompa excede os limites da devida moderação; mas, no ínterim, somos instruídos de que, quando a Igreja é assim ricamente paramentada, não se destina a atrair a observação dos homens, mas só para o prazer do rei. Se em nossos dias a Igreja não é tão ricamente adornada com aquela beleza espiritual na qual a glória de Cristo resplandece, a culpa deve ser imputada à ingratidão dos homens que, ou por sua própria indiferença despreza a benevolência divina, ou, depois de se ter enriquecido por ele, novamente se acomoda num estado de pobreza e carência.

16. No lugar de teus pais estarão teus filhos. Isto também serve para mostrar a glória e transcendente excelência deste reino, ou seja, que os filhos não serão inferiores em dignidade a seus pais, e que a nobreza da raça não será diminuída com a morte de Salomão; pois os filhos que lhe nascerem serão iguais aos que os precederam nas mais excelentes virtudes. Então se acrescenta que **serão príncipes em toda a terra**, visto que o império desfrutará de uma extensão tal de domínio de todos os lados, que poderá facilmente ser dividido em muitos reinos. É fácil de se deduzir que esta profecia é anunciada expressamente acerca de Cristo; pois por enquanto os filhos de Salomão tinham de ter um reino de uma extensão tal que pudessem dividi-lo em províncias entre eles, que seu primeiro sucessor retinha somente uma pequena porção de seu reino. Não existiu nenhum de seus verdadeiros e legítimos sucessores que alcançaram o mesmo poder que ele desfrutara, senão que, sendo príncipes só de uma única tribo e de uma parte do povo, ficaram, por essa conta, fechados dentro de tacanhos limites, e, como costumamos dizer, tiveram suas asas aparadas.[17] Mas como a vinda de Cristo, a qual se deu no encerramento da Igreja antiga e no início da nova dispensação, é uma indubitável verdade de que os filhos foram gerados por ele, os quais de forma alguma eram inferiores a seus pais, quer em número quer em excelência, e quem ele estabeleceu por governantes sobre o mundo inteiro. Na estima do mundo, a ignomínia da cruz obscurece a glória da Igreja; mas quando consideramos quão portentosamente ela tem se expandido e o quanto tem se distinguido por dons espirituais, é preciso confessar que não é sem razão que sua glória é nesta passagem celebrada em linguagem tão sublime. Entretanto, é preciso observar-se que a soberania da qual se faz menção aqui consiste não nas pessoas dos homens, senão que se refere à cabeça. Segundo a freqüente forma de expressão na Palavra de Deus, o domínio e o poder que pertencem propriamente à cabeça e se aplicam peculiar e exclusivamente a Cristo, em muitos lugares se atribuem a seus membros. Sabemos que os que ocupam eminentes posições na Igreja, e que governam no nome de Cristo, não exercem um domínio senhoril, mas, antes, atuam como servos. Não obstante, visto que Cristo lhes confiou seu evangelho, o qual é o cetro de seu reino, e lhes foi confiado para que o guardassem bem, eles exercem, de alguma forma, seu poder. E de fato Cristo, através de seus ministros, pôs debaixo de seu domínio o mundo inteiro, e erigiu tantos principados sob sua autoridade quanto houver igrejas reunidas em torno dele em diversas nações através da pregação deles.

17. Farei que teu nome seja lembrado. Isto também é igualmente inaplicável a Salomão, o qual, através de sua vergonhosa e ímpia rebelião, manchou a memória de seu nome com desgraça. Ao poluir

---

17 "Et (comme on dit) ont eu les ailes rongnees." – *v.f.*

a terra com suas supersticiosas abominações, a qual fora consagrada a Deus, não trouxe ele sobre si mesmo indelével ignomínia e vergonha? Por este único feito seu nome merece ser sepultado em eterno esquecimento. Tampouco era seu filho Roboão em algum grau mais merecedor de louvor; pois através de sua própria e louca presunção ele perdeu a melhor parte do reino. Para descobrir, pois, a verdadeira concretização do que se diz aqui devemos volver-nos para Cristo, a memória de cujo nome continua a prosperar e a prevalecer. É sem dúvida desprezado pelo mundo, sim, pelos homens perversos, que na soberba de seus corações chegam a exprobrar seu sacro nome e ultrajantemente o pisa sob a planta de seus pés; todavia o mesmo continua a sobreviver em sua majestade que não pode ser apoucada. É também verdade que seus inimigos surgem de todos os lados, mui numerosos, procurando subverter seu reino; não obstante, os homens já estão começando a dobrar seus joelhos diante dele, o que continuarão a fazer até chegar o período em que ele pisará todos os poderes que se lhe oporem. Os furiosos esforços de Satanás e do mundo inteiro que não têm conseguido extinguir o nome de Cristo, o qual, sendo transmitido de uma geração a outra, ainda retém sua glória em cada século, ainda quando nestes dias vemos o mesmo sendo celebrado em cada idioma. E ainda que a maior parte do mundo o rasgue em pedaços através de suas ímpias blasfêmias, todavia é bastante que Deus incite seus servos, em todos os lugares, a proclamar com fidelidade e com zelo não fingido os louvores de Cristo. Nesse ínterim, é nosso dever usar diligentemente nossos esforços para que a memória de Cristo, a qual deve prosperar e prevalecer através de todos os séculos, para que a eterna salvação dos homens jamais, em qualquer tempo, perca um mínimo sequer de sua reputação.

Salmo 46

Este Salmo parece mais uma expressão de gratidão por algum livramento específico do que pelo auxílio contínuo pelo qual Deus sempre protegeu e preservou sua Igreja. É possível inferir-se dele que a cidade de Jerusalém, quando golpeada por algum terror e exposta em extremo perigo, foi preservada, contrariando todas as expectativas, pelo inesperado e miraculoso poder de Deus. O profeta, pois, aquele que compôs este Salmo, enaltecendo um livramento tão singularmente concedido por Deus, exorta os fiéis a se entregarem confiadamente à sua proteção, e a não duvidarem de que, confiando destemidamente nele como seu guardião e o protetor de seu bem-estar, seriam continuamente preservados em segurança de todos os assaltos de seus inimigos, visto ser sua função peculiar subjugar todas as sublevações.

Ao mestre de música dos filhos de Coré, um canto sobre Alamoth.

Os intérpretes não chegam a um acordo quanto ao significado da palavra עלמות, *alamoth*; sem atentar para todas as diferentes opiniões, porém, mencionarei apenas duas delas, ou seja, que se trata ou de um instrumento musical ou do começo de algum cântico popular bem conhecido. A última conjetura parece-me a mais provável. Quanto ao tempo em que este Salmo foi escrito, é algo também incerto, a menos que, talvez, nos seja possível pressupor que foi escrito quando subitamente suspendeu-se o cerca da cidade mediante a terrível e dolorosa destruição que Deus infligiu sobre o exército de Senaqueribe[1] [2Rs 19.35]. Esta opinião prontamente admito, porque concorda mais com todo o escopo do Salmo. É sobejamente manifesto que aqui se enaltece algum favor divino, digno de ser tido em memória, tal como este o foi.

> [vv. 1-2]
> Deus é o nosso refúgio e fortaleza; nele se encontra um excelente [ou exemplo supremo de] socorro nas tribulações. Portanto, não temeremos, ainda que a terra se mude e as montanhas se precipitem no seio do mar.

1. Deus é o nosso refúgio e fortaleza. Aqui o salmista começa com uma expressão ou sentimento geral, antes de começar a falar do livramento mais específico. Ele começa estabelecendo que Deus é suficientemente poderoso para proteger a seu próprio povo e que lhes comunica base suficiente de esperança. Pois é isto que a palavra מחסה, *machaseh*, propriamente significa. Na segunda cláusula do versículo, o verbo *encontrar*, o qual traduzimos no presente, *nele se encontra*, está no pretérito, *nele se tem encontrado*. E de fato não seria impróprio limitar a linguagem a algum livramento específico que já houvesse sido experimentado, justamente como outros também o traduziram no pretérito. Visto, porém, que o profeta adiciona o termo *tribulações*, no plural, prefiro explicar o verbo como um ato que tem seguimento, ou seja: Que Deus vem oportunamente em nosso socorro, e nunca espera que chegue o tempo de necessidade, quando geralmente alguma aflição sobrevem a seu povo. Se o profeta estivesse falando da experiência do favor divino, resultaria muito

---

1 Outros o indicam, como Rosenmüller, como sendo a vitória de Josafá, a qual foi celebrada com grande regozijo (2Cr 20.26-30). Não obstante, é difícil ou impossível asseverar com certeza a ocasião em que ele foi composto. Parece mais o idioma da fé sob ameaças de dificuldades do que de triunfo sobre inimigos vencidos. E assim, em meio às ameaças de perigo, ela pode ser empregada pelos cristãos para corroborar sua fé, esperança e paz. Este foi o Salmo favorito de Lutero. Ele compôs a famosa versão dele em sua viagem à Dieta de Worms, onde ousadamente defendeu a Reforma pondo em risco sua vida; ele costumava dizer quando ameaçado com alguma nova dificuldade: "Venham, vamos cantar o Salmo 46."

melhor traduzindo o verbo no pretérito. Entretanto, é óbvio que seu propósito era exaltar o poder e a benevolência de Deus para com seu povo, bem como mostrar quão pronto está Deus a oferecer-lhes assistência, para que no tempo de suas adversidades não olhem para todos os lados ao redor de si, mas que repousem satisfeitos unicamente com sua proteção. Ele, pois, diz expressamente que Deus age de tal modo em favor deles, que permite à Igreja saber que ele exerce especial cuidado em sua preservação e defesa. Não pode haver dúvida de que, por esta expressão, sua intenção é traçar uma distinção entre o povo eleito de Deus e as outras nações pagãs, e assim enaltecer o privilégio de adoção que Deus, por sua mercê, concedeu à posteridade de Abraão. Por conseguinte, quando eu disse antes que ela era uma expressão geral, minha intenção não estendê-la a todo gênero de pessoas, mas só a todos os tempos. Pois o objetivo do profeta é ensinar-nos de que maneira Deus costuma agir em favor daqueles que constituem seu povo. Em seguida ele conclui, à guisa de inferência, que os fiéis não têm razão de temer, visto que Deus está sempre pronto a livrá-los, sim, está também armado de invencível poder. Ele mostra neste fato que a verdadeira e legítima prova de nossa esperança consiste nisto: que quando as coisas ficam então confusas, quando os céus parecem como que a vir abaixo com grande violência, quando a terra se move de seu lugar e as montanhas são arrancadas de seus próprios fundamentos, não obstante continuamos a preservar e a manter a calma e a tranquilidade de coração. É muito fácil manifestar aparência de profunda confiança enquanto não nos vemos diante de um iminente perigo; mas uma vez que, em meio ao estrépito geral do mundo inteiro, nossas mentes continuam imperturbáveis e livres de medo, esta é uma evidente prova de que atribuímos ao poder divino a honra que lhe pertence. Contudo, quando o poeta sacro diz, **não temeremos**, ele não deve ser interpretado como a dizer que a mente dos santos está isenta de toda e qualquer solicitude ou medo, como se a mesma fosse destituída de emoção, pois há grande diferença entre a insensibilidade e a confiança procedente de fé. Ele apenas mostra que tudo quanto porventura lhes ocorra, jamais sucumbirão pelo peso do terror, mas, antes, reunirão força e suficiente coragem para banir todo medo. **Ainda que a terra se mude, e as montanhas se precipitem no seio do mar** são formas hiperbólicas de expressão, contudo denotam a agitação e transtorno do mundo inteiro. Há quem explique a expressão, *no seio do mar*, como uma referência à terra. Todavia não aprovo tal idéia. Mas a fim de mais plenamente entendermos a doutrina do Salmo, prossigamos com a consideração a seguir.

[vv. 3-5]

Ainda que as águas rujam e se enfureçam[2] tempestuosamente; ainda que as montanhas se abalem pela sua expansão. Selah. As correntes de seu rio alegrarão a cidade de Deus, o santuário dos tabernáculos do Altíssimo. Deus está no meio dela; não se abalará; Deus a ajudará desde o romper da manhã.

3. Ainda que as águas rujam. Este versículo deve ser lido em conexão com o versículo que se segue, visto ser isso necessário para se completar o sentido, como se ele quisesse dizer: Ainda que as águas do mar rujam e se avolumem, e por sua feroz impetuosidade abalem as próprias montanhas – mesmo em meio a estes terríveis tumultos, a santa cidade de Deus continuará a desfrutar de conforto e paz, satisfeita com seus pequenos mananciais. O pronome relativo, *sua*, segundo o uso comum do idioma hebreu, é supérfluo neste lugar. O profeta pretendia simplesmente dizer que as pequenas correntes de um rio devem oferecer à santa cidade sobejo motivo de regozijo, ainda que o mundo inteiro se abale e se destrua. Já fiz menção breve e antecipada de quão proveitosa é a doutrina que se nos ensina neste lugar, ou seja, que nossa fé só é real e verdadeiramente testada quando enfrentamos muitos e graves conflitos, e quando até mesmo o inferno parece disposto a

---

2 "Ou, s'enfleront." – *n.m.f.* "Ou, se avolumem."

tragar-nos. De igual forma, já retratamos a vitória de nossa fé sobre o mundo inteiro quando, em meio a extrema confusão, ela se manifesta e começa a erguer sua cabeça de maneira tal que, embora toda a criação pareça coligada e a conspirar para a destruição dos fiéis, não obstante a fé triunfa sobre todo medo. Não que os filhos de Deus, quando expostos ao perigo, se entregam ao gracejo ou se divertem da morte, mas o auxílio que Deus lhes prometeu tem muito mais preponderância, em sua avaliação, do que todos os males que porventura lhes inspirem medo. O sentimento de Horácio é muito belo, quando, ao falar do homem justo que não tem consciência de culpa alguma, diz [Car., Lib. iii., Od. 3]:

"Dux inquieti turbidus Adriae,
Nec fulminantis magna Jovis manus,
Si fractus illabitur orbis,
Impavidum ferient ruinae."

"Os ventos selvagens que governam os mares,
Tempestuosos, todo os seus horrores suscitam;
O terrível braço de Jove com trovões despedaça as esferas;
Debaixo dos destroços dos mundos intrépido ele aparece."[3]

Visto, porém, que tal pessoa como a que ele imagina jamais será encontrada, ele simplesmente passa o tempo falando nesses termos. A força deles [os fiéis], portanto, tem como seu único fundamento a certeza da proteção divina, de modo que aqueles que descansam em Deus e põem nele sua confiança, realmente podem gloriar-se, não somente que jamais se desfalecerão, mas também que serão preservados em segurança e sem preocupação, em meio às ruínas de um mundo em declínio.

O profeta diz expressamente que **a cidade de Deus se alegrará**, embora não houvesse nenhum mar rugindo, mas somente uma tênue corrente fluindo, para colocar em sua defesa contra as ondas das quais fizera menção. Com esta forma de expressão ele alude à torrente

---

3 Tradução que Francis faz de Horácio.

que fluía de Shiloah, e que atravessava a cidade de Jerusalém. Demais, o profeta, não tenho dúvida, aqui indiretamente reprova a vã confiança daqueles que, fortificados pela assistência terrena, imaginam que se encontram bem protegidos e além do alcance de todo e qualquer perigo. Os que ansiosamente buscam fortificar-se de todos os lados com os invencíveis anteparos do mundo parecem, deveras, concluir que são capazes de impedir que seus inimigos deles se aproximem, justamente como se estivessem cercados de todos os lados pelo mar. Mas amiúde sucede que as mesmas defesas que haviam engendrado se convertem em sua própria destruição, à semelhança de uma tempestade que devasta e destrói uma terra ao inundá-la. Mas os que confiam na proteção divina, embora na estima do mundo se acham expostos a todo gênero de injúrias, e não são suficientemente capazes para repelir os assaltos armados contra eles, não obstante repousam em segurança. É por essa conta que Isaías [8.6] reprova os judeus por desprezarem as tênues águas que fluíam de Shiloah, e anelavam pelos rios profundos e rápidos.

Nessa passagem, há uma elegante antítese entre o pequeno ribeiro de Shiloah, de um lado, e o Nilo e o Eufrates, do outro; como se ele quisesse dizer: Defraudam a Deus de sua honra pela indigna reflexão de que quando ele decidiu escolher a cidade de Jerusalém, ele não fez a necessária provisão acerca de fortalezas e fortificações para sua defesa e preservação. E com toda certeza, se este Salmo foi escrito depois da mortandade e fuga do exército de Senaqueribe, é provável que o escritor inspirado, propositadamente, tenha feito uso da mesma metáfora com o fim de ensinar aos fiéis de todos os tempos que só a graça de Deus lhes seria suficiente proteção, independentemente da assistência do mundo. De maneira similar, o Espírito Santo ainda nos exorta e nos encoraja a nutrir a mesma confiança, ou seja, que, desprezando todos os recursos dos que a si mesmos se magnificam contra nós, preservemos nossa tranquilidade em meio à inquietude e perturbação, e que não nos entristeçamos nem nos envergonhemos por conta de nossa indefesa condição, enquanto a mão divina estiver estendida para nos salvar. E assim, embora o auxílio divino venha em nosso socorro de uma forma secreta e tênue, como o fluir de serenos ribeiros, todavia ele nos comunica mais tranqüilidade mental do que se todo o poder do mundo fosse cumulado para nosso auxílio.

Ao falar de Jerusalém como **o santuário dos tabernáculos do Altíssimo**, o profeta faz uma bela alusão às circunstâncias ou condição daquele tempo; pois embora Deus exercesse autoridade sobre todas as tribos do povo, contudo decidiu escolher aquela cidade como a sede da realeza, donde pudesse governar toda a nação de Israel. Os tabernáculos do Altíssimo se espalharam por toda a Judéia, mas ainda se fazia necessário que fossem reunidos e unidos em um só santuário, para que estivessem sob o domínio de Deus.

5. Deus está no meio dela; não se abalará. O salmista então mostra que a grande segurança da Igreja consiste nisto: que Deus habita no meio dela; pois o verbo que traduzimos, *não se abalará*, é do gênero feminino, tampouco pode ser traduzido em relação a Deus, como se destinasse a ensinar que Deus é inamovível. A frase deve ser explicada da seguinte forma: A santa cidade não se moverá nem se abalará, visto que Deus habita ali e está sempre pronto a ajudá-la. A expressão, **desde o romper da manhã**,[4] denota *o dia*, tão logo o sol nasça sobre a terra. A suma de tudo é: Se desejarmos ser protegidos pela mão divina, então devemos preocupar-nos acima de tudo que Deus habite em nosso meio; pois toda esperança de segurança depende unicamente de sua presença. E ele habita entre nós com nenhum outro propósito senão para preservar-nos de sermos injuriados. Além do mais, embora Deus nem sempre surja imediatamente em nosso socorro, segundo a pressa de nossos desejos, todavia ele sempre virá a nós no tempo

---

4 "*No despontar da manhã*; isto é, como o grego o explica, 'muito cedo'; quando a manhã desponta ou mostra a cara". – *Ainsworth*. "*Tão logo a manhã apareça [ou mostre] sua cara; isto é*, Deus virá muito cedo para socorrê-la, antes mesmo que algum inimigo se desperte para fazer-lhe mal." – *Mudge*. "*Antes do raiar da manhã*; isto é, com a máxima prontidão e alacridade. A expressão é tomado por empréstimo da conduta de uma pessoa que, em sua ansiedade por ver concretizado um objetivo favorito, age mais cedo que as pessoas costumam fazer (Jr 7.13, 25)." – *French e Skinner*.

oportuno, a fim de fazer evidente a verdade da qual se diz alhures: "Eis que não tosquenejará nem dormirá o guarda de Israel" [Sl 121.4].

[vv. 6-11]
Os povos se enfureceram, os reinos se moveram; ele levantou sua voz,[5] a terra se derreteu. Jehovah dos exércitos está conosco; o Deus de Jacó é a nossa fortaleza. Selah. Vinde, considerai as obras de Jehovah, que desolações[6] tem feito na terra. Ele faz cessar as batalhas até aos confins da terra; quebra o arco e despedaça a lança; queima as carruagens com fogo.[7] Sossegai-vos[8] e sabei que eu sou Deus; serei exaltado entre os pagãos, serei exaltado na terra.[9] Jehovah dos exércitos está conosco; o Deus de Jacó é a nossa fortaleza. Selah.

6. Os povos se enfurecem. Visto que a Igreja de Deus jamais subsiste sem inimigos, e sendo estes mui poderosos, e como tais conseqüentemente luta contra ela com cruel e desabrida fúria, o profeta então confirma, à luz da experiência, a doutrina que ele desenvolveu concernente ao inexpugnável caráter da divina proteção. Ele então deduz dela esta base geral de consolação: Que pertence continuamente a Deus refrear e subjugar todas as sublevações, e que seu braço é bastante forte para frustrar todos os esforços do inimigo. Esta passagem, admito, pode ser interpretada num sentido mais geral, ou seja, que a cidade de Deus é passível de ser assaltada por muitos ventos e tempestades; mas que, mediante o favor divino, ele é, não obstante, sempre preservada em segurança. É, não obstante, mais provável, como eu

---

5 "C'est, fait resonner." – *n.m.f.* "Isto é, fez ressoar."
6 "Ou, quels deserts." – *n.m.f.* "Ou, que desertos."
7 Provavelmente haja aqui uma alusão ao antigo costume de juntar num monte armas e armaduras dos vencidos e em seguida pôr fogo. A imagem é empregada para expressar vitória completa e um perfeito estabelecimento da paz. Este costume prevaleceu entre os judeus, e o primeiro exemplo dele encontramos em Josué 11.6. É também referido na descrição dos juízos divinos sobre Gogue em Ezequiel 39.8-10. Este era também um costume romano. Virgílio faz alusão a ele em sua Eneida, livro VIII.1, 560. Uma medalha cunhada por Vespasiano, imperador romano, para comemorar o término de suas guerras, tanto na Itália quanto por toda parte do mundo, representa a Deusa da Paz segurando um ramo de oliveira com uma das mãos, e com a outra uma tocha erguida, com a qual ela põe fogo num monte de armaduras.
8 "Ou, arrestez, demeurez coy." – *n.m.f.* "Ou, parai, ficai quietos."
9 "Par toute la terre." – *v.f.* "Através de toda a terra."

já disse no início, que o salmista esteja aqui falando de algum livramento notável, no qual Deus forneceu extraordinária prova do poder e favor que ele exerce na constante preservação da Igreja. Conseqüentemente, ele relata o que sucedeu, ou seja, que os inimigos da Igreja surgiram com um terrível exército para devastá-la e destrui-la. Mas que imediatamente, ao ouvirem **a voz de Deus**, eles, por assim dizer, **se derreteram** e desapareceram. À luz deste fato, derivamos uma valiosa base de consolação, quando se diz: ainda que o mundo inteiro se insurja contra nós e confunda todas as coisas mediante sua crescente demência, eles podem tornar-se uma nulidade num instante, tão logo Deus se manifeste favorável para conosco. A *voz de Deus*, sem dúvida, significa sua vontade ou seu mandamento; o profeta, porém, com esta expressão, parece estar de olho nas promessas de Deus, por meio das quais ele tem declarado que será o guardião e defensor da Igreja. Ao mesmo tempo, observemos o contraste que aqui se apresenta entre a voz de Deus e as turbulentas sublevações dos reinos deste mundo.

7. Jehovah dos exércitos está conosco. Neste versículo somos instruídos acerca de como podemos aplicar para o nosso próprio uso as coisas que as Escrituras por toda registram concernente ao infinito poder de Deus. Seremos capazes de fazer isso quando crermos que fazemos parte do número daqueles a quem Deus recebeu no amplexo de seu amor paternal, e de quem ele cuida. O salmista novamente alude, em termos de encômio, à adoção pela qual Israel se separou da comum condição de todas as demais nações da terra. E, deveras, à parte disto, a descrição do poder de Deus só nos inspiraria o pavor. O confiante louvor, pois, é oriundo disto: que Deus nos elegeu para sermos seu povo peculiar, a fim de fazer notório seu poder nos preservando e nos defendendo. Em virtude deste fato, o profeta, depois de celebrar o poder de Deus, chamando-o **o Deus dos exércitos**, imediatamente adiciona outro epíteto: **o Deus de Jacó**, pelo qual confirma o pacto feito outrora com Abraão, ou seja, que sua posteridade, a quem pertence a herança da graça prometida, não há dúvida de que Deus lhes foi favorável também. Para que nossa fé repouse verdadeira e firmemente em Deus, devemos levar em consideração, ao mesmo tempo, estas duas partes de seu caráter – seu imensurável poder, pelo qual ele pode manter o mundo inteiro sob seus pés; e seu amor paternal, o qual manifestou em sua Palavra. Quando estas duas coisas vão juntas, não há nada que possa impedir nossa fé de desafiar todos os inimigos que porventura se ergam contra nós, nem devemos ter dúvidas de que Deus nos socorrerá, uma vez que já nos prometeu de fazê-lo. E quanto a poder, ele é suficientemente capaz de cumprir sua promessa, porquanto é o Deus dos exércitos. Daqui aprendemos que as pessoas erram clamorosamente na interpretação da Escritura, deixando inteiramente suspensa a aplicação de tudo quanto se diz acerca do poder de Deus e em não descansar certas de que ele será também seu Pai, visto que fazem parte de seu rebanho e são partícipes da adoção.

8. Vinde, considerai as obras de Jehovah. O salmista parece continuar ainda neste versículo a história de certo livramento por meio do qual Deus demonstrou sobeja evidência de que é o mais eficiente e fiel protetor de sua Igreja, para que os santos extraiam deste fato tanto coragem quanto força que os capacite a vencer todas as tentações que porventura lhes surjam. As manifestações que Deus concedeu de seu favor para conosco, nos preservando, devem ser continuamente mantidas diante de nossos olhos como um meio de estabelecer em nossos corações a persuasão da estabilidade de suas promessas. Mediante esta exortação, tacitamente reprovamos a indiferença e a estupidez daqueles que não fazem tão grande conta do poder de Deus como deviam fazer; ou, melhor, o mundo inteiro é culpado de ingratidão, visto que raramente um em cem reconhece que tem da parte de Deus sobejo auxílio e segurança, de modo que são todos cegos quanto às obras de Deus, ou, pior ainda, voluntariamente fecham seus olhos para aquilo que deveria, não obstante, ser o melhor meio de fortalecer sua fé. Notamos que a maioria atribui à fortuna o que deveria ser atribuído à providência de Deus. Outros imaginam que obtêm por seu próprio esforço tudo quanto Deus lhes tem concedido por sua mercê, ou atribuem às causas secundárias o que procede dele só; enquanto que outros perderam completamente todo o senso. O salmista, pois, com razão convoca a todos os homens e os exorta a que considerem as obras de Deus; como se quisesse dizer: A razão por que os homens não depositam em Deus a esperança de seu bem-estar é que são indiferentes à consideração de suas obras, ou tão ingratos que não fazem a menor conta delas como deveriam. Como ele se dirige a todos os homens em geral, descobrimos que mesmo os santos são entorpecidos e despreocupados a esse respeito até que sejam despertados. Ele enaltece mui sublimemente o poder de Deus em preservar seus eleitos, os quais são comumente ignorados ou não suficientemente estimados como deveriam ser, quando ele é exercido de uma forma ordinária. Ele, pois, põe diante deles as desolações dos países e as espantosas devastações, bem como outros fatores miraculosos, os quais movem mais poderosamente as mentes humanas. Se porventura alguém preferir entender o que se segue – **Ele faz cessar as batalhas** – como sendo algum auxílio especial concedido pela mercê divina, contudo se deve considerar ainda como pretendia levar os fiéis a esperar futuramente dele tanto auxílio quanto já haviam experimentado. O profeta, dá-se a impressão à luz de um exemplo particular, se propõe mostrar, em geral, quão poderosamente Deus costuma defender sua Igreja. Ao mesmo tempo, aconteceu mais de uma vez de Deus apaziguar por toda a terra da Judéia todos os perigosos tumultos pelos quais era perturbada, e assim afastava as guerras para longe dela, privando os inimigos de sua coragem, quebrando seus arcos e queimando seus carros. E bem provável que o profeta, partindo de um exemplo específico, aqui aproveita a ocasião para lembrar os judeus de quão freqüente Deus desnorteava os mais ingentes esforços de seus inimigos. Uma coisa, contudo, é plenamente certa, ou seja, que Deus aqui se apresenta adornado com testes títulos para que busquemos sua paz, ainda quando o mundo inteiro brame e se agite de maneira assustadora.

10. Sossegai-vos e sabei que eu sou Deus. O salmista parece aqui direcionar seu discurso aos inimigos do povo de Deus, os quais se entregavam aos seus planos de malefício e vingança contra ele [o povo de Deus]. Pois ao lançar injúrias contra os santos, não consideravam que estavam declarando guerra contra Deus mesmo. Imaginando que só tinha a ver com os homens, presunçosamente os assaltam, e portanto o profeta, aqui, reprime sua insolência; e para que seu discurso recebesse o maior peso possível, ele introduz Deus mesmo lhes falando. Em primeiro lugar, ele os concita: *Sossegai-vos, para que saibais que existe Deus*. Pois vemos que, quando os homens se deixam arrebatar sem ao menos ponderarem, costumam ir além dos limites e da medida. Conseqüentemente, o profeta com razão exige dos inimigos da Igreja que se aquietem e mantenham-se em paz, para que, quando sua ira se aplacar, percebam que estão lutando contra Deus. Temos no quarto Salmo, no quarto versículo, um sentimento um tanto similar: "Perturbai-vos e não pequeis; falai com vosso coração sobre vossa cama, e calai-vos." Em suma, o salmista exorta o mundo a vencer e refrear suas turbulentas emoções e a dar ao Deus de Israel a glória que ele merece; e os adverte, dizendo que, se continuarem agindo como dementes, seu poder não se manifestará fora dos tacanhos limites da Judéia, e que não lhe será nada difícil estender seu braço às nações gentílicas e pagãs para que ele seja glorificado em toda a terra. Na conclusão, ele reitera o que já havia dito, ou seja, que Deus tem mais que suficiente, tanto de armas quanto de poder, para preservar e defender a Igreja que ele adotou.

Salmo 47

Há quem pense que este Salmo foi composto no tempo em que o templo foi dedicado e a arca do concerto estabelecida no santuário. Uma vez, porém, que esta uma conjetura que desfruta de pouco apoio, talvez seja aconselhável, se eu não estiver equivocado, em vez nos determos com isto, partir para a consideração do tema do Salmo e o uso ao ele deve especialmente ser aplicado. Ele foi sem dúvida designado a determinadas santas assembléias, como facilmente se pode deduzir à luz de todo o teor do poema. É provável que fosse composto por Davi e entregue por ele aos levitas para ser entoado por eles antes que o templo fosse erigido, e quando a arca ainda habitava o tabernáculo. Qualquer que tenha sido seu autor, porém, ele exorta não só os israelitas, mas também todas as nações, a culturarem o único e verdadeiro Deus. Principalmente magnifica o favor que, segundo o estado de coisas naquele tempo, Deus graciosamente se dignou conceder à descendência de Abraão, e a salvação destinada ao mundo inteiro procedia desta fonte. Ele, contudo, contém, ao mesmo tempo, uma profecia acerca do futuro reino de Cristo. Ele ensina que a glória que então resplandeceu sob a figura do santuário material difundirá seu esplendor mais e mais amplamente; quando Deus mesmo fizer os raios de sua graça brilhar em terras distantes, para que os reis e as nações se unam em comunhão com os filhos de Abraão.

Ao mestre de música dos filhos de Coré: um salmo.

[vv. 1-4]
Batei palmas, todos os povos; aclamai a Deus com voz de triunfo. Porque Jehovah é altíssimo, terrível e grande Rei sobre toda a terra. Ele pôs em ordem[1] os povos sob nós, e as nações debaixo de nossos pés. Ele escolheu para nós nossa herança, a glória de Jacó, a quem ele amou. Selah.

1. Batei palmas, todos os povos. Visto que o salmista requer das nações, em sinal de sua alegria e de sua gratidão a Deus, que batam palmas, ou, melhor, as exorta a nutrirem uma alegria acima do ordinário, a veemência da qual prorrompe e se manifesta por meio de expressões externas, é indubitável que ele aqui está falando do livramento que Deus operou por eles. Houvera Deus criado entre os gentios algum reino formidável, isto teria antes privado a todos de sua coragem e os lançado em desespero, em vez de dar-lhes motivo de cantar e pular de alegria. Além disso, o escritor inspirado não trata aqui de algumas bênçãos divinas comuns e ordinárias; mas de alegrias tais que encherão o mundo inteiro de incrível júbilo e incitarão as mentes dos homens a celebrar os louvores de Deus. O que ele acrescenta um pouco depois, dizendo que todas as nações foram posta em sujeição a Israel, deve, pois, necessariamente ser interpretado não como a sujeição de escravos, mas aquela sujeição que é muito mais excelente e muito mais desejável do que todos os reinos do mundo. Não seria natural que os que se deixam subjugar e mantidos em sujeição pela força e pelo medo pulem de alegria. Muitas nações eram tributárias a Davi e a seu filho Salomão; mas enquanto viviam nesta condição, não cessavam, ao mesmo tempo, de murmurar e de sofrer impacientemente o jugo que lhes foi imposto, em vez de renderem graças a Deus com um coração jubiloso e feliz.

Visto, pois, nenhuma servidão ser feliz e desejável, senão que, mediante a qual, Deus subjuga e traz sob o padrão e autoridade de Cristo, seu Filho, os que antes eram rebeldes, segue-se que esta lingua-

---

1 "Ou, rangé." – *n.m.f.* "Ou, subjugou."

gem só é aplicável ao reino de Cristo, o qual se denomina, **altíssimo e terrível Rei** [v. 2]; não que ele faça os miseráveis seres sobre quem ele reina tremerem ante a tirania e violência de sua autoridade, mas porque sua majestade, a qual antes havia sido tida em desprezo, será suficiente para aplicar a rebelião do mundo inteiro. É mister que se observe que o propósito do Espírito Santo é aqui ensinar que, como os judeus haviam sido desde muito injuriosamente tratados, oprimidos de modo injusto e afligido de tempo em tempo com variadas calamidades, a bondade e liberalidade divinas para com eles eram agora muito mais excelentes, quando o reino de Davi se sujeitara às nações circunvizinhas e alcançara um elevado peso de glória. Podemos, contudo, facilmente deduzir da conexão das palavras a verdade do que já sugeri, ou seja, que quando Deus é denominado, *um terrível e grande Rei sobre toda a terra*, esta profecia se aplica ao reino de Cristo. Não há, portanto, dúvida alguma de que a graça de Deus foi celebrada por estes títulos com o fim de fortalecer os corações dos santos durante o período que se interpunha ainda o advento de Cristo, no qual não só o triunfante estado do povo de Israel se havia decaído, mas que também o povo, sendo oprimido com as mais amargas infâmias, não tinham como experienciar o favor divino e nenhuma consolação advinda dele, a não ser que confiasse unicamente nas promessas de Deus. Sabemos que houve uma longa interrupção do esplendor do reino do antigo povo de Deus, a qual continuou da morte de Salomão à vinda de Cristo. Este intervalo formou, por assim dizer, um abismo ou brecha, o que teria engolfado a mente dos santos, não tivessem eles suportado e não fossem mantidos pela Palavra de Deus. Visto, pois, que Deus exibira na pessoa de Davi um tipo do reino de Cristo, o qual é aqui enaltecido, ainda que haja seguido um brevemente depois uma triste e vergonhosa diminuição da glória do reino de Davi, vindo em seguida as mais deprimentes calamidades e, finalmente, o cativeiro e a mais miserável dispersão, o que pouca diferença fazia de uma total destruição, o Espírito Santo exortou os fiéis a continuarem a bater palmas com júbilo, até que o advento do Redentor se concretizasse.

3. Ele pôs em ordem os povos sob nós. Há quem traduza o verbo, *ele subjugou*; e isto concorda com a tradução que tenho feito. Outros traduzem, *ele conduziu*, o que fica um tanto mais remoto do significado. Mas para entender o verbo ידבר, *yadebber*, no sentido de *destruir*, como é feito por outros, está totalmente fora de sintonia com a intenção do profeta; pois a sujeição que aqui se pretende é indubitavelmente uma que é vantajosa, alegre e desejável. No hebraico, o verbo está no tempo futuro, *ele porá em ordem*. E se há alguém inclinado a retê-lo neste sentido, não faço muita objeção a isso. Não obstante, visto ser indiscutível que sob a figura do reino de Davi se celebra aqui a graça de Deus por vir, conscientemente adotei a tradução que tem sido preferida por outros intérpretes. Além disso, embora neste versículo o profeta exorte especialmente seus próprios compatriotas a nutrir gratidão para com Deus, visto que, através de seu favor chegaram a governar todo o povo, contudo é certo que sua intenção é que os que também foram dominados se associaram aos judeus nesta alegria. O corpo não difere da sombra mais que as simuladas expressões de alegria com que as nações pagãs honravam a Davi nos tempos antigos diferem daquelas com que os fiéis pelo mundo[2] inteiro recebem a Cristo; pois a alegria destes flui da espontânea obediência do coração. E com toda certeza, se depois que a arca foi conduzida ao templo, não apareceu ali oculto sob esta figura algo muito mais elevado, a qual desse forma a substância dele então teria sido como uma alegria infantil a assinalar ali a habitação divina e a encerrá-lo dentro de limites tão tacanhos. Quando, porém, a majestade de Deus que habitava o tabernáculo se manifestou ao mundo inteiro, e quando todas as nações se puseram em sujeição à sua autoridade, esta prerrogativa da descendência de Abraão se manifestou então magnificentemente. O profeta, pois, ao declarar que os gentios seriam conquistados, de modo que não mais recusariam obediência ao povo eleito, se põe a descrever aquele reino do qual falara previamente. Não devemos pressupor que ele aqui trata

---

2 "Par tout le monde." – *v.f.*

daquela providência secreta pela qual Deus governa por meio de sua Palavra; e portanto, a fim de que possa ser propriamente chamado Rei, seu próprio povo deve necessariamente reconhecê-lo como tal. É possível, contudo, perguntar-se: "Visto que Cristo tem conduzido a Igreja debaixo de sua autoridade pessoal e celestial poder, em que sentido se pode dizer que as nações estão sujeitas aos judeus, se sabemos que a ordem da Igreja não pode estabelecer-se devidamente, e como se espera, a menos que Cristo, a única cabeça, se ponha proeminentemente acima de todos, e que todos os fiéis, do maior ao menor deles, se conservem na humilde categoria de membros? Sim, ainda mais, quando Cristo erigiu seu domínio através do mundo inteiro, a adoção que outrora havia sido privilégio peculiar de um único povo começou a ser um privilégio comum de todas as nações; e por esse meio garantiu-se liberdade a todos igualmente, para que, estando unidos uns aos outros pelos laços da verdadeira fraternidade, aspirassem a herança celestial." A resposta a isto é simples: Quando o jugo da lei[3] foi imposto aos gentios, os judeus então granjearam soberania sobre eles; ainda quando pela Palavra os pastores da Igreja exercem a jurisdição do Espírito Santo. Por esta mesma razão a Igreja é chamada a Rainha e Mãe de todos os santos [Gl 4.26], visto que a divina verdade, que é como um cetro a subjugar todos nós, tem sido confiada à sua guarda. Embora os judeus, quando o reino de Cristo emergiu para a luz, viviam num estado de miserável e ignominiosa servidão às nações pagãs e fossem, por assim dizer, seus escravos, todavia a soberania lhes é verdadeira e justamente atribuída, porquanto Deus "enviou de Sião a vara de seu poder" [Sl 110.2], e visto que lhes fora confiada a guarda da lei, sua função era restringir e subjugar os gentios por meio de sua autoridade. A única maneira pela qual o resto do mundo foi posto em sujeição a Deus é que os homens, sendo renovados pelo Espírito de Deus, espontaneamente se rendem dócil e maleavelmente aos judeus

---

3 "C'est à dire, la reformation selon la vraye religion de Dieu." – *n.m.f.* "Equivale dizer, a reforma segundo a verdadeira religião de Deus."

e permitir-se viver sob seu domínio; como se diz em outra passagem: "Assim diz o Senhor dos Exércitos: Naquele dia sucederá que pegarão dez homens, de todas as línguas das nações, pegarão, sim, na orla das vestes de um judeu, dizendo: Iremos convosco, porque temos ouvido que Deus está convosco" [Zc 8.23].

4. Ele escolheu para nós a nossa herança. Aqui o poeta inspirado celebra mais distintamente a graça especial que Deus, em sua benevolência, concedeu à eleita e santa semente de Abraão. Visto que ele ignorou todo o restante do mundo e adotou para si um povo que era pequeno em número e desprezível, assim era oportuno que tal penhor de seu amor paternal se distinguisse de sua beneficência comum, a qual se estende a toda a humanidade sem distinção. O verbo, *escolheu*, é portanto peculiarmente enfática, implicando que Deus não tratou com os filhos de Abraão como costumava indiscriminadamente tratar com as demais nações; senão que ele lhes concedera, como se fosse por direito hereditário, uma dignidade peculiar pela qual excelessem a todos os demais. A mesma coisa é expressa imediatamente a seguir pela palavra *glória*. Assim, pois, o profeta ordena o dever de gratidão a Deus, pois havendo exaltado, na pessoa de Jacó, seu povo eleito ao mais elevado grau de honra, de modo que o mesmo pudesse gloriar-se no fato de que sua condição era distinta daquela de todas as demais nações. Ele mostra, ao mesmo tempo, que isso era inteiramente devido ao livre e imerecido favor de Deus. O pronome relativo, *a quem*, é expresso no lugar da partícula causal, *pois* ou *porque*, como se o salmista atribuísse a Deus mesmo a causa desta prerrogativa pela qual haviam se distinguido. Sempre que se enaltece o favor divino para com os judeus, em conseqüência de haver ele amado seus pais, este princípio deve sempre ser mantido na mente, a saber, que com isso se invalidam todos os méritos humanos. Se toda a excelência ou glória do santo patriarca dependia pura e simplesmente do beneplácito divino, quem ousaria arrogar alguma coisa para si como se fosse peculiarmente sua? Se Deus, pois, nos concedeu alguma coisa mais que aos outros, como sendo um privilégio especial, aprendamos a atribuir tudo ao amor paternal que ele nutre por nós, visto que nos escolheu para sermos seu rebanho. Deduzimos também desta passagem que a graça que Deus exibe para com seus eleitos não se estende a todos os homens em comum, senão que é um privilégio pelo qual ele distingue uns poucos da grande massa da humanidade.

> [vv. 5-9]
> Deus subiu com triunfo, Jehovah [subiu] ao som de trombeta. Cantai louvores a Deus, cantai louvores; cantai louvores ao nosso Rei, cantai louvores. Pois Deus é o Rei de toda a terra; cante louvores todo aquele que compreende. Ele obteve o reino dos pagãos; Deus se assenta no trono de sua santidade. Os príncipes dos povos [ou nações] se juntaram ao povo do Deus de Abraão; porque os escudos da terra são de Deus; ele é muitíssimo exaltado.

5. Deus subiu com triunfo. Há aqui uma alusão à antiga cerimônia que era observada sob a lei. Visto que se costumava usar o som de trombetas para tornar mais solenes as santas assembléias, o profeta diz que Deus *sobe*, quando as trombetas animam e incitam o povo a magnificar e a exaltar o poder divino. Quando esta cerimônia era efetuada nos tempos antigos, era precisamente como se o rei, fazendo sua entrada no meio de seus súditos, se lhes apresentava com vestes magníficentes e grande esplendor, pelo quê ele granjeava sua admiração e reverência. Ao mesmo tempo, o escritor sacro, sob essa imaginária cerimônia, indubitavelmente pretendia levar-nos a considerar outro tipo de subida mais triunfante – a de Cristo quando "subiu acima de todos os céus" [Ef 4.10], e conquistou o império do mundo inteiro, e armado com seu celestial poder, destruiu toda jactância e imponência. O leitor deve lembrar-se de minha advertência anterior, a saber, que o nome *Jehovah* é aqui aplicado à arca; pois embora a essência ou majestade de Deus não estivesse encerrada nela, nem seu poder e operação restringidas a ela, todavia ela não era um vão e ineficiente símbolo de sua presença. Deus havia prometido que habitaria no meio do povo enquanto os judeus o cultuassem segundo a norma que havia prescrito na lei; e ele realmente mostrou que estava verdadeiramente presente com eles, e que não era em vão que fosse invocado entre eles. O que se afirma aqui, contudo, se aplica mais apropriadamente à manifestação da glória que por fim resplandeceu na pessoa de Cristo. Em suma, a essência da linguagem do salmista é: quando as trombetas sovam entre os judeus, segundo a determinação da lei, que não eram meros sons vazios que se perdiam no ar; pois Deus, que pretendia fosse a arca do concerto um penhor e emblema de sua presença, verdadeiramente presidia aquela assembléia. Disto o profeta extrai um argumento para compelir os fiéis ao dever de *cantar louvores a Deus*. Ele argumenta dizendo que, ao engajar-se neste exercício, eles não estariam agindo cegamente e ao acaso, como fazem os supersticiosos que, não tendo qualquer certeza de seus falsos sistemas de religião, em vão lamentam e bramam diante de seus ídolos. Ele mostra que os fiéis têm justa razão de celebrar com seus lábios e com coração festivo os louvores de Deus;[4] uma vez que certamente sabem que ele está tão presente com eles como se tivesse visivelmente estabelecido seu trono real entre eles.

7. Porque Deus é o Rei de toda a terra. O salmista, havendo chamado a Deus, no final do versículo precedente, Rei do povo eleito, agora o chama *Rei de toda a terra*; e assim, enquanto reivindica para os judeus o direito e honra de primogenitura, ao mesmo tempo junta a eles os gentios como associados e partícipes com eles do mesma bênção. Com estas palavras ele notifica que o reino de Deus seria muito mais magnificente e glorioso, ao tempo da vinda do Messias, do que sob a umbrosa dispensação da lei, visto que ele se estenderia às extremas fronteiras da terra. Para mostrar mais austeridade em sua exortação, ele repete as expressões, **cantai louvores a Deus**, cinco vezes. A palavra משכיל, *maskil*,[5] se expressa no singular em de no plural.

---

4 "De faire retentir en leurs bouches et d'un coeur alaigre les louanges de Dieu." – *v.f.*

5 Calvino traduz esta palavra na versão latina por 'intellignes'; e na francesa por 'entendu'; – "Isto é, todos os que entre vós entendem!" Dr. Adam Clarke traduz assim: "Cantai um cântico instrutivo"; e observa: "Que o *sentido* e o *som* vão juntos. Que vossos *corações* e *cabeças* vão com vossas *vozes*."

Pois ele convida a este exercício todos os que são habilidosos na arte de cantar. Ele, sem dúvida, fala de conhecimento da arte musical; mas requer, ao mesmo tempo, que os adoradores de Deus cantem os louvores de Deus inteligentemente, para que não haja meros sons de línguas, como sabemos ser o caso entre os papistas. Requer-se conhecimento do é cantado a fim de envolver-se de modo correto no ato de cantar os Salmos, para que o nome de Deus não venha a ser profanado, como com certeza seria o caso, não houvesse nada mais senão a voz que se esvai ou se dissolve no ar.[6]

8. Ele obteve o reino dos pagãos. Literalmente, *ele tem reinado*; visto, porém, o verbo מָלַךְ, *malach*, estar no pretérito, que no hebraico denota um ato contínuo, o traduzimos: *Ele obteve o reino*. O profeta reiteradamente nos informa que Deus reina sobre os gentios; e daqui se torna fácil deduzir que ele trata de um novo e previamente inusitado método de reinar. Há um contraste implícito entre o tempo da lei, quando Deus confinou seu império ou reino dentro das fronteiras da Judéia, e a vinda de Cristo, quando o estendeu amplamente ao pondo de ocupar o mundo inteiro, de uma a outra extremidade. A majestade de Deus emite algumas fagulhas de seu esplendor entre as nações pagãs, quando Davi as fez tributárias; mas o profeta não podia por essa conta ter dito apropriadamente que Deus reinou entre eles, uma vez que ambos menosprezavam se culto e a verdadeira religião, e também ansiavam ver a Igreja completamente extinta. Para encontrar o cumprimento desta profecia temos, pois, de necessariamente volver-nos para Cristo. O que se acrescenta na segunda cláusula do versículo, **Deus se assenta no trono de sua santidade**, pode ser tomado num duplo sentido. Por esta forma de expressão se deve às vezes entender *o tabernáculo* ou *o templo*; mas às vezes também significa também *o céu*. Se alguém se sente inclinado a explicá-la como sendo *o templo*, o significado será: enquanto Deus reinava sobre o mundo inteiro e abarcava todas as nações sob seu domínio, estabelecera sua principal

---

6 "Comme de faict il seroit s'il n'y avoit seulement que la voix qui s'escoule en l'air." – *v.f.*

sede em Jerusalém; e foi daí que emanou a doutrina do evangelho, pelo qual ele manteve sob seu domínio todos os povos. Podemos, contudo, mui apropriadamente tomar a expressão como uma indicação do *céu*; e assim o sentido será: Deus, ao estender sua mão para dominar os homens e trazê-los em submissão à sua autoridade, evidentemente mostra que, do seu trono celestial, ele reina sobre os homens. A menos que revele aos homens seu poder e opere por meio de sinais manifestos e à mão, ele não será reconhecido como Governante do mundo.

9. Os príncipes dos povos se reúnem. O salmista enriquece e amplia, usando várias expressões, a frase precedente. Ele novamente declara que a forma pela qual Deus obteve domínio sobre os gentios foi esta: os que antes eram alienados se uniram aos judeus na adoção da mesma fé; e assim diferentes nações, desde a condição de miserável dispersão, foram reunidas num só corpo. Quando a doutrina do evangelho se manifestou e foi proclamada, ela não removeu os judeus do pacto que Deus desde muito fizera com eles. Ao contrário disso, nos uniu a eles. Visto, pois, a vocação dos gentios não ser outra coisa senão o meio pelo qual foram enxertados e incorporados na família de Abraão, o profeta com razão declara que os estrangeiros e estranhos, de todas as direções, *se uniram* ao povo eleito, para que, por meio de tal incremento, o reino de Deus se estendesse por todos os quadrantes do globo. É por essa conta que Paulo diz [Ef 3.6] que os gentios foram feitos um só corpo com os judeus, para que pudessem tornar-se participantes da herança eterna. Pela abolição das cerimônias da economia judaica, "a parede de separação", que separava os judeus dos gentios, é agora removida [Ef 2.14]. Não obstante, permanece verdadeiro que não somos contados entre os filhos de Deus enquanto não formos enxertados na família de Abraão. O profeta não se refere meramente ao povo comum; ele também nos diz que os próprios príncipes considerarão como o ápice de sua felicidade o fato de se tornarem um só corpo com os judeus; como veremos noutro Salmo [87.5]: "E de Sião se dirá: Este e aquele homem nasceram nela." Além do mais, diz-se que esta união **será com o povo do Deus de Abraão**, com vistas a ensinar-nos que não se pretende atribuir aos judeus alguma superioridade que porventura naturalmente possuam acima dos demais, mas que toda sua excelência depende disto: que o perfeito culto devido a Deus se expande entre eles e que mantêm a doutrina celestial em alta estima. Isto, pois, não inclui os judeus bastardos ou apóstatas, que por sua própria incredulidade se excluem da Igreja. Mas visto que, segundo a afirmação do Apóstolo Paulo [Rm 11.16], a raiz sendo santa, os ramos também são santos, segue-se que a apostasia da maioria não impede esta honra de continuar pertencendo ao resto. Conseqüentemente, a 'destruição' que, segundo indicada na profecia de Isaías, inundou toda a terra, é chamada o povo do Deus de Abraão [Is 10.22, 23]. Esta passagem contém duas verdades muito importantes e instrutivas. Em primeiro lugar, aprendemos dela que todos os que são contados entre os filhos de Deus devem procurar encontrar um espaço na Igreja e unir-se a ela, para que mantenham união fraternal com todos os santos; e, em segundo lugar, que quando a unidade da Igreja é afirmada, não se deve considerar que a mesma consiste de outra coisa senão de um sincero e comum propósito de render-se obediência à Palavra de Deus, a fim de que haja um só rebanho e um só Pastor. Além do mais, os que são exaltados no mundo com referência a honras e riquezas são aqui admoestados a desvencilhar-se de toda soberba, e voluntária e submissamente suportar o jugo juntamente com os demais, para que possam mostrar-se obedientes filhos da Igreja.

O que imediatamente se segue, **Os escudos da terra são de Deus**, é interpretado por muitos como que falando de príncipes.[7] Admito que esta metáfora é de freqüente ocorrência na Escritura, tampouco este sentido parece adequado ao escopo da passagem. É como se o profeta dissesse: É no poder de Deus para enxertar em sua Igreja os grandes do mundo que ele sempre se agrada; pois ele reina sobre eles também. No entanto, o sentido será mais simples se explicarmos as palavras

---

7 Os magistrados e governadores são chamados *escudos* em Oséias 4.18 e Salmo 89.19. É neste sentido que a palavra é aqui subentendida pela Septuaginta.

assim: Visto que é somente Deus quem defende e preserva o mundo, a sublime e suprema majestade que é suficiente para tão exaltada e difícil obra que é a preservação do mundo, é com razão contemplada com admiração. O escritor sacro expressamente usa a palavra *escudos* no plural, porque, considerando os vários e quase inumeráveis perigos que incessantemente ameaçam cada parte do mundo, a providência de Deus deve necessariamente interpor-se de muitas maneiras e faz uso, por assim dizer, de muitos escudos.

Salmo 48

Neste Salmo há a celebração de algum notável livramento da cidade de Jerusalém num tempo em que muitos reis conspiraram para destruí-la. O profeta (aquele que foi autor do Salmo), depois de haver dado graças a Deus por seu livramento, aproveita a ocasião para então enaltecer com termos magnificentes o feliz estado dessa cidade, visto ela ter tomado Deus como seu contínuo guardião e protetor. Não teria sido suficiente para o povo ter sentido e reconhecido que foram uma vez preservados e defendidos pelo poder de Deus, não tivessem ao mesmo tempo se certificado de ser também preservado e protegido pelo mesmo Deus em tempos futuros, uma vez que os adotara por seu povo peculiar. O profeta, pois, insiste principalmente neste ponto, a saber, que não foi em vão que o santuário de Deus foi erigido sobre o monte Sião, mas que seu nome foi ali invocado a fim de que seu poder conspiquamente se manifestasse para a salvação de seu povo. É fácil deduzir deste tema do Salmo que ela foi composto depois da morte de Davi. Deveras admito que entre os inimigos de Davi havia alguns reis estrangeiros, e que não foi por falta de vontade de sua parte que a cidade de Jerusalém foi completamente destruída; mas não lemos que jamais chegassem ao ponto de sitiá-la e reduzi-la a tal extremo de tornar necessário que seus esforços fossem reprimidos mediante uma prodigiosa manifestação do poder de Deus. É mais provável que o Salmo se refira ao tempo do rei Acaz, quando a cidade foi sitiada e os habitantes levados ao ponto de total desespero, e quando, não obstante, o cerco foi subitamente removido [2Rs 16.5]; ou ao tempo de

Josafá e Asa [2Cr 14.9; 20.2]; pois sabemos que sob seu reinado Jerusalém só foi preservada de completa destruição por miraculoso socorro proveniente do céu. Isto temos que considerar como certo, a saber, que o salmista, aqui, exibiu aos verdadeiros crentes um exemplo do favor divino para com eles, do qual tinham razão em reconhecer que sua condição era feliz, visto que Deus escolhera para si um lugar de habitação sobre o monte Sião, donde pudesse presidir sobre eles para seu bem e segurança.

> Cântico de louvor dos filhos de Coré.
>
> [vv. 1-3]
> Grande é Jehovah e mui digno de ser louvado na cidade de nosso Deus, no monte de sua santidade. Formoso pela localização, alegria de toda a terra, é o monte Sião sobre os lados do norte, a cidade do grande Rei. Em seus palácios, Deus é conhecido por uma alta defesa [ou fortaleza].

1. Grande é Jehovah e mui digno de ser louvado. O profeta, antes mesmo de fazer menção daquele exemplo especial do favor de Deus para com eles, a que tenho advertido, ensina em termos gerais que a cidade de Jerusalém era feliz e próspera, uma vez que Deus graciosamente se agradara de tomar sobre si o encargo de defendê-la e preservá-la. Desta forma ele separa e distingue a Igreja de Deus de todo o resto do mundo; e quando Deus seleciona dentre toda a raça humana um pequeno número ao qual abraça com seu paternal amor, esta é uma inestimável bênção que ele derrama sobre eles. Sua prodigiosa benevolência e justiça se manifestam no governo do mundo inteiro, de modo que não há parte alguma dele isenta de seu louvor, mas somos alhures munidos de farto material para louvá-lo. Aqui, não obstante, o poeta inspirado celebra a glória de Deus que se manifesta na proteção da Igreja. Ele afirma que **Jehovah é grande e digno de ser louvado NA SANTA CIDADE**. Mas, não o é também no mundo inteiro? Indubitavelmente que sim. Como eu já disse, não há um canto tão escondido, no qual sua sabedoria, justiça e bondade ali não penetre; sendo, porém, sua vontade que se manifestem principalmente e de uma forma bem particular em sua Igreja, o profeta mui corretamente põe ante nossos olhos este espelho, no qual Deus fornece uma representação mais clara e vívida de seu caráter. Ao chamar Jerusalém, **o santo monte**, ele nos ensina numa só palavra, por qual direito e meio ela chegou a ser, de uma maneira peculiar, a cidade de Deus. Isso se deu em virtude de a arca do concerto ter sido colocada ali por divina determinação. A substância da expressão é esta: Se Jerusalém é, por assim dizer, um belo e magnificente teatro no qual Deus manifesta a grandeza de sua majestade, não é devido a quaisquer méritos que porventura ela possua, mas porque a arca do concerto fora estabelecida ali pelo mandamento de Deus como um emblema ou símbolo de seu peculiar favor.

2. Formoso pela localização, a alegria de toda a terra, é o monte Sião. Pela confirmação da declaração feita na cláusula precedente, o profeta celebra as excelências pela quais o monte Sião se tornou famoso naquele tempo; e nelas podia ser vista a glória de Deus, da qual acabei de falar. A formosura de sua localização, a qual ele menciona em primeiro lugar, era deveras natural; mas com isso ele nos dá a entender que desde o próprio início a agradável aparência da cidade havia gravado nela marcas do favor divino, de modo que pela simples contemplação dela demonstrava-se que Deus havia de uma forma especial adornado e enriquecido esse lugar, com vistas de o mesmo ser, em algum período futuro, dedicado a propósitos sacros. Entretanto, não creio que a localidade seja qualificada de bela e prazenteira meramente porque ela era inigualável na província da Judéia; pois outras cidades, como é bem notório, que não eram de forma alguma inferior a Jerusalém, quer por suas fortificações quer beleza da localidade, bem como outras vantagens. Em minha opinião, juntamente com a localização da cidade, o salmista junta a glória que ela derivou de outra fonte – desde a circunstância em que o templo foi ali erigido. Quando, pois, ouvimos a beleza da cidade ser aqui celebrada, evoquemos nossa memória de que a beleza espiritual que foi adicionada à beleza natural do lugar, então o profeta anunciou que a arca habitaria ali para sempre.

Com respeito à palavra נוֹף, *noph*, a qual traduzimos, *localização*, os comentaristas não estão concordes. Há quem a interprete no sentido de *altitude* ou *elevação*, como se fosse dito que Jerusalém estava situada sobre um terreno alto e elevado. Outros a traduzem por *clima*;[1] visto que os judeus metaforicamente chamam as regiões climáticas de ramos,[2] por conta da extensão a que eles se espalham. Numa questão como esta, a qual não é de grande conseqüência, não me disponho a ser muito crítico. Apenas tenho selecionado aquela tradução que me parece a mais provável, ou seja, que o país em sua aparência era preeminentemente aprazível deleitoso. Quando o salmista diz que o monte Sião se encontra **sobre os lados do norte**, é duvidoso se ele o delineia como uma menção do monte Sião que está assentado ou que olha para o note, ou se devemos explicar a cláusula assim: embora o monte Sião tenha sua vista voltada para o norte, isso não diminui no mínimo grau sua beleza. A primeira interpretação, contudo, parece-me imprimir um significado mais natural. Encontramos o profeta Isaías, com vistas também a realçar a excelência desta montanha, aplicando-lhe a mesma expressão que aqui se emprega. No capítulo 14 de sua profecia, no versículo 13, ele apresenta Senaqueribe falando assim: "Eu subirei ao céu, acima das estrelas de Deus exaltarei meu trono, e no monte da congregação me assentarei, aos lados do norte."

O salmista, a seguir, chama o monte Sião **a alegria de toda a terra**. E assim a descreve não só porque os judeus tolamente diziam que o país era saudável em virtude da suavidade de seu clima, ou porque produzia doces e excelentes frutos, os quais agradavam e produziam deleite às nações estrangeiras – mas porque dali a salvação fluía para

---

1 *Beleza climática*, isto é, o monte Sião está situado num clima belo e ameno. Este é o ponto de vista defendido por Montanus e Ainswoeth. Bate e Parkhurst traduzem assim: *"Beleza em extensão, isto é, no prospecto em que ele se estende à vista."*

2 Algumas cópias antigas da Septuaginta têm para as palavras originais, יפה נוף, *yepheh noph*, as quais Calvino traduz *formoso pela localização*, εὐρύνων, o que Agostinho e Ambrósio traduzem por *dilatans, espalhando*. "Isto", diz Hammond, "não pode improvavelmente dizer respeito a uma noção de נוף, usual na *Misneh* para os *ramos* ou *galhos altos de uma árvore*; o que alguns dos judeus também teriam feito aqui, como comparar Sião a uma árvore formosa e frondosa."

o mundo inteiro, mesmo porque todas as nações recebiam dali a luz da vida e o testemunho da graça celestial. Se a alegria que os homens experimentam e nutrem é sem Deus, o resultado dessa alegria por fim será destruição, e sua hilaridade se converterá em ranger de dentes. Cristo, porém, se introduz no monte Sião com seu evangelho, a encher o mundo com genuína alegria e felicidade eterna. No tempo do profeta, é verdade que o conhecimento do evangelho não havia ainda alcançado as nações estrangeiras, mas ele faz uso desta forma de expressão com a mais elevada propriedade, visando a ensinar os judeus que a verdadeira bem-aventurança só podia ser encontrada no gracioso pacto divino, o qual estava depositado naquele santo lugar. Ao mesmo tempo, ele predisse aquilo que por fim se cumpriu na vinda de Cristo. Deste fato podemos aprender que para fazer os corações dos santos rejubilar-se, o favor divino é o único sobejamente suficiente. Enquanto que, ao contrário disso, quando ele é suprimido, todos os homens inevitavelmente se precipitam num estado de miséria e dor. O que se acrescenta imediatamente a seguir, concernente à **cidade do grande Rei**, a intenção era mostrar que o monte Sião não só era santo em si mesmo, mas que essa sublime prerrogativa lhe fora conferida ao tornar sagrada toda a cidade, a qual Deus escolheu por sua sede para que pudesse governar sobre todo o povo.

3. Em seus palácios, Deus é conhecido por uma alta defesa. Aqui o peta sacro uma vez mais se apresenta com o propósito de anunciar a dignidade da cidade de Jerusalém, a proteção que Deus lhe oferece, como já vimos no Salmo 46.5: "Deus está no meio dela; ela não se abalará; Deus a ajudará desde o romper da manhã." Ele expressamente faz menção de *palácios* à guisa de contraste, visando a ensinar aos judeus que, embora a cidade santa fosse fortificada com fortes torres, e seu interior possuía magnificentes casas, e que as mesmas mais pareciam fortalezas, todavia sua contínua segurança se devia unicamente ao poder e ao auxílio divinos; e que eles não se assemelham aos homens profanos que, repousando satisfeitos com suas riquezas e recursos terrenos, não depositavam valor algum sobre o fato de terem

Deus por seu guardião e protetor. Os bens terrenos, à luz de nossa natural perversidade, tendem a ofuscar nossos olhos e a levar-nos ao esquecimento de Deus, e portanto devemos ponderar, atentando-nos especialmente para esta doutrina: tudo quanto possuímos, que porventura pareça digno da maior estima, não devemos permitir que obscureçam o conhecimento do poder e graça de Deus; senão que, ao contrário, a glória de Deus deve resplandecer sempre e nitidamente em todos os dons com os quais Deus pode aprazer-se em abençoar-nos e adornar-nos. De modo que podemos considerar-nos ricos e felizes nele e em nenhuma outra fonte.

[vv. 4-7]
Porque, eis que os reis se congregaram, e juntos desapareceram. Viram-no e ficaram maravilhados; ficaram amedrontados, e fugiram precipitadamente. O medo[3] ali apoderou-se deles, e dores como as de uma parturiente. Tu fazes em pedaços os navios de Társis com um vento oriental.

4. Porque, eis que os reis se congregaram. Aqui se faz leve menção daquele livramento especial de que já falei. O profeta relata como, quando os reis se uniram para destruir Jerusalém, seus esforços se dissiparam sem produzir nenhum resultado, justamente como as nuvens se esvaem na atmosfera; sim, ele nos informa que eles, com uma simples olhadela para a cidade, foram desbaratados e aniquilados, e isso não de maneira ordinária, mas à semelhança de uma mulher que, ao chegar o momento de dar à luz, é subitamente assaltada pelas dores e angústias. Não podemos afirmar com toda certeza de que parte da história judaica o profeta aqui menciona; mas as afirmações feitas se adequam muito bem ao tempo de Acaz e Ezequias, ou ao tempo de Asa. Foi deveras uma portentosa obra de Deus, quando os dois mui poderosos reis – o rei da Síria e o rei de Israel, acompanhados de um mui numeroso exército – espantaram a cidade com tal terror, que o rei e seu povo se viram à beira do desespero, ao verem este formidável

---
3 "Tremblement." – *v.f.* "Tremendo."

exército subitamente desnorteado e frustrado ante a firme expectativa que nutriam de que se tornariam senhores da cidade. Daí o profeta Isaías [7.4] ironicamente os chamar "tições fumegantes", visto que eram, por assim dizer, tochas ardentes para incendiar e consumir pelo fogo todo o país da Judéia. Tampouco foi a destruição do incontável exército de Senaqueribe, numa só noite e através de um anjo, sem a intervenção de agência humana, um milagre menos estupendo [2Rs 19.36]. De modo semelhante, quando o rei da Etiópia reuniu um exército de um milhão de soldados, veio e sitiou Jerusalém, a destruição de tão numeroso exército foi um memorável exemplo do poder de Deus [2Cr 14.9]. Mas qualquer que tenha sido a ocasião em que este Salmo foi composto, o escritor sacro nos informa que os judeus descobriram pela própria experiência que Deus era o guardião e protetor da cidade santa, quando ele se opôs ao poder invencível de seus inimigos. Ele começa declarando que **os reis se congregaram**. Com estas palavras ele notifica que haviam se confederado e conspirado juntos destruir a Igreja. A expressão, **e juntos desapareceram**, pode ser explicada de duas maneiras: ou significando que os exércitos, ao se congregarem, foram reduzidos a nada, ou que empreenderam juntos, em mútuo consentimento, a expedição, como se marchassem em ordem de batalha.

Este segundo sentido parece-me ser o mais adequado ao escopo da passagem; pois se segue imediatamente, no quinto versículo, que foram tomados de espanto ao olharem para a cidade; e no entanto não haverá qualquer impropriedade em compreender-se este versículo como acrescido à guisa de ampliação. Uma vez, porém, que ele afeta muito pouco a substância da passagem qual das duas interpretações se adote, deixo ao leitor decidir qual delas ele considera mais apropriada. Quando o salmista diz à vista da cidade **ficaram maravilhados – ficaram amedrontados – fugiram precipitadamente – e foram apoderados com dores como a parturiente –**, ele junta muitas e variadas expressões como possíveis, a fim de apresentar a grandeza do milagre divino operado no destroçamento de tão numeroso e formidável exército. A linguagem pode ser resolvida assim: Assim que viram a cidade, se maravilharam.

Conta-se que César, nos tempos antigos, quando relatava da facilidade com que subjugou o Egito, ele fez uso de uma frase lacônica e proverbial: "Vim, vi, venci". O profeta, porém, nesta passagem, declara, ao contrário, que os ímpios foram tomados de espanto à mera vista da cidade, como se Deus ofuscasse seus olhos com o esplendor de sua glória. A partícula, כן, *ken, de tal modo*, é usado com o intuito de mostrar a coisa apontando para ela com o dedo. No versículo que imediatamente se segue, o advérbio, שם, *sham*, *ali*, é usado no mesmo sentido. A comparação de *uma parturiente* pretendia expressar a súbita mudança que se operou nos inimigos de Israel. Ela proporcionou uma manifestação mais excelente e resplendente da graça de Deus, ao dizer que foram tomados de um medo do qual não havia antecipado, perderam imediatamente toda a sua coragem, e da posição de segurança e presunçosa soberba instantaneamente caíram num estado tal de estupor e de confusão tão intensa, que precipitadamente puseram-se em fuga.[4] À luz desta passagem, somos ensinados que não é algo incomum, se em nossos dias a Igreja for assaltada por poderosos adversários e tiver que sustentar terríveis arremetidas; pois tem sido método usual de Deus, desde o princípio, humilhar assim seu próprio povo, a fim de fornecer as mais irrefutáveis e extraordinárias provas de seu maravilhoso poder. Ao mesmo tempo, lembremo-nos de que um só aceno por parte de Deus é suficiente para nos livrar; e que, embora nossos inimigos estejam prontos para caírem sobre nós de todos os lados, procurando aniquilar-nos, está em seu poder, sempre que lhe apraz, golpeá-los com espanto de espírito, e assim fazer que seus corações desmaiem, num instante, em meio aos seus próprios esforços contra nós. Que esta reflexão sirva de freio para guardar nossas mentes de se distraírem, olhando em todas as direções à procura de socorro humano.

---

4 "Et d'une fierté pleine d'asseurance et outrecuidance sont incontinent tombez en espouvantement et ont tellement este estourdis, qu'ils s'en sont fuis grand erre." – *v.f.*

7. Tu fazes em pedaços os navios de Tarsis com o vento oriental.[5] Os comentaristas se acham divididos em seus pontos de vista desta passagem.[6] Mas contentemo-nos com o sentido natural, o qual é simplesmente este: que os inimigos da Igreja foram derrotados e precipitados na destruição, precisamente como se Deus, trazendo repentinamente fortes tempestades, arrojasse os navios da Cilícia no seio do mar. O salmista celebra o poder que Deus costuma exibir nas grandes e violentas tempestades; e sua linguagem implica que não se deve admirar que Deus, que quebra os mais fortes navios com a violência dos ventos, destruísse também seus inimigos, os quais se inflavam com presunçosa confiança que depositavam em sua própria força. Pela expressa, *mar de Tarsis*, os hebreus queriam dizer o Mar Mediterrâneo, por causa do país da Cilícia, o qual nos tempos antigos se chamava Tarsis, segundo nos informa Josefo, ainda que, com o passar do tempo, esse nome veio a restringir-se a uma cidade do país. Visto, porém, que a principal parte do tráfico naval dos judeus era com a Cilícia, aqui se atribui a esse país, pelo uso de sinédoque, o que era comum aos outros países que ficavam mais distantes e menos conhecidos.

---

5 O vento oriental na Judéia e no Mediterrâneo é muito tempestuoso e destrutivo. É também muito seco e causticante, bem como súbito e terrível em sua ação (Gn 41.6; Êx 14.21; Ez 19.12; 27.26; Jó 27.21; Is 27.8; Jr 18.17; Jn 4.8.) Daí a LXX traduzir as palavras "Εν πνευματι βιαίω", "Com um vento violento"; e a Caldaica traduz: "Um forte vento oriental como um fogo procedente do Senhor." "Tal vento", diz o Bispo Mant, "é bem conhecido os marinheiros modernos pelo nome *Levante*, e é do mesmo tipo expresso no capítulo 27 de Atos dos Apóstolos, com o nome de Euro--aquilão."

6 Alguns pressupõem que há nela uma similitude implícita; a partícula de similitude usada no versículo precedente estando subentendida. E assim, Frenh e Skinner traduzem os versículos 6 e 7:
"Então um tremor se apoderou deles –
Dores como de uma parturiente –
Como se dá com um vento tempestuoso,
Tu fazes em pedaços os navios de Tarsis."

De acordo com esta tradução, "os navios de Tarsis" não se referem a um exército invasor, nem "os fazes em pedaços" a uma tempestade real que tivesse tal efeito; mas o escritor sacro emprega outra figura, o mais vividamente possível para descrever o terror que se apodera dessas forças confederadas. No versículo precedente, ele o comparou às dores de uma parturiente; e aqui ele o compara ao tremor que se apoderava dos marinheiros quando a fúria do vento oriental que dispersava aos pedaços os maiores e mais fortes navios, como os naviso de Tarsis provavelmente eram então, os deixava indefesos.

[vv. 8-10]
Como o ouvimos, assim temos visto na cidade de Jehovah das hostes [ou exércitos], na cidade de nosso Deus. Deus a estabelecerá para sempre. Selah. Temos aguardado por tua misericórdia, ó Deus, no meio de teu templo. Como é o teu nome, ó Deus, assim é o teu louvor até aos confins da terra; tua mão direita está cheia de justiça.

8. Como o ouvimos, assim temos visto. Há dois sentidos em que esta passagem pode ser entendida: cada um dos quais é adequado. O primeiro consiste em que o escritor sacro, falando em nome dos verdadeiros crentes, declara que o mesmo poder que Deus, nos dias da antigüidade, exibia ao libertar seus pais, ele agora exerce para com sua posteridade. Eles o ouviram da boca de seus pais, e haviam aprendido da história sacra, como Deus, em sua grande misericórdia e paternal bondade havia socorrido sua Igreja; mas agora afirmam que podem testificar disto não só por terem ouvido falar, mas também por terem visto,[7] uma vez que haviam realmente experimentado a mesma misericórdia exercida por Deus em favor deles. O equivalente do que se afirma consiste em que os fiéis não só tinham um registro da bondade e poder de Deus nas histórias, mas que também o sentiam através de sua atual experiência, sim, até visto com seus próprios olhos, o que antes conheciam por ouvir dizer e pela informação de seus pais; e que, portanto, Deus continua imutavelmente o mesmo, confirmando como ele o faz, século após século, os exemplos de sua graça exibidos nos tempos antigos, mediante renovadas e reiteradas experiências. O outro sentido é um tanto mais refinado; e contudo é bem adequado, ou seja, que Deus realmente executou o que havia prometido a seu povo; como se os fiéis dissessem: o que antes só havíamos ouvido, agora tem sido exibido diante de nossos olhos. Enquanto só tivermos as meras promessas de Deus, sua graça e salvação permanecem como que ocultas na esperança; quando, porém, essas promessas realmente se concretizam, sua graça e salvação claramente se manifestam. Se esta interpretação for

---

7 "Mais maintenant ils disent qu'ils en sont testmoins non pas par avoir ouy dere seulement, mais par avoir veu." – *v.f.*

admitida, ela contém a rica doutrina de que Deus não frustra a esperança que ele mesmo produz em nossas mentes através de sua Palavra, e que ele não costuma ser mais liberal em prometer do que é fiel em pôr em obra o que prometeu. Ao dizer, *na cidade*, a letra ב, *beth*, é tomada para מ, *mem*, ou ל, *lamed*; o que quer dizer, para *de*, ou *quanto a*, ou *com respeito à cidade*. O profeta não quer dizer que em Jerusalém os fiéis estavam informados de que Deus socorreria seus servos, embora isto fosse indiscutivelmente verdade, mas que Deus, desde o princípio, tinha sido o gracioso e fiel guardião de sua própria cidade, e que continuaria a agir sempre assim. Menção é expressamente feita de *a cidade de Deus*, porque ele não prometeu estender a mesma proteção e cuidado a todas [as cidades] indiscriminadamente, mas só a seu povo, eleito e peculiar. Emprega-se o título, *Jehovah dos exércitos*, com vistas a expressar o poder de Deus; mas imediatamente a seguir os fiéis acrescentam que ele é o *Deus deles*, com o propósito de realçar sua adoção, para que, assim, fossem estimulados a confiar nele, e assim recorrer a ele de uma forma espontânea e familiar. No segundo Concílio de Nicéia, os bons pais que ali tomaram assento torceram esta passagem para provar que não basta ensinar a divina verdade nas igrejas, a menos que haja ao mesmo tempo quadros e imagens para confirmá-la. Esse foi um fragmento de ingenuidade muito vergonhoso e indigno de se mencionar, não nos fosse proveitoso saber que os que se propuseram infectar a Igreja de Deus com tal corrupção foram horrivelmente atingidos com o espírito de leviandade e estupidez.

A cláusula que encerra o versículo distingue Jerusalém de todas as demais cidades do mundo, as quais estão sujeitas a vicissitudes e florescem só por algum tempo. Uma vez que Jerusalém fora fundada por Deus, ela prosseguiu imperturbável e inabalável no meio das diversas comoções e revoluções que ocorreram no mundo; e não é de se admirar que ele continuasse, pelas eras sucessivas, a manter a cidade que escolhera e na qual sua vontade era que seu nome fosse invocado para sempre. Entretanto pode objetar-se que esta cidade foi uma vez destruída, e que o povo foi levado para o cativeiro. Tal fato, porém, não milita contra a afirmação aqui feita; porque, antes que esse evento ocorresse, a restauração da cidade foi predita por Jeremias [27.22], e portanto, quando isso ocorreu, Deus realmente, e de uma maneira muito especial, mostrava quão inabalável era sua obra. E agora, visto que Cristo, com sua vinda, renovou o mundo, tudo quanto foi outrora dito acerca da cidade pertence à Jerusalém espiritual, a qual se difundiu por todos os países do mundo. Portanto, sempre que nossas mentes se agitam e caem em perplexidade, devemos trazer à memória a verdade de que, sejam quais forem os perigos e apreensões que nos ameacem, a segurança da Igreja que Deus estabeleceu, por mais dolorosamente abalada ela seja, por mais poderosamente assaltada, jamais poderá ser demasiadamente enfraquecida e envolvida em ruína. O verbo que está no tempo futuro, *estabelecerá*, pode ser invertido para o pretérito, *estabeleceu*; isso, porém, não causará nenhuma diferença no sentido.

9. Temos aguardado por tua misericórdia, ó Deus! Este versículo nos ensina que os fiéis foram preservados pelo poder de Deus; porque, quando todas as coisas caíram num estado da mais grave confusão, continuaram tranqüilos e pacientes até que Deus, por fim, tocado de compaixão por eles, lhes provesse auxílio. O termo hebraico, דמם, *damam*, o qual traduzimos, *aguardar*, propriamente significa *ficar em silêncio*, e é aqui usado para denotar tranqüilidade mental. Disto concluímos que o povo de Deus era tão acossado pelos perigos, que, tivessem atentado para o juízo do senso e razão carnais, teriam sido esmagado pelo terror; ainda quando sabemos que os homens se acham num estado de contínua intranqüilidade, se deixando levar de um a outro lado por ventos contrários, até que a fé tranqüilize suas mentes e os faça sossegar em verdadeira paciência. O equivalente do que o salmista diz é que os fiéis, embora severamente afligidos, não se desviaram de seus propósitos nem desistiram de confiar no socorro divino; senão que, ao contrário, mediante sua paciência e esperança, abriram os portões da graça divina. Isso serviu para magnificar e ilustrar a imensidão da graça de Deus, a saber, que suas expectativas de receberem assistência dele não se frustraram. Deste fato podemos também deduzir a provável advertência, ou seja, se o socorro divino nos for subtraído, é porque não pusemos nossa confiança em suas promessas e, em decorrência de nossa impaciência, sua graça foi impedida de fluir sobre nós, a qual é liberada àqueles que esperam pacientemente. Todavia, o que se pretende com a expressão **no meio do povo**? Significa o povo de Deus manteve sua fé só naquele lugar, e que cada um deles cessou de esperar tão logo voltou para sua própria habitação? Não, ao contrário, indubitavelmente levaram consigo a esperança que haviam nutrido no templo, a saber, que podiam continuar imperturbavelmente a ficar nela. Deus, porém, havendo prometido que este lugar, no qual seria invocado, seria a sede e a habitação de seu poder e graça, seu povo aqui afirma que, confiando nesta promessa celestial, estavam persuadidos sem a menor dúvida de que Deus se mostraria misericordioso e gracioso para com eles, uma vez que tinham um real e seguro penhor de sua presença. Não devemos conceber que Deus será nosso libertador simplesmente porque nossa própria fantasia sugere. É preciso crer que ele fará isso só depois de ele graciosa e espontaneamente se nos oferecer neste caráter. Ora, se este símbolo ou penhor da presença divina, que não passou de uma sombra, teria exercido tal influência nas mentes dos verdadeiros crentes que viveram sob a antiga dispensação, como a levá-los a esperar pela vida em meio à morte, seguramente ao descer Deus agora entre nós, unindo-nos muito mais estreitamente a seu Pai, temos base suficiente para continuar num estado de imperturbável tranqüilidade, ainda que o mundo se enrede em confusão e vire de ponta cabeça. Nossa única luta é para que o culto divino viceje puro e íntegro entre nós, e que assim a glória de seu templo resplandeça em nosso meio.

10. Como é o teu nome, ó Deus, assim é o teu louvor. Há quem conecte este versículo com a cláusula precedente, como se fosse dito: Senhor, não é debalde que nos tenhas imposto o dever de celebrar teu nome; pois ao mesmo tempo nos forneceste a razão do louvor. E assim o sentido será: o nome de Deus é magnificado e enaltecido com um propósito, ou para que juntamente com suas promessas seu poder ao mesmo tempo se manifeste. Outros apresentam esta explicação, a qual é um tanto mais refinada: as obras de Deus correspondem ao seu nome; pois no hebraico ele se chama אל, *El*,[8] de seu poder, e ele mostra pelos próprios feitos que este nome não se lhe aplica em vão, mas que o louvor que se lhe atribui é procedente e se lhe deve. A primeira explicação, sendo menos forçada, se aproxima mais das palavras e intenção do escritor sacro, ou seja, que Deus testifica mediante suas obras que não era debalde que fosse reconhecido e cultuado pelos judeus como o verdadeiro e único Deus. Não obstante, ao considerar as palavras que se seguem imediatamente, **até aos confins da terra**, concluo que o profeta tencionava algo mais – tencionava mostrar que, sempre que a fama do nome de Deus se expande, os homens descobrem que ele é digno do mais sublime louvor. As palavras contêm um tácito contraste. Naquele tempo, os nomes dos ídolos, sabe-se sobejamente, eram muito populares e exerciam influência no mundo inteiro; e contudo, por mais fama esses falsos deuses houvessem adquirido, sabemos que o louvor de forma alguma lhes pertencia, visto que nenhum sinal de divindade se poderia descobrir neles. Aqui, porém, o profeta, ao contrário, declara: Senhor, em qualquer parte do mundo que se ouve falar em teu nome, ele será sempre acompanhado de sólido e justo louvor, ou trará sempre consigo motivo de louvor, visto que o mundo inteiro entenderá de que forma tratas a teu povo eleito. O que se acresce imediatamente tem o mesmo propósito, ou seja, **Tua mão direita está cheia de justiça**, nos ensinando que Deus, ao socorrer a seu povo dileto, manifesta sua justiça de forma nítida, como se nos estendesse seu braço para que toquemos sua justiça com nosso próprio dedo, e que ele mostra não só um ou dois exemplos de sua justiça, mas em tudo e em toda parte ele exibe ante nossos olhos uma prova cabal e insofismável dela. É preciso ter em mente o que já afirmamos alhures, ou seja, que *a justiça de Deus* deve ser vista pelo prisma de sua fidelidade, a qual ele observa na manutenção e defesa de seu próprio povo.

---

8 "C'est à dire, Fort." – *n.m.f.* "Equivalente a Forte."

Disto nos advém o inestimável conforto de que a obra na qual Deus deseja especialmente ser reconhecido como justo consiste em providenciar o que pertence ao nosso bem-estar e à manutenção de nossa segurança.[9] Então vemos que a intenção do poeta inspirado é esta: que os nomes dos falsos deuses prevaleciam e eram renomeados entre os homens, embora não tivessem feito absolutamente nada para merecerem o genuíno louvor; senão que eram totalmente diferentes do Deus de Israel. Pois sempre que a notícia deste se divulgava, todos entendiam que ele era o libertador de seu povo e que não frustrava sua esperança e desejos, e nem o desamparava em meio aos perigos.

[vv. 11-14]
O monte Sião se regozijará, as filhas[10] de Judá se alegrarão por causa de teus juízos. Contornai Sião e andai ao redor dela, contai suas torres. Ponde vosso coração[11] em seus muros, exaltai suas torres,[12] para que narreis à geração futura. Pois este Deus é o nosso Deus para todo o sempre; ele será nosso guia até à morte.[13]

11. O monte Sião se regozijará. O salmista então conclui sua exortação ao regozijo, dizendo-nos que Jerusalém e outras cidades da Judéia tinham sobejos motivos para enaltecer a justiça de Deus,[14] visto que haviam tido sobejas experiências de que era o protetor de seu bem-estar. Ele aqui faz uso da palavra *juízo*, visto que Deus, que promovia a causa de sua Igreja, demonstrou publicamente que era o inimigo de seus opressores e que reprimiria sua presunção e audácia.

12 e 13. Contornai Sião e andai ao redor dela. Aqui o profeta uma vez mais enaltece a condição e beleza de Jerusalém, notificando que a cidade era fortemente fortificada e inexpugnável; e ele faz isso

---

9 "Que l'oeuvre en laquelle Dieu veut singulierement estre recognu juste, c'est in procurant les choses qui appartienent à nostre salut, et à nous maintenir en sauvete." – *v.f.*
10 "C'est, villes." – *n.m.f.* "Isto é, cidades."
11 "C'est, prenez bien garde." – *n.m.f.* "Isto é, prestai muita atenção."
12 "Ou, Palais." – *v.f.* "Palácios."
13 "Ou, dés l'enfance." – *n.m.f.* "Ou, desde a infância."
14 "Auront matiere de liesse." – *v.f.* "Terão motivo de alegrar-se."

em virtude de que nestas coisas externas de alguma forma resplandecia a bênção divina. É preciso que tenhamos sempre em mente o que ele afirmou num versículo precedente, a saber: que "Deus em seus palácios é conhecido como uma fortaleza". Ao fazer menção aqui de suas *torres* e *muros*, não devemos pressupor que o escritor quisesse que os fiéis confiassem nestas coisas. Ele portanto diz: *Contornai Sião*, isto é, olhai para ela cuidadosa e atentamente em todos os lados; **contai suas torres e aplicai vossa mente em considerar seus muros**; isto é, avaliai seus palácios de maneira justa, e então ficará manifesto, além de toda e qualquer dúvida, que esta é a cidade escolhida de Deus, uma vez que ela se sobressai a todas as demais cidades. Ao insistir nestes pontos, todo o seu alvo é fazer manifesto o caráter com que o Senhor investira Jerusalém ao fazer dela um lugar sagrado, onde pudesse fazer sua morada e erigir ali um lugar de habitação para seu povo. Parece, além do mais, que o profeta, ao declarar qual era o objetivo de sua exortação, para que a beleza e magnificência da santa cidade pudessem *ser anunciadas* à geração futura, tacitamente nos dá a entender que por fim chegaria o tempo em que a cidade não mais seria vista. O que precisaria haver para se dar essa notícia se ela podia ser vista e sempre esteve diante dos olhos do mundo? Embora houvesse dito um pouco antes que Jerusalém está estabelecida para sempre, contudo nos ensina agora, à guisa de correção, que tipo de perpetuidade seria – que durará só até ao tempo da renovação da Igreja. Fazemos parte dessa geração futura, à qual se diz que estas coisas serão noticiadas; porque somos participantes de todos os benefícios que Deus, nos dias da antigüidade, concedeu a seu antigo povo. O esplendor externo através do qual Jerusalém era admirada na verdade não se mostra claramente entre nós dos dias modernos; mas desde a vinda de Cristo ao nosso mundo, a Igreja tem sido não menos rica e magnificentemente adornada com dons espirituais do que Jerusalém, sob as sombras da lei, fora nos tempos de outrora cercada e fortificada com fortes muralhas e torres. Traduzi a palavra פסגו, *pasgu*, *enaltecer*, *exaltar*, referindo-a ao valor que deve ser posto nas torres e na cidade por causa de sua excelência. Explicar, como alguns têm feito, *fortificar* ou *fortalecer*, não parece bastante convincente. Se há quem se incline mais a seguir a interpretação dos que a traduzem *olhar* ou *contemplar*, não faço grande objeção a isso.

14. Pois este Deus é o nosso Deus para todo o sempre. À luz destas palavras parece ainda mais claramente que, quando o profeta fala dos palácios de Jerusalém, ele não visava a que os santos mantivessem seus olhos fixos neles, senão que, mediante o auxílio dessas coisas externas, elevassem suas mentes em contemplação da glória divina. Deus queria que vissem, por assim dizer, os emblemas de sua graça esculpidos por onde quer que se volvessem, ou, melhor, reconhecessem sua presença nesses emblemas. Deste fato concluímos que, qualquer dignidade ou excelência que porventura resplandeça na Igreja, não devemos considerá-la senão como os meios usados por Deus para apresentar-se ante nossa vista, para que o magnifiquemos e o louvemos em seus dons. O pronome demonstrativo, זה, *zeh*, *este*, não é supérfluo; ele é expresso para distinguir o único e verdadeiro Deus, de cuja existência e caráter os fiéis estavam plenamente persuadidos, de todos os falsos deuses que os homens se ocupam em inventar. Os incrédulos podem ousadamente falar do nome de Deus e esconder-se na religião; mas por mais que façam isso, quando são questionados de forma mais estrita, descobrir-se-á que não nutrem qualquer certeza ou convicção sobre o assunto. Sim, as vãs imaginações e invenções dos que não se escudam na fé genuína necessariamente se revelarão não passar de nulidade. Portanto, é propriedade da fé pôr diante de nós um conhecimento de Deus, não confuso, mas distinto, o qual não nos deixa em suspenso e à deriva, como o fazem as superstições e seus adeptos, os quais, bem o sabemos, estão sempre introduzindo alguma nova divindade, todas falsas e intermináveis. Devemos, pois, tanto mais pôr ênfase no demonstrativo *este*, o qual se usa aqui. Deparamo-nos com uma passagem quase similar nas profecias de Isaías [25.9]: "E naquele dia se dirá: Eis que este é o nosso Deus, a quem aguardávamos, e ele nos salvará; este é o Senhor, a quem aguardávamos; na sua salvação nos alegraremos e nos regozijaremos." Como se os fiéis houvessem protestado e declarado: Não temos um Deus indefinido, nem um Deus de quem não temos senão uma confusa e indistinta apreensão, mas o Deus de quem temos um genuíno e sólido conhecimento. Quando os fiéis aqui declaram que Deus continuará imutavelmente firme no propósito de manter sua Igreja, seu objetivo é encorajar-se e fortalecer-se com vistas a perseverar num curso contínuo de fé. O que imediatamente se segue, **Ele será nosso guia até à morte**, parece ter-se adicionado à guisa de explicação. Ao fazer esta afirmação, o povo de Deus se assegura de que Deus será seu guia e protetor para sempre. Não devemos entendê-lo no sentido em que só estarão seguros sob o governo e diretriz de Deus nesta vida, e que os abandonará quando envoltos pela morte; mas expressam geralmente, e segundo a maneira comum de se falar,[15] o que já afirmei, ou seja, que Deus cuidará de todos quantos confiarem nele até ao momento final. O que traduzimos, *até à morte*, consiste de duas palavras no texto hebraico, אל מות, *al muth*; mas há quem o traduza numa só palavra, אלמות, *almuth*, e o tomam por *eras* ou *eternidade*.[16] O sentido, contudo, será o mesmo quer leiamos de uma ou de outra forma. Outros a traduzem, *infância*,[17] neste sentido: Visto que Deus desde o princípio tem cuidadosamente preservado e sustentado a Igreja, justamente como um educa seus filhos de sua infância, assim ele continuará a agir da mesma forma. Outros a traduzem *em segredo* ou *oculto*,[18] o que parece igualmente remoto

---

15 "Et selon la façon de parler du commun peuple." – *v.f.*

16 Este é o ponto de vista defendido pela Septuaginta, a qual apresenta a seguinte tradução: "Εις τους αἰωνας", "Para toda a eternidade." "Um grande número de cópias", diz Street, "tanto da coleção de De Rossi quanto do Dr. Kennicott, traz עלמות, numa só palavra. Symmachus traduz esta expressão por το διηνεκες, *perpetuum*."

17 Como se a palavra se derivasse de עלם, *elem, um jovem*. E assim a Caldaica: "Nos dias de nossa juventude." Veja-se מות, no léxico de Buxtorf.

18 Este é o sentido no qual Houbigant entrende אלמות, *almuth*; pois ele o lê como uma só palavra; e sua opinião é que ela faz parte do título do Salmo seguinte, no qual, diz ele, אלמות, *oculto*, se harmoniza muito bem, como um enigma se demonstra naquele Salmo. Outros, que lêem מות אל, *al muth*, em duas palavras, *na morte*, as consideram também fazendo parte da inscrição do Salmo seguinte, observando que não pode haver justificativa para dizer – *para todo o sempre* – *até à morte*. Merrick, contudo, observa: "As palavras *para todo o sempre* e *até à morte* me parecem

desde o início da profecia; a menos, talvez, que o entendamos como que pretendendo expressamente dizer que o modo de Deus exercer seu governo é oculto, a fim de não o medirmos nem o julgarmos pelo prisma da razão carnal, mas pela fé.

---

muito consistentes, quando se relacionam a diferentes proposições: Este Deus será o nosso Deus por toda a eternidade, e (pelo poder que ele já exerceu em nossa proteção) nos conduzirá pela vida fora em segurança."

Salmo 49

Os perversos e os adeptos dos prazeres mundanos amiúde desfrutam de prosperidade, enquanto os que tem ao Senhor ficam expostos a aflição e se dispõem a desfalecer sob a pressão dela. Com o fim de moderar a soberba que uma classe está apta a sentir em meio a seus sucessos, e administrar um freio ao desalento da outra, o salmista mostra quão pouca razão temos de invejar a suposta felicidade dos ímpios, a qual, mesmo quando em seu auge, é fútil e evanescente; e nos ensina que os bons homens, por maior que seja suas tribulações, são alvos da divina atenção, e serão eventualmente libertados de seus inimigos.

Ao mestre de música, Salmo dos filhos de Coré.[1]

[vv. 1-4]
Ouvi isto, vós todos os povos; daí ouvidos, vós todos os habitantes do mundo, vós, filhos de Adão[2] e vós, filhos dos homens,[3] ricos e pobres juntamente. Minha boca falará de sabedoria; e a meditação de meu coração será de entendimento. Inclinarei meus ouvidos a uma parábola;[4] publicarei meu enigma[5] na harpa.

---

1 Dez Salmos trazem a inscrição: "De ou para os filhos de Coré." Visto que a preposição prefixada,ל, pode ser traduzida, *de* ou *para*, paira a dúvida se este e os outros Salmos, com inscrição semelhante, foram escritos por ou para os filhos de Coré. Alguns, como Calmet, pensam que o mais provável seja que foram compostos por eles, à luz de certas peculiaridades de estilo nas quais concordam entre si e diferem dos Salmos que exibem o nome de Davi. Outros atribuem estes Salmos a Davi, e supõem que foram confiados por ele ao mestre de músico [maestro], para serem cantados pela posteridade de Coré.
2 "C'est, ceux de bas estat." – *n.m.f.* "Isto é, os de baixa condição."
3 "C'est, les nobles." – *n.m.f.* "Isto é, os nobres."
4 "A *mon* proverbe." – *v.f.* "A *meu* provérbio." "Ou, sentença grave." – *n.m.f.* "Ou, solene sentença."
5 "Ou, dire obscur." – *n.m.f.* "Ou, dito obscuro."

1. Ouvi isto, vós todos os povos. Quem quer que tenha sido o escritor deste Salmo, ele discute um dos mais importantes princípios da divina filosofia, e há uma propriedade nos elevados termos destinados a despertar e garantir a atenção, com que o salmista anuncia seu propósito de discorrer sobre coisas de uma profunda e momentosa natureza. Pelo prisma superficial, é verdade, o tema pode parecer trivial e corriqueiro, tratando, como ele faz, da brevidade da vida humana e da futilidade daqueles objetos nos quais os homens profanos confiam. Mas o real escopo do Salmo é gerar conforto ao povo de Deus sob os sofrimentos a que se acham expostos, ensinando-os a esperar uma feliz mudança em sua condição, quando Deus, em seu devido tempo, se interporá para retificar as desordens do presente sistema. Há ainda uma elevada lição inculcada pelo salmista – visto que a providência divina no mundo não é agora evidente, é mister que exerçamos paciência e subamos acima das sugestões do senso carnal ao antecipar o resultado favorável. Que é nosso dever manter uma resoluta batalha com nossas aflições, por mais severas sejam elas, e que seria estultícia colocar a felicidade no desfruto de tais possessões passagens, como riquezas, honras ou prazeres deste mundo, eram preceitos pelos quais até mesmo os filósofos pagãos têm se esforçado, mas que têm invariavelmente fracassado em pôr diante de nós a verdadeira fonte de consolação. Quanto mais admiravelmente discursam acerca de uma vida feliz, apenas se limitam inteiramente às recomendações da virtude e não apresentam proeminentemente à nossa vista que Deus, que governa o mundo, e unicamente a quem podemos recorrer com confiança nas mais desesperadoras circunstâncias. Mas escasso conforto se pode derivar deste tema do ensinamento da filosofia. Se, pois, o Espírito Santo neste Salmo introduz para nossa informação verdades que são suficientemente familiares à experiência, é para que ele desperte nossa mente para a mais elevada verdade do divino governo do mundo, assegurando-nos do fato de que Deus se assenta supremo, mesmo quando os ímpios são mui triunfantes em seus sucessos, ou quando os justos são tripudiados sob os pés do desdém e que vem o dia quando arrancará o cálice dos prazeres das mãos de seus inimigos e alegrará o coração de seus amigos, livrando-os de suas mais severas angústias. Esta é a santa consideração que pode comunicar sólido conforto em nossas aflições. Formidáveis e terríveis em si mesmas, elas oprimem nossas almas caso o Senhor não erga sobre nós a luz de seu rosto. Não fôssemos assegurados de que ele vigia sobre nossa segurança, não nos seria possível encontrar o remédio para os nossos males e nenhum refúgio a que nos pudéssemos valer.

As observações que têm sido feitas podem explicar a maneira na qual o escritor inspirado introduz o Salmo, solicitando nossa atenção, como que propondo discursar sobre um tema inusitadamente sublime e importante. Duas coisas estão implícitas neste versículo, a saber, que o tema sobre o qual ele propõe entrar é de implicação universal, e que requer que sejamos admoestados e despertados antes que sejamos introduzidos à devida medida de consideração. As palavras que traduzi, **habitantes do mundo**, são traduzidas por outros, *habitantes do tempo*; mas essa forma de expressão é um tanto abrupta, por mais que ela concorde com o escopo do Salmo. Ele evoca a todos os homens indiscriminadamente, porquanto todos eram igualmente alvos das verdades que ele pretendia anunciar. Pela expressão, **filhos de Adão**, podemos entender a classe mais ignóbil ou mais pobre da humanidade; e pela expressão, **filhos dos homens**,[6] os grandes, os

---

6 As palavras originais para a primeira dessas expressões são בני אדם, *bene adam*; e as da segunda, בני איש, *bene ish*. אדם, *adam*, de אדמה, *adamah*, *terra*, significa um homem terreno, frágil, mortal, ignóbil. O termo איש, *ish*, em contrapartida, é amiúde usado para descrever um homem que é grande e eminente, distinguido por sua linhagem, força, valor e dignidade. E assim, em 1 Samuel 26.15, lemos: "Não és tu איש, *ish*, um homem?" que é assim explicado: "E quem é como tu em Israel?" denotando aí o valor e reputação militar de Abner. Quando as duas expressões, בני אדם, *bene adam*, e בני איש, *bene ish*, são usadas juntas como neste lugar, em Salmo 62.9, Isaías 2.9 e versículo 15, os rabinos judaicos e os intérpretes cristãos modernos têm percebido uma diferença de condição a ser notada; a primeira expressão, denotando pessoas de nascimento obscuro, de condição humilde, a pessoa comum; e a segunda, significando homens de descendência ilustre, a grande ou mais nobre sorte dos homens. Veja-se a tese do Arcebispo Secker sobre as palavras אנוש איש אדם, no Apêndice às Anotações de Merrick sobre os Salmos, No. 5. A Septuaginta traduz a primeira frase, os filhos do antigo Adão, e a última, os filhos de Jacó; pretendendo assim compreender judeus e gentios, todos os homens do mundo. "Mas", diz Hammond, "é mais provável que as frases denotem apenas as várias condições humanas, pessoas de condição mais humilde e mais nobre, daí as *conseqüentes* interpretações: *ricos* e *pobres*.

nobres ou todos os que mantêm uma vida preeminente. E assim, no início, ele declara ser seu propósito instruir os grandes e pequenos, sem exceção; sendo seu tema um que envolve toda a família humana, e no qual cabe a cada indivíduo exigir que seja instruído.

3. Minha boca falará de sabedoria. O profeta estava certo em aplicar estes termos laudatórios à doutrina que estava para comunicar. Sem dúvida é mediante francas apelos à observação que o encontramos reprovando a estultícia humana; mas o princípio geral sobre o qual sua instrução procede não é de forma alguma óbvio ao senso comum da humanidade dizer que seu propósito ao usar tais termos era menos asseverar a dignidade de seu tema do que simplesmente despertar a atenção. Isso ele faz ainda mais eficientemente, falando como alguém que aplicaria sua própria mente à instrução mais do que assumir o papel de exortar. Ele se apresenta como um humilde estudante, o qual, ao desempenhar a função de professor, tem ao mesmo tempo um olho posto em seu próprio progresso. Quão desejável que todos os ministros de Deus se portassem com um espírito semelhante, dispondo-se a considerar a Deus ao mesmo tempo o professor dele próprio e o das pessoas comuns, e adotar primeiramente para si aquela divina palavra que querem pregar a outros.[7] O salmista tinha outro objetivo em vista. Ele garante maior peso e deferência à sua doutrina, anunciando que não tinha intenção de apregoar fantasias propriamente suas, e, sim, levar avante o que aprendera na escola divina. Este é o genuíno método de instrução a ser praticado na Igreja. A pessoa que detém o ofício de mestre deve aplicar-se à recepção da verdade antes de pretender comunicá-la, e desta forma vem a ser o meio de transferir para as mãos de outros aquilo que Deus confiou às suas próprias. Sabedoria não é o produto do gênio humano. Ela tem de ser buscada no alto, e é impossível falar com propriedade e conhecimento

---

7 "Aussi certes il est bien requis que tous les Prophetes de Dieu ayent un tel vouloir et affection, asçavoir qu'ils souffrent volntiers que Dieu soit leur maistre aussi bien que de tout le peuple, et qu'ils reçoyvent tous les premies sa parolle, laquelle ils portent de leur bouche aux autres." – *v.f.*

necessários à edificação da Igreja, se a pessoa não tiver, em primeiro lugar, aprendido aos pés do Senhor. Para transigir sobre as palavras, alguns lêem no terceiro versículo: *E a meditação de meu coração falará de entendimento*. Visto, porém, ser uma expressão tanto abrupta e imprópria dizer que *a meditação do coração fala*, adotei a redação mais simples.

4. Inclinarei meu ouvido[8] a uma parábola. O termo hebraico, משל, *mashal*,[9] o qual traduzi por *parábola*, propriamente denota uma similitude; mas às vezes se aplica a alguns ditos profundos e importantes, visto que os mesmos geralmente se estabelecem com figuras e metáforas. O substantivo que se segue, חידת, *chidoth*,[10] o

---

8 Bythner e Fry são de opinião que "a inclinação do ouvido" é uma metáfora tomada da posição do menestrel que, ao acomodar suas palavras à melodia, aproxima bem seu ouvido da harpa, para que possa captar bem os sons. E assim o salmista expressa o sentido que ele captara da importância deste tema e seu propósito de atrair para ele a máxima atenção.

9 Esta palavra é de grande latitude em sua significação. Significa primariamente qualquer similitude pela qual outra coisa é expressa. Daí vem a denotar um discurso figurativo, quer na forma de ficção e fábula, tais como enigmas ou apólogos significativos, como o de Jotão (Jz 9.7), ou em que se faz a aplicação de algum exemplo ou similitude verdadeiros, ou seja, quando o preguiçoso é convidado a "ir à formiga" e o pecador impenitente a considerar a "andorinha e o grou" que voltam em sua estação certa, e assim se prestam a dar uma lição aos pecadores, para que se arrependam. E, finalmente, ela pertence a toda doutrina moral, quer obscuramente quer judiciosamente enunciada; os sábios dos tempos antigos, formando o hábito de ministrar suas lições por meio de frases curtas e concisas, às vezes em esquemas e figuras, e às vezes sem eles, como vemos nos Provérbios de Salomão, muitos dos quais são ditos morais claros, sem qualquer figura ou comparação. Desse gênero é o que aqui se introduz para chamar nossa atenção; é um esquema moral não muito velado por figuras, nem tão conciso como provérbios usualmente usados, mas que contém as mais instrutivas lições sobre a vaidade da prosperidade de todos os ímpios. Veja-se Hammond *in loco*.

10 Esta palavra deriva-se de uma raiz árabe que significa *torcer uma coisa, fazer nós* etc.; e assim significa *uma intricada espécie de composição, um enigma*. É usada para *um enigma* na história de Sansão (Jz 14.14, 15); e para *questões difíceis*, como as formuladas pela rainha de Sabá a Salomão (1Rs 10.1). Veja-se as preleções de Lowth sobre a Poesia Sacra, vol. I. p. 78. Conseqüentemente, é aqui traduzida pela Septuaginta: "Οἵ γηγενεῖς", "meu problema ou questão difícil, que é formulada não só no quinto versículo, mas também respondida nos versículos subseqüentes. A palavra, contudo, também se aplica a composições poéticas do mais elevado e acabado estilo, em que nada parece enigmático, mas que contém significativa e importante matéria apresentada no estilo parabólico para assegurar a atenção dos ouvintes ou leitores (Sl 78.2). Veja-se o Léxico de Gesenius. No tema deste Salmo não parece haver qualquer coisa peculiarmente intricada. Ele trata da vaidade das riquezas e da estultícia daqueles que confiam nelas; sua insuficiência para salvar do poder da morte; e o triunfo final de todo o povo sofredor de Deus sobre seus ricos e arrogantes perseguidores. Este é devéras um tema obscuro à pessoa de mentalidade mundana; mas não con-

qual traduzi, *um enigma* ou *charada*, deve ser entendido quase no mesmo sentido. Em Ezequiel 17.2 temos ambos os substantivos com seus verbos correspondentes juntos, חור חידה ומשל משל, *chud chedah umshol mashal*, sendo a tradução literal assim: "Enigmatizarei um enigma e parabolizarei uma parábola." Estou ciente de que a referência neste lugar é ao discurso alegórico, mas já adverti para a razão por que, no hebraico, o nome de enigmas e similitudes é dado a quaisquer ditos notáveis ou importantes. O salmista, quando acrescenta que *publicará* seu dito obscuro, mostra que nada estava mais distante de sua intenção do que enredar o tema de seu discurso em obscuridade perplexiva e intricada. As verdades da revelação são tão elevadas que excedem nossa compreensão; mas, ao mesmo tempo, o Espírito Santo as tem acomodado à nossa capacidade a tal ponto que faz com que toda a Escritura se converta numa proveitosa instrução. Ninguém pode pretextar ignorância; pois as mais profundas e mais difíceis doutrinas se tornam claras ao mais simples e iletrado dentre os seres humanos. Percebo pouca força na idéia sugerida por vários intérpretes de que o salmista usava sua *harpa* para tornar um tema por si mesmo abrupto e desagradável mais convidativo pelos encantos da música. Ele simplesmente seguiria a prática usual de acompanhar o Salmo com a harpa.

[vv. 5-9]
Por que temeria eu nos dias do mal? [quando] a iniqüidade de meus traidores me circundará. Eles confiam em seus bens e se vangloriam na multidão de suas riquezas. O irmão não será capaz de redimir [literalmente, não redimirá redimindo]; nenhum dará a Deus o preço de sua redenção. E a redenção de sua alma será preciosa e se prorrogará para sempre. Para que viva tranqüilo para sempre e não veja a sepultura.

5. Por que temeria eu nos dias do mal? O salmista então entra na questão sobre a qual propôs discursar: Que o povo de Deus não se entregue ao desespero mesmo nas mais angustiantes circunstâncias,

---

tém nada oculto ou misterioso aos que são instruídos por Deus.

quando seus inimigos parecessem tê-los cercados de todos os lados, mas que descansassem seguros de que Deus, embora transija por algum tempo, está atento para sua condição, e só espera a melhor oportunidade para executar seus juízos. Esse método de introduzir o tema, fazendo uso da interrogação, é muito mais enfático do que se ele simplesmente asseverasse sua resolução de preservar sua mente imperturbavelmente em meio à adversidade. Na segunda cláusula do versículo, ele particulariza a mais pesada e mais amarga de todas as aflições, aquelas que são experimentadas pelos justos quando seus inimigos triunfam na irrestrita transigência de sua impiedade. *Quando*, advérbio de tempo, deve, pois, ser subentendido – **quando a iniqüidade de meus traidores me circundará**. Há um significado diferente que alguns intérpretes têm atribuído às palavras, a saber, Se eu temer nos dias do mal, e for culpado das excessivas ansiedades dos incrédulos – nesse caso, quando o momento de minha morte chegar, minha iniqüidade me cercará. Tomam *os traidores* como o fim da vida. Esta interpretação, porém, deve ser imediatamente suprimida por não ser natural. Tampouco veja que razão outros têm de atribuir esta palavra aos *pensamentos*, pois creio que em nenhuma outra parte da Escritura se pode encontrar tal metáfora ou similitude. Outros, com mais plausibilidade, têm traduzido a palavra original, *deitados à espera*,[11] visto que o verbo hebraico, עָקַב, *akab*, significa *enganar*. E consideram o salmista como que notificando que não temeria mesmo quando os homens astutos e traiçoeiros lhe armassem redes. Em minha opinião, não há figura tencionada; e ele quer dizer que não teria medo quando seus inimigos o cercassem e o perseguissem, pondo-se, por assim dizer, em seu calcanhar. O francês tem uma

---

11 Lowth traduz: "A impiedade dos que *se põem a esperar por mim*, ou tentam *suplantar-me*"; e Horsley: "Quando a iniqüidade *dos que tramam contra mim* me cerca." A palavra original é עֲקֵבַי, *akabey*, a qual Dr. Adam Clarke crê deva ser considerada como o plural contrastado de עֲקֵבִים, *akabim*, *suplantadores*, de עָקַב, *akab*, *suplantar*, *defraudar*. Literalmente, é: "Meus Jacós"; isto é, quem agiria em relação a mim como Jacó agiu em relação a Esaú. Veja-se Gênesis 27.36 e Jeremias 9.4-17, 19. As versões Siríaca e Arábica tem a redação, "Meus inimigos."

expressão similar: "Poursuyvre jusques aux talons."[12] Concordo com eles de que o salmista fala de inimigos, mas é por meio de sua perversa perseguição que o oprimem com o máximo de seu poder e com o propósito de destruí-lo, mantendo-se perto dele e atrás, por assim dizer, de seu próprio calcanhar.

6. Confiam em seus bens. Agora se nos apresenta a razão por que os sofredores filhos de Deus reprimem suas apreensões e se guardam do desespero, mesmo quando reduzidos a extremo pela violência e traição de seus inimigos. Qualquer vanglorioso poder que porventura possuam é passageiro e evanescente. O salmista nos convence de que o medo do homem é injustificável; isso deduz ignorância de que o homem é ainda superior; e que era tão racional como amedrontar uma sombra ou um espectro. **Eles se vangloriam**, acrescenta ele, **na multidão de suas riquezas**, e este é o erro no qual nos dispomos a cair, esquecidos de que a condição do homem neste mundo é flutuante e transitória. Não é simplesmente à luz da insuficiência intrínseca da riqueza, honras ou prazeres para conferir real felicidade que o salmista aponta a miséria dos homens mundanos, mas à luz de sua manifesta e total incapacidade de formar um justo juízo de tais possessões. A felicidade se acha conectada ao estado mental de que o homem desfruta, e ninguém chamaria felizes aos que se acham mergulhados na estupidez e despreocupação, e são destituídos de entendimento. O salmista satisfatoriamente prova a enfatuação dos ímpios à luz da confiança que põem em seu poder e riqueza, e sua disposição em gloriar-se neles. É um convincente sinal de estultícia quando alguém não consegue discernir o que jaz diante de seus olhos. Não passa sequer um dia que se exponha o claro fato de que ninguém pode redimir a vida de outro; de modo que sua conduta é nada menos que insanidade. Alguns lêem: *Um homem não será capaz de redimir a seu irmão*; o que equivale a mesma coisa, e o texto admite esta tradução. A palavra hebraica, אח, *ach*,

---

12 Isto é, "Para perseguir até aos calcanhares."

a qual traduzi por *irmão*, é por outros traduzida por *alguém*; mas não o aprovo, embora não rejeite absolutamente essa redação. O salmista acrescenta que **ninguém pode dar a Deus o preço do resgate de outro**, onde ele adverte para a verdade de que a vida dos homens está absolutamente à disposição de Deus, e que jamais poderá ser extinta ao sabor do desígnio humano fora do período que Deus já prefixou.

Ele enfoca a mesma lição no versículo que se segue, no qual ele afirma que **a redenção da alma deles é preciosa**, uma expressão que não deve ser entendida como implicando meramente que ela é um evento de rara ocorrência, mas que nunca pode ocorrer, como em 1 Samuel 3.1, onde a palavra do Senhor diz ter sido a mesma preciosa sob o sacerdócio de Eli, quando evidentemente significa que cessara totalmente. O salmista assevera que ninguém pode esperar adquirir uma imortalidade neste mundo, quer para si ou para outros. Traduzi o final do versículo 8, **e se prolongará para sempre**; outros, porém, que constróem a palavra hebraica, חדל *chadal*, como um verbo, significando *cessar*, traduzem: *e cessará para sempre*, como se o salmista quisesse dizer que nenhum preço seria suficientemente grande para solucionar o problema, e que por isso [a tentativa] deve cessar para sempre, uma vez que jamais poderá obter o fim desejado. Considero o que tenho apresentado como sendo o significado real da palavra, tendo já tido ocasião de observar no Salmo 34.5 que ela significa o termo fixo da vida humana. As palavras no versículo 9, **Para que viva tranqüilamente para sempre**, expressa mais plenamente a verdade, ou seja, que não é meramente impossível redimir a vida dos homens quando estão mortos, mas impossível, enquanto estão ainda vivos, estender o termo de sua existência. Um limite definido foi designado à vida de cada pessoa. Deste ela não pode passar, e o salmista imprime o fato em nós como a estampar estultícia na conduta dos ímpios que acalentam sua infundada confiança mesmo no momento em que se acham à beira da sepultura. Em tudo isso, é possível que leitor fique perplexo ante o fato de o salmista não ter anunciado nada que mereça ser chamado *dito obscuro*, e que, ao contrário, tem tratado de um tema popular num estilo de linguagem por demais claro. Mas se se considerar que Davi, aqui, condena, como por voz emitida do legítimo trono de Deus, a estupidez dos que se esquecem que são seres humanos, tais não haverão de considerar a expressão inaplicável. Além disso, temos visto que ele *publicou* seu dito obscuro, sendo a divina vontade que a instrução seria ministrada numa forma adaptada à mais tacanha capacidade.

[vv. 10-12]
Pois ele verá que os sábios morrem, e juntamente perece o tolo e o brutal, e sua riqueza será deixada a estranhos. Seu pensamento secreto é [que] suas casas [serão] para sempre,[13] e suas habitações de geração em geração; dão às suas terras seu próprio nome. E o homem não permanecerá em honra; ele tem se convertido em feras; eles perecem.

10. Pois verá que os sábios morrem. Considero os versículos nono e décimo conectados entre si, e que a intenção do salmista é censurar a estupidez de quem sonha em passar a eternidade neste mundo, e se empenham exaustivamente a estabelecer nela uma morada permanente, embora não façam outra coisa senão ver as criaturas suas iguais expirando diariamente diante de seus olhos golpeadas pela morte. Provém de um provérbio popular que a experiência ensina os néscios, e os que não levam a sério sua mortalidade devem ser considerados algo ainda pior, uma vez que se vêem cercados por infindas e convincentes ilustrações dela(?). Esta parece obviamente ser a conexão. Esses enfatuados inimigos de Deus, como se o salmista quisesse dizer, não podem deixar de perceber que a morte é a sorte universal do gênero humano, que os sábios igualmente estão à mercê dela com os insensatos; e no entanto persistem na imaginação de que permanecerão aqui para sempre, e vivem como se nunca fossem partir deste mundo! Vêem o que sucede aos outros, ou seja, que todos, sem exceção ou discriminação,

---

13 "C'est, ils ne pensent à autre chose si non comment ils pourront faire durer leur maisons." – *n.m.f.* "Isto é, não pensam em nada mais senão em como poderão fazer para que suas casas durem para sempre."

estão envolvidos mortalidade comum; e devem observar quão amiúde sucede que a riqueza passa *para as mãos de estranhos*. Preferi traduzir a palavra אחרים, *acherim, estranhos*, em vez de *outros*; porque, embora ela possa estender-se a qualquer gênero de sucessores, eu, não obstante, creio que o salmista, aqui, tem em mente o caso da riqueza passageira na mãos daqueles que não são nossos herdeiros naturais e legítimos, e não podem ser considerados em sentido algum como nossos representantes. Muitos não só morrem, mas morrem na infância e seu nome é extinto, o que se torna um ingrediente adicional de amargura no cálice dos mundanos. E no entanto todas essas comoventes lições da experiência são totalmente perdidas neles, e contudo em seus pensamentos secretos acalentam ardorosamente a idéia de viver para sempre aqui. A palavra hebraica, קרב, *kereb*, significa *o centro* de algo; mas é tomada metaforicamente para significar *o coração*, ou as partes internas do homem. Aqui denota que seus *pensamentos secretos* se ocupam com uma eternidade imaginária a qual esperam desfrutar na terra. Outra interpretação mais engenhosa tem sido sugerida por alguns, dizendo que, uma vez que a palavra ocasionalmente significa *um túmulo*, é possível que aqui o salmista esteja satirizando os que acreditam perpetuar sua memória depois da morte erigindo dispendiosos mausoléus.[14] Esta visão das palavras é por demais tacanha e artificial; e o que imediatamente se segue prova que a outra é mais correta, ao acrescentar ele que as pessoas mundanas **dão às suas terras seu próprio nome**; isto é, põem em alto relevo seu poder com o fim de granjear reputação entre seus semelhantes. Seu desejo deveria ser ver seus nomes escritos no livra da vida e ser bem-aventurados diante de Deus e de seus santos anjos. Sua ambição, porém, é de outra natureza – é desfrutar de fama e ser enaltecidos sobre a terra. Pela expressão, *seu*

---

14 A redação da Septuaginta é: "Καὶ οἱ τάφοι αὐτῶν οἰκίαι αὐτῶν εἰς τὸν αἰῶνα" "E seus sepulcros são suas residências para sempre." A Vulgata, Siríaca e Caldaica também trazem 'sepulcros'. Kennicott supõe que os autores dessas três versões teriam lido קברם, *kaberam, suas sepulturas*, em vez de קרבם, *kirbam, sua parte interna*. O texto como se encontra dá margem a um bom sentido. Alguns críticos eminentes, contudo, se dispõem a crer que a redação das versões antigas é procedente.

próprio nome, insinua-se que a fama dos ímpios não passa de um som sem conteúdo. Há intérpretes que preferem traduzir: *Eles têm chamado suas terras por seus próprios nomes*,[15] com o fim de deixarem algum monumento propriamente seu para a posteridade. Mas parece que a principal ênfase do salmista consiste em que se acham totalmente voltados para a fama terrena.

12. E o homem não permanecerá em honra. Havendo exposto a vã e ilusória natureza das fantasias entretidas pelos ímpios, o salmista agora mostra que, por mais entusiasticamente se apreciem, terão que experimentar o mesmo destino que têm os animais do campo. É verdade que há uma grande diferença, no tocante à alma, entre o homem e a criação irracional; o salmista, porém, fala de coisas com são vistas neste mundo, e neste aspecto ele estava certo em dizer dos ímpios que morrem da mesma forma que os animais. Seu tema não lhe permite falar do mundo por vir. Ele está ponderando com os filhos deste mundo, os quais não pensam em outro e não vêem uma felicidade além daquela que desfrutam aqui. Por conseguinte, ele ridiculariza a estultícia deles em pensar em si mesmos como privilegiados como que isentos da sorte comum do gênero humano, e os adverte dizendo que a morte logo surgirá em cena para humilhar seus presunçosos pensamentos e a lançá-los no mesmo nível com as mais ignóbeis das criaturas mais inferiores. Prefiro esta à mais engenhosa interpretação que alguns aplicam às palavras, dizendo que se reduziram ao nível dos irracionais em não reconhecer a verdadeira dignidade de sua natureza, a qual consiste na posse de uma alma imortal. O grande alvo do salmista é demonstrar a vaidade da vanglória dos ímpios diante da proximidade da morte, a qual os põe num único e comum destino com os animais do campo. A última palavra do versículo apresenta a razão por que os ímpios poder ser comparados aos irracionais – *eles perecem*. É de pouca importância se consideramos ou não o relativo אשר, *asher*, como subentendido, *que perecem*.

---

15 Alguns também lêem o versículo assim: "Sua sepultura é sua casa para sempre, sua habitação por todas as gerações, ainda que seus nomes sejam celebrados nos países."

[vv. 13-15]
Este seu caminho é loucura,[16] e sua posteridade se aquiescerá em seus ditados [literalmente, em sua boca]. Selah. Como ovelhas são postos na sepultura; a morte se alimentará deles; e os íntegros terão sobre eles domínio na manhã, e sua força[17] envelhecerá; e a sepultura os receberá[18] em sua habitação. Deus, porém, redimirá minha alma da mão[19] da sepultura; pois ele tem intervido em meu favor. Selah.

13. Este seu caminho é loucura. Já que este versículo tem sido traduzido de forma variada, antes de imprimir-lhe meu próprio sentido, apresentarei em termos breves os pontos de vista elaborados por outros. Visto que a palavra hebraica, כסל, *kesel*, a qual traduzi por *loucura*, ocasionalmente significa *rins*, alguns esmeram o termo e o consideram, aqui, no sentido de *gordura*; como se a imaginação deles fosse, por assim dizer, gordura que empanturrava e tornava seus sentidos obtusos. Mas esta tradução é demasiadamente forçada para suportar exame. Outros traduzem: *Este seu caminho é sua loucura*;[20] isto é, a razão por que segue tal linha de conduta é que são destituídos de são juízo; pois, não fossem totalmente destituídos dele, e possuíssem pelo menos uma chispa de inteligência, não refletiriam no fim para o qual foram criados e não dirigiriam suas mentes para objetivos mais elevados? Antes concebo o salmista simplesmente dizendo que o evento prova que são totalmente destituídos de sabedoria, colocando sua felicidade nos objetivos terrenos, e os estigmatiza, não obstante todas as pretensões que fazem com previsão e astúcia, com ridículo e desprezo. E isso ele afirma para mostrar, num prisma mais agravado, a

---

16 "C'est, est cognue n'estre que folie en eux." – *n.m.f.* "Isto é, é notório só existir insensatez neles."

17 "Ou, figura." – *n.m.f.* "Ou, forma."

18 As palavras, *os receberá*, são um suplemento, não havendo lugar para elas na versão latina nem no texto hebraico. Aparecem como *le prendra* na versão francesa.

19 "C'est, puissance et domination de la mort." – *n.m.f.* "Isto é, o poder e o domínio da morte."

20 כסל למו, literalmente, é *loucura para eles*; isto é, ainda que este seu caminho (a confiança mundana em sua riqueza) lhes pareça uma porção de sabedoria especial, contudo em ação se prova o contrário; torna-se perfeita loucura para eles quando chegam a discernir suas frustrações." – *Hammond*.

demência de sua posteridade, a qual não será instruída pela sorte de seus predecessores. A última cláusula do versículo também tem sido traduzida de forma variada, e eu poderia expor os pontos de vista que têm sido formulados dela por outros. O verbo hebraico, רצה, *ratsah*, o qual traduzi por *aquiescer*, eles traduzem por *andar*, e o substantivo פי, *phi*, traduzido por *boca* ou *ditados*, eles tomam no sentido de *uma medida*, e assim entendem o salmista a dizer que os filhos andaram pela mesma regra de seus pais; e mudam a letra ב, *beth*, para כ, *caph*, a característica de similitude que é suficientemente comum no idioma hebreu. Esta visão da passagem se aproxima mais do sentido próprio dela. Parece melhor entender com outros que a palavra *boca* denota *princípios* e *ditos*; e o verbo רצה, *ratsah*, pode ser tomado em seu sentido mais ordinário e mais geralmente aceito, o qual implica consentimento ou complacência. Por isso o traduzi por *aquiescer*. A arrogante confiança dos ímpios se prova fútil no resultado, expondo-os, com justiça, ao ridículo, e se revelando monstruosa enfatuação em sua posteridade, com este exemplo diante de seus olhos, pondo suas afeições nas mesmas trivialidades e sentindo-se e expressando-se exatamente da mesma forma que aqueles que vieram antes deles. Se os homens por fim ponderassem sobre os juízos que Deus executa no mundo, poderíamos esperar que particularmente considerassem seu relacionamento com seus predecessores imediatos, e quando, totalmente insensíveis às lições que deveriam ser aprendidas de sua sorte, se precipitam na mesma trajetória, tal fato convincentemente demonstra sua brutal estultícia.

14. Como ovelhas, são postos na sepultura; a morte se alimentará deles.[21] A figura é notável. Descem à sepultura como ovelhas se

---

21 Esta é também a redação da Septuaginta: "Θάνατος ποιμανεῖ αὐτούς", "A morte se alimentará deles como um pastor", e a de Jerônimo: "Mors pascet eos"; e este é o ponto de vista assumido pelo Dr. Kennicott, Dr. Hammond e o bispo Horsley. A explicação que Hammond faz desta cláusula é como se segue. Ele observa que a palavra hebraica, רעה, *raäh*, significa dar pastagens às ovelhas, ou velar por elas enquanto se alimentam (Gn 29.7 e 30.32); e que esse alimentar das ovelhas é muito diferente de alimentar sobre elas. Observa ainda que a palavra é freqüentemente usada para *administrar* ou *governar*. "Neste lugar", diz ele, "a metáfora das ovelhas precisaria determinar

juntam no aprisco ao comando do pastor. O mundo inteiro pode não parecer suficientemente vasto para os homens de espírito altivo. Se deixam inchar demais com suas vãs imaginações de que devem atrair a natureza universal para si. O salmista, porém, vendo os ímpios se expandindo por toda parte, na ilimitada soberba de seus corações, os confina juntos na sepultura e os entrega nas mãos da morte como sua pastora. Ele notifica que, qualquer que seja a superioridade que porventura exerçam sobre seus semelhantes, sentiriam quando muito que sua vanglória era vã, e seriam forçados a render-se ao irresistível e humilhante golpe da morte. Na segunda parte do versículo, o salmista realça o destino bem diferente que aguarda os filhos de Deus, e assim antecipa uma objeção óbvia. Poder-se-ia dizer: "Tu nos informas que aqueles que depositam sua confiança neste mundo têm que morrer. Mas essa doutrina não constitui uma novidade. E por que convertes em matéria de reprovação o que seria considerado como lei da natureza, o qual atinge a todo gênero humano? Quem te concedeu o privilégio de insultar os filhos da mortalidade? Não fazes parte do mesmo rol?" A esta objeção ele responde com eficiência, ao afirmar que, na hipótese de a morte se a destruição de todo o gênero humano, ele não teria desenvolvido nenhuma doutrina nova ou importante, senão

---

a significação dela. Como as ovelhas são introduzidas numa pastagem, ali ficam juntas, num só lugar, assim os homens são introduzidos שאול, ᾅδης, o estado dos mortos, mencionado nas palavras anteriores e nas que regularmente se seguem – a morte, ידעם (as alimentará) –, é como o pastor que as conduz ou as guia a estas pastagens, àqueles campos elísios. Uma excelente porção da poesia divina, para significar como os homens, à semelhança de ovelhas, à semelhança de animais, se vão em grupos, em rebanhos desta vida, ou, mais claramente, os morrem tão regular ou ordinariamente como as ovelhas são conduzidas às suas pastagens." Alguns, contudo, traduzem: "A morte os apascenta." "רעה significa não só *alimentar*, mas também *apascentar-se de* e devastar; e é assim que a traduzimos em Miquéias 5.6: 'Devastarão a Assíria com a espada.' Veja-se também Salmo 80.14." – Apêndice às notas na versão de Merrick, No. 4, p. 304. Este verbo também significa *apascentar-se de* em Isaías 44.20 ("Apascenta-se de cinza") e em Oséias 12.2. Eis a tradução de Fry:
"São postos à parte como ovelhas para os Hades;
A morte os apascenta, e descem para ele (Hades)."
Ele pensa que a idéia aqui é que a Morte e o Hades são dois monstros a cujo consumo as ovelhas se destinam. Esta é uma personificação que encontramos amiúde nos poetas latinos. Cerberus é às vezes representado por eles como que fazendo festa sobre os corpos dos homens na sepultura. E assim, não obstante os fortes desejos que os homens profanos pela imortalidade neste mundo, se tornarão as vítimas da sepultura e presa da morte.

que argumenta que os pagãos irreligiosos rejeitam uma vida melhor e futura e portanto permanecem merecidamente sujeitos a esse gênero de repreensão. Pois certamente é o cúmulo do loucura que uma pessoa, por causa de uma mera e momentânea felicidade – um quimérico sonho – abdique a coroa celestial e renuncie sua esperança de venturosa eternidade. Aqui se faz evidente, como já tive ocasião de observar, que a doutrina deste Salmo é muitíssimo diferente daquela ensinada pelos filósofos. Concordo que tenham ridicularizado a ambição mundana com elegância e eloqüência, exposto os demais vícios e insistido sobre os tópicos de nossa fragilidade e mortalidade; mas invariavelmente têm se omitido acerca da mais importante de todas as verdades, a saber: que Deus governa o mundo através de sua providência, e que podemos esperar uma felicidade provinda de nossas calamidades, oriunda daquela eterna herança que nos aguarda no céu. Poder-se-ia perguntar: que domínio é esse que os íntegros eventualmente obterão? Eu responderia: uma vez que todos os ímpios deverão prostrar-se diante do Senhor Jesus Cristo, fazendo-se estrado de seus pés, seus membros tomarão parte na vitória de sua Cabeça. Realmente se diz: "quando tiver entregue o reino a Deus, sim, ao Pai", todavia não fará isso para pôr um fim em sua Igreja, mas "para que Deus seja tudo em todos" [1Co 15.24-28]. Afirma-se que isso se dará *de manhã*[22] – uma bela e notável metáfora. Cercados como somos por trevas, nossa vida aqui se compara a noite, ou a um dormir, imagem esta especialmente aplicável ao povo de Deus, sendo tão escuro o nevoeiro que permeia todas as coisas neste mundo, que mesmo suas mentes (exceto quando são iluminados com a luz do alto) se vêem parcialmente envolvidas nele. Aqui "vemos por um espelho em enigma", e a vinda do Senhor se assemelhará à manhã quando tanto os eleitos quanto os réprobos se despertarão. Aqueles lançarão então de si sua letargia e indolência e, desembaraçando-se das trevas que os envolviam,

---

22 *De manhã*, isto é, diz Dathe, *no tempo do juízo*. Ele crê que há aqui uma alusão ao tempo usual de exercício dos tribunais, o que se dava de manhã. Veja-se Salmo 73.14 e 101.8, bem como Jeremias 21.12.

contemplarão a Cristo, o Sol da Justiça, face a face, e o pleno fulgor da vida que lhe é inerente. Os demais, que presentemente jazem num estado de toda escuridão, se despertarão de sua estupidez e começarão a descobrir uma nova vida, da qual não tiveram previamente qualquer discernimento. É mister que nos lembremos deste evento, não só porque a corrupção que nos compele para baixo e obscurece nossa fé, mas porque há pessoas que profanamente argumentam contra outra vida, à luz do contínuo curso de coisas no mundo, escarnecendo, como predisse Pedro [2Pe 3.4] da promessa de uma ressurreição, e apontando, com desprezo, para a invariável regularidade da natureza ao longo das eras. Podemos armar-nos contra seus argumentos, fazendo uso do que o salmista aqui declara, a saber: mergulhado em trevas como se acha o mundo, raiará brevemente uma nova manhã, a qual nos introduzirá numa melhor e eterna existência. Segue-se que *sua força* ou *sua forma*[23] (pois o termo hebraico צורה, *tsurah*, é suscetível a ambos os sentidos) *envelhecerá*. Se lemos *força*, as palavras notificam que, embora presentemente estão de posse de riqueza e poder, prontamente declinarão e desaparecerão; mas não veja objeção alguma quanto ao outro sentido, o qual mais comumente se adequa bem. Paulo nos diz [1Co 7.31] que "a *aparência* deste mundo passa", termo este que expressa a evanescente natureza de nossa condição terrena; e o salmista pode ser considerado como quem compara sua glória, fútil e sem substância, a uma sombra. As palavras, no final do versículo, são obscuras. Há quem leia: *A sepultura é sua habitação*; e então fazem ם, *mem*, o afixo de um substantivo. A outra interpretação, porém, concorda melhor tanto com as palavras quando com o escopo do Salmo, ou seja, que *a sepultura os aguarda desde a habitação dela*, o que substitui *a habitação deles*; sendo tal mudança de número comum

---

23 A LXX traz: Ἡ βοήθεια αὐτῶν, *seu auxílio*, subentendo a palavra צותם, *tsuram*, como que derivando-se de צור, *tsur, uma rocha*, e metaforicamente *confiança, apoio*. Ainsworth traz: "sua forma (deles)", *sua figura, aparência* ou *imagem, com toda a sua beleza e proporção*; ou "sua rocha", isto é, *sua força*. "O termo hebraico *tsur*", diz ele, "geralmente é *uma rocha*; aqui tudo indica ser *tsurah uma forma* ou *figura*; e isso é confirmado pela grafia, pois ainda que pelas vogais e leitura é *tsur*, contudo, pelas letras, é *tsir*, que é *uma imagem* (Is 45.16)."

no idioma hebreu. Presentemente, residem em mansões esplêndidas, onde repousam em aparente segurança, mas são lembrados de que logo terão de deixá-las e que serão recebidos no túmulo. Pode haver uma velada alusão às suas viagens a lugares públicos com formosura e pompa. O salmista notifica que estas dariam lugar a melancólica procissão pela seriam baixados à sepultura.

15. Deus, porém, redimirá minha alma. A partícula hebraica, אך, *ach*, pode também ser traduzida, *seguramente* ou *certamente*. O salmista fizera uma afirmação geral com referência á grande verdade de que os justos terão domínio de manhã, e agora a aplica a si mesmo para a confirmação de sua própria fé. Este versículo pode, portanto, ser considerado como uma espécie de apêndice ao anterior; nele o salmista faz uma aplicação pessoal do que dissera acerca de todos os justos. Pela expressão, *a mão*, deve-se entender o *domínio* e *poder*, e não *o afago* da sepultura, como muitos o têm traduzido. O profeta não nega sua sujeição à morte, senão que olha para Deus como aquele que o defenderia e o redimiria dela. Temos aqui uma convincente prova daquela fé na qual os santos sob [o regime de] a lei viviam e morriam. É evidente que sua vista se dirigia a outra vida muito mais elevada, para a qual a presente [vida] não passava de fase preparatória. Houvera o profeta meramente pretendido notificar que esperava livramento de alguma emergência ordinária, tal não iria além do que freqüentemente se faz entre os filhos do mundo, a quem Deus amiúde livra de grandes perigos. Aqui, porém, se faz evidente que ele esperava por aquela vida que está além da sepultura, para a qual ele estendia sua visão para além da esfera terrestre, antecipando aquela aurora que introduzirá a eternidade. À luz deste fato podemos concluir que as promessas da lei eram de caráter espiritual, e que nossos pais as abraçaram de bom grado para confessar que eram peregrinos sobre a terra e que buscavam uma herança celestial. Evidenciava-se grosseira estupidez quando os saduceus, educados como eram sob a lei, concebiam a alma como sendo mortal. Homem realmente cego é aquele que não consegue ver nesta passagem menção alguma de uma vida futura. A que outra interpretação podemos torcer o versículo precedente, quando falamos de uma aurora totalmente nova e peculiar? Estamos suficientemente acostumados a ver o regresso da aurora, mas ela nos aponta aquele dia de extraordinária natureza em que Deus mesmo despontará sobre nós como o sol e nos surpreenderá com a visão de sua glória. Quando o salmista adiciona: **Certamente Deus redimirá minha alma**[24] **do poder da sepultura**, ele não está a contemplar um privilégio tão especial que não poderia ser desfrutado por todos os demais homens? Se o livramento da morte, pois, é um privilégio peculiar dos filhos de Deus, é evidente que vivem na expectativa de uma vida melhor. Não devemos ignorar (o que já observei) que o método seguro de tirar proveito das promessas divinas consiste em aplicar a nós mesmos o que Deus ofereceu em termos gerais a todos sem exceção. Isso é feito pelo profeta, pois como poderia ter chegado à infalível promessa da redenção de sua alma, exceto pelo fato geral a ele comunicado da futura glória que aguarda os filhos de Deus, e por concluir que ele mesmo faz parte de seu rol? A última cláusula do versículo segue no hebraico literalmente assim: *pois ele me aceitará*. Entretanto, há quem transforme a partícula causal, כי, *ki*, a qual traduzimos *pois*, *porque*, no advérbio de tempo, *quando*, e o verbo לקח, *lakach*, o qual traduzimos *receber* ou *aceitar*, traduzem-no *remover* ou *tirar deste mundo*, imprimindo à passagem este sentido: Quando Deus tiver levado deste mundo minha alma para si, ele a resgatará do poder da sepultura. Receio que esta interpretação seja por demais estreita. Quem considera que o tempo futuro foi substituído pelo profeta, e quem retém a significação própria da partícula causal, lendo: *pois ele me aceitou*, parece ter assumido um ponto de vista mais justo das palavras. O profeta não considerava que a base de sua esperança de uma superior ressurreição se encontrava em si mesmo, e, sim, na graciosa adoção divina, visto que Deus o recebera em seu favor. Não há necessidade, contudo, de supormos a

---

24 Não se deve entender *alma*, aqui, como sendo o espírito intelectual e imaterial. O termo hebraico, נפשי, *naphishi*, *minha alma*, é às vezes expresso nas Escrituras do Velho Testamento como sendo pronome pessoal; e assim significa *minha pessoa, eu mesmo*.

mudança de tempo e não entendermos que o salmista tem em mente Deus redimindo sua alma da morte, exercendo a proteção dela quando ele morresse. O medo desesperador que se apodera de muitos quando estão para descer à sepultura provém do fato de não confiarem seu espírito ao cuidado preservador de Deus. Não o consideram à luz de um precioso depósito que estará seguro em suas protetoras mãos. Que nossa fé se assente sobre esta grande verdade: que nossa alma, ainda que pareça esvair-se em sua separação do corpo, na verdade é recolhida ao seio divino e ali é guardada até ao dia da ressurreição.

[vv. 16-20]
Não temas quando alguém se enriquece, quando a glória de sua casa se engrandece. Porque, quando morrer, nada levará consigo, nem sua glória descerá com ele. Pois abençoará sua alma em sua vida, e te louvarão quando fizeres bem a ti mesmo.[25] Ele chegará à idade de seus pais, e não verá a luz para sempre. O homem está em honra e não entenderá; ele é como os irracionais; eles perecerão.

16. Não temas. O salmista reitera, na forma de exortação, que os filhos de Deus não têm razão alguma para temer a riqueza e o poder de seus inimigos, ou para invejar sua evanescente prosperidade; e o melhor preservativo contra o desespero é que volvam habitualmente seus olhos para o fim da vida. O efeito de tal contemplação será prontamente refrear qualquer impaciência que porventura sintamos em nossa curta vida de misérias, e a seguir elevar nossas mentes, em santo desdém, acima da vanglória, porém ilusória, da grandeza dos perversos. Para que isso não impressione nossas mentes, o profeta nos desperta para a consideração do tema da morte – evento este que se acha imediatamente à mão, e que tão logo chegue, os despe de sua falsa glória e os encaminha ao túmulo. Há muito implícito nas palavras: **Ele nada levará quando morrer**.[26] Sendo

---

25 French e Skinner trazem: "Sim, ainda que os homens te louvem quando fores condescendente contido mesmo"; e explicam homens no sentido de "parasitas e bajuladores", e "condescendente contigo mesmo" no sentido de "te entregares a desenfreada luxúria."
26 "Hebraico, 'tira tudo'; isto é, deve tudo o que tinha. 'Pois nada trouxemos para o mundo, e certamente que nada podemos levar dele.'" – *Ainsworth*.

suas vidas sempre tão ilustres aos olhos de seus semelhantes, tal glória é necessariamente limitada pela presente mundo. A mesma verdade é ainda mais asseverada na próxima cláusula do versículo: **Sua glória não descerá com ele**. Os homens enfatuados podem chegar à exaustão, desafiando as próprias leis da natureza, a fim de perpetuar sua glória após a morte, mas mais poderão escapar à deterioração e nudez do túmulo, segundo a linguagem do poeta Juvenal:

"Mors sola fatetur

Quantula sint hominum corpuscula" –

"É a morte que nos obriga a confessar quão imprestáveis são os corpos dos homens."

18. Porque ele abençoará sua alma em sua vida. Diversos significados têm se aventado para este versículo. Há quem o leia assim: *Ele deveria ter abençoado sua alma durante sua vida*. Outros aplicam a primeira cláusula do versículo aos perversos, enquanto que aplicam a segunda aos crentes, os quais têm o hábito de louvar a Deus por todos os seus benefícios. Outros entendem todo o versículo como descritivo dos crentes, embora sem qualquer base consistente. Pode haver leve dúvida de que a referência seja aos filhos do mundo. Na primeira parte do versículo, diz-se que *abençoam sua própria alma*[27] enquanto vivem sobre a terra, pelo quê se pretende dizer que se entregam aos prazeres terrenos e se empanturram deles, dando vazão aos excessos de uma intemperança animalesca, como o homem rico de quem Cristo faz menção na parábola, o qual disse: "Alma, tens em depósito muitos bens para muitos anos; descansa, come, bebe e regala-te" [Lc 12.19]; ou que buscam sua felicidade inteiramente neste mundo, sem acalentar o menor desejo pela vida por vir. Há quem traduza o verbo hebraico, *ele fará bem*, traduzindo a frase assim: *Ele fará bem à sua própria alma em sua vida*. Mas concebo a frase como sendo sinônima em sua significação com aquela empregada por Moisés [Dt 29.19]: "E aconteça que, alguém ouvindo as palavras desta maldição, se abençoe

---

27 Isto é, a si mesmos.

em seu coração"; ou seja, se gabe como se pudesse desdenhar de Deus impunemente. O escritor inspirado representa aqui a estupidez de tais pessoas como a agradar-se a si próprias com um falaz sonho de felicidade. Na última parte do versículo, muda-se a pessoa, e os adeptos dos prazeres são interrompidos;[28] o profeta insinua, mediante as palavras que usa, que o orgulho contumaz com que os ímpios se inflamam é em parte a conseqüência do ilusória aplauso do mundo que os aclamam como sendo venturosos e faz ecoar seus louvores até que saciem suas mais injustificadas paixões.

19. Ele chegará à idade de seus pais. Ele procede mostrando quão falsas são as lisonjas pelas quais os ímpios se iludem e são por outros iludidos. Vivem intoxicados com os louvores do mundo ou com suas próprias vãs imaginações, no entanto não podem viver além da idade de seus pais; e, concedendo que suas vidas se estendam ao termo mais distante, jamais alcançarão a eternidade. Outros entendem a expressão como sinônima com *no túmulo se juntarão a seus pais* que já foram antes deles; visto que na Escritura a morte é usualmente chamada "o caminho de toda a terra". O salmista, um pouco acima, falara de se reunirem eles na sepultura como ovelhas num aprisco. Segundo esse modo de ver, o significado da passagem consiste em que, jamais havendo aspirado o céu, senão que, precipitando-se nas mais vis perseguições deste mundo, por fim se viram envolvidos no mesmo destino de seus pais. Ao acrescentar: **não virão a luz para sempre**, temos de entender que seu destino são as trevas eternas.[29] Em minha opinião, ambas as cláusulas do versículo são combinadas para expressarem a mesma verdade, a saber: por mais que se bajulem e se enganem,

---

28 "Há aqui uma mudança", diz Walford, "da forma indireta de falar para a direta, pela qual o escritor se volta para o rico que prospera neste mundo, e lhe diz: Embora você agora se considera feliz e se contenta com o aplauso de pessoas de caráter semelhante ao seu, contudo você se encaminha à morada de seus pais, donde jamais verá a luz."Ele lê o versículo 19 assim: "Tu irás à morada de teus pais, os quais nunca verão a luz."

29 Horsley traduz assim: "Não verão a luz por toda a eternidade"; diz ainda: "aquela luz que enfaticamente merece o nome – aquela luz da qual a luz criada é uma mera imagem bruxuleante; a luz da glória de Deus. Ele não tomará parte na visão beatífica."

não podem prolongar sua vida além do termo comum da mortalidade. Entretanto, visto que ambas as interpretações se harmonizam com o escopo geral do Salmo, o leitor pode tomar uma decisão pessoal. Se a última for adotada, as palavras no final do versículo serão consideradas como a asseverar que os ímpios só podem desfrutar da luz da vida por um curto período, visto que não têm qualquer esperança de outra existência além da sepultura. Somos instruídos pelo salmista, nas palavras que têm estado ante nossa consideração, a precaver-nos de não gloriarmo-nos nas possessões deste mundo e vivermos primordialmente solícitos pela posse daquela felicidade que nos está reservada no céu. Somos igualmente advertidos a não permitir que sejamos arrebatados pela nociva influência dos aplausos mundanos. Mesmo os autores pagãos nos têm comunicado a mesma lição. Por exemplo, o poeta Pérsio diz:

"Non si quid turbida Roma
Elevet, accedas, examenve improbum in illa
Castiges trutina: nec te quaesiveris extra" –

"Se Roma, cidade cheia de comoções, exalta ou despreza alguma coisa, sejas precavido para não te satisfazeres com seu peso ou balança; ou seja, não rejeitando seu juízo e não olhando para o que os outros dizem a teu respeito, mas entra em ti mesmo e examina o que tu és."[30] Mas a disposição para se deixar enganar pela lisonja é estigma forte demais em nossa natureza, ao ponto de requerer-se que atentemos para a mais pesada admoestação de alguém que é inspirado.

20. O homem está em honra e não entenderá.[31] Aqui o profeta, para que não seja entendido como representar a vida, que em si mes-

---

30 Esta é a tradução que se oferece destas linhas na versão francesa.
31 Este versículo é precisamente o mesmo conteúdo do 12, com exceção de uma palavra. Em vez de בל-ילין, *bal-yalin*, *não abrigará*, no versículo 12, temos aqui ולא יבין, *velo yabin*, *e não entenderá*. As versões Septuaginta e Siríaca, porém, trazem no versículo 12 como aqui: "não entende". Houbigant pensa que esta é a tradução genuína do versículo 12. "A própria repetição", diz ele, "prova que deve ser lido assim. Além disso, como o salmista imediatamente adiciona: *são como criaturas brutas*, é suficientemente evidente que a razão por que os homens se diz que os homens são como os irracionais é porque não *entendem*; não porque *não continuam em honra*, visto que a honra não pertence à criação irracional."

ma é uma singular bênção de Deus, como totalmente desprezível, se corrige ou qualifica suas afirmações anteriores com uma única palavra, significando que aqueles a quem repreende se reduziram ao nível dos animais que perecem, devorando insensivelmente as bênçãos que lhes concedera e despindo-se daquela honra com a qual Deus os revestira. É contra o mau uso deste mundo que o profeta tem direcionado suas censuras. Elas se direcionam para aqueles que transtornam as belezas divinas sem qualquer reconhecimento de Deus mesmo, e se devotam de uma maneira enfatuada à glória transitória deste mundo, em vez de erguer-se dela para a contemplação das coisas que estão acima.

Salmo 50

Sempre hipócritas na Igreja, pessoas que têm posto a religião na mera posição de observâncias de cerimônias externas; e entre os judeus houve muitos que voltaram sua atenção inteiramente para as figuras da lei sem levar em conta a verdade que era representada pelas mesmas. Imaginavam que nada mais se exigia deles além de seus sacrifícios e outros ritos. O Salmo em questão se ocupa de repreensão desse erro grosseiro, e o profeta expõe em termos severos a desonra que é lançada ao nome de Deus ao confundirem cerimônia com religião, demonstrando que o culto divino é de caráter espiritual e consiste de duas partes: oração e ações de graças.

Cântico de Asafe.[1]

O profeta realça a ingratidão de tais pessoas visando à nossa reprovação, provando que são indignas da honra da qual foram investidas, e aviltando-as pelo degenerado uso deste mundo. Aprendamos à

---

1 A preposição ל, *lamed*, prefixada ao nome de Asafe, a qual Calvino traduz *de*, poderia também traduzir-se *para*, como já observamos previamente, e portanto é um tanto duvidoso se ele foi o autor dos Salmos em cujo cabeçalho seu nome aparece, ou se foram meramente entregues a ele por Davi para que fossem entoados no culto do templo. Nós, contudo, sabemos, à luz de 2 Crônicas 29.30, que um vidente de nome Asafe, filho de Baraquias, o qual, juntamente com seus filhos, foram designados cantores nos serviços sacros do templo (1Cr 6.31, 39; 15.19; 25.1, 2; Ne 12.46) foi o escritor inspirado de vários Salmos. É portanto provável que fosse o autor dos Salmos que levam seu nome. São doze ao todo, o 50 e os de 73 a 83, inclusive ambos. Há quem nutre a idéia de que esses Salmos diferem mui notavelmente, tanto em estilo quanto o assunto, daqueles de Davi, sendo a composição mais densa e obscura do que as odes polidas, fluentes e graciosas do suave cantor de Israel, e sendo o tema de um caráter melancólico e saturado de repreensão.

luz deste fato que, se formos miseráveis aqui, isso se deve à nossa própria culpa; pois se discerníssemos e adequadamente cultivássemos as muitas misericórdias que Deus derramou sobre nós, não seríamos carentes, enquanto aqui na terra, daquela prelibação da eterna bem-aventurança. À luz deste fato, contudo, fracassamos em virtude de nossa corrupção. Os ímpios, enquanto vivem na terra, desfrutam de preeminência acima dos animais do campo na razão e inteligência, as quais formam parte da imagem divina; mas com referência ao fim que os aguarda, o profeta põe ambos no mesmo nível, e declara que, sendo privados de toda sua vanglória, eventualmente perecerão como os irracionais. Suas almas de fato sobreviverão, mas não é menos verdade que a morte os consignará à desgraça eterna.

[vv. 1-5]
O Deus dos deuses, Jehovah mesmo, falou e chamou a terra[2] desde o nascente do sol até ao seu ocaso. Desde Sião, a perfeição da formosura, Deus resplandeceu. Nosso Deus virá e não se calará; um fogo devorará diante dele, e será mui tempestuoso ao redor dele. Convocará os céus lá do alto, e a terra para julgar seu povo. Ajuntai para mim meus humildes [dirá ele[3]], os que fizeram comigo uma aliança com [base em] sacrifícios.

1. O Deus dos deuses, Jehovah mesmo,[4] falou. O cabeçalho deste Salmo exibe o nome de Asafe; mas não há como saber se foi ele o autor do mesmo ou meramente o cantor principal ao lado de Davi. Não obstante, essa é uma questão de pouca conseqüência. A opinião mui geralmente

---

2 Isto é, os habitantes da terra.
3 ("Dira-il") – v.f.
4 As palavras originais traduzidas, "O Deus dos deuses, Jehovah mesmo", são אל אלהים יהוה, *El Elohim Yehovah*. Cada uma dessas palavras é um nome do Ser divino. A primeira tem referência ao poder da Deidade; de modo que pode ser traduzida, "o Todo-Poderoso". Se lermos juntas אלהים אל, *El Elohim*, e traduzi-las, "O Deus dos deuses", isto é um hebraísmo para "Deus todo-poderoso"; sendo a palavra אלהים, *Elohim*, colocada após o nome de alguma coisa para expressar sua excelência, grandeza ou poder. Compare-se Deuteronômio 10.17; Josué 22.22; e Daniel 11.36. Horsley traz "O onipotente Deus Jehovah falou." A redação da Caldaica é "O Todo-Poderoso, o Deus Jehovah." O profeta, aqui, reúne esses três nomes de Deus para imprimir nos israelitas uma idéia mais impressiva da grandeza daquele que, ora sentado em seu trono e cercado de espantosa majestade, estava para iniciar sua controvérsia com eles.

entretida é que o Salmo aponta para o período da renovação da Igreja, e que o desígnio do profeta era informar os judeus do vindouro cancelamento de seu culto figurativo sob [o regime de] a lei. Admito sem a menor sombra de dúvida que os judeus estavam sujeitos aos rudimentos do mundo, os quais constituíam ainda a maioria da Igreja, e à vinda do que os apóstolos chamam "plenitude dos tempos" [Gl 4.4]; a única pergunta é se o profeta deve ser considerado aqui como a dirigir-se aos homens de sua própria época e simplesmente condenava o abuso e a corrupção do culto legal, ou se estava a predizer o futuro reino de Cristo. À luz do escopo do Salmo é suficientemente óbvio que o profeta de fato interpreta a lei para seus contemporâneos, visando a mostrar-lhes que as cerimônias, enquanto existissem, não lhes eram de qualquer importância ou, por outro lado, conectavam o mais elevado significado. Objeta-se que Deus nunca chamou o mundo inteiro exceto pela promulgação do evangelho, e que a doutrina da lei se direcionava a apenas um povo peculiar. A resposta é óbvia, ou seja: que o profeta, nesta passagem, descreve o mundo inteiro convocado, não com o propósito de receber um único sistema comum de fé, senão para ouvir Deus pleitear sua causa com os judeus em sua presença. O apelo é de uma natureza paralela com outros que encontramos na Escritura: "Daí ouvidos, ó céus, e eu falarei! E ouve, ó terra, as palavras de minha boca!" [Dt 32.1]; ou como em outro lugar: "Os céus e a terra tomo hoje como testemunhas contra vós, de que te tenho proposto a vida e a morte" [Dt 30.19]; e também Isaías: "Ouve, ó céu, e dá ouvido, ó terra, pois o Senhor tem falado" (Is 1.2).[5]

---

5 "O Targum, Kimchi e R. Odediah Gaon interpretam este Salmo como referência ao dia do juízo, e Jarchi o toma como uma profecia da redenção mediante o futuro de seu Messias." – *Dr. Gill*. Dr. Adam Clarke o explica no primeiro destes sentidos; observando que "ante a menor consideração ou fato, parece impossível, com alguma propriedade, restringi-lo." Entretanto, tudo indica que Calvino sustenta ser antes o objetivo e intenção do poema ensinar a absoluta inutilidade de todas as cerimônias externas na ausência de piedade interior; e ele é construído no plano de uma realização dramática, sendo Jehovah o único autor assentado em seu trono em Sião, e o auditório sendo o mundo inteiro, o qual é convocado para ser testemunha do juízo que é lavrado sobre seu povo. Este é o ponto de vista assumido pelo bispo Lowth em suas Preleções sobre a Poética Sacra, vol. II. p. 235. Walford apresenta a mesma interpretação. "Para interpretar esta passagem", diz ele, "sobre a promulgação do evangelho, como é feito pelo bispo Horne e outros expositores do livro, é por causa de uma teoria favorita para confundir as coisas que são distinção e para

Demandava-se este modo veemente de falar ao dirigir-se aos hipócritas, para que se despertassem de sua complacente segurança e sua séria atenção se prendesse à mensagem de Deus. Os judeus tinham especial necessidade acordassem para a questão a que se faz referência aqui. Os homens são naturalmente dispostos a exibição exterior da religião, e, medindo Deus segundo a própria medida deles, imaginam que certa atenção para as cerimônias constitui a suma de seu dever. Há entre os judeus uma forte disposição para descansar na observância das figuras da lei, e é bem notório com que severidade os profetas em comum acordo repreendiam tal superstição, mediante a qual os piores e mais dissolutos caracteres era levados a arrogar para si uma vida de piedade e a ocultar suas abominações sob a ilusória vestimenta de santidade. O profeta, pois, demandava que se fizesse muito mais que simplesmente expor a defectiva natureza daquele culto que desvia a atenção dos homens de fé e santidade de coração para as cerimônias externas. Fazia-se necessário que, a fim de refrear a falsa confiança e banir a insensibilidade, ele adotasse o estilo de reprovação austera. Deus é aqui representado como a citar todas as nações da terra a comparecerem diante de seu tribunal, não com vistas a prescrever a regra de piedade para um mundo congregado, ou a selecionar uma igreja para seu serviço, mas com o propósito de alarmar os hipócritas e a espantá-los de sua autocomplacência. Isso deve servir de estímulo para a convicção, e assim tornar consciente que o mundo inteiro foi convocado como testemunha da dissimulação deles, e que seriam despidos daquela pretensa piedade da qual se dispunham a jactar-se. É com um objetivo similar que ele fala de Jehovah como o *Deus dos deuses*, para dominar suas mentes com um terror saudável e dissuadi-los de suas vãs tentativas e evadir-se do conhecimento divino. Que este é seu desígnio, far-se-á ainda mais evidente à luz do contexto restante, onde se nos apresenta uma formidável descrição da majestade

---

lançar obscuridade sobre o todo, pelo quê seu desígnio é obscurecido e o poema privado de sua consistência e unidade. O grande propósito do Salmo é comunicar o juízo divino com referência ao povo judeu; e céu e terra são convocados, como em Isaías 1.2, para contemplarem a justiça de Jehovah e dar seu testemunho dela."

de Deus, com vistas a convencer os hipócritas da vaidade daquelas infantis trivialidades com que tentam evadir-se do escrutínio de um Juiz tão grandioso e tão austero.

Procurando antecipar uma objeção que poderia suscitar-se contra sua doutrina neste Salmo, dizendo que ela era uma subversão do culto prescrito por Moisés, o profeta notifica que este juízo que ele anunciava estaria em harmonia com a lei. Quando Deus fala *de Sião*, necessariamente sanciona a autoridade da lei; e os Profetas, quando em qualquer fizerem uso desta forma de expressão, declaram ser intérpretes da lei. Esse santo monte não foi escolhido ao capricho humano, e portanto permanece identificado com a lei. E assim o profeta elimina qualquer pretexto que os judeus viessem alegar com o fim de evadir-se de sua doutrina, anunciando que, uma vez cancelada sua impiedade sob o ilusório abrigo das cerimônias, não seriam condenados por Deus através de algum código recente de religião, senão por aquele que foi originalmente ministrado por Moisés. Ele dá a Sião o honroso nome de *a perfeição da formosura*, visto que Deus a escolhera para ser seu santuário, o local onde seu nome seria invocado e onde sua glória se manifestaria na doutrina da lei.

3. Nosso Deus virá e não se calará.[6] Ele reitera que Deus viria a fim de confirma sua doutrina e para mais eficientemente despertá-los. Ele viria e não mais se calaria, a fim de que não se animassem a abusar de sua longanimidade. Podem deduzir-se duas razões por que o profeta chama Deus de *nosso Deus*. Pode ser considerado como que assentando-se e o comparativamente pequeno número dos verdadeiros tementes ao Senhor, em oposição aos hipócritas a quem ele abomina, alegando que Deus é o Deus dele, e não deles, segundo se dispunham a jactar-se; ou, melhor, ele fala como um dentre o povo, e declara que o Deus que estava vindo para vingar as corrupções de seu culto era o mesmo Deus a quem os filhos de Abraão professavam servir. Aquele que virá, como se dissesse, é o nosso Deus, o mesmo em quem nos gloriamos, o qual estabeleceu seu concerto com Abraão e nos deu sua lei pelas mãos de Moisés. E acrescenta

---

6 Esta forma negativa de expressão é empregada para imprimir maior ênfase.

que Deus viria com *fogo* e *tempestade* a fim de despertar um temor saudável nos corações confiantes dos judeus, para que aprendessem a tremer ante os juízos divinos, os quais até agora haviam considerado com indiferença e desdém, e em alusão à terrível manifestação que Deus fez de si no Sinai [Êx 19.16; veja-se também Hb 12.18]. O atmosfera naquela ocasião ressoava com trovões e som de trombetas, os céus foram iluminados com relâmpagos e o monte ficou em chamas, sendo o propósito divino granjear uma reverente submissão à lei que ele anunciava. E é aqui notificado que Deus fez uma semelhante e terrificante exibição de seu poder, vindo para vingar os grosseiros abusos que sua santa religião sofria.

4. Ele convocará os céus lá de cima. É evidente à luz deste versículo com que propósito Deus, como já havia anunciado, convocaria a terra, a saber, para que esta fosse testemunha do estabelecimento da controvérsia que Deus teria com seu próprio povo, os judeus, contra quem se pronunciaria juízo, não de forma contrária ao pronunciado por seus profetas, mas com grande solenidade diante do mundo inteiro. O profeta adverte os hipócritas que se preparem para saírem de seus esconderijos, que sua causa seria decidida na presença dos homens e dos anjos e que seriam arrastados, sem escusa, à presença daquela formidável assembléia. É preciso que se pergunte por que o profeta representa os verdadeiros tementes ao Senhor sendo intimados a comparecer perante seu tribunal, quando é evidente que a censura que se segue no Salmo se dirige à porção hipócrita e degenerada dos judeus. A isto respondo que Deus, aqui, fala de toda a Igreja, pois ainda que uma grande parte da raça de Abraão se declinou da piedade de seus ancestrais, contudo considerava a Igreja judaica como sendo sua própria instituição. Fala deles como *seus humildes*, para lembrar-lhes que devem ser consistentes com sua vocação, e não como se fossem, todos sem exceção, o padrão de piedade. A forma do discurso comunica certa repreensão contra aqueles dentre os judeus cujo caráter longe estava de corresponder à sua profissão [de fé]. Outros têm aventado uma interpretação bem mais refinada, como se o significado fosse este: Separai o pequeno número de meus sinceros adoradores da multidão promíscua por quem meu nome é profanado, para que mais tarde não sejam seduzidos por uma vã religião de formalidades exteriores. Não nego que isto concorda com o escopo do profeta. Não vejo, porém, nenhuma razão por que uma igreja, por mais que universalmente corrompida, desde que contenha uns poucos membros santos, não deva denominar-se, em honra desse remanescente, de santo povo de Deus.

Os intérpretes têm divergido quanto à última cláusula do versículo: **Os que fizeram comigo uma aliança com [base em] sacrifícios.** Há quem interprete *com* no sentido de *acima de* ou *além de*, e que Deus enaltece seus verdadeiros servos com este fim: para que reconheçam algo mais que se lhes demanda em sua aliança além de uma observância de cerimônias externas, e que não sejam obrigados a descansar nas figuras carnais da lei.[7] Outros pensam que o culto verdadeiro e espiritual devido a Deus é aqui diretamente oposto aos sacrifícios; como se quisesse dizer: Aqueles que, em vez de sacrifícios, guardam minha aliança de uma maneira correta e autorizada, prestando-me a homenagem sincera de seus corações. Em minha opinião, porém, o profeta, aqui, deve ser visto como que realçando com enaltecimento o verdadeiro e genuíno uso do culto legítimo; pois era da máxima importância que se conhecesse qual era o fim real pelo qual Deus instituíra os sacrifícios sob [o regime de] a lei. O profeta aqui declara que os sacrifícios não eram de nenhum valor exceto como selos da aliança divina, um manuscrito interpretativo de submissão a ela, ou, em geral, como meio empregado para ratificá-la. Há uma alusão ao costume então universalmente prevalecente de interpor sacrifícios, para que os convênios fossem mais solenes e mais religiosamente observados.[8]

---

7 Na tradução alemã da Bíblia feita por Lutero, este versículo é traduzido assim:
"Reúne para mim meus santos
Que consideram a aliança mais que oferenda."
8 O método no qual os pactos eram antigamente ratificados mediante sacrifícios era este: A vítima era cortada em duas partes e cada metade era colocada sobre um altar. As partes contratantes então passavam entre os pedaços, os quais eram um tipo de imprecação sobre a parte que violasse o pacto, equivalendo o seguinte: Que ele ou eles sejam feitos em pedaços como essa vítima disseca-

De igual forma, o desígnio com que os sacrifícios foram instituídos por Deus visava a unir seu povo mais estreitamente a ele e a ratificar e confirmar sua aliança. A passagem é mui digna de nossa particular observação, como que definindo os que devem ser considerados os legítimos membros da Igreja. De um lado, devem ser caracterizados pelo espírito de mansidão, praticando a justiça em seu relacionamento com o mundo; e, do outro, devem aferrar-se ao exercício de uma fé genuína com o pacto da adoção que Deus lhes propôs. Isso formula o genuíno culto divino, como ele mesmo no-lo entregou desde o céu; e os que declinam dele, sejam quais forem as pretensões que nutram para serem considerados uma igreja de Deus, são excomungados dele pelo Espírito Santo. Quanto aos sacrifícios ou outras cerimônias, são de nenhum valor, exceto no sentido em que nos selam a pura verdade de Deus. Todos esses ritos, conseqüentemente, visto que não têm nenhum fundamento na Palavra de Deus, não desfrutam de qualquer autoridade, e o culto que não tem uma distinta referência à Palavra outra coisa não é senão uma corrupção das coisas sacras.

[vv. 6-13]
E os céus declararão sua justiça; pois Deus mesmo é o juiz. Selah. Ouve, povo meu, e eu falarei; ó Israel, e eu te anunciarei; eu sou Deus, sim, o teu Deus. Não te reprovarei por teus sacrifícios, e teus holocaustos estão continuamente diante de mim. De tua casa não tomarei nenhum bezerro, nem bodes de teus apriscos. Porque todo animal da floresta me pertence, e o gado sobre milhares de montanhas. Conheço todas as aves das montanhas; e os animais selvagens dos campos estão sob minhas ordens. Se eu tivesse fome, não to diria; porquanto o mundo me pertence e toda sua plenitude. Comerei eu carne de touros?[9] Beberei eu sangue de bodes?

---

da. Dessa forma, o pacto que Deus fez com Abraão e sua família foi ratificado (Gn 15.9, 17, 18). Essa assombrosa cerimônia foi também observada pelo antigo povo de Deus na renovação do pacto, como transparece de Jeremias 34.18. Veja-se também em Êxodo 24.4-8 o pacto entre Deus e seu povo com sacrifícios. Isso explica a frase aqui usada, a qual literalmente é: "Aqueles que *têm cortado* um pacto comigo mediante sacrifício", sendo o verbo provindo de כרת, *carath, ele corta*. O mesmo método de ratificar pactos ou alianças prevalecia entre algumas nações pagãs, como transparece das alusões feitas a ele por Homero e Virgílio, Ilíada, livro XIX.1.260; Eneida, livro XII.1.292.

9 Ao explicar isto, Martin observa: "Le feu descendu du ciel" etc., isto é, "O fogo que descia do céu sobre os sacrifícios era considerado misticamente a boca de Deus que devorava a carne das vítimas; e foi por essa conta que Deus expressamente proibiu consumi-las pelo fogo trazido de ou-

6. E os céus declararão sua justiça. Os judeus eram bastante fúteis para imaginar que seu ineficaz e fantástico culto era a perfeição da justiça; mas são aqui advertidos pelo profeta de que Deus, que aparentemente era conivente com sua estultícia, estava para revelar sua própria justiça procedente do céu, e assim expor seus miseráveis vícios. Era como se ele dissesse: "Pensais que Deus se deleitaria com o ridículo de vossos ilusórios cultos? Ainda que fizésseis subir deles fumaça até ao céu, no devido tempo Deus fazia notória sua justiça provinda do alto, e a vindicaria das desonras feitas a ela através de vossas ímpias invenções. Os próprios céus atestariam vossa perfídia em desprezardes a genuína santidade e em corromper a pureza do culto devido a Deus. Ele não mais sofrerá vossas gratuitas de seu caráter, como se não tomasse conhecimento da aversão que se oculta sob vossa pretendida comunhão." Há uma irrefutabilidade na maneira de o profeta tratar seu tema. Os homens se dispõem a admitir que Deus é juiz, mas, ao mesmo tempo, engendram escusas para evadir-se de seu juízo, e portanto era necessário que a sentença que Deus estava para pronunciar fosse defendida das vãs cavilações que poderiam ser lançadas sobre ela.

7. Ouve, ó povo meu, e eu falarei. Até aqui o profeta falou como o arauto de Deus, formulando várias expressões com o intuito de alarmar as mentes daqueles a quem se dirige. Mas daqui para o final do Salmo, Deus mesmo é introduzido como o orador; e para mostrar a importância do tema, ele usa termos adicionais para despertar a atenção, chamando-os seu próprio povo, com o fim de reivindicar a mais elevada autoridade para suas palavras e notificar que o discurso que se segue não provém de uma mera e ordinária descrição, mas uma advertência aos que violassem seu pacto. Há quem leia: *testificarei contra ti*. A referência, porém, como podemos deduzir do uso comum da Escritura, parece antes ser a uma discussão de reivindicações mútuas.

---

tro lugar, porque tal *fogo estranho*, não sendo aquele que descia do céu, não podia ser considerado misticamente a boca de Deus."

Deus os lembra de seu pacto e solenemente cobra deles, como seu povo escolhido, o que era devido segundo os termos dele. Proclama-se como o Deus de Israel, para trazer-lhes à lembrança a obediência e sujeição, e a reiteração de seu nome é enfática; como se quisesse dizer: Quando me submeteis a vossas invenções, quão longe está tal audácia daquela honra e reverência que me pertencem! Eu sou Deus, e portanto minha majestade deve reprimir a presunção e fazer toda carne calar-se enquanto falo; e entre vós, a quem me fiz conhecido como vosso Deus, tenho ainda mais fortes reivindicações em favor de minha homenagem.

8. Não te reprovarei por teus sacrifícios etc. Deus agora procede a expressar a acusação que formulara contra eles. Declara que não atribuía valor algum a quaisquer sacrifícios em si mesmos considerados. Não que asseverasse que este rito dos judeus fossem fúteis e inúteis, pois nesse caso jamais teria sido instituído por Deus; mas existe esta diferença entre os exercícios religiosos e os demais, os quais só podem contar com a aprovação de Deus quando realizados em seu genuíno espírito e significado. Sob qualquer outra suposição, eles são merecidamente rejeitados. Semelhante linguagem encontraremos empregada repetidamente pelos profetas, como já observei em outros passos, particularmente em conexão com o Salmo 40. Uma vez que as meras cerimônias externas não possuíam, portanto, valor algum, Deus repudia a idéia de que ele sempre insistiu sobre elas como algo primordial na religião, ou que as tivesse designado para que fossem consideradas sob qualquer outra luz além de instrumentos para o culto espiritual. Assim em Jeremias 7.22, ele nega que tivesse emitido algum mandamento com respeito aos sacrifícios; e o profeta Miquéias diz: "Agradar-se-á o Senhor de milhares de carneiros, ou de dez mil ribeiros de azeite? ... Ele te declarou, ó homem, o que é bom; e o que o Senhor pede de ti, senão que pratiques a justiça, ames a misericórdia e andes humildemente com o teu Deus?" [Mq 6.7, 8]. Diz ele em outro lugar: "Misericórdia quero, e não sacrifício" [Os 6.6]. Esta doutrina é a mesma por toda na boca dos profetas. Poderia referir-me especialmente às profecias de Isaías [1.12; 58.1, 2; 66.3]. Os sacrifícios dos ímpios são não só representados como sem valor e rejeitados pelo Senhor, mas também como peculiarmente tencionados a provocar-lhe a ira. Onde se tem feito um uso correto da instituição e a mesma tem sido observada simplesmente como cerimônias para a confirmação e aumento da fé, então as mesmas são descritas como sendo essencialmente conectadas à verdadeira religião; mas quando oferecidas sem a fé, ou, o que é ainda pior, sob a impressão de merecerem o favor divino, propiciando que o homem continue em seus pecados, as mesas são reprovadas como mera profanação do culto divino. É evidente, pois, o que Deus pretende quando diz: **Não te reprovarei por teus sacrifícios**; ele olhava para algo além deles. A última cláusula do versículo pode ser vista como que asseverando que seus holocaustos estavam ante os olhos do Senhor para produzir igualmente saciedade e repugnância, como o encontramos dizendo [Is 1.13] que eram "uma abominação para ele". Entretanto, há quem considere a negativa no início do versículo como uma aplicação a ambas as cláusulas, e que Deus, aqui, declara que não tencionava considerá-los por alguma necessidade de regularidade na observância de seus sacrifícios. Alguns têm sugerido adequadamente que o relativo pode ser entendido, *Teus holocaustos que estão continuamente diante de mim*; como a dizer: Em consonância com a lei, estes são imperativos; mas no presente não formularei nenhuma acusação contra vós por omitirdes vossos sacrifícios.[10]

9. Não tomarei bezerro de tua casa. Duas razões são apresentadas neste e nos versículos seguintes para provar que ele [Deus] não pode vincular valor algum nos sacrifícios. A primeira é que, supondo-o dependente deles, ele não os deveria ao homem, uma vez que toda a plenitude da terra se acha seu comando; e a segunda, que ele não requer nem comida nem bebida como é nosso caso para o sustento de nossa natureza enfermiça. Sobre a primeira destas ele insiste no nono e nos três

---

10 "Não vejo bem como ele (v. 8) pode ser traduzido de outra forma além da que Leusden tem feito." – *Dr. Lowth*. Leusden o traduz assim: "Non super sacrificia tua arguam te, et holocausta tua coram me *sunt* semper." – *Merrick's Annotations*. Dr. Adam Clarke explica o versículo como segue: "Não pretendo encontrar falha em vós por não oferecerdes sacrifícios; já os oferecestes; *eles têm estado continuamente diante de mim*; mas não os tendes oferecido da maneira apropriada."

versículos seguintes, onde ele chama a atenção para suas próprias possessões ilimitadas, que ele pode mostrar sua absoluta independência de oferendas humanas. Então indica a ampla distinção entre ele e o homem, sendo este dependente de uma frugal subsistência de comida e bebida, enquanto que Deus é o auto-existente e comunica vida a todos igualmente. Não pode haver nenhuma novidade nas verdades aqui expostas pelo salmista; considerando, porém, a forte propensão que temos por natureza de formular a estima que Deus tem por nós e em degenerar num culto carnal, elas comunicam uma lição de forma alguma desnecessária, e a qual contém profunda sabedoria, ou seja, que o homem jamais poderá trazer algum benefício a Deus por qualquer um de seus serviços, como já vimos no Salmo 16.2: "minha bondade não chega à tua presença." Em segundo lugar, Deus diz que não requer coisa alguma para seu próprio uso, senão que, visto ser suficiente em sua própria perfeição, ele tem procurado o bem-estar do homem em tudo o que ele tem desfrutado. Temos uma passagem em Isaías que produz um efeito semelhante: "Assim diz o Senhor: O céu é o meu trono, e a terra o escabelo de meus pés; que casa me edificareis vós? E qual seria o lugar do meu descanso? Porque minha mão fez todas estas coisas" [Is 66.1, 2]. Nesses termos, Deus assevera sua absoluta independência; pois enquanto que o mundo teve início, ele mesmo eternamente existiu. À luz deste fato, segue-se que, visto que subsistia quando nada havia que pudesse contribuir para sua plenitude, então ele possui em si mesmo uma gloriosa auto-suficiência.

[vv. 14-15]
Oferece a Deus sacrifício de louvor,[11] e paga ao Altíssimo teus votos.[12] E invoca-me no dia da angústia; eu te livrarei, e tu me glorificarás.

---

11 Dr. Adam Clarke traduz assim: "Oferece a Deus a oferta de ação de graça"; e observa que "תודה, *todah, oferta de ação de graça*, era o mesmo que *oferta pelo pecado*, ou seja, 'um boi ou um carneiro sem defeito'; apenas havia em adição "bolos ázimos amassados com azeite; e coscorões ázimos amassados com azeite; e os bolos amassados com azeite serão fritos, de flor de farinha" (Lv 7.12).

12 O mesmo autor traduz נדריך, nedareyca, "*tuas ofertas votivas. O nedar*, ou *oferta votiva*, era um macho sem defeito tomado dentre os bois, os carneiros ou os cabritos. Comp. Levítico 22.19 com o versículo 22."

Estes versículos lançam luz sobre o contexto precedente. Houvera afirmado em termos impróprios que os sacrifícios eram de nenhum valor, e nossa perplexidade nos teria levado a perguntar por que então foram instituídos por Deus. A dificuldade, porém, desaparece quando percebemos que são mencionados somente em comparação com o verdadeiro culto divino. Disto inferimos que, quando apropriadamente observados, estavam longe de incorrer na condenação divina. Há inerentemente em todos os homens uma forte e indelével convicção de que devem cultuar a Deus. Indispondo-se em adorá-lo de maneira pura e espiritual, torna-se indispensável que inventem como substitutivo alguma aparência ilusória; e por mais claramente sejam persuadidos da vaidade de tal conduta, persistem até ao fim, porquanto se esquivam da total renúncia do serviço divino. Conseqüentemente, os homens se encontrarão sempre devotados a cerimônias até que sejam trazidos ao conhecimento daquilo que constitui a religião verdadeira e aceitável. *Louvor* e *oração* são aqui considerados como representativos de todo o culto divino, segundo a figura de sinédoque. O salmista especifica apenas uma parte do culto divino, quando nos concita ao reconhecimento de Deus como o Autor de todas as nossas misericórdias e para atribuir-lhe o louvor que é merecidamente devido ao seu nome; e acrescenta que devemos recorrer à sua bondade, lançar todos os nossos cuidados em seu seio e buscar através da oração aquele livramento que só ele pode dar, bem como agradecer-lhe tudo e em seguida atribuir-lhe tudo. Fé, renúncia, vida santa e a paciente sujeição à cruz são todos sacrifícios agradáveis a Deus. Visto, porém, ser a *oração* um produto da fé, e invariavelmente acompanhada da paciência e da mortificação do pecado, e o *louvor*, onde ele é genuíno, indica santidade de coração, não carece que fiquemos surpresos que estes dois elementos do culto sejam aqui empregados para representarem o todo. Louvor e oração são posto em oposição a cerimônias e meras observâncias externas da religião, com vistas a ensinar-nos que o culto divino é de caráter espiritual. O louvor vem mencionado em primeiro lugar, e isto pode parecer uma inversão da ordem natural.

Na realidade, porém, ele pode ser catalogado primeiro sem qualquer violação de propriedade. Uma atribuição a Deus da honra que se deve ao seu nome jaz no fundamento de toda oração e a aplicação que se lhe faz como a fonte da bondade é o mais elementar exercício da fé. Testemunhos de sua bondade nos aguardam tão logo tenhamos nascido neste mundo, e portanto pode-se dizer que já possuímos uma dívida de gratidão antes mesmo de sermos possuídos pela necessidade de súplica. Pudéssemos supor os homens vindo ao mundo no pleno exercício da razão e juízo, seu primeiro ato de sacrifício espiritual seria o de ação de graças. Não há necessidade, contudo, de exercitarmos nossa engenhosidade em defesa da ordem aqui adotada pelo salmista, sendo totalmente suficiente concordar que ele aqui, de maneira geral e popular, descreve o culto espiritual de Deus como consistindo de louvor e oração e ações de graças. Na injunção aqui expressa, de *pagar nossos votos*, há uma alusão ao que estava em uso sob a antiga dispensação, como no Salmo 116.12, 13: "O que darei ao Senhor por todos os seus benefícios para comigo? Tomarei o cálice da salvação e invocarei o nome do Senhor." O que as palavras inculcam no povo do Senhor é, em suma, gratidão, a qual tinham, pois, o hábito de testificar por meio de sacrifícios solenes. Agora, porém, dirigiremos nossa atenção mais particularmente para o importante ponto da doutrina que é posta diante de nós nesta passagem. E a primeira coisa que merece nossa observação é que os judeus, tanto quanto nós mesmos, eram obrigados a celebrar um culto espiritual a Deus. Nosso Senhor, ao ensinar que esta era a única espécie aceitável de culto, baseou sua prova no argumento de que "Deus é espírito" [Jo 4.24]. Não obstante, ele não era menos espírito no período das cerimônias legais do que depois que foram abolidas. E certamente exigiu a mesma forma de culto que agora impõe. É verdade que sujeitou os judeus ao jugo cerimonial, mas nisto ele indicava a época da Igreja; ao depois, ao ser ele cancelado, ele olhava em direção de nosso benefício. Em todo aspecto essencial, o culto era o mesmo. A distinção era de forma inteiramente externa: Deus acomodando-se às suas apreensões mais fracas e imaturas mediante os rudimentos da cerimônia, enquanto nos estendia uma forma simples de culto que atingiu uma época de mais maturidade desde a vinda de Cristo. Não há propriamente nenhuma alteração. A idéia entretida pelos maniqueus, de que a mudança de dispensação inferia uma mudança no próprio Deus, era tão absurda como chegar a uma conclusão similar em relação às alterações periódicas das estações. Estes ritos externos são, portanto, em si mesmos, de nenhuma importância, e mantê-los só até ao ponto em que nos são úteis na confirmação de nossa fé, de modo que podemos invocar o nome do Senhor com um coração puro. O salmista, pois, com razão denuncia os hipócritas que se gloriavam em suas ostentosas liturgias, e declara que as observavam em vão. É possível que ocorra a alguns que, como os sacrifícios sustentavam um lugar necessário sob [o regime de] a lei, não podiam ser indiscriminadamente negligenciados pelo adorador judeu; mas atentando para o escopo do salmista, podemos facilmente descobrir que ele não propunha anulá-los enquanto fossem auxílios para a piedade, mas corrigir aquela visão errônea deles, a qual estava carregada da mais profunda injúria à religião.

No versículo 15 temos primeiramente uma injunção à oração, então uma promessa de ser a mesma respondida e a seguir um chamado à ação de graça. Somos compelidos a *orar no dia da angústia*, mas não com a compreensão de que só então devemos orar, pois a oração é um dever compulsório de todos os dias e de todos os momentos de nossa vida. Já que nossa situação nunca é tão confortável e isenta de inquietude, não devemos cessar nunca de engajar-nos no exercício da súplica, lembrando-nos que, se Deus subtraísse seu favor por um momento sequer, estaríamos arruinados. Na aflição, contudo, nossa fé é mais severamente testada, e há uma razão plausível para especificar um tempo de orar. O profeta aponta para Deus como o único recurso e meio de segurança no dia de nossa premente necessidade. Junta-se uma promessa com o fim de nos animar no dever, predispostos como somos em deixar-nos esmagar por um senso da majestade divina ou de nossa própria indignidade. Em seguida junta-se a gratidão, em consideração à resposta de Deus às nossas orações. A invocação do nome de Deus, sendo representada nesta passagem como que constituindo uma parte principal do culto divino, todo aquele que pretexta piedade sentirá quão necessário se faz preservar a pura e impoluta forma dele. Somos convincentemente informados acerca da detestável natureza do erro sobre este ponto fomentado pelos papistas que transferem para os anjos e para os homens uma honra que pertence exclusivamente a Deus. Não pode pretender ver nisto nenhuma outra luz senão a dos padroeiros que oram a Deus em seu favor. Mas é evidente que esses padroeiros são impiamente colocados por eles no lugar de Cristo, cuja mediação rejeitam. Além disso, é evidente à luz da forma de suas orações que não reconhecem nenhuma distinção entre Deus e os menores de seus santos. Pedem as mesmas coisas a São Cláudio e ao Onipotente, e oferecem a oração de nosso Senhor à imagem de Catarina. Estou ciente de que os papistas justificam sua invocação aos mortos, negando que suas orações dirigidas a eles equivalem a culto divino. Falam em demasia acerca do gênero de culto que chamam de *latria*, isto é, o culto que oferecem unicamente a Deus, dizendo que na invocação feita aos anjos e aos santos não lhes dão nenhuma porção dele.[13] Mas é impossível ler as palavras do salmista, ora sob nossa consideração, sem perceber que toda verdadeira religião está arruinada, a menos que Deus seja o único invocado. Se se perguntar aos papistas

---

13 Os papistas têm diferentes palavras pelas quais expressam diferentes graus de culto. O termo λατρεια, ou *latria*, dizem, denota o culto divino que pertence exclusivamente a Deus, e o qual celebram a ele só; enquanto que δουλεια, ou *dulia*, significa aquela sorte inferior de culto que é devido aos anjos e aos santos falecidos, e que o celebram somente a eles. Eles têm também um terceiro grau, ao qual chamam ὑπερδουλεια, ou *hiperdulia*, aquele tipo inferior de culto que celebram à Virgem Maria. Recorrem a tais distinções meramente para evadir-se da culpa de idolatria. Mas se os papistas dão aos anjos e aos santos glorificados a honra devia exclusivamente a Deus, é de pouca importância que nome lhe demos. Além disso, as palavras λατρεαι and δουλεαι são usadas indiferentemente pelos autores gregos clássicos, pelos pais gregos, pela Septuaginta e no Novo Testamento, para expressar o culto divino. No Novo Testamento, δουλεια freqüentemente denota culto divino. Assim lemos em 1 Tessalonicenses 1.9: "Convertestes-vos dos ídolos para Deus, δουλευειν τω Θεω ζῶντι, para servirdes ao Deus vivo"; E em Gálatas 4.8 Paulo fala dos gálatas em sua condição de pagãos, que "ἐδουλευσαν, *serviram* àqueles que por natureza não são deuses." – *Veja-se Institutas de Calvino*, Livro I.11.2,3; *Obras de Torretine*, vol.IV., *De Necessaria Secessione Nostra ab Ecclesia Romana*, pp. 50-53; e *M'Gavin's Protestant*, vol. i. No. 42, p. 334.

se é lícito oferecer sacrifícios aos mortos, imediatamente responderão na negativa. Admitem até hoje que nenhum sacrifício se pode licitamente oferecer a Pedro e a Paulo, pois o senso comum da humanidade admitiria a profanidade de tal ato. E ao vermos aqui Deus preferindo a invocação de seu nome a todos os sacrifícios, não é clara demonstração de que os que invocam os mortos são culpados da mais grosseira impiedade? Disto se segue que os papistas, se saciem quanto possam em suas genuflexões diante de Deus, o fato é que o roubam da principal parte de sua glória quando dirigem suas súplicas aos santos.[14] A menção expressa que se faz nestes versículos de aflição é oportuna para confortar o crente débil e temeroso. Quando Deus retrai as marcas externas de seu favor, a dúvida é capaz de roubar nossas mentes se Deus realmente cuida de nossa salvação. Que isto fique bem fundamentado: Deus nos envia a adversidade justamente para nos estimular a buscá-lo e invocar seu nome. Tampouco devemos ignorar o fato de que nossas orações só são aceitáveis quando as oferecemos em submissão aos mandamentos de Deus e somos por elas animados a uma consideração da promessa que ele tem formulado. O argumento que os papistas têm extraído desta passagem, em apoio de seus múltiplos votos, é supérfluo e infundado. O salmista, como já sugerimos, ao juntar o pagamento de seus votos, se refere só à solene ação de graças, enquanto eles confiam em seus votos como salvação meritória. Além disso, fazem votos que não contam com o endosso divino, mas, ao contrário, são explicitamente condenados pela Palavra de Deus.

[vv. 16-20]
Mas ao ímpio, diz Deus: Que fazes tu em recitar meus estatutos, ou que fazes em tomar meu concerto em teus lábios? Também odeias a correção e lanças minha palavra para detrás de ti. Se vês um ladrão, consentes com ele, e tens tomado parte com os adúlteros. Abres tua boca para o mal e tua língua urde engano. Assentas-te e falas contra teu irmão; calunias os filhos de tua própria mãe.

---

14 O tema da invocação dos santos falecidos é discutido amplamente nas Institutas de Calvino, Livro III.xx.21-27.

16. Mas ao ímpio, diz Deus. Ele agora procede a dirigir suas censuras mais abertamente contra aqueles cuja religião consiste em observância de cerimônias, com as quais tentam ofuscar os olhos de Deus. Uma exposição é apresentada quanto à futilidade de se buscar refúgio para a impureza de coração e vida sob um véu de serviços externos, lição esta que deve ser recebida por todos com genuíno consentimento, mas que era peculiarmente mal recebida pelos ouvidos judaicos. Tem-se confessado universalmente que o culto divino só é puro e aceitável quando procede de um coração sincero. O reconhecimento que se tem obtido dos poetas pagãos é que se sabe que os devassos costumavam ser excluídos de seus templos e da participação em seus sacrifícios. E no entanto tal é a influência da hipocrisia em sufocar e obliterar ainda um sentimento tão universalmente nutrido como este, que os homens do mais libertino caráter se introduzirão na presença de Deus, na confiança de enganá-lo com seus vãos inventos. Isso serve para explicar a freqüência das advertências que encontramos nos profetas, sobre este tema, declarando aos ímpios, reiteradamente, que só agravam sua culpa cultivando o semblante de piedade. Alto e bom som o Espírito de Deus tem asseverado que uma forma de piedade, desacompanhada da graça da fé e arrependimento, não passa de sacrílego abuso do nome de Deus; e todavia é impossível dissuadir os papistas da diabólica ilusão de que seus mais tresloucados serviços religiosos são santificados por meio do quê chamam sua *intenção final*. Admitem que ninguém senão os que vivem em estado de graça pode possuir o *meritum de condigno*;[15] mas mantêm que os meros atos externos de devoção, sem quaisquer sentimentos acompanhantes do coração, podem preparar uma pessoa pelo menos para

---

15 "Os eruditos naquela igreja, 'A Igreja de Roma', falavam de *meritum congruo* e *meritum condigno*. Por *meritum congruo*, 'ao qual Calvino se refere na parte conclusiva da frase', queriam dizer o valor das boas obras e das boas disposições anteriores à justificação, as quais eram adequadas ou congruentes para Deus recompensar pela infusão de sua graça. Por *meritum de condigno* queriam dizer o valor das boas obras realizadas depois da justificação, em conseqüência da graça então infundida." – *Dr. Hill's Lectures in Divinity*, vol. II. p. 348; veja-se também *Turrentine's Theology*, vol. II. p. 778.

a recepção da graça. E assim, se um monge se ergue do leito de seu adultério e recita uns poucos Salmos sem qualquer centelha de santidade em seu peito, ou se um libertino, um ladrão, ou qualquer vilão, busca fazer reparação por seus crimes através de missas ou peregrinações, estaria pouco inclinado a considerar isto perda de tempo. Por outro lado, para Deus tal disjunção da forma do sentimento interior de devoção é caracterizada como sacrilégio. Na passagem que se acha diante de nossos olhos, o salmista descarta e refuta uma objeção muito comum que poderia surgir. Aqueles sacrifícios, diria alguém, não seriam em algum aspecto aceitáveis a Deus, os quais são oferecidos em sua honra? Ele mostra que, ao contrário, eles impõem culpa sobre as partes que os apresentam, visto que mentem a Deus e profanam seu santo nome. Ele refreia sua presunção com as palavras: **Que fazes tu para recitares meus estatutos?** isto é, pretenderes que és um de meu povo, e que tens parte em meu concerto. Ora, se Deus assim rejeita toda aquela profissão de piedade, a qual é desacompanhada da pureza do coração, como esperaremos que ele trate a observância de meras cerimônias, as quais ocupam totalmente um lugar inferior para a declaração dos estatutos de Deus?

17. Também odeias a correção. Aqui, os hipócritas são confrontados com a traiçoeira duplicidade de negarem, através de sua vida e suas obras, aquela piedade que têm professado com os lábios. Ele prova seu desdém por Deus à luz da falta de reverente deferência para com sua Palavra; submissão à Palavra de Deus e cordial submissão aos seus preceitos e instruções, sendo isto o mais seguro teste do princípio religioso. A única maneira pela qual os hipócritas geralmente se exibem é esta: mediante engenhosa justificativa, inventam evadir-se do dever de obediência. O salmista aponta para isto como a principal fonte de sua impiedade, ou seja, o fato de que haviam lançado a Palavra de Deus às suas costas, enquanto insinuavam que o princípio do qual todo verdadeiro culto emana é a obediência [provinda] de fé. Ele aponta também para a causa de sua perversidade, a qual subjaz na indisposição de seu coração corrupto em suportar o jugo divino. Não hesitaram em admitir que tudo quanto procede da boca de Deus é verdadeiro e justo; tal honra se dispunham a conferir à sua Palavra; mas no que tange à disposição de regular sua conduta e restringir seus afetos pecaminosos, repugnavam e detestavam. Nossa corrupção, nos indispondo a receber a correção, nos exaspera contra a Palavra de Deus; nem nos é possível ouvi-la sempre com genuína docilidade e mansidão mental, até que sejamos conduzidos à submissão que nos possibilita sermos governados e disciplinados por seus preceitos. O salmista procede a especificar algumas dessas obras de impiedade, informando-nos que os hipócritas, que eram devotados ao furto e ao adultério, confundiam e poluíam o santo nome de Deus com a perversidade deles. Apontando para apenas alguns tipos de vícios, o salmista notifica, em termos gerais, que aqueles que têm desprezado a correção, e se empedernido contra a instrução, se preparam para precipitar-se a todo excesso que o desejo corrupto ou o mau exemplo possa sugerir. Ele faz menção, primeiro, de furtos; então de adultérios; e, por fim, de calúnias ou falsas censuras. A maioria dos intérpretes traduzem תרף, *tirets*, *correr*, *atingir*, ainda que outros a derivam de רצה, *ratsah*, traduzindo-a por *consentir*. Ambas as traduções concordam suficientemente com o escopo do salmista, e a preferência pode ser deixada com o próprio arbítrio do leitor. A acusação aqui lançada contra os hipócritas, de que *abriam sua boca para o mal*, pode incluir não simplesmente a calúnia, mas todos os diferentes tipos de conversação que injuria seu próximo, pois imediatamente diz: **tua língua trama engano**. É bem notório com que variedade de formas a língua mentirosa e enganosa pode produzir injúria e dor. Ao acrescentar, **Tu te assentas** etc., a alusão seria a alguém que se assenta para apresentar um juízo formal; como a dizer: Tu difamas de teus irmãos sob o pretexto de emitir uma sentença justa.[16] Ou pode haver uma referência à calúnia trivial; tal como aquela a que os homens

---

16 "תשב. Gejerus e outros supõem que esta palavra alude ao modo de sentar-se em juízo. Veja-se Salmo 119.23." – *Dimock's Notes on the Book of Psalms*.

se dão maliciosamente, e na qual passam seu tempo, como quando comodamente assentados em suas casas.[17] Parece mais provável, contudo, que sua referência seja ao crime mais grave de acusar o inocente e justo em sessão pública do tribunal, e de lançar acusações falsas contra ele. *Irmãos* e *os filhos de sua mãe*[18] são mencionados de forma a mais enfática para expressar a crueldade de suas calúnias, quando são representados como a violar os laços da natureza, não poupando nem mesmo as mais íntimas relações.

[vv. 21-23]

Estas coisas tens feito, e eu me calei; pensaste que eu era teu igual;[19] eu te reprovarei e as porei em ordem diante de teus olhos. Agora considerai isto, vós que vos esqueceis de Deus; para que eu não vos despedace e não haja ninguém que vos livre. Aquele que oferece louvor me glorificará; e àquele que ordena bem seu caminho eu mostrarei a salvação de Deus.

21. Estas coisas tens feito. Os hipócritas, enquanto não sentem a mão divina contra eles, se dispõem a cercar-se de escuridão, e nada

---

17 "Quando você se assenta tranquilamente e não tem nada para fazer, então se põe a difamar de seu próximo com sua linguagem caluniosa. Sua mesa se torna o lugar donde você abusa de seus amigos mais íntimos." – *Horsley*. O significado, segundo outros, é este: Tu te assentas nos lugares mais públicos e mais frequentados, os quais eram geralmente os portões da cidade, e passas teu tempo em caluniar teu irmão. Vejam-se Salmo 69.12; e 119.23.

18 "*O próprio filho de tua mãe*. Para entender a força desta expressão, faz-se necessário ter em mente que a poligamia era permitida entre os israelitas. Os que nasciam do mesmo pai eram todos irmãos, mas uma relação mais íntima subsistia entre os que tinham a mesma mãe bem como o mesmo pai." – *French e Skinner*. Compare-se Gênesis 20.12. Era um forte agravo da perversidade e malignidade das pessoas aqui indicadas, que se davam ao abuso com suas línguas daqueles de quem estavam mais intimamente relacionados, seu irmão, sim, o filho de sua mãe.

19 Horsley traduz estas duas cláusulas assim:

"Estas coisas fizeste, e eu fiquei calmo;

Pensaste que EU SOU é tal qual tu és."

Ele crê que as palavras, היות אהיה, *heyoth ehyeh*, as quais Calvino traduz: "eu seria", têm sido mal-entendidas por todos os intérpretes, e mantém que devam ser traduzidas: "EU SOU é." "Todos os intérpretes", diz ele, "parecem ter ignorado que אהיה, *ehyeh*, é o nome que Deus toma para si no terceiro capítulo de Êxodo; e ele observa que é com particular propriedade que Deus, ao discutir com seu povo por quebrar este o pacto, "chama a si mesmo pelo nome que aprouve descrever-se a esse mesmo povo, quando os chamou previamente através de seu servo Moisés." A LXX traduz היות, *heyoth*, como um nome substantivo, e אהיה, *ehyeh*, como a primeira pessoa futura do verbo substantivo. "Ὑπέλαθες ἀνομιαν, ὅτι ἔσομαι σοι ὅμοιος": "Pensaste impiamente que eu seria como tu és."

é mais difícil do que despertar seu interesse. Com esta linguagem alarmante, o salmista visa a convencê-los da infalível destruição que presumem estar longe da longanimidade de Deus, e assim provocam ainda mais sua ira, imaginando que ele possivelmente é favorável à prática do pecado. A maior desonra que alguém poderia lançar sobre seu nome é a de contestar sua justiça. Estes hipócritas não podem aventurar-se a agir de uma maneira aberta, mas em sua secreta e corrupta imaginação, esboçam Deus sendo diferente do que realmente ele é, aproveitando a ocasião de sua suposta longanimidade para desfrutar de uma falsa paz mental e escapar da inquietude que poderiam deixar de sentir caso fossem seriamente persuadidos de que Deus é o Vingador do pecado. Temos uma prova suficiente na supina segurança que os hipócritas exibem de que teriam formado tais falsas concepções acerca de Deus. Não só excluem de seus pensamentos o divino caráter judicial de Deus, mas pensam dele como o patrono e aprovador de seus pecados. O salmista os repreende por abusarem da bondade e clemência de Deus, na forma de nutrirem uma vã esperança de que poderão transgredir impunemente. Ele os adverte de que prontamente serão arrastados para a luz, e que aqueles pecados que acalentaram longe da vista de Deus serão expostos em toda a sua enormidade ante seus olhos. Ele porá toda a lista de seus pecados em ordem distinta, pois assim entendo a expressão: **pôr em ordem** diante dos olhos deles, obrigando-os a contemplá-la [a lista de seus pecados].

22. Ora, considerai isto, vós que vos esqueceis de Deus. Aqui temos mais que uma severa controvérsia que é absolutamente necessária para tratar-se com os hipócritas empedernidos, que de outra forma tão-só escarneceriam de toda instrução. Entretanto, enquanto o salmista ameaça e tenta assustá-los, ele, ao mesmo tempo, subtrai deles toda a esperança de perdão, em sua pressa de tirar proveito dele. Mas para impedi-los de dar vazão à sua procrastinação, ele os adverte da severidade e da subitaneidade dos juízos divinos. Também os acusa de torpe ingratidão, tendo se esquecido de Deus. E aqui temos uma notável prova da graça de Deus em estender a esperança de misericórdia àqueles homens corruptos, que tão impiamente profanaram o culto divino, que tão audaciosa e sacrilegamente motejaram de paciência divina e que tão escandalosamente se haviam entregue a tais crimes! Ao convocá-los ao arrependimento, sem qualquer dúvida lhes estende a esperança de Deus reconciliar-se com eles, que pudessem aventurar-se a comparecer na presença de sua majestade. É-nos possível conceber maior clemência que esta, de convidar a si e ao seio da Igreja, tão pérfidos apóstatas e violadores de seu santo pacto, quem havia se apartado da doutrina da piedade na qual havia sido criados? Tão grande é que fazemos bem em refletir que não é mais do que temos nós mesmos experimentado. Nós também apostatamos do Senhor, e em sua singular misericórdia nos tem trazido de volta ao seu redil. Não deve escapar à nossa observação que o salmista insta com eles a que voltem, quando a porta da misericórdia nem sempre permanecerá aberta para sua admissão – lição esta tão indispensável a todos nós! Para que não permitamos que o dia de nossa misericordiosa visitação nos apanhe desprevenidos e nos traga, como se deu com Esaú, lamentações [Gn 27.34]. Tanto se acha implícito, quando se diz: **Para que não vos despedace e não haja quem vos livre.**[20]

23. Aquele que oferece louvor me glorificará. Esta é a terceira vez que o salmista inculca a verdade de que o sacrifício mais aceitável aos olhos de Deus é o louvor, por meio do qual lhe expressamos a gratidão de nossos corações, por todas as suas bênçãos. A repetição não supérflua, e isso por duas razões. Em primeiro lugar, não há nada com o que somos mais freqüentemente culpados do que o esquecimento dos benefícios do Senhor. Raramente um dentre mil atrai nossa atenção; e se

---

20 A linguagem, aqui, é metafórica. O Onipotente, provocado pela impiedade desses hipócritas, se compara a um leão que, com irresistível fúria, se apodera de sua presa e a dilacera, sem que alguém possa livrá-la de suas garras. Encontramos uma forma muito semelhante de expressão em Oséias 5.14: "Porque para Efraim serei como um leão, e como um leãozinho à casa de Judá: eu, eu o despedaçarei, e irme-me-ei embora; arrebatarei, e não haverá quem livre." Não devemos, contudo, supor que a violência e a fúria desse inexorável predador possa ter guarida no seio da Deidade. Tal fraseologia é adotada à guisa de acomodação para a debilidade de nossas concepções e nosso modo abreviado de pensar, visando a impressionar os corações e consciências dos pecadores com a convicção do tremendo caráter dos juízos divinos, bem como da terrível condição dos que caem sob sua ira penal.

atrai, é só levemente e, por assim dizer, passageiramente. E, em segundo lugar, não damos aquela merecida importância ao dever de louvar. Somos por demais inclinados a negligenciá-lo como algo trivial e totalmente banal; enquanto ele constitui o principal exercício da piedade, no qual Deus nos quer engajados durante toda nossa vida. Nas palavras que se acham diante de nós, assevera-se que o sacrifício de louvor é a genuína e adequada forma de cultuar a Deus. As palavras, *me glorificará*, implicam que Deus é então verdadeira e adequadamente cultuado, e a glória que ele exige que se lhe devote, quando sua bondade é celebrada com um coração sincero e grato; todos os demais sacrifícios, porém, aos quais os hipócritas atribuem tanta importância, são de nenhum valor em na avaliação divina e não têm nenhuma parte em seu culto. Sob a palavra *louvor*, contudo, estão compreendidas, como já observamos, tanto a fé quanto a oração. É mister que haja uma experiência da benevolência do Senhor antes que nossos lábios se abram para louvá-lo por ela, e tal benevolência só pode ser experimentada mediante a fé. Daqui se segue que todo o culto espiritual se acha compreendido sob o que é ou pressuposto no exercício do louvor ou flui dele. Conseqüentemente, nas palavras que se seguem imediatamente, o salmista convoca os que desejavam que suas devocionais fossem aprovadas por Deus: **a ordenar bem seus caminhos**. Pela expressão aqui usada, *ordenar alguém corretamente seu caminho*, há quem entenda significar arrependimento ou confissão de pecado; outros, ao remover do caminho tais coisas como base de ofensa ou obstáculos no caminho de outrem. Parece mais provável que o salmista lhes ordenasse a andarem no caminho reto como oposto àquele no qual os hipócritas se encontravam, e notifica que Deus só aceita a aproximação daqueles que o buscam com sincero coração e de maneira correta. Pela expressa, **a salvação de Deus**, não entendo, como o fazem alguns, uma grande ou notável salvação. Deus fala de si mesmo na terceira pessoa, para mais claramente satisfazê-los do fato de que ele eventualmente provaria a todos os seus genuínos adoradores quão verdadeiramente ele mantinha o caráter de Salvador deles.

Salmo 51

Do título apenso a este Salmo descobrimos a causa que levou à sua composição, o que virá a lume imediatamente mediante nossa consideração. Por um longo período após sua melancólica queda, Davi parecia ter mergulhado numa profunda letargia espiritual; mas ao despertar-se dela, mediante a repreensão de Natã, ele se encheu de auto-execração e humilhação aos olhos de Deus, e foi dominado pela ansiedade de testificar de seu arrependimento a todos quantos o cercavam, e de deixar alguma prova final dele à posteridade. Logo no início do Salmo, tendo seus olhos voltados para hediondez de sua culpa, ele se anima a esperar por perdão, ao considerar a infinita misericórdia de Deus. Isto ele enaltece em sublimes termos e com variedade de expressões, como alguém que sente merecer múltipla condenação. Na parte subseqüente do Salmo, ele ora por restauração ao favor divino, estando cônscio de que merecia ter sido excluído para sempre e privado de todos os dons do Espírito Santo. Promete, caso lhe fosse concedido o perdão, de cultivar um profundo e grato senso dele [o perdão]. Na conclusão, ele declara ser para o bem da Igreja que Deus atende seu pedido; e, deveras, quando se considera a maneira peculiar em que Deus depositou seu pacto da graça com Davi, este não podia senão sentir que a comum esperança da salvação de todos fosse abalada diante da suposição de sua final rejeição.

Ao mestre de música. Salmo de Davi, quando Natã, o profeta, foi a ele depois que deitou-se com Batseba.

Quando Natã, o profeta, foi a ele. Faz-se expressa menção do profeta indo a Davi antes que o Salmo fosse escrito, provando, como faz, a profunda letargia em que ele teria caído. Foi uma maravilhosa circunstância em que tão grande homem, e tão eminentemente dotado com o Espírito Santo, teria prosseguido neste perigoso estado por mais de um ano. Nada, senão a influência satânica, pode esclarecer tal estupor de consciência o qual poderia levá-lo a desprezar ou a amenizar o juízo divino em que incorrera. Tal fato serve adicionalmente para caracterizar a inatividade em que caíra, de tal forma que não parecia sentir qualquer compunção por seu pecado até que a chegada do profeta. Temos aqui uma notável ilustração, ao mesmo tempo, da misericórdia divina, enviando Deus o profeta a regenerá-lo enquanto andava errante. Por esse prisma, há uma antítese na repetição da forma verbal, *foi*. Foi quando Davi procurou Batseba que Natã foi a ele. Mediante esse passo pecaminoso, ele se pôs em certa distância de Deus; e a bonda divina se exibiu notavelmente ao contemplar sua restauração. Não cremos que Davi, durante este intervalo, vivesse completamente privado do senso de religião ao ponto de não reconhecer a supremacia do Ser Divino. Com toda probabilidade, ele continuou a orar diariamente, manteve-se engajado nos atos de culto divino e almejava conformar sua vida à lei de Deus. Não há razão para crer-se que a graça fosse totalmente extinta em seu coração; mas apenas que foi possuído de um espírito de enfatuação num ponto específico, e que laborava sob uma fatal insensibilidade ao ponto de expor-se, naquele ínterim, à ira divina. A graça, por mais centelhas pudesse lançar em outras direções, foi esmaecida, por assim dizer, nesta. Bem que podemos estremecer ao contemplarmos o fato de que um profeta tão santo e tão excelente rei, tivesse afundado em tal condição! Que o senso de religião não se esvaíra totalmente de sua mente, prova-se pela maneira como foi afetado imediatamente ao receber a reprovação do profeta. Não fosse esse o caso, e ele não teria clamado como o fez: "Pequei contra o Senhor" [2Sm 12.13]; nem teria tão prontamente se submetido, no espírito de mansidão, à admoestação e correção. Neste aspecto, ele se põe como exemplo a todos quantos tenham porventura pecado contra Deus, ensinando-lhes o dever de humildemente aquiescer com o chamado ao arrependimento, o qual pode ser-lhes dirigido por meio dos servos de Deus, em vez de permanecerem debaixo do pecado até que sejam surpreendidos pela vingança final do céu.

[vv. 1-2]
Tem misericórdia de mim, ó Deus, segundo tua benignidade; segundo a multidão de tuas compaixões, apaga minhas transgressões. Multiplica lavar-me de minha iniqüidade e purifica-me de meu pecado.

1. Tem misericórdia de mim. Davi começa, como já notamos, orando por perdão; e seu pecado, tendo-se agravado de tal forma, o leva a orar com inusitado fervor. Não fica satisfeito com apenas uma petição. Ao fazer menção da **benignidade do Senhor**, ele acrescenta **a multidão de suas compaixões**, para notificar que a misericórdia de um gênero ordinário não seria suficiente para um tão grande pecador. Tinha ele orado para Deus ser-lhe favorável, simplesmente de conformidade com sua clemência ou bondade, mesmo que equivalesse a uma confissão de que seu caso era em extremo perverso; mas quando fala de seu pecado como remissível só através de incontável multidão das compaixões divinas, ele o representa como peculiarmente atroz. Há uma antítese implícita entre a grandeza das misericórdias buscadas por ele e a grandeza da transgressão que as requeria. Ainda mais enfática é a expressão que se segue: **Multiplica lavar-me**. Há quem a traduza הרבה,[1] *herebeh*, por um substantivo, mas isso se afasta demais do modo peculiar da linguagem. O tempo, segundo essa suposição, na verdade permanece o mesmo: Que Deus o lavaria ricamente, e com uma lavagem multiplicada; mas

---

[1] Há aqui dois verbos, הרבה, *herebeh*, e כבסני, *kabbeseni*, significando o primeiro *multiplicar* e o segundo, *lavar*. Muitos expositores pensam que o verboהרבה, *herebeh*, é usado no sentido de um advérbio, e o lêem assim: *Multum lava me*. "Quando dois verbos do mesmo tempo se juntam, se vai ou não uma preposição entre eles, o primeiro é às vezes expresso, em latim, por um advérbio." – Glass. Lib. i. Tract. lii. De Verbo Can. Xxix. Tom. i. p. 272. Vejam-se Gênesis 25.1; Salmo 6.11; 45.5; 78.41; e 102.3.

prefiro aquela forma de expressão que concorda melhor com o idioma hebreu. Isto, pelo menos, é certo à luz da expressão que ele emprega, ou seja, que ele sentia a mancha de seu pecado aprofundar-se nele e a demandar lavagens multiplicadas. Não como se Deus experimentasse qualquer dificuldade em purificar o pior dos pecadores, mas por mais grave o pecado de uma pessoa seja, mais ardorosos naturalmente seus desejos serão por ser libertada dos terrores da consciência. A figura por si mesma, como todos bem o sabemos, é uma de freqüente ocorrência na Escritura. O pecado lembra imundícia ou impureza a poluir-nos e a provocar-nos repugnância à vista de Deus, e a remissão dele é, portanto, adequadamente comparada a *lavagem*. Esta é uma verdade que tanto deve enaltecer a graça de Deus em nós quanto nos encher de profunda aversão pelo pecado. Insensível, deveras, seria aquele coração que não se deixar afetar por ele!

[vv. 3-6]
Porque eu conheço minhas transgressões, e meu pecado está continuamente diante de mim. Contra ti, tão-somente contra ti, tenho pecado e fiz o que é mal à tua vista; para que sejas justificado quando falares e puro quando julgares. Eis que nasci na iniqüidade, e em pecado me concebeu minha mãe. Eis que queres a verdade no íntimo, e em secreto me mostras sabedoria.

3. Porque eu conheço meus pecados.[2] Ele agora revela sua razão para implorar perdão com tanta veemência, e isto provém da dolorosa inquietude que seus pecados lhe causaram, e que só poderia ser mitigado ao obter reconciliação com Deus. Isso prova que sua oração não procedia de dissimulação, como se poderá encontrar muitos enaltecendo a graça divina em sublimes termos, ainda que, na realidade, pouco se preocupam com ela, jamais sentindo o amargor de se expor

---

2 Como se quisesse dizer: "Confesso e reconheço que tenho pecado, nem digo o que disse Caim: 'Não sei' (Gn 4.9). O que anteriormente vergonhosa e insensatamente escusei e encobri, agora reconheço diante de ti e de teu profeta, bem como diante de toda a Igreja, neste Salmo penitencial." O verbo está no futuro: *conhecerei* ou *reconhecerei*, para notificar que ele continuaria a reter um humilde senso de sua culpa.

ao desprazer divino. Davi, ao contrário, declara que está sujeito, em virtude de seu pecado, a constante angústia mental, e que é isto que comunica tal fervor às suas súplicas. À luz de seu exemplo podemos aprender que isso só se dá com aqueles que buscam a reconciliação com Deus de uma forma adequada. São tais como se tivessem sua consciência ferida com forte senso de pecado, e que não podem encontrar descanso enquanto não tiverem obtido a certeza da misericórdia divina. Jamais aplicaremos seriamente o perdão divino, até que tenhamos obtido uma visão tal de nossos pecados, que nos inspirem o temor. Quanto mais facilmente nos sentimos satisfeitos com nossos pecados, mais provocamos a Deus a puni-los com severidade, e se realmente desejamos a absolvição provinda de suas mãos, devemos fazer mais que confessar verbalmente nossa culpa; devemos instituir um rígido e formidável escrutínio para o caráter de nossas transgressões. Davi não diz simplesmente que confessaria seus pecados ao homem, mas declara que nutre um profundo senso íntimo deles, e tal intenso senso deles o encheu da mais aguda angústia. Tal senso era de um espírito muito diferente daquele dos hipócritas que exibem completa indiferença sobre tal assunto, ou quando se sentem incomodados, tratam de sepultar a lembrança dele. Davi fala de seus *pecados* no plural. Sua transgressão, embora oriunda de uma fonte, se complicara, incluindo, além de adultério, a traição e a crueldade; nem foi a um só homem a quem ele traíra, mas a todo o exército que fora convocado para o campo em defesa da Igreja de Deus. Portanto, reconhece muitos pecados peculiares como a envolvê-lo.

4. Contra ti, tão-somente contra ti, tenho pecado.[3] A opinião

---

3 À luz da confissão que Davi faz neste versículo: "Contra ti, *tão-somente* contra ti, tenho pecado", Horsley é de opinião que o título do Salmo não é autêntico, e que ele não poderia ter sido composto na ocasião a que o título se refere. "Adaptarei o caso de Davi", diz ele, "que arquitetou um bem sucedido plano contra Urias depois que maculara seu leito." Contudo, não parece haver força convincente nesta objeção. O prefixo ל, *lamed*, traduzido, *contra*, às vezes significa *diante*, *na presença de*, e é assim traduzido em Gênesis 23.11 e 45.1. As palavras hebraicas, לך לברך, *lecha*, *lebaddecha*, podem, pois, ser traduzidas assim: "diante de ti, tão-somente diante de ti." Se esta tradução foi adotada, então Davi faz alusão à maneira clandestina em que ele cometeu o pecado, notificando que era um pecado secreto testemunhado unicamente por Deus e na primeira instân-

de alguns é que neste passo o salmista chama a atenção para a circunstância de seu pecado, embora fosse cometido contra o homem, sendo ocultado da vista humana, mas não da de Deus. Ninguém tomou conhecimento do duplo erro que infligira a Urias, nem da devassa maneira como expusera seu exército ao perigo; e sendo seu crime desconhecido dos homens, poderia dizer que o havia cometido exclusivamente contra Deus. Segundo outros, Davi, neste passo, notifica que, por mais profundamente tivesse consciência de haver injuriado os homens, ele principalmente se angustiava por haver violado a lei de Deus. Eu, porém, concebo sua intenção como sendo esta: embora todo o mundo o perdoasse, sentia que Deus era o Juiz com quem teria a ver, que a consciência o atraíra ao seu tribunal, e que a voz do homem não poderia administrar-lhe nenhum lenitivo, por mais que este estivesse disposto a perdoar, ou a escusar, ou a lisonjear. Seus olhos e toda sua alma estavam voltados para Deus, indiferente do que o homem pudesse pensar ou dizer concernente a ele. Para alguém que se vê assim esmagado pelo senso do pavor de ser odioso ante a sentença divina, não há necessidade de outro acusador. Deus para ele vale mais que mil. Há sobejas razões para se crer que Davi, a fim de prevenir sua mente de acomodar-se numa falsa paz pelas lisonjas de sua corte, apossou-se do juízo divino em sua ofensa e sentiu que isso era em si mesmo um intolerável fardo, mesmo pressupondo que escapasse incólume das mãos de seus semelhantes. Este deve ser o exercício de todo genuíno penitente. Pouco importa granjear nossa absolvição no tribunal do juízo humano, ou escapar ileso do castigo através

---

cia só conhecido dele. Deus diz dele (o pecado): "Pois o fizeste secretamente" (2Sm 12.12). Não há, contudo, necessidade de alterar a tradução para satisfazer a objeção de Horsley. Com estas palavras, "Contra ti, *tão-somente* contra ti", Davi não quer dizer que não pecasse contra Urias, cuja esposa desonrara, a quem embriagara para depois assassinar; pois reconhece no versículo 14 que a "culpa de sangue" pesava sobre ele, e que ora para se ver livre dele. Eis uma declaração enfática da hediondez de sua culpa – que havia pecado principalmente contra Deus – mais contra Ele do que contra o homem. É como se dissesse: "Minha ofensa contra Urias, e extensivamente contra a sociedade, grande como foi, não é nada comparável àquela que tenho cometido contra ti."

da conivência de outrem, visto que temos sofrer com uma consciência a acusar-nos e diante de um Deus ofendido. E é provável que não haja melhor remédio contra a decepção na questão de nossos pecados do que volver nossos pensamentos para os recônditos de nosso ser, e depois concentrá-los em Deus, e mortificar toda e qualquer imaginação autocomplacente num agudo senso do desprazer divino. Mediante um violento processo de interpretação, alguns nos fariam ler a segunda cláusula deste versículo assim: *Para que sejas justificado quando falares*, em conexão com o primeiro versículo do Salmo, e considerar que o mesmo não pode referir-se à sentença imediatamente precedente.[4] Mas não dizer que isto interrompe a ordem dos versículos, que sentido poderia alguém aplicar à oração como então ocorre: *Tem misericórdia de mim, para que sejas puro quando julgares?* etc. Qualquer dúvida sobre o significado das palavras, contudo, é completamente removida pela conexão em que são citadas na Epístola de Paulo aos Romanos [3.3, 4]: "Que importa se alguns deles foram infiéis? Sua infidelidade anulará a fidelidade de Deus? De modo algum! Seja Deus verdadeiro, e todo homem mentiroso. Como está escrito: Para que sejas justificado em tuas palavras e prevaleças quando julgares." Aqui as palavras que se acham diante de nós são citadas para provarem a doutrina de que a justiça de Deus é evidente mesmo nos pecados dos homens, e sua verdade, na falsidade deles. Para termos uma clara apreensão de seu significado é mister que ponderemos sobre o pacto que Deus fez com

---

4 Esta é a opinião de R. Abraão e outros comentaristas judeus. Dizem que estas palavras não devem ser juntadas à parte imediatamente precedente deste versículo; mas, ou à oração no primeiro versículo, ou ao que se declara no terceiro versículo: "Reconheço minhas transgressões"; e põem o início do quarto versículo: "Contra ti, tão-somente contra ti, tenho pecado, e fiz o que é mal aos teus olhos", entre parênteses. Mas não há razão plausível para tal interpretação. Green lê a última cláusula do versículo assim: "De modo que serás justo ao pronunciar a sentença *contra mim*, e puro em condenar-*me*." E não é incomum que למען, *le-maän*, seja usado no sentido de, *de modo que*, como no Salmo 30.12; Isaías 28.13; e Jeremias 1.34. Segundo esta redação, as palavras são parte da confissão de Davi – ele não só confessa seu pecado na primeira parte do versículo, mas também aqui reconhece a divina justiça em Deus condená-lo. Este é o sentido no qual Calvino entende a passagem.

Davi. Havendo a salvação do mundo inteiro, em certo sentido, sido depositada com ele mediante este pacto, os inimigos da religião poderiam aproveitar a ocasião para exclamarem ante sua queda: "Aqui está uma coluna arruinada da Igreja, a qual agora tornou-se o miserável remanescente cujas esperanças repousavam em sua santidade! Nada poderia ser mais conspícuo do que a glória pela qual ele fora distinguido, a qual é agora a marca de profunda desgraça a que foi ele reduzido! Quem, diante de tão grosseira queda, buscaria salvação em seu descendente?" Cônscio de que tais tentativas pudessem impugnar a justiça de Deus, Davi lança desta oportunidade para justificá-la, assumindo toda a culpa da transação. Ele declara que Deus era justificado *quando falava* – não quando comunicou as promessas do pacto, embora haja quem entenda as palavras assim, mas ele teria sido justificado em pronunciar a sentença de condenação contra ele em virtude de seu pecado, o que não poderia ter feito senão por sua gratuita misericórdia. Duas formas de expressão são aqui empregadas, as quais têm o mesmo significado: *para que sejas justificado quando falares*, e *sejas puro quando julgares*. Quanto ao fato de Paulo, na citação já referida, ter alterado a última cláusula, e até pode parecer ter ele dado uma nova direção ao sentimento contido no versículo, mostrarei brevemente como as palavras eram aplicáveis ao propósito pelo qual foram citadas por ele. Ele as usa para provar que a fidelidade divina permanecia intocada pelo fato de que os judeus haviam quebrado o pacto, e caíram da graça que ele havia prometido. Ora, à primeira vista, pode não parecer que contenham a prova alegada. Mas sua conveniência será imediatamente vista se refletirmos sobre a circunstância para a qual já adverti. Na queda de alguém que era tão grande coluna da Igreja, tão ilustre como profeta e como rei, como Davi havia sido, não podemos senão crer que muitos ficaram abalados e titubearam em sua fé nas promessas. Muitos provavelmente se dispuseram a concluir, considerando a estreita conexão em que Deus adotara Davi, que ele estava, até certo ponto, implicado em sua queda. Davi, contudo, repele insinuação tão injuriosa à honra divina, e declara que, embora Deus o lançasse de ponta cabeça na destruição eterna, sua boca só se fecharia ou se abriria para reconhecer a divina e intocável justiça. A única saída que o apóstolo tinha para esta passagem, em sua citação, consiste em usar ele o verbo *julgar* num sentido passivo, e ler assim: *para que venças*, em vez de *para sejas puro*. Nisto ele segue a Septuaginta,[5] e é notório que os apóstolos não usavam os verbos com exatidão em suas citações do Velho Testamento. É-nos bastante que fiquemos satisfeitos com o fato de que a passagem corresponde ao propósito para o qual ela foi aduzida pelo apóstolo. A doutrina geral que recebemos da passagem consiste em que todo e qualquer pecado que os homens cometam lhes será de inteira responsabilidade, e jamais poderá comprometer a justiça divina. Os homens estão sempre dispostos a denunciar a administração divina, quando a mesma não corresponde ao juízo do senso e razão humanos. Deus, porém, em qualquer tempo, ergue pessoas da mais profunda obscuridade à mais elevada distinção, ou, em contrapartida, permite que pessoas ocupem a mais cons-

---

5 Parece não haver qualquer diferença substancial entre a redação da Septuaginta, seguida pelo apóstolo, e a do texto hebreu. Calvino diz que Paulo usa o verbo *julgar* num sentido passivo, enquanto que aqui ele o usou ativamente. Isso, porém, é um equívoco. Street, depois de apresentar as palavras da Septuaginta, que são Νικησης ἐν τω κρινεσθαι σε, diz: "O verbo κρινεσθαι está na voz média, e não na voz passiva, e a frase, ἐν τω κρινεσθαι σε, significa *cum tu judicas*" (isto é, *quando julgas*). "Observo bem este fato, porque sendo a passagem citada por Paulo (Rm 3.4) (e a versão Septuaginta dela, havendo sido inserida em vez do hebraico, a qual o apóstolo usou), nossos tradutores parecem ter equivocado o sentido dela; pois a traduzem: 'para que sejas justificado em teus dizeres, e venças *quando és julgado*.' Mas quem julgará o Onipotente?" No outro exemplo que Calvino menciona, a diferença entre a redação do apóstolo e a do texto hebreu é mais aparente que real. "A palavra זכה", diz Hammond, "é ordinariamente traduzida *mundus fuit*, *limpo* ou *puro*. Mas isso, como o contexto o evidencia, deve ser entendido num sentido forense, como *puro* é todo aquele que é *isento de culpa*; e assim há uma segunda noção da palavra para *vencer*, significando aquela sorte vitória que pertence àquele que leva uma causa à competência judicial." Após declarar que esta é a tradução da Septuaginta, ele observa: "Isso está em harmonia com a noção de *mundus fuit*; pois aquele que vence no tribunal diz-se corretamente ter se purificado pela lei ou está quite com ela." E assim Hammond, juntamente com Crisóstomo, supõe que o significado seja que Deus procederia contra Davi, o citaria e o denunciaria no tribunal de justiça por seus pecados, demandando que se lhe infligisse vingança, Deus seria justificado e ficaria limpo, e venceria no tribunal.

pícua condição para a seguir serem subitamente precipitadas para longe dela, para aprendermos do exemplo que é aqui posto diante de nós a julgar o procedimento divino com sobriedade, modéstia e reverência, e descansar satisfeitos com o fato de que ele é santo, e que as obras de Deus, tanto quanto suas palavras, são caracterizadas por infalível retidão. A conjunção no versículo, *para que – para que sejas justificado*, denota não tanto causa quanto conseqüência. Não foi a queda de Davi, propriamente dita, que fez a glória da justiça divina se realçar. Não obstante, embora os homens, quando pecam, pareçam obscurecer a justiça divina, ela emerge da espúria tentativa para brilhar mais que nunca, sendo a peculiar obra de Deus fazer que das trevas resplandeça a luz.

5. Eis que nasci na iniqüidade, e em pecado me concebeu minha mãe. Ele agora avança para além do mero reconhecimento de um ou de muitos pecados, confessando que nada trouxera consigo em sua entrada no mundo senão pecado, e que sua natureza era inteiramente depravada. Ele é assim levado pela consideração de uma só ofensa de peculiar atrocidade à conclusão de que nascera na iniqüidade, e que era absolutamente destituído de todo bem espiritual. Aliás, todo pecado deve convencer-nos da verdade geral da corrupção de nossa natureza. A palavra hebraica, יחמתני, *yechemathni*, significa literalmente *aqueceu-se de mim*, de חם, *yacham*, ou חמם, *chamam*, aquecer; os intérpretes, porém, a têm mui apropriadamente traduzido *me concebeu*. A expressão notifica que somos criados em pecado desde o primeiro momento em que nos achamos no ventre [materno]. Davi, pois, é aqui forçado, ao refletir sobre uma transgressão específica, a fazer um relance retrospectivo sobre toda a sua vida pregressa e a nada descobrir nela senão pecado. E não imaginemos nós que ele fala da corrupção de sua natureza, meramente como o fazem os hipócritas ocasionalmente, a fim de justificar suas faltas, dizendo: "É possível que eu tenha pecado, mas que poderia fazer? Sou homem e inerentemente inclinado a tudo quanto é mal." Davi não recorre a tais estratagemas para evadir-se da sentença divina, e faz referência ao pecado original com vistas a agravar sua culpa, reconhecendo não que havia contraído este ou aquele pecado pela primeira vez recentemente, mas que havia nascido no mundo com a semente da própria iniqüidade.

A passagem oferece um notável testemunho em prol do pecado original transmitido por Adão a toda a família humana. Não só ensina a doutrina, mas pode assistir-nos na formulação de uma correta idéia dela. Os pelagianos, com o fim de evitarem o que consideravam um absurdo, ou seja, afirmar que todos foram arruinados através de uma única transgressão do homem, sustentavam o que vem de tempos imemoriais, a saber, que o pecado só descendeu de Adão através do hábito de imitação. A Bíblia, porém, tanto neste como em outros passos, claramente assevera que nascemos em pecado, e que existe dentro de nós uma enfermidade inerente à nossa natureza. Davi não culpa a seus pais, nem traça seu crime até chegar a eles, senão que se senta diante do tribunal divino, confessa que fora formado em pecado, e que era um transgressor nato, assim que viu a luz deste mundo. Portanto, constitui um erro grosseiro em Pelágio, negar este que o pecado era hereditário, inerindo na família humana por contágio. Os papistas, em nossos dias, concordam que a natureza humana se tornou depravada, mas atenuam o pecado original o quanto podem e o representam como que consistindo meramente numa inclinação para o que é mal. Restringem sua sede à parte inferior da alma e aos apetites grosseiros; e embora nada seja mais evidente à experiência que o fato de a corrupção aderir aos homens ao longo da vida, negam que o mesmo permanece neles subseqüentemente ao batismo. Não teremos uma idéia adequada do domínio do pecado, a menos que convençamos dele como algo que se estende a cada parte da alma, e reconheçamos que tanto a mente quanto o coração humanos se têm tornado completamente corrompidos. A linguagem de Davi soa mui diferentemente daquela dos papistas: **Fui formado na iniqüidade, e em pecado me concebeu minha mãe.** Ele nada diz de seus mais grosseiros apetites, senão que assevera que o pecado, por natureza, penetrara cada parte dele, sem exceção.

Aqui se formula a seguinte pergunta: Como o pecado se transmite de pais para filhos? E esta pergunta tem guiado a outra relativa à transmissão da alma, negando muitos que a corrupção possa derivar-se dos pais para o filho, exceto na suposição de uma alma ser gerada da substância da outra. Sem pretender entrar em tão misteriosas discussões, basta que sustentemos que Adão, em sua queda, foi despojado de sua justiça original, sua razão foi obscurecida, sua vontade, pervertida, e que, sendo reduzido a este estado de corrupção, trouxe filhos ao mundo semelhantes a ele em caráter. Se porventura alguém objetar, dizendo que essa geração se confina aos corpos, e que as almas jamais poderão derivar uns dos outros algo em comum, responderia que Adão, quando em sua criação foi dotado com os dons do Espírito, não mantinha um caráter privativo ou isolado, mas que era representante de toda a humanidade, que seria considerado como tendo sido dotado com esses dons em sua pessoa; e deste conceito necessariamente se segue que, quando ele caiu, todos nós, juntamente com ele, perdemos nossa integridade original.[6]

6. Eis que tu requeres a verdade no íntimo. Este versículo confirma a observação que já fizemos de que Davi estava longe de querer engendrar uma apologia para seu pecado, quando o retrocedeu ao período de sua concepção, e que pretendia com isso reconhecer que desde sua própria infância já era herdeiro da morte eterna. Ele assim representa toda sua vida como havendo sido odiosamente destinada à condenação. Longe também de imitar os que denunciam Deus como sendo o autor do pecado e impiamente sugerem que Deus bem que poderia ter dado ao homem uma natureza melhor, que no versículo que ora se acha diante de nós ele opõe o juízo divino à nossa corrupção, insinuando que a cada instante comparecemos diante dele, estamos convictos de ser condenados, uma vez que nascemos em pecado, enquanto ele se deleita na

---

[6] Os conceitos de nosso autor sobre a doutrina do pecado original são mais plenamente declarados em sua Instituição, Livro II. cap. 1.

santidade e retidão. Avança ainda mais e assevera que, a fim de granjear a aprovação de Deus, não basta que nossas vidas se conformem à letra de sua lei, a menos que nosso coração esteja limpo e purificado de toda mácula. Ele nos diz que Deus requer a verdade *em nosso íntimo*,[7] notificando-nos que os pecados grosseiros, tanto secretos quanto manifestos, excitam o desprazer divino. Na segunda cláusula do versículo, ele agrava sua ofensa, confessando que poderia alegar o pretexto de ignorância. Ele fora suficientemente instruído por Deus em seu dever. Há quem interprete בסתום, *besathum*, como se ele aqui declarasse que Deus lhe houvera descoberto mistérios secretos ou coisas ocultas da compreensão humana. Parece antes ter em mente aquela sabedoria que sua mente descobrira de uma forma secreta e íntima.[8] Um membro do versículo corresponde ao outro. Ele reconhece que não desfrutava de uma mera familiaridade superficial com a verdade divina, e, sim, que ela estava intimamente arraigada nos recônditos de seu coração. Tal coisa tornava sua ofensa ainda mais inescusável. Embora fosse tão sublimemente privilegiado com o conhecimento salvífico da verdade, mesmo assim se lançara à prática de tão brutal pecado, e que mediante vários atos de iniqüidade quase arruinara sua alma.

---

7 A palavra טחות, *tuchoth*, que se traduz *partes íntimas*, e que se deriva do verbo טוח, *tuach*, *prapagar*, significa os *rins*, que são assim chamados em razão de serem *cobertos* com gordura. Uma vez mais é ela usada na Escritura, Jó 38.36, onde, como aqui, nossas Bíblias costuma traduzir *partes íntimas* (ou apenas *íntimo*), algo por demais geral. A Caldaica a expressa mais particularmente por *rins*, e estes, no estilo bíblico, são freqüentemente tomados como sendo a sede dos afetos, a pureza daí advinda sendo mais contrária à natural corrupção ou poluição congênita expressa no versículo precedente. A palavra אמת, *emeth*, *verdade*, ordinariamente significa sinceridade, retidão, integridade; e assim, *verdade nos rins* equivale a uma obediência intimamente sincera, não só das ações, mas também dos próprios pensamentos e afetos para com Deus; e assim, em coisas dessa natureza, em quê este Salmo principalmente se preocupa, denota a pureza do coração, o não admitir qualquer desejo ou pensamento impuro, o mínimo grau de indulgência a alguma concupiscência. E isto se diz Deus *querer* ou *desejar* ou *deleitar-se em*, e portanto demanda e requer de nós." – Hammond.

8 A palavra é explicada na Septuaginta no primeiro destes sentidos: "Τὰ ἄδηλα καὶ τα κρύφια τῶς σοφίας ἐδήλοσίς μοι" – "Tu me manifestaste as coisas secretas e ocultas de tua sabedoria." Visto por este prisma tanto quanto pelo outro, a linguagem expressa a natureza agravada do pecado de Davi. Ele havia pecado, embora Deus lhe houvesse revelado mistérios sublimes e secretos.

Temos assim posto diante de nós o exercício do salmista nesse tempo. Primeiro, vimos que ele é conduzido a uma confissão da grandeza de sua ofensa; isso o leva ao senso da completa depravação de sua natureza; para intensificar suas convicções, ele então dirige seus pensamentos ao estrito juízo de Deus, que olha não para a aparência, mas para o coração; e, finalmente, chama a atenção para a peculiaridade de seu caso, como alguém que havia desfrutado, não de uma medida ordinária dos dons do Espírito, e que merecia, por isso, do mais severo castigo. O exercício é tal, que todos nós devemos esforçar-nos por imitar. Se porventura somos cônscios de haver cometido algum pecado, sejamos o instrumento para alertar outros para nossas reminiscências até que sejamos levados a prostrar-nos ante a face de Deus em profundo auto-aviltamento. E se tem sido privilégio nosso desfrutar do ensino especial do Espírito de Deus, devemos sentir que nossa culpa é adicionalmente pesada, havendo pecado, neste caso, contra a luz e havendo tripudiado os preciosos dons com os quais fomos contemplados.

[vv. 7-9]
Purgar-me-ás com hissopo, e ficarei limpo; lavar-me-ás, e ficarei mais alvo que a neve. Faz-me ouvir júbilo e alegria; e se regozijarão os ossos que esmagaste. Oculta teu rosto de meus pecados, e apaga todas as minhas iniqüidades.

7. Purgar-me-ás com hissopo. Ele ainda leva até ao fim o mesmo estilo de súplica; e a reiteração de suas solicitações por perdão prova quão ardentemente ele o desejava. Ele fala de hissopo,[9] em alusão

---

9 O hissopo era muito usado pelos hebreus em suas purificações e aspersões sacras. A alusão aqui seja provavelmente à cerimônia de aspersão de alguém ou coisa que era contaminado com a lepra. Duas aves deviam ser tomadas, madeira de cedro, o carmesim e o hissopo; uma das aves devia ser morta, e o sacerdote molhava a ave viva e a madeira de cedro, o carmesim e o hissopo com o sangue da ave morta, aspergia o leproso (Lv 14). Esta cerimônia, deve-se observar, não deveria ser realizada até que a pessoa estivesse curada; e era tencionada como uma declaração à pessoa de que Deus, havendo-a curado de uma doença que nenhum meio humano pôde remover, ela pudesse com segurança ser restaurada à sociedade e aos privilégios dos quais havia sido privada. Davi, poluído com o crime de adultério e homicídio, considerava-se como um homem afetado pela pavorosa doença da lepra, e ora para que Deus o aspergisse com hissopo, como o le-

às cerimônias da lei; e embora estivesse longe de pôr sua confiança no mero símbolo externo de purificação, ele sabia que, como todos os demais ritos legais, este fora instituído para um fim importante. Os sacrifícios eram selos da graça de Deus. Neles, portanto, Davi estava ansioso por encontrar a certeza da reconciliação divina; e é muitíssimo apropriado que, quando nossa fé se dispõe em qualquer ocasião a oscilar, devemos confirmá-la lançando mão desses meios de apoio divino. Tudo pelo quê Davi ora é para que Deus efetuasse eficazmente, em sua experiência, o que havia significado para sua Igreja por meio destes ritos externos; e nisto ele nos dá um bom exemplo para que imitemos. Indubitavelmente, é tão-somente no sangue de Cristo é que devemos buscar expiação para nossos pecados; mas somos criaturas que possuem sentidos, por isso devemos ver com nossos olhos e apalpar com nossas mãos; e é tão-somente pela provisão de símbolos externos de propiciação que podemos chegar a uma plena e segura persuasão dela. O que dissemos do *hissopo* se aplica também às *abluções*[10] referidas neste versículo, e que eram comumente praticadas sob o regime da lei. Figuradamente representavam nosso ser sendo purgado de toda iniquidade, para nossa recepção no favor divino. Não há necessidade de dizer que ela

---

proso era aspergido, usando esta linguagem figurativa para expressar seu ardente desejo de obter o perdão e a purificação mediante a aplicação do sangue de Cristo, e para que Deus mostrasse ao povo que havia perdoado o pecado de Davi, restaurando-o ao favor divino e purificado sua alma".

10 Davi sentiu que estava contaminado, por assim dizer, pelo sangue de Urias, e portanto ora: "Lava-me." A palavra כבסני, *cabbeseni, lavar-me*, provém de כבס, *cabas, pisar, pisotear com os pés*; e daí significa *lavar, limpar*, por exemplo, *vestes*, pisando-as num cocho etc.. Difere de רחץ, *rachats, banhar* ou *lavar o corpo*, como a palavra grega πλύνειν, *limpar vestes sujas*, difere de λούειν, *lavar o corpo*. Veja-se o Léxico de Gesenius. Estas duas palavras, כבס, *cabas*, e רחץ, *rachats*, as quais expressam diferentes tipos de lavagem, observa o bispo Mant: "São sempre usadas na linguagem hebraica com a mais estrita propriedade, ou seja, significa aquele tipo de lavagem que *pervade a substância* da coisa lavada, e a limpa completamente; e a outra para expressar aquele tipo de lavagem que apenas *limpa a superfície* de uma substância, a qual a água não pode penetrar. A primeira se aplica à lavagem de roupas; a segunda é usada para a lavagem de alguma parte do corpo. Mediante uma tão bela e forte metáfora, Davi usa a primeira palavra neste e no segundo versículo: 'Lava-me completamente de minha iniquidade, e purifica-me de meu pecado.' Assim em Jeremias 4.14, a mesma palavra se aplica ao coração. Há uma distinção similar no idioma grega, a qual a LXX observa constantemente em sua tradução das palavras hebraicas acima aludidas."

é uma obra peculiar do Espírito Santo para aspergir interiormente nossas consciências com o sangue de Cristo, e, ao remover o senso de culpa, assegurar nosso acesso à presença de Deus. Nos dois versículos que se seguem, o salmista ora para que Deus seja pacificado em relação a ele. Os que restringem demasiadamente o significado das palavra, têm sugerido que ao orar **para ouvir a voz de júbilo e alegria**, ele pede que algum profeta seja enviado a fim de garantir-lhe o perdão. Ele ora, em geral, por testemunhos do divino favor. Ao falar de seus *ossos* como que tendo sido *quebrados*, sua alusão é à extrema tristeza e esmagadora angústia a que fora reduzido. A alegria do Senhor reanimaria sua alma; e esta alegria ele descreve como sendo obtida pelo *ouvir*; pois é tão-somente a Palavra de Deus que pode primeiro e eficazmente tornar jovial o coração de qualquer pecador. Não há nenhuma paz genuína e sólida que seja desfrutada neste mundo senão na atitude repousante nas promessas de Deus. Os que não lançam mão delas podem ser bem sucedidos por algum tempo em abafar ou expulsar os terrores da consciência, mas sempre deixarão de desfrutar do genuíno conforto íntimo. E, admitindo-se que alcancem a paz da insensibilidade, este não é um estado que possa satisfazer alguém que tem seriamente sentido o temor do Senhor. A alegria que ele deseja é aquele que flua do ouvir a Palavra de Deus, na qual ele promete perdoar nossa culpa e nos readmite em seu favor. É tão-somente esta que sustenta o crente em meio a todos os temores, perigos e exaustão em sua peregrinação terrena; pois a alegria do Espírito é inseparável da fé. Ao afirmar-se, no versículo 9, que *Deus esconde seu rosto* de nossos pecados, isto significa sua ação em perdoá-los, como é explicado na cláusula imediatamente anexa – **apaga todos os meus pecados**. Isto representa nossa justificação como que consistindo num voluntário ato divino, por meio do qual ele se condescende em perdoar todas as nossas iniqüidades; e representa nossa purificação como que consistindo na recepção de um perdão gratuito. Reiteramos a observação que já fizemos, ou seja, que Davi, ao reiterar seu pedido em prol da misericórdia de Deus, demonstra a profunda ansiedade que sentia por um favor que sua conduta tornara de difícil alcance. A pessoa que ora por perdão de uma forma meramente formal, prova ser ignorante do que realmente o pecado merece. "Bem-aventurado é o homem que continuamente teme", diz Salomão [Pv 28.14].

Aqui, porém, pode-se perguntar por que Davi precisava orar tão ardentemente pela alegria da remissão, quanto já havia recebido a garantia dos lábios de Natã de que seu pecado fora perdoado [2Sm 12.13]. Por que não abraçou sua absolvição, se não era culpado de desonrar a Deus não crendo na palavra de seu profeta? Não podemos esperar que Deus nos envie um anjo a fim de anunciar o perdão que solicitamos. Não foi dito por Cristo que tudo o que seus discípulos remitissem na terra seria remitido no céu? [Jo 20.23]. E não declara o apóstolo que os ministros do evangelho são embaixadores para reconciliar os homens com Deus? [2Co 5.20]. Disto pode parecer haver descrença em Davi, ou seja, não obstante o anúncio de Natã, ele evidencia um resquício de perplexidade ou incerteza referente ao seu perdão.

Há uma dupla explicação que pode ser apresentada quanto a esta dificuldade. Podemos afirmar que Natã não o fez imediatamente cônscio do fato de que Deus disposto a reconciliar-se com ele. Na Escritura é bem notório que as coisas nem sempre são declaradas de acordo com a estrita ordem de tempo no qual ocorreram. É totalmente concebível que, havendo se lançado neste estado de estresse, Deus o poderia ter mantido nele por um considerável intervalo para que se humilhasse de forma mais profunda; e que Davi expressa nestes versículos a terrível angústia que suportava quando confrontado com seu crime e não havia sido ainda informado da divina determinação de perdoá-lo. Não obstante, lançando mão de outro pressuposto, de forma alguma se segue que uma pessoa não possa assegurar-se do favor divino e contudo demonstre grande fervor e ousadia em orar por perdão. Davi poderia ter-se sentido muito aliviado pelo anúncio do profeta, e no entanto ser visitado ocasionalmente por novas convicções, influenciando-o a recorrer ao trono da graça. Por mais ricas e liberais sejam as ofertas de misericórdia, pelas quais Deus nos visita, é sublimemente próprio de nossa parte que ponderemos sobre a terrível desonra que temos feito ao seu nome e nos enchamos da devida dor por essa conta. Então nossa fé se debilita e não mais conseguimos apreender a plena extensão da misericórdia divina; e assim não há razão para perplexidade ante o fato de que Davi houvesse uma e outra vez renovado suas orações por perdão, a fim de confirmar uma vez mais sua confiança nele. A verdade é que não podemos orar corretamente pelo perdão de pecado enquanto não chegarmos a uma persuasão de que Deus se reconciliará conosco. Quem se aventurará a abrir sua boca na presença de Deus, a não ser que se certifique de seu paternal favor? E sendo o perdão a primeira coisa pela qual oramos, é evidente que não há inconsistência em se haver uma persuasão da graça de Deus, e contudo continuar-se a suplicar por seu perdão. Em prova disto, faço referência à Oração do Senhor, na qual somos instruídos a começar dirigindo-nos a Deus como nosso Pai, e no entanto prosseguimos orando pela remissão de nossos pecados. O perdão divino é pleno e completo; nossa fé, porém, não pode absorver sua superabundante bondade, e assim se faz necessário que a mesma se destile em nós gota após gota. Deve-se a esta enfermidade de nossa fé o fato de que somos amiúde encontrados repetindo e repetindo, vez após vez, a mesma petição, não com o propósito de segura e gradualmente quebrantar o coração de Deus à compaixão, mas porque avançamos a passos lentos e difíceis rumo à conquista da plenitude e certeza. A menção que aqui se faz de *purgar com hissopo* e de *lavar ou aspergir*, nos ensina, em todas as nossas orações pelo perdão do pecado, a termos nossos pensamentos voltados para o grande sacrifício pelo qual Cristo nos reconciliou com Deus. "Sem derramamento de sangue", diz Paulo, "não há remissão" [Hb 9.22]; e isto, que foi notificado por Deus à Igreja antiga sob figuras, se tem feito conhecer plenamente pela vinda de Cristo. O pecador, se achasse misericórdia, tinha que olhar para o sacrifício de Cristo, o qual expiava os pecados do mundo, relanceando, ao mesmo tempo, para a confirmação de sua fé, para o batismo e para a Ceia do Senhor; porquanto era debalde imaginar que Deus, o Juiz do mundo, nos receberia novamente em seu favor de qualquer outro modo que não fosse através daquela satisfação que se faz à sua justiça.

> [vv. 10-12]
> Cria em mim, ó Deus, um coração puro, e renova em meu íntimo um espírito[11] reto. Não me lances para longe de tua presença e nem retires de mim o Espírito de tua santidade. Restaura em mim a alegria de tua salvação, e sustenta-me com um espírito voluntário.

10. Cria em mim, ó Deus, um coração puro! Na parte prévia do Salmo, Davi orou por perdão. Ele agora solicita que a graça do Espírito, a qual havia perdido, ou merecera haver perdido, fosse restaurada nele. As duas solicitações são completamente distintas, ainda que às vezes confundidas mesmo pelos homens de erudição. Ele passa do tema da remissão gratuita do pecado para o da santificação. E para isso ele naturalmente foi impulsionado por ardente ansiedade, ante a consciência de haver merecido a perda de todos os dons do Espírito, e de os haver ele realmente, em grande medida, perdido. Ao empregar o termo, *cria*, ele expressa sua persuasão de que nada menos que um milagre poderia efetuar sua restauração, e enfaticamente declara que o arrependimento é um dom de Deus. os sofistas admitem a necessidade dos auxílios do Espírito, e concordam que a graça assistente deve tanto vir antes quanto vir depois; mas ao designar um lugar central para o livre-arbítrio humano, roubam a Deus de grande parte de sua glória. Davi, pelo termo que aqui usa, descreve a obra de Deus em renovar o coração de uma maneira própria à sua extraordinária natureza, representando-o como a formação de uma nova criatura.

Como ele já havia sido investido com o Espírito, agora ora, na última parte do versículo, para que *Deus renovasse dentro dele um espírito reto*. Pelo termo *cria*, porém, o qual previamente empregou, ele

---

11 French e Skinner traduzem: "*um espírito inabalável*; isto é, uma mente disposta a seguir a vereda do dever."

reconhece que somos totalmente devedores à graça de Deus, tanto por nossa primeira regeneração quanto, no ato de nossa queda, pela subseqüente restauração. Ele não assevera simplesmente que seu coração e espírito eram débeis, demandando a assistência divina, mas que permaneceriam destituídos de toda pureza e retidão até que estas fossem comunicadas do alto. Com isso se evidencia que nossa natureza é inteiramente corrupta; pois possuísse a mesma alguma retidão ou pureza, Davi não teria, como o fez neste versículo, chamado a um, *um dom do Espírito*, e ao outro, *uma criação*.

No versículo que se segue, ele apresenta a mesma petição, em linguagem que implica a conexão de perdão com o desfruto da orientação do Espírito Santo. Se Deus nos reconcilia consigo gratuitamente, segue-se que ele nos guiará pelo Espírito de adoção. Somente na forma como ele nos ama e nos considerou no número de seus próprios filhos é que pode nos abençoar com a participação de seu Espírito; e Davi mostra que estava consciente desse fato quando ora pela continuação da graça da adoção como indispensável à posse contínua do Espírito. As palavras deste versículo implicam que o Espírito não havia se retirado dele completamente, por mais que seus dons houvessem sido temporariamente obscurecido. Aliás, é evidente que ele não seria totalmente privado suas excelências anteriores, pois parece que havia cumprido seus deveres como um rei que desfrutava de crédito, que havia observado conscientemente as ordenanças da religião e de haver regulado sua conduta conforme a divina lei. Até certo ponto, ele caíra em profunda e terrível letargia, mas não "se entregou a uma mentalidade réproba"; e é dificilmente concebível que a repreensão de Natã, o profeta, tivesse operado tão fácil e subitamente seu despertamento, não estivesse nos recessos de sua alma alguma fagulha latente de piedade. É verdade que ele ora para que seu espírito fosse renovado, mas isso não deve ser entendido com limitação. A verdade sobre a qual ora estamos insistindo é tão importante que muitos eruditos têm inconsistentemente defendido a opinião de que os eleitos, ao caírem em pecado mortal, perdem o Espírito completamente e ficam alienados de Deus. O oposto é claramente afirmado por Pedro, o qual nos diz que a palavra por meio da qual renascemos é uma semente incorruptível [1Pe 1.23]; e João é igualmente explícito em nos informar que os eleitos são preservados da consumada apostasia [1Jo 3.9]. Por mais que por algum tempo pareçam excluídos por Deus, mais tarde se vê que a graça esteve viva em seu peito, mesmo durante aquele intervalo durante o qual ela parecia extinta. Tampouco há alguma força na objeção de que Davi fala como se temesse ser privado do Espírito. É natural que os santos, ao caírem em pecado e, portanto, praticarem aquilo que poderia levá-los a serem excluído da graça de Deus, se sintam ansiosos quanto a esse estado [de alma]; mas é seu dever manter firme a verdade de que a graça é a incorruptível semente divina, a qual jamais perecerá em qualquer coração onde previamente foi depositada. Esse é o espírito exibido por Davi. Ponderando sobre sua ofensa, ele é agitado com temores, e contudo repousa na persuasão de que, sendo um filho de Deus, não seria privado daquilo que, de fato e com justiça, perdera.

12. Restaura-me a alegria de tua salvação. Ele não pode descartar sua tristeza mental enquanto não reparasse a paz com Deus. Isso ele afirma reiteradamente, pois Davi simpatizava com aqueles que se entregam à tranqüilidade quando se vêem sujeitos ao desprazer divino. Na última cláusula do versículo, ele ora como no versículo precedente para que o Espírito Santo não se retirasse dele. Há uma leve ambigüidade nas palavras. Há quem tome תסמכני, *thismecheni*, na terceira pessoa do verbo, visto que רוח, *ruach*, é feminina, e pode traduzir-se assim: *que o Espírito me sustente*. A diferença não é substancial e não afeta o sentido do epíteto, נדיבה, *nedibah*, o qual traduzi por *voluntário*. Visto que o verbo נדב, *nadab*, significa *tratar liberalmente*, os príncipes são chamados no hebraico, à guisa de eminência, נדיבים, *nedibim*, o que tem levado vários eruditos a pensarem que Davi fala aqui de um espírito *principesco e de realeza*; e os tradutores da Septuaginta por conseguinte o traduziram ἡγεμονικον. A oração, neste sentido, indubitavelmente seria bem própria para Davi, que era rei, e demandava uma coragem heróica para a execução de seu ofício. Mas tudo indica que o melhor é adotarmos um significado mais extenso e supor Davi, sob uma dolorosa consciência da servidão a que se reduzira pelo senso de culpa, ora por um espírito[12] voluntário e jovial. Esta inestimável posse, o sabia muito bem, só podia ser recobrada através da graça divina.

[vv. 13-15]
Ensinarei aos transgressores os teus caminhos, e os pecadores se converterão a ti. Livra-me dos sangues, ó Deus, Deus de minha salvação, e minha língua cantará bem alto e com júbilo a tua justiça. Ó Senhor! abre meus lábios, e minha boca anunciará os teus louvores.

13. Ensinarei aos transgressores os teus caminhos. Aqui ele fala da gratidão que sentiria caso Deus respondesse sua oração, e se compromete a demostrá-la em seu esforço em efetuar a conversão de outros através de seu exemplo. Os que têm sido misericordiosamente restaurados de suas quedas se sentirão inflamados pela lei comum da caridade para estenderem uma mão benfazeja a seus irmãos; e, em geral, tais como os que são participantes da graça de Deus são

---

12 Há comentaristas que referem à cláusula, sobre a qual Calvino está aqui a comentar, ao Espírito Santo, e outros às qualidades mentais com que Davi desejava ser investido. Os tradutores de nossas Bíblias entendem a expressão no primeiro sentido, lendo: "teu gracioso Espírito". O pronome *teu* é um suplemento, mas não parece dar ocasião a alguma objeção de peso. Fry, que adota o mesmo ponto de vista, traduz: "copioso ou espontâneo fluir do Espírito"; e observa que a palavra נדיבה, *nedibah*, "é ainda mais que *espontaneamente transbordante*; significa fluir espontânea e abundantemente; 'prae uberitate succi sponte fluens.' Este tema do Espírito habitante será melhor explicado pelas próprias palavras de nosso Senhor em João 4.14 e 7.38." Outros referem a expressão à mente do salmista. Mudge traduz: "E que a plena efusão do espírito me sustente." Dimock: "Que um espírito voluntário me sustente"; "isto é", diz ele, "que eu não seja escravizado, como tenho sido por minhas paixões pecaminosas." Green: "E sustenta-me com um espírito jovial." French e Skinner: "e que me sustente um espírito voluntário"; pelo quê entendo: "um espírito devotado ao serviço de Deus." Walford, seguindo a Septuaginta, traduz: "E sustenta-me com um espírito principesco." "Davi", diz este crítico, "se achava tão submerso pela consciência de sua extrema iniqüidade, tão quebrantado de espírito, de coragem e de fortaleza, que se sentia completamente incapaz de exercer seu ofício como rei de Israel. Ele, pois, dirige esta petição a Deus, na esperança de que lhe concedesse a renovação daquela poderosa energia pela qual havia antes sido capacitado para um empreendimento tão inadequado à sua humilde origem e seu empreendimento como pastor."

constrangidos pelos princípios religiosos e são impulsionados pela glória divina a desejarem que outros sejam levados à participação dela. A maneira confiante em que ele expressa sua expectativa de converter outros merece nossa observação. Somos em excesso aptos a concluir que nossas tentativas em exprobrar os ímpios são vãs e ineficazes e esquecemos que Deus é ato a coroá-las de êxito.

14. Livra-me dos sangues. Seu hábito tão freqüente de recorrer às petições por perdão prova quão longe estava Davi de animar-se com infundadas esperanças, e quão feroz era sua luta para suster-se em meio aos terrores íntimos. Segundo alguns [intérpretes], ele ora neste versículo para livrar-se da culpa do sangue de Urias e, em geral, de [o sangue de] todo o exército.[13] Mas o termo, *sangues*, no idioma hebreu, pode denotar qualquer crime capital, e, em minha opinião, aqui deve ser considerado uma alusão à sentença de morte, em relação à qual ele se sentia execrável, e da qual ele solicitava livramento. Pelo termo, *a justiça de Deus*, a qual se empenha a celebrar, devemos entender como sendo a bondade divina; pois esse atributo, como sendo nas Escrituras geralmente atribuído a Deus, não denota tanto a exatidão com que ele executa vingança, quanto sua fidelidade em cumprir as promessas e estender auxílio a todos quantos o buscam nos momentos de necessidade. Há muita ênfase e veemência no modo de expressar-se: *Ó Deus, Deus de minha salvação!*, notificando imediatamente quão

---

13 Esta opinião, embora reprovada pelo nosso autor, é muito defendida pelos comentaristas. Quando se usa *sangue* no plural, como aqui, costuma-se denotar homicídio ou carnificina, e a culpa vindo logo a seguir; como em Gênesis 4.11: "A voz dos sangues de teu irmão clama do solo a mim"; 1 Crônicas 22.8: "Derramaste sangue em abundância"; e Salmo 9.12: "Quando faz inquirição pelos sangues." Veja-se também Salmo 106.38. "Homem de sangues" é ser um homem sanguinário, culpado do derramamento de sangue: Salmo 5.6; 26.9; 59.2; e 55.23. A conduta de Davi para com Urias, arquitetando como fez um tenebroso e atroz plano de traição e crueldade que tem pouco paralelo na história da humanidade, deve ter, em seu restabelecimento do sentimento de seu real caráter, infligido em sua alma uma agonia que não era possível expressar. Ele escapou de ser provado ante um tribunal terreno; mas sua consciência o convencia de que se achava ante o tribunal celestial, esmagado pela culpa de homicídio; e se convencera de que unicamente a misericórdia divina poderia perdoá-lo e purificar sua consciência. Não surpreende, pois, que ele clamasse com tanta ênfase e ardor: *Ó Deus, Deus de minha salvação, livra-me!* A Caldaica traz a seguinte redação: "Livra-me do juízo de homicídio."

tremendamente sobrevivera à gravidade de sua situação, e quão fortemente sua fé se ancorara em Deus como o fundamento de sua esperança. Semelhante é a força do versículo que se segue. Ele ora para que *seus lábios sejam abertos*; noutros termos, para que Deus lhe ofereça ocasião de louvor. O sentido geralmente extraído da expressão é que Deus dirigiria sua língua, mediante o Espírito, de tal modo que o disporia a cantar seus louvores. Mas embora seja verdade que Deus nos supre com palavras, e se ele não o faz não conseguiremos entoar seus louvores, Davi parece antes notificar que sua boca estaria fechada até que Deus o chamasse ao exercício de ações de graças pela recepção do perdão. Noutro lugar o encontramos declarando que um novo cântico fora posto em sua boca [Sl 40.3], e parece ser nesse sentido que ele aqui deseja que seus lábios sejam abertos. Novamente significa a gratidão que sentiria, e a qual ele expressaria, notificando que buscara a misericórdia divina, não com outro objetivo senão de poder ser o arauto dela a outros. **Minha boca**, diz ele enfaticamente, **anunciará o teu louvor.**

[vv. 16-19]
Pois não aceitarás sacrifício; ainda que eu desse[14] um holocausto, dele não te agradarias. Os sacrifícios de Deus são um espírito quebrantado; um coração quebrantado e contrito, ó Deus, não o desprezarás. Em teu beneplácito, faz o bem a Sião; edifica os muros de Jerusalém. Então aceitarás os sacrifícios de justiça; sim, o holocausto e toda oblação; então novilhos se chegarão ao teu altar.

16. Pois não aceitarás sacrifício. Com esta linguagem, ele expressa sua confiança de obter perdão, ainda que nada trouxesse a Deus na

---

14 A palavra original, ואתנה, *ve-etenah*, a qual Calvino traduz: ainda que eu *desse*, é considerada por alguns como sendo um substantivo. "A interpretação popular: *Eu to daria*", diz Rogers, "é dissonante. Gesenius atribui à palavra אחנה, com ligeira diferença na pontuação, um sentido de *uma dádiva, uma recompensa*. É usada somente em Oséias 2.14. Se este sentido for impresso à palavra nesta passagem, o versículo poderia ser assim traduzido:
'Pois não queres sacrifício ou dádiva,
Não te deleitas (em) holocausto.'"
Book of Psalms in Hebrew, vol. II. p. 208.

forma de compensação, senão que confiava inteiramente nas riquezas da mercê divina. Ele confessa que se chega a Deus pobre e necessitado; mas se persuade de que isso não impedirá o êxito de seu tribunal, visto que Deus não dá a menor importância a sacrifícios. Com isso indiretamente reprova os judeus por um erro que prevaleceu entre eles ao longo dos séculos. Ao proclamar que os sacrifícios faziam expiação pelo pecado, a lei se destinara a dissuadi-los de toda a confiança em suas próprias obras e assim volvê-los para a singular satisfação de Cristo; mas presumiram trazer seus sacrifícios ao altar como preço pelo qual esperavam granjear sua própria redenção. Em oposição a essa noção tão soberba e irracional, Davi declara que Deus não se deleita em sacrifícios,[15] e que nada possuía para apresentar que pudesse conquistar seu favor. Deus havia ordenado a observância de sacrifício, e longe estava Davi de negligenciá-lo. Ele não deve ser entendido como que asseverando que o rito poderia ser justificadamente omitido, ou que Deus absolutamente rejeitaria os sacrifícios de sua própria instituição, os quais, juntamente com as demais cerimônias da lei, provaram ser importantes auxílios, como já tivemos ocasião de observar, tanto a Davi quanto a toda a Igreja de Deus. Ele fala deles como observados pelos soberbos e arrogantes, sob uma impressão de merecerem o favor divino. Portanto, diligente como era na prática do sacrifício, depositando toda sua dependência na satisfação de Cristo, o qual fez expiação pelos pecados do mundo, ele podia, contudo, honestamente declarar que nada trazia a Deus na forma de compensação, e que confiava inteiramente numa reconciliação gratuita. Os judeus, ao apresentarem seus sacrifícios, não podiam dizer que traziam ao Senhor

---

15 Pode haver outra razão pela qual Davi aqui afirma que Deus não aceitaria um sacrifício, nem deleitar-se com holocausto. Nenhum sacrifício particular havia sido designada pela lei de Moisés com o fim de expiar a culpa de homicídio e adultério. A pessoa que perpetrasse tais crimes seria, segundo a divina lei, castigada com a morte. Davi, pois, deve ser entendido como que declarando que lhe seria absolutamente debalde pensar em oferecer sacrifícios e holocaustos com vistas à expiação de sua culpa; que seu crime era de um caráter tal que a lei cerimonial não havia feito qualquer provisão para seu livramento do castigo que seus atos de horror mereciam; e que os únicos sacrifícios eficazes seriam aqueles mencionados no versículo seguinte: "Os sacrifícios de um coração quebrantado."

algo propriamente deles, mas, ao contrário, eram vistos como que se apropriando de Cristo como o preço indispensável da redenção. Era passivos, não ativos, nessa divina ministração.

17. Os sacrifícios de Deus são um espírito quebrantado. Ele havia mostrado que os sacrifícios não possuíam tal eficácia em granjear o favor divino quanto os judeus imaginavam; e agora ele declara que não precisava trazer a Deus absolutamente nada além de um coração contrito e humilhado. Nada mais se faz necessário, por parte do pecador, além de prostrar-se suplicante pela divina mercê. Usa-se o plural no versículo para imprimir mais veemência à verdade de que o sacrifício de arrependimento por si mesmo basta sem qualquer outro. Houvera ele dito que nada mais além desse tipo de sacrifício era peculiarmente aceitável a Deus, os judeus poderiam facilmente ter rebatido seu argumento, alegando que isso podia ser verdade, e no entanto outros sacrifícios são igualmente agradáveis aos olhos de Deus; justamente como os papistas em nossos dias misturam a graça de Deus com suas próprias obras, em lugar de se submeterem a receber o perdão gratuito de seus pecados. Com o fim de excluir toda idéia de pretendida satisfação, Davi apresenta a contrição de coração como compreendendo em si toda a soma dos sacrifícios aceitáveis. E ao usar o termo, *sacrifícios de Deus*, ele transmite uma tácita reprovação do hipócrita soberbo que põe um elevado valor em tais sacrifícios, os quais se derivam de sua própria fantasia em qualquer autoridade, quando imaginam que, por meio deles, consegue propiciar a Deus. Aqui, porém, pode surgir certa dificuldade. "Se o coração contrito", por assim dizer, "mantém uma posição mais elevada na estima de Deus do que todos os sacrifícios, não se conclui que adquirimos o perdão por nossa penitência, e que assim ele cessa de ser gratuito?" Eis minha resposta: Observo que Davi desta vez não está falando da condição meritória pela qual alguém se apropria do perdão, mas, ao contrário, está asseverando nossa absoluta destituição de mérito, ao impor humilhação e contrição de espírito, em oposição a toda e qualquer tentativa de se oferecer compensação a Deus. A pessoa de espírito quebrantado é aquela que se esvazia de toda vangloriosa confiança e chega ao ponto de reconhecer que nada é. O coração contrito abjura a idéia de mérito, e não trata com Deus com base no princípio de permuta. Objeta-se que a fé é um sacrifício mais excelente que aquele que é aqui enaltecido pelo salmista, e de maior eficácia em granjear o favor divino, quando ela apresenta aos olhos de Deus aquele Salvador que é a verdadeira e única propiciação? Devo observar que a fé não pode separar-se da humildade de que fala Davi. Esta é uma humildade de tal vulto que é completamente estranha aos ímpios. Podem tremer na presença de Deus, e a obstinação e rebelião de seus corações podem ser parcialmente refreadas, mas ainda retêm alguns resquícios de soberba interior. Em contrapartida, quando o espírito é quebrantado e o coração se torna contrito, através do senso da ira do Senhor, a pessoa é conduzida ao genuíno temor e auto-aversão, com uma profunda convicção de que ela própria nada pode fazer ou merecer, e que deve atribuir sua salvação incondicionalmente à mercê divina. Que isso seria representado por Davi como que constituindo tudo o que Deus deseja na forma de sacrifício, não carece que excitemos nossa curiosidade. Ele não exclui a fé, não se condescende a alguma sutil divisão da genuína penitência em suas várias partes, mas simplesmente assevera, em termos gerais, que o único modo de se obter o favor divino é prostrando-se com um coração ferido aos pés da divina mercê e suplicando a divina graça com honestas confissões de nosso próprio desamparado.

18. Em teu beneplácito, faz o bem a Sião; edifica os muros de Jerusalém.[16] Desta oração em seu próprio favor ele agora procede

---

16 Já consideramos a primeira objeção de Horsley que se encontra no quarto versículo quanto à autenticidade do título deste Salmo. Sua segunda e outra única objeção repousa sobre o versículo 18. Acredita que a oração: "Edifica os muros de Jerusalém", é mais aplicável ao tempo do cativeiro babilônico do que ao tempo de Davi e ao período anterior que ele se refere ao Salmo. Calmet e Mudge são da mesma opinião. Alguns intérpretes judeus eruditos, embora apliquem ao Salmo a ocasião mencionada no título, conjecturam que os versículos 18 e 19 foram adicionados por algum judeu sofrido no tempo do cativeiro babilônico. Tal opinião é igualmente sustentada por Venema, Green, Street, French e Skinner. Não há, contudo, qualquer base suficiente para destinar o poema, no todo ou em parte, àquele período. Sejam os muros de Jerusalém, sejam os edifícios de Sião, como o palácio real e a magnificente estrutura do templo, os quais sabemos que Davi já

a oferecer súplicas pela Igreja coletiva de Deus, dever este que poderia ter sentido ser mais uma incumbência sua em decorrência da circunstância de ter ele feito com que ela viesse à total ruína. Erguido ao trono, e originalmente ungido rei com o exato propósito de nutrir a Igreja de Deus, ele, com sua desditosa conduta, quase efetuara sua destruição. Embora responsável por tal culpa, ele agora ora para que Deus a restaurasse no exercício de sua gratuita mercê. Ele não faz menção da justiça de outros, mas deposita seu pedido inteiramente no beneplácito divino, notificando que a Igreja, quando em algum período sofresse qualquer derrocada, que atribuísse sua restauração unicamente à graça de Deus. Jerusalém já havia sido construída, mas Davi ora para que Deus a construísse ainda mais, pois sabia que ela caíra um pouco antes de ser completada, mas lhe faltava o templo, onde havia prometido estabelecer a Arca de seu Concerto, bem como o palácio real. Desta passagem aprendemos que a edificação da Igreja é obra de Deus. "Seu fundamento", diz o salmista alhures, "está nos montes santos" [Sl 87.1]. Não devemos imaginar que Davi se refere simplesmente à Igreja como estrutura material, mas considerá-lo como tendo seus olhos fixos no templo espiritual, o qual não pode ser erguido pela habilidade ou indústria humana. É de fato verdade que os homens não fazem progresso mesmo na construção de muros materiais, a menos que seu labor receba a bênção do alto; mas a Igreja é num sentido peculiar o edifício de Deus, que a tem fundado sobre a terra no exercício de seu portentoso poder, e que a enaltecerá acima do próprio céu.

---

havia contemplado para o culto divino (2Sm 7.1 e segs.), fossem completados durante seu reinado. Isso só foi efetuado sob o reinado de seu filho Salomão (1Rs 3.1). A oração, pois, no versículo 18, pode ter uma referência particular ao acabamento desses edifícios, especialmente à edificação do templo, em que sacrifícios de inexcedível magnitude seriam oferecidos. Os temores de Davi poderiam facilmente sugerir-lhe que seus crimes poderiam impedir a edificação do templo, o qual Deus havia prometido que seria erigido (2Sm 7.13). "O rei não esquece", observa o bispo Horne, "de pedir misericórdia por seu povo, como pediu por si mesmo; para que nem ele mesmo, nem seus pecados, impedissem que a construção e o florescimento da Jerusalém terrena, ou, o que era infinitamente da maior importância, a bênção do Messias prometido, que faria descer com consigo a Nova Jerusalém com seus muros já edificados."

Nesta oração, Davi não contempla o bem-estar da Igreja meramente por um curto período, mas ora para que Deus a preserve e a faça progredir até à vinda de Cristo. E aqui, para excitar com razão nossa curiosidade, não se encontra alguém que, na parte precedente do Salmo, empregara a linguagem de estresse e quase desespero, e agora, inspirado com a necessária confiança para encomenda toda a Igreja à proteção divina? Como é possível que, podemos perguntar, agora ele surge como exemplo de conduta para outrem com vistas à salvação? Nisto temos uma notável prova de que, com vistas a obtermos reconciliação com Deus, podemos não só esperar sermos inspirados com a confiança de orar por nossa própria salvação, mas podemos esperar ser admitidos como intercessores em favor de outrem, e ainda sermos considerados ainda à mais elevada honra de encomendar às mãos de Deus a glória do reino do Redentor.

19. Então aceitarás sacrifícios de justiça. Nestas palavras há uma aparente – mas apenas aparente! – inconsistência com outras que ele usara no contexto precedente. Havia declarado serem os sacrifícios sem valor quando considerados em si mesmos, mas agora os reconhece como aceitáveis a Deus quando vistos como expressões ou símbolos da fé, arrependimento e ações de graças. Ele os denomina distintamente, *sacrifícios de justiça*, genuínos, justificáveis e tais como oferecidos em estrita concordância com o mandamento de Deus. A expressão é a mesma empregada no Salmo 4.5, onde Davi a usa com a tácita condenação daqueles que se gloriavam na mera forma externa das cerimônias. Encontramo-lo novamente incitando a si próprio e a outros mediante seu exemplo ao exercício da gratidão e à expressão da mesma publicamente em assembléia solene. Além dos sacrifícios em geral, especificam-se dois tipos particulares de sacrifícios. Embora alguns considerem כליל, *calil*, e עולה, *olah*, como sendo de uma só significação, outros mantêm com mais exatidão que o primeiro deve ser entendido no sentido de sacrifício pelo sacerdote, visto que nele a oferta era consumida ou queimada com fogo.[17] Na descrição que ele faz, Davi se ocupa em ensinar-nos que nenhum de todos os ritos legais pode contar com a aceitação de Deus, a menos que sejam usados com uma referência ao determinado objetivo de sua instituição. A totalidade deste versículo tem sido por alguns aplicada figuradamente ao reino de Cristo, mas tal interpretação é estranha e por demais refinada. As ações de graças são de fato chamadas por Oséias "os novilhos dos lábios" [Os 14.2], mas parece evidente que na passagem que se acha diante de nós está associada juntamente com a estrutura ou disposição do coração às solenes cerimônias que constituíam parte do antigo culto.

---

17 Ainsworth traduz assim: "o holocausto e toda a oblação"; e observa que *"toda a oblação"*, *a calil*, era um tipo de oblação totalmente feita a Deus e tudo consumido no fogo, diferenciado do ghnola, ou oferta queimada, que consistia de apenas de 'animais ou aves' (Lv 1); enquanto que *calil* era também de farinha, chamada oferta de manjar, mas totalmente queimada, a qual não era as ofertas de manjar comuns (Lv 6.20, 22, 23). Era também de animais (1Sm 7.9)."

Salmo 52

Este Salmo foi composto por Davi no tempo em que a morte de Abimeleque e outros sacerdotes disseminou o terror universal entre o povo, indispondo-os a prestar qualquer atenção à sua causa, e quando Doegue foi vitorioso na bem sucedida transmissão de sua informação. Sustentado, mesmo em tais circunstâncias, pela excitante influência da fé, ele se arremete contra a cruel traição daquele inescrupuloso delator, e se anima pela reflexão de que Deus, que é Juiz no céu, vindicará os interesses daqueles que o temem e castigará a soberba dos ímpios.

> Ao mestre cantor. Salmo de Davi para instrução, quando Doegue, o edomita, foi e relatou a Saul, dizendo-lhe que Davi havia ido à casa de Abimeleque.

Já tive ocasião de observar que o termo משכיל, *maskil*, é estritamente afixado aos Salmos em que Davi faz menção de ter sido castigado ou, pelo menos, admoestado por Deus, mediante algumas espécies de aflição, enviadas como a vara do diretor educacional com o fim de administrar correção. Disto temos exemplos nos Salmos 32 e 42. Segundo se acha no cabeçalho do Salmo 45, seu significado é um pouco diferente. Ali, parece designado a notificar ao leitor que o cântico, ainda que bafejando amor, não pretendia saborear um mero prazer animal, senão que descreve o matrimônio espiritual de Cristo com sua Igreja. Neste Salmo e no seguinte, o termo admite ser discernido no sentido de *instrução*, mais particularmente tal como procede da *correção*; e Davi, ao empregá-lo, evidentemente insinua que estava naquele tempo sujeito a tribulações próprias de seu presente estado, enviadas para instruí-lo no dever de depositar absoluta confiança em Deus. A porção da história a que o salmista se refere é bem notória. Quando Davi fugiu para Abimeleque, em Nobe, ele conseguiu das mãos daquele sacerdote provisões e a espada de Golias, havendo ocultado dele o real perigo em que ora se achava, e pretextou que estava executando um secreto e importante negócio para o rei. Doegue, o principal dos pastores do rei, havendo comunicado o conhecimento disto a Saul, na esperança de uma recompensa, se fez o instrumento para atrair a fúria do tirano, não só sobre aquele inocente indivíduo, mas contra todo o sacerdócio.[1] O sangrento exemplo que temos aqui tem impedido o povo de estender a Davi mesmo os mais comuns ofícios de humanidade, e toda avenida de confiança parecia fechada a um miserável exilado. Ao triunfar Doegue no sucesso de seu crime, e outros poderiam ser tentados pela recompensa que ele recebera a meditar na ruína de Davi, o encontramos neste Salmo a animar sua alma com divinas consolações, e a desafiar seus inimigos com a audácia da conduta deles.

[vv. 1-4]
Por que te vanglorias em tua perversidade, ó homem poderoso? A bondade de Deus dura continuamente. Tua língua urde malefícios, como uma navalha bem afiada, agindo fraudulentamente. Tu amas mais o mal do que o bem, dizer mentiras mais do que justiça. Selah. Tu amas todas as palavras de falsidade, ó língua maliciosa!

---

1 A história dessa transação se acha registrada em 1 Samuel 21.1-7 e 22.9-19. Ela fornece uma forte evidência do ódio que Saul nutria por Davi e de sua selvagem crueldade em ordenar a execução de oitenta e cinco sacerdotes por nenhum crime por eles praticado; e que monstro de iniquidade Doegue havia sido, o qual executou sua ordem, quando nem um outro indivíduo em todo o regimento de Saul o quis fazer, e que, além de fazer isso, "passou a cidade dos sacerdotes ao fio da espada, homens, mulheres, crianças e lactentes, bois, jumentos e ovelhas." "Se porventura nos sentirmos confusos", diz Walford, "ante a selvagem ferocidade de um príncipe que podia ordenar a execução de oitenta e cinco pessoas da mais venerável condição, por um crime que só existia em sua perturbada imaginação, estaremos dispostos a execrar o implacável vilão que pôde embeber suas mãos no sangue de tantas vítimas inocentes; e estaremos prontos a chegar à conclusão de que tanto Saul quanto Doegue foram inspirados a este feito de atroz crueldade, não meramente por seu ódio a Davi, mas por uma malevolência, quase sem paralelo, contra os ministros da religião, o que trouxe a lume seu desdém e seu ódio por Deus mesmo. Poderia causar pouca surpresa encontrar Davi dizendo, como o faz no próximo Salmo: 'Diz o louco em seu coração: Não há Deus'."

1. Por que te vanglorias em tua perversidade? O êxito que coroou a traição de Doegue teria feito a fé de Davi consideravelmente confusa; e tudo indica ter ele adotado a veemência de santa provocação com que começa o Salmo, a fim de armar-se mais eficientemente contra esta tentação. Começa acusando a Doegue com agravo de sua culpa, ao vangloriar-se do poder que havia adquirido através de um ato de consumada vilania. Tal poder pode ter sido suficientemente considerável para atrair a notícia que é aqui extraído dela. Pois embora ele não passasse de um simples "chefe dos pastores do rei", a designação não significava que simples e pessoalmente se ocupava de pastorear o gado, mas poderia ser um título mais honroso, como costumamos nas cortes modernas falar de "o Comandante da Cavalaria". Ele é lembrado de que não havia razão pela qual se aplaudisse em sua grandeza, enquanto o usava mal a propósitos de perversidade; nem por que seria vão qualquer nova honra que o rei lhe conferisse em consideração de seu último crime, quando a integridade é a única vereda segura para o poder e promoção. Qualquer triunfo que se pode obter por meio da violência, da traição ou quaisquer outros meios injustificados, tem curta duração. Na segunda parte do versículo, ele aponta a verdadeira causa da cegueira e estupidez que levam os homens a gloriar-se em sua perversidade que os leva a desprezar o pobre e humilde, a imaginar que Deus não se condescenderá a nutrir interesse em seu favor, e por isso aproveitam a ocasião para oprimi-lo impunemente. Não levam em conta que a providência que Deus exerce sobre seus próprios filhos. Davi, no exercício de uma santa confiança, desafia tão soberbos fanfarrões que desonram a bondade de Deus; e visto que a bondade divina nem sempre segue o mesmo curso – ocasionalmente parece sofrer interrupção e às vezes é como se fosse completamente extinta –, Davi repele qualquer tentação que tal fato pudesse sugerir, asseverando que, por mais que as aparências digam o contrário, ela é diariamente exercida. Este é evidentemente o significado que ele pretende comunicar, a saber, que quaisquer obstruções parciais que possam ocorrer na manifestação dela nunca pode impedir sua constante renovação. Ele estava confiante de que experimentaria, no futuro, o que havia encontrado no passado; pois Deus não pode cansar-se de socorrer seu povo nem de aliviar suas misérias; e embora os deixe cair repetidas vezes em aflição, está igualmente sempre pronto a estender-lhes o livramento de que necessitam.

2. Tua língua urde malefícios. Davi não deve ser aqui considerado a desafogar uma aluvião de censuras contra seu adversário, como muitos dos que são injustamente injuriados costumam fazer, simplesmente para satisfazer um sentimento de vingança. Lança essas acusações contra ele na presença de Deus, com vistas a encorajar-se na corroboração de sua própria causa; pois é evidente que, quanto mais nossos inimigos se esforcem na prática da iniqüidade, na verdade proporcionalmente provocam a ira do Senhor e se chegam para mais perto daquela destruição que deverá produzir nosso livramento. Seu objetivo, pois, não era obscurecer o caráter de Doegue na estima do mundo, mas, antes, pôr diante de seus próprios olhos o castigo divino o qual as flagrantes ofensas que ele especifica atraíam sobre sua própria cabeça. Entre estas, ele realça, como a mais especialmente digna de reprovação, a secreta traição da qual se fizera culpado ao consumar a destruição do sacerdócio. Apontando para sua secreta e maliciosa informação, ele compara *sua língua a uma navalha bem amolada*, como alhures as línguas dos perversos são comparadas a "setas afiadas" [Sl 120.4]. Adiciona-se, *agindo fraudulentamente*, palavras estas que são por alguns consideradas como se referindo à navalha que corta sutilmente, não à moda da espada que abre visivelmente uma ferida; mas talvez possam ser construídas com mais propriedade, aplicando-se à língua,[2] embora não possa haver dúvida do propósito da comparação.

---

[2] De acordo com o primeiro sentido, o significado consiste em que, como uma navalha corta com tanta facilidade, que a ferida, à primeira vista, é dificilmente perceptível, da mesma forma que a língua fraudulenta opera seus propósitos de prejudicar antes que os objetos que ela pretende arruinar tenham consciência de seu perigo. É como uma navalha bem afiada que corta a garganta antes mesmo que a pessoa se aperceba. "Contudo, se tomarmos as palavras, *tu ages fraudulentamente*, como sendo descritivas não da navalha, mas da língua, o sentido será que tal língua é capaz de causar profundas e terríveis feridas como uma navalha bem amolada." – *Walford*.

O termo, בלע, *balang*, no versículo 4, o qual tem sido traduzido por *destruição*, prefiro tomar no sentido de *ocultação* ou *encobrimento*. Parece aludir à retração da língua quando engolimos; e sob esta figura, ele descreve a malícia das palavras de Doegue, pelas quais ele devorou o insuspeito e o inocente.³ O grande propósito de Davi, como já observei nos versículos precedentes, era se animar na esperança de livramento por repousar no extremo caráter daquela perversidade que seu inimigo exibira

> [vv. 5-7]
> Deus igualmente te destruirá para sempre; ele te arrebatará e te arrancará de tua habitação e te desarraigará da terra dos viventes. Selah. Os justos também o verão e temerão e se rirão dele. Eis aqui o homem que não pôs em Deus sua fortaleza; e confiou na abundância de suas riquezas e se fortaleceu em sua perversidade.

5. Deus igualmente te destruirá para sempre. À luz destas palavras se faz ainda mais evidente que seu objetivo, ao insistir na agravada culpa de Doegue, era provar a certeza de sua ruína que se aproximava, e isso mais em função de sua própria convicção e conforto do que com propósito de alarmar a consciência do criminoso. Conseqüentemente, ele declara sua persuasão de que Deus não permitiria que tal traição passasse impunemente, ainda que por algum tempo ele permitisse a perpetração dela. Os ímpios se dispõem, enquanto prossegue suas prosperidade, a viver em imperturbável segurança; e o santo de Deus, ao ver o poder de que os ímpios possuem, e testemunha seu arrogante desdém dos juízos divinos, sente-se profundamente esmagado por apreensões de incredulidade. Mas a fim de estabelecer bem sua mente na verdade que anuncia, observa-se que o salmista amontoa expressão sobre expressão – Deus te destruirá, te arrebatará, te arrancará, te desarraigará –, como se através de tal multiplicidade de palavras ele

---

3 "בלע, *balang*, é *engolir*, *devorar*, com a idéia de avidez, cobiça." – *Gesenius*.

se convencesse mais eficientemente que Deus era capaz de vencer tal adversário com todo seu blazonado poder e autoridade. ⁴ Ao acrescentar que Deus o desarraigaria de sua *habitação* ou *tenda*,⁵ e *da terra dos viventes*, ele insinua que o perverso será destruído por Deus, por mais seguro pareça repousar no leito de alguma confortável mansão e não vã esperança de viver na terra para sempre. Possivelmente estaria aludindo, ao mencionar uma *tenda*, à profissão de Doegue, como os pastores têm sua morada em tendas.

6. Os justos também verão e temerão.⁶ Ele aqui aduz, como outra razão por que se podia esperar a ruína de Doegue, que um importante fim se obteria dela, no sentido de que poderia promover a religião no coração do povo do Senhor e oferecer-lhes uma nova exibição da justiça divina. Aconteceria que ela seria testemunhada tanto pelos ímpios quanto pelos justos; mas há duas razões por que o salmista a representa como sendo vista especialmente pelos últimos. Os ímpios são incapazes de tirar proveito dos juízos divinos, sendo cegos ante as mais claras manifestações que ele faz de si mesmo em suas obras, e portanto somente os justos *poderiam* vê-la. Além disso, o grande fim que Deus tem em vista, quando

---

4 "Maravilhosa", diz o bispo Horne, "é a força dos verbos no original, os quais nos comunicam quatro idéias de 'jazer prostrado', 'dissolver-se pelo fogo', remover com uma vassoura' e 'extirpar totalmente a raiz e o galho', como uma árvore erradicada do local em que cresceu." O segundo verbo, יחתך, *yachtecha*, explica Bythner, "*te arrebatarei*, como alguém tira o fogo de uma lareira. De חתה, *chatheh*, ele removeu os carvões acesos ou o fogo de um lugar para outro."

5 Há outra interpretação desta expressão que pode aqui ser apresentada. Tem-se imaginado que a alusão é ao tabernáculo de Deus. "מאהל, *meohel*", diz Hammond, "é literalmente 'da tabernáculo', não 'de *tua* habitação'; e é assim que a Septuaginta o traduz: 'Ἀπὸ σκηνώματος', 'do tabernáculo'; e ainda que as versões Latina, Siríaca e Arábica acrescentem *tuo, tua*, contudo nem o hebraico o suportará nem a Caldaica o reconhecerá, que o traduz à guisa de paráfrase: 'Ele te fará partir da habitação no lugar do Schechina, ou tabernáculo, lugar da presença de Deus.'" Hammond presume que a expressão deve ser entendida "da censura de excomunhão que no último e mais elevado grau era *Shammatha*, entregando o criminoso na mão do céu para ser eliminado, ele e sua posteridade." "Doegue", diz o arcebispo Secker, "não tinha ofício no tabernáculo; mas através de sua história parece que o freqüentava, o que o fazia parecer um bom homem. E parece haver certa oposição em ser ele arrancado do lugar da habitação de Deus e continuar Davi na casa de Deus, no versículo oitavo."

6 French e Skinner traduzem: "Os justos o verão e sentirão reverência – *sentir reverência*, isto é, ante o castigo do ímpio, encontra adicional razão para reverenciar a Deus e observar suas justas leis."

prostra a soberba dos ímpios, é o conforto de seu próprio povo, para que lhes mostre o cuidado com que ele vela por sua segurança. É a eles, portanto, que Davi representa como que testemunhando este espetáculo da divina justiça. E ao dizer que *temeriam*, não quer dizer que tremeriam ou experimentariam alguma servil apreensão, mas que sua reverente consideração para com Deus seria acrescida por esta prova de seu cuidado por seus interesses. Ao expor-se ao injurioso tratamento de seus inimigos, é possível que sejam angustiados por dúvidas quanto ao cuidado que ele toma no governo do mundo. Mas tais ilustrações, ao contrário, têm o efeito de aquecer seu descoroçoado zelo, e estimulando que o temor de forma alguma é inconsistente com a alegria expressa no final do versículo. São levados a reverenciá-lo ainda mais quando vêem que ele é o vingador da crueldade e injustiça. Em contrapartida, quando percebem que ele vem em defesa de sua causa e se une a eles na comum batalha contra seus adversários, naturalmente se enchem da mais triunfante alegria. O belo jogo das palavras *ver* e *temer*, no hebraico, não pode ser transferido para nosso idioma; a forma da expressão notifica que eles veriam, e veriam eficientemente.

7. Eis aqui o homem que não pôs em Deus sua fortaleza. Há quem pense que estas palavras expressam o que mais tarde se aplicaria proverbialmente a Doegue; mas parece que tiveram a intenção de restringir a significação. Simplesmente expressam a leviandade com que o povo de Deus tomaria o juízo. Visaria ensinar-lhes, de um lado, a paciência diante da insolência dos ímpios, a qual é rapidamente humilhada; e, do outro, de precaver-se de ceder a semelhante enfatuação do espírito. Rir-se-iam de sua destruição, contudo não na forma de insultá-los, mas regozijando-se mais e mais na confiança do socorro divino, e se negando com mais jovialidade os vãos prazeres deste mundo. Esta é a lição a ser aprendida de tais dispensações da providência: elas devem lembrar nossos errantes afetos por Deus. O versículo é introduzido com uma exclamação: *Eis aqui o homem etc.*; pois Davi quer que olhemos para isso de relance como se representa a nossos olhos, de uma vívida maneira, o fim de todos quantos desprezam o Senhor; e pode-se notar que não é um pequeno ponto de sabedoria prática generalizar assim as providências individuais. As duas cláusulas, *não fez de Deus sua fortaleza* e *confiou na abundância de suas riquezas*, se acham mutuamente conectadas. Pois ninguém pode sinceramente repousar em Deus senão aquele que se esvazia de toda confiança em seus próprios recursos. Enquanto os homens crerem que possuem algo propriamente seu, no qual podem vangloriar-se, jamais recorrerão a Deus; apenas na mesma proporção que arrogamos para nós, derrogamos dele; e não apenas riqueza, mas qualquer outra possessão terrena que, ao absorver nossa confiança, nos impeça de inquirir do Senhor. O substantivo, הוה, *havah*, que a maioria dos intérpretes tem traduzido por *perversidade*,[7] e outros por *mortandade* ou *destruição*, parece, neste passo, significar antes *substância*.[8] Tais repetições do mesmo sentimento em diferentes palavras são comuns com o salmista; e, segundo esta tradução, o versículo fluirá conectadamente, lendo que o homem que confia em suas riquezas, e se fortalece em sua substância, defrauda a Deus de sua justa glória.

[vv. 8-9]
Eu, porém, sou como uma oliveira verde na casa de Deus; tenho esperado na benevolência de Deus para sempre e eternamente. Eu te louvarei para sempre, porque tu o fizeste; esperarei em teu nome, porque é bom diante de teus humildes.

8. Eu, porém, sou qual uma oliveira verde.[9] Já vimos que Davi

---

7 Se essa tradução é a genuína, pode haver uma referência às expectativas que Doegue nutria de aumentar seu poder e influência injuriando ainda mais maliciosamente a Davi, se com isso obtivesse, em maior grau, o favor de Saul.

8 Esta é a tradução marginal em nossa Bíblia Ingresa. Como era o pastor-chefe de Saul, é provável que suas riquezas consistissem principalmente de gado.

9 Em nossas versões lemos também, "qual uma oliveira verde (verdejante)", porém seria mais correto traduzir assim: Sou qual uma oliveira exuberante ou vigorosa". A palavra original, רענן, *raänan*, não faz referência à cor da árvore, mas à sua condição fresca, vigorosa e florescente. Daí essa palavra ser usada no Salmo 92.11 para expressar "óleo fresco"; e em Daniel 4.4 para denotar a

se sentira condicionado, pelo exercício da fé, a contemplar a grandeza mundana de Doegue com santo desdém; e agora o encontramos se erguendo superior a tudo que era presentemente aflitivo em sua própria condição. Ainda que aparentemente ele mais se assemelhava ao tronco seco de uma árvore arrancada do chão, ele se compara, na confiança da chegada da prosperidade, a uma árvore verde. Não careço dizer que a destruição de Doegue só poderia comunicar conforto à sua mente na forma de convencê-lo que Deus era o vingador e juiz da crueldade humana, e levá-lo a inferir que, como Deus havia punido seus próprios erros, assim ele se manifestaria para novas expansões da prosperidade. À luz desta linguagem, aparentemente não podia conceber mais sublime felicidade em sua condição do que ser admitido no número dos adoradores de Deus e se envolver nos exercícios de devoção. Esta era uma característica de seu espírito. Já tivemos ocasião de ver que ele sentia o banimento do santuário divino mais agudamente do que a separação de sua própria consorte, a perda da substância mundana, ou os perigos e obstáculos do deserto. A idéia de que aqui se faz uma alusão, à guisa de contraste, a Doegue vindo ao tabernáculo

---

condição próspera de Nabucodonosor: "Eu, Nabucodonosor, estava sossegado em minha casa, e *próspero* em meu palácio." O fato é que a cor da oliveira, além de ser de um verde brilhante e vívido, é escura, desagradável e amarelenta. Os turistas, quando contemplam essa árvore, experimentam uma sensação de desapontamento por não vê-la de posse de um verdor vívido que esperavam ver à luz da descrição dada nas Escrituras. Um excelente excursionista, Mr. Sharpe, escrevendo da Itália, assim se expressa sobre o tema: "Os campos, e de fato toda a feição da Toscânia, são de certa maneira cobertos de oliveiras; mas a oliveira não corresponde ao caráter que dela havia concebido. O salmista real, e alguns dos escritores sacros, falam com êxtase da 'oliveira verdejante', de modo que eu esperava ver uma beleza verde; e confesso que me sinto miseravelmente desapontado em descobrir que sua coloração se assemelha às nossas sebes quando se encontram cobertas de pó." Mas esse desapontamento sentido por Mr. Sharpe não se deve à excessiva ou exagerada coloração descrita pelos escritores sacros, senão que provém do mal-entendido oriundo do significado que se imprime à sua linguagem. A beleza da oliveira é representada em outras partes da Escritura como que consistindo, não do verdor de sua folhagem, mas na expansão de seus ramos (Os 14.6). – *Harmer's Observations*, vol. III. pp. 255-257. A propriedade e beleza da comparação que Davi aqui faz surge do fato de que a oliveira é uma árvore sempre verde, bem como, considerando seu tamanho, de longa vida. Enquanto Davi, no versículo 5, predisse a súbita e total destruição de Doegue, comparando-o a uma árvore arrancada pelas raízes, agora, em contraste com isso, o representa tal como uma oliveira jovem, vigorosa, que tinha muito para viver e prosperar; esperando confiantemente obter aquela paz e prosperidade externas, as quais Deus lhe prometera, e, juntamente com isso, o desfruto de todas as bênçãos espirituais.

do Senhor simplesmente como espião, e sob hipócritas pretextos, é tacanha e artificial. É mais natural supor que Davi se distingue de todos os seus inimigos, sem exceção, notificando que, embora estivesse presentemente afastado do tabernáculo, logo seria restaurado em relação ao mesmo; e que aqueles que se vangloriavam de possuir, ou antes monopolizar, a casa de Deus, seriam desarraigado dela miseravelmente. E gravemos aqui a valiosa lição em nosso coração, ou seja, que devemos considerar o grande objetivo de nossa existência encontrar-se arrolada entre os adoradores de Deus; e que nos avaliemos pelo prisma do inestimável privilégio das assembléias instituídas da Igreja, as quais são indispensáveis auxílios à nossa debilidade e meios de mútuo incitamento e encorajamento. Por esses meios, bem como por meio de nossos comuns Sacramentos, o Senhor, que é o único Deus, e que designou que devêssemos ser um nele, nos está educando juntos na esperança da vida eterna e na unida celebração de seu santo nome. Aprendamos com Davi a preferir um lugar na casa de Deus a todas as fúteis vaidades deste mundo. Acrescenta a razão por que devemos ser como a oliveira verde –porque *ele esperou na bondade de Deus*; pois a partícula causal parece estar subentendida. E nisto ele adverte para o contraste entre ele e os inimigos. Poderiam prosperar por algum tempo, expandir seus ramos ainda mais, e sobressair-se numa estrutura gigantesca, mas subitamente estariam secos, porquanto não lançaram suas raízes na benevolência divina; enquanto que ele tinha consciência de que proviera desta fonte sempre renovada e sempre suprida de seiva e vigor. Visto que o término de suas provações terrenas poderia ser prolongado, e corria-se o risco de que viesse a sucumbir em sua longa continuação, a menos que sua confiança se estendesse ainda mais pelo futuro a fora, ele declara expressamente que não pretendia prescrever tempos a Deus, e que sua esperança se estendia pela eternidade a fora. Deduz-se que ele se entregou inteiramente a Deus em tudo quanto dizia respeito a esta vida ou à sua morte. A passagem nos põe de posse da grande distinção entre os genuínos filhos de Deus e aqueles que são hipócritas. Infelizmente se encontram juntos na Igreja, como o trigo se mistura à palha na mesma eira; uma classe, porém, permanece para sempre na inabalável e bem fundada esperança, enquanto que a outra se dissipa na ilusão de sua falsa confiança.

9. Eu te louvarei etc. Ele conclui o Salmo com ações de graças, e mostra que é sincero nisto, mediante especial reconhecimento que faz do fato de que esta tem sido a obra de Deus. Tal é a corrupção do coração humano, que de cem que professam gratidão a Deus com seus lábios, raramente um seriamente pondera sobre os benefícios que tem recebido como provindo da mão divina. Davi declara, pois, que foi inteiramente devido à proteção divina que escapara da traição de Doegue e de todos os seus subseqüentes perigos, e promete reter um grato senso disto ao longo de toda sua vida. Não há dever religioso no qual não se nos torna manifesto um espírito de perseverança; mas carecemos ser especialmente empurrados em direção ao dever da render graças, dispostos como somos a tão rapidamente esquecer as misericórdias recebidas, e ocasionalmente imaginar que a gratidão de uns poucos dias é um suficiente tributo pelos benefícios que merecem ser perenemente guardados na memória. Ele fala de juntar o exercício da esperança com o da gratidão; pois *esperar no nome de Deus* é sinônimo de esperar pacientemente em sua misericórdia, sempre que houver um mínimo vislumbre de a mesma ser concedida, e confiar na palavra divina, por mais que se delongue em seu cumprimento. Ele se anima na fé de que sua esperança não seria vã, ponderando no fato de que o nome de *Deus é bom diante dos santos*. Alguns lêem assim: *porque é bom diante dos santos*; isto é, esperar no divino Nome [Sl 118.8]. A outra redação, porém, parece-me mais simples e natural, expressando a verdade de que Deus não frustrará as expectativas de seu povo, visto que sua benevolência para eles é sempre evidente. O nome de Deus pode ser detestado pelos ímpios, e o próprio som dele ser suficiente para lançar terror em seus corações; Davi, porém, assevera ser o mesmo doce à experiência de todo o seu povo. São aqui chamados seus humildes, porque, como já observei ao comentar o Salmo 16.3, refletem em seu caráter a bondade e beneficência de seu Pai celestial.

Salmo 53

Este Salmo é quase idêntico ao *catorze*, não sendo necessário deduzir dele algum comentário distinto.[1]

Ao mestre de música sobre Mahalath.[2] Salmo de Davi para instrução.

[vv. 1-6]
Disse o néscio em seu coração: Não há Deus. Tornaram-se corruptos; têm realizado obras abomináveis; não há sequer um que faça o bem. Deus olhou do céu para os filhos dos homens, para ver se havia algum que entendesse, que buscasse a Deus. Todos eles se desviaram; juntamente se tornaram imundos; não há quem faça o bem, não, nem sequer um. Acaso não têm conhecimento os obreiros da iniquidade? os que comem meu povo como se come pão?[3] Eles não têm invocado a Deus. Ali se acharam eles em grande temor, onde não havia temor; pois Deus espalhou os ossos daquele que se acampa contra ti; tu os expuseste à ignomínia, porque Deus os desprezou. Quem anunciará a salvação de Sião? Quando Deus fizer voltar os cativos de seu povo,[4] Jacó se regozijará e Israel triunfará.

---

1 Algumas ligeiras diferenças serão encontradas, em comparação, entre este e o Salmo 14; a principal delas está no versículo 5. Não é fácil dizer se tais variações são devidas aos escriba, ou se foram feitas por algum poeta profético que, durante algum período aflitivo na história judaica, adaptou o Salmo 14, com umas poucas alterações, a circunstâncias diferentes daquelas pelas quais foi originalmente composto. Teodoreto é desta última opinião, e refere-se ao alarma criado pela invasão de Senaqueribe sob o reinado de Ezequias; outros pensam que foi escrito durante o cativeiro – conjuntura esta que se funda no último versículo: "Oh! se já de Sião viesse a salvação de Israel!"

2 "O que מחלת, mahalath, significa, no título deste e do Salmo 88, seria algo incerto, não sendo a palavra encontrada em outro lugar. É mais provavelmente o nome de um instrumento sobre o qual o Salmo deveria ser cantado; o que pode deduzir-se adequadamente de חלל , perforavit, ou incidit, ou da concavidade do instrumento, ou dos furos feitos nele; em que respeito חליל é ordinariamente usado para fístula ou tíbia, uma flauta." – Hammond.

3 "C'est, n'en font non plus de conscience, que de manger un morceau de pain." – n.m.f. "Isto é, não têm mais escrúpulo de fazer isso do que de comer um bocado de pão."

4 "C'est, son peuple captif." – n.m.f. "Isto é, seu povo cativo."

Salmo 54

Davi registrou neste Salmo a oração que oferecera a Deus quando ouviu que havia sido traído pelos zifeus e fora reduzido a uma situação de extremo perigo. Não pode deixar de nos impressionar a sublime idéia de sua invencível fé, deparando-nos com ele invocando a Deus no imediato prospecto da morte.

> Ao mestre de música sobre Neginoth. Salmo de Davi para instrução, quando os zifeus foram a Saul e lhe disseram: Não se acha Davi escondido entre nós?

Sabemos da história sacra que Davi amiúde se escondia naquela parte do deserto que se limitava com os zifeus. Transparece [1Sm 23.19; 26.1] que ele foi traído por eles em duas ocasiões; e ele anota as circunstâncias particulares em que o Salmo foi escrito para ensinar-nos que jamais perdera a esperança no socorro divino mesmo na pior situação. Cercado como estava por tropas hostis, e encerrado de todos os lados por destruição aparentemente inevitável, não podemos senão admirar a rara e heróica intrepidez que ele exibia, confiando-se, através da oração, ao Onipotente. Poderia parecer justo tanto crível que Deus poderia trazer o morto da sepultura quanto poderia ele preservá-lo em tais circunstâncias; pois parecia impossível que ele escapasse da cova onde estava escondido com sua vida.

> [vv. 1-3]
> Salva-me, ó Deus! pelo teu nome, e julga-me pela tua força. Ouve minha oração, ó Deus! dá ouvido às palavras de minha boca. Porque os estranhos se levantam contra mim, e os terríveis têm procurado minha alma; eles não põem Deus diante de seus olhos. Selah.

Salva-me, ó Deus! Visto que Davi se achava por esse tempo fora do alcance da assistência humana, ele precisa ser compreendido como a orar para ser salvo pelo *nome e poder de Deus*, num sentido enfático, ou por meio destes em distinção aos meios usuais de livramento. Embora todo socorro em última análise venha de Deus, há métodos ordinários pelos quais geralmente ele o estende. Quando estes fracassam, e todo arrimo terreno é removido, então ele toma a obra em suas próprias mãos. Foi em tal situação que Davi, nesta passagem, por fim buscou o asilo dos santos e tentou salvar-se através de um milagre do divino poder. Ao apelar, na segunda parte do versículo, para Deus como seu Juiz, ele assevera sua retidão. E devia causar-nos admiração o fato de que, ao pedirmos a divina proteção, é indispensável pré-requisito convencermo-nos da graça de nossa causa, como seria indicativo da maior profanação em alguém esperar ele que Deus patrocine a iniquidade. Davi foi encorajado a orar por livramento pela graça de sua causa e de sua consciência de integridade; tampouco entreteve ele a menor sombra de dúvida de que, ao apresentar isso a Deus, agiria da parte de seu defensor e puniria a crueldade e traição de seus inimigos.

2. Ouve minha oração, ó Deus! A linguagem é expressão de sua solicitude. Foi levado a essa fervorosa súplica pelo extremo de suas atuais circunstâncias, a qual é aludida no versículo seguinte, onde se queixa de achar-se cercado por homens ferozes, bárbaros e desenfreados em questão de religião. Não havia necessidade de informar a Deus de um fato que já lhe era bem notório; mas alivia seu próprio coração, declarando a causa de seu temor e inquietude. Ao chamar seus inimigos de *estranhos*,[1] parece referir-se à sua maneira bárbara, quer aplicasse o nome só aos zifeus ou, em geral, a todo o exército de

---

1 Para זרים, *zairim*, estranhos, para mais de vinte MSS. têm זדים, *zoidim*, *os soberbos*; e este é o sentido dado pela Paráfrase Caldaica. Como os zifeus eram judeus, e da mesma tribo de Davi (Js 15.24), e portanto não, estritamente falando, 'estranhos', há quem pense que *os soberbos* é a tradução genuína. Os zifeus, porém, como nosso autor com razão observa, podem ser chamados de 'estranhos', visto que agiam em relação a Davi como agem os estranhos e inimigos, procurando entregá-lo nas mãos de seu injusto e cruel perseguidor, Saul.

Saul. Outros o consideram, neste termo, como que apontando para sua degeneração como filhos de Abraão; e é verdade que os judeus são reiteradamente estigmatizados pelos profetas sob esta forma de expressão, quando se excluíram da Igreja de Deus através de desregramento ou impiedade. Nesta passagem, porém, ele parece ser usado num sentido diferente. Visto que mesmo os inimigos costumam, até certo ponto, respeitar os laços de parentesco e afinidade, Davi estaria a nos realçar a monstruosa desumanidade dos homens que ora o cercavam, pelo fato de que o assaltavam como *estranhos*, como pessoas que nunca o haviam conhecido, ou como se houvesse ele nascido em alguma distante parte do mundo. Ele os denomina, *os terríveis*,[2] não *os poderosos* ou *portentosos*, como alguns têm traduzido a palavra; pois isso frustra o significado pretendido por Davi, o qual era que estavam privados de toda humanidade e prontos a dilacerá-lo como se fossem feras selvagens. Daí o temor com que ele recorre à proteção divina. E acrescenta que *procuravam por sua alma*, para denotar que nada contentaria sua insaciável crueldade senão sua vida. E para melhor expressar a irrefreada natureza de sua fúria, ele nos conta que não tinham o menor respeito por Deus. A única coisa que se pode supor, em tais circunstâncias, e agir como um restringente sobre suas mentes, era a consideração de haver um Juiz no céu diante de quem eram responsáveis por sua conduta; e ser insensível a isso, que moderação poderia esperar deles?

[vv. 4-7]
Eis que Deus é meu ajudador; o Senhor está com aqueles que sustêm minha alma. Ele recompensará a meus inimigos com o mal; destrói-os em tua verdade. Eu voluntariamente te oferecerei sacrifício; louvarei teu nome, ó Deus, porque é bom! Pois me tem livrado de toda angústia; e meus olhos olharam para meus adversários.[3]

---

2 Ainsworth traduz assim: "Aterrorizantes déspotas." *"Terríveis consternadores"*, como Saul e seu séquito, cujo terror assombrava a muitos. Veja-se Salmo 10.18."

3 Os tradutores de nossa Bíblia Inglesa presumiram haver aqui uma elipse; e daí completaram com "meu desejo". Calvino, em sua tradução do versículo, não faz nenhum suplemento, mas o subentende num sentido similar: "Meus olhos têm visto o castigo de meus adversários"; assim como se diz no

4. Eis que Deus é meu ajudador. Linguagem tal como esta pode mostrar-nos que Davi não dirigiu suas orações ao acaso, sem qualquer propósito, mas as ofereceu no exercício de uma fé vívida. Há muito vigor no advérbio demonstrativo. Ele aponta, por assim dizer, com o dedo para este Deus que estava ali do seu lado para defendê-lo; e não foi esta uma notável ilustração do poder com que a fé pode sobrepor todos os obstáculos e relancear, de repente, dos abismos do desespero para o próprio trono de Deus? Ele era um fugitivo pelas cavernas da terra, e mesmo ali arriscando sua vida – como, pois, poderia falar de Deus como estando perto dele? Estava prestes a descer para a própria guelra da sepultura; como poderia ele reconhecer a graciosa presença de Deus? Ele estava tremendo na momentânea expectativa de ser destruído; e como é possível que triunfasse na infalível esperança de que o socorro divino lhe seria presentemente estendido? Ao catalogar Deus entre seus defensores, não devemos presumir que lhe designa uma categoria comum entre os homens que apoiavam sua causa, o que teria sido altamente derrogatório de sua glória. Sua intenção é que Deus tomava parte com aqueles tais como Jônatas e outros, os quais se interessavam em seu bem-estar. Estes podiam ser bem poucos em número, possuidores de pouco poder e também sucumbidos pelos temores; mas ele cria que, sob a diretriz e proteção do Onipotente, juntos provariam ser superiores a seus inimigos; ou, talvez, podemos vê-lo a referir-se, noutros termos, a sua completa destituição de todos os defensores humanos, e asseverando que o socorro divino compensaria ricamente o de todos.[4]

Salmo 91.8: "Com teus olhos olhas e vês *a recompensa* dos ímpios." Mas se lermos as palavras literalmente, sem qualquer suplemento, e como se acham traduzidas pela LXX e a Siríaca: "Meus olhos viram ou procuraram por meus inimigos", serão suscetíveis de um sentido muito bom e natural. Os inimigos de Davi nesse tempo não estavam destruídos; mas Saul, quando alcançou o lado mais afastado da montanha onde Davi se escondera, e estava para apoderar-se de sua vítima, havendo ouvido que os filisteus invadiram a terra, apressou-se em confusão a repelir os invasores. O significado da linguagem de Davi, pois, pode ser que ele estava tão perto de Saul e seu exército que podia vê-los se afastando em marcha, o que poderia ser facilmente concebido quando se considera que "Saul subiu desse lado do monte Maon, e Davi e seus homens estavam naquele lado do monte" (1Sm 23.26).

4 A frase, אדני בסמכי, *Adonai besomkey*, a qual Calvino traduz: "O Senhor é com aqueles que sustêm", Hammond traduz: "O Senhor entre os sustentadores"; e observa que essa forma de expressão, que não é comum entre os hebreus, significa não mais que "Deus é meu sustentador; não

5. Ele recompensará a meus inimigos com o mal. Quanto ao verbo, ישיב, *yashib*, que pode ser traduzido, *ele fará voltar*,⁵ parece indicar não só o castigo, mas o tipo de castigo que seria o prêmio de seus inimigos, como um bumerangue a golpear suas perversas maquinações contra suas própria cabeças. Há quem dê um sentido optativo ao verbo, entendendo as palavras como expressão de desejo ou oração; mas não vejo razão por que não deva o mesmo ser tomado estritamente no tempo futuro, e imagino que Davi notifica a sua inabalável expectativa que este favor, pelo qual já havia orado, lhe seria concedido. Não é de forma alguma incomum encontrar as orações dos salmistas intersectadas com frases desse gênero, inseridas com o propósito de estimular sua fé, como aqui, onde anuncia a verdade geral de que Deus é o justo Juiz que recompensará os perversos. Com vistas a confirmar suas esperanças, ele aponta particularmente para *a verdade* de Deus; pois nada pode apoiar-nos no momento de tentação, quando o divino livramento pode delongar-se, mas uma firme persuasão de que Deus é verdadeiro, e que não pode decepcionar-nos com suas divinas promessas. Sua confiança de obter seu pedido se achava fundada na circunstância de que Deus não poderia negar sua palavra mais que negar-se a si próprio.

6. Eu voluntariamente te oferecerei sacrifício. Segundo seu usual costume, ele se compromete, desde que se lhe conceda livramento, a sentir o senso de gratidão pelo mesmo; e não pode haver dúvida de que ele aqui promete também render graças a Deus, de uma maneira

---

um de meus sustentadores, mas meu único sustentador." Assim, quando Jefté (Jz 11.35) diz a sua filha: "Tu estás entre os que me turbam", ou "um daqueles que me turbam", simplesmente quer dizer que ela lhe trouxera tristeza e perplexidade. Assim no Salmo 55.18: "Havia muitos comigo"; isto é, "Deus estava comigo", que é tão bom quanto a maior multidão. Este é o sentido em que o erudito Castellio entende a passagem, traduzindo-a: "Dominus is est qui mihi vitam sustentaat"; "O Senhor é aquele que sustenta minha vida"; e a defende pelo acima e com argumentos. Com isto a Septuaginta concorda: "Κυριος ἀντιλήπτωρ τῶς ψυχῶς μου", "O Senhor é o defensor de minha alma"; e também a Siríaca, Arábica e Etiópica.

5 French e Skinner o traduzem assim: "que sua injúria se volte contra aqueles que me vigiam"; e observa que *sua injúria*, em hebraico, é *o mal*, e que o significado é: o próprio mal que engendraram contra mim. Compare-se Salmo 7.16."

formal, quando se lhe deparasse oportunidade de o fazer. Visto que Deus olhe principalmente para o sentimento íntimo do coração, não pode haver escusa de negligência em relação a tais ritos como a lei havia prescrito. Ele testificaria seu senso do favor que recebera, da maneira comum como todo o povo de Deus recebia, mediante sacrifícios, e com isso pretendia incitar outros ao cumprimento de seu dever mediante seu exemplo. E *sacrificaria voluntariamente*; pelo quê ele não alude à circunstância de que os sacrifícios de ação de graça eram uma opção dos adoradores, mas à alacridade e prazer com que pagaria seu voto quando escapasse de seus presentes perigos. A forma geral como os homens prometem profusamente a Deus enquanto se acham sob a presente pressão de aflições, mas assim que passam entregam-se àquele displicência que lhes é peculiar e logo se esquecem da bondade do Senhor. Davi, porém, se compromete a oferecer sacrifício voluntariamente, e não da forma como fazem os hipócritas, cuja religião é fonte de servilismo e constrangimento. Somos instruídos por esta passagem que, ao chegarmos à presença de Deus, não podemos esperar sua aceitação a menos que abracemos seu serviço com uma mente disposta. A última cláusula deste versículo, e do versículo seguinte, evidentemente se refere ao tempo quando o salmista obtivera o livramento que buscava. O Salmo todo, é verdade, deve ter sido escrito após seu livramento; mas até a este ponto ele deve ser considerado como que registrando a forma de oração que usava enquanto ainda exposto ao perigo. Devemos supô-lo agora aliviado de suas ansiedades e adicionando uma fresca expressão de sua gratidão. Nem é improvável que ele se refira às misericórdias que experimentara em outros períodos de sua história, e que eram evocadas à sua memória por aquela que nos é mais imediatamente comunicada nos versículos precedentes; de modo que ele não deve ser entendido como a declarar, num sentido mais geral, que *o nome de Deus era bom*, e que *o tinha libertado de toda angústia*. Já chamei a atenção, num Salmo anterior [Sl 52.6], para o sentido em que se diz *verem* os justos a destruição de seus inimigos. É a visão do evento quando acompanhado de alegria e conforto; e é possível que se inquira se aos filhos de Deus é permitido sentir prazer em ver a execução dos juízos divinos sobre os perversos, a resposta é óbvia, ou seja, que tudo depende do motivo pelo qual são influenciados. Se sua satisfação procede em certa medida da gratificação de um sentimento depravado, então deve ser condenada; mas há certamente um deleite puro e justificável que podemos sentir na contemplação de tais ilustrações da divina justiça.

Salmo 55

Muitos intérpretes têm imaginado que este Salmo se refere à conspiração de Absalão, pela qual Davi foi expulso do trono e forçado a buscar refúgio no deserto sob circunstâncias de grande conflito. No entanto parece mais ter sido escrito num período quando o salmista se viu reduzido a extremo perigo pelas perseguições de Saul. É uma oração que expressa a mais profunda angústia e cheia de fervor, demandando toda consideração que se pode imaginar numa angustiante solicitação da compaixão divina. Após ter descarregado suas tristezas e dado início a seus rogos, o salmista contempla uma perspectiva de livramento e oferece ações de graças a Deus como se o já houvera obtido.

Ao mestre de música em Neginoth. Salmo de Davi para instrução.

[vv. 1-3]
Dá ouvidos, ó Deus, à minha oração e não te ocultes de minha súplica. Atende-me e responde-me. Prantearei[1] em minha petição[2] e farei ruído.[3] Em razão da voz do inimigo, e por causa da opressão do ímpio; pois lançam sobre mim a iniqüidade, e com furor lutam contra mim.

---

1 O verbo אריד, *arid*, o qual Calvino traduz: "Prantearei", é traduzido por Boothroyd: "Estou angustiado, confuso, perturbado." Mudge é de opinião que אריד, *arid*, se deriva de ירד, *yarad*, *impregnar, destilar, pingar* etc.; e por isso ele traduz: "Enquanto lamento em minha queixa."
2 "Meditação, discurso, conferência, oração, queixa. O *siach* hebraico significa qualquer discurso ou exercício longo da mente ou da boca, por envolver meditação, conversação, oração, comunicação consigo mesmo ou com outros." – *Ainsworth*.
3 "*Hebraico*, estou numa agitação tumultuosa, como as ondas do mar." – *Bispo Horne*. A palavra original, הום, *hum*, segundo Gesenius, significa "*pôr-se em movimento, entregar-se à comoção, à consternação, agitar-se*; e Hiph, *provocar comoção*, fazer ruído, expresso com inquietude mental, comoção interior (Sl 55.3)."

Dá ouvidos, ó Deus, à minha oração! À luz da linguagem com que se abre o Salmo, podemos concluir que Davi, nesse tempo, estava labutando sob forte estresse. Não era possível que fosse uma pequena porção dele que produzia um efeito tão esmagador sobre um santo sobejamente distinguido por sua coragem. A tradução que se tem apresentado de אריד, *arid*, como sendo *prevalecerei*, faz violência ao contexto, pois, no que diz respeito a gloriar-se na fortaleza com que governa seu discurso, ele está ansioso por comunicar uma impressão de sua miséria, notificando que fora constrangido a gritar. O que se acrescenta no terceiro versículo, **Em razão da voz do inimigo**, pode-se considerar como uma conexão, ou com o primeiro versículo, ou com o imediatamente precedente, ou com ambos. Pelo termo, *voz*, há quem o entenda como o ruído que é ocasionado por uma multidão de pessoas; como se quisesse dizer que o inimigo estava reunindo numerosas tropas contra ele; mas ele alude, antes, às ameaças que podemos supor estava Saul habituado a lançar sobre este inocente profeta. A interpretação que tem sido também forjada sobre a expressão, *lançar a iniqüidade* sobre ele, como se dissesse que seus inimigos o sobrecarregavam com falsas acusações, é tacanha e de muito pouca consistência com o contexto. As palavras se destinam a corresponder com a cláusula precedente, onde se diz que *seus inimigos lutaram contra ele com furor*; e portanto *lançar iniqüidade sobre ele* significa, em minha opinião, não mais que descarregar sua injusta violência sobre ele para sua destruição, ou iniquamente tramar sua ruína. Se se pretende alguma distinção entre as duas cláusulas, talvez o *lutar contra ele com furor* se refira à sua franca violência, e o *lançar a iniqüidade sobre ele*[4] se refira à sua fraudulenta traição. Neste caso, און, *aven*, que traduzi por *iniqüidade*, significará malícia oculta. A *agressão dos per-*

---

4 "Literalmente, *empurrar iniqüidade contra mim*; isto é, por meio de insinuações indiretas e engenhosas eles difamam meu caráter. O sentimento de todo o pensamento creio ser este: os inimigos do salmista, por meio de furtivas insinuações, o mantiveram sob a suspeita dos piores inimigos, e então descarregaram sua malícia sobre ele com um colorido de justo ressentimento."
– *Horsley*.

versos deve ser aqui subentendida no sentido ativo de *perseguição*. E ao aplicar o termo, *perverso, ímpio* a seus inimigos, ele faz não tão leve acusação contra eles quando implicitamente assevera sua própria inocência. Nosso maior conforto ante a perseguição é a cônscia retidão, a reflexão de que não o merecemos; pois deste fato provém a esperança de que experimentaremos o auxílio do Senhor, o qual é o escudo e defesa dos atribulados.

[vv. 4-8]
Meu coração treme dentro em mim, e os terrores de morte caíram sobre mim. Medo e tremor me sobrevêm, e o horror me tem subjugado. Então disse: Quem me dará asas como de pomba? Eu voaria para longe e teria descanso. Eis que prolongaria o vôo;[5] repousaria no deserto. Selah. Apressar-me-ia o meu livramento,[6] do vento suscitado pelo vendaval.

4. Meu coração treme dentro em mim.[7] Aqui temos evidência adicional dos extremos sofrimentos de Davi. Quem usa tais palavras não era uma pessoa mole ou efeminada, mas alguém que havia dado indubitável prova de constância. Tampouco se queixa meramente das atrozes injúrias infligidas contra ele por seus inimigos. Clama que se sente aturdido com os terrores, e assim reconhece que seu coração não era insensível a suas aflições. Portanto, desta passagem podemos aprender não só que os sofrimentos que Davi suportava nessa época eram pesados, mas também que a fortaleza dos maiores servos de Deus lhes vacila no momento de dura prova. Somos todos bons soldados enquanto as coisas nos vão bem; mas quando somos arrastados para o meio do combate, logo nossa fraqueza se põe a descoberto. Satanás se vale da vantagem, sugere que se esquivou de oferecer o apoio de seu Espírito e nos instiga ao desespero. Disto temos um exemplo

---

5 "C'est, m'enfuiray bien loin." – *n.m.f.* "Isto é, fugiria para bem longe."
6 "C'est, hasteroye de m'eschapper." – *n.m.f.* "Isto é, apressar-me-ia a escapar."
7 "*Meu coração está em dores de parto dentro em mim.* חול, de tremore maxime parturientium." – *Fry*. Ainsworth traduz assim: "Meu coração está atormentado dentro em mim, ou treme com dores." "A palavra", diz ele, "costumeiramente significa as dores tais como as da mulher que sente as dores de parto."

em Davi, que aqui é representado como que lutando com temores por dentro, bem como com as complicações das calamidades externas, e a sustentar doloroso conflito de espírito em sua súplica ante o trono de Deus. A expressão, *terrores de morte*, mostra que estava às próprias vésperas de sucumbir, a não ser que a divina graça se interpusesse.

6. Então eu disse: Quem me dará asas como de pomba?[8] Estas palavras significam mais do que meramente houvera dito que não podia encontrar forma alguma de escape. Foram usadas para expressarem o estado deplorável de sua situação, o qual fez do exílio uma bênção a ser cobiçada, e este não era o comum exílio do gênero humano, mas tal como o da pomba quando voa para bem distante, buscando um esconderijo bastante deserto. Implicam que só um milagre lhe propiciaria escape. Notificam que mesmo o privilégio de retirada por comum banimento lhe fora negado, de modo que com ele sucedeu pior que com a pobre ave do céu, a qual pelo menos pode fugir à sanha de seus predadores. Há quem pense que a pomba foi escolhida em virtude de sua rapidez. Os judeus sustentavam a ridícula idéia de que o hebraico traz *asa* no singular

---

8 Esta mui bela imagem, que se deriva do vôo da pomba, prossegue nos dois versículos seguintes. A vida indefesa da pomba, o perigo a que ela se expõe como ave-presa, a surpreendente rapidez com que, quando perseguida por uma ave de rapina, ela foge para os desertos e rochas para esconder-se, usando sua máxima velocidade para assim escapar de seu mortífero predador. Todas essas características desta ave foram visualizadas pelo salmista na presente ocasião. Encontramos uma alusão a elas em Jeremias 48.28: "Ó vós, que habitais em Moabe, abandonai as cidades e habitai nas rochas, e sereis como a pomba que faz seu ninho nos lados da boca da caverna." Os poetas da Grécia e Roma fazem freqüentes alusões à rápida fuga da pomba: –

"Portanto, quando o falcão plana as alturas,
Para a caverna voa a graciosa pomba,
Não fadada ainda a morrer." – *Pope's Homer*.

Sófocles, numa passagem um pouco semelhante a esta do salmista, diz: "Oh! com o veloz vôo de uma pomba eu poderia penetrar as nuvens etérias!" – (*Edip. Colon.* 1136). "Kimshi dá como a razão para o salmista preferir a pomba a quaisquer outras aves, o fato de que, enquanto se cansam em seu vôo e pousa sobre uma rocha ou uma árvore para recuperar suas energias, e são agarradas; a pomba, quando se fatiga, descansa alternadamente uma asa e voa com a outra, e por esse meio ela escapa dos espertos perseguidores." – (*Paxton's Illustrations of Scripture*, vol. ii. p. 292). É digno de observação, e serve para intensificar o efeito da comparação do salmista, que יונה, *yonah*, o nome hebraico da pomba, deriva-se de ינה, *yanah*, *ele tem oprimido pela força ou pela fraude*, e parece ter-se-lhe aplicado ante a circunstância de ser ela particularmente indefesa e sempre exposta à rapina e à violência. – *Buxtorf's Lexicon*.

em razão de a pomba não usar senão uma asa ao voar; enquanto que nada é mais comum na Escritura do que tal mudança de número. Parece mais provável que Davi quis com essa comparação dizer que ele anelava pelo escape de seus cruéis inimigos, como a tímida e indefesa pomba foge de um falcão. Grandes, deveras, devem ter sido as dificuldades às quais fora ele reduzido, quando poderia por enquanto olvidar a promessa do reino a ele feita ao contemplar, na agitação de seu espírito, uma fuga tão desditosa, e fala de estar contente em poder ocultar-se longe de sua pátria natal e dos ambientes da sociedade humana, em algum solitário ponto do deserto. Sim, ele acrescenta, como que à guisa de concessão à fúria de seus adversários, que estava disposto (se lho permitissem) *peregrinar bem longe*, para que ele não propusesse termos de trégua, os quais jamais pretendiam cumprir, mas simplesmente para ganhar tempo, como os que entretêm alguma secreta e distante esperança de livramento. Podemos seguramente dizer que estas são as palavras de um homem lançado contra as fronteiras do desespero. Tal eram os extremos a que chegara, que embora preparado para abandonar tudo, ele não poderia salvar sua vida mesmo em tais condições. Em tais circunstâncias, na angústia de sua perplexidade, não devemos admirar-nos de que seu coração estivesse soterrado pelas dores da morte. A palavra hebraica, סועה, *soah*, a qual traduzi por *suscitado*, é por alguns traduzido *tempestuoso*; e não pode haver dúvida de que o salmista tem em vista um tormentoso vento suscitado por um tufão. Ao dizer que esse vento é *suscitado pelo vendaval*,[9] com

---

9 Tufões não são comuns na Palestina e nos países circunvizinhos, e a eles encontramos freqüentes alusões nos Escritos Sacros. A descrição desse tipo de tufão chamada Sammiel, o qual às vezes ocorre entre o Egito e a Núbia, servirá para mostrar a propriedade com que Davi faz esta alusão em suas presentes circunstâncias de estresse e risco de vida. "Este vendo, que os árabes chamam peçonhento, sufoca instantaneamente os que desafortunadamente o aspiram; de modo que, para guardar-se contra seus perniciosos efeitos, os árabes se vêem obrigados a lançar-se rapidamente ao chão, com seu rosto junto à areia escaldante, pelas quais são cercados, e a cobrir suas cabeças com algum pano ou carpete, a fim de que, na respiração, não sejam sufocados por uma quantidade letal que se estende por toda parte. As pessoas devem dar-se por felizes quando este vento, que é sempre em extremo violento, não aumente a quantidade de areia com o movimento em espiral, o qual, enegrecendo o ar, torna o guia

esta digressão ele tem em mente um vento violento, como aquele que compele o viajante a fugir em busca de refúgio na moradia ou abrigo mais próximo.

[vv. 9-11]

Destrói, ó Senhor, e divide suas línguas; pois tenho visto perseguição e contenda na cidade. Dia e noite a cercam sobre seus muros; também trabalho[10] e sofrimento estão no meio dela. Perversidade há dentro dela; astúcia e engano não se apartam de suas ruas.

9. Destrói,[11] ó Senhor, e divide suas línguas. Tendo uma vez mais composto, por assim dizer, sua mente, o salmista resume o exercício da oração. Houvera ele dado mais vazão às suas queixas, poderia ter dado sua sanção à loucura daqueles que faziam a si próprios mais mal do que bem mediante o excessivo uso dessa estéril espécie de conforto. Ao orar, ocasionalmente escapará dos lábios de um santo algumas queixosas exclamações que não podem ser de forma alguma justificadas, mas logo recorda do exercício da súplica convicta. Na expressão, *divide suas línguas*, parece haver uma alusão ao juízo que caiu sobre os edificadores de Babel [Gn 31.7]. Em termos gerais, ele quer dizer orar para que Deus desbarate suas confederações criminosas e dissipe seus ímpios conselhos, mas evidentemente com uma referência indireta à memorável prova que Deus dá de seu poder em contrariar os desígnios dos ímpio, confundindo seu meio de comunicação. É assim que hoje ele debilita os inimigos da Igreja e os fragmenta em facções, através da força de animosidades, rivalidades e desacordos de opinião mútua. Para seu próprio encorajamento em oração, o salmista continua insistindo sobre a perversidade e malignidade de seus adversários,

---

incapaz de discernir seu caminho. Às vezes sucede de todas as caravanas serem sepultadas sob a areia que este vento com freqüência traz consigo." – Maillet, citado de *Harmer's Observations*, vol. i. p. 95.

10 "Malícia." – *v.f.*

11 Hare, Green e outros conjeturam que o primeiro verbo do versículo, 'destrói', era originalmente 'divide' – "Divide, ó Senhor, divide suas línguas." Na Escritura às vezes nos deparamos com elegante repetição desse tipo, como no Salmo 59.13: "Consome-os na ira, consome-os, para que não existam."

sendo esta uma verdade que nunca deve ser perdida de vista, ou seja, que na justa proporção como os homens crescem desmedidamente em pecado, pode-se antecipar que os juízos divinos estão para descer sobre eles. À luz da desabrida licenciosidade prevalecente entre eles, o salmista se conforta com a reflexão de que o livramento divino não pode estar distante; pois Deus visita os soberbos, mas dá maior graça aos humildes. Antes de proceder a orar pelos juízos divinos contra eles, ele notifica que se enchera do conhecimento de seu nocivo e injurioso caráter. Os intérpretes têm gasto um desnecessário grau de labor em determinar se a *cidade* aqui indicada era aquela de Jerusalém ou de Keila, pois Davi, com este termo parece simplesmente denotar o franco e público prevalecimento do crime no país. A *cidade* se opõe a lugares mais ocultos e obscuros, e ele insinua que a contenda era praticada com impudica publicidade. Admitindo-se que a cidade tencionada era a metrópole do reino, isso não é razão para não supor-se que o salmista tinha diante de si os estado geral do país; mas o termo é, em minha opinião, evidentemente empregado num sentido indefinido, para informar que tal perversidade como geralmente se comete em secreto tinha naquele tempo franca e publicamente perpetrado. É com o mesmo intuito de fazer o agravado caráter da perversidade então reinante na nação, que ele descreve seus crimes como que cercando os muros, ficando de sentinela ou vigiando, por assim dizer, sobre eles. Supõe-se que os muros existem para proteger a cidade da rapina e da incursão, mas o salmista se queixa de que esta ordem de coisas era invertida – que a cidade, em vez de ser cercada com fortificações, era sitiada por contenda e opressão, ou que estas tinham tomado posse dos muros e estavam em torno deles.[12] Já comentei alhures sobre as palavras און,

---

[12] "Violência e contendas" são aqui personificadas, como sentinelas ou patrulhas que mantêm guarda sobre a cidade; fazendo suas rondas sobre os muros para guardar "o trabalho, o sofrimento, a perversidade, a fraude e malícia" que reinam no meio dela, e para excluir a felicidade, a justiça e a verdade. "De fato", diz o bispo Mant, "um exemplo muito excelente desse poder de personificação, ou fornecendo idéias gerais e abstratas com qualidades pessoais; e assim as introduzindo agindo e falando sobre o estágio, pelo qual os poetas hebreus se distinguem, igualando-se, com isso, aos mais polidos escritores de outras nações em elegância e beleza, e suplantando os mais elevados em grandeza e sublimidade."

aven, e עמל, *amal*. Ao anunciar que *a perversidade estava no meio da cidade, e a fraude e malícia em suas ruas*, ele aponta para a genuína fonte dos crimes prevalecentes. Mesmo quando se devia esperar que os que eram interiormente corruptos e entregues a vícios tão nocivos, entregavam-se à violência e em perseguir o pobre e indefeso. Em termos gerais, ele deve ser considerado como a apontar, nesta passagem, para as deploráveis confusões que caracterizavam o governo de Saul, quando a justiça e a ordem haviam sido, de certa maneira, banidas do reino. E se sua descrição visava a uma cidade ou a muitas, o fato é que os transtornos seguramente haviam alcançado uma crise de tal proporção, numa nação que professava a genuína religião, que qualquer uma de suas cidades tinha assim se tornado num covil de ladrões. É bom que se observe também que Davi, ao pronunciar uma maldição, como faz no Salmo que se acha diante de nossos olhos, sobre as cidades desta descrição, obviamente era suportado pelo que teria sido o juízo do Espírito Santo contra eles.

[vv. 12-15]
Na verdade, não era um inimigo que me lançava opróbrio, porque então eu o teria suportado;[13] nem era um adversário que se engrandecia contra mim, porque então dele me teria escondido.[14] Mas eras tu, homem meu igual, meu guia e meu amigo íntimo. Suavemente trocávamos nossas idéias mais secretas;[15] e andávamos em companhia na casa de Deus. Que a morte se apodere deles, que desçam vivos à sepultura; porque há perversidade em sua habitação e no meio deles.

12. Na verdade, não era um inimigo que me lançava opróbrio. Ele nos informa de uma circunstância que acrescia amargura às injúrias sob as quais sofria e que havia vindo das mãos não só dos inimigos confessos, mas daqueles que pretendiam ser seus amigos. Equivocam o significado de נשא, *nasa*, aqueles que interpretam Davi

---

13 "C'est, receu et soustenu le coup." – *n.m.f.* "Isto é, recebia e sustinha o golpe."
14 "C'est, donné garde." – *n.m.f.* "Isto é, sido meu guarda."
15 "A frase, נמתיק סוד, se lerá literalmente: 'Fizemos nosso doce segredo.' E assim ela pode elegantemente significar a prazer de sua amizade, ou de lhe comunicar segredo." – *Hammond*.

a dizer que *poderia ter pacientemente suportado* o opróbrio de um inimigo franco. O que ele diz é que, se tivesse um inimigo franco a lançar-lhe opróbrio, poderia então *enfrentá-lo*, como alguém enfrenta e evita o golpe que se lhe destina. Contra um inimigo notório nos pomos em guarda, mas o golpe de um amigo insuspeito nos toma de surpresa. Ao adotarmos este conceito da palavra, descobriremos que a repetição no versículo é mais perfeita; lendo num membro: *eu o enfrentaria*; e no outro: *eu me esconderia*. Ao falar do inimigo que *se engrandece contra ele*, não significa simplesmente que usou linguagem insultuosa, senão que, em geral, reunia toda sua violência para destruí-lo. A suma da queixa de Davi, nesta passagem, consiste em que fora assaltado pela traição daquela descrição secreta que tornava a autodefesa impossível. Com respeito ao indivíduo que ele tinha particularmente em vista, ao proferir esta acusação, não creio que fosse Aitofel, pois o Salmo em si não parece ter sido escrito sobre a perseguição de Absalão. Se porventura foi algum notório traidor da cidade de Keila, não é possível determinar. Tampouco se pode conjeturar que teria sido algum grande homem da corte, cuja intimidade com Davi fosse geralmente conhecida. Possivelmente teria ele mais de um diante dos olhos, alguns membros da corte que sacrificaram a antiga amizade pelo desejo de serem recebidos ao favor real e usar sua influência para destruí-lo. Estes, com alguma pessoa mais eminente em sua cabeça, teriam tomado parte em alvejá-lo. Seja como for, já aprendemos pela experiência de Davi, como aqui se nos apresenta, de que podemos esperar neste mundo deparar-nos com a secreta traição de amigos, bem como com indisfarçada perseguição. Satanás tem assaltado a Igreja com espada e guerra franca, mas tem também suscitado inimigos domésticos para injuriá-la com as mais secretas armas de estratagema e fraude. Esta é uma espécie de inimigo do qual, como Bernardo o expressa, não podemos fugir nem com o mesmo lutar. Quem quer que seja tal indivíduo a quem se refere Davi, ele o chama de *um homem de sua própria ordem*, pois é assim que o termo ערך, *erach*, em minha opinião, deve ser traduzido, e não como fazem alguns, *seu igual em valor*, ou, como outros, um homem *estimado por ele para ser seu segundo eu*.[16] Ele se queixa da violação do laço comum de fraternidade, como nenhuma necessidade há que se diga haver vários laços, sejam de parentesco, de profissão ou de ofício, os quais devem ser respeitados e mantidos como sagrados. Ele faz menção também de ter sido seu líder e comandante, de haver desfrutado de doce intercâmbio de secretos conselhos, bem como de ter freqüentado as assembléias religiosas em mútua companhia – tudo isso o leva a apontar para as circunstâncias que emprestam uma agravante adicional, que é sua traição. O termo רגש,[17] *regesh*, não parece significar, aqui, *impelir a atender a convocação de uma assembléia*, mas antes *companhia*, notificando que ele era sua mais íntima companhia quando subiam à casa de Deus. E assim ele nos informa que fora traído por alguém que havia sido seu íntimo companheiro, e a quem havia sido procurado como líder, não em questões seculares, mas também religiosas. Somos instruídos pelo Espírito a reverenciar todos os laços naturais que nos mantêm juntos em sociedade. Além daquele laço comum e universal de humanidade, há outros de um gênero mais sacro, pelos quais devemos sentir-nos ligados aos homens em proporção quando nos são mais intimamente conectados do que outros por meio de vizinhança, parentesco ou vocação profissional, muito mais quando sabemos que tais conexões não são resultados do acaso, mas do desígnio e arranjo da providência. Preciso ainda dizer que o laço de comunhão religiosa é o mais sacro de todos?

15. Que a morte se apodere deles. Ele agora denuncia a facção toda, não a nação em geral, mas os que tinham tomado proeminente

---

16 Este é o sentido impresso na palavra hebraica ערך, *erach*, pela LXX, que traduz: "Σὺ δὲ ἄνθρωπε ἰσόψυχε", "Mas tu, homem a quem amo e estimo como à minha própria alma": a palavra ἰσόψυχος significando ἴσος ἐμῷ ψυχῇ, *igual à minha alma*.

17 "Propriamente, 'ruidosa multidão'; daí, genr. *populacho*, *multidão*." – *Gesenius*. Vem de רגש, *ragash*, *enfurecer*, *fazer ruído*, *tumulto*; de nações, Salmo 2.1.

parte na perseguição contra ele. Ao imprecar tal maldição, ele não era influenciado por algum sentimento negativo em relação a eles, e deve-se entendê-lo como a falar não em favor de sua própria causa, mas na de Deus e sob a imediata diretriz de seu Espírito. Este não era um desejo expresso num momento de ressentimento ou de zelo precipitado e mal considerado, o qual nos justificaria em lançar maldições contra nossos inimigos como trivial provocação. O espírito de vingança difere amplamente do santo e equilibrado fervor com que Davi ora pelo juízo divino contra os homens maus, os quais já haviam sido condenados à destruição eterna. É forçada a tradução: *Que a morte os condene*, e assim também aquela outra que tem sido sugerida: *Que a morte designe um credor sobre eles*.[18] A que temos apresentado é a mais óbvia e simples. Ao orar para que seus inimigos *descessem vivos à sepultura*, se tem observado bem que ele parece aludir ao castigo de Corá, Datã e Abirão; ainda que concebo que, ao imprecar sobre eles súbita e inesperada ruína, ele chama a atenção para a soberba persuasão que nutriam em sua prosperidade de que escapariam ao golpe da morte. É como se dissesse: "Senhor, na dissimulação de sua soberba se consideram como que isentos da ordinária porção da mortalidade, mas que a morte os trague vivos – que nada os impeça de serem engolidos com toda sua pompa à destruição que bem merecem." A causa que ele assinala para sua oração na última parte do versículo é outra prova de que não era influenciado por qualquer ressentimento pessoal contra seus inimigos, mas simplesmente anunciou os justos juízos de Deus sobre aqueles que perseguiam a Igreja. E adiciona: **há perversidade em sua habitação**. Com isso ele quer dizer que a mesma não podia estar senão onde eles habitavam, e isso ele expressa ainda mais plenamente quando adiciona: **no meio deles**; notificando

---

[18] Este é o sentido no qual Horsley entende a passagem. Ele observa que "a imagem aqui não é suficientemente expressa pelo verbo *apoderar*, embora não seja impossível que nossos tradutores tencionassem aludir à captura de um devedor. Mas esta é antes uma imagem de parentesco do que de igualdade. A imagem precisa no original é a cobrança de pagamento, não de captura da pessoa." Sua tradução é: "Que a morte levante seu clamor contra eles."

que acalentavam no íntimo sua perversidade, de modo que ela era sua inseparável companheira, e habitava com eles sob o mesmo teto.

[vv. 16-19]
Eu invocarei a Deus, e Jehovah me salvará. De tarde e de manhã, orarei, e gritarei bem alto; e ele ouvirá minha voz. Em paz ele redimiu minha alma da batalha que era contra mim; pois eram em grande número comigo. Deus ouvirá e os afligirá,[19] sim aquele que se assenta desde os tempos antigos.[20] Selah. Porque não há neles qualquer mudança, e não temem a Deus.

16. Eu invocarei a Deus. Ao traduzir este versículo, retive o tempo futuro do verbo, visto que o salmista não faz referência a algo já feito, mas antes se incita ao dever de orar, bem como ao exercício da esperança e confiança. Embora não houvesse método aparente de escape, e se visse à mercê de imediata destruição, ele declara sua resolução de continuar orando, e expressa sua certeza de que seria bem sucedido. No versículo que se segue, ele se esforça mais especificamente a demonstrar perseverança em oração. Não se contenta em dizer que orará, porquanto muitos agem assim de uma maneira perfunctória, para logo se cansarem do exercício; ele, porém, resolve exibir tanto assiduidade quanto veemência. À luz da menção particular que ele faz de **noite, manhã e tarde**, somos levados a inferir que estas devem ser tidas como as horas determinadas de oração entre os piedosos nesse período [da história]. Sacrifícios eram oferecidos diariamente no templo, de manhã e ao crepúsculo vespertino, e por isso eram instruídos a esforçar-se privativamente em oração nos recessos de suas próprias casas. À tarde havia também a prática de se oferecerem sacrifícios adicionais. Uma vez que somos por natureza indispostos ao dever da oração, corre-se o risco de que nos tornemos remissos, e gradualmente a omitamos completamente, a menos que nos restrinjamos a uma determinada regra. Ao designar horas específicas e fixas para observar-se o culto divino, não pode haver dúvida de

---

19 "C'est, leur respondra." – *n.m.f.* "Isto é, lhes responderá."
20 Ainsworth tem esta redação: "desde a antigüidade." Boothryd: "desde a eternidade."

que Deus tinha consideração pela enfermidade de nossa natureza, e o mesmo princípio deve aplicar-se aos serviços de devoção, tanto secretos quanto públicos, como transparece da passagem ora diante de nós e do exemplo de Daniel [9.3]. Não se deve mais observar sacrifícios na Igreja, mas ainda permanece a mesma disposição de nossa parte no tocante a esse dever e uma igual necessidade de incitamentos no seu cumprimento; por isso devemos ainda prescrever-nos determinadas horas para a observância da oração. Ele acrescenta que *gritaria bem alto*, com o fim de denotar veemência na súplica, diante da tristeza e ansiedade mentais a que se sujeitava. Ele notifica que nenhum excesso da atual tribulação o impediria de dirigir a Deus suas queixas, e nutre uma confiante esperança de obter o livramento.

18. Em paz ele redimiu minha alma. Os que lêem os dois versículos precedentes no tempo perfeito em vez de no tempo futuro, evidentemente são levados a essa prática por considerar que Davi, aqui, prova que suas orações anteriores haviam sido respondidas, à luz do fato de que lhe havia sido concedido o livramento. Mas não há dificuldade envolvida se adotarmos a outra redação. Podemos presumir que, ou ele estava tão confiante de ser libertado que fala como se realmente já estivesse livre, ou que ele introduz qual era a substância de suas meditações em diferentes tempos; sendo suficientemente comum, quando faz menção de orações, para juntar uma declaração do evento que delas se segue. Havendo falado, pois, de suas orações, ele chama a atenção para o resultado delas, com vistas a expressar sua gratidão pela mercê divina que havia recebido. Diz que fora *redimido em paz* – expressão esta muito forte, significando o risco a que fora exposto e a quase miraculosa forma na qual havia sido libertado do mesmo. O que se acrescenta, **eram em grande número comigo**, admite-se um duplo significado. Há quem o entende como a referir-se aos inimigos; *comigo* sendo, segundo eles, equivalente a *contra mim*. Apresenta-se como que estando cercado por uma hoste de inimigos, e enaltece a bondade revelado por Deus em concretizar seu livramento. Outros pensam que ele faz uma referência aos anjos, cujas hostes se acham acampadas ao redor daqueles que temem ao Senhor [Sl 34.7]. A letra ב, *beth*, a qual traduzi por *em*, consideram, aqui, como em muitos outros lugares, , como sendo meramente expletiva;[21] de modo a podermos ler as palavras, *grande número estava comigo*. A última destas interpretações transmite uma consoladora verdade, visto que Deus, embora não necessite de auxiliares, tem se dignado, à guisa de acomodação à nossa debilidade, a empregar uma multidão deles na concretização de nossa salvação. Davi, porém, parece antes falar de inimigos e a referir-se ao número deles, com vistas a magnificar o livramento que havia recebido.[22]

19. Deus me ouvirá e os afligirá. Visto que o verbo ענה, *anah*, o qual traduzi por *afligir*, ocasionalmente significa *testificar*, há quem entenda Davi como a dizer que Deus se ergueria como uma testemunha contra eles. A sintaxe da linguagem, contudo, dificilmente admitirá tal coisa, uma vez que no hebraico a letra ב, *beth*, geralmente é acrescentada em tais casos. Parece não haver dúvida de que a palavra, aqui, significa *afligir* ou *punir*, embora este seja antes implicitamente sua significação e à guisa de uma espécie de ironia; pois, mais comumente, ענה, *anah*, significa *responder*. Havendo dito que Deus o ouviria, acrescenta que o responderia, na forma de vingar sua causa, castigando seus inimigos. O epíteto, ou título descritivo, que ele aplica a Deus, ele o fez com vistas a confortar as mentes pias em tempos de tribulação e confusão. Muita daquela

---

21 Rogers é desta opinião; e observa que "no Apêndice ao primeiro volume de Glassius, muitos exemplos são aduzidos da redundância do prefixo ב; como em Êxodo 32.22; Salmo 58.5; Ed 3.3."

22 Walford traduz assim a sentença: "Ainda que multidões se me oponham." "O sentido", diz ele, "que aqui se daá é evidentemente requerido e é justamente deduzível do texto hebraico." A tradução do bispo Hosrley é: "Pois os que estavam ao meu lado contavam-se em grande número"; – "os que estavam ao meu lado" denotando a divina assistência descrita sob a imagem de numerosos auxiliares. Vejam-se 2 Reis 6.16; 1 João 4.4. O bispo Mant se contenta que este é o significado do salmista, e conseqüentemente traduz o versículo assim: –
"E ele me ouvirá, me protegerá
E com paz me coroará;
Meu guarda no campo de batalha
E ele sozinho vale por um exército."

impaciência que nos faz precipitados vem à tona por não elevarmos nossos pensamentos à eternidade de Deus. Poderia algo ser mais irracional do que nós, pobres mortais, que passamos como uma sombra, medirmos Deus por nossas débeis apreensões, como se pudéssemos arrancá-lo de seu eterno trono e sujeitá-lo às flutuações de um mundo em mudança? Visto que חלף, *chalaph*, pode significar tanto *eliminar* quanto *mudar*, há quem presuma que aqui Davi se queixa de que a destruição dos perversos há tanto tempo foi deferida; mas tal interpretação não pode ser provada. O termo tem sido mais propriamente traduzido por *mudanças*. Mas até mesmo os que têm adotado esta tradução têm variado no sentido da passagem.[23] Há quem a entenda no sentido de que nenhuma mudança para melhor se esperava do caráter deles; que sua inclinação para o mal era tão forte que não cediam ao arrependimento; tão inteiramente sob a influência de uma cruel disposição que jamais se inclinavam ao espírito de humanidade ou misericórdia. Outros, com mais plausibilidade, o consideram como a referir-se, numa expressão de queixa, ao ininterrupto fluxo de sua prosperidade, o qual era tal que pareciam isentos das comuns vicissitudes da vida. Ele os apresenta como seres corrompidos por tal indulgência e como que lançando de suas mentes todo e qualquer princípio de temor, como se fosse privilegiados com a imunidade a todos os males dos mortais. A partícula copulativa emprestará então a força de uma conseqüência – *não há neles qualquer mudança, e portanto não temem a Deus*.[24] É uma inegável verdade que quanto mais os ímpios são deixados no desfruto de seus prazeres, mais se tornam empedernidos em sua má trajetória; e que onde a soberba tem ascendência no coração, o efeito da indulgência divina nos faz ignorar que somos seres humanos. Na conexão entre as duas partes do versículo há uma censura implícita contra a enfatuação daqueles que são levados pela isenção de

---

24 "Isto é", diz Williams, "também presumem que viverão para sempre; ou, pelo menos, que as coisas para sempre lhes irão bem. Veja-se 2 Pedro 3.4."

adversidade a concluir que são uma espécie de semideuses; pois, quão insignificante é a trajetória da vida humana quando comparada com a eternidade de Deus? Ao chegar a prosperidade, é mister que nos ponhamos de guarda a fim de não cairmos na segurança de espírito ao qual o salmista aqui alude, muito menos levar nossa exultação ao ponto de tornar-se uma provocação ao Onipotente.

[vv. 20-23]
Estendeu suas mãos contra os que estavam em paz com ele;[25] quebrou sua aliança. As palavras de sua boca eram mais macias que a manteiga, e em seu coração, guerra; suas palavras eram mais suaves que o azeite, contudo eram dardos. Lança o tua dávida[26] sobre Jehovah, e ele te libertará; jamais permitirá que o justo seja sempre abalado.[27] Tu, ó Deus, os precipitará no poço da corrupção; homens de sangue e de fraude não viverão metade de seus dias; eu, porém, em ti esperarei.

20. Estendeu suas mãos contra os que estavam em paz com ele. Mais adiante, no versículo 23, ele fala no plural; aqui, porém, é provável que comece dirigindo-se ao líder ou cabeça da ímpia conspiração. Ele o acusa de promover guerra no meio da paz, e de fazer-se assim culpado de perturbar a fé. Ele não havia sofrido qualquer provocação nem fizera anunciar de maneira franca sua intenção de fazer guerra, senão que começara seu ataque inesperadamente e de forma traiçoeira. Ele insiste ainda mais na mesma acusação quando acrescenta que havia em seus lábios manteiga e azeite, enquanto que em seu coração havia guerra, e suas palavras eram quais dardos. A aparência era macia e agradável, mas ocultavam uma virulência e crueldade que feriam como espada ou como dardos,[28] segundo o provérbio popular, que os

---

25 "Misit manus en paces suas." – *versão latina*. Na margem da versão francesa, "paces suas" é assim explicado: "C'est, ses alliez et gens qui vivoyent paisiblement avec luy."
26 "Ou, ta charge." – *n.m.f.* "Ou, teu fardo."
27 "Ou tombe." – *n.m.f.* "Ou, caia." Fry tem a redação: "Não permitirá para sempre que o justo se desgoste, se induza, se agite ou escorregue."
28 Na linguagem figurada do Oriente, palavras duras, insensíveis e injuriosas são amiúde comparadas a espadas, punhais, flexas etc. E assim diz-se no Salmo 59.7: "Setas estão em seus lábios; pois, dizem eles: Quem o ouvirá?" e em Provérbios 12.18: "Há alguns que falam como que espada penetrante, mas a língua dos sábios é saúde." Em nossa própria linguagem, uma figura de lingua-

enganadores têm peçonha em seus lábios, mas besuntada com mel. É bem notório quantas belas promessas e elogios Saul dirigiu a Davi com vistas a enredá-lo, e é possível conjeturar-se que as mesmas artes foram praticadas por seus palacianos. É uma provação especial que sofre o povo do Senhor, o qual se expõe a tais artifícios por parte dos homens astutos com o fim de seduzi-los à destruição. Aqui o Espírito Santo põe uma marca de reprovação sobre toda sutileza de tal gênero, e particularmente sobre as traiçoeiras lisonjas, exortando-nos a cultivar a simplicidade de intenção.

22. Lança tua dádiva sobre Jehovah. O verbo hebraico, יהבע, *yahab*, significa *dar*, de modo que יהבע, *yehobcha*, segundo as regras ordinárias de gramática, seria traduzido *teu dar*, ou *tua dádiva*.[29] A maioria dos intérpretes traduz por *carga*, mas não apresentam qualquer razão para tal tradução. O verbo יהב, *yahab*, nunca denota *carregar, pôr carga*, e não há precedente que poderia justificar-nos em pressupor que o substantivo deduzido dele pode significar *pôr carga*. Evidentemente nos sentimos compelidos a inventar esse significado à luz da aspereza e aparente absurdo da tradução mais estrita: *Lança tua dádiva sobre Jehovah*. E admito que o sentimento que a frase expressa é pio, ou seja, que devemos desvencilhar-nos diante de Deus de todas as preocupações e dificuldades que nos oprimem. Não há outro método de aliviar nossas almas da ansiedade, senão repousando-nos sobre a providência do Senhor. Ao mesmo tempo, não encontra

---

gem semelhante é muito comum, como quando falamos de palavras *agudas*, *cortantes* e *penetrantes*, e das feridas que elas abrem. "Falarei punhais para ela." – *Hamlet*.

29 "O que desejas te seja dado", segundo a Caldaica, a qual traduz a palavra por *tua esperança*; isto é, aquilo que esperas receber. Na margem de nossas Bíblias Inglesas temos: tua dádiva, o que Williams explica como sendo "partilha". "*Lança tua partilha* (ou *porção*) *sobre o Senhor*", diz ele, "sobre o quê podemos observar que toda partilha ou porção que recebemos de Deus, quer de prosperidade ou de adversidade, é nosso dever lançar de volta sobre ele: 'Aquele que dá ao pobre empresta ao Senhor, e este lhe retribuirá'; ou se nossa sorte for adversa, 'ele susterá' sob toda carga, e 'jamais deixará o justo ser removido' de seu fundamento." É a forma como Rogers entende a palavra. "*Lança sobre Jehovah o que ele te outorgar*; isto é, confia ao Senhor o teu destino. Completa com אשר antes de יהבך" – *Book of Psams in Hebrew*, vol. ii. p. 210. A Septuaginta traz a redação: μέριμνάν, *teu cuidado*; no quê é seguida pelo apóstolo Pedro (1Pe 5.5). A redação das versões Vulgata, da Siríaca, Etiópica e Arábica é a mesma.

nenhum exemplo de tal tradução da palavra, e portanto me apego à outra, a qual comunica suficientemente uma importante instrução, desde que entendamos a expressão, *dádiva* ou *doação* num sentido passivo, como significando todos os benefícios que desejamos nos sejam dados por Deus. A exortação visa a que nos resignemos nas mãos de Deus para que ele cuide daquelas coisas concernentes à nossa vantagem. Não basta que supliquemos a Deus que nos supra de nossas carências. Nossos desejos e petições devem ser oferecidos com a devida confiança em sua providência, pois quais há que oram com clamor de espírito e que, com inusitada ansiedade e vencidos pela inquietação, parecem resolvidos a ditar termos ao Onipotente. Em oposição a isso, Davi a recomenda como a devida parte da modéstia em nossas súplicas para que transfiramos para Deus o cuidado daquelas coisas que pedimos, e não pode haver qualquer dúvida de que o único meio de refrear a excessiva impaciência é mediante a absoluta submissão à divina vontade quanto às bênçãos que seriam concedidas. Há quem explique a passagem nestes termos: Reconhece que a benevolência passada do Senhor foi de tal sorte, que esperes tranqüilamente em sua futura benignidade. Mas isso não imprime o genuíno significado das palavras. Mas se Davi deve ser aqui considerado como a exortar a si mesmo a outros, é uma questão de pouca importância, ainda que pareça evidentemente, ao estabelecer uma regra para sua própria conduta, prescrever a si e ao mesmo tempo a todos os filhos de Deus. As palavras que ele junta: **e ele te libertará**, claramente confirmará esse ponto de vista da passagem que apresentei acima. Sujeitos como somos nesta vida a múltiplas necessidades, com muita freqüência nos entregamos à inquietude e à ansiedade. Davi, porém, nos assegura que Deus nos susterá com se fosse um pastor, assumindo o inteiro cuidado de nossas necessidades e nos suprindo com tudo aquilo que constitui realmente vantagem para nós. Ele acrescenta: *jamais permitirá que o justo caia* ou *seja sempre abalado*. Se מוט, *mot*, deva ser entendido no sentido de *cair*, então o sentido será: Deus estabelecerá o justo para que ele jamais caia. A outra tradução, porém, parece preferível.

Vemos que os justos por certo tempo são deixados à mercê de abalos, e vão quase a pique pelas tormentas, no meio das quais se vêem sitiados. À luz de tão desgraçado estado Davi declara que serão eventualmente libertados e abençoados com o término pacífico de todos os estressantes perigos e cuidados.

23. Tu, ó Deus, os lançarás no poço de corrupção. Ele volta a falar de seus inimigos, com vistas a mostrar o mesmo diferente fim que os aguarda, à luz daquilo que pode ser esperado pelos justos. A única reflexão que conforta estes, quando se vêem lançados aos pés de seus opressores, é que podem confiadamente olhar para um resultado pacífico provindo dos perigos que os cercam; enquanto que, por outro lado, podem discernir pela fé a infalível destruição que pende sobre os ímpios. A palavra hebraica, שחת, *shachath*, significa *a sepultura*, e visto que parece haver uma impropriedade em dizer que são lançados no *poço da sepultura*, alguns lêem preferentemente *o poço de corrupção*,[30] sendo a palavra derivada de שחת, *shachath*, *corromper* ou *destruir*. É uma questão de pouca conseqüência qual significação é adotada; uma coisa é óbvia: Davi pretende asseverar que seriam surpreendidos, não só por uma destruição temporária, mas também eterna. E aqui ele realça a distinção existente entre eles e os justos. Estes podem precipitar-se num muito profundo poço de calamidade mundana, mas se erguerão novamente. A ruína que aguarda seus inimigos é aqui declarada como sendo mortal, visto que os lançará na sepultura para que apodreçam ali. Ao denominá-los de *homens de sangue*, ele chama a atenção para um motivo que confirmava a asserção que fizera. A vingança divina é infalível para surpreender o cruel e fraudulento; e sendo este o caráter de seus adversários, ele infere que o castigo deles seria inevitável. Pode-se perguntar: "Do que consiste, em nossa observação, que *os homens de sangue não vivem a metade de seus dias*? Se o caráter se aplica a qualquer um, então devem aplicar-se com peculiar vigor aos tiranos que destinam seus semelhantes à matança por mera satisfação de suas licenciosas paixões. Evidentemente, é a tais

---

30 A versão Caldaica o explica assim: "o profundo Gehenna."

assassinos, e não aos assassinos corriqueiros, que o salmista se refere nesta passagem; e no entanto os tiranos que degolam suas centenas de milhares [de vítimas] com freqüência não logram alcançar um avançado período de vida?" Evidente que sim, não obstante os exemplos desta descrição, onde Deus tem adiado a execução do juízo, a afirmação do salmista é apoiada por muitas considerações. Com respeito aos juízos temporais, basta que os vejamos executados sobre os ímpios, nas generalidades dos casos, pois uma estrita e perfeita distribuição nesta questão não deve ser esperada, como já demonstramos amplamente no Salmo 37. Então a vida dos ímpios, por mais longamente protelada seja ela, é agitada por tantos temores e inquietações, que dificilmente merece o nome [de vida], e pode-se dizer ser ela mais morte que vida. Sim, a vida que se vive sob a maldição divina é pior que a morte; e sob as acusações de uma consciência que atormenta suas vítimas é pior que o mais bárbaro dos executores. Aliás, se fizermos uma correta avaliação do que é a trajetória da vida, ninguém pode dizer ter alcançado seu alvo, senão quem viveu e morreu no Senhor, pois para estes, e somente para estes, tanto é lucro viver quanto morrer. Quando, pois, somos acossados pela violência ou pela fraude dos ímpios, que nos consolemos com o fato de sabermos que sua carreira será curta – que serão arrastados como por um torvelinho, e seus planos, que pareciam refletir a destruição do mundo inteiro, são dissipados num só instante. A cláusula breve que é apensa, e a qual encerra o Salmo, pressupõe que este juízo dos ímpios deve ser antecipado no exercício da fé e da paciência, pois o salmista repousa na esperança de seu livramento. Disto transparece que os ímpios não são eliminados tão depressa da face da terra, enquanto não nos dispusermos a esperar no exercício da paciência ante a severidade das injúrias prolongadas.

Salmo 56

Neste Salmo Davi mistura queixa com oração, e ameniza a angústia de seu espírito, meditando sobre a misericórdia de Deus. Ele ora para que possa experimentar o divino auxílio sob as perseguições as quais lhe foram impostas por Saul e seus demais inimigos; e expressa sua esperança de êxito. É possível, contudo, que o Salmo fosse escrito depois de os perigos a que faz alusão haver passado, e em ação de graça por um livramento que já havia recebido.

> Ao mestre de música sobre a pomba silenciosa em lugares distantes,[1] Michtam de Davi, quando os filisteus o capturaram em Gate.

A porção da história referida no título é registrada em 1 Samuel 21. Tendo fugir do próprio esconderijo em que até aqui se encontrava em segurança, Davi fugiu para o rei Aquis. Aqui ele fala de ter sido detido; e que ele se achava em tal situação se pode deduzir da narrativa inspirada onde Aquis se apresenta, dizendo: "Bem vedes que este homem está louco; por que mo trouxestes a mim?" [1Sm 21.14]. É provável que suspeitassem que ele ocultasse algum desígnio sinistro em sua visita. Naquela ocasião, ele escapou fingindo-se louco. Este Salmo, porém, prova que ele teria se envolvido em fervorosa súplica, e que a fé estava secretamente em exercício mesmo quando demonstrava esta

---

1 "O recente editor erudito de Calmet, ao comparar este título com o versículo 6 do Salmo precedente, suspeitou que ele é aqui mal colocado e que pertencia originalmente àquele Salmo." – *Williams' Cottage Bible*.

fraqueza. Não parecia ter estado sob aquela desordenada agitação mental que instiga os homens a adotar métodos de escape que são positivamente pecaminosos; mas na desesperadora emergência a que se via reduzido, foi compelido pelo medo a empregar um artificioso ardil, o qual salvou sua vida, ainda que rebaixasse sua dignidade aos olhos do mundo. Se ele perdeu o louvor da magnanimidade, é pelo menos evidente à luz deste Salmo que houve extremo conflito entre a fé e o medo em seu coração. As palavras, *sobre a pomba silenciosa*, supõe-se que Davi usou o início de um cântico bem conhecido naquele tempo. Outros acreditam que Davi é aqui comparado a uma pomba; e tal conjetura é apoiada pela propriedade da metáfora em suas presentes circunstâncias,[2] especialmente quando se acrescenta, *em lugares distantes*, pois havia sido expulso pela fúria de seus perseguidores para um país inimigo. O significado que alguns têm deduzido da expressão, traduzindo-a *um palácio*, é por demais forçada. Já emiti meu ponto de vista acerca do termo *Michtam*. Não pretendo dizer algo em termos dogmáticos sobre um ponto em que mesmo os intérpretes hebreus não chegam a qualquer concordância; mas a probabilidade é que era um tipo particular de melodia ou um instrumento musical.

[vv. 1-4]
Sê misericordioso para comigo, ó Deus, porque o homem me devora; ele peleja contra mim;[3] diariamente me oprime. Meus inimigos diariamente me devoram; com certeza são muitos[4] os que lutam contra mim, ó Altíssimo![5]

---

2 Harmer é de opinião que a *pomba emudecida em lugares distantes* é simplesmente o nome do Salmo. Em apoio deste ponto de vista, ele cita os títulos de vários livros orientais; um poema persa metafísico e místico chamado a *Rose Bush*; uma coleção de Ensaios Morais, o *Garden of Anemonies*; e um poema no qual o profeta árabe é celebrado por haver dado vista a uma pessoa cega, o qual é intitulado *Estrela Brilhante*. "O judaísmo antigo apreciava", observa ele, "poder racionalmente ser tido na mesma conta. Cada um que pondera sobre as circunstâncias de Davi, ao tempo em que o Salmo 56 se refere, e considera o gosto oriental, não se surpreenderá em ver esse Salmo intitulado a *Pomba emudecida em lugares distantes*." – *Observations*, vol. iii. p. 147-149.
3 "Ou, me mangeant." – *n.m.f.* "Ou, me come."
4 "Ou, des puissans et robustes." – *n.m.f.* "Ou, são poderosos e fortes."
5 A palavra original, מרום, *marom*, aqui traduzida "ó Altíssimo!", é literalmente *grandiosamente*. Dathe, Berlin e Gesenius a traduzem por *magnífico, altivo*. Cresswell, seguindo Le Clerc, tem a seguinte redação: *desde os lugares mais elevados*, e considera o significado sendo que os inimigos

No dia que temer, porei em ti minha confiança. Em Deus louvarei sua palavra; em Deus porei minha confiança; não temerei o que me possa fazer a carne.

1. Sê misericordioso para comigo, ó Deus, porque o homem me devora.[6] Seria difícil determinar se aqui ele fala de inimigos estrangeiros ou domésticos. Quando veio ao rei Aquis, ele sentiu-se como ovelha entre dois bandos de lobos, um objeto de ódio mortífero para os filisteus, de um lado, e exposto a iguais perseguições movidas por seus próprios patrícios. Ele usa neste versículo o termo indefinido, *homem*, ainda que no próximo ele fale de haver muitos inimigos, para mais vigorosamente expressar a verdade de que o mundo inteiro se associava contra ele, que não percebia qualquer humanidade entre os homens e por fim permaneceu necessitado do socorro divino. O termo *diariamente* poderia sugerir que se refere mais imediatamente a Saul e sua facção. Em termos gerais, porém, ele deplora a miséria de seu destino ao se ver cercado por tão numerosos e bárbaros adversários. Há quem traduza שאף, *shaäph, considerar*, porém é mais propriamente traduzido *tragar, devorar*, uma expressão forte, denotando a insaciável fúria com que o assaltavam. Tenho aderido à tradução comum de לחם, *lacham*, ainda que também signifique *exterminar*, que poderia consistir melhor de uma metáfora já usada na parte precedente do versículo. É visto, contudo, no sentido de *lutar contra*, e não me sinto disposto a separar-me da tradução aceita. Apenas observaria, de passagem, que aqueles que fazem a leitura no segundo membro do versículo, **são muitos os que lutam contra mim**, como se aludisse à assistência dos anjos, confundem o significado da passagem; pois é evidente que ele usa a linguagem de queixa em todo o versículo.

---

de Davi fizeram uma incursão contra ele, descendo das montanhas e forçando-o a suplicar a hospitalidade de Aquis. Compare-se 1 Samuel 27.1, 2, 3. Horsley e Dr. Adam Clarke traduzem "desde as alturas"; pelo quê este último crítico entende de "o lugar de *autoridade*, a corte e gabinete de Saul." Ele observa sobre a palavra מרום, *marom*: "Não penso que esta palavra expresse qualquer atributo de Deus, ou, aliás, que lhe seja absolutamente dirigida." Em Miquéias 6.6, contudo", diz o Dr. Morrison, "מרום parece expressar as perfeições do divino caráter." A tradução de Calvino concorda com a da Caldaica, de Aquila e de nossa Bíblia inglesa.

6 O verbo aqui traduzido *me devora*, é traduzido por French e Skinner, *me almeja*. É literalmente, *respirar*. Portanto implica o intenso desejo dos inimigos de Davi de tê-lo em suas mãos e destruí-lo.

3. No dia que temer, porei em ti minha confiança. No hebraico, as palavras são expressas no tempo futuro, mas devem ser analisadas no pretérito. O salmista reconhece sua fraqueza e quanto era sensível ao temor, mas nega haver-se cedido a ele. Os perigos poderiam perturbá-lo, mas não poderiam induzi-lo a resignar sua esperança. Ele não nutre quaisquer pretensões àquele sublime heroísmo que desdenha o perigo; e no entanto, enquanto admite que sentia medo, declara sua inabalável resolução de persistir numa confiante expectativa do divino favor. A verdadeira prova de fé consiste nisto: que quando sentimos as solicitações do medo natural, podemos resisti-las e impedi-las de obterem uma indevida ascendência. Medo e esperança podem parecer sensações opostas e incompatíveis, contudo é provado pela observação que esta nunca domina completamente, a menos que exista aí alguma medida daquele. Num estado de tranqüilidade mental, não há qualquer espaço para o exercício da esperança. Em situações tais ela fica dormente, e sua força de ação só se manifesta positivamente quando a vemos elevar a alma sob depressão, acalmar suas agitações ou aliviar suas abstrações. Esta foi a forma em que ela se manifestou em Davi, que temia e contudo confiava; era sensível à extensão de seu perigo, e contudo aquietava sua mente com a confiante esperança de obter o livramento divino.

4. Em Deus louvarei sua palavra. Aqui ele se torna mais corajoso no exercício da esperança, como geralmente sucede com o povo de Deus. Acham difícil a princípio alcançar este exercício. Só depois de severa luta que se erguem para ele, mas o esforço uma vez sendo feito, emergem de seus temores na plenitude da confiança e se preparam para engalfinhar-se com os mais formidáveis inimigos. *Louvar* é aqui sinônimo de gloriar-se ou jactar-se. Ele estava agora de posse de uma triunfante confiança, e se regozijava na certeza da esperança. A base de sua alegria estava na *divina palavra*; e isto implica que, por mais que parecesse estar esquecido e abandonado por Deus, ele se satisfazia em refletir na fidelidade de suas promessas. Deveria gloriar-se em Deus não obstante e ainda que tivesse nenhuma manifestação de socorro, ou fosse ele sensivelmente subtraído, ele descansaria contente com a simples segurança de sua palavra. A declaração é do tipo que merece nossa observação. Quão inclinados somos a lamuriar e a murmurar quando não convencemos a Deus a atender-nos em nossas solicitações! Nosso descontentamento pode não ser abertamente expresso, mas é interiormente sentido, quando somos deixados assim na dependência meramente de suas promessas. Não era um pequeno dote em Davi o fato de que pudesse continuar louvando ao Senhor em meio aos perigos, e com nenhuma outra base de apoio senão a Palavra de Deus. O sentimento contido na última cláusula do versículo pode em princípio parecer muito pouco para merecer consideração. O que é mais óbvio em Deus ser capaz de proteger-nos das mãos dos homens, do que ser o seu poder em defender imediatamente maior do que o poder deles em injuriar? Isto pode ser procedente, mas todos nós sabemos muito bem quanto daquela perversa incredulidade há em nossos corações, a qual nos leva a avaliar a capacidade divina abaixo da capacidade da criatura. Portanto, a fé de Davi não era uma pequena prova de que desprezava as ameaças de seus inimigos. E seria bom que todos os santos de Deus fossem dominados por tal senso de sua superioridade diante de seus adversários, que fossem levados a demonstrar semelhante desprezo pelos perigos. Quando assaltados por estes, que nunca lhes faltasse o reconhecimento de que a controvérsia na realidade é entre seus inimigos e Deus, e que seria blasfemo, neste caso, duvidar do resultado. O grande objetivo que os inimigos têm em vista é abalar nossa fé no prometido socorro do Senhor; e seremos culpados em limitar seu poder, a menos que compreendamos que ele está à nossa mão direita, capaz com apenas um movimento de seu dedo ou um sopro de sua boca dissipar as hostes deles e confundir suas enfatuadas maquinações. Nós o colocaremos num só nível com o homem mortal, e mediremos seu provável êxito pelos números que são postos contra ele? "Como, porém", pode perguntar-se, "consideraremos esta súbita mudança no exercício de Davi? Um momento antes, ele expressou seu medo da destruição; agora, ele desafia declaradamente a recobrada força de seus inimigos." Minha resposta é que não há nada em suas palavras que insinue que ele estava absolutamente posto acima da influência do medo e todo e qualquer senso dos perigos pelos quais se via cercado. Ele nada mais fazia que triunfar sobre suas apreensões através daquela confiante esperança de salvação com que se via armado. Aos homens ele chama de *carne*, neste versículo, para imprimir ainda mais em sua mente a loucura da insensatez deles em tentarem uma disputa tão infinitamente acima de suas forças.

> [vv. 5-8]
> Todos os dias minhas palavras me molestam; todos os seus pensamentos são contra mim para o mal. Ajuntam-se, escondem-se, vigiam meus calcanhares, porque buscam minha alma.[7] Depois de seu mal, só pensam em escapar; em tua ira, derruba os povos, ó Deus! Tu tens levado em conta minha peregrinação; põe minhas lágrimas em teu odre; não estão elas em teu registro?

5. Todos os dias minhas palavras me molestam. A primeira parte deste versículo tem sido traduzida de forma bem variada. Há quem entenda *minhas palavras* como sendo normativo na sentença, e com tal pensamento estou de acordo. Outros presumem uma referência aos inimigos de Davi, e traduzem: *caluniam minhas palavras*, ou: *me causam tristeza por conta de minhas palavras*. Além disso, יעצבו, *yeatsebu*, tem sido tomada em sentido neutro e traduzida: *minhas palavras são desagradáveis*. Mas עצב,[8] *atsab*, comumente significa *afetar com*

---

[7] "Ou, ne demandent qu'a m'oster la vie." – *n.m.f.* "Ou, só querem tirar minha vida."
[8] Horsley observa que o significado primário do verbo עצב, *atsab*, é "provavelmente *fazer uma coisa com grande esforço, sofrer dores por causa dela*; se de fato seu significado primário seja *não distorcer*. Daí, pode significar afetar a mente com algum sentimento ou sensação de desprazer, de tristeza, de constrangimento, de ira; porque toda perturbação é alguma sorte de distorção da mente. רברי יעצבו עלי – 'torquent contra me verba mea' – 'torquent, isto é, laboriose fingunt in mentem alienam et sensum alienum' – Pagninus segundo Aben Ezra e R.D." – *Horsley*. Hammond, depois afirmar que בוע, *atsab*, significa primariamente *entristecer* ou *sentir dor*, e que por metonímia é usado para a laboriosa formação ou composição de alguma coisa, diz: "Aqui, sendo aplicado a palavras e expressões de outros, parece denotar a perversão delas, laborando ou usando grande arte e diligência para expressá-las de tal forma que chegam a ser mais para a desvantagem do que fala, revertendo-as e torcendo-as em seu prejuízo, fazendo alguns odiosos comentários a elas, e assim, segundo o sentido, poderia ser mais satisfatoriamente traduzido como *perversão*."

tristeza, e em *Pihel* é sempre tomada transitivamente; tampouco parece haver qualquer razão, neste lugar, para fugir da regra geral da linguagem. E a passagem flui mais naturalmente quando traduzida: *minhas palavras me afetam com tristeza*, ou *me molestam*, do que pressupor que a referência é a seus inimigos. Segundo esta tradução, o versículo contém uma dupla queixa, a saber: de um lado, ele mesmo não fora bem sucedido em tudo o que havia intentado, havendo seus planos, contudo, resultado em vergonhosos fracassos; enquanto que, por outro lado, seus inimigos maquinavam todo meio para sua destruição. Pode parecer à primeira vista mais inconsistente supor que imediatamente antes teria lamentado estar sob a influência do medo, e agora reconhece que não só estava aflito, mas até certo ponto o próprio autor de seu desconforto. Já observei, contudo, que ele não deve ser considerado como que estando absolutamente destituído de ansiedade e medo, embora incapacitado de contemplar com desprezo seus inimigos pelo prisma da fé eminente. Aqui ele fala das circunstâncias que o provavam, as quais sua fé certamente vencerá, mas ao mesmo tempo poderia não remover completamente do caminho. Ele confessa sua própria carência de sabedoria e previdência, demonstrada no abortivo resultado de cada plano que engendrara. Seu mal se agravava ante o fato de que seus inimigos estavam empregando seus conselhos unificados para tramarem sua ruína. Adiciona *que ajuntavam-se*; e isto tornou seu caso ainda mais calamitoso, envolvido como estava, um indivíduo sozinho, contra esta hoste numeroso. Ao mencionar que *se escondem*, ele chama a atenção para as sutis maquinações que arquitetavam para surpreendê-lo para destruição. O verbo, יצפינו, *yitsponu*, pela regra gramatical deve ter a letra ו, *vau*, na voz média; à luz do quê, a opinião geral é que a י, *yod*, é como se fosse o sinal de *Hiphil*, denotando que os inimigos de Davi chegassem à determinação de empregar uma emboscada com vistas a cercá-lo. Ele nos diz que o comprimiam de todas as direções, e como se pisassem em seus calcanhares, de modo que não nutriam por ele qualquer respeito. E aponta para seu implacável ódio como a causa de sua furiosa perseguição movida contra ele; pois nada, nos informa ele, poderia satisfazê-los senão sua morte.

7. Depois de seu mal, só pensam em escapar. O início deste versículo é lido por alguns na forma interrogativa: *Escaparão em sua iniqüidade?*[9] Mas não há necessidade para recorrer-se a este sentido remoto. É muito melhor entender as palavras no sentido que naturalmente sugerem quando lidas pela primeira vez: Que os maus pensam em escapar em sua iniqüidade, mas que Deus os lançará abaixo. Ele alude ao fato de que os ímpios, quando permitido prosseguirem sem interrupção em suas tortuosas trajetórias, nutrem a idéia de que têm permissão para perpetrarem impunemente a pior perversidade. Em nossa própria época, vemos tantos caracteres profanos que exibem uma desmedida audácia sob a certeza de que a mão de Deus jamais os alcançará. Não só buscam a impunidade, mas fundamentam suas esperanças de êxito em seus malfeitos e se animam a intensificar a perversidade nutrindo a opinião de que excogitarão uma via de escape da própria adversidade. Davi declarou esta vã e confiante persuasão tão depressa quanto a refuta por meio de um apelo ao juízo divino, declarando sua convicção de que, por mais soberbamente pudessem exaltar-se, a hora da vingança viria quando Deus *humilharia os povos*. Ele faz uso do plural com o fim de fortificar sua mente contra o medo, ao refletir sobre a ostentação de seus inimigos. Lembremo-nos, quando nossos inimigos se nos afigurarem muitos, de que uma das prerrogativas de Deus é a de humilhar os povos, e não meramente uma nação inimiga, mas o mundo inteiro.

8. Tu tens levado em conta minha peregrinação. As palavras se expressam na forma de uma oração abrupta. Havendo começado com uma solicitação para que Deus levasse em conta suas lágrimas, subitamente, como se houvera obtido o que pedira, ele declara que elas foram escritas

---

9 French e Skinner têm a redação: "Escaparão após sua perversidade?" e observam que o hebraico é: "Haverá escape para eles?" sendo o significado que com toda certeza não escaparão, por causa de sua perversidade.

no livro de Deus. É possível, aliás, entender a interrogação como uma oração; mas pareceria antes insinuar, com esta forma de expressão, que não tinha qualquer necessidade de multiplicar palavras, e que Deus já antecipara seu desejo. É necessário, não obstante, considerar as palavras do versículo mais especificamente. Ele fala de sua *peregrinação* como havendo ela sido notada por Deus, e isso para que pudesse chamar a atenção para um aspecto notável de sua história, ou seja, de haver sido forçado a perambular a esmo em exílio solitário e por um período por demais longo. A referência não é a uma peregrinação qualquer; o singular é usado em lugar do plural, ou, melhor, ele deve ser entendido como a declarar enfaticamente que durante toda sua vida não fizera outra coisa senão peregrinar. Isto ele sublinha como um argumento à guisa de comiseração, gastos como tinham sido seus anos em ansiedades e perigos, em peregrinação em extremo perplexiva. Conseqüentemente, ele ora para que Deus *pusesse suas lágrimas em seu odre*.[10] Era costume preservar o vinho e o

---

10 Há quem pense que há aqui uma alusão a um costume antigo de depositar as lágrimas dos prantos em urnas lacrimais ou garrafas. Nos túmulos romanos se encontram em pequenos frascos ou garrafas de vidro ou cerâmica, comumente chamadas *ampullae*, ou *urnae lachrymales*, as quais, segundo se supunha, continham lágrimas derramadas pelos pais e amigos sobreviventes, ou que eram depositadas nos sepulcros dos falecidos como memoriais de afetos e tristeza. Se nesta passagem há uma referência a tal costume, o mesmo deve ter existido num período bem antigo entre os hebreus. Contudo é duvidoso se aqui exista tal alusão. Não passa de moderna conjetura que tais garrafas 'encontradas nos túmulos romanos' tenham sido depositadas ali com tal propósito, e não há qualquer traço de tal costume nos antigos escritos ou sepulcros. Alguns pensam que se destinavam a conter perfumes usados na aspersão da pira funerária. Em alguns deles há a representação de um ou dois olhos, e isto parece favorecer o primeiro ponto de vista." – *Illustrated Commentary on the Bible*. Observemos, também, que a palavra נאד, nod, aqui traduzida por *garrafa*, significa uma sorte de garrafa que não qualquer semelhança com as urnas romanas. Era feita de pele de cabrito ou cabritinho e usada pelos hebreus para guardar seu vinho, seu leite e seu azeite. Comparem-se 1 Samuel 16.20; Josué 9.13; Juízes 4.19; Mateus 9.17. "Além disso", observa o bispo Mant, "o depositar as lágrimas do salmista por ele derramadas durante seus sofrimentos pessoais, parece algo bem diferente do oferecer as lágrimas de parentes ou amigos sobreviventes, como memoriais sobre o túmulo de uma pessoa falecida." A expressão: "Põe minhas lágrimas no teu odre [garrafa]", pode ser vista como simplesmente significando: Não deixes minhas lágrimas caírem sem serem notadas; que minha angústia e as lágrimas que têm jorrado de mim estejam sempre diante de ti, que excitem tua compaixão e que pleiteiem junto a ti para que me concedas teu lenitivo. Como as melhores coisas, tais como vinho e leite, eram depositadas nas garrafas ou odres, o salmista poderia também ser entendido como a orar para que suas lágrimas não só fossem notadas por Deus, mas apreciadas por ele. O נאד, nod, era de grande capacidade e usado tanto para manteiga quanto para vinho. Poderia, portanto, conter uma referência à enorme quantidade de lágrimas que a aflição de Davi produzia. – *Harmer's Observations*, vol. ii. pp. 121, 122.

azeite em garrafas; de que as palavras equivalem a uma súplica para que Deus não permitisse que suas lágrimas caíssem no chão, mas que as guardasse com cuidado como num precioso depósito. As orações de Davi, como transparece da passagem diante de nós, procediam da fé na providência de Deus, que vigia nossos próprios passos e por quem (para usar uma expressão de Cristo) "até mesmo os cabelos de vossa cabeça estão todos contados" [Mt 10.30]. A menos que em nossa mente sejamos persuadidos de que Deus toma especial nota de cada aflição que suportamos, é impossível que nutramos tal confiança ao ponto de orar para que Deus deposite nossas lágrimas em seu odre com vistas a levá-lo a considerá-las e deixar-se induzir por elas a agir em nosso favor. Ele imediatamente acrescenta que havia obtido o que pedira; pois, como já observei, prefiro entender a última cláusula afirmativamente. Ele estimula sua esperança mediante a consideração de que todas as suas lágrimas foram escritas no livro de Deus, e portanto seriam com certeza lembradas. E podemos seguramente crer que, se Deus concede tal honra às lágrimas de seus santos, então pode ele enumerar cada gota do sangue que eles derramam. Os tiranos podem queimar sua carne e seus ossos, mas o sangue continua a clamar em altos brados por vingança; e as eras intervenientes jamais poderão apagar o que foi escrito no registro divino das memórias.

> [vv. 9-11]
> Quando eu clamar, então meus inimigos retrocederão; Isso eu sei, porque Deus está comigo. Em Deus eu louvarei sua palavra; em Jehovah eu louvarei sua palavra. Em Deus eu tenho esperado; não temerei o que me possa fazer o homem.

9. Quando eu clamar, então meus inimigos retrocederão. Aqui o salmista se gloria na vitória ainda com mais confiança do que antes, especificando, por assim dizer, o próprio momento de tempo em que seus inimigos haveriam de retroceder. Ele não tinha uma perceptível evidência da aproximação da destruição deles; mas à luz da firme confiança que ele exercia quanto à promessa, ele capaz de antecipar a chegada do período, e resolveu esperar por ele com paciência. Ainda que Deus não se apressasse em interpor-se, e não dispersasse seus inimigos no exato momento em que ele orava, sua confiança era que suas orações não seriam frustradas; e sua base para crer que assim seria era precisamente sua convicção da verdade de que Deus jamais frustra as orações de seus filhos. Com esta convicção plenamente fixa em sua mente, ele pôde moderar suas ansiedades e calmamente esperar o resultado. É instrutivo observar que Davi, quando se assegura de obter seus pedidos, não ora com um espírito em hesitação ou incerteza, mas com uma confiante certeza de que será ouvido. Uma vez havendo atingido esta fé, ele põe em debandada o diabo e todas as hostes dos ímpios.

10. Em Deus eu louvarei sua palavra. No original, o pronome não é expresso, mas se nos permite inferir, à luz do versículo paralelo que vem antes, que ele é subentendido. A repetição adiciona uma ênfase ao sentimento, notificando que, embora Deus delongasse a perceptível manifestação de seu favor, e parecesse deixá-lo simplesmente à mercê de sua palavra – sem dar-lhe nada mais –, então resolveu gloriar-se nela com irredutível confiança. Quando num espírito tal como este honramos a palavra de Deus, ainda que privados de qualquer presente experiência de sua bondade ou seu poder, "temos nosso selo de que Deus é verdadeiro" [Jo 3.33]. A repetição equivale a uma expressão de sua determinação de que, não obstante todas as circunstâncias que possam parecer violar a promessa, ele confiaria nela e persistiria em orar agora, doravante e para sempre. Quão desejável é que o povo do Senhor tenha o costume de ponderar da mesma forma e descobrir, na palavra de Deus, razão de perene louvor em meio às suas piores provações! Podem experimentar muitas mercês chamando para o exercício de ação de graça, mas dificilmente darão um passo na vida antes de sentir a necessidade de confiar na mera promessa. Uma razão similar pode ser apresentada pela repetição do sentimento no versículo 11 – **Em Deus eu tenho esperado** etc. Encontraremos homens que universalmente concordam com a opinião de que Deus é um protetor auto-suficiente. A observação, porém, prova quão prontos somos em desconfiar dele ante a mais leve tentação. Quando estivermos expostos à oposição de formidáveis assaltantes, pela força, pela sagacidade ou por quaisquer vantagens mundanas, aprendamos com Davi a colocar Deus em oposição a eles, seremos imediatamente capazes de ver o mais poderoso dentre eles vencidos de assombro.

> [vv. 12-13]
> Teus votos estão sobre mim, ó Deus! Eu pagarei teus louvores. Pois tens livrado da morte minha alma: não livraste meus pés da queda? Para que eu possa andar diante de Deus na luz dos viventes.

12. Teus votos estão sobre mim, ó Deus! Sugeri, no início, ser provável que este Salmo foi escrito por Davi depois de haver escapado dos perigos que ele descreve; e esta pode ser a razão da ação de graça aqui apensa. Ao mesmo tempo, temos evidência que ele estava sempre disposto a engajar-se neste exercício mesmo quando presentemente sofrendo sob suas aflições. Ele declara que *os votos de Deus estavam sobre ele*; pelo quê significa que ele era obrigado a pagá-los, como, entre os romanos, uma pessoa que obtivesse o que buscava, sob o compromisso de um voto, dizia-se estar *voti damnatus – condenada por seu voto*. Se porventura prometemos ações de graças, e nossas orações têm sido ouvidas, uma obrigação pesa sobre nós. Ele os chama os votos de Deus – *teus votos*; pois o dinheiro em minha mão é tido como meu credor, sendo eu, como de fato sou, seu devedor. Ele vê seu livramento como algo vindo de Deus; e a condição uma vez efetuada, ele reconhece estar obrigado com os votos que ele havia feito. Aprendemos da segunda parte do versículo qual era a natureza dos votos para os quais ele chama a atenção, e, ao atentar para isto, podemos evitar o equívoco de imaginarmos que ele sanciona votos como os são praticados entre os papistas. Diz ele que renderia *louvores*, ou *sacrifícios de louvor*; pois a palavra se aplica aos sacrifícios, os quais eram símbolos externos de ação de graça. Davi sabia muito bem que Deus não atribuiu nenhum valor aos sacrifícios considerados em si mesmos, nem à parte do propósito e espírito da pessoa que os oferece; mas podemos crer que ele não negligenciaria as sacras cerimônias da lei que era imposta à Igreja naquele tempo; e que ele fala de alguma solene expressão de gratidão, tal como era costume entre os judeus na recepção de um sinal do favor divino.

13. Pois da morte livraste minha alma. Isto confirma a verdade da observação que já fiz, ou seja, que ele considerava sua vida como que recebida das mãos de Deus, sendo sua destruição inevitável, não fosse a miraculosa preservação que ele experimentara. Para remover toda dúvida sobre esse tema, ele fala de haver sido preservado, não simplesmente da traição, da malícia ou da violência de seus inimigos, mas da própria morte. E a outra forma de expressão que ele emprega comunica o mesmo sentido, quando acrescenta que Deus o havia protegido com sua mão, quando se achava à mercê de precipitar-se de ponta cabeça na destruição. Alguns traduzem מדחי, *middechi*, *de cair*; mas a palavra denota, aqui, um violento impulso. Contemplando a grandeza de seu perigo, ele considera seu escape como que provindo de nada mais senão de um [divino] ato miraculoso. É nosso dever, quando resgatado de algum perigo, reter em nossa memória as circunstâncias dele e de tudo quanto o torna particularmente formidável. Durante o tempo em que ficamos expostos a ele, ficamos também à mercê de errar mediante uma excessiva apreensão; mas quando termina, somos por demais prontos a esquecer nossos temores e também a bondade divina manifestada em nosso livramento. **Andar na luz dos viventes** significa nada mais que desfrutar da vital luz do sol. As palavras, **diante de Deus**, que no versículo estão na forma de interjeição, apontam para a diferença existente entre os justos, que fazem de Deus o grande alvo de sua vida, e os ímpios, que se desviam da vereda do bem e voltam suas costas para Deus.

Salmo 57

Este Salmo consiste de duas partes. Na primeira, Davi dá vazão à ansiedade que sentia, implorando a divina assistência contra Saul e seus outros inimigos. Na segunda, ele prossegue na confiante expectativa de livramento, e incita sua alma ao exercício do louvor.

> Ao mestre de música, Al-tascheth,[1] Michtam de Davi, quando escapou da presença de Saul numa caverna.

Somos deixados inteiramente a conjeturar quanto ao significado da palavra *Michtam*; e igual incerteza prevalece entre os intérpretes com respeito à razão da inscrição dada ao Salmo, *Al-tascheth*, isto é, *não destruas*. Há quem é de opinião que esta formava o início de um cântico bem notório naquele tempo; outros a toma como sendo uma expressão enunciada por Davi na desesperadora carência a que fora reduzido: *Não me destruas, ó Deus*! Outros ainda imaginam que a palavra é inscrita no Salmo em louvor do sublime princípio demonstrado por Davi quando impediu a Abisai de matar a Saul, e são confirmados em sua opinião pelo fato de que esta é a mesma expressão que o historiador inspirado o representa como a havendo usado [1Sm 26.9]. Mas como as orações que se seguem teriam sido oferecidas antes que ele desse qualquer ordem dessa natureza a Abisai, tal explicação não satisfaz; e somos levados a adotar uma ou outra das duas pressuposições anteriores, a saber:

---

1 As palavras, אל-תשחת, *al-tascheth*, se encontram nos títulos de três outros Salmos: 58, 59 e 75.

ou que o Salmo foi composto para a melodia de algum cântico geralmente conhecido naquele tempo, ou que a palavra expressa uma breve oração, a qual Davi anota como havendo sido emitida em memoráveis circunstâncias, e em circunstâncias de grande ameaça.

[vv. 1-3]
Sê misericordioso para comigo, ó Deus, sê misericordioso para comigo, pois minha alma confia em ti; e à sombra de tuas asas esperarei,[2] até que passe a perversidade.[3] Clamarei ao Deus Altíssimo, ao Deus que por mim tudo executa. Ele enviará dos céus, e me salvará do opróbrio daquele que procura devorar-me.[4] Deus enviará sua misericórdia e sua verdade.

1. Sê misericordioso para comigo, ó Deus! A repetição da oração prova que a tristeza, a ansiedade e a apreensão, com que Davi nesse momento era dominado, não poderia ser descritas. É notável que sua súplica por misericórdia é para pudesse esperar em Deus. Sua *alma* confiava nele; e essa é uma forma de expressão cuja força não se deve ignorar; pois implica que a confiança que ele exercia era procedente de suas próprias afeições íntimas – não eram de nenhum caráter volúvel, mas profunda e fortemente radicadas. Declara a mesma verdade em termos figurativos, quando acresce sua persuasão de que Deus o cobriria com a sombra de suas asas. A palavra hebraica, חסה, *chasah*, a qual traduzi por e*sperar*, significa ocasionalmente *abrigar*, ou *obter refúgio*, e neste sentido por ser entendida com grande propriedade na passagem que se acha diante de nós, onde se faz alusão à sombra das asas. Davi, em suma, se entregara inteiramente à guarda divina; e agora experimentava que bendita consciência de habitar num lugar

---

2 "Ou, hebergeray." – *n.m.f.* "Ou, abrigar-me-ei."

3 A palavra original, הוות, *há-uoth*, para *perversidade*, é traduzida pela Septuaginta, aqui, por *pecado* – "Até que o pecado desapareça." Símaco a explica no Salmo 55.12 pelo termo επηρεια *injúria insultante*. "Simão, de Shultens, formulou, creio eu, o genuíno significado. הוה, *barathrum* – est *desiderium*, idque *pravum*. V. c. cupiditas devorandi – *cupiditas* dicitur profundum quod, *barathrum*, quod expleri non potest." – *Fry*. French e Skinner têm a redação: "até que sua injúria desapareça"; "injúria", observam eles, "agora direcionada contra mim por meus inimigos."

4 Ou, a la confusion de celuy qui m'a guetté." – *n.m.f.* "Ou, à confusão daquele que se põe a esperar por mim."

de segurança, o qual ele expressa no início do Salmo 90. A divina proteção é comparada à sombra das asas, visto que Deus, como já observei alhures, mui familiarmente nos convida para si, é representado como a estender suas asas como a galinha, ou outras aves, que buscam proteger seus filhotes. Quão profunda é nossa ingratidão e perversidade por sermos por demais morosos em condescender-nos com um convite tão amável e gentil! Ele não diz meramente, em termos gerais, que esperaria em Deus e que descansaria à sombra de suas asas, mas, especificamente, que faria assim até quando a perversidade se fosse de vez, como uma tempestade ou um furacão. A palavra הוה, *hovah*, a qual traduzi por *perversidade*, há quem a traduza por *poder*. Seja como for, é evidente que ele declare que Deus lhe providenciaria refúgio, e as asas de Deus seriam seu escudo protetor, sob toda e qualquer tempestade de aflição que o acometesse. Há épocas em que somos privilegiados em desfrutar do calmo sol da prosperidade; mas não há sequer um dia de nossas vidas em que estamos isentos de sermos de repente assaltados por tempestades de aflição, e é mister que estejamos persuadidos de que Deus nos cobrirá com suas asas. À esperança ele acrescenta a oração. De fato, os que têm posto sua confiança em Deus vão dirigir suas orações sempre a ele; e Davi dá aqui uma prova prática de sua esperança, mostrando que a depositava em Deus em sua emergências. Ao dirigir-se a Deus, lhe aplica um honroso título, exaltando-o como o Deus que executava tudo quanto havia prometido, ou (como podemos deduzir da expressão) que leva à perfeição a obra que começou.[5] A palavra hebraica, גמר, *gomer*, aqui empregada, parece ser usada no mesmo sentido como no Salmo 138.8, sendo o mesmo o escopo de ambas as passagens. Materialmente confirma e sustenta nossa esperança de refletir que Deus nunca abandonará a obra de suas próprias mãos – aperfeiçoará a salvação de seu povo e continuará sua divina diretriz até que as tenha conduzida ao término de seu curso.

---

5 Horsley traduz a última cláusula do versículo assim: "Ao Deus que levará as coisas à conclusão a meu respeito."

Alguns trazem a redação, *a Deus que me recompensa*; mas isso deixa de realçar a força da expressão. Seria mais condizente, em meu juízo, ler: *Deus, que me reprova*; em cujo caso a sentença, naturalmente, requereria ser entendida adversativamente: ainda que Deus o reprovasse e não lhe estendesse sua mão para seu livramento, mesmo assim persistiria em clamar a ele. O outro significado que alguns têm sugerido: *clamarei a Deus que executa* ou *exerce ao máximo de sua severidade contra mim*, é evidentemente forçado, e o contexto nos levaria a entender a palavra como que indicando a bondade de Deus, a constância de que, ao aperfeiçoar sua obra uma vez a tendo começado, estaria sempre presente à nossa memória.

3. Ele enviará dos céus, e me salvará. Davi, como já tive repetidas ocasiões de observar, entrelaça suas orações com meditações santas pelo conforto de sua própria alma, nas quais contempla suas esperanças como já compreendidas no evento. Nas palavras que se acham ante nossos olhos, ele se gloria no divino auxílio com tanta certeza como se já visualizara a mão de Deus interposta em seu favor. Ao dizer: *ele enviará dos céus*, há quem considere a expressão como elíptica, significando que Deus enviaria *seus anjos*; mas parece antes ser uma forma indefinida de linguagem, significando que o livramento que Davi esperava não era de um caráter comum, mas um sinal de um gênero miraculoso. A expressão denota a grandeza da interposição a qual buscava, e o *céu* é oposto aos meios terrenos ou naturais de livramento. O que se segue admite ser traduzido de duas maneiras diferentes. Podemos interpor a preposição hebraica מ, *mem*, e ler: *Ele me salvará do opróbrio*; ou seria melhor entender as palavras apositivamente: *Ele me salvará, para o opróbrio daquele que me devora*.[6] A última expressão poderia ser assim traduzida: *daquele que espera por mim*.

---

[6] Nisto concorda todas as versões antigas. Fazem de חרף, *chereph*, um verbo, e não um substantivo, considerando-o como aplicável a Deus, e transmitindo a idéia de que ele livraria Davi, expondo seus inimigos à vergonha ou ao opróbrio. E assim, na Septuaginta, é "ἔδωκεν εἰς ὄνειδος", e na Vulgata: "dedit in opprobrium" – "ele entrega ao opróbrio"; e de igual forma nas versões Caldaica, Siríaca, Arábica e Etiópica.

Seus inimigos o emboscavam em sua ardente expectativa de concretizar sua destruição, e insidiosamente aguardavam uma oportunidade; mas Deus o livra, para a desgraça deles. Ele roga para que Deus golpeie seus inimigos com vergonha e opróbrio, ao frustrar as expectativas deles. O livramento que Davi antecipava era inusitado e miraculoso; e portanto acrescenta que dependia inteiramente da misericórdia e da verdade de Deus, as quais ele representa aqui como as mãos, por assim dizer, pelas quais a assistência divina se estende a seu povo.

[vv. 4-6]
Minha alma está entre leões;[7] e me ponho até mesmo entre aqueles que são abrasados,[8] ainda os filhos dos homens cujos dentes são lanças e flechas, e sua língua, uma espada afiada. Exalta-te, ó Deus, acima dos céus; que tua glória esteja acima de toda a terra. Prepararam uma rede para meus passos; minha alma está encurvada; cavaram uma cova diante de mim, porém eles mesmos caíram no meio dela.

4. Minha alma está entre leões. Ele uma vez mais insiste sobre a crueldade de seus inimigos como uma súplica com vista a prevalecer com Deus para uma ação mais rápida. Ele os compara a leões, fala deles como inflamados com fúria ou ódio implacável, e seus dentes são semelhantes a lanças e flechas. Quanto ao que ele diz de suas línguas, sua alusão é às virulentas calúnias que são mascateadas pelos ímpios, as quais abrem uma ferida mais profunda que qualquer espada por parte do inocente que os enfrenta. Davi, como

---

7 "A tradução de Mudge é literal: 'Ponho minha alma entre as leoas.'" – *Arch. Secker*. Isto está de acordo com a opinião de Bochart, o qual pensa que os animais aqui tencionados são leoas, propriamente enquanto dão de mamar a seus filhotes, momento em que são peculiarmente ferozes e perigosas. "Tampouco carece admiração", observa ele, "que a leoa seja considerada a mais feroz entre os leões; pois a leoa se iguala, ou mesmo excede, o leão em força e ferocidade"; e isto ele prova à luz dos testemunhos dos escritores antigos.

8 Fry o traduz assim: "Ponho-me entre os filhos dos homens que são fogo chamejante, ou chamas abrasadoras." Ainsworth o traduz assim: "Pessoas ardentes, ferozes e violentas, as quais ardiam com ira e inveja, e ainda inflamavam a outros. Dos tais Davi se queixou a Saul (1Sm 24.40)." French e Skinner o traduzem assim: "homens de espírito furioso; e observa que o hebraico é *ardentes filhos dos homens*, isto é, homens violentos que insistem em minha destruição." Mant observa que poderia ou ser "*pessoas incendiadas,* isto é, com fúria e malícia, ou, talvez, *colonos em fogo,* acendedores de males, incendiários."

se sabe muito bem, não encontrou nenhuma provação mais ferina do que as falsas e caluniosas acusações que foram lançadas contra ele por seus inimigos. Quando lemos da cruel perseguição de diferentes espécies às quais este santo varão foi chamado a suportar, não encontraremos nenhuma dificuldade ao nos vermos envolvidos no mesmo conflito, senão que ficaremos felizes enquanto pudermos levar nossas queixas ao Senhor, o único que pode refrear as falsas línguas e reprimir a mão da violência.

É a ele que encontramos Davi apelando nas palavras que se seguem: **Exalta-te, ó Deus, acima dos céus; que tua glória esteja acima de toda a terra.** A fim de percebermos a propriedade desta oração, é necessário que ponderemos no cúmulo da audácia e soberba dos ímpios quando não se deixam restringir pela providência divina, e na formidável natureza daquela conspiração que era direcionada contra Davi por Saul, e pela nação em geral, tudo o que demandava gloriosa manifestação do divino poder em seu favor. Tampouco é um conforto de somenos importância atentar para o fato de que Davi, ao insurgir em favor de seu povo, ao mesmo tempo antecipa sua própria glória. Contra ela, bem como contra eles, se dirige a oposição dos ímpios, e ele jamais deixou sua glória ser obscurecida, ou seu santo nome ser maculado com blasfêmias. O salmista retoma a linguagem de queixa. Havia falado da cruel perseguição a que se sujeitara, e agora reclama a traição e da fraude que se praticavam contra ele. Ele descreve sua alma como estando *encurvada* em alusão ao encurvamento do corpo quando alguém se acha sob a influência do medo, ou a aves quando terrificadas pelo caçador e suas redes, as quais não ousam mover sequer uma pena, mas se põem rente ao chão. Há quem leia: *ele encurvou minha alma*. A outra tradução é mais óbvia, e o verbo כפף, *caphaph*, é daqueles que são freqüentemente tomados com o sentido neutro. Embora o termo hebraico, נפש, *nephesh*, traduzida por *alma*, seja feminina, este não é único lugar onde a encontramos com um adjunto masculino.

[vv. 7-11]
Meu coração está preparado, ó Deus, meu coração está preparado; cantarei e darei louvores. Desperta, minha língua; despertai, saltério e harpa; eu mesmo estarei desperto⁹ ao romper do dia. Louvar-te-ei, ó Senhor, entre os povos; eu te cantarei entre as nações. Pois tua misericórdia é grande até aos céus, e tua verdade até às nuvens. Sê exaltado, ó Deus, acima dos céus; que tua glória esteja acima de toda a terra.

7. Meu coração está preparado, ó Deus![10] Há quem leia fixo ou confirmado, e a palavra hebraica, נכון, *nacon*, comporta tanto este sentido quanto aquele. Se o adotarmos, devemos entender Davi como a dizer que havia bem e devidamente meditado nos louvores que estava para oferecer; não se precipitara a um apressado e perfunctório desencargo deste serviço, como o fazem muitos perspicazes, mas que se dirigira a ele com firme propósito de coração. Não obstante, prefiro a outra tradução, a qual comporta que ele estava pronto para assumir o serviço com toda alegria e cordialidade. E embora, sempre que este espírito é realmente sentido, ele conduza à firmeza do exercício religioso, não é sem importância que o leitor se sinta surpreso pela força da palavra que é aqui empregada no hebraico. O coração pronto é aqui confrontado por Davi com a mera expressão labial do hipócrita, de um lado, e o serviço apático ou moroso, do outro. Ele se dirigia a este sacrifício voluntário com um espírito de sincero fervor, desvencilhando-se da indolência e de tudo quanto se constituísse em obstáculo ao dever.

8. Desperta, minha língua. Neste ponto Davi expressa, em termos poéticos, o ardor com que sua alma se inspirara. Ele convoca a língua, o saltério e a harpa a preparar-se para a celebração do nome de Deus. A palavra כבוד, *cabod*, a qual traduzo por *língua*, alguns a traduzem por *glória*. Mas embora este seja seu mais comum significado, ele apoia o

---
9 "Ou, me resseilleray." – *n.m.f.* "Ou, despertarei."
10 Este consiste de duas partes. Os versículos precedentes, os quais contêm a primeira parte, expressam profunda angústia e extremo perigo, e são de um estilo plangente e súplice. Aqui, porém, onde a segunda parte começa, há uma elegante transição feita repentinamente à linguagem de exultação e triunfo, a qual continua até ao final do Salmo.

outro que se acha no Salmo 16 e em numerosos textos da Escritura. O contexto prova ser este seu significado aqui, notificando Davi que ele celebraria os louvores de Deus tanto com a voz quanto com música instrumental. Ele designa o primeiro lugar ao coração, o segundo à declaração com a boca, o terceiro aos acompanhamentos que estimulem maior ardor no serviço. Não muda muito se traduzimos o verbo אעירה, äirah, *Serei despertado*, ou transitivamente, *Eu me despertarei no alvorecer do dia*.[11] Mas quem quer que realmente se desperte para o exercício de louvar a Deus, somos aqui instruído que o mesmo será incansável em cada parte do dever.

9. Louvar-te-ei, ó Senhor, entre os povos. Visto que aqui se diz que *as nações* e *os povos* seriam os auditores do louvor que ele oferecia, devemos inferir que Davi, nos sofrimentos expressos por todo o Salmo, representava Cristo. É importante observar como neste Salmo se prova que nosso próprio estado e caráter são posto diante de nós como num espelho. Que as palavras têm referência ao reino de Cristo, temos a autoridade de Paulo como conclusivo [Rm 15.9], e de fato o podemos suficientemente inferir no exercício de um juízo iluminado sobre a passagem. Proclamar os louvores de Deus a pessoas tais como os surdos seria um absurdo muito maior que cantá-los às rochas e aos pedregulhos; é portanto evidente supor-se que os gentios são levados ao conhecimento de Deus quando esta declaração de seu nome se lhes dirige. Ele toca de leve no que designou como a soma de seu cântico de louvor, quando acrescenta que o mundo inteiro está cheio da bondade e da verdade de Deus. Já tive ocasião de observar que a ordem na

---

11 Hammond tem a redação: "Eu despertarei a alva." Dr. Geddes, arcebispo Secker, Street e Fry, apresentam uma versão semelhante. "O verbo אעירה", diz Street, "está na conjugação Hiphil; e portanto transitiva; e a palavra השחר é o caso objetivo dela." Quanto à tradução de שחר, *de manhã*, o arcebispo Secker diz: "שחר em parte alguma é usada adverbialmente nem, creio eu, com uma elipse de כ"; e observa que "Despertarei a alva é mais gramatical e poético." Um pensamento similar ocorre freqüentemente na poesia. Por isso Ovídio diz: "Non vigil ales ibi cristat cantibus oris evocat auroram." "O galo, ao cantar, não evoca a manhã ali." E encontramos no allegro de Milton as seguintes linhas:
"Com freqüência se ouve como o cão e a corneta
Alegremente despertam a manhã sonolenta."

qual estas perfeições divinas são geralmente mencionadas é digna de atenção. É de sua mera benevolência que Deus se deixa induzir a fazer promessas com tanta prontidão e liberalidade. Em contrapartida, sua fidelidade é recomendada à nossa observação para convencer-nos de que ele é tão constante em cumprir suas promessas como está pronto e disposto a formulá-las. O salmista conclui com uma oração para que Deus se erguesse e permitisse que sua glória fosse obscurecida, ou que a audácia dos ímpios se tornaria intolerável, estendendo ainda mais sua impiedade. As palavras, contudo, podem ser entendidas em outro sentido, como uma oração para que Deus apressasse a vocação dos gentios, da qual já havia falado em termos de predição, e ilustra seu poder ao executar não só um juízo ocasional na Judéia mediante o livramento da destroçada inocência, mas também seus poderosos juízos sobre o mundo inteiro através da sujeição das nações.

Salmo 58

O Salmo que se segue consiste de duas partes. No início, Davi vindica sua integridade pessoal das calúnias lançadas sobre ele por seus inimigos. Havendo expresso seu sentimento produzido pelas graves injúrias que havia sofrido, a crueldade e a traição deles, ele conclui com um apelo ao juízo divino e orando para que fossem visitados com merecida destruição.

Ao mestre de música, "Não Destruas", Michtam de Davi.

[vv. 1-5]
Realmente falais justiça, ó congregação? Julgais com retidão, ó filhos dos homens? Antes no coração tramais a perversidade; vossas mãos pesam a violência sobre a terra. São alienados, sendo perversos desde a madre; desviam-se tão logo nascem, falando mentiras. Sua peçonha é como a peçonha de uma serpente; são como a víbora surda, que tapa os ouvidos, para que não ouçam a voz dos encantadores, encantamento que ele faz tão sabiamente.

1. Realmente falais justiça, ó congregação? Ao formular esta pergunta a seus inimigos, à guisa de desafio, Davi ostenta a ousadia de uma consciência íntegra. Argumenta que a justiça de nossa causa é demonstrativamente evidente quando nos aventuramos a apelar à parte que se opõe a si própria. Pois tivessem eles alguma base para questionar sua justiça, e mostrariam um absurdo grau de confiança para desafiar o testemunho de um adversário. Davi se apresenta com a franqueza de alguém que era apoiado pelo senso de sua integridade, e repele, com uma declaração que saía de seus próprios lábios, as vis acusações com que vilipendiavam seu caráter na estima de quem era simplório demais para crer neles. É como se dissesse: "Vós mesmos podeis atestar minha inocência, e no entanto me perseguis com infundadas calúnias. Não vos envergonhais de uma opressão tão grosseira e gratuita?" Faz-se necessário, contudo, determinar que eles eram justamente a quem Davi aqui acusa. Ele os chama de *congregação*, e novamente de *filhos dos homens*. A palavra אלם, *elem*, a qual traduzi por *congregação*, alguns consideram como sendo um epíteto aplicado à *retidão*, e a traduzem por *mudo*;[1] mas isso não expressa o significado do salmista. Os intérpretes diferem quanto ao que devemos entender pelo termo *congregação*. Há quem pense que ele chama a atenção, à guisa se acusação, para as reuniões que seus inimigos mantinham, como é comum com os que entretêm desígnios perversos, com o propósito de concertar seus planos. Eu antes me inclino à opinião daqueles que concebem que aqui se dá (embora apenas por cortesia) o título usual de honra aos conselheiros de Saul, que abertamente se reuniam para consultar-se em prol do bem da nação, mas que na verdade com nenhuma outra intenção senão executar sua destruição. Outros lêem *na congregação* – tradução esta que dá o mesmo sentido que já designamos à passagem, mas que não recebe o apoio da construção natural das palavras. A congregação de que Davi fala é aquela assembléia convocada por Saul, ostensivamente com intuitos ilícitos, mas de fato e de verdade com vistas a oprimir o inocente. A expressão, **filhos dos homens**, a qual imediatamente depois de aplicar-lhes – sur-

---

1 "אלם. Há certa dificuldade de se ter certeza do sentido desta palavra. Gesenius a deriva de אלם, *ficar em silêncio: A eqüidade realmente fica em silêncio?* Mas isso quebra o paralelismo, o qual requer צדק תדברון, 'Falareis com eqüidade?' na primeira linha, para corresponder com תשפטו מישרים, 'Julgareis com eqüidade?' na segunda. Dathe concorda com o bispo Lowth e outros, que propõem acentuar a palavra אלם, ou *plene*, אלים *judices*, '*Ó vós, juízes* ou governadores!' Vejam-se Êxodo 22.27; Salmo 82.1. Mas tal redação, ainda que faça bom sentido, não conta com o apoio dos MSS ou versões antigos. Diodati e De Rossi concordam com nossos tradutores ao tomarem a palavra no sentido de *assembléia, congregação*. Assim Schindler אלם, *collegatio hominum*, congregation, multitudo coetus, ab אלם, *ligavit*, colligavit. Este é provavelmente o verdadeiro sentido. A LXX, a Vulgata, a Etiópica e a Arábica parecem ter lido אלם, ou "אלם – (*Rogers' Book of Psalms*, vol. ii. p. 212.) Walford prefere a versão de Dathe.

preendendo, por assim dizer, o título de cortesia anteriormente dado –, parece ser usado em menosprezo do caráter deles, sendo eles, como de fato eram, antes um bando de ladrões públicos do que uma convenção de juízes. Não obstante, poderia alguém ser de opinião que, ao empregar esta expressão, Davi tivesse ante seus olhos a universalidade da oposição que o confrontava –, quase todos se inclinando para esta facção perversa – e que aqui emite um magnânimo desafio à multidão de seus inimigos. Entrementes, a lição que a passagem nos ensina é evidente. Embora o mundo inteiro se ponha contra o povo de Deus, ele não carece, enquanto nutrirem o senso de sua integridade, ter receio de desafiar os reis e seus conselheiros, bem como o promíscuo populacho do povo. O mundo inteiro se recusaria ouvir-nos, mas devemos aprender, pelo exemplo de Davi, a descansar satisfeitos no testemunho de uma sã consciência e no apelo dirigido ao tribunal de Deus. Agostinho, que não tinha nenhuma outra senão a versão grega em suas mãos, é levado por este versículo a uma sutil indagação sobre a questão se o juízo dos homens é comumente correto quando convocados a decidir sobre princípios gerais, mas falha clamorosamente na aplicação destes princípios a casos específicos,[2] através das cegas e pervertidas influências de suas vis paixões. Tudo isso pode ser plausível e, em seu devido lugar, útil, mas procede de uma completa incompreensão do significado da passagem.

2. Antes, no coração maquinais a perversidade. No versículo anterior Davi se queixou da grosseira impudência manifestada na conduta deles. Agora os culpa de entreter a perversidade em seus pensamentos e de praticá-la com suas próprias mãos. Por conseguinte tenho traduzido a partícula hebraica, אף, *aph*, *antes* – fazendo-se evidente que Davi avança, depois de primeiro repelir as calúnias de seus inimigos, um passo em frente lançando-lhes em rosto os pecados

---

[2] "Argute hic disputant, hominibus rectum esse judicium in generalibus principiis: sed ubi ad hypothesin ventum est, hallucinari", &c. A tradução francesa traz: "Dispute yci subtilement que les hommes ont un jugement droit et entier és principes generaux, mais quand ce vient à la particularité, que leur raison defaut", etc.

que eles haviam cometido. A segunda cláusula do versículo pode ser traduzida de duas formas diferentes: *pesais a violência com vossas mãos*, ou *vossas mãos pesam a violência*; e visto o significado ser o mesmo, não importa muito qual o leitor venha a adotar. Há quem pense que ele usa a expressão figurada, *pesar*, em alusão à pretensão de eqüidade sob a qual ele era perseguido, como se fosse ele um perturbador da paz e culpado de traição e contumácia para com o rei. Com toda probabilidade, seus inimigos conectavam sua opressão com plausíveis pretensões, tais como os hipócritas nunca se cansam em descobrir. Mas o termo hebraico, פלס, *phalas*, admite uma significação mais ampla, *idear* ou *pôr em ordem*; e nada mais significaria senão que punham em ordem os pecados que antes haviam concebido em seus pensamentos. Acrescenta-se, *na terra*, para denotar a irreprimível licenciosidade de sua perversidade, a qual era praticada publicamente, não em lugares ocultos onde pudessem ser postos em prática.

3. São alienados, sendo perversos desde a madre. Ele aduz, em agravo do caráter deles, a circunstância de que eram pecadores, não de uma data recente, mas pessoas nascidas para cometer pecado. Vemos algumas pessoas, aliás de uma disposição não tão depravada, que se deixam conduzir a más veredas através de uma mente leviana, ou do mau exemplo, ou da solicitação dos apetites, ou de outras ocasiões de um gênero semelhante. Davi, porém, acusa seus inimigos de serem impregnados com a maldade desde madre, alegando que sua traição e crueldade haviam nascido com eles. Todos nós entramos no mundo maculados com pecado, possuídos, como posteridade de Adão, de uma natureza essencialmente depravada e incapazes, por nós mesmos, de almejar tudo quanto é bom. Há, porém, um freio secreto na maioria dos homens que os impede de desenvolver-se na iniqüidade em toda a sua extensão. A mácula do pecado original adere a toda a família humana sem exceção; mas a experiência prova que alguns são caracterizados por modéstia e decência do comportamento externo; e que outros são perversos, todavia, ao mesmo tempo, dentro de dos limites da moderação; enquanto que uma terceira classe é de uma disposição tão depravada, que se tornam membros intoleráveis da sociedade [humana]. Ora, é esta perversidade excessiva – forte demais para escapar à detestação mesmo em meio à corrupção geral da raça humana –, a qual Davi atribui a seus inimigos. Ele os estigmatiza como monstros da iniqüidade.

4. Sua peçonha é como a peçonha de uma serpente; são como a víbora surda.[3] Ele prossegue sua descrição; e, embora pudesse continuar insistindo sobre a ferocidade que caracterizava sua oposição, ele os culpa mais particularmente, aqui como alhures, da maliciosa virulência de sua disposição. Há quem leia, *sua fúria*;[4] mas isso não se adequa à figura, pela qual são aqui comparados a serpentes. Não se pode lançar nenhuma objeção à tradução que temos adotado à luz da etimologia da palavra, a qual se deriva de *calor*. É bem notório que, enquanto alguns venenos matam mediante o frio, outros consomem as partes vitais mediante o ardente calor. Davi, pois, assevera de seus inimigos, neste passagem, que eram tão permeados de malícia letal como as serpentes são cheias de veneno. Para mais enfaticamente expressar sua consumada sutileza, ele os compara a serpentes surdas, os quais escancaravam seus ouvidos à voz do encantador – não um gênero comum de serpentes, mas aquele tipo que desfruta de fama por sua astúcia, e contra todo artifício desse gênero é preciso pôr-se em guarda. Mas, pode-se perguntar, existe mesmo o que chamam de *encantamento*? Se porventura não havia, então parece absurdo e infantilidade extrair dele uma comparação, a menos que suponhamos Davi a falar em termos de mera acomodação a uma opinião equivocada, ainda que geralmente aceita.[5] Entretanto, ele com certeza pareceria insinuar que

---

3 O termo פתן, *phethen*, traduzido por *surdo*, é geralmente entendido pelos intérpretes como sendo um tipo de serpente chamada pelos antigos de áspide, víbora, e à qual há constante alusão na Escritura [Dt 33.33; Jó 20.14, 16; Is 11.8]. É a בתן, *boeten*, dos arábios, a qual M. Forskal (*Descript. Anim.* p. 15) descreve com manchas pretas e brancas, cerca de um pé de comprimento, quase a metade de uma polegada, ovípara, e sua picada é quase morte instantânea; e que é chamada "a áspide" pela literatura de Chipre, ainda que o vulgo lhe dê o nome de κουφη, *surda*.

4 Esta é a redação da Septuaginta, da Vulgata e de Jerônimo. Septuaginta: "Θυμὸς" Vulgata e Jerônimo: "Furor."

5 Que essa categoria de serpente podia ser encantada é um fato bem atestado e um dos mais

as serpentes podem se deixar fascinar pelo encantamento; e não vejo qualquer inconveniente em admiti-lo. Era crido pelos antigos que Marsi, na Itália, exceliam nesta arte. Não houvesse nenhuma prática de encantamentos, que necessidade haveria de os mesmos serem proibidos e condenados sob o regime da lei? [Dt 18.11]. Não quer dizer que haja um método ou uma arte real pela qual a fascinação pode ser efetuada. Sem dúvida era feita através do simples trenó de Satanás,[6] a quem Deus tolerava que praticassem suas ilusões aos olhos dos incrédulos e ignorantes, embora os impedisse de enganar os que têm sido iluminados por sua Palavra e seu Espírito. Podemos, porém, evitar toda ocasião de curiosidade tão iníqua, adotando o ponto de vista já referido, ou seja, que Davi, neste texto, tomou por empréstimo sua comparação de um erro popular então prevalecente, supondo-se meramente que ele simplesmente diz que nenhum gênero de serpente era imbuído de maior astúcia que seus inimigos, nem mesmo as espécies (se porventura existiam) que se protege contra os encantamentos.

---

curiosos e interessantes da história natural. É amiúde mencionado pelos escritores clássicos gregos e romanos, bem como pelos hebreus e árabes; para os últimos deles, as diferentes espécies de serpentes eram bem notórias. É também apoiado pelo testemunho de muitos turistas modernos. Algumas serpentes se deleitam com os sons de música vocal e instrumental, podendo por esse meio desarmada de sua fúria e tornada inofensiva (Ec 10.11). Não é incomum no oriente fazer-se uso de gaitas, flautas, apitos ou de pequenos tambores para atraí-las para fora de seus esconderijos e dominar sua ferocidade. E quando já estão domesticadas, o encantador as faz dançarem e manter o tempo das notas musicais, enroscá-las em torno de seu corpo e pegar nelas sem qualquer problema, mesmo quando seus dentes não sejam quebrados nem extraídos. Mas em alguns casos a arte do encantador falha; e, não obstante seus encantamentos, a serpente se lança ao braço, ou em alguma outra parte do corpo, e faz com seus dentes venenosos uma ferida mortal (Jr 8.17). Em tal caso, ela "não ouvirá a voz do encantador". Não é necessário supor que a "serpente surda" signifique uma espécie de serpente naturalmente surda, e à qual é impossível que encantador fascine. Nada mais significaria senão que seus encantamentos às vezes não têm êxito; que algumas serpentes surdas são tão obstinadas que o som da música não causa impressão nelas; e que são como criaturas destituídas de audição, ou cujos ouvidos estão tampados. A maneira como a "serpente surda fecha seus ouvidos" é assim descrita por Bochart: "O réptil encosta um ouvido junto ao chão e com sua calda tampa o outro, para não ouça o som da música; ou ela repele o encantamento, silvando violentamente." Tão impenetráveis são os ímpios aqui representados por qualquer persuasão; não se deixam mudar a fim de olvidar suas ímpias maquinações, nem se deixam trazer aos caminhos de Deus, mesmo mediante os rogos mais persuasivos.

6 O poder que os encantadores exercem sobre as serpentes era provavelmente atribuído por eles à agência de seres invisíveis, ainda que pudesse ser o natural efeito da música que usavam.

[vv. 6-9]
Ó Deus, quebra seus dentes em suas bocas; quebra as mandíbulas dos leões. Que jorrem como águas; que se vão; que arqueiem seu arco e suas flechas se façam em pedaços.[7] Que ele se desvaneça como a lesma, que se derrete; como o aborto duma mulher, que não vê o sol. Antes que vossas panelas[8] sintam o fogo dos espinhos, um redemoinho o arrebatará, como carne ainda viva.

6. Ó Deus, quebra seus dentes em suas bocas.[9] Desta parte do Salmo, ele assume a linguagem de imprecação, e solicita a vingança divina, cuja peculiar prerrogativa é repelir a opressão e defender o injuriado inocente. Contudo é necessário que atentemos para a maneira como isso é feito. Ele não reivindica o juízo ou o patrocínio divino para sua causa, até que tivesse, em primeiro lugar, asseverado sua integridade e expresso sua queixa contra a maliciosa conduta de seus inimigos; pois não se pode esperar que Deus se envolva numa causa que seja indigna de defesa. No versículo que se acha diante de nós, ele ora para que Deus subjugue os perversos e reprima a violência de sua fúria. Pela expressão, *seus pés*, ele notifica que se assemelham

---

7 Não há nada no original para "que suas flechas sejam"; é um suplemento feito por Calvino na versão francesa. Há alguma dificuldade no último membro do versículo. Muitos intérpretes o referem a Deus que arma seu arco contra os ímpios. Isso concorda com as versões Septuaginta, Vulgata, Caldaica, Siríaca e Arábica. Símaco e outros, porém, o referem aos ímpios que procuram, deveras, ferir os santos, porém sem efeito. "Essa parece", diz Dathe, "ser a conexão mais natural: no versículo 6, o escritor sacro se dirige a Deus na segunda pessoa; e há aqui descrito o mal sucedido resultado dos empreendimentos dos ímpios contra os justos." "Estou persuadido", diz Rogers, "que alguma palavra, o nome de algo com que os ímpios, perecendo sob a vingança divina, eram comparados, se perdeu no hebraico." – *Book of Psalms in Hebrew*, vol. ii. p. 213.

8 "Ou, vos espines." – *n.m.f.* "Ou, vossos espinhos."

9 "Quebra seus dentes em suas bocas" é mais provável ser uma continuação da ilustração metafórica tomada das serpentes surdas imediatamente antes, cujo veneno é contido numa bolsa no fundo de um de seus dentes, e que fica inutilizada por ficar privada de seu dente que transmite o veneno. Isso é o que o encantador às vezes faz depois de trazê-la para fora de seu esconderijo com sua música. Quando a serpente vem para fora, ele a pega pela garganta, a põe à mostra, exibe seus dentes peçonhentos e os arranca. Tudo indica que a alusão é a esse arrancar dos dentes. "Essa menção dos dentes", diz Hammond, "introduz com beleza o que vem a seguir sobre o leão, cuja danosa ação com essa parte é mais violenta e formidável, e assim significa uma pessoa publicamente invasora e sediciosa, violenta e sem lei; como os dentes da serpente, por mais secretos que sejam, as feridas imperceptíveis do difamador ou caluniador, as quais são tão perigosas e destrutivas quanto à serpente, através de uma ínfima picada mata aquele em quem crava."

a bestas selvagens em seu desejo de agarrar e destruir as vítimas de sua opressão. E isso se faz ainda mais claramente na última parte do versículo, onde os compara a *leões*. A comparação denota a fúria com que buscavam sua destruição.

No versículo seguinte, e nos diversos versículos posteriores, ele persegue o mesmo propósito, empregando uma variedade de similitudes adequadas. Ele ora para que Deus os *arrastasse como águas*, isto é, rapidamente. A expressão indica a grandeza de sua fé. Seus inimigos estavam diante de seus olhos em todas as forças de seu número e recursos; ele via que o poder deles estava profundamente radicado e firmemente estabelecido; toda a nação estava contra ele e parecia erguer-se diante dele como uma desencorajadora e formidável barreira de montanhas rochosas. Orar para que esta sólida e prodigiosa oposição se dissolvesse e desaparecesse evidenciava não pequeno grau de coragem, e o evento só poderia parecer crível a alguém que houvesse aprendido a exaltar o poder de Deus acima de todos os obstáculos interferentes. Na comparação que imediatamente se segue, ele ora para que as tentativas de seus adversários fossem frustradas, sendo o sentido das palavras que suas flechas caíssem sem nenhum efeito, como que quebradas, quando distendessem seu arco. Impulsionados como que por implacável crueldade, ele rogo que Deus confundisse seus empreendimentos, e nisso somos novamente levados a admirar sua inflexível coragem, a qual podia contemplar os formidáveis preparativos de seus inimigos como que estando completamente ao dispor de Deus, e todo o poder deles como que jazendo a seus pés. Que seu exemplo, neste ponto específico, seja considerado. Que não cessemos de orar, ainda quando as flechas de nossos inimigos estejam postas as cordas de seus arcos e a destruição pareça inevitável.

8. Que ele se desvaneça como a lesma, que se derrete. As duas comparações neste versículo são introduzidas com o mesmo desígnio que a primeira, ou seja, para expressar seu desejo de que seus inimigos passem completamente, e experimentem o que em sua natureza é mais evanescente. Ele os iguala a *lesmas*,[10] e poderia parecer ridículo que Davi usasse figuras tão desprezíveis ao falar de homens que eram formidáveis por sua força e influência, não refletíssemos que ele considerava Deus como capaz de, num momento, sem o mais leve esforço, esmagar a mais poderosa oposição. É possível que o poder deles os encorajasse de tal forma, em sua vã confiança, a estender seus planos a um futuro mui distante, mas Davi os visualizava com os olhos da fé, e os viu condenados pelo juízo divino a terem uma curta duração. É provável que ele aludisse à rapidez com que os perversos crescem em poder, e propôs esmagar a soberba que conseguem cultivar pelo prisma de uma prosperidade de tão fácil avanço, lembrando-lhes que sua destruição seria igualmente rápida e súbita. Há uma força igual na figura empregada no final do versículo onde são comparados a *um aborto*. Se considerarmos a extensão de tempo dentro do qual contemplam, em sua vã confiança, a duração de sua vida,[11] deles se pode dizer que passam deste mundo antes mesmo que tenham começado a viver, e são retraídos, por assim dizer, do próprio propósito da existência.

9. Antes que vossas panelas sintam o fogo dos espinhos. Alguma obscuridade atinge este versículo, em parte oriunda da construção confusa, e em parte das palavras que se fazem suscetíveis de um duplo sentido.[12] Daí, a palavra hebraica, סירות, *siroth*, significa ou *panela*

---

10 A palavra original para *lesma* ocorre somente neste caso, em toda a Bíblia. A LXX a traduz ὡσεὶ κηρὸς, *como cera*, e a Siríaca e a Vulgata a seguem. A Caldaica, porém, a traduz "como um réptil", interpretando a palavra no sentido de algo que rasteja, que proporciona um eminente exemplo de algo derretido, e isso parece aplicar-se à lesma que, em seu processo de soltar a casca, leixa uma substância viscosa em sua passagem até que se dissolve completamente e morre. Comp. Jó 3.16.

11 "Si reputamus quantum temporis imani fiducia devorent", etc. Literalmente, "Se considerarmos quanto tempo eles gastam em sua vã confiança" etc. A versão francesa adere a esta tradução das meras palavras. "Si nous regardons combien ils devorent de temps par leur vaine confiance." Aventuramo-nos à tradução mais livre dada no texto, porquanto esta parece uma daqueles casos onde a brevidade do idioma latino demanda explicação, a fim de que a idéia seja inteligível em qualquer outra língua.

12 Este versículo tem sido julgado como uma das mais difíceis passagens do Saltério, e tem confundido grandemente os comentaristas.
O bispo Horsley o traduz: –
"Antes que vossas panelas sintam o espinheiro,
No remoinho e no furacão ele os varrerá para longe."

ou *espinho*. Se adotarmos o primeiro significado, devemos ler: *antes que vossas panelas sintam o fogo que foi aceso pelos espinhos*; se adotarmos o segundo: *antes que vossos espinhos cresçam num arbusto*, isto é, atinja sua plena altura e grossura. Portanto, seguindo o primeiro sentido, o que traduzimos, *carne ainda crua*, deve ser traduzido, desde que adotemos a outra, *tenro*, ou *ainda não crescido*. Mas o escopo do salmista, na passagem, é suficientemente óbvio. Ele se refere à rapidez daquele juízo que Deus executa em seus inimigos, e ora para que ele os arrebate como por um remoinho, ou antes que cheguem ao pleno desenvolvimento de sua força, como o espinheiro se torna uma planta vigorosa, ou antes que cheguem à maturidade e aptidão, como a carne que tem sido fervida na panela. O último significado parece ser o único do qual a passagem é mais facilmente suscetível, ou seja, que Deus, no furacão de seu furor, arrebata os perversos como a carne não ainda fervida, da qual se pode dizer que pouco sentiu o calor do fogo.

Ele presume que a linguagem é proverbial, e que o salmista descreve a súbita erupção da ira divina; súbita e violenta como a ascensão do espinheiro seco debaixo da panela da cozinheira.
Walford o traduz: –
"Antes que vossas vasilhas de cozinhar sintam o combustível;
Um remoinho espalhará tanto o verde quanto o seco."
Este autor, bem como outros, presumem que esta passagem contém uma alusão aos métodos dos árabes que, quando querem cozinhar seu alimento, colhem ramos e espinhos, tanto verdes quanto secos, com os quais acendem fogo ao ar livre. Antes, porém, que suas vasilhas culinárias sejam sensivelmente afetadas pelo calor, um vento não pouco freqüente surge e espalha o combustível. E isso expressa extraordinariamente a súbita e prematura destruição dos perversos.
Fry apresenta uma explicação um pouco diferenciada. Ele o traduz assim: –
"Tão logo vossos vasos tenham sentido os espinhos *fumegantes*,
A rajada incandescente os consumirá, quer o verde quer o seco."
E observa que "שער, ou סער, sem dúvida expressa a ação do vento quente do deserto". Este vento é eminentemente destrutivo, e não com pouca freqüência tem sido conhecido em sepultar e destruir totalmente as caravanas. Sidi Hamet, descrevendo sua viagem através do grande deserto rumo a Tombuctoo com uma caravana consistindo de mais de mil homens e quatro mil camelos, relata que, "depois de viajar mais de um mês foram atacados pelo Shume, a rajada incandescente do deserto, levando consigo nuvens de areia. Foram obrigados a ficar por dois dias com seus rostos no chão, só erguendo-os ocasionalmente para abanar a areia e poder respirar. Trezentos deles não se ergueram mais, e duzentos camelos também pereceram." – (*Murray's Discoveries in Africa*, vol. i. pp. 515, 516.) Estius apresenta este sentido: "Antes que vossos espinhos cheguem ao seu pleno desenvolvimento num arbusto, a fúria de uma tempestade os arrebatará, por assim dizer, na flor de sua idade, antes que cheguem à maturidade." As palavras כמו-חי, *kemo-chai*, que Calvino traduz por *carne ainda crua*, são usadas neste sentido em Levítico 8.16 e 1 Samuel 11.15.

[vv. 10-11]
O justo se alegrará quando vir[13] a vingança; ele lavará suas mãos no sangue do perverso.[14] E um homem dirá: Deveras há uma recompensa (literalmente, fruto[15]) para o justo; deveras há um Deus que julga na terra.

10. O justo se alegrará quando vir a vingança. Pode parecer, à primeira vista, que o sentimento aqui atribuído aos justos está longe de ser consistente com a misericórdia que os deve caracterizar. Devemos lembrar, porém, como já observei em outro passo, que o sentimento que Davi pretende imputar-lhes é de um gênero puro e bem equilibrado; e nesse caso não há qualquer absurdo em presumir que os crentes, sob a influência e diretriz do Espírito Santo, devam regozijar-se em ser testemunhas da execução dos juízos divinos. Aquela cruel satisfação que tantos sentem quando vêem seus inimigos destruídos é o resultado das profanas paixões do ódio, da ira, ou da impaciência, nos induzindo a um desordenado desejo de vingança. Enquanto se permitir que a corrupção opere dessa maneira, não pode haver qualquer direito ou exercício aceitável. Por outro lado, quando alguém é levado por um santo zelo a simpatizar com a retidão daquela vingança que Deus poderia ter infligido, sua alegria será tão pura em defender a retribuição do perverso, quanto seu desejo por sua conversão e salvação era forte e sincero. Deus não é destituído de sua misericórdia em manifestar, em ocasiões próprias, a severidade do Juiz, ao tentar de todas as formas, porém em vão, em trazer o pecador ao arrependimento, tampouco pode o exercício de tal severidade ser considerado uma impugnação de sua clemência; e, de uma forma semelhante, o justo deve anelar ardentemente pela conversão de seus inimigos, bem como demonstrar muita paciência ante a injúria, com vistas a convocá-los para o caminho da salvação. Quando, porém, a voluntária obstinação os conduz por fim à hora da retribuição, é muitíssimo natural que

---

13 "Ou, pource qu'il aura veu. " – *n.m.f.* "Ou, porque ele vê."
14 "A similitude é tomada da fúria das batalhas, nas quais a efusão de sangue é tão grande que molha os pés dos vitoriosos no conflito." – *Walford*.
15 A recompensa é o fruto de obediência (Is 53.10).

se regozijem ao vê-la aplicada como comprovação do interesse que Deus sente na segurança pessoa dos santos. Causa-lhes tristeza quando Deus, em alguma ocasião, parece ser conivente nas perseguições de seus inimigos; e como, pois, é possível deixar de sentir satisfação quando ele recompensa o transgressor com o merecido castigo?

11. E um homem dirá: Deveras há uma recompensa. Temos evidência adicional do que aqui se diz da causa ou fonte dela, ou seja, que a alegria atribuída aos santos não contém nenhuma mescla de sentimento perverso. É notável a maneira como este versículo transcorre, ou seja, que agora Davi parece atribuir a todos, sem exceção, o sentimento que antes imputara exclusivamente aos justos. Mas o reconhecimento imediatamente adicionado é tal que só pode advir dos santos que têm olhos para observar as divinas dispensações; e sou, portanto, de opinião que se acham especialmente aludidos na expressão: *E um homem dirá* etc. Ao mesmo tempo, esse modo de falar pode implicar que muitos, cujas mentes têm estado titubeantes, devem ser estabelecidos na fé. Os justos só são subentendidos, mas a forma indefinida de expressão é adotada para denotar seu número. É bem notório quantos há cuja fé está apta para ser sacudida pelo surgimento de injustiças e perplexidades na divina administração, mas que recobra ânimo, e experimenta uma completa mudança de conceitos quando o braço de Deus se desnuda na manifestação de seus juízos. Em momento como esse, o reconhecimento expresso neste versículo é ampla e extensamente adotado, como declara Isaías: "porque, quando teus juízos estão na terra, os moradores do mundo aprendem justiça" [Is 26.9]. A partícula hebraica, אך, *ach*, a qual traduzimos por *deveras*, ocasionalmente denota simples afirmação, mas é geralmente intensiva, e aqui implica o contraste entre aquela descrença que somos tentados a sentir quando Deus suspende o exercício de seus juízos e a confiança com que somos inspirados quando ele os executa. E assim as partículas que são repetidas no versículo implicam que os homens descartam aquela hesitação que logra vencer suas mentes quando Deus reprime a aplicação do castigo ao pecado e, por assim dizer, os corrige dos erros pelos quais foram seduzidos. Nada tende a promover mais a santidade do que uma íntima e segura persuasão de que os justos jamais perderão seu galardão. Daí a linguagem de Isaías: "Dizei aos justos que bem lhes irá; porque comerão do fruto de suas obras" [Is 3.10]. Quando a justiça deixa de ser galardoada, nos dispomos a acalentar temores incrédulos e a imaginar que Deus retirou-se do governo do mundo e se mantém indiferente aos seus interesses. Terei oportunidade de tratar deste ponto mais amplamente no Salmo 73.

Há adicionada a razão por que os justos não podem deixar de colher a recompensa de sua piedade, porque *Deus é o juiz do mundo*; sendo impossível, na suposição de o mundo ser governado pela providência divina, que ele não distinga mais cedo ou mais tarde entre o bem e o mal. Diz-se que ele mais particularmente julga *na terra*, porque os homens têm às vezes profanamente alegado que o governo de Deus está confinado ao céu, e que as atividades deste mundo se acham entregues ao acaso cego.

Salmo 59

O título, que imediatamente se segue, nos informa em que ocasião este Salmo foi escrito, o qual contém considerável semelhança com o precedente. Ele começa insistindo sobre a injustiça daquela cruel hostilidade que seus inimigos demonstravam para com ele, e a qual ele nada fizera por merecer. Sua queixa é seguida por oração a Deus por auxílio; e a seguir, como suas esperanças revivem no exercício de devota meditação, ele prossegue profetizando a calamitosa destruição deles. Na conclusão, ele se esforça por preservar uma grata lembrança de seu livramento e louvar a munificência divina.

> Ao mestre de música, Al-taschith [não destruas], Michtam de Davi, quando Saul enviou emissários para vigiarem sua casa a fim de matá-lo.

O incidente na história de Davi aqui referido é aquele com o qual todos nós estamos familiarizados [1Sm 19.11]. Sitiado em sua própria casa, por uma tropa de soldados, e não tendo oportunidade alguma de sair da cidade, estando cada avenida tomada pelos guardas de Saul, parecia impossível que pudesse escapar com vida. Ele ficou em dívida à engenhosidade de sua esposa por sua instrumentalidade em seu livramento, mas era na munificência divina que buscava sua segurança. Mical poderia ter sido a autora do artifício que enganara os soldados enviados por seu pai, mas Davi jamais teria sido salvo exceto através da prodigiosa preservação divina. Somos informados nas palavras do título que sua casa era vigiada, e isto equivale dizer, em tais circunstâncias, que ele se achava encarcerado para ser indubitavelmente destruído; pois os emissários de Saul foram enviados com ordens não só quanto à sua apreensão, mas quanto à sua morte.

[vv. 1-5]
> Livra-me, ó meu Deus, de meus inimigos! Põe-me fora do alcance daqueles que se insurgem contra mim. Livra-me dos obreiros da iniquidade, e salve-me dos homens sanguinários. Pois eis que se põem à espera de minha alma; os poderosos se reúnem contra mim; não por transgressão minha, nem por pecado meu, ó Jehovah! Eles correm e se preparam sem culpa minha; desperta e apressa-te em meu auxílio, e olha. E tu, ó Jehovah, Deus dos Exércitos, o Deus de Israel, desperta para visitares todas as nações; não tenhas misericórdia de nenhum dos transgressores perversos. Selah.

Livra-me, ó meu Deus, de meus inimigos! O salmista insiste na força e violência de seus inimigos, visando a incitar sua mente a um mais intenso fervor no dever da oração. Ele descreve seus inimigos como *insurgindo-se* contra ele, em cuja expressão ele alude não simplesmente à audácia ou ferocidade de seus assaltos, mas à eminente superioridade de poder que possuíam. E no entanto ele pede que fosse elevado às alturas, por assim dizer, acima do alcance dessa transbordante inundação. Sua linguagem nos ensina que devemos crer na capacidade de Deus em libertar-nos mesmo em ocasiões de emergência, quando nossos inimigos contam com esmagadora vantagem. No versículo que se segue, enquanto expressa o ponto extremo a que fora reduzido, ele chama a atenção, ao mesmo tempo, para a injustiça e crueldade de seus perseguidores. Imediatamente a seguir, ele conecta as duas bases de sua queixa: de um lado, seu completo desamparo ante o perigo; e, do outro, a injusta natureza dos assaltos que sofria. Já observei reiteradamente que nossa confiança em nossas solicitações ao trono da graça será proporcional ao grau em que somos cônscios de integridade; pois não podemos deixar de sentir maior liberdade em pleitear uma causa que, em tal caso, é a causa do próprio Deus. Ele é o defensor da justiça, o patrono das causas justas em toda parte, e os que oprimem o inocente necessariamente se contam entre seus inimigos.

Davi, portanto, fundamenta sua primeira defesa sobre sua completa destituição de todos os meios terrenos de ajuda, exposto como estava às tramas de todos os lados e alvo de formidável conspiração. Sua segunda defesa se fundamenta numa declaração de inocência. Pode muito bem ser procedente dizer que as aflições são enviadas por Deus a seu povo como disciplina por seus pecados, mas, no que concernia a Saul, Davi com razão se exonera de tal culpa, e aproveita a ocasião para apelar a Deus em favor de sua integridade, a qual estava sob suspeita pelas vis calúnias dos homens. Podiam pretender maculá-la, mas ele declara que não poderiam acusá-lo de crime algum, nem de falta alguma. Não obstante, infundada como era sua hostilidade, ele nos informa que *corriam*, eram incansáveis em sua atividade, sem nenhum outro propósito senão consumar a ruína de sua vítima.

4. Desperta e apressa-te em meu auxílio, e olha. Ao usar esta linguagem, ele relanceia a ânsia com que seus inimigos, como já havia dito, o pressionavam e expressa seu desejo de que Deus revelasse a mesma avidez em estender-lhe seu auxílio enquanto buscavam sua destruição. Com o intuito de conciliar o favor divino, ele uma vez mais invoca a Deus para ser a testemunha e o juiz de sua causa, acrescentando: *e olha*. A expressão é uma que tem o imediato sabor de fé e da enfermidade da carne. Ao falar de Deus, como se seus olhos estivessem até então fechados para as injustiças que sofria, e agora pela primeira vez precisavam ser abertos pela descoberta delas, ele se expressa segundo a fraqueza de nossa humana apreensão. Por outro lado, ao invocar a Deus para *olhar* sua causa, ele revela sua fé reconhecendo virtualmente que nada estava oculto de sua providencial percepção. Embora Davi usasse linguagem desse porte, adaptada à fraqueza dos sentidos, não devemos supor tenha duvidado antes desse tempo que suas aflições, sua inocência e seus erros eram conhecidos de Deus. Não obstante, agora ele põe tudo diante de Deus para exame e decisão.

Ele dá continuidade à mesma oração com veemência ainda mais intensa no versículo que se segue. Ele se dirige a Deus usando novos títulos, chamando-o *Jehovah, Deus dos Exércitos* e *o Deus de Israel*, o primeiro dos três denotando a imensidade de seu poder, e o segundo denotando o especial cuidado que ele exerce sobre a Igreja e sobre todo o seu povo. É enfática a maneira como o pronome é introduzido, *e Tu*, denotando que era tão impossível que Deus descartasse o ofício de Juiz quanto negar-se a si mesmo ou privar-se de seu ser. Davi o invoca para *visitar todas as nações*; pois embora a causa que ora se submetia não era de nenhum interesse universal, o mais amplo exercício de juízo necessariamente incluiria o menos amplo; e na suposição de os pagãos e estrangeiros se sujeitarem ao juízo divino, seguia-se que uma sentença ainda mais certa e pesada seria a retribuição dos inimigos sem a proteção da Igreja que perseguiu os santos sob a guisa de irmãos, bem como subverteu aquelas leis que eram de determinação divina. A oposição que Davi encontrou não podia abranger *todas as nações*; mas se estas foram judicialmente visitadas por Deus, era absurdo imaginar que os de dentro da Igreja seriam os únicos inimigos que escapariam impunemente. Ao usar estes termos, é provável também que estivesse a digladiar-se com uma tentação com que era severamente assaltado, conectada com o número de seus inimigos, pois estes não consistiam meramente de três ou quatro indivíduos isolados. Formavam uma grande multidão; e ele se ergue acima de todos eles ao refletir que Deus reivindica como prerrogativa sua, não só reduzir à submissão umas poucas pessoas refratárias, mas punir a perversidade do mundo inteiro. Se os juízos divinos se estendiam às partes mais remotas da terra, não há razão por que teria ele seus inimigos que, conquanto numerosos, não passavam de uma pequena porção da raça humana. Veremos de forma breve, contudo, que a expressão admite ser aplicada sem impropriedade aos israelitas, divididos como estavam em tantas tribos ou povos. Nas palavras que se seguem, nas quais ele deplora a extensão da misericórdia divina para com os transgressores ímpios, devemos entendê-lo como a referir-se aos réprobos, cujo pecado era de um caráter irreversível. Devemos também ter em mente o que já se observou, ou seja, que em tais orações ele não era influenciado por meros sentidos pessoais, e estes de um caráter rancoroso, desequilibrado e excessivo. Não só sabia ele muito bem que aqueles de quem fala com tal severidade já estavam sentenciados à destruição, mas ele aqui advoga a causa comum da Igreja, e isso sob a influência do puro e bem ordenado zelo do Espírito. Ele portanto não proporciona nenhum precedente que favoreça qualquer ressentimento proveniente de injúrias pessoais, imprecando maldições sobre aqueles que as têm infligido.

[vv. 6-9]
Eles voltarão à tarde; imitarão o rosnar de um cão e rodearão a cidade.[1]
Eis que palrarão[2] com suas bocas; espadas estão em seus lábios; pois quem (dizem eles) ouvirá? Tu, porém, ó Jehovah, te rirás deles; tu terás todas as nações em desprezo. Entregarei a ti sua força;[3] pois Deus é minha fortaleza.

6. Eles voltarão à tarde. O salmista compara seus inimigos a cães esfomeados e furiosos cuja fome os impelia para frente com intermináveis círculos em todas as direções, e com esta figura ele acusa a insaciável ferocidade deles, em sua incessante atividade, demonstrando que eram instigados pelo desejo de fazer dano. Ele diz que *voltarão à tarde*, não querendo dizer que desistiam em outras ocasiões, mas que eram infatigáveis em seguir em frente com seus maus desígnios. Se não eram pressurosos ao longo do dia, todavia a noite os encontraria em sua malfadada atividade. O latir de cães expressava com perfeição a formidável natureza de seus assaltos.

No versículo que se segue, ele descreve sua ferocidade. A expressão, **palrarão**, ou **vomitarão com suas bocas**, denota que publicamente

---

1 "Ou, ils iront et viendront." – *n.m.f.* "Ou, vão e vêm." "Ele aqui descreve a incessante perseguição que sofria de seus inimigos; todos os dias o buscavam em vão nos lugares mais distantes; à noite entravam novamente na cidade e continuavam sua busca, enquanto suas execrações e maldições lembravam o furioso rosnar de um cão." – *Walford*.

2 "Ou, Bouilloneront." – *n.m.f.* "Ou, vomitarão."

3 "Ou, sa force est à toy, je me tiendray coy: ou, ma force est à toy" etc. – *n.m.f.* "Ou, sua força está contigo, me manterei tranquilo; ou, minha força está contigo" etc.

proclamavam seus infames conselhos sem afetar qualquer discrição. O termo hebraico, נבע, *nabang*, metaforicamente significa *falar*, mas com propriedade significa *esguichar*,[4] e aqui denota mais do que simplesmente falar. Ele nos informa que, não contentes com tramar secretamente entre si a destruição do inocente, publicavam aos quatro ventos suas intenções, e se gabavam delas. Conseqüentemente, ao acrescentar que **espadas estão em seus lábios**, sua intenção era dizer que exalavam matança, e que toda palavra que exprimiam era uma espada a matar o oprimido. Ele aponta como a causa de precipitarem a tal excesso de perversidade, que não tinham razão alguma para infundir desgraça. Poderia ser suficientemente provável que Davi, tanto aqui como em muitos outros lugares, chame a atenção para a torpe estupidez dos perversos que, com o fim de banir o temor de suas mentes, concebem a Deus como que estando a dormitar no céu; mas sou de opinião que, ao contrário, ele esboça a segurança com que arquitetavam seus conselhos e abertamente os proclamavam, com base no fato de que desde muito se achavam de posse do incontrolável poder de lançar injúria. Tiveram tão pleno êxito em enganar as pessoas e em tornar Davi odioso através de suas calúnias, que ninguém tinha coragem de emitir sequer uma palavra em defesa dele. Sim, quanto mais atrozmente uma pessoa decida perseguir tal vítima da angústia, sem qualquer outro motivo senão o de assegurar as boas graças do rei, mais alta estima granjeará como legítimo amigo da comunidade.

8. Tu, porém, ó Jehovah, te rirás deles. Em face de toda esta oposição, Davi apenas se insurge ainda com maior confiança. Ao dizer que Deus *se riria* de seus inimigos, ele emprega uma figura que se adequava

---

4 Ainsworth o traduz assim: "*divulgar* ou *jorrar*, como de uma fonte; *vomitar* ou *falar demais*, como em Provérbios 15.2, 28: 'porém a boca dos tolos derrama a estultícia'." "Le mot Hebrieu signifie *se répandre en paroles*, &c."; isto é, "A palavra hebraica significa *desabafar-se com palavras*, e aqui denota as expressões repetidas sem cessar com veemência, as procedem da boca de pessoas dominadas pelo ódio e fúria, como no Salmo 94.4. O verbo *latir* expressa muito bem, o qual é tomado por empréstimo do comportamento dos cães, e expressa o som feito por esses animais; e esta palavra é aqui a mais apropriada, a qual Davi, no versículo precedente, usa para comparar seus inimigos, pois pareciam cães que incessantemente correm de um lado a outro sem nada fazer senão latir." – *Martin*.

bem para pôr em realce o poder de Deus, sugerindo que, quando os maus tiverem aperfeiçoado ao máximo seus planos, Deus pode, sem o mínimo esforço e, por assim dizer, de forma esportiva, dissipar todos eles. Tampouco Deus se faz conivente com o procedimento deles assim que sua soberba e insolência têm ocasião de manifestar-se; pois se esquecem de que, mesmo quando Deus parece ter suspensa a operação, ele não precisa mais que um ápice de tempo para que seus juízos sejam executados. Davi, conseqüentemente, ao desdenhar de seus adversários, lhes informa que Deus não tinha a menor necessidade de fazer extensos preparativos, senão que, ao ver o momento azado para dar a retribuição, com uma simples ação de seu poder, aniquilaria todos eles. Ele assim comunica uma severa censura contra a cega enfatuação que os levava a vangloriar-se tão excessivamente de seus próprios poderes, imaginando que Deus jazia a dormitar nos céus. No final do versículo, ele faz menção de *todas as nações* com o fim de notificar que, embora pudessem igualar a todo o mundo em número, demonstrariam um mero arremedo com toda a sua influência e recursos. Ou as palavras poderiam ser lidas assim: *Mesmo assim tens todas as nações em irrisão*. Uma coisa é certa, Davi ridiculariza a vã ostentação de seus inimigos, os quais pensavam não haver empreendimento por demais grande que não pudessem realizar com seu número.

9. Entregarei a ti sua força. A obscuridade desta passagem tem provocado uma variedade de opiniões entre os comentaristas. A interpretação mais forçada que se tem proposto é aquela que pressupõe uma mudança de pessoa no pronome relativo *sua*, como se Davi, falando de si mesmo, empregou a terceira pessoa em vez da primeira, *Entregarei a ti **minha** força*. A Septuaginta, bem como aqueles que adotam esta interpretação, provavelmente têm sido levados a pensar assim pela insuficiente razão de que no último versículo do Salmo é dito: *A ti, ó força **minha**, cantarei louvores*, ou: ***minha** força está em ti, cantarei* etc. Quando, porém, chegarmos a essa parte do Salmo, teremos ocasião de ver que Davi, neste ponto, com propriedade, assevera de si mesmo o que aqui, em outro sentido, assevera de Saul. Não pode haver dúvida, pois, de que o pronome relativo, aqui, deve ser subentendido como que referindo-se a Saul. Alguns consideram que as primeiras palavras da sentença devam ser lidas separadamente das outras – *a força é dele* –, significando que Saul contava com uma evidente superioridade em força, podendo no momento triunfar. Outros juntam as duas partes da sentença, e apresentam esta explicação: Embora no presente momento tu és sua força, e por enquanto tu o sustentas e o preservas no trono, não obstante continuarei a esperar até que me faças assumir o reino, segundo tua promessa. Mas os que parecem aproximar-se mais da intenção do salmista, constróem as palavras com uma só sentença contínua: *Depositarei em ti sua força*; significando que, por mais excessivamente Saul pudesse ostentar sua força, Davi repousaria satisfeito na certeza de que havia uma secreta e divina providência restringindo suas ações. Devemos aprender a ver todos os homens assim subordinados, bem como conceber sua força e suas empresas como que dependentes da soberana vontade de Deus. Em minha opinião, a seguinte versão é a melhor: *Sua força está contigo,[5] eu aguardarei*. As palavras são paralelas com aquelas no final do Salmo, onde não pode haver dúvida de que se emprega o caso nominativo: *Minha força está contigo; cantarei*. Até onde interessa ao sentido da passagem, contudo, não significa qual das últimas interpretações é seguida. É evidente que Davi está aqui qualificado, à luz da eminência da fé, a desprezar a violenta opressão de seu inimigo, convencido de que nada poderia fazer sem a divina permissão. Mas ao tomar as duas partes da sentença separadamente, da forma como tenho sugerido – *Sua força está contigo, aguardarei* –, o significado é mais distintamente comunicado. Primeiro, Davi, na vindicação daquele poder pelo qual Deus governa o mundo inteiro, declara que seu inimigo se achava sujeito à secreta

---

5 Na edição latina, da qual ora traduzimos, se lê: "Fortitudo mea ad te." "Fortitudo ejus" é evidentemente um equívoco de gráfica, e influenciou também os primeiros tradutores ingleses. Isto se torna ainda mais surpreendente como levaram o autor a adotar a mesma transposição de pessoa que imediatamente antes havia rejeitado. Naturalmente, a versão francesa traz: "*Sa* force est à toy: je garderay."

restrição divina, e por isso inteiramente dependente de qualquer força que porventura possuía em Deus, a saber, que ele não podia mover sequer um dedo sem seu consentimento. Ele então aduz que aguardaria o desenrolar dos fatos, quaisquer que fossem, com compostura e tranqüilidade. Pela expressão que traduzimos, *entregarei*, aqui pode ser tomada no sentido de *me conservarei*, ou serenamente esperarei no beneplácito do Senhor. Neste sentido encontramos a palavra usada na conjugação *niphal* [Is 7.4]. Aqui é posta na conjugação *kal*, mas que não há razão para não a traduzirmos: "Silenciosamente aguardarei o resultado que porventura Deus enviar." Tem se sugerido com boa base que Davi pode ter aludido aos guardas que foram enviados para cercar sua casa, e considera-se como justaposição a uma vigilância de caráter bem diferente, a qual ele mantinha para si, quando esperava pelo resultado divino com quietude e compostura.[6]

[vv. 10-12]
O Deus de minha misericórdia me antecipará; Deus me deixará ver meu desejo sobre meus inimigos. Não os mates, para que meu povo não se esqueça; espalha-os por teu poder, e abate-os, ó Senhor, nosso escudo. O pecado de sua boca, as palavras de seus lábios; que sua soberba os arrebate, e que falem de maldição e mentiras.

10. O Deus de minha misericórdia me antecipará. No hebraico há o afixo da terceira pessoa, mas temos o ponto que denota a primeira.[7] A Septuaginta adotou a terceira pessoa, e Agostinho, engenhoso demais, ainda que com boa intenção, cita reiteradamente a passagem

---

6 A tradução de Hammond é: "Sua força eu repelirei, ou evitarei, ou serei cauteloso, ou estarei atento." O equivalente à sua explicação temos: havendo Saul enviado uma parte da guarda, isto é, para cercar a casa em que Davi estava, com o fim de matá-lo, como se acha mencionado no título do Salmo, Davi resolve pôr-se de guarda, ou a observar, ou a proteger-se da força de seu perseguidor, fugindo para Deus como seu refúgio.

7 Temos חסדו, *sua misericórdia*, com os pontos חסדי, *minha misericórdia*, sendo o *keri* para um e o *kethib* para o outro. E, por conseguinte, dos intérpretes alguns lêem um ponto, e alguns o outro, ambos certamente significando a mesma coisa: a versão Caldaica, 'o Deus de minha graça', ou bondade, ou misericórdia'; a LXX, porém, Ὁ Θεός μοῦ τὸ ἔλεος αὐτοῦ', 'Meu Deus sua misericórdia', e a latina." – *Hammond*. Green tem a seguinte tradução: "Meu Deus me antecipará com sua benevolência."

contra os pelagianos, para provar que a graça de Deus antecede a todo e qualquer mérito humano. Da mesma forma, ele tem repetidas vezes citado o versículo precedente com o intuito de refutar a arrogância daqueles que se gabam do poder do livre-arbítrio. "*Depositarei minha força em ti*", diz ele, "isto é, os homens devem sujeitar-se, com toda modéstia e humildade, a Deus, como não possuindo força alguma senão aquela com que são supridos por ele." Ora, pode-se dizer com grande plausibilidade que o homem *tem sua força em confiar em Deus*, o qual declara que ele não tem força alguma senão a que vem de Deus e que depende inteiramente de seu auxílio. O sentimento inculcado é também, sem a menor sombra de dúvida, o de piedade e instrução; mas devemos estar sempre em guarda contra a tendência de torcer a Escritura de seu sentido natural. A palavra hebraica, קדם, *kidem*, significa não mais que *apresentar-se oportunamente*; e Davi simplesmente notifica que a assistência divina seria pronta e oportunamente estendida.[8] O escopo das palavras é que Deus se interporá no mesmo instante que se requerer, por mais que retarde ou defira sua assistência. Não fosse o fato de nos apressarmos pela excessiva ansiedade de nossos desejos, reconheceríamos suficientemente a prontidão com que Deus se apressa a nos ajudar, mas nossa própria precipitação nos faz imaginar que ele é por demais moroso. Para confirmar sua fé, ele o chama *o Deus de sua misericórdia*, uma vez que amiúde ele prova ser misericordioso; e a experiência pregressa lhe proporcionava boas perspectivas do que ele podia esperar no futuro. A idéia de alguns de que Davi usa a palavra num sentido ativo, e louva sua própria misericórdia, é pobre e artificial. Seu uso passivo é totalmente comum.

11. Não os mates, para que meu povo não se esqueça. Davi mui apropriadamente sugere isso à sua própria mente como uma consideração que produziria paciência. Estamos dispostos a pensar, quando Deus não aniquila nossos inimigos de forma fulminante, que eles escaparam totalmente de suas mãos; e o consideramos como

---

8 Horsley tem a redação: "Deus me estenderá pronto auxílio."

não sendo de forma alguma punição se são gradual e lentamente destruídos. Tal sendo o extravagante desejo que quase todos, sem exceção, têm de ver seus inimigos imediatamente exterminados, Davi se refreia e discorre sobre o juízo divino como sendo a menor das calamidades que sobrevirão aos ímpios. É verdade que, não fossem nossos olhos cegos, haveríamos de ver uma exibição mais evidente da retribuição divina em casos nos quais a destruição dos ímpios é súbita; mas tais casos desvanecem tão depressa de nossa lembrança que o salmista tinha razão em expressar seu desejo de que o espetáculo se renovasse constantemente, e assim nosso conhecimento dos juízos divinos é mais profundamente gravado em nossos corações. Ele se arma e se fortifica contra a impaciência ante a delonga na execução dos juízos divinos, mediante a consideração de que Deus tem um expresso desígnio neles, como, fossem os ímpios exterminados num momento, a lembrança da ocorrência poderia ser depressa apagada. Há uma censura indireta comunicada ao povo de Israel por falhar em tirar proveito dos mais extraordinários juízos de Deus. Mas o pecado é por demais prevalecente no mundo mesmo de nossos dias. Aqueles juízos que são tão evidentes que ninguém pode deixar de observá-los sem fechar seus olhos, espontaneamente admitimos cair olvido; de modo que carecemos de aproximar-nos diariamente daquele teatro onde somos compelidos a perceber a mão divina. Jamais devemos esquecer-nos disto quando virmos Deus sujeitando seus inimigos a um processo gradual de destruição, em vez de lançar fulminantemente seus trovões sobre suas cabeças. Ele ora para que Deus *os fizesse extraviar-se*, como homens sob a pobreza e miséria, que buscam em todas as direções, porém debalde, um remédio para seus infortúnios. A idéia é ainda mais vividamente descrita na palavra que se segue: *faze-os descer*, ou: *abate-os*. Ele desejava que fossem arrebatados da posição de honra a que até agora ocupavam, e arremessados ao pó da terra, para que fossem, em sua miséria e degradação, uma constante ilustração da ira de Deus. A palavra בחילך, *becheylcha*, a qual traduzimos *em teu poder*, alguns a traduzem *com teu exército*, subentendendo o povo de Deus. Mas é mais provável que Davi chame sua assistência *o poder* de Deus para a destruição de seus inimigos, e isso porque se julgavam invencíveis pelo uso de seus recursos terrenos nos quais confiavam. Como um argumento ulterior para obter seu pedido, ele notifica no final do versículo que agora estava advogando a causa de toda a Igreja, pois usa o plural, *ó Deus nosso escudo*. Tendo sido escolhido rei por divina determinação, a segurança da Igreja estava conectada à sua pessoa. O assalto feito sobre ele, por seus inimigos, não era um assalto meramente sobre ele pessoalmente, como um indivíduo isolado, mas sobre todo o povo, cujo bem-estar comum Deus decidira que estaria em Davi. E esse fato pressupunha outra razão pela qual pacientemente se sujeitaria ver os juízos divinos avaliados nos moldes que pudessem melhor engajar suas mentes em constante meditação.

12. O pecado de sua boca, as palavras de seus lábios. Alguns intérpretes lêem *por*, ou *por conta do pecado de sua boca*,[9] suprindo a partícula causal para que as palavras fossem melhor conectadas com o versículo precedente. E não pode haver dúvida de que aqui se declara a razão por que mereciam viver sujeitos a constantes peregrinações e inquietude. As palavras como estão, embora abruptas e elípticas, expressam o significado que Davi quis transmitir; como se dissesse que nenhuma prova prolongada se fazia necessária para convencê-los de pecado, o que claramente se comprovava na perniciosa tendência de seu discurso. A perversidade, nos diz ele, procede de sua boca.[10] Vomitavam sua soberba e crueldade. Que este é o sentido no qual devemos entender as palavras é confirmado pelo que imediatamente se segue – **Que sua soberba os arrebate**. Ele aqui aponta para a fonte

---

9 Esta é a redação adotada por Jerônimo, bem como por Horsley, que observa que nas cópias de Jerônimo, as palavras: 'pecado' e 'discurso' certamente tinham a preposição ב prefixada.

10 A tradução Siríaca da primeira parte do versículo é: "O discurso de sua boca é o pecado de seus lábios." Isto é, tudo o que seus lábios falam é pecado; tantas são as palavras, tantos são os pecados.

daquela insolência que os arrebatava com terrível soberba e linguagem injuriosa, e de uma maneira tão impudente com o fim de oprimir o inocente. Ele, pois, especifica o pecado de seus lábios, acrescentando: **e falem de maldição e falsidade**. Com isso ele quer dizer que sua boca estava continuamente cheia de horríveis imprecações, e que estavam totalmente acostumados a enganar e a caluniar. Confundem a intenção de Davi aqueles que dão um sentido passivo à palavra que traduzi por *falar*, e o entendem como se dissesse que os perversos seriam tidos na conta de exemplos da vingança divina, sendo escritas sobre eles suas claras e notórias marcas.

[vv. 13-17]
Consome-os em tua ira, consome-os para que não existam, e para que os confins da terra saibam que Deus governa em Jacó. Selah. E à tarde eles voltarão; darão ganidos como cães e darão voltas na cidade. Subirão e descerão para comer;[11] se não se saciarem,[12] buscarão alojamento para passarem a noite. Eu, porém, cantarei o teu poder; de manhã[13] louvarei a tua misericórdia; pois tens sido minha fortaleza e meu refúgio no dia de minha tribulação. Minha força está em ti, cantarei salmos; pois Deus é minha defesa, o Deus de minha misericórdia.

---

11 "A tradução literal, *comer*, isto é, devorar, pode ser a melhor." – *Arcebispo Secker*. À luz da grande atenção que é dada à pureza externa no Oriente, e conseqüentemente aos cães como sendo imundos, como eram pelos judeus sob o regime da lei, os habitantes não os permitiam em suas casas, e mesmo evitavam cuidadosamente tocá-los em suas ruas, do contrário se considerariam contaminados. Mas ainda que ali eles não eram domesticados como fazemos, os cães são encontrados em grandes matilhas pelas ruas. Não eram presos por qualquer pessoa ou família em particular, nem considerados propriedade de alguém; e embora não fosse incomum para alguns dos habitantes, por motivo de superstição, dar dinheiro semanal ou mensalmente aos açougueiros e padeiros para alimentá-los em tempos determinados, e ainda que alguns até mesmo deixavam, em sua morte, legados para tal propósito, todavia necessariamente subsistiam à medida que pudessem roubar; e, sendo muito numerosos, perambulavam perpetuamente em grandes matilhas em busca de algo para devorar. – (*Harmer's observations*, vol. i. p. 344.) É a essas circunstâncias que o salmista claramente alude nos versículos 14 e 15, quando compara o comportamento de seus inimigos ao dos cães. Ele reitera o que já havia dito no versículo 5; mas aqui sua intenção é comunicar uma idéia diferente. "Que façam o que possam"; como se quisesse dizer: "Estou salvo sob a proteção divina."

12 "C'est, combien qu'ils ne soyent." – *n.m.f.* "Isto é, ainda que não se sintam saciados."

13 "*De manhã*. Pode parecer que isso tivesse algo a ver com os servos de Saul vigiando-o de manhã para matá-lo (1Sm 19.11), significando: Quando tais pessoas imaginarem ter-me em suas mãos, eu estarei em segurança, e tenho motivo para louvar-te e bendizer-te por meu livramento." – *Annotations on the Bible by English Divines*.

13. Consome-os em tua ira, consome-os para que não existam. Pode parecer que Davi se contradiz ao orar pela completa destruição de seus inimigos, quando imediatamente antes expressara seu desejo de que não fossem exterminados imediatamente.[14] Que outra coisa poderia significar quando ele pede a Deus que os consuma em sua ira, senão que os eliminasse de repente e não por um processo gradual e mais lento de castigo? Ele, porém, evidentemente se refere no que diz aqui a um ponto diferente de tempo, e isso remove qualquer aparente inconsistência, pois ele ora para que, quando fossem derrubados por um período suficiente para servirem de exemplo, então poderiam eventualmente ser entregues à destruição. Era costume dos generais romanos vitoriosos, primeiro levar os cativos que haviam sido guardados para o dia do triunfo e então serem exibidos perante a cidade, e a seguir, uma vez dentro da capital, entregá-los aos verdugos para a execução. Ora, Davi então ora para que, quando Deus, de forma semelhante, houvesse reservado seus inimigos por um período suficiente para servirem de ilustração de seu triunfo, então os consignasse ao castigo sumário. As duas coisas não são absolutamente inconsistentes: primeiro, que os juízos divinos fossem prolongados por um período considerável, com o fim de que fossem melhor considerados; e que então, para suficiente evidência, fosse dado ao mundo a certeza de que os ímpios são subjugados segundo o beneplácito divino a um processo mais lento de destruição, para melhor despertar, mediante tal demonstração de seu poder, as mentes daqueles que podem estar mais seguros que outros, ou menos afetados ao testemunharem a moderada aplicação do castigo. Conseqüentemente, ele acrescenta: **para que os confins da terra saibam que Deus governa em Jacó**. Alguns inserem a partícula copulativa, ficando assim a redação: *para que saibam que Deus governa em Jacó, e em todas as nações do mundo* – interpretação esta que não aprova, a qual faz violência ao

---

14 Williams observa que o termo hebraico traduzido por *consome* "literalmente significa *terminar*, chegando ao fim; isto é, os *bandidos*. O salmista, no versículo 11, ora: 'Não os mates'; isto é, não extermines sua vida como indivíduos, mas um fim à sua conspiração."

sentido. A alusão é à natureza condigna do juízo, o qual seria tal que a notícia dele alcançaria as regiões mais remotas, e infligiria um terror salutar às mentes mesmo de seus ignorantes e ímpios habitantes. Ele estava especialmente mais ansioso que Deus fosse reconhecido como governante *na Igreja*, sendo ridículo que o lugar onde seu trono fora erigido apresentasse tal aspecto de confusão que convertesse seu templo num covil de ladrões.

14. E de manhã voltarão. É sem a menor importância se lemos as palavras no futuro ou no subjuntivo, compreendendo ser esta a continuação da oração precedente. Mas parece mais provável que Davi, depois de haver levado seus pedidos a uma conclusão, antecipa o feliz resultado que desejava. E faz uma oportuna alusão ao que já dissera da insaciável fome deles. Ele reitera as palavras que anteriormente usara, mas com uma aplicação diferente, declarando ironicamente que seriam vorazes noutro sentido e como resultaria diferente do que esperavam. Acima se queixara que rosnavam como cães, chamando a atenção para voracidade e ferocidade com que se tornaram prejudiciais; agora ele desdenha de suas maliciosas tentativas, e diz que, depois de cansar-se de suas infindáveis perseguições todo o dia, seriam desapontados de seus intuitos. Ele usa não mais a linguagem de queixa, mas se congratula com o abortivo resultado de sua atividade. A palavra hebraica que traduzi por *se não*, no final do versículo 15, é por alguns considerada como sendo a forma de um juramento. Mas essa interpretação é por demais capciosa. Outros têm repetido a negação, construindo assim: *se eles não ficarem saciados, tampouco buscarão alojamento para a noite*. Mas isso também é um tanto forçado. O significado simples e legítimo se insinua imediatamente, ou seja, que ainda que não ficassem saciados, seriam obrigados a deitar-se, e a miséria de sua fome seria agravada ante a circunstância de que ao passarem o dia todo em busca infrutífera, se deitariam pela noite a fora, exaustos e famintos.

Salmo 60

Uma vez assentado em seu trono, havendo conquistado diversas vitórias eminentes que tendiam a confirmá-lo no reino, Davi neste Salmo exalta a bondade de Deus, de modo que pode imediatamente expressar sua gratidão e, ao conciliar o favor daqueles que ainda distinguiam contra seus interesses, une a comunidade que tinha sido rasgada em facções. Havendo primeiro chamado a atenção para as claras indicações do favor divino que provava que Deus o havia escolhido para ser rei, ele mais especificamente chama a atenção dos fiéis para o oráculo propriamente dito, com o fim de convencê-los de que só podiam aquiescer com a mente divina, dando seu consentimento e aprovação à unção que havia recebido de Samuel. Orações também são oferecidas por toda parte no Salmo, rogando a Deus para aperfeiçoar o que já havia começado.

> Ao mestre de música sobre Shushan-eduth, Michtam[1] de Davi, para ensinar; quando ele lutou contra os sírios da Mesopotâmia e contra os sírios de Zobá, e quando Joabe regressou e trucidou doze mil dos edomitas no Vale do Sal.

Já falamos em outro lugar da primeira parte deste título, e não insistiremos mais sobre ele, senão reiterar que *Shushan-eduth*, o *lírio do testemunho*[2] ou *de beleza* parece ter sido as primeiras palavras de algum cântico que era popularmente conhecido naquele tempo. Adiciona-se

---

1 *Michtam* é prefixado a seis Salmos, dos quais este é o último. Os outros são o 16, 56, 57, 58 e 59.
2 O que isso significa não é fácil de precisar; o fato de o lírio ser uma flor de seis pétalas, tem-se suposto que a palavra pode também significar um instrumento de seis cordas.

para ensinar, e isso, segundo pensam alguns, porque o Salmo foi dado aos levitas para que o aprendessem. Outros, porém, com muita propriedade têm rejeitado esta idéia, visto que não podemos presumir que um título, que é igualmente aplicável a todos os Salmos, tenha sido aqui usado como um termo de distinção. Mais provavelmente ele realça uma instrução ou doutrina específica, a qual seria ensinada pelo Salmo seguinte. Podemos supor que Davi, que havia ganho tantas vitórias decisivas, mas que ainda não havia tido a satisfação de ver o reino finalmente estabelecido sob seu governo, emprega a palavra para denotar que ele tinha uma lição especial para focalizar, ou seja, o dever de todos que até então se lhe opuseram a pôr um fim às facções e, segundo as convincentes evidências, reconhecer que ele era seu rei divinamente designado. Que pelo menos a experiência, como se tivesse dito, prove que eu detenho tenha a aprovação divina, coroada, como de fato é, aos olhos de todos, com tantos emblemas de seu favor. O Salmo é descrito como sendo um gênero de cântico triunfal pelas vitórias obtidas sobre os sírios e outras nações aliadas. Como os judeus consideravam a Mesopotâmia e outros países como incluídos na Síria, a qual chamavam Arã, são obrigados subseqüentemente a distingui--la em diferentes partes, como aqui vemos a *Síria Naharim* colocada como Mesopotâmia, à qual alguns dos latinos têm chamado *Interamnis* (ou *entre dois rios*), seguindo a etimologia grega; pois Mesopotâmia em grego significa entre dois rios, isto é, entre o Tigre e o Eufrates.[3] Em seguida temos *Síria Soba* mencionada, que alguns têm considerado como boas razões ser Sophene, por ser adjacente à ribanceira do Eufrates; e diz-se ter Davi [2Sm 8.3] ter esmagado Reobe, rei de Sobá, quando foi reaver sua fronteira no rio. Na mesma passagem, lemos de uma terceira Síria, a de Damasco, mais próxima de Judá e quase limítrofe com este. A Síria é, em outros passos da Escritura, representada como ainda mais extensa, e tem epítetos atinentes a ela segundo os diferentes territórios, os quais serão salientados. Visto que Davi mantinha guerra com a parte mais adjacente

---

3 Aqui adotamos a versão francesa, a qual é mais completa que a latina: "laquelle aucuns des Latins à l'imitation des Grecs (car Mesopotamie en Grec signifie entre les fleuves, pource qu'elle est entre Tigris et Euphrates) ont nommee Interamnis."

da Síria, e pusera em fuga o exército que saíra dela para prestar assistência aos amonitas, pode-se perguntar por que ele fala só dos habitantes da Mesopotâmia e Sobá. Creio ser provável que ele especifica as nações mais distantes, como sendo as mais formidáveis e como que proporcionando uma prova mais ilustrativa do favor divino que dava resistência a seus braços. Por essa razão, ele passa por alto as nações mais próximas e menciona aquelas que se achavam situadas mais distantes, cujo terror só era notório por notícia e cuja destruição era algo inaudível e quase incrível. Na história inspirada, foram mortos vinte mil[4] (1Cr 18.12), enquanto que, no título deste Salmo, apenas doze mil; mas a aparente contradição é facilmente explicada. É Abisai que a história apresenta a derrotar as forças, as quais se diz aqui que foram vencidas por Joabe. É preciso considerar que o exército foi dividido entre os dois irmãos. Abisai, sendo inferior em categoria e autoridade, não carece que fiquemos surpresos pelo fato de que o louvor da vitória lhe seja atribuída como o principal comandante, embora ambos tenham compartilhado da vitória; com em 1 Samuel 18.7, Davi é descrito como que tendo toda a honra da vitória, uma vez que ele era o indivíduo sob cujos auspícios ela fora concretizada. É provável que cerca da metade do número mencionado na história tenha caído durante a principal batalha, e que o resto, tendo fugido do campo, em sua retirada encontrou a espada de Joabe.[5]

> [vv. 1-3]
> Ó Deus, tu nos rejeitaste; tu nos espalhaste; tu estás desgostoso; oh! volta-te para nós outra vez! Tu fizeste tremer a terra; tu lhe abriste brechas; cura suas brechas; pois ela treme. Tu mostraste ao teu povo coisas difíceis; nos fizeste beber o vinho do espanto.[6]

---

4 Deve ser dezoito mil.
5 Há outra forma na qual esta diferença possa ser conciliada além daquela na qual Calvino tenta solucionar. Diz Street: "Se os números hebraicos, aqui, foram sempre expresso pelas letras usadas como numerais, a variação pode ser levada em conta; יב sendo doze, e יח sendo dezoito, e muitos casos de corrupção de ח para ב podendo ser encontrados. – Veja-se Dr. Kennicott's Dissertation on 1 Crônicas 11, página 96, onde se demonstra claramente que muitos erros em números têm surgido dos números que são expressos por letras, e uma letra sendo equivocada por outra."
6 Os três primeiros versículos, nos quais há queixa de calamidades e angústias, não parecem corresponder ao título do Salmo, dos quais esperaríamos naturalmente expressões de alegria e

Ó Deus, tu nos rejeitaste. Com o intuito de estimular a si e aos demais a uma mais séria consideração da benevolência divina, a qual ele presentemente experimentava, começa o Salmo com oração; e uma comparação é instituída, destinada a mostrar que o governo de Saul estivera sob a divina reprovação. Ele se queixa das tristes confusões em que a nação fora lançada, e ora para que Deus se volvesse para ela em misericórdia e restabelecesse suas atividades. Há quem pense que Davi, neste caso, chama a atenção para sua própria condição de infortúnio; o que é bem provável. Admito que, antes de subir ao trono, ele experimentou profundas aflições; neste lugar, porém, ele evidentemente fala de todo o povo e também de si mesmo. As calamidades que ele descreve são todas elas estendida a todo o reino; portanto, não tenho a menor dúvida de que ele deve ser entendido como a traçar uma comparação que pudesse ilustrar o favor de Deus, como havia sido mostrado de forma tão notável, desde o princípio, para seu próprio governo. Com isso em vista, ele deplora as continuadas e pesadas tragédias que haviam caído sobre o povo de Deus sob a administração de Saul. É particularmente notável que, embora encontrasse em seus próprios patrícios seus piores e mais amargos inimigos, agora que ocupou o trono, ele esquece todas as injúrias que lhe haviam feito e, pensando somente na situação em que se via envolvido, se associa com o restante deles em sua oração a Deus. A *dispersa* condição da nação é tal que ele insiste como sendo a principal calamidade. Como Conseqüência da dispersão das forças de Saul, o país jaz completamente exposto às incursões dos inimigos; ninguém se sentia seguro em sua própria casa, e nenhum alívio restava senão fuga ou banimento. A seguir

---

louvor pela vitória obtida. Hare conjetura que estes três versículos foram acidentalmente mudados de lugar com o Salmo 85.2, 4. O arcebispo Secker observa que esta conjetura "é ousada, mas também muito engenhosa e plausível; e esta mudança faria cada Salmo mais consistente, e concilia muito bem este Salmo com seu título; pois os livros históricos não mencionam nenhum distúrbio na guerra a que o título faz referência". Dr. Adam Clarke considera esta conjetura bem fundamentada; mas outros pensam que a aparente discrepância pode muito bem ser removida pelo pressuposto de que o Salmo foi escrito depois de algumas das batalhas das quais se faz menção no título, e que o autor não se restringe àqueles eventos, mas leva em conta uma situação mais ampla, ao ponto de abranger a condição aflitiva tanto de Israel quanto de Judá durante a última parte da vida de Saul e os primeiros anos do reinado de Davi.

ele descreve as confusões que reinavam, fazendo uso de metáfora, representando o país como *aberto* ou *fendido*; não que houvesse ocorrido um terremoto literal, senão que o reino, em sua condição dilacerada e dispersa, apresentava aquele aspecto calamitoso que geralmente se segue a um terremoto. As atividades de Saul cessaram de prosperar-se desde o tempo quando se esqueceu de Deus; e quando por fim ele pereceu, deixou a nação num estado à beira da ruína. A mais profunda apreensão teria sido sentida por toda parte; a nação se tornou alvo de escárnio por parte de seus inimigos, e estava até mesmo disposta a baixar o pescoço a qualquer jugo, por mais degradante fosse ele, contanto que lhe prometesse condições toleráveis. Tal é a maneira na qual Davi notifica que o divino favor se alienara de Saul, realçando, ao dizer que Deus estava *agastado*, a radical fonte de todos os males que prevalecia; e ora para que o mesmo médico que havia ferido também curasse.

3. Tu tens mostrado a teu povo coisas difíceis. Em primeiro lugar ele diz que a nação tinha sido tratada com severidade, e então adiciona uma figura que pode adicionalmente representar a gravidade de suas calamidades, falando dela como que tendo bebido o vinho de estupor ou espanto. Mesmos os intérpretes hebraístas não estão concordes quanto ao significado de תרעלה, *tarelah*, o que traduzi por *espanto*. Muitos deles o traduzem por *veneno*. Mas é evidente que a alusão do salmista é a alguma sorte de bebida envenenada, a qual priva a pessoa de seus sentidos, insinuando que os judeus jaziam estupefatos ante suas calamidades.[7] Em suma, ele

---

[7] Era costume entre os hebreus fazer seu vinho mais forte e mais inebriante adicionando ingredientes mais excitantes e mais poderosos, tais como mel, condimentos, *de frutum* (isto é, vinho engrossado mediante fervura até atingir dois terços ou a metade), mandrágoras, narcóticos e outras drogas. Tais eram os neutralizantes engredientes, que a celebrada Helena é representada na Odisséia de Homero como misturando no intestino, juntamente com o vinho para seus convivas oprimidos pela tristeza elevar o ânimo; e tal é provavelmente o vinho a que ele faz alusão aqui. O povo estava aturdido pelos pesados juízos de Deus, como pessoas aturdidas pelo vinho que foi feito mais intoxicante pelas drogas deletérias com que foi misturado. Esta linguagem altamente poética não é raramente empregada para expressar os juízos divinos; como em Isaías 51.17, 20-22 e Jeremias 25.15, 16. A palavra original, תרעלה, *tarelah*, significa propriamente *tremer*, do verbo רעל, *raäl*, da qual o verbo *cambalear* provavelmente se deriva. Podemos, pois, ler: "o vinho do tremor".

teria posto diante de seus olhos a maldição divina que havia acossado o governo de Saul, e os induz a abandonar suas obstinadas tentativas de manter os interesses de um trono que permanecia sob a reprovação divina.

[vv. 4-8]
Tu deste um estandarte aos que te temem, para que ele seja exibido diante da verdade. Selah. Para que teus amados sejam livres,[8] salvos com tua destra e me ouçam. Deus falou em sua santidade; alegrar-me-ei, dividirei Siquém e medirei o vale de Sucote. Gileade é meu, e meu é Manassés; Efraim é também a força de minha cabeça; Judá é meu legislador.[9] Moabe é minha bacia de lavar; sobre Edom lançarei meu sapato; ó Palestina, és meu triunfo.

4. Tu deste um estandarte aos que tem temem. Alguns intérpretes mudariam o pretérito, e leriam as palavras como se formassem uma continuação das orações que precedem – *Oh! tu que darias um estandarte aos que te temem!*[10] Mas é preferível presumir que Davi passa para a linguagem de congratulação e, aponta para a mudança que teve lugar, chama a atenção para as evidentes manifestações do favor divino. Ele volta a agradecer a Deus, no nome de todo o povo, por haver hasteado um estandarte que imediatamente alegrasse seus corações e unisse seus membros divididos.[11]

---

8 "Ou, que tes bien-aimez soyent delivrez." – *n.m.f.* "Ou, que teus amados sejam libertados."
9 "Ou, gouverneur." – *n.m.f.* "Ou, governador."
10 Boothroyd oferece uma tradução similar a este texto, e crê que isso é requerido pela conexão.
11 Harmer formulou uma explicação muito engenhosa para esta passagem, extraída dos costumes orientais. Diz ele: "Parece que o moderno povo oriental tem procurado prover-se de um *estandarte* como um penhor mais seguro de proteção 'do que o dado pelas palavras'. Por isso nos diz Albertus Aquensis que, quando Jerusalém foi tomada em 1099, cerca de trezentos sarracenos, se abrigaram no telhado de um edifício muito imponente e humildemente suplicaram por clemência, mas não puderam ser induzidos por qualquer promessa de segurança para descerem até que tivessem recebido o estandarte de Tancredo Hauteville (um dos líderes do exército da Cruzada) como um penhor de vida. Na verdade nada lhes aproveitou, como observa esse historiador; pois seu comportamento ocasionou uma indignação tal que foram destruídos como um só homem. O evento demonstrou a fidelidade desses zelotes, a quem nenhuma solenidade poderia obrigar; mas os sarracenos, rendendo-se em troca de um estandarte, prova em que poderosa luz consideravam entregar-lhes um estandarte; visto que eram induzidos a confiar nela quando não confiavam em qualquer promessa. Talvez a liberação de um estandarte antigamente fosse considerada, de igual

A interpretação que alguns têm apresentado das palavras *diante da verdade* é pobre e insípida, dizendo que Deus mostrou favor aos judeus porque os encontrara sinceros e íntegros em sua causa. Os que se achavam em condições mais elevadas, como bem se sabe, se mostravam eminentemente desleais; a plebe, juntamente com seu rei, romperam-se com a divina aliança; do mais eminente ao mais pobre no reino, todos conspiravam destruir o gracioso propósito de Deus. É evidente, pois, que Davi se refere à verdade de Deus como havendo emergido de uma maneira singular, agora que a Igreja começava a ser restaurada. Este foi um evento que não havia sido esperado. Aliás, quem não imaginaria, em circunstâncias tão desesperadoras, que as promessas divinas tivessem totalmente fracasso? Quando, porém, Davi subiu ao trono, a verdade divina, que por tanto tempo fora obscurecida, novamente resplendeu. A vantagem resultante se estendera a toda a nação; mas Davi notifica que Deus nutria um especial respeito por seu próprio povo, cujo livramento, conquanto fosse pequeno em número, particularmente contemplava.

---

maneira, uma obrigação de proteger, e o salmista a considerasse por esse prisma quando, numa vitória ganha sobre os sírios e os edomitas, depois que os negócios públicos de Israel estiveram em mau estado, diz ele: 'Tu tens mostrado ao povo coisas difíceis etc.; tu lhes tens dado um estandarte aos que te temem'. Ainda que por algum tempo entregaste teu Israel nas mãos de seus inimigos, agora lhes deste a certeza de os teres recebido sob tua proteção." – *Observations*, vol. III. pp. 496, 497. Harmer presume que nossa tradução, que fala de *um estandarte exibido*, é incorreta, observando ser mais provável que os israelitas antigamente usassem apenas uma haste, propriamente ornamentada para distingui-la de uma haste comum – suposição esta que fundamenta no fato de que uma haste muito longa, toda coberta de prata, e tendo uma bola de ouro no topo, era o estandarte dos príncipes egípcios no tempo das guerras das Cruzadas, e que era carregada diante de seus exércitos. Ele propõe a leitura: "Tu tens dado uma insígnia ou estandarte (נס, *nes*) aos que te temem, para que seja hasteado." Parkhurst, porém, considera o significado radical da palavra hebraica, נס, *nes*, ser *um estandarte* ou *insígnia*, à luz de seu *ondear* ou *tremular* ao sabor do vento; noutros termos, *uma flâmula*. Veja-se seu Léxico sobre נס. A explicação de Mant da frase é semelhante à de Calvino. "Neste lugar", diz ele, "não pode significar mais que o fato de Deus unir seu povo sob uma só cabeça, e assim capacitá-lo a levar seus inimigos a reparar no estandarte de sua soberania." "O estandarte, de um exército", diz Walford, "é o objeto de constante atenção para os soldados; enquanto ela estiver a salvo e hasteada, haverá coragem, esperança e energia. O poeta usa este símbolo para expressar sua esperança de que Deus mesmo seria a fonte de seu valor e sucesso, a fim de que *a verdade*, a promessa feita a Davi, fosse concretizada."

Em seguida volta uma vez mais a dirigir-se a Deus em oração; embora, observaria de passagem, as palavras que se seguem, **para que teus amados sejam livres**, sejam lidas por alguns em conexão com o versículo precedente. Pessoalmente sinto-me inclinado a adotar essa construção; pois Davi parece magnificar a ilustração que dera do favor divino, chamando a atenção para a mudança que ocorrera,[12] havendo Deus inspirado seu povo a ostentar uma bandeira; embora anteriormente fossem reduzido a um estado extremo, do qual parecia impossível escapar sem um milagre. No versículo anterior ele os chama *tementes* ao Senhor; agora, seus *amados*; implicando que, quando Deus galardoa os que o temem e o adoram, é sempre com uma alusão a seu próprio amor soberano. E junta-se uma oração; pois por maior que sejam os favores que Deus nos tenha concedido, a modéstia e a humildade nos ensinarão sempre a orar para que ele aperfeiçoe o que sua benevolência começou.

6. Deus tem falado em sua santidade; alegrar-me-ei. Até aqui ele chamou a atenção para as provas que vieram a lume de sua própria observação, e das quais podiam facilmente ver que Deus manifestara seu favor de uma maneira inusitada e por muitos anos sem precedente. Reerguera a nação de um estado de profunda miséria a um estado de prosperidade, e mudara totalmente o aspecto das atividades, de uma vitória entrando noutra em rápida sucessão. Agora, porém, ele chama a atenção deles para um ponto de importância ainda maior, ou seja, a divina promessa – o fato de Deus previamente haver declarado tudo isso de sua própria boca. Por numerosas e extraordinárias venham a ser as demonstrações que recebemos do favor divino, jamais podemos reconhecê-las exceto em conexão com sua promessa previamente revelada. O que se segue, embora expresso por Davi com fruto de sua experiência pessoal, pode ser

---

12 O latim aqui é conciso – "Nam in ipsa varietate David magnitudinem gratiae commendat." Conseqüentemente, a versão francesa amplia a passagem – "Car David en proposant la diversité et la changement d'un temps a l'anutre, magnifie" etc.

considerado como a linguagem adotada pelo povo em geral, de quem ele era o cabeça político. Por conseguinte, ele lhes ordena, cônscios de que não estavam satisfeitos com as sensíveis provas do favor divino, ponderassem sobre o oráculo pelo qual havia sido constituído rei em termos os mais distintos e notáveis.[13] Ele diz que Deus havia falado *em sua santidade*, não *por seu Santo Espírito*, como alguns, com uma interpretação hiper-requintada, o têm traduzido assim: nem *em seu santo lugar, o santuário*;[14] pois não lemos de nenhuma resposta sendo dada dele ao profeta Samuel. É melhor reter o termo *santidade*, quando ele chama a atenção para o fato de a veracidade do oráculo haver sido confirmada, bem como a constância e a eficácia da promessa haver sido posta além de qualquer dúvida por numerosas provas de um gênero prático. Visto que não se deixa lugar algum a dúvida sobre este ponto, ele emprega este epíteto para imprimir honra às palavras que foram pronunciadas por Samuel. Imediatamente acrescenta que esta palavra de Deus foi a principal base sobre a qual ele depositou sua confiança. É possível que houvera granjeado muitas vitórias e as mesmas houvera enternecido e encorajado seu coração; notifica, porém, que nenhum testemunho desse gênero que lhe desse maior satisfação quanto a Palavra [de Deus]. Isso concorda com a experiência geral do povo do Senhor. Consolados, como inquestionavelmente são, por cada expressão da divina benevolência, todavia a fé deve ser sempre considerada como a manter a mais eminente posição – como sendo o elemento que dissipa as piores angústias e injeta ânimo ainda quando se acham privados [da concretude] de uma felicidade que não é deste mundo. Tampouco pretende Davi dizer que meramente se regozijava. Em inclui, em termos gerais, todos os que temiam ao Senhor naquele

---

13 "Cum praeclaris elogiis." – *versão latina*. Ampliado na versão francesa como se segue: "l'ornant de titres excellens, et lui faisant des promesses authentiques."
14 Esta é a tradução de Mudge, Street, Arcebispo Secker e Morrison. "A palavra não deveria ser traduzida *"em seu santuário?* donde os oráculos divinos eram pronunciados. Davi, havendo recebido uma resposta favorável, talvez por Urim e Tumim, se entrega a uma disposição da mais plena confiança na vitória sobre seus inimigos." – *Dimock*.

reino. E agora prossegue fornecendo a suma do oráculo, no qual faz tudo para mostrar, na própria narração dele, quão firmemente cria em sua veracidade; pois fala dele como algo que não admitia qualquer dúvida da parte de quem quer que seja, e se gloria em que faria segundo Deus prometera. **Dividirei Siquém**, diz ele, **medirei o vale de Sucote**.[15] As partes que ele nomeia são aquelas que viriam mais tarde ser sua possessão, e as quais parecia estar ainda nas mãos dos filhos de Saul, quando este Salmo foi escrito. Fazendo-se necessário uma renhida luta para sua aquisição, ele assevera que, embora demorem a ser subjugados, eles certamente seriam conduzidos sob sua sujeição no devido tempo, visto que Deus havia se condescendido empenhar isto por meio de sua palavra. Portanto, com *Gileade e Manassés*.[16] Como Efraim era a mais populosa de todas as tribos, ele apropriadamente o intitula *a força de sua cabeça*, isto é, de seus domínios.[17] A fim de granjear o maior crédito para o oráculo, mostrando que ele imprime uma sanção de antigüidade, ele acrescenta que *Judá* seria *seu legislador* ou *chefe*; o que equivalia dizer que a posteridade de Abraão jamais prosperaria a menos que, em concordância com a predição do patriarca Jacó, fossem conduzidos sob o governo de Judá, ou de um que fosse nascido naquela tribo. Evidentemente alude ao que é narrado por Moisés [Gn 49.10]: "O cetro não se apartará de Judá, nem o legislador dentre seus pés, até que venha Siló." A mesma palavra é ali usada, מחוקק, *Mechokek*, ou legislador. Deduz-se que nenhum governo poderia ser instituído que não fosse

---

15 Siquém fica em Samaria, e portanto com isso toda a Samaria estava subentendida. O vale de Sucote, ou barracas, recebia seu nome das tendas que Jacó fazia e ali alimentava seu gado. (Veja-se Gn 33.17, 18.) Ele fica além do Jordão, e o termo pode ser empregado para designar toda aquele distrito do país. Ainda que Samaria, e a parte do país que fica além do Jordão, estivesse então nas mãos do inimigo, todavia Davi antecipa o tempo em que tomaria completa e absoluta posse deles, o que ele expressa por *dividi-los* e *medi-los*. A alusão é à divisão e medição da terra; e era uma parte do poder de um rei distribuir seu reino em cidades e província, e estabelecer juízes e magistrados sobre elas.

16 Gileade e Manassés ficavam além do Jordão. A tribo de Gade, que ficava em Gileade, foi distinguida por seu valor bélico.

17 Esta tribo foi também distinguida por seu valor. (Dt 33.17; Sl 78.9; veja-se também Gn 48.19.)

residente na tribo de Judá, sendo este o decreto e beneplácito de Deus. As palavras são mais apropriadas na boca do povo do que na de Davi; e, como já observei, ele não fala em seu próprio nome, mas no nome da Igreja como um todo.

8. Moabe é minha bacia de lavar. Continuando a falar dos estrangeiros, ele observa uma ampla distinção entre eles e seus próprios patrícios. Ele governa a posteridade de Abraão como irmãos, e não como escravos; mas era-lhe permitido exercer maior severidade sobre os profanos e os incircuncisos a fim de mantê-los sob sujeição compulsória. Com isso ele não proporciona qualquer precedente aos conquistadores que infligissem opressão ilícita sobre as nações conquistadas em guerra; pois carecem da autoridade e comissão divinas que Davi possuía, investido como estava não só com a autoridade de um rei, mas com o caráter de um vingador da Igreja, especialmente de seus mais implacáveis inimigos, os quais se achavam destituídos de todo sentimento de humanidade e persistiam em molestar um povo que descendia do mesmo tronco que eles. Ele observa, em descaso dos moabitas, que seriam uma bacia na qual ele lavaria seus pés, sendo a lavagem dos pés, como se sabe muito bem, uma prática costumeira nas nações orientais.[18] Com o mesmo intuito ele fala de lançar seu sapato sobre Edom. Esta é uma expressão de reproche, e notifica que, como havia insultado o povo eleito de Deus, também agora Edom

---

18 Este ofício de lavar os pés era no Oriente comumente feito por escravos e pelos mais humildes da família, como transparece do que Abigail disse a Davi quando ele a tomou por esposa: "Eis que tua serva servirá de criada para lavar os pés dos criados de meu senhor" (1Sm 25.41); e do fato de nosso Senhor lavar os pés de seus discípulos, dando-lhes exemplo de humildade (Jo 13.5). A palavra νιπτήρ, usada em sua última passagem, significa em geral *uma bacia de lavar*, e é determinada pela palavra ποδονιπτρον, termo que os gregos, em estrita propriedade de linguagem, aplicavam a uma bacia de lavar os pés. Como este ofício era de caráter servil, então as bacias empregadas com este propósito eram uma humilde parte dos pertences domésticos. Gataker e Le Clerc ilustram este texto com uma anedota relatada por Heródoto, concernente a Amasis, rei do Egito, que expressava a modéstia de sua própria origem comparando-se a uma bacia de lavar os pés (Herod. Lib. II. C. 172). Quando, pois, se diz: "Moabe é minha bacia de lavar", a completa e servil sujeição de Moabe a Davi é fortemente caracterizada. Isso é expresso não por comparar Moabe a um escravo que faz os serviços mais humildes, como quem apresenta a seu senhor a bacia para lavar seus pés, mas em compará-lo como sendo o próprio utensílio de lavar. Vejam-se 2 Samuel 8.2; 1 Crônicas 18.1, 2, 12, 13.

seria reduzido a servidão.[19] E o verbo hebraico, רוּעַ, *ruang*, ainda que signifique, em geral, *gritar triunfantemente*, também significa fazer tumulto, como os soldados quando se precipitam à batalha. Outros, sem presumir qualquer alusão irônica, tomam as palavras e as interpretam no sentido de aclamações servis; embora obstinadamente odeiem seu domínio, se esforçam por aclamá-lo e aplaudi-lo como vencedor. Assim no Salmo 18.44 está escrito: "Os filhos dos estrangeiros simularão submissão a mim."[20]

[vv. 9-12]
Quem me conduzirá à cidade fortificada? quem me guiará até Edom? Não serás tu, ó Deus, que nos tinhas rejeitado? e tu, ó Deus, que não saíste com nossos exércitos? Dá-nos auxílio na angústia, porque vão é o auxílio do homem.[21] Através de Deus agiremos valentemente; pois ele é quem pisará nossos inimigos.

---

19 Edom ou Iduméia era habitada pelos Idumeus ou posteridade de Edom, ou seja, Esaú (irmão mais velho de Jacó) que, em virtude de sua profanação, ao vender seu direito de primogenitura por um repasto de lentilha – chamava-se em hebraico *Edom* –, lhe impusera este nome como perpétua desgraça, sobre si e sobre sua posteridade (Gn 25.30; 36.8, 9; Hb 12.16). A expressão: "Sobre Edom lançarei meu sapato", tem sido explicada diferentemente pelos intérpretes. Alguns, como Gataker e Martin, o traduzem assim: "A Edom lançarei meu sapato"; e presume que a referência é ao costume então prevalecente de o senhor empregar seus servos mais humildes para desamarrar, tirar e limpar seus calçados (Mt 3.11; Lc 3.16), e que Davi notifica que os idumeus se converteriam em seus servis escravos, e que lhe fariam seus mais humildes serviços. "E o profeta", observa Martin, "usa a palavra *lançar, arremessar*, que designa uma ação realizada de uma maneira expressiva e furiosa, em alusão à circunstância em que os senhores, ao empregar aqueles seus servos que demonstram repugnância em tirar seus sapatos, e os tira de seus pés com violência, como se fossem lançar seus pés contra eles." A LXX e a Vulgata têm a redação: "porá meu sapato", isto é, pondo seus pés neles; e essa, como é bem conhecido, era a maneira na qual os vencedores orientais estavam dispostos a tratar seus cativos. Há, porém, outro costume antigo ao qual se supõe referir-se a passagem. Os antigos costumavam arremessar seus sapatos e sandálias, quando sujos de lama, em algum canto escuro antes de sentar-se para a refeição, e muitos possivelmente tinham algum lugar desprezível em suas casas onde comumente os lançavam; e portanto o *lançar o sapato sobre* Edom poderia significar como Bucer o expoõe, "Edom seria como o lugar onde lançarei meu sapato". Mas seja qual for a alusão precisa, o significado indubitavelmente é que Davi faria uma completa conquista de Edom para que o reduzisse à mais vil sujeição. E foi realmente o caso, como descobrimos à luz de 2 Samuel 8.14. Abu Walid tem נעל aqui, significando *agrilhão* – "Lançarei meu grilhão ou cadeia sobre ele"; e também Kimchi, em suas notas; ainda que em seu comentário aqui ele o interprete com a noção de sapato." – *Hammond*.

20 A apóstrofe à Filístia é a linguagem de ironia e de afronta. – 'Filístia, triunfa sobre mim!" como se quisesse dizer: 'Tu costumas insultar-me e triunfar-te sobre mim; mas as circunstâncias agora se reverteram, e é a minha vez de gritar e triunfar-me sobre ti.' Veja-se Salmo 108.9." – *Williams' Cottage Bible*.

21 "C'est, la salut que l'homme peut apporter." – *n.m.f.* "Isto é, o auxílio que o homem pode oferecer."

9. Quem me conduzirá à cidade fortificada? Antecipando uma objeção que se poderia alegar, o salmista continua a afirmar que confiava em Deus para a realização do que restava ser feito na captura dos lugares fortificados de seus inimigos e a consolidação de suas vitórias. Poder-se-ia dizer que, como um número considerável continuava a resistir suas reivindicações, os termos confiantes que usara eram prematuros. Deus, contudo, empenhou sua palavra de que toda nação que se lhe pusesse em oposição seria conduzida debaixo de seu poder, e em face das constantes dificuldades e perigos, ele avança certo do sucesso. Pela expressão, *cidade fortificada*,[22] alguns entendem ser Rabá, a capital dos moabitas. Outros, com mais probabilidade, consideram que o singular é usado em lugar do plural, e que Davi em geral faz alusão às diferentes cidades sob a proteção das quais seus inimigos estavam determinados a permanecer. Ele declara que o mesmo Deus que coroou seus braços com vitória em campo aberto, o conduziria para pôr cerco a essas cidades. Com vistas a legitimar sua vocação ao governo, ele amplia segunda vez as marcas do divino favor que ele havia recebido, contrastando-o com o precedente. "O Deus", diz ele, "que anteriormente nos rejeitou e nos entregou a guerras sem sucesso, agora me porá diante dos portões das cidades hostis, e me capacitará a romper todas as suas fortificações."

11. Dá-nos auxílio na angústia; pois vão é o auxílio do homem. Uma vez mais ele se volve ao exercício da oração, ou, melhor, é levado a ele naturalmente pela própria certeza da esperança,

---

22 Literalmente, "a cidade forte" ou "a cidade de fortaleza". A Caldaica afirma ser Tiro, a capital da Fenícia. Mudge e outros acreditam ser Petra, a capital da Iduméia. Visto como uma referência a essa extraordinária cidade, a qual foi configurada da rocha e julgada inexpugnável (Od 3), e com a qual Burckhardt, Laborde, Stephens e outros modernos viajores, os quais no-la tornaram minuciosamente familiarizada; a linguagem do salmista é muito apropriada, ilustrando o vigor de sua fé e magnificando a grandeza do auxílio divino. *Quem me conduzirá à cidade fortificada?* a mim é impossível, por minha própria força, ou por mero auxílio humano, ocupar essa fortaleza, a menos que Deus se interponha em meu favor, assistindo e fazendo prosperar minhas tentativas.

a qual, já vimos, ele nutria. Ele expressa sua convicção de que Deus lhe estenderia seu auxílio, o qual lhe seria suficiente, ainda que nenhuma assistência recebesse ele de qualquer outra fonte. Literalmente, temos: *Dá-nos auxílio na angústia, e vão é o auxílio do homem*. É como se ele dissesse: "Ó Deus, quando te aprouveres manifestar teu poder, não careces de que alguém te favoreças; e quando, pois, uma vez assegurado de um interesse em teu favor, não há razão por que queiramos o auxílio humano. Todos os demais recursos de natureza terrena se desvanece diante do resplendor de teu poder." A copulativa no versículo, contudo, tem sido geralmente determinada na partícula causal, e não tenho qualquer escrúpulo de seguir a prática comum. Seria bom se o sentimento expresso fosse efetivamente gravado em nossos corações. Por que é quase universal o fato de que os homens ou são vacilantes em sua resolução ou flutuam em vã confiança, uma vez que esta não procede de Deus, mas porque não se preocupam com aquela salvação que só Deus pode oferecer, a qual é por si mesma suficiente e sem a qual qualquer socorro terreno é inteiramente ineficaz? Ao contrastar o auxílio divino com o humano, ele emprega linguagem não estritamente correta, pois, na realidade, não existe absolutamente tal coisa como poder humano para libertar. Em nossa ignorância, porém, concebemos como se houvesse vários tipos de auxílio no mundo, e ele usa a palavra em acomodação às nossas falsas idéias. Deus, ao executar nossa preservação, pode usar a agência humana, porém reserva a si mesmo, como sua prerrogativa peculiar, o direito de livrar, e não lhes permite que lhe roubem sua glória. O livramento que nos vem desta forma, através da agência humana, deve ser propriamente atribuída a Deus. Tudo o que Davi quis asseverar é que tal confiança, como não se deriva de Deus, é sem valor e fútil. E para confirmar essa posição, ele declara no último versículo do Salmo que, de um lado, como nada podemos fazer sem ele, então, por outro lado, tudo podemos fazer com seu auxílio. Duas coisas se acham implícitas na expressão, *por Deus agiremos valentemente*;[23] primeiro, que se Deus retrair seu favor, qualquer suposta força que porventura exista no homem logo fenecerá; e, por outro lado, que aqueles cuja suficiência se deriva de Deus só com muita dificuldade se armam de coragem. Para mostrar que não é por um crédito pelas metades que ele atribui a Deus, acrescenta, em termos que atribuem toda a obra a ele, ou seja, que *é ele quem pisará nossos inimigos*. E assim, mesmo em nossa controvérsia com criaturas como nós, não temos a liberdade de compartilhar com Deus a honra de sucesso; e não deveria ser considerado o maior sacrilégio ainda quando os homens põem o livre-arbítrio em oposição à divina graça, e falam de sua concorrência em pé de igualdade com Deus na questão de granjear a eterna salvação? Aqueles que arrogam para si a menor fração de força à parte de Deus, simplesmente atraem ruína sobre si através de sua soberba.

---

23 Street presume que este Salmo foi composto antes da batalha de Helam, a qual se acha registrada em 1 Crônicas 19.16, onde Davi golpeia os sírios da Mesopotâmia e os sírios de Zobá; e, além do mais, para que este Salmo pudesse ser cantado pelos exércitos de Israel quando estivessem marchando para aquela batalha, triunfantemente comemorando suas primeiras vitórias e devotando suas esperanças de conquistar outra com o auxílio do Onipotente. Neste versículo, ele observa: "era uma constante prática entre as nações mais bravas dentre os gregos, pois as tropas avançavam para a batalha entoando algum tipo de canção." E, depois de citar algumas linhas que eram cantadas pelos soldados espartanos, acrescenta: "O poeta grego se vale do amor pela glória e pelos laços da afeição doméstica para animar suas tropas; os hebreus, porém, fazem uso do mais poderoso estímulo do entusiasmo religioso."

Salmo 61

Este Salmo começa com oração ou, em qualquer caso, com o breve registro de uma oração, a qual Davi apresentara a Deus em tempo da mais profunda angústia. Entretanto, ocupava-se principalmente com as orações de Deus, expressando sua gratidão por um miraculoso livramento que havia experimentado proveniente de algum iminente perigo, bem como pelo seu estabelecimento sobre o trono.

Ao mestre de música sobre Neginoth, Salmo de Davi.

[vv. 1-4]
Ouve, ó Deus, meu clamor; atende minha oração. Desde os confins da terra clamarei a ti, quando meu coração estiver inquieto; tu me guiarás à Rocha que é alta demais para mim.[1] Pois tu tens sido minha esperança, e uma torre forte diante da face do inimigo. Habitarei em teu tabernáculo para sempre; estarei a salvo sob a cobertura de tuas asas. Selah.

1. Ouve, ó Deus, meu clamor! Não é exatamente certo em que ocasião este Salmo foi composto; mas parece haver alguma probabilidade na conjetura de que Davi estivera por um período considerável de posse do trono antes que caísse nas circunstâncias da angústia aqui mencionada. Concordo com aqueles que o referem ao tempo da conspiração de Absalão;[2] porque, não estivesse ele em exílio, não poderia falar, como no segundo versículo, de clamar desde os confins da terra.

---
1 Ele se representa como um homem a subir a um lugar bem alto onde obtivesse segurança, mas que carece de força de o conseguir.
2 É geralmente aceito que este Salmo se refere à história registrada em 2 Samuel 17.22, 24.

Ao usar o termo *clamar*, ele notifica a veemência de seu desejo; e esta é uma palavra que expressa fervor íntimo do espírito, sem referência à questão se ele poderia ter orado em voz alta ou em voz sussurrante e em tom submisso. A repetição que ele emprega denota sua diligência e perseverança em oração, e nos ensina que não devemos desvanecer-nos e perder o estímulo neste santo exercício, se porventura Deus não testificar imediata e abertamente sua aceitação de nossas petições. Não pode haver dúvida alguma de que pela expressão, *até aos confins da terra*, ele faz referência ao lugar de seu banimento, como estando eliminado do acesso ao templo e da cidade real. Aliás, as palavras têm sido entendidas por alguns em termos figurativos, no sentido em que ele orava movido pelas mais profundas angústias. Quanto a mim, não consigo ver fundamento para isso. Na parte subseqüente do Salmo, ele se denomina de rei, título este jamais assumido por ele antes da morte de Saul, e à luz dessa circunstância podemos inferir imediatamente que o tempo referido era aquele em que ele fugiu apavoradamente da fúria de seu filho Absalão, ocultando-se no deserto de Maanaim e lugares de uma descrição semelhantemente solitária. Monte Sião era o local onde a arca do concerto se achava depositada e era a sede da realeza; e Davi, ao ser banido dali, que era a principal e mais qualificada localidade, fala como se houvera se afastado para as partes mais remotas da terra. Vivendo ele às sombras de uma dispensação legal, como de fato vivia, ele não cessava de orar, por ver-se removido a certa distância do templo; e quão inescusável nossa conduta seria, privilegiados como somos por Deus, e chamados a aproximarmo-nos do caminho uma vez aberto pelo sangue de Cristo, se não rompermos todos os obstáculos que porventura Satanás coloque em nossas comunicações com o céu! Que aqueles que porventura tenham sido privados de ouvir a Palavra e a administração dos sacramentos, bem como, de alguma maneira, banidos da Igreja, aprendam do exemplo de Davi a perseverar clamando a Deus, mesmo nessas solitárias circunstâncias. No que se segue, ele chama a atenção para sua tristeza e angústia. Adiciona o fato de se achar ele impedido de todo e qualquer meio de escape, para que a graça de Deus pudesse tornar-se ainda mais evidente em seu livramento. A palavra hebraica, עטף, *ataph*, a qual traduzi por *inquieto*, ocasionalmente significa *cobrir* ou *envolver*, a qual tem levado alguns [intérpretes] a traduzir assim a cláusula: *enquanto meu coração estiver virado*; isto é, lançado para cá e para lá, ou agitado. Esta é uma tradução abrupta. Outros redigem com mais propriedade: *enquanto meu coração estiver envolvido em preocupações e angústias*, ou *oprimido*.[3] Tenho adotado uma tradução mais simples, embora não deva eu ser entendido como a negar a metáfora, à qual presumem haver uma alusão. Não pode haver dúvida alguma de que a cláusula está inserida para notificar que ele não fora impedido pela angústia de recorrer a Deus. A notícia já se havia espalhado da provação externa a que fora submetido, longe do santuário, e que ele se erguera acima disto para dirigir seu clamor a Deus. E nas palavras que se acham diante de nós temos sua confissão de que longe estava de ser estoicamente insensível, estando cônscio da grave luta íntima com tristeza e perplexidade de mente. É, pois, o dever dos crentes, quando opressos por angústia profunda e espiritual, envidar o mais extremo esforço por romper os obstáculos que se interpõem sua aproximação de Deus. Sua oração é para que Deus o conduzisse àquela segurança da qual parecia estar excluído. Pelo termo *rocha* ou *fortaleza* ele quer dizer, em geral, a segura proteção da qual se queixa estar fora, a qual era impossível alcançar a menos que fosse erguido pela mão de Deus. Ao olhar ao redor de si, parecia que todo lugar de refúgio e segurança se achava acima de sua cabeça e completamente inacessível. Ele fora eliminado de todo e qualquer auxílio; no entanto, mesmo desanimado de surgir algum livramento, ele não nutria dúvida de sua segurança, assim que Deus quisesse estender-lhe a mão para interferir. Este é o claro significado da passagem, quando despido e aparência para que Deus quisesse resgatá-lo do perigo, ainda que todos os demais auxílios lhe fossem retraídos e o mundo inteiro se pusesse entre ele e o

---

[3] Esta última tradução é omitida na versão francesa, talvez por inadvertência.

livramento; verdade esta que fazemos bem em levar mui a sério. Ao esperarmos pelo livramento divino, é preciso que vigiemos bem para não cedermos às insinuações dos sentidos; tenhamos sempre em mente de que ele nem sempre opera segundos os meios aparentes, senão que nos livra quando usa métodos que são inescrutáveis à razão. Se porventura tentarmos prescrever qualquer linha particular de procedimento, não estaremos agindo de outra forma senão voluntariamente limitando seu infinito poder.

3. Pois tens sido minha esperança. Aqui podemos presumir, ou que ele evoca à sua lembrança benefícios tais como os que anteriormente recebera, ou que se congratula com o livramento que presentemente experimentava. Com toda probabilidade há ainda outra suposição. Nada anima mais nossa esperança do que nos lembrarmos da pregressa benevolência de Deus, e, em meio às suas orações, amiúde encontramos Davi dedicando-se a reflexões desse gênero. Por outro lado, o restante do Salmo se ocupa do regresso ao louvor a Deus por sua presente benevolência; e não há razão para presumirmos que estas palavras que se acham diante de nós formem o início da ação de graças. Nesse caso, a partícula hebraica, a qual traduzimos *pois* ou *porque*, pode ser antes entendida num sentido afirmativo, *seguramente* ou *certamente*.

No versículo que se segue, ele expressa a confiança de que habitaria, desse tempo em diante, no santuário do Senhor. Não posso concordar totalmente com aqueles que pensam que Davi estava ainda em sua condição de exilado de seu país natal quando isto foi escrito, e deve-se meramente entender como que assegurando a si mesmo a certeza de seu regresso. Ele parecia regozijar-se mais na restauração já obtida do que abrandar sua tristeza mediante a antecipação dela no futuro; e isso se fará ainda mais evidente quando chegarmos à consideração do contexto imediato. É notável que agora, quando estava regressando de seu banimento e se estabelecia em seu próprio palácio, seu coração se expandia ainda mais no culto divino do que em toda a riqueza, esplendor e prazeres que a realeza proporcionava. Temos seu testemunho em outras partes de seus escritos de que, na pior das calamidades que suportara, nada experimentara que pudesse comparar-se à mais amarga experiência de ser excluído das ordenanças da religião; e agora reputa como o mais sublime prazer poder apresentar-se como humilde suplicante diante do altar do que sentar-se no trono de um rei. Pelas palavras que imediatamente se seguem, ele mostra que não dava, como muitas pessoas inconstantes, importância supersticiosa às meras práticas externas da religião, adicionando que encontrara sua segurança *à sombra das asas de Deus*. Pessoas ignorantes podem conceber a Deus como necessariamente confinado ao tabernáculo externo; Davi, porém, só aproveita este símbolo da divina presença como um meio de sublimar os exercícios espirituais de sua fé. Não negaria que haja aí uma alusão ao querubim, ao falar da sombra das asas de Deus. Devemos recordar apenas que Davi não descansava em ordenanças carnais, elementos do mundo,[4] mas por meio deles se erguia e se punha acima deles para o culto espiritual pertencente a Deus.

[vv. 5-8]
Porque tu, ó Deus, tens ouvido meus votos; tens dado herança aos que[5] temem teu nome. Tens acrescentado ao rei dias e mais dias, e seus anos como geração após geração. Ele permanecerá diante da face de Deus para sempre; preparas misericórdia e verdade; que elas o preservem. Então cantarei ao teu nome para sempre, para que eu possa pagar meus votos diariamente.

5. Porque tu, ó Deus, tens ouvido meus votos. Aqui o salmista mostra as bases sobre as quais falara de habitar sob as asas de Deus. A súbita alegria que experimentara surgiu da circunstância de haver Deus ouvido suas orações e feito a luz emanar das trevas. Pelo termo *votos* devemos entender suas orações, em consonância com uma figura de linguagem

---

4 "Non fuisse retentum in mundi elementis." – *versão latina*. "David ne s'est pont arreté aux elemens du monde (comme Sainct Paul appelle les ceremonies prises charnellement et quant à l'exterieur)" etc. – *v.f.*
5 "Ou, l'heritage de ceux." – *n.m.f.* "Ou, a herança daqueles que."

comum pela qual a parte é tomada pelo todo, fazendo votos quando ele orava. Em geral, ele reconheceria a si mesmo como estando em dívida por sua restauração inteiramente à interferência do poder divino e não a alguma destreza que porventura houvera demonstrado em ganhar tempo para a recuperação de suas forças,[6] nem a alguma assistência que derivasse de outra fonte, quer do favor dos sacerdotes ou dos esforços de seus soldados. Houvera a letra ל, *lamed*, sido prefixada à palavra hebraica, יראי, *yirey*, a qual é traduz por *temente*, nenhuma razão haveria para dúvida de que as palavras que se seguem continham a natureza de uma asseveração, com a finalidade a que Deus houvera dado a herança aos que o temiam. E assim podiam ser construídas para significar que Deus dera a Davi a herança daqueles que o temiam. Todavia prefiro aplicar às palavras um sentido mais geral e entendê-las como uma notificação de que Deus jamais desapontará a seus servos, senão que coroa com eterna felicidade as pugnas e as pressões que porventura tiveram no âmbito de sua fé. Elas transmitiam e implicavam censura daquela confiança improcedente que é nutrida pelos ímpios quando favorecidos, mediante a paciência divina, com algum intervalo de prosperidade. O êxito do qual se gabam é meramente imaginário, e rapidamente se desvanece. Pelo termo *herança* – palavra aqui empregada por Davi – subentende que o povo de Deus desfruta de espécie de prosperidade mais sólida e duradoura; seus problemas momentâneos e passageiros tendo apenas o propósito de promover seu eterno bem-estar. Ele louva a Deus por aqueles que temem seu nome não serem abandonados ao mesquinho privilégio de se regozijarem por uns poucos dias, senão que garantia-lhes uma permanente herança de felicidade. Esta é uma verdade que não pode ser questionada. Os ímpios, não tendo pela fé nenhuma possessão dos divinos benefícios que poderiam participar, vivem dia a dia, por assim dizer, da pilhagem. Só os que temem a Deus é que contam com o verdadeiro e legítimo desfruto de suas bênçãos.

---

6 "Quamvis prudenter colligendis viribus tempus sumpsisset" etc. – versão latina. "Combien qu'il eust usé de prudence a donner ordre à son affaire, et prendre temps amasser forces" etc. – v.f.

6. Tu acrescentarás ao rei dias e mais dias.[7] Davi não pode ser considerado como a usar estas palavras de gratulação com uma exclusiva referência a si próprio. É verdade que ele viveu uma extrema velhice e morreu cheio de dias, deixando o reino em condição de estabilidade, e nas mãos de seu filho que o sucedeu; mas não excedeu o período da vida de um homem, e a maior parte dela foi despendida em meio a contínuos perigos e ansiedades. Portanto, não pode haver dúvida de que a série de anos, e mesmo eras, da qual fala, se estende prospectivamente à vinda de Cristo, sendo a própria condição do reino, como amiúde tenho observado, que Deus os manteve como um só povo sob uma só cabeça, ou, quando espalhados, os unia novamente. A mesma sucessão ainda subsiste em referência a nós mesmos. Cristo deve ser visto como que vivendo em seus membros até ao fim do mundo. Isaías alude a este fato quando diz: "Quem declarará sua geração ou idade?" – palavras nas quais ele prediz que a Igreja sobreviveria através de todas as eras, não obstante o incessante perigo de destruição a que se expõe pelos ataques de seus inimigos e as muitas tormentas que a assaltam. Portanto aqui Davi prediz a ininterrupta sucessão do reino até ao tempo de Cristo.

7. Ele habitará diante da face de Deus para sempre. Esta é apenas uma maneira mais simples de expressar o que ele dissera antes: *Habitarei em teu tabernáculo para sempre*. Ele se refere à segurança e paz que desfrutaria sob a proteção de Deus, o qual preservaria eficazmente sua vida. Pela expressão, *a face de Deus*, se deve entender o cuidado e providência paternais que Deus estenderia a seu povo. Tão numerosos são os perigos que nos cercam, que não poderíamos permanecer um único momento se seus olhos não estivessem insones sobre nossa preservação. Mas a verdadeira segurança para uma vida feliz está em sermos persuadidos de que estamos sob o governo divino. Então segue-se uma oração para que Deus provesse *misericórdia e*

---

7 Na versão Caldaica temos: "Tu acrescentarás dias aos dias do Rei-Messias; seus anos serão como a geração deste mundo e do mundo por vir."

verdade para a preservação do rei. E isto admite dois significados. Visto que clemência e verdade são as melhores salvaguardas de um reino, não seria totalmente sem sentido presumir que Davi orasse aqui para ser preservado com estas disposições como um meio de estabelecer seu trono. O outro significado, porém, é talvez preferível, ou seja, que Deus se vestisse de clemência e verdade para a preservação do rei. O termo hebraico, מנה, *manah*, Significa não só *preparar*, mas *estabelecer* ou *designar*; e fala como se a verdadeira defesa do reino estivesse unicamente em estar ele fundamentado na misericórdia e fidelidade de Deus. Ele usa o termo *preparar* ou *ordenar* para notificar quão facilmente Deus pode prover os meios necessários para a preservação de seu povo. Nas palavras conclusivas, ele expressa sua resolução de perseverar na constante celebração dos louvores de Deus, com vistas a cumprir os votos que havia feito – e isso nos leva uma vez mais a observar a concordância que deve haver sempre entre as duas partes da invocação: pois Davi, enquanto se aplicava a buscar o auxílio divino, sob a pressão da calamidade, se mostrava invariavelmente agradecido ao tempo em que experimentava algum livramento.

Salmo 62

A maior parte deste Salmo se ocupa com meditações, nas quais Davi anima tanto a si mesmo quanto a outros a esperar em Deus e a fortalecer sua mente contra os assaltos da tentação. E como vivemos sempre inclinados a desviar-nos de Deus movidos pela influência que os objetos terrenos exercem sobre nossos sentidos, perecíveis e evanescentes como estes são, ocasião surge de se demonstrar a loucura dos mesmos e de conduzirmo-nos àquela singular e plena dependência de Deus.

Ao regente de música sobre Jedutum, Salmo de Davi.

O fato de se determinar que havia entre os principais cantores um que atendia pelo nome Judutum tem levado alguns a concluírem que este Salmo foi entregue em suas mãos para ser cantado [1Cr 9.16; 16.38, 41; e 25.1). No título ao Salmo 39, é suficientemente provável que a alusão seja a algum músico daquela família. Mas este parece não ser o caso aqui; pois não se diz ser o Salmo dado [a alguém], mas que é *sobre* Jedutum. Isso tem levado à crença de que ele formava o início de algum cântico popularmente conhecido naquele tempo. Todavia, a partícula hebraica, על, *al*, a qual traduzimos *sobre*, amiúde significa *por*, *para* ou *antes*; e assim se harmonizará às palavras, tornando implícito que este Salmo foi posto nas mãos da posteridade de Jedutum.[1]

---

1 Jedutum foi primeiro escolhido para ser um dos principais músicos na condução dos louvores no santuário judaico quando a arca foi conduzida de Obede-Edom ao monte Sião. Seus filhos foram também designados a presidir os diferentes departamentos do culto vocal e instrumental

[vv. 1-2]
Apesar de tudo, minha alma está em silêncio perto de Deus; dele é minha salvação. Apesar de tudo, ele mesmo é minha rocha e minha salvação, minha torre alta; não serei grandemente abalado.

1. Apesar de tudo, minha alma está em silêncio perto de Deus. Se a tradução que tenho seguido for adotada, o Salmo será considerado como tendo um início abrupto, seguindo o estilo usual de composições de um gênero fervoroso.[2] Temos um exemplo deste fato no Salmo 73, onde o profeta, sentindo-se agitado pelas dúvidas, como veremos mais particularmente no devido lugar, subitamente faz sua mente tomar uma decisão fixa, e exclama: "*Todavia* Deus é bom para com Israel." E esse é precisaamente o caso, como o vejo, no Salmo que se acha diante de nossos olhos. Sabemos que o povo do Senhor nem sempre pode atingir uma medida conveniente de compostura quando se vê totalmente sem distração. Desejariam receber a palavra do Senhor com submissão, bem como quedar-se mudo sob sua mão disciplinar; emoções desordenadas, porém, tomam posse de suas mentes e rompem aquela paz que, de outra forma, poderiam atingir no exercício da fé e resignação. Daí a impaciência que encontramos em muitos; impaciência esta a que dão vazão na presença de Deus e a qual lhes propicia ocasião para muitos problemas e inquietude. A partícula hebraica, אך, *ach*, é amiúde usada num sentido exclusivo, e que alguns [intérpretes] a tem sido traduzido por *somente*; é também empregada num sentido afirmativo, e tem sido traduzida por *verdadeiramente* ou *certamente*. Mas, a fim de chegar-se ao seu pleno significado, devemos presumir que Davi enfrentava íntima e profunda luta e oposição, as quais ele cria ser necessário refrear. Satanás havia despertado forte tumulto em suas emoções e operado acentuado grau de impaciência em sua mente, o que ele agora coíbe; e expressa sua firme resolução de

---

no tabernáculo. Ele tinha seis filhos que foram assim empregados. Jedutum e sua família parecem ter sido eminentes por sua piedade, e por terem sido dotados com o espírito de profecia.

2 "Sicuti patheticae sententiae ut plurimum defectivae sut." – *v.l.* "Comme nous sçavons que les propos dits de quelque affection vehemente, le plus souvent sont imparfaits." – *v.f.*

ficar em silêncio.³ A palavra implica mansidão e submissão em levar a cruz. Expressa o oposto daquilo que inflama o espírito, o que nos poria numa postura de resistência a Deus. O silêncio aludido, em suma, equivale aquela submissão apaziguada do crente, no exercício da qual ele aquiesce com as promessas de Deus, dá lugar à sua palavra, se dobra à sua soberania e sufoca toda e qualquer murmuração interior de insatisfação que porventura exista. A palavra hebraica, דומיה, *dumiyah*, a qual traduzi por *está em silêncio*, outros entendem ser um substantivo; e não traz muita conseqüência que tradução adotemos.

Traduziríamos a partícula אך, *ach*, no segundo versículo, da mesma forma que no primeiro [versículo]. O crente triunfa no encontro com uma tentação para logo enfrentar outra; e aqui Davi, que parecia ter emergido de sua angústia, mostra que teria que lutar com resíduo de dificuldades. Deparamo-nos com a mesma partícula, não menos que seis vezes, por todo o Salmo. Isso também pode explicar os muitos títulos que o salmista aplica a Deus, cada um dos quais devendo ser considerado como um florete pelo qual pudesse repelir os ataques do tentador. A expressão no final do versículo – **não serei grandemente abalado** – implica sua persuasão de que poderia ser surpreendido por aflições (pois estava bem consciente de que não podia esperar isenção da comum sorte da humanidade), mas sua convicção, ao mesmo tempo, era que estas não o esmagariam ante o bom auxílio de Deus. Encontrá-lo-emos mais tarde dizendo, não com muitas palavras: *não cairei*; talvez porque sentia, enquanto prosseguia em oração, que tinha mais ousadia em menosprezar a aflição. Ou as expressões poderiam

---

3 A significação da palavra hebraica é "paciente silêncio". A Septuaginta traz: Ουχι τῶ Θεῶ ὑποταγήσεται ἡ ψυχή μου? "Minha alma não estará em sujeição a Deus?" E indubitavelmente o salmista tencionava dizer que sua alma estava quieta, submissa e rendida; estando as emoções rebeldes domadas e contritas. Com respeito à tradução de nossa Bíblia inglesa – "Verdadeiramente minha alma espera em Deus" –, o Dr. Adam Clarke observa: "Não creio que o original permita tal tradução." E a redige assim: "Por certo, somente para com Deus minha alma é muda"; e assim a explica: "Sou vassalo do Deus Onipotente. Ele tem o direito de fazer de mim o que bem lhe apraz; e o que fizer de mim será o mínimo que mereço; portanto *fico mudo* diante de Deus. A Vulgata, e quase todas as versões, a têm entendido neste sentido: 'Nonne Deo subjecta erit anima mea? Minha alma não estará sujeita a Deus?'" Com isso concordam a versão e a interpretação de Calvino.

ser tomadas como sinônimas em ambos os lugares. A verdade, propriamente dita, é inquestionável. O crente por ser vencido por algum tempo; mas, visto que ele não é humilhado por muito tempo sem que Deus o soerga novamente, não lhe seria possível dizer com propriedade *cairei*. Ele é sustentado pelo Espírito de Deus, e portanto não permanece realmente prostrado e derrotado.

[vv. 3-6]
Até quando continuareis a fazer dano a um homem?[4] Sereis mortos todos vós; sereis como um muro encurvado e uma sebe prestes a cair. Todavia se consultam em como derrubá-lo de sua excelência; deleitam-se com mentiras; abençoam com suas bocas, e intimamente amaldiçoam. Selah. Não obstante, ó minha alma, fica em silêncio diante de Deus, porque minha expectativa está posta nele. Apesar de tudo, ele é minha rocha e minha salvação; minha torre alta; não cairei.

3. Até quando continuareis a fazer dano a um homem? A palavra hebraica, תהותתו, *tehotethu*,[5] a qual traduzi por *continuar* ou *prolongar o malefício*, ainda que outros presumam haver aqui uma alusão á aplicação da língua com o propósito de motejar. Ela tem sido traduzida também como *lançar-se sobre* ou *assaltar*. O sentido da passagem parece ser este: Até quando maquinareis o mal contra um homem e persistireis em danosas maquinações para concretizardes sua ruína?

---

4 "Ou, courrez-vous sus l'homme?" – *n.m.f.* "Ou, assaltareis a um homem?"

5 Hammond observa que este verbo "é usado apenas uma vez nas Escrituras, e portanto não será facilmente interpretado a não ser, ou pela noção que encontramos impressa nele pelos intérpretes antigos, ou pelo uso árabe dele." A Caldaica o traduz *suscitar tumultos*; a Siríaca, *incitar, instigar, excitar* ou *provocar*; a Septuaginta e a Vulgata, *assaltar* ou *surpreender*; e a Arábica, *violência* ou *injustiça*. Gesenius dá o sentido da Septuaginta. Kimchi e Aben Ezra têm a redação: *pravitatis cogitabilis*. "Abu Walid compara תהותתו com o arábico תהתהתו, com *t*, não com *th*, o que significa *multiplicar palavras*; e assim ele o teria, segundo seu uso naquele idioma, no sentido de falar muito contra, caluniar, difamar, divulgar más notícias sobre alguém, dar com a língua nos dentes com o intuito de prejudicar. O que ele então observa de תהותתו, com *t*, não com *th*, pode ocorrer também com a palavra, como a temos; pois a raz com ת, *th*, também em árabe significa *mentira, mentir*, e *confusão, injustiça, violência*; o qual concorda tão bem com seu sentido quanto o da raiz com *t*." Quando Davi diz, *contra um homem*, e usa também a terceira pessoa no quarto versículo, é de si mesmo que ele fala. "*Contra um homem*, isto é, contra mim, um homem qualquer, como um de vocês, de quem a humanidade comum obriga a compadecer; um único homem, que não se iguala a vocês." – *Poole's Annotations*.

Ele tem em vista a malícia obstinada de seus inimigos, movendo cada pedra para sua destruição e delineando diariamente novos planos para alcançarem seus objetivos. A instrução a ser apreendida de sua experiência consiste em que devemos exercer a paciência, mesmo quando nossos inimigos revelem incansável crueldade em seus intentos de destruir-nos, e sejam instigados pelo diabo a incessantemente criar artifícios para nossa perseguição. Apenas chamamos a atenção para o significado da figura que se adiciona. Alguns [intérpretes] crêem que os perversos são comparados a um *muro inclinado* em virtude de o mesmo a todo instante ameaçar vir abaixo; e eles [seus inimigos], em todos os pecados que cometem, tendem mais e mais vir abaixo, até que sejam precipitados na destruição. Mas tudo indica que a alusão era a algo um pouco diferente. Um muro, quando mal construído, cria uma protuberância no centro, aparentando ser quase duas vezes sua altura real; ao formar, porém, uma concavidade, logo se transforma num monte de ruínas. Os perversos, de igual modo, se dilatam com a soberba e assumem, em suas maquinações, uma formidável aparência. Davi, porém, prediz que seriam conduzidos a uma inesperada e completa destruição, como um muro mal construído; e sua falta de consistência interior o faz cair com um súbito estrépito, e com seu peso se quebra em mil pedaços.[6] A palavra גדר, *gader*, a qual traduzi por *uma sebe* [cerca], significa propriamente uma cerca construída com materiais leves e de má qualidade;[7] e ainda acrescenta-se mais um epíteto com o intuito de expressar a violência e impetuosidade de sua

---

6 Isaías também fez uso desta imagem para expressar a súbita e completa destruição (30.13).

7 No Oriente é comum os habitantes fecharem suas vinhas e jardins com sebe (cerca viva), consistindo de vários tipos de arbustos, e particularmente munidos de espinhos. E fazem também muros de taipa ao redor de seus jardins. Rawwolff descreve os jardins próximos de Jerusalém como que cercados por muros de barro, não acima de dois metros de altura, são fáceis de ser transpostos e em pouco tempo são lavados pela chuva. Muros de pedras são também freqüentemente usados. Por isso Egmont ou Heyman, descrevendo o campo próximo de Safete, celebrada cidade da Galiléia, nos diz: "O campo ao redor é excelentemente cultivado, sendo o declive coberto de vinhas, protegido por muros baixos." – *harmer's observations*, vol. II. pp. 216-219. Doubdan descreve alguns desses muros da Terra Santa como sendo construídos de pedras soltas, sem qualquer cimento para rejuntá-las. A palavra original provavelmente significa "sebe" desse tipo. Aliás, sempre aparece para denotar um muro de pedras; às vezes em expressa distinção à cerca viva ou à sebe de espinho. Veja-se *Parkhurst's Lexicon*, sobre גדר.

queda. O salmista, pois, nos ensina que, por mais altaneiros nossos inimigos pareçam ser, e por mais soberbas e bombásticas sejam suas denúncias contra nós, serão súbita e estrondosamente destruídos, *como um muro esmagado*.

4. Todavia se consultam em como derrubá-lo de sua excelência. Eu ainda interpretaria a partícula אך, *ach*, num sentido adversativo. Davi, por um lado, se animava, determinando consigo mesmo descansar imperturbavelmente na promessa do favor divino; por outro lado, porém, ele tinha diante de si as maquinações de seus inimigos, caracterizadas pela crueldade, audácia, soberba e fraude. É como se dissesse que, por todas as suas tentativas, não faziam outra coisa senão antecipar sua própria queda; todavia, tal era seu frenesi e a fúria com que agiam, que persistiam em suas intrigas contra mim. Ele insinua que seus ataques eram dirigidos, não apenas contra ele, mas sobretudo contra Deus – de acordo com o quadro que se nos exibe pelos poetas em suas fábulas da impiedade dos gigantes.[8] Nada satisfará os inimigos de Deus, a não ser estabelecer-se acima dos céus. Davi deve ser entendido como que primariamente falando aqui de si próprio na terceira pessoa, porém de si como expressamente elevado pela mão divina. Conseqüentemente, uma vez que podemos considerar como sendo Deus a parte diretamente pretendida, o escopo das palavras comunica, antes, que eles almejavam a ruína de alguém a quem Deus exaltara, e desejavam ser tidos em honra. E assim, ao tentarem contrariar o propósito divino, na verdade estavam lutando contra Deus. A cláusula que se segue, **se deleitam em mentiras**, apontam para a mesma coisa. Recusando reconhecer a divina vocação do salmista, perseveravam em obedecer a esses desígnios corruptos, quando apenas os faziam recuar em confusão, segundo a exclamação do salmista: "Ó vós, filhos

---

8 "Les Poëtes profanes ont dit que les Geans delibererent de prendre les plus hautes montagnes et les mettans l'une sur l'autre, monter jusques au ciel, pour arrancher Jupiter de son siege." – n.m.f. "Foi dito pelos poetas profanos que os Gigantes formularam o desígnio de tomar as mais altas montanhas que pudessem encontrar, empilhando-as umas sobre as outras, escalando os céus e levando Júpiter por uma tempestade."

dos homens, até quando minha glória será objeto de vossa infâmia? Até quando amareis a vaidade e buscareis a mentira? Selah" [Sl 4.2]. Ou a expressão poderia denotar as medidas secretas e fraudulentas que adotavam em sua perseguição contra este santo de Deus; pois se acrescenta imediatamente que *abençoavam com sua boca, mas interiormente amaldiçoavam*. Qualquer que seja o significado, é evidente que Davi, contemplando todas as traições, intrigas e perversidades de seus inimigos, se apoia numa só consideração, ou seja, que seu socorro estava em Deus, e que toda e qualquer instrumentalidade opositora que porventura surgisse, não passaria de fútil tentativa.

5. Não obstante, ó minha alma, fica em silêncio diante de Deus. Aqui pode parecer haver ligeira inconsistência, visto que ele se anima a fazer o que já declarara haver feito. Sua alma estava em silêncio diante de Deus; que necessidade, pois, haveria de um novo silêncio, como se ele ainda estivesse dominado pela agitação de espírito? É preciso ter em mente que não podemos jamais esperar que nossas mentes alcancem uma perfeita postura, quando eclodir aquele sentimento íntimo de inquietude, senão que, na melhor das hipóteses, são como o mar sob o impulso da mais leve brisa, flutuando suavemente, quando não engolfado por vagalhões. Não é sem luta que os santos recompõem sua mente; e podemos muito bem entender como Davi associava a mais perfeita submissão a um espírito que já era submisso, instando consigo mesmo a aprofundar-se ainda mais nesta graça do silêncio, até que mortificasse toda inclinação carnal e se sujeitasse totalmente à vontade de Deus. Além disso, com quanta freqüência Satanás renovará as inquietudes que pareciam estar eficientemente repelidas! As criaturas dominadas por tal instabilidade e sujeitas a viver à deriva em meio a mil e uma diferentes influências, necessitamos ser confirmados mais e mais. Repito que não há motivo de nos sentirmos surpresos que aqui Davi apele a si mesmo segunda vez a preservar o mesmo silêncio diante de Deus, o qual já parecia ter obtido; porque, em meio às confusas comoções da carne, nunca alcançamos a perfeita postura mental. O perigo é que, ao surgir novos ventos de dificuldades, podemos perder aquela tranqüilidade íntima de que desfrutávamos, e daí a necessidade de cultivarmos o exemplo de Davi, nos firmando nele mais e mais. Ele adiciona a razão de seu silêncio. Não obtivera ainda a imediata resposta de Deus, mas confiadamente esperava nele. *Minha expectativa*, diz ele, *está em Deus*. É como se dissesse: A paciente espera de seus santos jamais será frustrada; sem dúvida, meu silêncio se deparará com sua recompensa; restringir-me-ei, e não deixarei que a falsa pressa faça parecer que meu livramento se tornou por demais demorado.

[vv. 7-10]
Em Deus está minha salvação e minha glória; a rocha de minha força e minha esperança estão em Deus. Esperai nele em todo tempo; derramai, ó povo, vosso coração diante dele; Deus é nossa esperança. Selah. Não obstante, os filhos de Adão são vaidade, e os filhos dos homens[9] [são] mentira;[10] quando são postos nos pratos da balança, descobre-se que juntos pesam menos que a vaidade.[11] Não confieis na opressão nem na rapina, e não sejais fúteis; se as riquezas aumentam, não ponhais nelas vosso coração.

7. Em Deus está minha salvação. Aqui amontoa-se uma expressão sobre a outra; e isso, aparentemente, se deve ao fato de que ele desejava refrear aquela enfermidade da disposição que nos faz por demais

---

9 כני ארם, *beney Adam, os filhos de Adão*. כני איש *beney ish, os filhos da substância*, ou filhos de homens substanciais, como o Dr. Adam Clarke traduz a frase. "*Adam*", diz ele, "foi o nome do primeiro homem quando formado da *terra*; *Ish* foi seu nome quando unido à sua esposa, e se tornaram uma só carne. *Antes* ele era um homem incompleto; *depois*, ele era um homem *completo*." As frases são traduzidas em nossa versão inglesa: *homens de grau baixo* e *homens de grau elevado*.

10 "Porque prometem muito e despertam as expectativas dos homens para a consideração de seu grande poder e dignidade, mas não são capazes de concretização, e geralmente enganam os que confiam neles. Nesse aspecto, mentir é atribuído a *uma fonte*: Jeremias 15.18; *ao vinho*: Oséias 9.2; *à oliveira*: Habacuque 3.17; quando não fazem o que prometem." – *Poole's Annotations*.

11 הכל *hebel*. O significado radical do termo é *sopro*. A mesma palavra ocorre na primeira cláusula, notificando que os homens de categoria inferior são tão sem substância como o sopro; e aqui os homens de categoria inferior, bem como os de categoria superior, quando ambos se unem, são descritos como sendo mais leves que o sopro. "Tomar o infinitivo com ל, *lamed*, passando-o para o futuro, como às vezes se faz, a última parte pode ser traduzida literalmente assim: 'Juntos, subindo na balança, são mais leves que a vaidade.'" – *Arcebispo Secker*. Isto expressa fortemente quão fútil é confiar no homem. Se os homens de categoria inferior, e os homens de categoria superior, são postos juntos num prato da balança, e a vaidade no outro, o prato da vaidade será mais pesado.

propensos a deslizar-nos para o exercício do erro. Podemos rejeitar o reconhecimento passageiro e ocasional de que nosso auxílio só se encontra em Deus, e ainda abruptamente exibir nossa falta de confiança nele, ocupando-nos, em todas as direções, em suplementar o que consideramos defectivo no auxílio divino. Os diversos termos que ele emprega para expressar a suficiência de Deus como libertador podem, neste caso, considerar-se como tantos argumentos para a constância ou os muitos freios que ele aplicaria aos caprichos do coração carnal, sempre disposto a depender do apoio de outros, e não de Deus. Tal é a forma que ele usa para animar seu próprio espírito; e em seguida o encontramos dirigindo-se a outros, convocando-os a enfrentar os mesmos conflitos e a cumular a mesma vitória e triunfo. Pelo termo *povo* parece não haver dúvida que ele tem em mente os judeus. Os gentios, não havendo sido ainda visitados pela verdadeira religião e pela divina revelação, Deus só poderia ser o objeto de confiança e invocação religiosa na Judéia; e tudo indica que, ao distinguir o povo escolhido do Senhor dos pagãos circunvizinhos, ele insinua quão desditoso seria se não se devotassem inteiramente a Deus, sendo eles, como de fato eram, os filhos de Abraão, favorecidos com experiência de sua graça, especialmente tomados sob sua divina proteção. A expressão, **em todo tempo**, significa tanto prosperidade quanto adversidade, notificando a culpabilidade daqueles que vacilavam e sucumbiam sob a própria variação em suas circunstâncias externas. Deus prova seus filhos com aflições; aqui, porém, são ensinados por Davi a resisti-las com perseverança e coragem. Os hipócritas, que são espalhafatosos em seus louvores a Deus enquanto a prosperidade brilha sobre suas cabeças, ainda que seus corações desmaiem ante a primeira aparição de provas, desonram seu nome pondo injuriosa limitação a seu poder. Somos obrigados a dar honra a seu nome, lembrando, em nossas mais extremas aflições, que a ele pertencem as conseqüências da morte. E visto que todos nós somos por demais dispostos, em tais ocasiões, a ordenar silêncio às nossas aflições em nosso próprio peito – circunstância esta que só pode agravar ainda mais a angústia e amargura mental contra Deus –, Davi não poderia sugerir melhor expediente do que o de depor diante dele nossas preocupações, e assim **derramar nossos corações diante dele**. É sempre experimentado que, enquanto o coração sentir-se premido pelo fardo da angústia, não haverá liberdade na oração.[12] Sob as circunstâncias penosas, devemos buscar conforto na ponderação de que Deus nos proverá lenitivo, contanto que espontaneamente deponhamos tudo diante dele. A advertência do salmista é em extremo necessária, considerando a prejudicial tendência que inerentemente nutrimos em manter nossas dificuldades encerradas em nosso íntimo até que nos levem ao desespero. Comumente, o fato é que os homens se mostram ansiosos e engenhosos em buscar a via de escape para os problemas quando estes passam a pressioná-los; mas enquanto evitarem chegar à presença de Deus, outra coisa não farão senão envolver-se cada vez mais num labirinto de dificuldades. Para não insistir mais sobre palavras, Davi precisa ser aqui entendido como a expor esse princípio mórbido, porém profundamente arraigado em nossa natureza, o qual nos leva a ocultar e a ruminar nossas tristezas, em vez de aliviarmo-nos de vez derramando nossas queixosas orações diante de Deus. A conseqüência é que somos perturbados mais e mais com nossos infortúnios e nos imergimos num estado de angustiante desesperança. No término do versículo, ele diz, em referência ao povo em geral, o que havia dito de si mesmo como indivíduo, que sua segurança só poderia ser encontrada na divina proteção.

9. Não obstante, os filhos de Adão são vaidade. Se tomarmos a partícula אך, *ach*, afirmativamente, no sentido de *seguramente* ou *certamente*, então este versículo contém uma afirmação da mesma verdade expressa no versículo precedente; e Davi argumenta à guisa de contraste[13] dizendo que, como os homens são mais leves que a vaidade, nos fechamos à necessidade de direcionar toda a nossa expectativa

---

12 "Cependant que nostre coeur est enserré et comme estouppé de douleur, jamais il n'en sort de prieres naifves et franchement faites." – *n.f.*
13 "A repugnantibus ostendet David." – *v.l.* Explicado na versão francesa assim: "Montrera par un argument prins des choses repugnantes."

para Deus. Concordaria bem, contudo, com o contraste supor que, sob uma impressão do pouco efeito que se calculou que a verdade anunciada por ele teria sobre o povo (sempre disposto a construir sobre esperanças falazes), ele exclama com forte grau de santo fervor: *Não obstante* etc. Segundo este ponto de vista, ele está aqui administrando uma reprovação à cega infidelidade tão prevalecente entre os homens, e a qual os leva a enganar a si próprios com vãs mentiras em vez de confiarem nas infalíveis promessas de Jehovah. Tendo tido ocasião de descobrir uma quantidade tão elevada de vaidade na semente eleita de Abraão, o salmista não nutre escrúpulo algum de mencionar toda a família humana em geral como estando entregue às falsas ilusões. O advérbio יחד, *yachad*, *juntos*, notifica que todos, sem exceção, estão ansiosos por encontrar uma ocasião para se desviarem [do caminho]. Tal é a extensa condenação que se apossou, não de uns poucos indivíduos, mas da natureza humana, declarando que os homens são mais leves que a vaidade; e deixaríamos de perguntar o que é feito, neste caso, da pretensa razão, sabedoria e livre-arbítrio? Não há objetivo algum dizer que os crentes estão isentos do engano que aqui é condenado. Se devem sua isenção da mentira e da vaidade à regeneração do Espírito, então admite-se que estão sujeitos a elas em seu estado natural. O primeiro homem foi criado por Deus em retidão; em sua queda, porém, arrastou-nos a uma corrupção tão profunda, que toda e qualquer luz que lhe foi originalmente concedida ficou totalmente obscurecida. Alega-se que resta ainda no homem os dons de Deus que não devem ser menosprezados, os quais o distinguem de todas as demais criaturas. Isso se responde facilmente, recordando que, por maiores que estes sejam, o homem está maculado pelo pecado, e portanto nada pode ser contado em seu favor. Só quando aliado ao conhecimento de Deus é que alguns dos dotes a nós conferido do alto se pode dizer que possui alguma excelência real. À parte disso, eles se acham viciados por aquele contágio do pecado que não deixou sequer um vestígio no homem de sua integridade original. Com sobeja razão, pois, pôde Davi dizer que todos os homens são vaidade e nulidade.

10. Não confieis na opressão nem na rapina. Somos aqui ensinados que não pode haver de nossa parte real confiança em Deus até que sejamos despidos de todas as vãs confianças que propiciam tantas chances de nos desviar de Deus. O salmista nos convida a remover tudo quanto teria essa tendência e a purgar de nós todos os viciosos desejos que usurpam o lugar de Deus em nossos corações. Só se mencionam um ou dois tipos de pecado, mas estes devem ser subentendidos como que uma parte representando o todo, todas aquela vã e rival confiança das quais devemos ser despidos antes de podermos aderir a Deus com genuíno propósito e sinceridade de coração. Pelo termo, *opressão e rapina*, pode-se entender o próprio ato de surrupiar pelo uso de violência, bem como a coisa que foi surrupiada. O desígnio da passagem é obviamente advertir-nos contra a presunção e audácia do pecado, que é tão eficaz em cegar os corações dos homens e mantê-los na falsa crença de que seus caminhos serão sancionados pela impunidade que lhes é estendida. Os intérpretes têm se diferenciado em sua construção das palavras neste versículo. Alguns juntam a cada um dos substantivos seu próprio verbo, ficando assim a redação: *Não confieis na opressão, e não sejais fúteis na rapina; se as riquezas aumentam, não ponhais nelas vosso coração*.[14] Outros conectam as palavras *opressão* e *rapina* com o primeiro verbo, e fazem o segundo ficar sozinho num sentido indefinido. É de mui pouca importância qual das construções adotemos, visto que ambas expressam o sentimento principal; e é evidente que o salmista, ao condenar a soberba confiança daqueles que se vangloriam na rapina, apropriadamente denomina uma mera ilusão da mente, com a qual se enganam ou se distraem. Havendo denunciado, em primeiro lugar, os desejos que claramente são maus e positivamente ímpios, ele avança ato contínuo a pôr-se em guarda contra uma desordenada obtenção mesmo de riquezas que poderiam ter sido honestamente adquiridas. *Pôr o coração nas riquezas* significa mais que simplesmente cobiçar a posse delas. Im-

---

14 As palavras estão assim conectadas em nossa versão inglesa.

plica ser arrebatado por elas a nutrir uma falsa confiança, ou, fazendo uso de uma expressão de Paulo, a "ser magnânimo". A admoestação aqui expressa é de uma espécie que a observação diária nos ensina ser indispensável. É invariavelmente observado que a prosperidade e a abundância engendram um espírito altivo, levando prontamente os homens a nutrirem presunção em seu procedimento diante de Deus, e a se precipitarem em lançar injúria contra seus semelhantes. Mas, na verdade o pior efeito a ser temido de um espírito cego e desgovernado desse gênero é que, na intoxicação da grandeza externa, somos levados a ignorar quão frágeis somos, e quão soberba e insolentemente nos exaltamos contra Deus.

[vv. 11-12]
Uma vez falou Deus; duas vezes eu ouvi isto: que o poder pertence a Deus.
A ti também, Senhor, pertence a misericórdia; pois certamente retribuirás a cada um segundo suas obras.

11. Uma vez falou Deus. O salmista considerava que o único método eficaz de abstrair as mentes dos homens das vãs ilusões, em que se dispõem a confiar, era levá-los a se conscientizarem implícita e firmemente do juízo divino. Geralmente se agitam em diferentes direções, ou, pelo menos, se dispõem à oscilação assim que observam as coisas mutáveis deste mundo.[15] Mas ele mantém sob observação um princípio mais acurado para a regulamentação de sua conduta, quando recomenda um respeito diferenciado pela Palavra de Deus. Deus, propriamente dito, "habita em luz inacessível" [1Tm 6.16]; e já que ninguém pode chegar a ele sem que esteja munido de fé, o salmista chama nossa atenção para sua Palavra, na qual testifica a veracidade de seu divino e o justo governo do mundo. É de grande importância que sejamos estabelecidos na fé proveniente da Palavra de Deus; e aqui somos conduzidos à infalível inerrância que lhe é inerente. A passagem admite duas interpretações; o escopo dela, porém, é claramente este: que

---

15 "Ad varias mundi inclinationes." – *v.l.* "Selon les divers changements qu'on voit au monde." – *v.f.*

Deus age consistentemente consigo mesmo, e jamais poderá desviar-se do que ele disser. Muitos entendem Davi como a dizer que Deus falou uma vez e uma segunda vez; e que por esta afirmação explícita e reiterada de seu poder e misericórdia, ele confirmou a verdade além de toda e qualquer possibilidade de contradição. Há uma passagem que contém o mesmo efeito no capítulo trinta e três, versículo quatorze, do livro de Jó, onde as mesmas palavras são empregadas, tendo apenas a conjunção como interposição. Se alguém o preferir, contudo, não faço objeções a outro significado – *Deus falou uma vez; duas vezes ouvi isto*. Isso concorda com o contexto e pressupõe uma lição prática de grande importância; pois quando Deus tiver uma vez emitido sua palavra, jamais se retratará. De um lado, é nosso dever ponderar sobre o que ele disse, demorada e deliberadamente; e a intenção de Davi então será que ele considerou a Palavra de Deus à luz de um decreto, fixo e irreversível, mas que, como considerava seu exercício em referência a ele, então meditava sobre o mesmo vezes e mais vezes, a fim de que o lapso de tempo não o obliterasse de sua memória. Mas a redação mais simples e preferível parece ser esta: Deus falou uma vez e outra vez. Não há consistência na engenhosa conjetura de que a alusão poderia ser que Deus uma vez falou na Lei, e a segunda vez nos Profetas. Nada mais está embutido além do fato de que a verdade referida fora simplesmente confirmada, sendo comumente reputado como certo e fixo aquilo que tem sido reiteradamente anunciado. Aqui, contudo, deve-se lembrar que toda palavra que foi pronunciada por Deus deve ser recebida com autoridade implícita, e não a aprovação dada à abominável prática da recusa de receber uma doutrina, a menos que ela seja apoiada por duas ou três textos da Escritura. Isto tem sido defendido por um herege sem princípios [que vive] entre nós, o qual tem tentado subverter a doutrina da soberana eleição e da secreta providência. Não era a intenção de Davi dizer que Deus estava preso à necessidade de repetir o que tencionasse anunciar, mas simplesmente afirma a infalibilidade de uma verdade que havia declarado em termos claros e sem ambigüidade. No texto que se segue, ele toma a si como exemplo daquela reverência e daquele respeito diferenciados que nutria pela Palavra de Deus que se estendia a todos, mas que tão poucos realmente a atendiam.

Podemos então juntar numa forma bem conectada as doutrinas particulares que ele selecionou para uma atenção especial. É essencialmente necessário, se porventura temos de fortificar nossas mentes contra a tentação, cultivar conceitos adequadamente elevados do poder e misericórdia de Deus, visto que nada nos preservará mais eficientemente numa trajetória reta e sem desvios do que a firma convicção de que todos os eventos se acham nas mãos de Deus, e que ele é misericordioso e poderoso. Conseqüentemente, Davi dá seguimento ao que havia dito sobre o tema da diferença de se render em obediência à palavra, declarando que fora instruído por ela no poder e bondade de Deus. Alguns [intérpretes] o entendem como a dizer que está no poder de Deus livrar seu povo e que sua clemência o convence a exercê-lo. Ele, porém, parece mais tencionado a dizer que Deus é poderoso para impor restrição aos ímpios e esmagar sua soberba e seus nefastos desígnios, mas que a disposição de sua bondade é sempre proteção e defender a seus próprios filhos. O homem que se disciplina à contemplação destes dois atributos, os quais nunca devem estar em nossa mente dissociados da idéia de Deus, está certo de permanecer ereto e inamovível ante os furiosos assaltos da tentação; enquanto que, por outro lado, ao perdermos de vista a infinita suficiência de Deus (o que nos dispomos demasiadamente a fazer), nos tornamos vulneráveis ao massacre do primeiro encontro [no campo de batalha]. A opinião que o mundo tem de Deus é que ele está sentado no céu como indolente e despreocupado espectador dos eventos que se desenrolam. Carece que fiquemos surpresos diante do fato de que os homens estremecem ante a própria casualidade, ao crerem que são objetos do cego acaso? Não podemos sentir segurança a menos que fiquemos satisfeitos com a verdade de que há uma divina superintendência, e portanto podemos entregar nossas vidas e tudo o que temos nas mãos de Deus. A primeira coisa que devemos observar é seu poder, a fim de podermos nutrir plena convicção de ser ele um seguro refúgio para todos quantos se entregam ao seu cuidado. A isso devemos juntar a confiança em sua misericórdia, a fim de impedir os ansiosos pensamentos que de outra forma brotariam em nossa mente. Esta poderia sugerir a dúvida: Ora, se Deus governa o mundo, segue-se, então, que ele se preocupará com objetos tão sem valor como nós somos?

Há uma óbvia razão, pois, para o salmista associar estas duas coisas: seu poder e sua clemência. Estas são as duas asas com as quais voamos para o céu; as duas colunas entre as quais descansamos e podemos desafiar as procelosas vagas da tentação. Os perigos, em suma, surgem de qualquer canto, e por isso temos de nos lembrar que o divino poder que pode coibir todos os males, e enquanto tal sentimento prevalecer em nossa mente, nossos problemas não podem deixar de cair prostrados diante do divino poder. Por que temeríamos? Como é possível temermos quando o Deus que nos cobre com a sombra de suas asas é o mesmo que governa o universo com um gesto seu, mantém secretas as cadeias do diabo e de todos os ímpios, e eficazmente administra os desígnios e intrigas deles?

O salmista adiciona: **Certamente retribuirás a cada um segundo suas obras**. E aqui ele apresenta o que disse para ter ainda mais perto o ponto que estabeleceria, declarando que o Deus que governa o mundo por sua providência o julgará com justiça. A expectativa disto, devidamente apreciada, terá um feliz efeito na disposição de nossa mente, acalmando a impaciência e restringindo qualquer disposição ao ressentimento e retaliação em face de nossas injúrias. Ao colocar a si e aos outros diante do tribunal de Deus, ele anima seu coração na esperança daquele livramento que era iminente e se convence a desprezar a insolente perseguição de seus inimigos, ao considerar que toda obra humana terá que entrar em juízo diante daquele que, para cessar de ser Juiz, teria que negar-se a si mesmo. Podemos, pois, descansar seguros, por mais graves sejam nossos erros, ainda que os ímpios nos considerem o lixo e o refugo de todas as coisas, que o Deus que é testemunha do que sofremos se interporá no devido tempo e não frustrará nossa paciente expectativa. À luz desta passagem e de outras semelhantes, os papistas tiram argumento em defesa de sua doutrina de que a justificação e a salvação dependem das boas obras. Já expus, porém, a falácia de seu raciocínio. Aqui não se faz menção por mais que lancem mão desta expressão como equivalente a uma afirmação de que Deus galardoa os homens com base nos méritos. É com um desígnio muito diferente, e não para encorajar tal opinião, que o Espírito promete galardoar nossas obras, ou seja: para animar-nos nas veredas da obediência, e não para inflamar aquela ímpia autoconfiança que corta a salvação pelas próprias raízes. Segundo o juízo que Deus forma das obras do crente, sua dignidade e valor dependem primeiro do perdão gratuito a ele estendido como pecador, e mediante o qual ele é reconciliado com Deus; e em seguida, da divina condescendência e indulgência que aceita seus préstimos,[16] não obstante todas as suas imperfeições. Sabemos não haver nenhuma de nossas obras que, à vista de Deus, seja considerada perfeita ou pura e sem qualquer mácula de pecado. Qualquer recompensa que porventura recebam, deve, pois, ser atribuída à benevolência divina. Visto que as Escrituras prometem um galardão aos santos, com a única intenção de estimular suas mentes e encorajá-los no divino combate, e não com o mais remoto desígnio de detrair algo da misericórdia divina, é absurdo que os papistas aleguem que eles, em algum sentido, merecem o que lhes é concedido. No que respeita aos ímpios, ninguém disputará que o castigo que lhes é retribuído, como violadores da lei, é estritamente merecido.

---

16 "D'une pure douceur et support debonnaire dont il use, il fait qu'i celles soyent acceptees de lui" etc. – *v.f.*

Salmo 63

Não se pode dizer que o presente Salmo consista mais de orações do que de uma enorme gama de piedosas meditações, as quais confortavam a mente de Davi em meio aos perigos, ansiedades e dificuldades de extrema gravidade. Contém também os votos que ele fez a Deus ao sentir-se dominado pela angústia ocasionada pelas alarmantes circunstâncias por que passava.

Salmo de Davi, quando se encontrava no deserto de Judá.[1]

[vv. 1-4]
Ó Deus, tu és o meu Deus; de madrugada te buscarei; minha alma tem sede de ti, minha carne te tem almejado num[2] deserto e numa terra sedenta,[3]

---

1 Davi era, amiúde, compelido a fugir para desertos remotos, os quais ficavam na tribo de Judá, com o fim de escapar da fúria de Saul. Ao traçar seus passos, quando ansiosamente fugia desse inexorável perseguidor, o encontramos na floresta de Harete e no deserto de Zife, Maom e Engedi, todos eles situados na tribo de Judá. Vejam-se 1 Samuel 22.5; 23.14, 24, 25; 24.1; e Josué 15.55, 62. A única objeção que se pode fazer com referência à ocasião da composição deste Salmo, fazendo-a recair na perseguição de Davi por Saul, é que, no versículo 11, Davi é chamado de rei, quando Saul detinha ainda o cetro sobre Israel. Mas, como Calvino observa naquele versículo, Davi poderia ter sido denominado com este título com o fim de expressar sua confiante convicção de que Deus o ergueria ao trono em cumprimento de sua promessa; e seus seguidores poderiam chamá-lo rei mesmo durante a vida de Saul, ainda que não fosse reconhecido como soberano por alguma tribo mesmo depois de haver Saul caído em Gilboa. Supõe-se, contudo, que o Salmo foi escrito durante a rebelião de seu filho Absalão, quando se viu inapelavelmente obrigado a abandonar Jerusalém e a escapar para o deserto (2Sm 15.23; 16.2; e 17.29).

2 A versão Siríaca e vários MSS têm a expressão כארץ, *ke-erets, como uma terra,* em vez de בארץ, *be-erets, numa terra,* como no texto paralelo do Salmo 143.6. As duas letras, כ, *caph,* e ב, *beth,* podem ser facilmente trocadas uma pela outra, diferindo menos que as letras romanas C e G.

3 A palavra hebraica, עיף, *ayeph,* aqui traduzida por *sedenta,* é literalmente *cansada;* "que é", diz Horsley, "uma terra que gera exaustão pela aspereza dos caminhos, pelas escarpas dos montes e pela ausência de todo gênero de acomodações." Ele faz a seguinte tradução: "seca e inóspita."

onde não existe água. E assim te tenho contemplado no santuário, para ver teu poder e tua glória. Porque tua misericórdia é melhor que a vida, meus lábios te louvarão. Por isso te bendirei enquanto viver; em teu nome levantarei minhas mãos.

1. Ó Deus, tu és o meu Deus. O deserto de Judá, mencionado no título, não pode ser outro senão o deserto de Zife, onde Davi peregrinou por muito tempo na condição de refugiado. Podemos confiar na veracidade do registro que ele nos fornece de seu exercício quando se viu sujeito a tantas provações; e é evidente que ele nunca se permitia ser demasiadamente vencido pelas mesmas, ao ponto de cessar de elevar aos céus suas orações, e ainda descansar, com fé firme e constante, nas divinas promessas. Dispostos como somos, ao nos vermos assaltados pelas mais leves provações, de perder o conforto proveniente de certa medida de conhecimento de Deus que porventura tenhamos experimentado, é necessário que observemos bem isto, e aprendamos de seu exemplo a manter com empenho nossa confiança ainda nas piores dificuldades que porventura nos sobrevierem. Ele não ora meramente, senão que põe o Senhor diante de si como seu Deus, para que pudesse depor todos os seus cuidados, destemidamente, sobre ele, desertado como se via dos homens e feito um pobre proscrito naquele desabitado e horrível deserto. Sua fé, demonstrada nesta persuasão do favor e auxílio de Deus, tinha o efeito de incitá-lo a constante e veemente oração pela graça que esperava. Ao dizer que *sua alma era sedenta* e *sua carne suspirante*, sua alusão é à destituição e pobreza que o acompanhavam no deserto, e notifica, ainda que privado dos meios ordinários de subsistência, que contemplava a Deus como sua comida e sua bebida, dirigindo a ele [Deus] todos os seus desejos. Ao representar sua alma como que sedenta, e sua carne como que faminta, não carece que busquemos na distinção algum desígnio artificioso ou sutil. Ele simplesmente deseja dizer que anelava por Deus, tanto com a alma quanto com o corpo. Pois ainda que o corpo, estritamente falando, por si só não é influenciado pelo desejo, sabemos que os sentimentos da alma íntima e extensivamente o afetam.

2. E assim te tenho contemplado no santuário. É evidente, como já se sugeriu, que Deus estava sempre em seus pensamentos, ainda que andarilho pelos desertos em circunstâncias de extremo desamparo. A partícula, *assim*, é enfática. Mesmo quando em situação extrema, numa solidão selvagem e horrenda, onde os próprios horrores do lugar bastavam para distrair suas meditações, ele se exercitava na contemplação do poder e glória de Deus, como se estivesse no próprio santuário. Anteriormente, quando estava em seu poder esperar pelo tabernáculo, longe estava de negligenciar a participação do culto instituído por Deus. Ele estava bem consciente de que carecia de tais auxílios para sua devoção. Agora, porém, quando se via destituído, na providência divina, de qualquer privilégio, ele mostra, pelo deleite que sentia nas visões espirituais de Deus, que sua mente não estava absorta ante os símbolos nem ante o mero cerimonial externo da religião. Ele põe em evidência o quanto tinha lucrado com os exercícios devocionais prescritos para aquela dispensação. É perceptível nas pessoas ignorantes e supersticiosas, as quais parecem cheias de zelo e fervor enquanto se vêem em contato com as cerimônias da religião, não obstante sua seriedade se evapora imediatamente assim que essas cerimônias são subtraídas. Davi, ao contrário, quando essas eram removidas, continuava a retê-las em sua memória, e ocasiona, através da assistência das mesmas, ferventes aspirações por Deus. Com isso podemos aprender, quando privados, por algum tempo, dos meios externos de graça, a dirigir a Deus os olhos de nossa fé, mesmo nas piores circunstâncias, e não o olvidarmos quando os símbolos das coisas santas são subtraídos de nossa vista. A grande verdade, por exemplo, de nossa regeneração espiritual, ainda quando apenas uma vez nos seja representada no batismo, deve permanecer fixa em nossa mente por toda nossa vida[4] [Tt 3.5; Ef 5.26]. A união mística que subsiste entre Cristo e seus membros deve ser matéria para reflexão, não só quando nos sentamos à mesa do Senhor, mas em todas as demais ocasiões.

---

4 "Suivant cela, nous devons toute notre vie porter engravé en notre entendement le lavement spirituel, lequel Christ nous a une fois représenté au baptesme." – *v.l.*

Tampouco devemos presumir que a Ceia do Senhor, bem como outros meios de desenvolver nosso bem-estar espiritual, foram subtraídos de nós pelo exercício de um poder tirânico, chegando à conclusão que nossa mente deva deixar de ocupar-se com a contemplação de Deus. A expressão, *Portanto tenho contemplado para ver etc.*, indica a ansiedade com que ele estava concentrado no objeto, direcionando toda sua meditação para ele, para que pudesse ver o poder e a glória de Deus, dos quais havia um reflexo no santuário.

3. Porque a tua misericórdia é melhor que a vida. Não faço objeção à leitura do versículo conectada nesta forma, embora creia eu que a primeira cláusula fosse melhor separada e absorvida pelo versículo precedente. Tudo indica que Davi está apresentando a razão de sua seriedade em desejar a Deus. Pelo termo, *vida*, deve-se entender, em termos gerais, tudo quanto os homens usam para sua própria manutenção e defesa. Quando nos vemos bem supridos, não nutrimos disposição em recorrer à misericórdia divina. Essa *existência* (por assim dizer) que é propriamente nossa nos impede de percebermos que vivemos pela mera graça de Deus.[5] Uma vez que somos demasiadamente inclinados a confiar em auxílios de natureza carnal, bem como a olvidar a Deus, o salmista, neste ponto, afirma que devemos escudar-nos mais na divina misericórdia, em face da morte, do que naquilo a que nos dispomos denominar, ou no que parece ser, *a vida*. Tem-se apresentado outra interpretação das palavras deste versículo, a qual, porém, é por demais pobre e frágil, a saber: Que a misericórdia divina é melhor que a própria vida; ou, noutros termos, que o divino favor é preferível a todas as demais possessões. A oposição, porém, é evidentemente entre aquele estado de obscura prosperidade, no qual os homens são por demais aptos a repousar com complacência, e a misericórdia divina, a qual é o esteio de tudo quanto se deteriora e perece, e a qual é o único antídoto para suprir (se porventura é possível usar-se tal expressão) todas as deficiências.

---

5 "Denique nostrum esse, ut ita loquar, perstringit nobis oculos, ne cernamus sola Dei gratia nos subsistere." – v.l. "Brief, notre Etre, si ainsi faut parler, nous eblouit les yeux, tellement que nous ne voyons pas que c'est par la seule grace de Dieu que nous subsistons." – v.f.

A palavra que traduzi por *vida*, em hebraico estando no plural, levou Agostinho a designar um significado filosófico e engenhoso à frase, porém sem fundamento, visto que o plural da palavra é muito popularmente usado com sentido singular. Ele considerava que o termo, *vidas*, foi aqui usado em referência à verdade: Que homens diferentes amam diferentes modos de vida, buscando alguns riqueza, e outros, prazeres; desejando alguns o luxo, e alguns, as honras deste mundo, enquanto que outros se entregam aos seus apetites sensuais. Ele imaginava que havia no versículo uma oposição declarada entre estes vários tipos de vida e a vida eterna, aqui chamada *misericórdia* pelo uso de uma figura comum de linguagem, visto a mesma proceder da graça, e não do mérito [humano]. Mas é muito mais natural entender a intenção do salmista, ou seja, que não era de nenhuma importância o quanto compartilham os homens da prosperidade e dos meios pelos quais geralmente se pensa estar a vida segura, sendo a divina misericórdia um fundamento mais sólido de confiança do que qualquer vida elaborada por nós mesmos e do que a soma de todos os demais suportes.[6] Por essa conta o povo do Senhor, por mais severamente sofra de pobreza, ou de violência provocada pelos erros humanos, ou de langor provindo dos desejos, ou de fome e sede, ou de infindáveis problemas e ansiedades na vida, não obstante pode ser feliz; porquanto tudo está bem com eles, no melhor sentido do termo, quando Deus é seu Amigo. Os incrédulos, em contrapartida, são miseráveis, ainda quando o mundo inteiro sorria para eles; porquanto Deus é seu inimigo, e a maldição está, necessariamente, associada à sua porção.

Nas palavras que se seguem, Davi expressa sua conseqüente resolução de louvar a Deus. Ao experimentarmos a benevolência divina, somos levados a abrir nossos lábios em ações de graças. Sua intenção é expressa ainda mais claramente no versículo que vem a seguir, onde ele diz: **Por isso te bendirei enquanto eu viver**, podendo o *por isso* referir-se à boa razão que tinha, como já se declarou, para louvar a Deus, ao

---

6 "Tua benignidade, חסדך, *chasdeca*, tua efusiva misericórdia é melhor, מחיים, *me-chayim*, do que *vidas*; ou bom além de *incontáveis* eras da existência humana." – *Dr. Adam Clarke*.

sentir o quanto é melhor viver a vida comunicada por Deus do que vivê-la para nós e a partir de nós mesmos.[7] Ou o sentido poderia ser este: *mesmo nesta condição calamitosa e aflitiva*. Pois já havia notificado que, em meio à solidão do deserto, onde peregrinava, ele ainda dirigiria seus olhos para Deus. A palavra *vida*, além do mais, pode referir-se à sua vida como havendo sido preservada pela interferência divina; ou, o sentido da passagem poderia ser este: ele bendiria a Deus *no transcorrer do curso de sua vida*. O primeiro sentido comunica matéria mais completa para instrução, e concorda com o contexto: ele bendiria a Deus porque, mediante a benevolência divina, havia sido conservado vivo e em segurança. O sentimento é semelhante àquele que encontramos alhures: "Não morrerei, mas viverei; e declararei as obras do Senhor"; e ainda: "Os mortos não louvarão o Senhor, nem aquele que desce ao silêncio, mas nós, os que vivemos, bendiremos o Senhor" [Sl 118.17; 115.17, 18]. Na segunda cláusula do versículo – **Em teu nome levantarei minhas mãos**[8] – se faz uma alusão à oração e ao voto; e o salmista notifica que, além de dar graças a Deus, ele se nutriria de confiança adicional na súplica, e seria diligente no exercício dela. Qualquer experiência que porventura tenhamos da divina benevolência, enquanto nos instiga à gratidão, ao mesmo tempo corrobora nossa esperança no futuro e nos leva a confiadamente esperarmos que Deus aperfeiçoe a graça que começou. Há quem entenda o *levantar as mãos* como uma referência ao louvor celebrado ao Senhor. Outros, que ele fala do encorajamento que recebeu da assistência divina para ousadamente enfrentar seus inimigos. Eu, porém, prefiro a interpretação que já foi apresentada.

---

7 "Melius esse nobis vivificari ab ipso quam apud nos vivere."

8 "A prática de levantar as mãos para os céus, na oração, suposta residência do objeto ao qual se dirigia a oração, nos tempos antigos era usada tanto pelos crentes, como transparece de diversas passagens do Velho Testamento, quanto pelos pagãos, de acordo com numerosos exemplos nos escritores clássicos. Parkhurst, considerando ser a 'mão' o principal órgão ou instrumento do poder e operações humanos, e presumindo apropriadamente por isso ser a palavra usada mui extensamente pelos hebreus para poder, agência, domínio, assistência e o equivalente, considera o levantar os homens suas mãos em oração um reconhecimento emblemático do *poder* e a solicitação da *assistência* de seus respectivos deuses. Entretanto, não é este um gesto antes natural e espontâneo de súplica sincera? " – *Mant*.

[vv. 5-8]
Minha alma saciar-se-á, como de tutano e de gordura; e minha boca te louvará com lábios jubilosos. Certamente[9] me lembrarei de ti em meu leito; eu meditarei em ti nas vigílias da noite,[10] porque tens sido meu auxílio; e alegrar-me-ei à sombra de tuas asas. Minha alma se apegou a ti; tua destra me susterá.

5. Minha alma saciar-se-á, como de tutano e de gordura. De acordo com o que já se disse no versículo precedente, Davi expressa sua firme convicção de obter uma rica e profusa medida de toda bênção que lhe demandasse ações de graças e louvor. No período da composição deste Salmo, provavelmente ele já se encontrasse no usufruto de tranqüilidade e abundância; mas há razão para se crer que ele nutrisse a convicção já referida, mesmo quando ainda peregrino pelo deserto em estado de pobreza e isolamento. Se pretendemos evidenciar uma fé robusta, temos que antecipar o favor divino antes que ela realmente se manifeste e quando não haja aparência alguma de sua presença. À luz do exemplo aqui posto diante de nós, devemos aprender a pôr-nos em guarda contra o desespero, naquelas circunstâncias em que nos seja possível divisarmos os ímpios espojando-se e fazendo algazarra na abundância das coisas deste mundo, enquanto que nós mesmos somos deixados a definhar-nos diante de seus caprichos. Davi, na atual pressão a que se encontrava exposto, poderia ter dado vazão ao desespero; sabia, porém, que Deus era capaz de saciar a alma faminta, e que não teria necessidade alguma enquanto possuísse uma vantagem em seu favor. É da vontade de Deus testar nossa paciência nesta vida, através de aflições de variadas espécies. Suportemos com mansidão as injúrias que porventura nos sejam lançadas, ao ponto de todos os nossos desejos serem fartamente saciados. Seria oportuno observar que Davi, ao usar figura de linguagem para dizer que era *saciado com tutano e gordura*, não visa àquela intemperança e àquela excessiva indulgência a que os ímpios se entregam, e pelas quais embrutecem suas

---

9 "Ou, quand" etc. –*n.m.f.* "Ou, quando eu me lembrar de ti."
10 Entre os hebreus, a noite se dividia em porções de três ou quatro horas cada uma, as quais se denominavam vigílias.

mentes. Ele antecipa aquela moderada medida de prazer que apenas o estimularia a uma maior alegria nos louvores de Deus.

6. Certamente me lembrarei de ti. Também pode-se ler assim: *Quando* ou *Sempre que me lembrar de ti, orarei durante as vigílias da noite*. Visto, porém, que a partícula hebraica aqui usada é ocasionalmente tomada como advérbio de afirmação, tanto quanto de tempo, tenho aderido à tradução comumente aceita. Neste caso, sua *lembrança* de Deus pode ser entendida como sendo o mesmo que sua meditação sobre ele, e uma cláusula que contém apenas uma repetição do sentimento expresso na outra. Se a partícula for tomada no sentido diferente anteriormente mencionado, as palavras exprimem que ele, sempre que o nome de Deus ocorresse à sua mente, insistiria nele com prazer e por muito tempo, e falaria de sua bondade. Ele faz particular menção de *as vigílias da noite*, quando, ao retirarmo-nos da vista de nossos semelhantes, não só revertemos o que por acaso nos tenha causado ansiedade, mas sentimos nossos pensamentos atraídos mais livremente para diferentes objetos. Temos em seguida a razão apontada para a promessa ou declaração que já havia feito, a qual consiste em que ele devia a Deus sua preservação. A experiência da divina bondade deve dispor-nos igualmente à oração e ao louvor. "Entrarei em tua casa", diz o salmista em outro passo, "[com base] na multidão de tuas misericórdias" [Sl 5.7]. A segunda parte do versículo 7 é a expressão da vívida esperança com que se sentia animado. Estava resolvido a jubilar-se e a triunfar-se à sombra das asas de Deus, como que sentindo a mesma paz e satisfação em confiar sua proteção, como se não houvesse perigo algum a ameaçá-lo.

8. Minha alma se apegou a ti. O verbo hebraico significa também *apreender* ou *seguir*, especialmente quando em construção com a preposição que aqui se junta a ele, e portanto podemos mui apropriadamente traduzir assim as palavras: *Minha alma te estreita* ou *te segue de perto*.[11]

---

11 Eis a tradução do Dr. Adam Clarke: "Minha alma se apega ou se gruda a ti." "Esta frase", diz ele, "não só mostra a *diligência* da busca e a *proximidade* da obtenção, mas também o ato de segurar firme o que obtivera da misericórdia de Deus."

Se, porém, a outra tradução for mantida, o sentido seria que o coração de Davi se devotava a Deus com inabalável perseverança. A frase, *a ti*, é enfática, e denota que ele prosseguiria com incansável constância, por mais longo fosse o caminho e cheio de asperezas e cercado por obstáculos, e por mais soberanamente Deus parecesse retrair sua presença. A última cláusula do versículo pode ser tomada como se referindo simplesmente ao livramento que previamente mencionara como havendo recebido. Ele tinha boas razões em perseverar, sem desvanecimento, seguindo a Deus de perto, ao ponderar que fora preservado em segurança, até esse tempo, pela mão divina. Eu, porém, prefiro entender as palavras como tendo uma aplicação mais extensa, e concluir que Davi, neste passo, fala da graça da perseverança, a qual lhe seria concedida pelo Espírito. Dizer que ele se apegaria a Deus, com um firme propósito, sob todos os riscos, poderia soar como a linguagem de vã ostentação, não houvera ele qualificado a afirmação, acrescentando que faria isso enquanto fosse sustentado pela mão divina.

[vv. 9-11]
E eles, enquanto buscam minha alma para a destruir, descerão às partes mais baixas da terra. Serão desterrados[12] ao fio da espada; serão uma ração para as raposas. O rei,[13] porém, se alegrará em Deus; e todo aquele que jurar por ele se gloriará; pois se tapará a boca daqueles que falam mentiras.

---

12 "יגירהו", aqui traduzido por *serão desterrados*, "de נגר, significa em *hiphil*, *darão motivos para serem derramados*, ou *derramarão*. A palavra é ordinariamente aplicada à água (2Sm 14.14; Lm 3.49). Aqui, porém, pela menção imediata da espada, restringe-se à efusão de sangue; e, por estar na terceira pessoa do plural, no sentido ativo, deve ser, segundo o idioma hebraico, interpretado no sentido passivo: 'Derramarão pela mão da espada'; isto é, 'Serão derramados pela espada', sendo *a mão da espada* nada mais que o gume da espada." – Hammond. Dr. Adam Clarke dá a mesma versão: "*Serão derramados pela mão da espada*. Hebraísmo: Isto é, o sangue de sua vida será derramado, quer na guerra, quer pela mão da justiça." Mas נגר, *nagar*, também significa metaforicamente *entregar nas mãos*, *desistir*, como na frase הגיר על ידי חרב, "entregar alguém à espada". Vejam-se Ezequiel 35.5; Jeremias 18.21. E as versões Septuaginta, Siríaca, Vulgata, Etiópica e Arábica, Gesenius e Hare aqui traduzem assim: "Serão entregues à espada." Horsley traduz assim: "Devem derramá-la"; e observa que o pronome *a* significa "*minha vida*; pois נפש, que é de gênero dúbio, é o antecedente do sufixo masculino, הו"
13 "Eu, que sou rei pela unção de divina (1Sm 15.12, 13)." – *Ainsworth*.

9. E eles, enquanto buscam minha alma para a destruir, descerão às partes mais baixas da terra. Aqui descobrimos Davi demonstrando uma confiança muito mais sólida e triunfando como se já houvera obtido a vitória. E há forte razão para se crer que, embora houvesse escapado de suas dificuldades e estivesse em circunstâncias de paz e prosperidade quando escreveu este Salmo, todavia só expressa o que realmente sentia no período crucial em que sua vida se achava à mercê do perigo. Ele declara sua convicção de que os inimigos que avidamente buscavam [destruir] sua vida seriam exterminados; que Deus os lançaria de ponta cabeça na destruição; e que seus próprios corpos seriam deixados sem sepultura. Ser *ração de raposas*[14] é o mesmo que ser abandonado para ser dilacerado e

---

14 Sob a palavra hebraica, שׁוּעָל, *shual*, aqui traduzida por *raposa*, compreendia, na linguagem popular, o *chacal* ou *vulpes aureus*, *lobo dourado*, assim chamado em latim por causa de sua cor de um amarelo brilhante; e nesse sentido, שׁוּעָל, *shual*, geralmente tem sido interpretado aqui, visto ser o chacal encontrado na Palestina e alimentar-se de cadáver. Ambas estas circunstâncias são, contudo, também aplicável à raposa, e, além do mais, Bochart tornou provável que o nome específico do chacal (o θώς dos gregos) em hebraico era אַי, *aye*, *o que uiva*, sendo assim chamado por causa de seu grito uivante, o que faz particularmente à noite. O termo ocorre em Isaías 13.22; 34.14; e Jeremias 1.39; onde אִיִּים, *ayim*, é traduzido assim em nossa versão: "os animais selvagens das ilhas", epíteto muito vago e indeterminado. Ao mesmo tempo, é bem provável que *shual* geralmente se refira ao chacal. Alguns dos nomes orientais modernos deste animal, como o *chical* turco, e *sciagal*, *sciachal* ou *shachal* persa – daí *chacal* em nosso idioma –, assemelhando-se à palavra hebraica, *shual*, favorecem esta suposição; e o Dr. Shaw, bem como outros turistas, nos informam que, enquanto os chacais são bem numerosos na Palestina, a popular raposa é raramente encontrada. Portanto, será mais correto, sob tais circunstâncias, admitir que o chacal do oriente seja o *shual* hebraico. Estes animais nunca andam sozinhos, mas sempre associados em matilhas de cinqüenta a duzentos. São conhecidos por alimentar-se de cadáveres e daí serem ambiciosos de carcaças humanas, arrancando-as de suas sepulturas e devorando-as, por mais putrefatas estejam. São vistos aguardando perto da sepultura no momento de um funeral, avidamente aguardando sua oportunidade de arrancar o corpo quase imediatamente depois de ser sepultado. "Sou conhecedor de diversos casos", diz um turista citado por Merrick, "de atacarem e devorarem bêbados, a quem encontram deitados na estrada, e tenho ouvido que fazem o mesmo a pessoas que se acham doentes e desamparadas. Tenho visto muitas sepulturas que foram abertas pelos chacais, bem como partes dos corpos arrancados por eles." Visitam o campo de batalha para alimentar-se dos moribundos e mortos, e seguem caravanas com o mesmo objetivo. É comum nas nações bárbaras do Oriente deixarem os corpos de seus inimigos mortos no campo de batalha para serem devorados pelos chacais e outros animais. Portanto, quando o salmista diz que seus inimigos se tornariam *ração para raposas*, sua intenção é dizer que lhes seriam negados os rituais junto às sepulturas, o que se julgava ser uma grande calamidade – que seriam deixados insepultos, porque os chacais e outros animais selvagens se alimentarão deles e os devorarão.

devorado pelos *animais do campo*. Denuncia-se amiúde como o juízo divino recairia sobre os ímpios, que pereceriam pela espada e se tornariam presa dos lobos e dos cães, sem privilégio de sepultura. Esta é uma sorte que o melhor dos homens tem encontrado no mundo – pois tanto os bons quanto os maus se acham expostos ao golpe do mal temporal –, existe, porém, a seguinte distinção: Deus tem cuidado do pó disperso de seus próprios filhos, junta-o novamente, e não deixará dele nada a perecer; ainda que, quando os ímpios são mortos, e seus ossos se dispersam pelos campos, seja isto apenas a condição preparatória para sua eterna destruição.

11. O rei, porém, se alegrará em Deus. O livramento que Davi recebera não se lhe havia estendido como uma pessoa privativa, senão que estava envolvido nele o bem-estar de toda a Igreja, como o do corpo [se acha] na segurança da cabeça, e há, pois, certa propriedade em representar ele todo o povo de Deus em seu regozijo. Tampouco podemos deixar de admirar sua santa magnanimidade em não ter escrúpulo de se denominar rei, submerso como estava nos perigos, e pelos quais cercado, uma vez que ele reivindica aquela honra pela fé, ainda quando lhe era negada a real posse dela. Ao dizer que *se alegraria em Deus*, sua referência é à gratidão que sentiria; ao mesmo tempo, ao enaltecer a benevolência divina a ele demonstrada, ele a vê como ela afetava o corpo comum dos fiéis.[15] Como já se observou, a segurança do povo eleito de Deus, naquele tempo, estava inseparavelmente conectada ao reinado de Davi e sua prosperidade – figura esta pela qual era a intenção divina ensinar-nos que nossa felicidade e glória depende inteiramente de Cristo. Pelos que **juram no nome do Senhor**, ele quer dizer, em geral, todos os seus genuínos servos. O ato de solenemente invocar a Deus para testemunhar e julgar o que dizemos é uma parte do culto divino; daí um juramento, mediante a figura de linguagem chamada sinédoque, ser feito para significar a profissão geral da religião.

---

15 "Sed extollit Dei gratiam, quia ad piorum omnium conservationem pertineat." – *v.l.* "Mais il exalte et magnifie la grace de Dieu envers lui, d'autant qu'elle s'etendoit à la conservation de tous les fideles." – *v.f.*

Não devemos concluir disto que Deus considera seus servos todos aqueles que fazem menção de seu nome. Muitos o tomam em seus lábios apenas com o intuito de profaná-lo pela mais grosseira injúria; outros o ultrajam ou o maculam pronunciando frivolidades e juramentos desnecessários. Os hipócritas são culpados de impiamente abusar dele. Mas aqueles a quem Davi se refere são os que juram pelo Senhor, com consideração e reverência, e cujos corações correspondem ao que declaram. Isto transparece mais claramente à luz do contraste que se segue no versículo, onde ele contrasta os que juram pelo nome de Deus com os que *falam mentiras*, subentendendo pelo termo não só os traidores e fraudulentos, mas as pessoas que profanam o nome de Deus pelas falsidades de uma natureza sacrílega.

Salmo 64

Este Salmo expressa a linguagem de queixa e oração. Davi, a fim de inclinar a Deus a compadecer-se de sua causa, insiste na injustiça e crueldade, nas intrigas e falsidade de seus inimigos. No final, seus olhos se dirigem para Deus, na antecipação de um feliz livramento das mãos deles.

Ao regente de música. Salmo de Davi.

[vv. 1-6]
Ouve, ó Deus, minha voz em minha oração; preserva minha vida do temor do inimigo. Oculta-me do conselho dos ímpios; da assembléia dos obreiros da iniqüidade. Pois têm afiado suas línguas como a uma espada; e dirigiram [ou apontaram[1]] por sua flecha uma palavra [ou notícia] amarga. Atiram em secreto no perfeito; de repente atirarão, e não temerão. Garantem-se numa obra má, conversam entre si em armar laços secretamente; dizem: Quem os verá? Têm buscado iniqüidades, têm empreendido uma diligente investigação [literalmente: uma investigação esquadrinhada]; são profundos, tanto a parte íntima quanto o coração de cada um deles.

1. Ouve, ó Deus, minha voz. O salmista começa dizendo que orava ansiosa e veementemente, declarando, ao mesmo tempo, o que

---

1 A palavra original, דרך, *darach*, significa *ir, enviar, dirigir*, e é usada em diferentes sentidos, segundo os objetivos a que se aplica. "Mui especialmente, porém, é usada em referência a um arco ou flechas. Se for em referência a קשת, *um arco*, então é *arquear*; se חצים, *flechas*, então não é tão propriamente *atirar* quanto *preparar* ou *dirigir*. Assim o Salmo 58.7: 'Ele dirige ou prepara suas flechas'; e também aqui: 'eles dirigem ou apontam ou dispõem suas flechas'. Temos um paralelo disto em Jeremias 9.3, onde a aplicação é à língua, como a um arco que atira palavras mentirosas, como flechas, e a tradução correta é *arquear, distender*; aqui, porém, aplicada a palavras como flechas, a tradução correta é *dirigir*, e não *arquear*." – Hammond.

tornou isso necessário. A voz é ouvida na oração, proporcionalmente à seriedade e ardor que sentimos. Ele se limita às circunstâncias de suas necessidades, nas quais presentemente se achava situado, e toma nota dos riscos a que sua vida se expunha face aos inimigos, com outros pontos oportunos com que pudesse despertar a consideração favorável de Deus. Ao orar para que Deus protegesse sua vida, tal atitude prova que ele deveria estar nesse tempo à mercê de algum perigo. No segundo versículo, ele notifica que seus inimigos eram numerosos; à vista disso, sem a divina assistência, lhe seria impossível resistir seus ataques. Certa dificuldade se associa às palavras, fato este que as torna suscetíveis de dois significados. O termo hebraico, סוד, *sod*, o qual significa *um segredo*, é entendido por alguns como se referindo, aqui, às tramas secretas dos ímpios; e, por outros, que denota sua reunião para conselho. Ao traduzi-lo, empreguei a palavra que admite ambas as interpretações. O termo רגשת, *rigshath*, usado na segunda parte do versículo, também pode traduzir-se de duas maneiras, ou significando uma *assembléia de homens*, ou *rumor* e *tumulto*. Ele é oriundo de רגש , *ragash*, uma raiz que significa *provocar um tumulto*. Isso pressupõe que a palavra סוד, *sod*, na primeira cláusula, pode referir-se às tramas clandestinas dos ímpios, e רגשת, *rigshath*, na última, à sua franca violência; e que Davi orava com o fim de ser protegido, por um lado, dos maliciosos propósitos de seus inimigos; e, por outro, das ferozes medidas pelas quais prosseguiam em pô-las em execução. Mas o primeiro significado apresentado, e o qual tenho adotado, parece o mais simples e natural, ou seja: Que ele solicita a compaixão divina, queixando-se do número que se coligara contra ele. No entanto sua linguagem implica que buscava a proteção do céu como amplamente suficiente contra a mais numerosa combinação de adversários. Devo acrescentar que há uma súplica implícita por fortalecimento de sua causa em oração, no que ele diz da malícia e perversidade daqueles que se lhe opunham; porque, por mais cruel e injusta a conduta de nossos inimigos venha a ser, temos proporcionalmente a mais sólida base para crermos que Deus se interporá em nosso favor.

3. Pois eles têm afiado suas línguas como a uma espada. Seus inimigos, em sua fúria, almejavam nada mais nada menos que sua própria vida, e contudo o de que ele se queixa é, acima de tudo, do veneno com que as palavras deles eram besuntadas. É provável que ele esteja a referir-se às caluniosas notícias que muito bem sabia serem falsamente divulgadas em seu descrédito, e com vistas a denegrir sua reputação aos olhos do povo. Ele assemelha *suas línguas* a *espadas*; *suas amargas e venenosas palavras, a flechas.*[2] E ao acrescentar: **atiram contra o reto e inocente**, ele deve ser entendido como a contrastar sua integridade com a conduta sem consistência de seus inimigos. Inspirava-o a confiança em suas atitudes religiosas, saber que podia isentar sua própria consciência de culpa, e que era alvo de imerecido ataque desferido por homens indignos e dissolutos. Ao mencionar: **atiram secreta e subitamente**, sua referência é à astúcia que os caracterizava. Eram não só avidamente inclinados à prática de malefícios e tencionavam aguardar sua oportunidade, mas também espertos e ligeiros em seus movimentos, para esmagarem sua vítima antes que viesse a suspeitar do perigo. Ao ouvirmos Davi, homem em todos os aspectos muito mais santo e justo em sua conduta do que nós, suportava as infundadas afrontas contra seu caráter, não temos razão alguma para ficar perplexos ante

---

2 *Eles têm direcionado seu arco com uma palavra amarga.* Nestas palavras pode haver uma alusão à prática de fixar cartas nas flechas e apontá-las e direcioná-las para onde deviam cair e ser apanhá-las. Por isso se diz que os judeus, Sebna e Joabe, enviaram cartas a Senaqueribe, informando-lhe que todo o Israel estava disposto a fazer as pazes com ele; mas que Ezequias não o toleraria. Timoxenus e Artabazus enviaram cartas um ao outro por esse processo no cerco de Potidaea. Veja-se Gill, *in loco*. A *palavra* que se diz ser direcionada como sua flecha é qualificada de מר, *mar, amarga*, e isso provavelmente contenha uma alusão a flechas envenenadas. A paráfrase caldaica tem "arqueando o arco e untando as flechas", nitidamente notificando a certeza de que estava implícita tal alusão. Tudo indica que flechas envenenadas, à luz de Jó 6.4, eram de um uso muito antigo na Arábia. Eram também usadas por muitas outras nações em diferentes partes do mundo. Homero diz que Ulisses foi para Efire, cidade da Tessália, a fim de procurar veneno letal para untar suas flechas mortalmente pontiagudas (Odisséia, Liv. I. L. 335-345. Virgílio descreve um de seus heróis como eminentemente hábil em untar os dardos, e impregnar seu aço com veneno (Eneida, Liv. IX. l. 771. E Horácio menciona as *venenatae sagittae*, *as flechas envenenadas* dos antigos Moors na África (Lib. i. Ode 22, l. 3). Por onde quer que tal prática tenha prevalecido, o veneno empregado tem sido da mais letal espécie, sendo o mais leve ferimento seguido de morte certa e instantânea. Isto faz a linguagem aqui notavelmente expressiva. Davi compara as calúnias que seus inimigos lançavam contra ele a flechas envenenadas.

o fato de que é possível sermos expostos a uma semelhante provação. Este conforto pelo menos sempre temos, a saber, que podemos recorrer-nos a Deus e obter sua defesa para a causa justa. Ele toma especial nota de outra circunstância, a saber, que eles atiravam suas flechas envenenadas com seus lábios, *sem temor*, ou embaraço. Este espírito de confiança egoísta imprimia um forte grau de perversa presunção, ao mesmo tempo que persistiam obstinadamente em cultivar a conduta na qual tinham sido reiteradamente apanhados, e renovavam seus desesperados intentos ao desvencilharem-se de todo temor de Deus ou de todo pudor terreno.

5. Garantem-se numa obra má. Ele prossegue queixando-se da perversa determinação com que cumulavam sua perversidade e de seus recíprocos conchavos; observando, ao mesmo tempo, a confiança com que estimulavam uns aos outros aos mais ousados atos de iniqüidade. Nisto pode haver pouca dúvida de que eram encorajados pelo presente estado de fraqueza a que Davi fora reduzido em suas [dolorosas] circunstâncias, aproveitando o ensejo, quando o encontravam em pobreza e exílio, bem como sem meios de subsistência, para persegui-lo com maior desembaraço. Havendo chamado a atenção para eles, como estando sem qualquer esperança de correção e incapazes de nutrir qualquer impressão de humanidade, ele fala de seu ajuntamento para tramarem sua destruição; e, em conexão com isso, da ilimitada confiança que os levava à ostentação da crença de que seus desígnios não seriam percebidos. É bem notória aquela circunstância que corrobora a falsa segurança dos ímpios, e os encoraja a triunfarem em sua astuta política contra os de coração singelo e íntegro, a saber, seu pensamento de que poderão encobrir seus crimes com tais pretextos que têm sempre à mão. **Dizem: Quem os verá?** O pronome למו, *lamo, os*, pode tanto referir-se aos próprios obreiros da iniqüidade como aos laços indicados no versículo precedente. O primeiro significado parece ser o preferível. Corriam temerariamente, e sem freio, pelas veredas do pecado, cegados pelo orgulho, e não se deixavam influenciar nem pelo temor de Deus nem pelo senso de pudor.

No versículo que se segue, ele critica severamente a fraude que praticavam. Fala em haverem-se cansado em todas as artes de malefícios, de modo que nada deixaram neste departamento para ser descoberto. A *investigação* referida tem relação com os métodos secretos de fazer o mal. Ele acrescenta que sua malícia era profunda. Pelas expressões, *parte íntima* e *o coração*, os quais eram *profundos*, ele quer dizer os artifícios secretos a que os ímpios recorrem para ocultar. Alguns, em vez de traduzirem as palavras, *as partes íntimas de cada um* etc., dão um sentido mais indefinido a איש, *ish*, e fazem esta redação: *a parte íntima e o coração profundo* **de cada um** *se encontram neles*; isto é, seus inimigos excogitam encerrar em si tudo quanto os homens têm exibido na forma de astúcia e sutileza. Ambas as traduções podem ser adotadas; pois a intenção de Davi, evidentemente, era dizer que seus inimigos praticavam estratagemas secretos e violência pública a fim de concretizar sua ruína, e demonstravam estar de posse da mais profunda compenetração com o fim de descobrir métodos sombrios e inimagináveis de levar a cabo o mal.

[vv. 7-10]
E Deus atirará neles uma seta; repentinamente ficarão feridos. E farão que suas próprias línguas se desfiram contra si próprios; e todos aqueles que os virem, fugirão.[3] E todos os homens verão e declararão a obra de Deus, e entenderão[4] o que ele tem feito. Os justos se alegrarão em Jehovah, e esperarão nele; e todos os retos de coração se jubilarão.

7. E Deus atirará neles uma seta. O salmista agora se congratula em confiante convicção de que suas orações não terão sido sem efeito, senão que já foram respondidas. Ainda que não haja qualquer aparência de juízo iminente de Deus, ele declara que de repente o mesmo seria executado; e nisto ele se empenha em provar notavelmente sua fé. Ele via os ímpios tornando-se vigorosos em sua prosperidade, e presumindo ser impunes pela conivência e

---

3 "Ou, trembleront." – *n.m.f.* "Ou, tremerão."
4 "Ou, feront entendre." – *n.m.f.* "Ou, farão entender."

tolerância divinas; mas, em vez de entregar-se ao desânimo, ele era assistido pela sólida convicção de que Deus, segundo seu costumeiro modo de proceder para com os ímpios, os visitaria em momento inesperado, quando estivessem se gabando de ter-se escapado e se espojando em extravagante confiança. É uma consideração que deve gerar-nos conforto, quando sujeitos a continuada provação, pensarmos que Deus, ao delongar seu castigo devido aos ímpios, age assim com o expresso desígnio de mais tarde infligir-lhes juízos de uma descrição mais merecida; e quando disserem: "Paz e segurança", apanhá-los em súbita destruição [Jr 8.1[5]].

8. E farão que suas próprias línguas se desfiram contra si próprios. Perseguindo o mesmo tema, ele observa que o veneno forjado em seus conselhos secretos, e o qual revelaram com suas línguas, provaria possuir um letal efeito sobre si próprios. O sentimento é o mesmo que aquele expresso alhures pelo uso de outra figura, quando se diz que são apanhados em seus próprios laços, e que caem no poço que eles mesmos abriram [Sl 57.6]. É justo que o Céu faça que os males que engendraram contra as pessoas inocentes e íntegras recaiam sobre suas próprias cabeças. O juízo é aquele mesmo que reiterada e cotidianamente vemos exemplificados ante nossos olhos, e no entanto encontramos muita dificuldade em crer que ele venha a ocorrer. Sentir-nos-íamos ainda mais obrigados a imprimir a verdade em nossos corações de que Deus está sempre de guarda, a espera, por assim dizer, da oportunidade de converter as tramas dos ímpios em meios justos e plenamente eficazes de sua própria destruição, como se intencionalmente os empregasse para tal fim. No final do versículo, para realçar a extraordinária severidade de seu castigo, diz-se que **todos aqueles que os virem, fugirão**. Os juízos divinos se elevam acima da vista de um mundo ignorante, e antes que possa despertar-se do temor e espanto, esses [juízos] seriam deveras tais como o exibir as magistrais marcas de uma mão divina.

---

5 Na versão francesa, a referência é mudada para 1 Tessalonicenses 5.3.

9. E todos os homens verão e declararão a obra de Deus. Ele insiste mais ainda sobre os bons efeitos que resultariam do juízo executado, tal como anteriormente contemplara a Providência Divina de um modo geral, com o fim de captar um espírito de inquirição em meio à luz da singularidade do espetáculo, e falarem uns aos outros de um assunto que até aqui era inteiramente novo para eles. Ele notifica que o conhecimento do que Deus tinha então gloriosamente operado, estendendo-o em todo o redor – pois ele diz: *todos os homens etc*. O verbo hebraico, שכל, *shachal*, empregado admite tanto o significado neutro, *entenderão*, quanto o ativo, *levarão outros a entenderem*. Visto, porém, ser comum em Davi repetir a mesma coisa duas vezes, provavelmente tendo a segunda um sentido transitivo, o que é preferível. Outra conseqüência desejável que deve emanar do livramento concedido está mencionado no último versículo, o que propiciaria aos santos motivo de alegria, esperança e santo triunfo, os quais seriam confirmados na expectativa do mesmo auxílio divino que havia sido estendido ao seu servo Davi. Os anteriormente denominados *justos* são agora intitulados *os retos de coração*, com o fim de ensinar-nos que a única justiça que prova ser aceitável é aquela que procede da sinceridade íntima. Tenho insistido sobre esta verdade mais amplamente em outro lugar.

Salmo 65

Este Salmo se compõe de petição e ação de graças. Contém uma predição da vocação dos gentios à fé comum, mas se ocupa primordialmente em louvar a Deus pelo paternal cuidado que ele exerce sobre sua Igreja, bem como os benefícios que emanam dela. O salmista ora particularmente para que Deus dê seguimento à sua bondade anterior em favor do povo judeu. Especificam-se dois exemplos da bondade divina: a poderosa defesa estendida por sua mão e o enriquecimento dela com bênçãos infindáveis.

Ao regente de música, Salmo de Davi.[1]

[vv. 1-3]
Por ti, ó Deus, espera[2] o louvor em Sião, e a ti se pagará o voto. Ó tu que ouves a oração, a ti virá toda carne. Palavras de iniquidade têm prevalecido contra mim; nossas transgressões, [porém,] tu expurgarás.[3]

---

1 O título deste Salmo não nos informa em que ocasião específica foi ele escrito. Mudge é de opinião que ele foi "composto por uma pessoa mais recentemente em Jerusalém, vindo de alguma parte muito distante, onde, por suas orações e votos, havia sido inusitadamente libertado da fúria do mar e do tumulto dos nativos; o que o leva a um geral reconhecimento da Divina Providência que se estende até aos confins da terra". Supõe-se por outros ser ele uma ação de graças a Deus por haver este graciosamente enviado à terra da Judéia uma chuva copiosa, depois de haver previamente sofrido dos efeitos de seca longamente continuada; e que provavelmente se relaciona aos três anos de fome que se seguiram algum tempo depois da rebelião de Absalão (2Sm 21), a qual, sendo aliviada por algumas chuvas copiosas, produzindo este hino de ação de graças. Dr. Morrison presume que Davi o escreveu para a festa dos tabernáculos, visto aparentemente conter uma expressão de gratidão pública pelos frutos da terra, os quais foram postos em segurança. Tudo isso, contudo, não passa de conjeturas. Tampouco é por demais importante sabermos a ocasião de sua composição, abrangendo, como faz, tópicos gerais que se adequam ao tema para a contemplação em todos os tempos e em todas as circunstâncias.

2 Em nossa versão temos também *espera*, e na margem, *fica em silêncio*. "Espera como um servo, cujo dever é fazer o que tu ordenas." – *Boothroyd*. "A alusão neste versículo é bela, quando nos lembramos de que os servos orientais esperam em silêncio, aguardando seus senhores, esperando pelos sinais de sua vontade." – *Edwards*.

3 A palavra hebraica aqui traduzida, "Tu os expurgarás", é תכפרם, *techapperem*; propriamente,

1. Por ti, ó Deus, espera o louvor em Sião. Literalmente: *O louvor está em silêncio para ti*, mas o verbo דמיה, *dumiuah*, tem sido metaforicamente traduzido primeiro, *estar em repouso*; então, *esperar*. O significado da expressão consiste em que a bondade de Deus para com seu povo é tal como empreender constantemente novo motivo de louvor. Ele se difunde por todo o mundo, mas se manifesta especialmente à Igreja. Além disso, os demais que não pertencem à Igreja de Deus, por mais sobejamente os benefícios sejam neles demonstrados, não vêem donde eles vêm e cometem excessos no uso das bênçãos que recebem sem nenhum reconhecimento delas. Mas a principal coisa significada, e que é comunicada pelo salmista, é que se deve ação de graças ao Senhor por sua benevolência demonstrada à sua Igreja e ao povo. A segunda cláusula do versículo contém o mesmo propósito, onde diz: *a ti se pagará o voto*; pois enquanto o salmista se ocupa, juntamente com o povo, em prestar o devido reconhecimento, sua linguagem implica que sempre haveria contínuos e novos motivos de louvor.

O versículo que se segue está estreitamente conectado àquele que até aqui estivemos a considerar, asseverando que Deus ouve as orações de seu povo. Isso traz a lume a razão por que o voto lhe seria pago, visto que Deus jamais desaponta seus adoradores; ao contrário, coroa suas orações com uma resposta favorável. Por isso, o que está declarado por último vem primeiro na ordem natural da consideração. O título aqui conferido a Deus leva em si uma verdade de grande importância: que a resposta de nossas orações é assegurada

---

"tu farás expiação por eles". Ela vem do verbo כפר, *kaphar*, que significa *cobrir*, *persuadir*; e "que na conjugação *pihel* adquiriu o significado de *perdoar* (como se fosse *cobrir* uma ofensa) e praticar algum ato que se tornasse a *causa* ou *ocasião* de perdão; e daí, por um processo adicional no fluir das idéias, *compensar*, *expiar*, *propiciar* e aceitar uma expiação." Veja-se Dr. Pye Smith sobre *The Sacrifice of Christ*, pp. 339, 340. A cobertura da arca chamava-se כפרת, *kapporeth* (Êx 25.17); em grego, ἱλαστήριον, isto é, *o propiciatório* ou *sede de misericórdia*; pois sobre ele o sangue de expiação, tipo do sangue de Cristo, era aspergido, no grande dia da expiação; e dali Deus revelava sua graça e vontade a seu antigo povo. O nome, ἱλαστήριον, é, em Romanos 3.25, dado por Paulo a Cristo, que era a genuína propiciação por nossos pecados (1Jo 2.2). As palavras do salmista, pois, sem dúvida têm uma referência aos sacrifícios expiatórios sob o regime da lei, e conseqüentemente Àquele que "nos fins dos tempos se manifestou para tirar o pecado pelo sacrifício de si mesmo".

pelo fato de que, ao rejeitá-las, ele, em certo sentido, estaria negando sua própria natureza. O salmista não diz que Deus tem ouvido a oração neste ou naquele caso, senão que lhe confere o nome de ouvidor de oração, como algo que constitui uma parte permanente de sua glória, de modo que ele tão logo se negaria caso fechasse seus ouvidos às nossas petições. Pudéssemos pelo menos imprimir isso em nossas mentes, de que é algo peculiar a Deus e inseparável dele ouvir nossas orações, seríamos fortalecidos com inabalável confiança. Jamais poderá faltar-lhe o poder que nos provê socorro, de sorte que nada poderá obstar nosso caminho daquele bem sucedido resultado de nossas súplicas. O que se segue no versículo é igualmente mui digno de nossa atenção, a saber: que *toda carne virá* a Deus. Ninguém poderia aventurar-se acesso à sua presença sem a convicção de lhe estar aberta a entrada; mas quando ele antecipa nossos temores, e se adianta para declarar que nenhuma oração lhe é oferecida em vão, a porta se escancara para a admissão de todos. O hipócrita e o ímpio, os quais oram sob a premência de momentânea necessidade, não são ouvidos. Pois não se pode dizer que se chegam a Deus, quando não possuem a fé fundada em sua Palavra, e, sim, numa mera e vaga expectativa de um resultado fortuito. Antes de nos aproximarmos aceitavelmente de Deus em oração, é necessário que suas promessas se nos façam conhecidas, sem as quais não pode haver qualquer acesso a ele, como se faz evidente à luz das palavras do apóstolo Paulo [Ef 3.12], onde ele nos diz que todos quantos se chegam a Deus devem antes estar revestido de fé em Cristo, numa proporção tal, que por ela se animem cheios de confiança. À luz disto podemos inferir que no papado não se observa nenhuma regra correta de oração, quando oram a Deus num estado de perplexidade e dúvida. Inestimável é o privilégio que desfrutamos, mediante o evangelho, de livre acesso a Deus. Ao usar o salmista a expressão, *toda carne*, ele notifica, através destas poucas palavras, que o privilégio que então era peculiar aos judeus, o mesmo se estenderia a todas as nações. Eis aqui uma predição do futuro reino de Cristo.

3. Palavras de iniqüidade têm prevalecido contra mim.[4] Ele não se queixa de o povo ser assaltado com calúnia, senão que ele deve ser compreendido como a confessar que seus pecados foram a causa de alguma interrupção que ocorrera na comunicação do favor divino com os judeus. A passagem é paralela com a de Isaías 59.1: "Eis que a mão do Senhor não está encolhida para que não possa salvar; nem surdo seu ouvido para não poder ouvir." Davi o imputa a seus próprios pecados e aos do povo, ou seja, que Deus, que se dispôs a ser liberal em seu auxílio, e portanto gracioso e benevolente em acenar-lhes para dependessem dele, havia por certo tempo lhes virado seu divino rosto. Primeiro, ele reconhece sua própria culpa pessoal; em seguida, como Daniel [9.5], ele associa a si toda a nação. E esta verdade é introduzida pelo salmista, não com o intuito de descoroçoar a confiança em oração, mas antes para remover um obstáculo posto no curso dela, visto que ninguém pode aproximar-se de Deus a menos que se convença de que ele ouve o indigno. É provável que o povo do Senhor estivesse, nesse tempo, sofrendo sob algum emblema do desprazer divino, visto que Davi parece, aqui, digladiar-se com alguma tentação desse gênero. Ele evidentemente sentia que havia um remédio infalível ao seu alcance, pois não demorou para indicar o objeto da culpa, reconhecendo a prerrogativa divina de perdoá-la e expiá-la. O versículo diante de nós deve ser visto em conexão com o precedente, no seguinte sentido: embora

---

4 Em nossa versão inglesa, temos: "Prevalecem as iniqüidades contra mim"; e na margem: "Palavras ou motivos de iniqüidade" etc. Calvino imprime o mesmo significado que é naturalmente sugerido por nossa versão inglesa, embora à luz de sua tradução o texto hebraico, para *palavras de iniqüidade*, à primeira vista podemos supor que o salmista as explicaria como uma referência às más notícias, às calúnias e difamações, as quais os inimigos de Davi propagavam contra ele com o fim de arruinar sua reputação. Dr. Adam Clarke entende as palavras neste sentido, e elabora uma tradução equivalente à de Calvino: "Palavras iníquas têm prevalecido contra mim", ou: "As palavras de iniqüidade são fortes contra mim." Ele pensa que a redação de nossa Bíblia Inglesa "não é propriamente uma tradução do original"; observando que "este versículo tem sido mal usado para favorecer a licenciosidade antinomiana"; e que "a tradução genuína e correta da primeira cláusula impedirá tal coisa". Mas não podemos ver como o versículo, como está em nossa versão, pode com justiça ser visto como se inclinando a gerar encorajamento ao pecado, não sendo mais que a confissão de um pecador penitente, acompanhada de esperança na misericórdia divina, fundada na alegre boa-nova anunciada no evangelho de que Deus se dispõe a perdoar o mais culpado que crê em seu Filho e se arrepende de seus pecados.

suas iniqüidades merecessem sua expulsão da presença de Deus, todavia continuaria a orar, animado pela prontidão divina de reconciliar-se com eles. Desta passagem aprendemos que Deus não ouvirá nossos rogos a menos que supliquemos humildemente o perdão de nossos pecados. Em contrapartida, temos que crer de forma inabalável que a reconciliação com Deus é granjeada através da remissão gratuita. É possível que em algum tempo ele subtraia seu favor e nos olhe com desagrado; então devemos aprender, pelo exemplo de Davi, a erguer-nos na esperança da expiação de nossos pecados. A razão para sua insistência em usar o singular, na confissão que faz de seus pecados, pode ser que, como rei, ele representava todo o povo, ou que pretendia, como Daniel, exortá-los individual e particularmente a um auto-exame e à confissão de sua própria culpa. Sabemos quão aptos são os hipócritas em ocultar seu pecado pessoal, sob um formal reconhecimento de sua participação na transgressão geral. Davi, porém, sem qualquer pretexto de humildade, mas mediante profunda convicção íntima, começa consigo mesmo e em seguida inclui os demais na mesma responsabilidade.

[vv. 4-8]
Bem-aventurado é o homem a quem escolheste e o fazes chegar a ti; ficaremos satisfeitos com a bondade de tua casa, sim, do santuário de teu palácio. Coisas terríveis com justiça nos responderás, ó Deus de nossa salvação, esperança de todos os confins da terra e dos lugares mais afastados do mar.[5] Por sua força consolida os montes, sendo cingido com poder.[6] Aplacando o ruído dos mares, o ruído de suas ondas e o tumulto das nações. Também aqueles que habitam os confins da terra temerão os teus sinais; tu alegrarás as saídas da tarde e da manhã.

---

5 ים, *yam, o mar*, é freqüentemente empregado para denotar as *ilhas*, as quais são circundadas pelo mar, e sendo aqui postas em oposição a "os confins ou extremidades da terra", isto é, o continente, significando as ilhas mais remotas do mundo. Por conseguinte, a paráfrase caldaica traz: "E das ilhas do mar que se acham afastadas do continente." A parte conclusiva deste versículo é evidentemente uma profecia daquele período em que todo o gênero humano, quando o povo de cada tribo e cor e clima será abençoado com o conhecimento do evangelho e cultuará o único e verdadeiro Deus.

6 À luz da extensão e frouxidão das vestes dos habitantes do Oriente, nos tempos antigos, era necessário amarrá-las bem junto à cintura, quando se pretendia pôr em ação a força de alguém. Daí a expressão: "cingido de força". Dr. Lowth pensa que a alusão é à vestimenta do sacerdócio aarônico. – *Lectures on Sacred Poetry*, vol. I. pp. 173-175.

4. Bem-aventurado é o homem a quem escolheste. Havendo já reconhecido que o povo se havia afastado de Deus em decorrência de seus pecados, bem como perdido todo e qualquer direito a ser ouvido, o salmista então busca refúgio na soberana graça de Deus, a qual garante a remissão de pecado dentre outras bênçãos. E assim ele lança luz adicional sobre o que dissera na questão de a culpa ser expurgada, ao apontar para a causa de ser Deus favorável aos pobres pecadores, favor este que só pode ser encontrado em seu amor paternal que o leva a recebê-los bem em sua presença, por mais indignos que sejam. Esse perdão que diariamente recebemos flui de nossa adoção, e nela se acham também fundadas todas as nossas orações. Como poderia o pecador aventurar-se a comparecer na presença de Deus, obter sua reconciliação, porventura não estivesse persuadido de ser ele um *Pai*? Nas palavras que se acham diante de nossos olhos, Davi não fala da graça de Deus estendendo as mãos para os gentios (o que ele fizera numa parte precedente do Salmo), mas em termos que só se aplicam aos tempos em que ele escreveu. A Igreja de Deus se confinava nos judeus, e somente eles eram admitidos no santuário; enquanto que agora, quando a distinção já foi abolida e as demais nações chamadas ao mesmo privilégio, estamos todos livres para ousar acesso a ele com familiaridade. Cristo é nossa paz [Ef 2.14], o qual uniu em um aqueles que outrora estavam longe e aqueles que estavam perto.

O que até aqui foi expresso é suficiente para revelar o escopo do salmista. Uma vez havendo a Igreja, o povo escolhido de Deus, tomado posse da promessa da remissão dos pecados, ele chama bem-aventurados aqueles a quem Deus incluiu nesse corpo e os introduziu no desfruto desse privilégio tão distinto. Sua linguagem informa que a eleição, naquele tempo, não havia se concretizado em todos; pois insiste nela como a prerrogativa especial dos judeus, ou seja, que foram escolhidos por Deus em preferência às demais nações. Caso pudesse o homem fazer algo para antecipar a graça de Deus, e a eleição cessaria de ser um apanágio divino, ainda que o direito e o poder dela sejam-lhe expressamente atribuídos.⁷ Os judeus, porém, não tinham nenhuma excelência acima dos demais, exceto no único ponto de desfrutar do particular favor de Deus. O muro que fazia divisão entre eles é agora quebrado, e os gentios podem então entrar. É evidente, contudo, que nem todos são chamados da mesma forma; e a observação comprova a ignorância daqueles que asseveram que a graça de Deus é estendida a todos em geral, sem qualquer escolha externada por ele. Pode imaginar-se alguma razão por que não chamaria a todos igualmente, exceto o fato de que sua soberana eleição faz distinção entre uns e outros? Fé e oração podem ser meios para despertar em nós interesse pela graça de Deus; mas a fonte donde elas emanam não está dentro, mas fora de nós.⁸ Há uma bem-aventurança em exercermos confiança em Deus e em abraçarmos suas promessas – bem-aventurança esta experimentada quando, pela fé em Cristo, o Mediador, o apreendemos como nosso Pai e lhe dirigimos nossas orações nesse caráter; mas antes que esta fé e oração possam ter alguma existência, é preciso presumir-se que nós, que outrora éramos por natureza estranhos em relação a Deus, fomos aproximados dele pelo exercício de seu favor. Aproximamo-nos dele, não por havermos antecipado sua graça e vindo a ele movidos por nós mesmos, mas porque, em sua condescendência, estendeu sua mão até ao próprio inferno para nos alcançar. Falando com mais propriedade, ele primeiro nos elege, e a seguir testifica de seu amor, nos chamando. É igualmente notável que, embora tenha Deus separado a semente de Abraão para ser seu povo peculiar, dando à circuncisão um lugar em seu templo, não pode haver dúvida alguma de que Davi reconhecia certa distinção mesmo entre os que eram judeus, nem todos sendo alvos da vocação eficaz de Deus, nem propriamente tendo direito a um lugar em seu templo. Na verdade, a alusão que o salmista faz é ao santuário externo, ao falar dos judeus como escolhido para ter

---

7 "Nam si anteverterent homines Dei gratiam, non resideret penes ipsum electio, cujus potestas et jus ei tribuitur." – *v.l.*

8 "Fides quidem et invocatio media sunt, quae nobis concilient Dei gratiam, sed fons extra nos quaerendus est." – *v.l.* "Sont les moyens pour nous faire trouver grace envers Dieu", etc. – *v.f.*

acesso a Deus; mas devemos ter em mente (para o quê nos chamou a atenção nos Salmos 15 e 24) que nem todos os que pisavam os átrios do templo eram membros da Igreja, mas que as grandes e indispensáveis qualificações consistiam num coração puro e em mãos limpas. Conseqüentemente, devemos entender por aqueles que se aproximam de Deus, os que se apresentam diante dele no exercício de fé genuína, e não pela ocupação de um espaço em seu templo em sua aparência externa. Mas, além disso, ser escolhido e ser chamado a chegar-se a Deus são duas coisas aqui mencionadas juntas com o fim de corrigir qualquer vã idéia de que às ovelhas do rebanho de Deus se permite vaguear ao sabor de sua vontade, por certo tempo, sem serem trazidas ao rebanho.[9] Esta é uma forma pela qual nossa graciosa adoção se evidencia, a saber, que nos achegamos ao santuário sob a liderança do Espírito Santo.

O salmista insiste sobre o fruto emanante do bendito privilégio de que havia falado, quando acrescenta que os crentes *se satisfariam* com a plenitude de seu templo. Os hipócritas podem entrar lá, mas regressam vazios e insatisfeitos no tocante ao desfruto de alguma bênção espiritual. É notável que a pessoa seja mudada nesta parte do versículo, e que Davi se associe com outros crentes, preferindo falar deste tema à luz da experiência pessoal. Não devemos entender que os crentes ficam plenamente cheios da bondade divina em um dado momento; ela lhes é comunicada gradualmente; mas, enquanto as influências do Espírito são assim comunicadas em medidas sucessivas, cada um deles é enriquecido com uma presente suficiência, até que todos, no devido tempo, cheguem à perfeição. Preciso observar aqui que, embora seja verdade, como afirmado no Salmo 103.5, que "Deus enche tua boca com coisas boas", ao mesmo tempo é indispensável lembrar o que se diz alhures: "Abre tua boca, e eu a encherei". Nossos desejos comprometidos são a razão de não

---

[9] "Jam hic vocatio adjungitur electioni, ne quis somniet oves perpetuo vagari, neque unquam colligi in ovile. Nam hoc effectu se ostendit" etc. – *v.l.* "Or la vocation exterieure est yei adjointe à l'election, afin que nul n'imagine que les brebis soyent tousjours errantes sans estre recueillies en la bergerie: car l'adoption gratuite de Dieu se declare" etc. – *v.f.*

recebermos um suprimento mais copioso das bênçãos divinas. Deus vê que vivemos entretidos conosco mesmos e acomoda as comunicações de sua benevolência à medida de nossas expectativas. Ao especificar particularmente a *bondade do santuário*, o salmista faz uma menção implícita dos auxílios externos que Deus tem designado para levar-nos ao desfruto das bênçãos celestiais. Nos tempos mais antigos, Deus estendia diretamente do céu sua mão para suprir as necessidades de seus adoradores, mas achou conveniente satisfazer suas almas por meio da doutrina da lei, dos sacrifícios e de outros ritos e auxílios externos à piedade. Semelhantes são os meios que ele ainda emprega na Igreja; e ainda que não devamos descansar neles, tampouco devemos negligenciá-los.

5. Coisas terríveis[10] **com justiça nos responderás.** Ele continua sua ilustração, embora numa forma um tanto diferente, da mesma questão da bem-aventurança daqueles que são admitidos no templo de Deus e se nutrem em sua casa. Ele declara que Deus responderia a seu povo por meio de milagres ou sinais assustadores, em exibição de seu poder; como se quisesse dizer: nos livramentos extremamente espantosos, como os que operara em favor de seus pais quando saíram do Egito. Deus tem preservado sua Igreja de uma maneira comum ou ordinária, porém com terrível majestade. É bom que isso seja conhecido e que o povo de Deus aprenda a nutrir suas esperanças nas exigências mais aparentemente desesperadoras. O salmista fala dos livramentos de Deus como especialmente desfrutados pela nação judaica, mas acrescenta que ele era *a esperança dos confins da terra*, ainda das extremidades mais remotas do mundo. Daí se segue que a graça de Deus se destinava a estender-se aos gentios.

---

10 A palavra original para *coisas terríveis* "às vezes significa *coisas espantosas*, às vezes *coisas maravilhosas*, algo que excede em grandeza ou qualidade. No segundo sentido, o temos em Deuteronômio 10.21, ao falar de Deus, se diz: 'Ele é teu louvor e é teu Deus, aquele que fez para ti estas coisas grandes e terríveis' – *coisas grandes, excelentes, maravilhosas*; e aqueles atos de misericórdia, não de justiça ou castigo; e assim aqui parece ser este o significado, sendo associado a *responder-nos*, ou *conceder-nos em resposta às nossas orações* (portanto ענה, significa *responder a uma solicitação, ouvir uma oração*) e com *em justiça*, o que amiúde significa *misericórdia*. A Septuaginta, por conseguinte, traz θαυμαστὸς, *maravilhosas*." – *Hammond*.

6. Por sua força consolida os montes. À guisa de ilustração, ele exemplifica o poder de Deus visto na textura geral do mundo. Naqueles tempos, soava como uma verdade nova e estranha dizer que os gentios seriam chamados à mesma esperança com os judeus. Para provar que não era tão incrível como se dispunham a conceber, o salmista com muita propriedade chama a atenção para o poder divino a manifestar-se em todas as partes do mundo. Ele toma os montes em vez das planícies, porquanto as imensas massas de terra, e as rochas altaneiras que elas apresentam, comunicam uma idéia mais impressiva da Deidade. Os intérpretes não chegam a um acordo quanto ao significado exato do versículo que se segue. Alguns pensam que o símbolo de semelhança deve ser apresentado antes da primeira palavra da frase, e que se pretende dizer que Deus apazigua os tumultos dos homens quando se enfurecem em suas insolentes tentativas, assim como ele apazigua as agitações dos oceanos. Outros entendem a primeira parte do versículo como sendo uma declaração metafórica do que é claramente afirmado no final. Eu tomaria as palavras simplesmente como estão, e consideraria que no primeiro membro do versículo Davi chama a atenção para a ilustração do poder divino que se manifesta no mar; e, no segundo, à ilustração que temos em suas operações entre os homens. Sua força é demonstrada no ato de acalmar as ondas e as procelas tempestuosas dos oceanos. Ele também se manifesta em acalmar os tumultos que podem ser provocados pelo povo.

8. Também aqueles que habitam os confins da terra temerão seus sinais. Pelos *sinais* referidos é preciso, evidentemente, entender aqueles sinais e obras memoráveis do Senhor que dão a impressão de sua gloriosa mão. É verdade que os mais ínfimos e mais insignificantes objetos, quer nos céus quer na terra, até certo ponto refletem a glória de Deus; mas o nome mencionado enfaticamente se aplica a milagres, os quais proporcionam uma melhor exibição da majestade divina. Tão notáveis seriam as provas do favor de Deus em prol de sua Igreja se as mesmas, como o salmista aqui nos informa, arrancassem homenagem e espanto das mais distantes e bárbaras nações. Na última parte do versículo, se assumirmos a interpretação sugerida por alguns, nada mais se significa senão que, quando o sol desponta na alvorada, os homens são revigorados por sua luz; e também que, quando a luz e as estrelas aparecem à noite, são poupados da escuridão na qual, de outra forma, se veriam mergulhados. Caso esta interpretação seja adotada, deve-se subentender uma preposição; como se ele dissesse: Tu levas os homens ao regozijo *em razão do* ou *pelo* nascer do sol, da lua e das estrelas. As palavras, porém, como se acham dispostas, comunicam um sentido que é suficientemente apropriado sem a necessidade de recorrer-se a qualquer adição. Diz-se que, em conseqüência das maravilhas operadas pelo Senhor, o temor se espalha por todas as partes mais distantes da terra; e a mesma coisa é agora asseverada no tocante à alegria que as maravilhas do Senhor difundiriam: desde o nascer ao pôr-do-sol, os homens se alegram no Senhor e demonstram temê-lo.

[vv. 9-13]
Tu tens visitado a terra e a tens regado; tu a tens enriquecido grandemente; o rio de Deus está cheio de águas; tu lhes prepararás o trigo, quando a tiveres provido. Tu saturas seus sulcos, fazes a chuva cair neles; tu a umedeces com pancadas de chuva; abençoas suas novidades. Tu coroas o ano com tua bondade, e tuas veredas destilarão gordura. Destilam sobre as moradas[11] do deserto, e as colinas se cingirão de alegria.[12] As pastagens se vestem de rebanhos, os vales se cobrem de trigo; gritam de alegria, e também cantam.

9. Tu tens visitado a terra e a tens regado. Este e os verbos que se seguem denotam ação que continua indefinidamente, e portanto podem ser traduzidos no tempo presente. O significado exato do segundo verbo na frase tem sido pomo de controvérsia. Alguns o derivam

---

11 "Ou, pasturages." – *n.m.f.* "Ou, pastagens."
12 "Curiosamente, os cintos são ainda trabalhados ou bordados como o eram nos tempos antigos, sendo uma parte essencial de decoração oriental tanto para homens como para mulheres. É provavelmente em alusão a tais cintos suntuosos usados particularmente em ocasiões de alegria que o salmista aqui representa as colinas como que 'cingidas de alegria'". – *Mant.*

do verbo שׁוּק, *shuk*, no sentido de *desejar*; e é neste sentido que Deus visita a terra depois de se tornar seca e sedenta pela longa estiagem.[13] Outros o derivam do verbo שׁקה, *shakah*, significando *dar a beber*. Esta parece ser a interpretação mais provável – *Tu visitas a terra, regando-a*. Ela se acomoda melhor à conexão, pois segue-se: *tu a enriqueces fartamente*, expressão esta obviamente adicionada à guisa de ampliação. Quer o salmista fale só da Judéia, quer do mundo conjuntamente, é um ponto acerca do qual têm-se sustentado diferentes opiniões. Eu mesmo inclino-me a pensar que, embora o que ele diz se aplique à terra em termos gerais, sua referência mais especificamente é à Judéia, como a primeira parte do Salmo se ocupa, relatando a bondade de Deus mais especialmente para com sua própria Igreja. Este ponto de vista é confirmado pelo que se adiciona: *o manancial ou rio de Deus está cheio de água*. Alguns tomam o *rio de Deus* no sentido de um rio maior ou mais volumoso,[14] mas tal tradução é abrupta e muito tacanha; e, nesse pressuposto, *rios*, no plural, teria sido a forma de expressão usada. Considero que ele destaca o pequeno ribeiro de Siloah[15] e o põe em oposição aos rios naturais que enriquecem outros países, tendo em mente uma alusão à palavra de Moisés [Dt 11.10], de que a terra que o Senhor seu Deus daria a seu povo não seria como a terra do Egito, fertilizada pelas inundações do Nilo, mas uma terra regada pelas chuvas do céu. Ou podemos presumir que ele chame metaforicamente a própria chuva de *o rio de Deus*.[16] As palavras devem, em qualquer caso,

---

13 Este é o sentido preferido por Aben Ezra e Kimchi. *Tu tens visitado com misericórdia;* isto é, abençoado a terra, *depois de a tornares seca ou sedenta; tu a tens (ou a fizeste) enriquecido grandemente*; isto é, o mesmo Deus que tem castigado e provocado sede, novamente voltou com misericórdia, enriquecendo a terra e restaurando-lhe a fartura. Assim se deu depois de três anos de fome, como registrado em 2 Samuel 21.1. Mas as versões Septuaginta, Arábica, Caldaica e Siríaca interpretam as palavras no sentido de *regar*.

14 Alguns pensam que a referência é ao transbordar do Jordão depois de longo estio.

15 Este rio corria por Jerusalém, a cidade de Deus. O bispo Hare, seguindo Simeão de Muis, é de opinião que este é o rio pretendido.

16 "*O manancial de Deus*; isto é, copiosa chuva, segundo o idioma oriental." – *Dr. Geddes*. E sem pressupor este hebraísmo, os tesouros de água que descem das nuvens podem, com grande beleza poética, ser denominados *o rio de Deus*. Ele os junta ali pelo maravilhoso processo de evaporação, e os derrama. Estão inteiramente em suas mãos e absolutamente fora do controle

restringir-se à Judéia, quando por *as pastagens* ou *moradas do deserto* temos também que entender as regiões mais secas e incultiváveis, chamadas na Escritura "lugares altos". Mas embora seja a bondade de Deus para com seu próprio povo o que aqui é mais particularmente celebrado como sendo melhor conhecido, somos obrigados, em qualquer parte do mundo em que vivemos, a reconhecer as riquezas da bondade divina visualizadas na fertilidade e desenvolvimento da terra. Não é de si mesma que ela produz tão inexaurível variedade de frutos, mas tão-somente enquanto for adaptada por Deus a produzir o alimento do homem. Conseqüentemente, há certa propriedade e força na forma de expressão usada pelo salmista quando adiciona que *se provê trigo para o homem, porquanto a terra tem sido assim preparada por Deus*;[17] significando que a razão para tal abundância com a qual a terra está cheia é por ter sido expressamente formada por Deus em seu cuidado paternal para com a grande família humana, em suprir as necessidades de seus filhos.

10. Tu saturas seus sulcos. Há quem tome o verbo no modo optativo e construa as palavras como uma oração. Mas não pode haver a menor dúvida de que Davi continua ainda a expressar-se em ações de graças, e louva a Deus por umedecer e saturar a terra com chuvas que a torne apropriada à produção de fruto. Com isto ele quer nos dizer que toda a ordem das coisas na natureza revela o amor paternal

---

humano. "As chaves das nuvens", dizem os judeus, "são peculiarmente guardadas nas mãos divinas, como as chaves da vida e da ressurreição." Ele pode empregá-las como os instrumentos de sua misericórdia, derramando delas sobre a terra copiosos e revigorantes chuviscos, com o fim de promover vegetação e produzir estações frutíferas; e pode também convertê-las, quando lhe apraz, em instrumentos de juízo, ou retendo-as ou derramando-as em chuvas torrenciais, como fez no dilúvio, e quando a ceifa vira um montão seco no dia da tristeza e do desespero (Is 17.11). Horsley, em vez de פלג, *peleg*, no singular, propõe a redação com, פלגות, *pelagoth*, no plural, e traduz assim: "Deus é aquele que enche os ribeiros com água." "A palavra פלג", diz ele, "como observa o arcebispo Secker, é mui raramente usada como um substantivo no singular. Mr. Bates, aliás, a toma como substantivo no Salmo 55.9; sua interpretação do texto, porém, é muito duvidosa. No plural ela nunca significa grandes rios, mas pequenos córregos e ribeiros. Temos a autoridade da Siríaca para a redação no plural."

17 Na Septuaginta, a última cláusula se lê: "Ὅτι οὕτως ἡ ἑτοιμασία", "Porque assim é a preparação"; isto é, a terra foi assim preparada. Na Siríaca, temos: "Quando tu a fundaste ou estabeleceste"; e na Caldaica: "Visto que assim a fundaste".

de Deus, em ele condescender-se a velar pela nossa subsistência diária. Ele multiplica suas expressões ao falar de uma parte da divina benevolência, da qual muitos têm perversa e impiamente feito pouco caso. Pareceria como se, por mais perspicácia os homens tenham em sua observação das causas secundárias na natureza, descansassem nelas com a máxima determinação, em vez de, por elas, ascenderem a Deus. A filosofia deveria guiar-nos para cima, para ele, à medida que penetra os mistérios das obras divinas; isso, porém, é impedido pela corrupção e ingratidão de nossos corações; e visto que os homens se ensoberbecem em sua acuidade, isso fecha seus olhos para que não vejam em Deus a origem da chuva no ar e nos elementos, o que se faz necessário para despertar-nos do torpor da incredulidade.

11. Tu coroas o ano com tua bondade.[18] Alguns lêem assim: *Tu coroas o ano de tua bondade*; como se o salmista quisesse dizer que o ano fértil tivesse uma glória peculiar associada a si, e era coroado, por assim dizer, por Deus. Por isso, se havia uma safra ou vindima mais abundante do que a usual, esta seria a coroa do ano. E deve admitir-se que Deus não abençoa todos os anos da mesma forma. Não obstante, não existe sequer um que não seja coroado com alguma medida de excelência; e por essa razão seria melhor reter a tradução mais simples das palavras, e avaliá-las como significando que a divina benevolência se evidencia na recorrência anual da estação. O salmista detalha mais sua intenção, acrescentando: **as veredas de Deus destilam gordura** – usando isto como um termo metafórico para *as nuvens*, nas quais Deus cavalga, como em carruagens, segundo lemos no Salmo 104.3.[19] A terra

---

18 Este, dizem alguns, era provavelmente o ano ao qual se seguiram os três anos de fome, após a rebelião de Absalão.

19 Há quem imagine que em vez de *veredas* devemos traduzir *nuvens*; mas a primeira tradução é mais poética. A palavra original, מעגלך, *tuas veredas*, se deriva de עגל, *circundar, circular, aplainar*, visto que *veredas* se fazem por *rodas de carro circulando sucessivamente* nelas. Por conseguinte, Horsley a traduz assim: "as rodas de tuas carruagens", e French e Skinner: "os traçados das rodas de tuas carruagens". Deus é aqui representado como a circular pela terra, e lá das *nuvens*, as *veredas* de sua carruagem, por toda parte espalhando bênçãos sobre a humanidade. Este é um exemplo da forte e sublime imagem pela qual a poesia hebraica é tão notavelmente distinguida. Deus é por toda parte descrito como a cavalgar as nuvens durante uma borrasca de chuva ou

deriva sua frutificação da seiva ou da umidade; esta vem da chuva, e a chuva, das nuvens. Com uma singular graciosidade de expressão, estas são, pois, representadas como a gotejar gordura, e isso porque elas são as veredas ou veículos de Deus; como se o salmista quisesse dizer: sempre que a Deidade passava, ali fluía de seus pés frutos de infindável variedade e abundância. Ele amplia a benevolência divina, acrescentando que sua gordura goteja mesmo nas regiões mais selvagens e incultiváveis. *Deserto* não deve ser tomado aqui como sendo a absoluta esterilidade onde nada vegeta, mas como sendo lugares que não são bem cultiváveis, onde há poucos habitantes e onde, não obstante, a divina bondade é ainda mais exemplificada do que onde se destila gordura nos cumes dos montanhas.[20] Em seguida se devem observar *os vales* e planícies, com o fim de mostrar que não existe parte alguma da terra negligenciada por Deus, e que as riquezas de sua liberalidade se estendem por todo o mundo. A variedade de sua manifestação é realçada quando se acrescenta que *os vales* e terras mais pobres *são vestidos com rebanhos*[21] e com trigos. Ele representa as coisas inanimadas como a regozijar-se, o que em certo sentido se pode dizer delas o que falamos dos campos sorrindo quando enchem nossos olhos com sua beleza. Pode parecer estranho que ele primeiro nos diga que *gritam de alegria*, para depois acrescentar uma expressão mais fraca, dizendo que *cantam*; interpondo também a partícula de intensidade, אף, *aph*, *gritam de alegria*, **sim**, *também cantam*. O verbo,

---

trovão (Sl 18.9, 10, 11). Alguns lêem assim: "tuas órbitas", e entendem como sendo todas as estações circulantes do ano, como governadas pela trajetória dos corpos celestes.

20 "Por deserto", observa Dr. Shaw, "o leitor nem sempre deve entender como sendo um campo totalmente estéril e infrutífero, mas que é raramente semeado ou cultivado; o qual, ainda que não produza safras de trigo ou frutas, todavia produz pastagem, mais ou menos, para o alimento do gado, com fontes ou riachos de água, ainda que mais escassamente entremeado do que em outros lugares."

21 A frase, "as pastagens são vestidas com rebanhos", não pode ser considerada como uma linguagem vulgar da poesia. Ela parece peculiarmente bela e apropriada, ao considerarmos os numerosos rebanhos que branqueiam as planícies da Síria e Canaã. Nos países orientais, as ovelhas são muito mais prolíferas do que entre nós, e derivam seu nome de sua grande proliferação; produzindo, como se diz que fazem, "aos milhares e milhares em suas ruas" (Sl 144.13). Portanto, não formavam uma pequena parte da riqueza do Oriente.

contudo, admite ser tomado no tempo futuro, *cantarão*, e isso denota uma continuidade na alegria, dizendo que se regozijariam não apenas um só ano, mas através de infindáveis sucessões de tempo. Eu acrescentaria, o que é bem notório, que no hebraico a ordem de expressão é amiúde invertida nesta ordem.

Salmo 66

É possível que houvera um livramento em particular, o qual o salmista celebra aqui em nome da Igreja; ele, porém, inclui as muitas e variadas misericórdias que Deus continuamente conferia a seu povo eleito. Enquanto toma nota da divina interferência em seu favor, numa crise de grande comoção e angústia, o salmista sugere como matéria de conforto na provação que sua sujeição à tirania de seus inimigos se destinava a prová-lo como a prata na fornalha. No término ele se digna falar de si próprio individualmente, e acresce como prova de sua integridade que Deus o ouvira, porquanto Deus não admite aceitar os ímpios.

Ao regente de música, cântico de um Salmo.[1]

[vv. 1-4]
Aclamai a Deus, toda a terra. Cantai a honra de seu nome; fazei glorioso seu louvor.[2] Dizei a Deus: Quão terrível és tu em tuas obras! Na grandeza de teu poder teus inimigos se renderão [ou fingirão submissão] a ti. Toda a terra te adorará; todos cantarão a ti; cantarão ao teu nome. Selah.

1. Aclamai a Deus, toda a terra. O Salmo começa com esta declaração geral, a qual mais adiante é reduzida a [declarações]

---

1 "Este Salmo é anônimo; tampouco podemos, com certeza, determinar a que tempo ele se relaciona. Venema o coloca no reinado de Ezequias, e supõe que o mesmo celebra o livramento que foi efetuado pela destruição do exército de Senaqueribe. Rudinger é de opinião que ele celebra a abertura do templo sagrado, depois do regresso de Babilônia. Seria mais próprio dizer que não temos nada de concreto, senão conjetura a oferecer sobre este tema; contudo a mim me parece que a segunda destas opiniões é a mais provável." – Walford.

2 "Ou, mettez gloire a sa louange." – *n.m.f.* "Ou, imprimi glória ao seu louvor."

particulares.³ Ele dirige seu discurso ao mundo inteiro, e à luz deste fato parece evidente que ele vaticina a extensão a que o reino de Deus alcançaria na vinda de Cristo. No segundo versículo, o apelo se repete com crescente veemência visando a estimular os louvores divinos, do contrário poderia haver negligência na devoção. **Cantar a honra de seu nome** é uma expressão suficientemente óbvia; significando que devemos enaltecer seu sacro nome de uma maneira condizente com sua dignidade, de modo que ele [seu nome] receba sua devida e merecida adoração. A cláusula que se segue, porém, é bastante ambígua. Há quem pense que ela comunica uma repetição da mesma idéia contida noutras palavras, e podemos ler [a frase] assim: *anunciai a glória de seu louvor*. Prefiro tomar a palavra hebraica que significa *louvor* e deixá-la no caso acusativo, e traduzir as palavras literalmente assim: *fazei seu louvor uma glória*. E com isso o entendo como querendo dizer, não como alguns fazem, que devemos gloriar-nos exclusivamente em seus louvores,⁴ mas simplesmente que exaltemos sublimemente seus louvores, a fim de que os mesmos sejam gloriosos. O salmista não fica satisfeito que os declaremos moderadamente, e insiste em que celebremos a munificência divina, até certo ponto, proporcionalmente à sua excelência.

3. Dizei a Deus: Quão terrível és tu em tuas obras! Aqui ele continua apresentando as razões por que quer que louvemos a Deus. Muitos contentam-se com insipidamente cantar a outrem os louvores divinos; mas, com o intuito de despertar e causar a mais funda impressão em nossos corações, ele nos leva a dirigirmo-nos imediatamente a Deus. É quando entabulamos conversação com ele privativamente, sem qualquer olho humano a fitar-nos, que sentimos a vacuidade da hipocrisia e somos capazes de pronunciar apenas aquilo que temos meditado bem e seriamente em nossos corações. Nada tende a produzir

---

3 "Generalis est praefatio, quam mox sequentur hypotheses." – *v.l.* "C'est une preface generale, dont les applications speciales suivent incontinent apres." – *v.f.*
4 Este é o ponto de vista de Aben Ezras. Sua tradução seria esta: "Fazei seu louvor *vossa* glória"; isto é, que vossa glória seja louvá-lo.

mais a devida reverência a Deus do que quando nos sentamos em sua presença. O que o salmista acrescenta se adequa e se destina a produzir o mesmo sentimento: **Na grandeza de teu poder teus inimigos se renderão [ou fingirão submissão] a ti**. Se os que perversa e obstinadamente se revoltam contra seu serviço, vendo-se forçados a humilhar-se diante dele, quer espontaneamente ou não, quanto mais, pois, devem seus próprios filhos servi-lo, os quais são solicitados à sua presença, pelas tônicas de ternura, em vez serem reduzidos a sujeição pelo terror! Há um contraste implícito delineado entre a homenagem voluntária que rendem, quando atraídos pelas doces influências da graça, e aquela escrava obediência que é arrancada relutantemente dos incrédulos. A palavra hebraica aqui usada para *render* significa render uma submissão tal que produz constrangimento, não aquela que é livre e cordial, como no Salmo 18.45. Nem as palavras nem o escopo favorecem os outros sentidos que se têm sugerido, como se seus inimigos reconhecessem ter-se ludibriado em suas esperanças, ou que negassem ter sempre nutrido hostilidades contra ele. Há muitas maneiras nas quais os hipócritas *se rendem*, nada mais, porém, estava na mente do salmista aqui, senão que o poder de Deus é tal que os obriga a uma relutante sujeição.

4. Toda a terra te adorará. O salmista tinha boas razões para insistir sobre este único ponto vezes e mais vezes. Ainda que todas as línguas entoassem os louvores de Deus, jamais poderiam adequadamente fazer justiça à sua grandeza; e no entanto tal é a negligência e a perversidade dos homens, que raramente fazem soar uma única e débil nota em celebração de um tema que deveria manter unidas suas forças e faculdades. Temos ainda aqui outra predição de que viria um tempo em que Deus seria adorado, não só pelos judeus, pequena facção da família humana, mas por todas as nações que eventualmente seriam mantidas sob seu governo. Não devemos considerar que sua referência seja a um culto oriundo do constrangimento, e somente não sonegado porque sua resistência constituiria um grande risco, mas àquela sincera homenagem do coração – **cantarão a ti, cantarão ao**

teu nome. O louvor é o melhor de todos os sacrifícios (segundo somos informados no Salmo 1.14, 23), e a genuína evidência de piedade.[5]

[vv. 5-9]
Vinde e vede as obras de Deus; ele é terrível em seus feitos para com os filhos dos homens. Ele converteu o mar em terra seca; eles passaram pelo mar a pé; ali nos regozijamos nele. Ele governa o mundo por meio de seu poder; seus olhos contemplam as nações; os rebeldes[6] não se exaltarão. Bendizei, ó povos, ao nosso Deus,[7] e ressoai a voz de seu louvor. Ao que sustenta com vida nossa alma, e não consente que nossos pés resvalem.

5. Vinde e vede as obras de Deus. Uma censura indireta transcorre aqui no sentido em que a desconsideração quase universal leva os homens a negligenciarem os louvores de Deus. Por que é que tão cegamente olvidam as operações de sua mão, senão justamente porque nunca dirigem seriamente sua atenção para elas? Precisamos ser despertados para este tema. As palavras que se acham diante de nós podem receber alguma luz provinda da passagem paralela no Salmo 46.8. Mas o grande escopo delas é este: o salmista retrai os homens das buscas vãs ou positivamente pecaminosas nas quais se acham engajados, e dirige seus pensamentos para as obras de Deus. Ele os exorta no tocante a este fator, repreendendo sua hesitação e negligência. A expressão, *Vinde e vede*, notifica que o que cegamente olvidavam estava exposto à observação; porquanto, caso fosse algo à parte das obras de Deus, esta linguagem não teria sentido algum. Em seguida ele realça que essas obras de Deus são aquelas para as quais nossa atenção deve dirigir-se; em termos gerais, sua intenção é que olhemos bem para o método pelo qual Deus governa a família humana. Esse gênero experimental ou prático de conhecimento, se assim o podemos chamar, é algo que causa a mais profunda

---

5 "Est enim hoc praecipuum laudis sacrificium, ut habetur, Salmo 50.14, 23, ac verum etiam testimonium pietatis." – *v.l.* "Car c'est le principal sacrifice, que le sacrifice de louange, etc., et aussi le vray tesmoignage de pieté." – *v.f.*
6 *Defectores*. – *v.l. Apostats*. – *v.f.* A palavra original é הסוררים, *hassorerim*, de סור, *sur, desviar-se*.
7 "Sobre isto observa Teodoreto que, quando os homens bendizem a Deus, lhe oferecem apenas palavras; mas quando Deus abençoa o homem, não o faz apenas com palavras, mas com atos; uma abundância de boas coisas acompanhando sempre a bênção." – *Cresswell*.

impressão.⁸ Descobrimos, por conseguinte, que Paulo [At 17.27], depois de falar do poder de Deus, em termos gerais, faz seu tema relacionar-se com este único ponto em particular e nos convoca a humilharmo-nos, caso queiramos descobrir as provas de um Deus presente. Eu não interpretaria a última cláusula do quinto versículo como fazem alguns, no sentido em que Deus era *terrível acima dos filhos dos homens* – superior a eles em majestade –, mas, ao contrário disto, que ele é *terrível em relação a eles*, evidenciando uma extraordinária providência na defesa e preservação deles, como já observamos no Salmo 40.5. Portanto, os homens não mais necessitam de olhar para algo além de si mesmos a fim de descobrirem as mais preciosas razões para reverenciarem e temerem a Deus. O salmista a seguir passa imediatamente do ponto mais geral da providência divina em favor do gênero humano para o cuidado especial de Deus sobre sua própria Igreja, chamando a atenção para o que ele fizera pela redenção de seu próprio povo eleito. O que ele declara aqui deve ser considerado não mais que uma ilustração dentre muitas que poderia lançar mão, tencionando lembrar ao povo de Deus a infinita variedade de benefícios com os quais seguira e se confirmara seu primeiro e grande livramento. Isto parece óbvio à luz do que ele acresce: **ali nos regozijamos nele**. Seria impossível que a alegria daquele livramento se estendesse a ele ou a quaisquer de seus descendentes dos antigos israelitas, a menos que houvesse participado da natureza de um penhor e ilustração do amor de Deus por sua Igreja de modo geral. Naquele evento ele demonstrou ser o eterno Salvador de seu povo; de sorte que o mesmo evento se tornou uma fonte comum de alegria a todos os justos.

7. Ele governa o mundo mediante seu poder. A palavra hebraica, עולם, *olam*, a qual traduzi por *o mundo*, ocasionalmente significa *uma era* ou *eternidade*;⁹ o primeiro sentido, porém, parece estar em melhor

---

8 "Haec enim experimentalis (ut ita loquar) noticia magis afficit." – *v.l.* "Car ceste cognoissance d'experience et de prattique esmeut d'avantage." – *v.f.*

9 Nossas versões, em geral, traduzem a palavra neste último sentido. Hammond, com Calvino, prefere a redação "sobre o mundo". "Não há dúvida de que עולם", diz ele, αἰών, como nossa palavra *era*, significa não apenas *tempo* e *duração*, mas também os homens que vivem em algum época. E então עולם מושל, se deve aqui mais apropriadamente traduzir *governando o mundo* ou

harmonia com o contexto, e sendo o significado das palavras que Deus é investido do poder necessário para exercer o governo do mundo. O que se segue concorda com isso: **seus olhos contemplam as nações.** Sob o regime da lei, a Judéia foi a própria sede de seu reino; mas sua providência sempre se estendeu ao mundo de forma abrangente; e o especial favor demonstrado à posteridade de Abraão, em consideração do pacto, não o impediu de estender seus olhos de providencial consideração para as nações circunvizinhas. Como evidência de seu cuidado que alcança os diferentes países em redor, ele observa os juízos que Deus executava sobre os maus e os ímpios. Observa ainda que nenhuma parte da família humana fora ignorada por Deus, fazendo referência ao fato do castigo infligido sobre os malfeitores. É possível que haja muito na divina administração do mundo que nos leve a perplexas conclusões; mas há sempre alguns sinais de seus juízos que podem ser vistos, e estes são suficientemente claros para abrir os olhos a um observador crítico e atento.

8. Bendizei, ó povos, ao nosso Deus! Embora convoque a todos, sem exceção, a que louvassem a Deus, sua referência é particularmente a certas interferências divinas em favor da Igreja. Tudo indica que ele aqui está a sugerir que os gentios se destinavam, num período futuro, a participar do favor agora exclusivamente desfrutado pelo povo eleito de Deus. Entrementes, ele lembra-lhes da magistral e memorável natureza do livramento concedido, convocando-os a divulgar amplamente a fama do mesmo. Ainda que fale do povo hebreu como tendo sido *trazido de volta à vida* (expressão esta tencionada a denotar livramento de um tipo mais que ordinário), isto significa que haviam sido preservados de perigo iminente, mais que recuperados de uma calamidade que realmente lhes sucedera. Diz-se que *não se permitiu que seus pés resvalassem*, o que implica que, através de oportuno socorro

---

sobre o mundo; e assim a Caldaica certamente entendia, a qual traduz: 'que exerce domínio sobre o mundo'; e assim presumo que a LXX, ao redigir, 'δεσπόξουτι τοῦ ἀιῶνος', 'tendo domínio sobre o mundo', teve a idéia." A Vulgata, neste caso, não seguindo a Septuaginta, traz: "in aeternum", "para sempre, eternamente".

que haviam recebido, não chegaram a cair, mas ficaram de pé e firmes. O salmista, contudo, não aproveita o ensejo para subestimar o mal que havia sido antecipado e revertido. Uma vez que fora preservado a salvo mediante a intervenção da bondade divina, ele fala disto como equivalente a haver sido trazido de volta ou restaurado à vida.

> [vv. 10-12]
> Porque tu, ó Deus, nos tens provado; nos tens purificado como se purifica a prata. Tu nos trouxeste à rede; tu impuseste restrições aos nossos lombos. Tu fizeste que o homem cavalgasse sobre nossas cabeças;[10] temos passado pelo fogo e pela água, e nos trouxeste a um lugar frutífero.[11]

10. Porque tu, ó Deus, nos tens provado. Podemos ler: *Ainda que tu, ó Deus*, etc., e assim a passagem viria a ser uma qualificação do que vem antes, e é apresentado pelo salmista para realçar a bondade de Deus que os livrara de calamidades tão prementes. Mas há outro objetivo que considero tinha o salmista em vista, o qual consiste no alívio da tristeza do povo de Deus, pondo diante deles o conforto sugerido pelas palavras que se seguem. Ao sermos visitados por alguma aflição, é de grande importância que a consideremos como vinda de Deus e como expressamente destinada ao nosso bem. É em referência a isso que o salmista fala de haver sido *provado e purificado*. Ao mesmo tempo, enquanto chama a atenção para o fato de Deus purificar seus filhos com vistas a expurgá-los de seus pecados, como a escória, pelo fogo, é expelida da prata, ele notifica também que a provação resultara em sua paciência. A figura implica que sua provação fora severa; pois prata é repetidas vezes posta na fornalha. Expressam-se gratos a Deus pelo fato de que, embora provados com aflição, não foram destruídos

---

10 *Cavalgar sobre* significa *insultar* ou *tiranizar*. Aqui, porém, é possível que a imagem tenha sido extraída do pisotear dos cavalos no dia de batalha. A cavalaria, no campo de batalha, não tem a menor consideração pelos caídos, os moribundos e os mortos, senão que pisam promiscuamente sobre todos os que se acham em seu caminho. "Tu nos tens permitido", diz Dr. Adam Clarke, "cair sob o domínio de nossos inimigos, os quais nos lançaram ao pó como faz uma cavalaria com suas colunas em desordem, pisoteando a todos sob os pés de seus corcéis."

11 "In planitiem." – *v.l.* "En lieu plantureux." – *v.f.*

por ela; senão que sua aflição fora ao mesmo tempo variada e em extremo severa. Transparece não só à luz da metáfora, mas também de todo o contexto, que ele falava de haverem sido lançados na rede, sendo reduzidos a extrema necessidade, cavalgando os homens sobre suas cabeças e de serem compelidos por naufrágio e conflagração.[12] A expressão, **Tu impuseste restrições** [ou **cadeias**] **aos nossos lombos**, é introduzida como sendo mais estranha que aquela que vem antes. Não era uma rede de ameaça que haviam lançado sobre eles; ao contrário, os haviam preso com cruéis e invulneráveis grilhões. A expressão que se segue refere-se a homens que os tiranizavam ignominiosamente e os tratavam como reses. Pelos termos *fogo* e *água* ele tem em mente aflições complexas; e notifica que Deus havia experimentado seu povo com variadas formas de calamidade. São dois elementos que contribuem mais que qualquer outro para manter a vida humana, mas são igualmente poderosos para sua destruição. É notável que o salmista fala de todas as crueldades pelas quais mui injustamente sofreram nas mãos de seus inimigos, como sendo a aplicação do castigo divino; e o povo do Senhor deve guardar-se de imaginar que Deus ignorava o que suportavam, ou que se distraía com outras coisas e não podia dar-lhes atenção. Em sua condição, como aqui descrita, temos o fato de que a Igreja geralmente nos representava, ou seja, que quando ela se sujeitava a vicissitudes, e era lançada no fogo e na água, mediante uma sucessão de provações, podemos pelo menos sentir que não havia nada novo e estranho no fato de sermos golpeados com terrível expectativa. A palavra hebraica, רויה, *revayah*, a qual traduzi por *lugares frutíferos*, significa literalmente *uma terra bem regada*. Aqui é tomada

---

[12] "Per naufragium et incendium transiisse." A versão francesa traz: "Par l'eau et par le feu"; mas é importante reter o original mais estreitamente, mantendo o que Calvino considerava ser o sentido das palavras no texto. Fogo e água, sendo um dos elementos o que consome e o outro o que sufoca, é uma expressão proverbial, significando, como nosso autor mais adiante afirma, extremo perigo e complicadas calamidades. "Quando passares pelas águas, estarei contigo; e quando pelos rios, eles não te submergirão; quando passares pelo fogo, não te queimarás, nem a chama arderá em ti" (Is 43.2). Vejam-se também Salmo 32.6; Ezequiel 16.6, 7; Números 31.23. Essas coisas são ditas como se alguém entrasse ou passasse pelo fogo, o qual permaneceria o mesmo, sem se queimar; e o qual, à semelhança dos metais, com isso só perderia suas escórias.

metaforicamente para uma condição de prosperidade, sendo o povo de Deus representado como que introduzido num lugar prazenteiro e fértil, onde há abundância de pastagem. A verdade comunicada consiste em que Deus, embora visite seus filhos com disciplinas temporárias de um caráter mui severo, por fim os coroará com alegria e prosperidade. É um equívoco supor que a alusão é inteiramente em serem eles estabelecidos na terra de Canaã,[13] pois o Salmo não faz mera referência às dificuldades que enfrentaram no deserto, mas a toda uma série de aflições a que foram sujeitos nos diferentes períodos de sua história.

[vv. 13-16]
Entrarei em tua casa com holocaustos; pagar-te-ei meus votos, os quais meus lábios pronunciaram e minha boca falou, quando eu estava em angústia. Oferecer-te-ei holocaustos gordurosos com incenso de carneiros;[14] trarei novilhos com cabritos. Selah. Vinde, ouvi, todos os que temem a Deus, e eu contarei o que ele fez por minha alma.

13. Entrarei em tua casa com holocaustos. Até aqui o salmista falou em nome do povo como um todo. Agora enfaticamente dá vazão a seus próprios sentimentos pessoais, e convoca a todos a que, à luz de seu exemplo, se engajem individualmente nos exercícios da religião, sendo impossível que houvesse algum consenso geral e sincero, a menos que cada um se engajasse seriamente no exercício de ações de graças por si e pelos demais. Somos ensinados que, quando Deus, em qualquer tempo, nos socorre em nossa

---

[13] Cresswell adota este ponto de vista. Sua nota sobre o lugar é: "'*Num* lugar de riquezas', literalmente, *numa* região irrigada (como em Jz 1.15), isto é, num campo fértil, numa terra de abundância, a terra prometida. Com. Êxodo 3.8."

[14] Aqui Calvino, bem como nossa Bíblia inglesa, associa *incenso* com *carneiros*, evidentemente no sentido de incenso, oferta queimada, a fumaça produzida pelo sacrifício. A queima de incenso, porém, era uma oferta distinta daquela de sacrifícios de animais; e por isso muitos críticos lêem o versículo de modo a fazer do *incenso* uma oferta distinta. Por isso Horsley, alterando a pontuação, traduz assim:
"Oferecer-te-ei ofertas gordurosas com incenso;
Sacrificarei carneiros, novilhos e cabritos adultos."
Isto, cremos nós, fornece um ponto de vista mais condizente da passagem. Pode observar-se aqui que aos hebreus não se permitia sacrificar outros animais além daqueles tipos, carneiros, novilhos e cabritos.

adversidade, cometemos injustiça contra seu nome se porventura esquecermos de celebrar nossos livramentos com solenes reconhecimentos. Do que mais se fala nesta passagem é de ações de graças. O salmista fala de votos sendo por ele feitos em sua aflição, e eles evidenciavam a constância de sua fé. A exortação do apóstolo Tiago [5.13] é digna de nossa especial observação: "Está alguém entre vós aflito? Então que ore. Está alguém alegre? Então que cante salmos." Quantos há que esbanjam seus louvores hipócritas com Deus com o intuito de granjear sua boa fortuna, enquanto que logo seu fervor é reduzido a total desânimo ou se entregam à violência proveniente do mau humor e impaciência. A melhor evidência da genuína piedade é quando anelamos por Deus sob a pressão de nossas aflições, e mostramos, mediante nossas orações, uma santa perseverança na fé e na paciência; enquanto a seguir damos vazão à nossa gratidão. As palavras, **os quais meus lábios pronunciaram**, não são uma adição sem sentido, mas implica que ele jamais permitira ser dominado de tal forma pela tristeza que não pudesse apresentar seus desejos na expressa forma de petição, declarando que buscara segurança nas mãos divinas. Sobre a questão de votos, posso apenas bem resumidamente observar o que já foi apresentado em maior extensão noutra parte. Primeiro, os santos pais jamais votaram algo a Deus senão o que sabiam estar sancionado pela aprovação divina. Segundo, seu único objetivo em fazer votos era evidenciar sua gratidão. Os papistas, pois, não encontrarão endosso no exemplo dos pais para os temerários e ímpios votos que praticam. Impõem a Deus tudo quanto por acaso vem a seus lábios; o fim que propõem a si próprios é o mais remoto de todos; e com satânica presunção se comprometem em coisas que não lhes são permitidas.

15. Oferecer-te-ei holocaustos gordurosos. Devemos presumir que quem fala é ou Davi ou um dos homens mais considerados da nação, pois ninguém, em circunstâncias mais humildes, teria oferecido ricos sacrifícios desse gênero. É bem provável que Davi fosse o autor do Salmo, e aqui ele expressa sua intenção para mostrar principesca liberalidade em suas ofertas. A razão pela qual Deus ordenara que se oferecessem vítimas como expressão de ações de graças foi, como é bem notório, para ensinar ao povo que seus louvores eram contaminados pelo pecado, e que necessitavam de ser santificados exteriormente. Por mais que proponhamos a nós mesmos louvar o nome de Deus, outra coisa não fazemos senão profaná-lo com nossos lábios impuros, não houvera Cristo se oferecido em sacrifício com o propósito de santificar a nós e às nossas atividades sagradas [Hb 10.7]. É através dele, como aprendemos do apóstolo, que nossos louvores são aceitos. O salmista, através da recomendação de seu holocausto, fala de seu incenso ou aroma suave; pois ainda que em si mesmos sejam vis e repugnantes, todavia dos carneiros e de outras vítimas, até onde eram figuras de Cristo, evolava-se para Deus um aroma suave.[15] Agora que as sombras da lei foram abolidas, a atenção se volta para o genuíno exercício espiritual. No que isso consiste, expõe-se mais claramente à nossa observação no versículo que se segue, onde o salmista nos diz que divulgaria amplamente a fama dos benefícios que recebera de Deus. Tal era o propósito designado, mesmo nas cerimônias externas sob o regime da lei, que fora do qual só podiam ser consideradas como uma exibição vazia [de conteúdo]. Era isso – o fato de que proclamavam os louvores da divina benevolência – que formava o próprio tempo dos sacrifícios, impedindo-os de se tornarem insípidos. Ao evocar, como faz, todos *os tementes do Senhor*, o salmista nos ensina que, se porventura sentimos devidamente a benevolência de Deus, então seremos inflamados com o desejo de publicá-la amplamente, para que outros também tenham sua fé e esperança confirmadas, porque é por esse meio que ouvem dela e se juntam a nós num só cântico de louvor. Ele não fala a ninguém mais senão aos que são tementes ao Senhor, porquanto somente eles poderiam apreciar o que ele tinha a dizer, e teria sido perda de tempo comunicá-lo aos hipócritas e ímpios.

---

15 "Le Prophete louë yei le perfum de son holocauste, combien qu'il n'en peust monter au ciel qu' une odeur puante et infecte: mais il faut noter que les beliers et autres bestes qu'on sacrifioit flairoyent bon devant Dieu, entant que c'estoyent figures de Iesus Christ." – *v.f.*

[vv. 17-20]
A ele clamei com minha boca,[16] e o tenho exaltado sob [ou com] minha língua. Se eu levar em conta a iniqüidade em meu coração, o Senhor não me ouvirá. Mas, na verdade Deus me tem ouvido; ele tem atendido à voz de minha oração. Bendito seja Deus, que não rejeitou minha oração, nem [desviou] de mim sua misericórdia.

17. A ele clamei com minha boca. O salmista prova que devia sua segurança à intervenção divina na circunstância em que ele orara, e em conseqüência ele sensivelmente experimentou sua benevolência. As respostas às orações servem em grau muitíssimo amplo para ilustrar a bondade divina e confirmar nossa fé nela. Ao dizer que clamou a Deus com sua *boca* e *língua*, estes são termos que denotam, como já vimos numa parte anterior do Salmo, a veemência e solicitude com que ele orava. Não houvera orado do recôndito de seu coração, e teria sido rejeitado; mas também faz menção da *língua* como emblema do ardor de suas súplicas. Há quem estupidamente imagine que, em razão do uso da expressão, *sob a língua*, o significado seja *de todo o coração*. Diz-se que as palavras fluem de debaixo da língua, porquanto são formadas pela fricção da língua, como na passagem: "o veneno das víboras está debaixo de seus lábios" [Sl 140.3]. O verbo *exaltar* notifica que não podemos honrar a Deus em nosso culto mais do que quando olhamos para ele a espera de livramento. Os papistas o lesam de uma parte primordial de sua glória, quando dirigem suas orações aos mortos ou às imagens, fazendo demasiado pouco caso da invocação do nome do Senhor.

O salmista, a seguir, estabelece a norma que deve ser praticada, desde que oremos adequa e aceitavelmente; guardando-nos contra aquele presunçoso exercício que ignora a necessidade de fé e compunção. Percebemos com que audácia os hipócritas e ímpios se associam

---

16 No original se omite o prefixo ב, *beth*, *com*, mas ele é evidentemente subentendido. A redação é simplesmente פי, *pi, minha boca*, para בפי, *bephi, com minha boca*. Não é incomum em hebraico a omissão de alguma palavra ou frase, a qual deve ser colocada pelo leitor a fim de completar a construção regular ou plena. E assim no Salmo 104.8, às palavras אגם-מים, *agam-maim, um poço de águas*, deve-se juntar a letra ל, *lamed*, ficando assim: לאגם, laägam, *num poço de águas*.

com o povo do Senhor, em aquiescência aos apelos gerais da palavra para que nos engajemos na oração. Com o fim de refrear este solene motejo, o salmista menciona a integridade de coração como fator indispensável. Estou cônscio de que as palavras podem ser consideradas como uma afirmação de sua própria retidão de conduta pessoal, como o encontramos amiúde advogando isto através de um apelo às provas visíveis e práticas de que Deus se manifestara em seu favor; mas seu objetivo primordial é evidentemente reforçar, pelo exemplo de seu próprio exercício, a propriedade comum de aproximar-se de Deus com um coração puro. Temos um texto bíblico paralelo em João 9.31: "Sabemos que Deus não ouve a pecadores." Em certo sentido, ele não ouve a ninguém senão a pecadores; pois todos nós devemos conformar à grande regra de recorrer a ele para a remissão de nossos pecados. Mas quando os crentes fazem uma franca confissão de culpa diante de Deus, com esse ato eles cessam de ser pecadores, porquanto Deus os perdoa em resposta às suas súplicas. Não devemos esquecer-nos das palavras de Paulo: "O Senhor conhece os que são seus, e qualquer que profere o nome de Cristo aparte-se da iniqüidade" [2Tm 2.19]. Além disso, *levar em conta a iniqüidade no coração* não significa ser cônscio de pecado – porquanto todo o povo do Senhor deve perceber seus pecados e entristecer-se à vista deles, e isso é mais louvável que condenável –, mas inclinar-se à prática da iniqüidade. Particularmente se refere ao *coração*, notificando que suas mãos não só estavam limpas, no sentido de estar inocente diante dos homens, mas que podia apelar para Deus como prova de sua integridade interior. Quando o coração não corresponde à conduta externa, e arquiteta algum mau intento secreto, os homens podem ser ludibriados com a mais bela aparência externa, mas a mesma constitui uma abominação aos olhos de Deus. O salmista afirma enfaticamente que suas orações haviam sido respondidas, e devemos extrair a inferência de que jamais seremos desapontados quando buscamos a Deus com sinceridade.

20. Bendito seja Deus que não rejeitou minha oração. Ele conclui o Salmo, como o começara, com ações de graças, e apresenta a razão de não haver ele experimentado a repulsa; ou, fazendo uso da expressão figurativa que ele emprega, de Deus não haver *rejeitado sua oração*. A razão é que Deus não desviara do salmista sua misericórdia. Porque é inteiramente de sua soberana graça ser ele propício e de nossas orações não serem completamente ineficientes.

Salmo 67

O presente Salmo contém uma oração que solicita uma bênção em prol da Igreja, para que ela, além de ser preservada em condição de segurança na Judéia, pudesse também estender-se numa extensão nova e sem precedente. Ele toca de leve no reino de Deus, o qual seria erigido no mundo durante a vinda de Cristo.[1]

Ao regente de música em Neginoth. Salmo ou cântico.

[vv. 1-7]
Seja Deus misericordioso para conosco e nos abençoe; e faça resplandecer seu rosto sobre nós. Selah.[2] Para que conheçam na terra o teu caminho, a tua salvação entre todas as nações. Louvem-te os povos, ó Deus, louvem-te os povos todos. Alegrem-se as nações, e gritem de júbilo; pois ele julgará com justiça os povos, e tu governarás as nações sobre a terra. Selah. Louvem-te, ó Deus, os povos, louvem-te os povos todos. A terra tem produzido seu fruto; e Deus, sim, nosso próprio Deus, nos abençoará. Deus nos abençoará,[3] e todos os confins da terra o temerão.

---

1 A opinião dos judeus antigos concorda com isso, os quais aplicam este Salmo aos *tempos futuros*, ao mundo por vir, aos dias do Messias. O tempo e ocasião específicos de sua composição só podem ser conjeturados. O bispo Patrick acredita que ele foi provavelmente composto por Davi quando, havendo levado a arca para Jerusalém, e oferecido sacrifícios, como prometido no Salmo anterior, versículo 15, ele abençoou o povo no nome do Senhor dos Exércitos (2Sm 6.17, 18). Horsley o vê como "um hino destinado à festa dos tabernáculos, um hino profético de uma conversão geral do mundo ao culto divino". Calmet é de opinião que a composição deste Salmo, bem como do precedente, foi posterior ao regresso dos judeus do cativeiro babilônico; e que a ocasião particular foi a restauração da fertilidade do solo após a prolongada seca e escassez registradas pelo profeta Ageu (1.10, 11; 2.17-19). Mas ainda que o tempo e ocasião específicos em que o Salmo foi escrito não possa ser determinado com certeza, ele evidentemente constitui uma oração a antiga Igreja em prol da manifestação do Messias e da universal difusão de seu evangelho.

2 Este versículo contém uma manifesta alusão às bênçãos que os sacerdotes tinham instrução de pronunciar sobre o povo de Israel (Nm 6.24-26).

3 *Deus, sim, nosso próprio Deus, nos abençoará, Deus nos abençoará.* Aqui uma vez mais há uma

1. Seja Deus misericordioso para conosco e nos abençoe. O Salmo contém uma predição do reino de Cristo, sob o qual o mundo inteiro seria adotado para uma privilegiada relação com Deus. O salmista, porém, começa orando pela bênção divina, particularmente em prol dos judeus. Eles eram o primogênito [Êx 4.22], e a bênção se destinava primordialmente a eles, e então a todas as nações circunvizinhas. Tenho usado o modo imperativo em todo o Salmo, justamente como outros tradutores têm feito, ainda que o tempo futuro, que é empregado no texto hebreu, se adeqüe perfeitamente bem, e a passagem pode ser entendida como sendo um encorajamento às mentes do povo de Deus, para que o mesmo confiasse no contínuo e progressivo favor divino. As palavras, contudo, são geralmente construídas na forma de uma oração, e eu simplesmente apresento isto à guisa de sugestão. Ao falar, como o salmista faz, dos que pertenciam à Igreja de Deus, e não dos que viviam fora dela, é notável como ele atribui todas as bênçãos que recebiam ao gracioso favor de Deus. E à luz deste fato podemos aprender que, até onde podemos chegar, devemos nossa felicidade, nosso sucesso e prosperidade inteiramente à mesma causa. Sendo este o caso, como será possível que alguém pense poder antecipar a bondade divina por seus próprios méritos? **A luz do rosto de Deus** pode ser uma referência, ou ao senso de seu amor derramado em nossos corações, ou à manifestação atual e externa dele; como, em contrapartida, se pode dizer que ele encobre seu rosto quando lança seus terrores em nossa consciência em virtude de nossos pecados, ou subtrai os sinais externos de seu favor.

2. Para que conheçam na terra o teu caminho. Temos aqui uma clara profecia da extensão da graça de Deus pela qual os gentios foram unidos num só corpo com a posteridade de Abraão. O salmista ora por uma prova evidente do favor que seria revelado a seu povo eleito com o fim de forçar os gentios a buscarem a participação na mesma bendita

---

clara alusão à fórmula de abençoar como em Números 6.24-26, onde o nome de Deus é, como aqui, repetido três vezes sucessivamente.

esperança.[4] Pelo termo, *caminho de Deus*, se quer dizer seu pacto, o qual é a fonte donde emana a salvação e pelo qual ele se manifestou no caráter de Pai a seu antigo povo, e mais tarde de uma forma muito mais clara no evangelho, quando o Espírito de adoção foi derramado em grande profusão.[5] Por conseguinte, nos deparamos com o próprio Cristo dizendo: "Esta é a vida eterna: que te conheçam como o único Deus verdadeiro" [Jo 17.3].

3. Louvem-te os povos, ó Deus! Havendo falado de todas as nações participando do conhecimento salvífico de Deus, ele passa a dizer-nos que elas proclamariam sua benevolência, e as compele ao exercício da gratidão. O emprego da reiteração claramente mostra, por si mesma, que ele está fazendo menção de um evento de um tipo novo e sem precedente. Houvera a alusão sido a alguma manifestação de seu favor como a ordinariamente feita aos judeus, e não haveria lançado mão da mesma veemência de expressão. Primeiro, ele diz: *Louvem-te os povos*; em seguida, acrescenta: *Louvem-te os povos todos*. Depois ele repete a exclamação mais uma vez. Mas ele faz uma menção oportuna entre o *júbilo* e a ocasião dele, visto ser impossível podermos louvar a Deus corretamente, a menos que nossas mentes estejam tranqüilas e sejam joviais; a menos que, como pessoas reconciliadas com Deus, sejamos animados com a esperança de salvação, e "a paz de Deus que excede a todo e qualquer entendimento" reine em nossos corações [Fp 4.7]. A causa assinalada para a alegria por si só aponta claramente para o evento da vocação dos gentios. A referência não é àquele governo de Deus que em sua natureza é geral, mas àquela jurisdição especial e espiritual que ele exerce sobre a Igreja, na qual não se pode dizer propriamente que ele governa de outra maneira senão quando ele tem

---

4 "A fin que par la clarté d'icelle les Gentils soyent amenez à la participation de la mesme esperance." – *v.f.*

5 "A petição aqui oferecida é para que o evangelho de Deus, o 'caminho' de Deus, fosse universalmente difundido – oração esta que ainda não se concretizou, mas que caminha para sua consolidação. A menção de nações e povos é para que a todos eles se notifique que o tempo, o qual é o objeto da súplica, é o tempo em que Deus não mais será o Deus dos judeus, mas igualmente dos gentios." – *Walford*.

a Igreja congregada sob sua égide por meio da doutrina de sua lei. A palavra *justiça* é inserida em enaltecimento de seu governo. Linguagem quase idêntica é usada por Isaías e Miquéias, quando falam dos tempos em que a palavra da salvação seria difundida por toda a terra [Is 11.4; Mq 4.3].

6. A terra tem produzido seu fruto. Havendo mencionado o principal ato do favor divino, observam-se em seguida as bênçãos temporais que Deus confere a seus filhos, de tal modo que nada mais se faz necessário à consolidação de sua felicidade. E aqui se deve lembrar que todo benefício que Deus concedera a seu antigo povo foi, por assim dizer, uma luz mantida diante dos olhos do mundo com o intuito de atrair a atenção das nações para ele. À luz deste fato, o salmista argumenta, dizendo que Deus supriria liberalmente as necessidades de seu povo, aumentando, em conseqüência, o temor de seu nome, uma vez que todos os confins da terra, observando a importância que Deus dá a seu próprio, se submeteria com mais disposição e expansividade ao seu governo.

Salmo 68

Era o propósito de Davi, neste Salmo, celebrar as vitórias que, por intermédio das bênçãos divinas, granjeara sobre seus inimigos;[1] nos versículos iniciais, porém, ele enaltece o poder e munificência de Deus em termos gerais, como vistos no governo do mundo como um todo. Disto ele passa à consideração do que Deus fizera ao redimir seu povo eleito, e das contínuas provas do paternal cuidado que ele manifestara à posteridade de Abraão. Ele, pois, prossegue em direção ao tema

---

1 Quanto ao tempo e ocasião da composição deste Salmo, a maioria dos intérpretes situa-a durante a trasladação da arca da casa de Obede-Edom para o Monte Sião, e com isso a grande parte dele indubitavelmente se harmoniza. Outros críticos, porém, como Drs. Geddes, Boothroyd e Morrison, pensam (e a opinião de Calvino parece ser a mesma) que ele foi escrito depois de alguma grande vitória; provavelmente depois da magistral vitória sobre os amonitas e sírios, quando a arca foi reconduzida com triunfo a Jerusalém [1Cr 19.10-19]. Que a arca acompanhou o exército nessas guerras, descobrimos à luz das palavras de Urias a Davi, em 2 Samuel 11.11, comparado com 12.31. Visto que muita coisa sob essa dispensação era típica e profética, é muito natural considerar a forma triunfante na qual a arca subiu o santo monte, como um emblema da mais triunfante e gloriosa ascensão do Senhor Jesus Cristo (de quem a arca e o tabernáculo, e bem assim o próprio templo, eram todos figuras) aos mais altos céus, depois de haver vencido os inimigos seus e de seu povo; e nesta aplicação o versículo 18 deste Salmo é citado pelo apóstolo Paulo [Ef 4.8, 9].

Esta composição inspirada, ainda que em extremo sublime e bela, é universalmente reconhecida pelos críticos como sendo de dificílima interpretação. Dr. Adam Clarke declara que ele é "o mais difícil Salmo de todo o Saltério"; e, depois de citar as palavras de Simão de Muis – o qual observa que "não há como denominar impropriamente a tortura dos críticos e a abordagem dos comentaristas" –, diz ele: "Há costumes aqui referidos que não consigo compreender plenamente; há palavras cujo significado não posso, para minha própria satisfação, apreender; e alusões que são-me inexplicáveis. Todavia, da composição em si mesma tenho a mais elevada opinião: é sublime além de toda comparação; é construída com uma arte verdadeiramente admirável; possui toda a dignidade da linguagem sacra; ninguém, senão Davi, poderia tê-la composto; e, neste lapso de tempo, não requereria pequena porção da influência do Espírito, o qual estava sobre ele para imprimir sua genuína interpretação."

que tinha mais especificamente em vista, dando-lhe mais extensão e em termos da mais exaltada natureza; louvando a magistral exibição do poder divino que ele, bem como toda a nação com ele, haviam experimentado. Agora que se tornara rei, ele infere que a Igreja fora conduzida a uma condição estável, e que Deus, que parecia haver-se afastado, finalmente erigiria seu trono, por assim dizer, no meio dela, e reinaria. Disto, evidentemente, transparece que ele decidira, tipicamente, representar a glória de Deus que mais tarde se manifestaria em Cristo.

Ao regente de música. Salmo ou cântico de Davi.

[vv. 1-6]
Deus se erguerá; seus inimigos se dispersarão; e os que o odeiam fugirão diante dele. Como a fumaça se dissipa, eles serão dissipados; como a cera se derrete diante do fogo, os ímpios perecerão da presença de Deus. Os justos, porém, se alegrarão; jubilarão diante de Deus e saltarão de alegria. Cantai a Deus, cantai louvores ao seu nome; exaltai aquele que cavalga as nuvens em Jah,[2] seu nome [ou, em seu nome Jah], e regozijai diante dele. Pai dos órfãos e juiz das viúvas é Deus na habitação de sua santidade. Deus que põe o solitário em famílias, que liberta os que se acham presos com cadeias;[3] os rebeldes, porém, habitarão numa terra árida.

1. Deus se erguerá; seus inimigos se dispersarão. O salmista, neste versículo, comunica, como se fosse à guisa de prefácio, o tema a que propusera tratar no Salmo, e o qual se relacionava com a verdade de que Deus, por mais que parecesse ser conivente com a audácia e crueldade dos inimigos de sua Igreja, eventualmente se ergueria para vingá-la e comprovaria ser poderoso para protegê-la

---

2 "C'est, Qui est Jah, ou l'Eternel?" – n.m.f. "Isto é, Quem é Jah, ou Jehovah?" Jah parece ser simplesmente uma contração da palavra Jehovah, o nome que expressa, até onde pode expressar-se por meio de palavras, a essência, a auto-existência e a eternidade do Ser Supremo.

3 A palavra original, בכושרות, bakosharoth, a qual Calvino traduz, com cadeias, é traduzida por Dathe, ad abundantiam; e por Berlin, ad opimitates; e é explicada por Simeão, em seu Léxico, como "loca omnibus, affluentia proprie abundantiae." Segundo Gesenius, כושרה denota "felicidade, abundância, prosperidade". A LXX a traduz assim: ἐν ἀνδρείᾳ, em força, isto é, preso com firmeza. Fry tem a redação: "Apresentando os prisioneiros nos cenários de abundância."

simplesmente com um leve movimento de sua mão. Concordo com outros intérpretes, os quais pensam que, aqui, o sentimento é tomado por empréstimo de Moisés [Nm 10.35].[4]Poderia haver pouca dúvida de que, ao indicar a forma de oração ali referida, tivesse um olho na instrução e conforto de todas as eras subseqüentes, e quisesse ensinar ao povo do Senhor a pôr confiadamente sua segurança na arca do concerto, a qual era o símbolo visível da presença divina. Podemos notar a diferença, contudo, tendo Moisés pronunciado suas palavras a Deus na forma de oração, enquanto que Davi, ao contrário, expressa sua satisfação e deleite no que via, cotidianamente, cumprir-se ante seus próprios olhos. É verdade que alguns lêem: *Levante-se Deus*; tudo indica, porém, que compreendem erroneamente o escopo do salmista. Ele quer dizer que a observação atestava a verdade que Moisés havia declarado de bastar que Deus simplesmente se erguesse para que todos os seus inimigos se dispersassem diante de seu irresistível poder. No entanto, não vejo quaisquer objeções à outra redação, contanto que a idéia ora mencionada seja mantida e as palavras sejam consideradas como a comunicar que Deus não carece de nenhuma formação bélica para desbaratar seus inimigos, e pode muito bem dispersá-los com um sopro. Somos levados a inferir que, quando seus inimigos, em qualquer tempo, granjearem alguma ascendência, é simplesmente devido a um exercício da longanimidade divina; e que, por mais irados estejam, só lograrão êxito com sua permissão; o tempo de Deus erguer-se virá inesperadamente. Há nesta circunstância muito conforto a ser extraído, ou seja: os que perseguem a Igreja são aqui

---

4 Essa passagem contém as palavras que Moisés usava quando a arca começava a ser carregada em procissão. Sempre que o tabernáculo era deslocado, e os levitas marchavam adiante, carregando sobre os ombros a arca do concerto, e toda a hoste de Israel prosseguia em sua marcha, "Moisés dizia: Levanta-te, Senhor" etc. Martin observa que "o Deus a quem estas palavras iniciais do Salmo têm em vista é manifestamente o mesmo de quem se faz menção no versículo 18, dizendo que subiu às alturas e levou cativo o cativeiro. Ora, aquele de quem se diz ser, segundo a interpretação do apóstolo Paulo (Ef 4.8), Jesus Cristo, o Filho de Deus, claramente se deduz ser o Filho de Deus, o verdadeiro Deus, Jehovah o eterno Deus, a quem o profeta tinha diante dos olhos no primeiro versículo e no restante do Salmo."

denominados *inimigos* de Deus. Quando diligencia nossa defesa, ele considera as injúrias a nós feitas como uma desonra lançada sobre sua própria Majestade Divina. O salmista acresce uma notável figura com o fim de ilustrar quão facilmente Deus pode desbaratar as maquinações de nossos inimigos, comparando-os *a fumaça que se desvanece quando soprada pelo vento* ou *a cera que se derrete diante do fogo*.[5] Consideramos como absolutamente inacreditável que um exército tão formidável de opositores seja dispersado num instante. O Espírito, porém, usa esse método para admoestar a temeridade de nossas mentes carnais e ensinar-nos que não há em nossos inimigos tal força como supomos – que permitimos a fumaça deles cegar nossos olhos e a sólida massa de resistência que apresentam enganar-nos, levando-nos ao esquecimento da verdade de que as montanhas se desmoronam na presença do Senhor.[6]

3. Os justos, porém, se alegrarão. Neste ponto Davi informa que, quando Deus se mostra formidável em relação ao ímpio, ele o faz com o propósito de assegurar o livramento de sua Igreja. Tudo indica que indiretamente ele contrasta a alegria de que ora fala com a depressão e tristeza sentidas pelos homens mal inclinados sob o reinado de Saul – sugerindo que Deus substituía o tempo de dificuldades temporárias pelo de conforto, a fim de impedir que seu povo sucumbisse pela desesperança. Ele nos leva também a inferir que uma das razões da alegria que experimentam é oriunda da consciência de que Deus lhes é propício e que se interessa por sua segurança. As palavras hebraicas, מפני, *mipne*, e לפני, *liphne*, admitem o mesmo significado; creio, porém, que o salmista pretendia fazer certa distinção. Os ímpios fugiam da presença de Deus

---

5 *Como cera se derrete diante do fogo*, "expressão proverbial denotando rápida dissolução, destruição e morte." – *Bythner*.

6 "Sed quasi fumo hebetari nostros oculos; falli etiam nos in ipsa duritie, quia non reputamus solo Dei conspectu liquefieri montes ipsos." – *v.l.* "Mais qu'il y a comme une fumée qu'il nous esblouist les yeux; semblablement que nous nous abusons quant à leur dureté et obstination; pource que nous ne venons point à coniderer qu'au seul regard de Dieu les montagnes mesmes fondent et s'ecoulent." – *v.f.*

como algo que lhes inspirava terror; os justos, em contrapartida, se regozijam nela, porque nada os deleita mais do que pensar que Deus está perto deles. Ao comentarmos o Salmo 18.26, vimos por que a divina presença terrifica alguns e conforta outros; pois "com os puros, te mostrarás puro; e com os obstinados, te mostrarás inflexível." O salmista amontoa uma expressão sobre a outra para mostrar quão profunda é a alegria do povo do Senhor, e quão radicalmente ela possui e ocupa seus afetos.

4. Cantai a Deus, cantai louvores ao seu nome; exaltai aquele[7] que cavalga as nuvens. Ele então prossegue convocando o povo do Senhor para louvar a Deus. E começa realçando as razões, em geral, como eu já sugeri, que eles tinham para este exercício, visto englobar ele o mundo inteiro sob seu poder e governo, acrescentando que se condescende em tomar os mais pobres, e mesmo os mais miseráveis de nossa família sob sua proteção. Seu infinito poder é enaltecido quando se diz que ele *cavalga sobre as nuvens*, ou sobre os céus,[8] pois isso prova que ele se mantém supremo sobre todas as coisas. O Espírito Santo pode pretender pela expressão que devemos

---

[7] A redação da Septuaginta é: "Ὁδοποιήσατε" "Fazei vereda." A palavra hebraica, סלו, *sollu*, tem esse sentido, bem como *exaltai*. Em duas passagens de Isaías, as formas de expressão são muito semelhantes à da presente passagem (57.14): "Aplainai, aplainai, preparai o caminho"; e (62.10): "Aplainai, aplainai a estrada." Jerônimo tem: "Praeparate viam", "Preparai um caminho." Walford adota a mesma tradução: "Preparai um caminho para aquele que cavalga pelos desertos" – o que ele explica na seguinte nota: "A imagem é tomado por empréstimo do costume dos príncipes orientais que enviavam pioneiros diante de seus exércitos com o fim de reduzir as colinas e aplainar estradas pelos vales, para facilitar seu avanço. Deus é descrito como a cavalgar pelos desertos, em virtude de haver ele acompanhado Israel pelos desertos para conduzi-lo a Canaã."

[8] A palavra בערבות, *baäraboth*, aqui traduzida, *as nuvens*, ou *os céus*, é traduzida pela Septuaginta, *o oeste*, como se fosse oriunda de ערב, *ereb*, *noite*; e, pela Vulgata, "Super occasum", "No pôr-do-sol." Outros a traduzem por 'desertos'. Portanto, Jerônimo a traduz: "ascendenti per deserta", "pois aquele que cavalga pelos desertos". Nisto ele é seguido pelo Dr Boothroyd, os bispos Lowth e Horsley, Drs. Kennicott e Chandler, Fry e outros; os críticos, porém, de não menos importância trazem *céus*, como Paginus, Buxtorf e Hammond. "O feminino ערבה", diz este último crítico, "é freqüentemente tomado por *planície*, e assim por *deserto*; mas ערבות, no plural, é reconhecido pelos hebreus como significando *os céus*." A idéia é totalmente fantasiosa, a qual é apresentada por alguns, de que esta palavra, que às vezes significa *uma planície* ou *um deserto*, se aplica aos mais altos céus, "ou como sendo o plano e vácuo das estrelas, e portanto uma espécie de deserto superior, sem nada nele, ou (como o erudito Grotius piamente conjectura de 1 Timóteo 6.16) porque, como um deserto, é ἀπρόσιτον, não acessível a alguém."

excluir de nossas mentes todas as coisas grosseiras e terrenas, em nossas concepções dele; mas devemos, indubitavelmente, impregnar-nos principalmente com a idéia de seu imenso poder, para produzir em nós uma justa reverência e fazer-nos sentir quão limitados todos os nossos louvores são diante de sua glória. Tentaríamos em vão englobar céu e terra; sua glória, porém, é infinitamente maior que ambos. Quanto à expressão que se segue, *em Jah, seu nome*, têm havido certas diferenças de opinião. A preposição hebraica, ב, *beth*, pode ser, aqui, como às vezes o é, uma mera expletiva, e poderíamos ler assim: *Jah é seu nome*.[9] Outros trazem, *em Jah está seu nome*[10]; e não faço nenhuma objeção a isso, embora prefira a

---

9 Esta é a tradução em todas as versões antigas, como a Septuaginta, a Caldaica, a Siríaca, a Vulgata etc. Muitos exemplos poderiam ser produzidos nos quais ב é redundante; como, por exemplo, Êxodo 32.22 e Provérbios 3.26.

10 Esta é a tradução formulada por Horsley, que aplica a passagem a Cristo; e sua crítica sobre ela é excelente. "Com uma consideração consistente", diz ele, "inclino-me a tomar o texto como está, e traduzi-lo literalmente como o fez Jerônimo: "*em Jah está seu nome*"; isto é, seu nome, que está cavalgando pelos desertos, está em Jehovah, aquele que existe por si mesmo. Aquele que conduziu os exércitos de Israel pelos desertos, quando subiram do Egito, era Cristo. Aquele que finalmente trará os judeus revoltados ao seio de sua Igreja, e, num sentido literal, trará a nação à sua antiga sede, é Cristo. Cristo, pois, está em foco aqui, sob a imagem de alguém que cavalga pelo deserto ("ascendenti per deserta", *Jerônimo*), não sobre os céus, na dianteira dos cativos que regressam. "*Seu nome está em Jah*": o nome de Cristo está em Jehovah. שם, "o Nome", é usado, no idioma hebraico, para a coisa imperfeitamente apreendida, à qual, contudo, um nome pertence. Por isso, para Deus, em todos os idiomas há um nome; e todos os homens têm uma idéia do Ser imaginada por esse, como a Causa Primeira, o Criador e o Governador do universo. Contudo, o intelecto humano – podemos dizer, em termos mais gerais, o intelecto criado – não compreende a natureza desse Imensurável Ser, nem pode enumerar seus atributos. "O nome de Deus" é o Ser incompreensível que é tudo o que o nome compreende, mais do que é expresso; mais, pelo menos, do que qualquer nome pode expressar ao entendimento finito. E assim, quando somos intimados a temer o nome de Deus, a injunção consiste em que tenhamos em nossas mentes um constante temor pelo Ser a quem esse nome pertence. O nome, pois, de Cristo é o próprio Cristo, considerado como conhecido por um nome, mas ainda imperfeitamente compreendido, ou, melhor, incompreensível em sua natureza. A cláusula, "Seu nome está em Jehovah", é uma afirmação enfática de sua divindade, introduzida aqui para justificar e corroborar o culto ordenado. "Cantai a Deus, cantai louvores ao seu nome; aplainai um caminho para aquele que está cavalgando pelos desertos." Quem é aquele que está cavalgando pelos desertos, a quem devemos prestar este respeito? Como diz o salmista: "Aquele que não pode ser descrito." "Seu nome está em Jah." Seu nome e sua natureza estão envolvidos no nome e na natureza da Deidade. Chamá-lo pelo nome é dizer o Todo-Glorioso. Dizer o Todo-Glorioso é chamá-lo pelo nome. Dizer que ele é distinto do Todo-Glorioso e Infinitamente Bom é chamá-lo de uma forma incorreta."

tradução que já adotei. É de pouca importância a forma como construímos as palavras, uma vez que o significado do salmista é óbvio. Naquele tempo o mundo inteiro jazia abarrotado de ídolos fúteis da superstição, e ele quis afirmar a reivindicação divina e pôr Deus em destaque quando apresentou o Deus de Israel. Não basta, porém, que o povo do Senhor se curve diante dele com espíritos súplices. Até os ímpios, quando temem e tremem diante dele, são forçados a render-lhe reverência. Davi queria que se aproximassem de Deus com alegria e jovialidade; e, conseqüentemente, continua insistindo sobre sua transcendente bondade demonstrada em sua condescendência pelos *órfãos* e *viúvas*. A glória incompreensível de Deus não o induz a afastar-se para longe de nós, nem o impede de descer às profundezas de nossa miséria. Não pode haver dúvida de que órfãos e viúvas são aqui mencionados para indicar, em geral, todos quantos o mundo se dispõe a ignorar como indignos de seu respeito. Geralmente distribuímos nossas atenções onde esperamos nos sejam elas retribuídas. Damos preferência a posição e esplendor, e desprezamos ou negligenciamos os pobres.

Quando se diz: **Deus está nas habitações de sua santidade**, a referência pode ser ou ao céu ou ao templo, pois ambos os sentidos se adequam à conexão. Deus não habita o céu para entregar-se ao ócio, mas o céu é, por assim dizer, seu trono, donde possa ele julgar o mundo. Em contrapartida, o fato de haver ele decidido estabelecer sua residência com os homens e convidá-los a familiarizar-se com ele ali se adequa plenamente bem para gerar ânimo nos pobres, os quais se alegram em saber que Deus não está longe deles. Neste versículo, mencionam-se outros exemplos da benevolência divina – que ele concede aos desolados e solitários descendência numerosa e solta as cadeias dos cativos. Na última cláusula do versículo, ele declara o juízo divino contra os que impiamente o desprezam, e isso para que pudesse mostrar ao povo do Senhor a loucura de invejar ele a sorte deles, bem como para lançar terror em suas mentes. O sentido das palavras é este: devemos consolar-nos nas piores aflições, ponderando no fato de que estamos nas mãos divinas, as quais podem mitigar todas as nossas tristezas e remover todos os nossos fardos. Os ímpios, em contrapartida, podem congratular-se por algum tempo em sua prosperidade, mas eventualmente irão de mal a pior. *Habitar numa terra árida* significa ser banido, por assim dizer, para um deserto e privar-se dos benefícios da bondade paternal da qual tão criminosamente abusam.

> [vv. 7-10]
> Ó Deus, quando saías diante de teu povo, quando marchavas pelo deserto [Selah], a terra se movia, os céus também gotejavam na presença deste Deus; o Sinai na presença de Deus, o Deus de Israel.[11]Tu, ó Deus, farás uma chuva liberal[12] cair sobre tua herança, e a renovas quando está cansada. Tua congregação[13] habitará nela; tu, ó Deus, em tua bondade preparaste para o pobre.

7. Ó Deus, quando saías diante de teu povo etc. O salmista então procede a mostrar que a divina benevolência é principalmente exibida na Igreja, a qual Deus escolheu como o grande teatro donde seu paternal cuidado pudesse manifestar-se. O que se segue é evidentemente acrescido com o fim de levar a posteridade de Abraão, como o povo eleito de Deus, a aplicar as observações que acabara de fazer-lhes. O livramento [da escravidão] do Egito, havendo sido o principal e último penhor do favor divino, o qual praticamente ratificou sua adoção sob o patriarca, ele brevemente chama a atenção para aquele evento. Ele queria informar que naquele memorável êxodo foram dadas provas a todos os séculos subseqüentes do amor que Deus nutria por sua Igreja. Por que tantos milagres foram realizados? Por que céu e terra foram postos

---

11 Este versículo e o precedente parecem ter sido copiados do Cântico de Débora (Jz 5.4, 5).
12 "C'est, par ta volonté et liberalité." – *n.m.f.* "Isto é, por tua livre vontade e liberalidade."
13 *Tua congregação*, ou *companhia*. Esta é a redação adotada também por Dathe, Berlin e De Rossi; e ela "é uma exposição muito melhor que aquela dos últimos tradutores ingleses, bispo Horsley e Mr. Fry: –
   'Teus rebanhos habitaram na mansão que preparaste.' – *Horsley*.
   'Teu alimento estabeleceste nela.' – *Fry*."

em comoção? Por que as montanhas tremeram, senão para que todos reconhecessem o poder de Deus aliado ao livramento de seu povo? Ele apresenta Deus como tendo sido o guia que os conduzia avante. E isso não meramente em referência à sua passagem pelo Mar Vermelho, mas às suas jornadas enquanto peregrinavam pelo deserto. Quando fala da *terra sendo movida*, ele não parece querer aludir inteiramente ao que ocorreu durante a promulgação da lei, mas ao fato de que, ao longo de todo seu progresso, o curso da natureza foi reiteradamente alterado, como se todos os elementos tremessem na presença do Senhor. Foi no Monte Sinai, contudo, que fez Deus as principais exibições de seu terrível poder; foi ali que se ouviram trovões vindos do céu e o ar se encheu de relâmpagos; e, conseqüentemente, se menciona aqui, nominalmente, como havendo Deus apresentado o mais glorioso espetáculo da divina majestade que sempre era vista. Alguns traduzem: *este Sinai* etc., conectando o pronome זה, *zeh*, com a montanha aqui denominada; mas é muito mais enfático juntá-lo à cláusula precedente, e ler: *os céus gotejaram na presença deste Deus*; Davi tencionava enaltecer a excelência do Deus de Israel. Essa é uma expressão freqüentemente usada pelos profetas para denotar que o Deus cultuado pela posteridade de Abraão era o verdadeiro Deus, e a religião promulgada em sua lei não emitia nenhuma ilusão, como em Isaías 25.9: "Este, este é nosso Deus, e ele nos salvará." Com o fim de estabelecer o povo de Deus em sua fé, Davi os conduz, por assim dizer, à própria presença de Deus; indica que não foram deixados em quaisquer vagas incertezas como os pagãos; e indiretamente censura a loucura do mundo em ignorar o conhecimento do verdadeiro Deus e criar divindades segundo suas próprias imaginações, de madeira e pedra, de ouro e prata.

9. Tu, ó Deus, farás cair[14] **uma chuva liberal sobre tua herança.** Faz-se menção, aqui, do curso contínuo do favor que se

---

14 Hebraico: *Despejará*, isto é, das nuvens, *uma chuva liberal*.

estendera sobre o povo desde o tempo em que primeiro entraram na terra prometida. Ela é *chamada a herança de Deus*, por haver sido designada a seus próprios filhos. Outros entendem pela herança expressa no versículo, *a Igreja*, mas tal idéia não é correta, pois logo depois se declara ser ela o lugar onde a Igreja habitava. O título é apropriadamente atribuído à terra de Canaã, a qual Deus lhes dera por direito de herança. Davi toma nota do fato de que, desde o primeiro estabelecimento da semente de Abraão nela, Deus jamais cessou de fazer-lhes a mais paternal provisão, enviando sua chuva na estação própria com o fim de preparar seu alimento. As palavras traduzidas por *uma chuva liberal* são expressas literalmente no [texto] hebraico, *uma chuva de generosidades*. Concordo com os intérpretes ao pensarem que sua alusão era às bênçãos que emanavam no exercício do soberano favor,[15] e a Deus, como tendo de sua própria imemorável bondade feito provisão para todas as necessidades de seu povo. Há quem leia uma *chuva desejável*; outros, *uma chuva destilando sem violência*, ou *mansa*; mas, nenhuma dessas traduções parece final; outros trazem a redação: *uma chuva copiosa* ou *abundante*; eu, porém, já afirmei qual me parece ser o sentido preferível. Era uma prova, pois, de sua divina liberalidade, que Deus regasse a terra, no tempo próprio, com chuvas. Há nitidamente uma referência à localização da Judéia, a qual devia sua fertilidade aos orvalhos e às chuvas do céu. Em alusão à mesma circunstância, ele diz que *ela era renovada quando exausta*. Faz-se menção da estação – porque ela fora dada a seu povo eleito para nela habitar. Em tempo algum fora ela abençoada mais do que quando foi a habitação da Igreja e povo de Deus. A fim de imprimir ainda mais indelevelmente na mente dos judeus suas obrigações para com a divina benevolência, ele os representa como *pensionários* dependentes de Deus para seu alimento diário. Ele os alimentava com o mais excelente

---

15 Ainsworth tem a redação: "uma chuva de liberalidades." Horsley: "um aguaceiro de imerecida bondade"; "literalmente", diz ele, "*uma abundante chuva*, sendo chuva, aqui, usada metaforicamente."

trigo, dando-lhes o vinho, o mel e o azeite em abundância – ainda lhes proporcionou a comunicação de sua bondade para mantê-los sempre dependentes a esperarem por ele. Alguns, em vez da tradução: *Tu os suprirás com tua bondade* etc., o traduzem assim: *Tu os suprirás com rico alimento*. Mas, sem fazer qualquer objeção a esta tradução, penso antes que ele chama sua atenção para a circunstância de haver Deus provido seu povo inteiramente movido por seu [divino] beneplácito.

[vv. 11-14]
O[16] Senhor dará a palavra às mulheres que anunciarão o grande exército.[17] Reis de exércitos fugirão – fugirão; e aquela que ficava em casa dividirá o despojo. Ainda que vos detenhais entre as panelas, contudo sereis como as asas de uma pomba cobertas de prata, e que por trás tem a palidez do ouro.[18] Quando o Todo-Poderoso dispersar ali os reis, tu o farás branco[19] em Salmom.

11. O Senhor dará a palavra às mulheres. Davi então chama a atenção para as vitórias pelas quais Deus havia magnificamente exibido

---

16 Dr. Geddes aqui observa que "o poeta passa rapidamente dos tempos antigos para seus próprios dias, e para a ocasião de compor seu Salmo, isto é, a frustração e pugna dos reis coligados da Síria, Amom, Moabe e Edom; pois com todos estes havia Davi se envolvido nessa guerra."

17 A palavra original para "as mulheres que anunciarão" é המבשרות, *hamebasseroth*. Vem de בשר, *bisser*, "anunciar boas-novas"; e, sendo um particípio do gênero feminino, é mui apropriadamente usada para mulheres que eram usadas na celebração das vitórias, ou algum tipo de boas-novas, com cântico e música. Descobrimos, porém, uma ocasião em que é usada para expressar notícias melancólicas (1Sm 4.17). As mulheres aqui são representadas como a anunciar a vitória, cantando canções congratulatórias. A dificuldade toda consiste nisto: המבשרות, *hamebasseroth* deve ser dativo ou do caso genitivo? Se pertence ao caso genitivo, então צבא, *tsaba*, que Calvino traduz por *exército*, deve, como observa Hammond, ser traduzido por *companhia* – grande era a companhia das mulheres que assim cantavam; e צבא, *uma hoste*, é às vezes tomada por congregação ou assembléia empregada no serviço divino. Mas pode ser também tomada no dativo, como o mesmo crítico observa, e como Calvino a traduz. Castellio faz uma tradução similar. "E assim a LXX pode ser entendida: Ὁ Θεός Κύριος δώσει ῥῆμα τοῖς εὐαγγελισαμένοις (suponho que deve ser ταῖς εὐαγγελισαμέναις) δυνάμει πολλῇ; 'o Senhor dará a palavra ou assunto às mulheres para que evangelizem o grande exército'; isto é, que ocupem o ofício de *preacones* também, proclamando suas vitórias; embora o latim esteja certo ao traduzi-lo 'virtute multa', 'por muita virtude', não o entendia assim." – *Hammond*.

18 "Et posteriora ejus in pallore auri." – *v.l*. Na versão francesa temos: "Et *laquelle* par derriere est *comme* fin or bien jaune" – "e *que* atrás é *como* o fino amarelo do ouro."

19 "Ou, elle fust blanche." – *n.m.f.* "Ou, era branco."

seu poder em favor de seu povo. Ele mesmo fora o instrumento para a restauração da paz no país, lançando abaixo seus inimigos e estendendo as fronteiras do reino; no entanto ele atribui a Deus o louvor de tudo o que fora feito no campo das estratégias e conselhos de guerra. Ao representar a Deus como a emitir ordens para o cântico de triunfo, ele notifica, figuradamente, que é Deus quem determina o resultado feliz das batalhas. Há uma nota referente às *mulheres que anunciam ao exército*, pois era costume, antigamente, as mulheres cantarem o cântico de triunfo, como Miriã, irmã de Moisés, com suas acompanhantes, entoavam os louvores de Deus com tamborim; e as mulheres que celebraram a vitória de Davi com harpas, quando este matou Golias e afugentou os filisteus [Êx 15.20; Jz 12.34; 1Sm 18.6]. Ao fazer referência a um cântico de louvor, o salmista, como eu já disse, pretendia imprimir a verdade na mente do povo, a saber: que as vitórias ganhas eram inteiramente obra de Deus; ao mesmo tempo, ele tacitamente lhes recorda que seu dever era proclamar os benefícios divinos com a devida gratidão.

À luz do versículo que vem em seguida, somos instruídos que, por melhor preparados os inimigos da Igreja estejam, sua destruição será catastrófica. Podemos considerar as palavras como se referindo à própria pessoa do salmista, ou como a compor o cântico das mulheres acima mencionado. Era uma circunstância ilustrativa do favor divino, que os reis mais formidáveis, diante de quem os judeus jamais teriam se mantido em sua própria força, seriam postos em fuga. Esses príncipes que poderiam facilmente ter devastado o mundo com suas forças [bélicas], teriam não só fugido sem obter seu intento, mas foram obrigados a manter grande distância, deixando em evidência nenhuma outra conclusão senão que Deus se pusera magnificamente em defesa de seu povo. O verbo, no hebraico, é repetido: *fugirão, fugirão*, significando que os ataques do inimigo haviam sido reiteradamente repelidos pela divina assistência. A grandeza do despojo tomado se revela pela declaração da circunstância, ou seja, que teria participação nele até mesmo as mulheres que ficaram em casa. Enquanto os soldados regressavam da batalha carregados com os despojos, tal era a quantidade do saque tomado, as mulheres, que não haviam tomado parte na guerra, participariam dele.

13. Ainda que vos detenhais entre as panelas.[20] Havendo falado

---

[20] A interpretação deste versículo é enfrentada com grande dificuldade. Ao falar dele e do versículo seguinte, Dr. Lowth diz: "Não me sinto de todo satisfeito com qualquer explicação que tenho ouvido ou lido acerca destes versículos, seja quanto ao sentido seja quanto à construção, e diria que a mesma me soa ininteligível. Houbigant elaborou a construção em seu violento método: '*Aut invenit viam, aut facit.*'" Admite-se satisfatoriamente que se indica, na primeira parte deste versículo, um "estado de miséria e aflição", como Calvino observa. Mas é difícil atribuir o significado da palavra שפתים, *shephataim*, a qual ele traduz por *panelas*, e, conseqüentemente, determinar qual é a alusão específica. Nenhum dos antigos tradutores a traduziu assim; e numerosos significados se têm dado a ela. A tradução da Caldaica é esta: "põe termos nas divisões do caminho"; a Siríaca e a Arábica: "veredas" ou "caminhos"; a Septuaginta: κλήρων, "quinhões", "heranças" ou "porções", evidentemente derivando a palavra שפט, *divisit, ordinavit*, e talvez dando-lhe uma idéia similar como nas traduções anteriores, as porções da terra ou possessões dos homens havendo sido divididas e destacadas por *veredas*. Jerônimo, aderindo à Septuaginta, a traduz: "inter medios terminos". E assim a palavra não ficará sem sentido, expressando a lúgubre e miserável condição, pondo-se entre os limites; isto é, nas estradas. Muitos críticos modernos, porém, crêem que ela significa algo em relação a panelas, e que poderia bem provavelmente significar o que os árabes chamam אתאפי, *Athaphi*, pedras postas nas chaminés para servir de apoio a uma panela, sendo as panelas sem pés. Diz Hammond: "Estas duas traduções podem parecer um tanto distantes; e no entanto, considerando que o *termini* ou os limites divisórios dos caminhos não passavam de montes de pedras, ou pedaços de tijolos, ou entulhos, a palavra שפתים, que significa estes, pode muito bem significar também tais apoiadores de panelas, sendo tais pedras ou tijolos quebrados a idéia subjacente aqui."

Parkhurst assume um conceito algo semelhante a esta última interpretação. Ele traduz "entre as chamas de fogo" ou "fileiras de pedras". Diz ele: "Aquelas nas quais os caldeirões ou panelas eram colocadas para ferver; suponho que seja algo mais ou menos assim, mas uma estrutura mais durável do que as que Niebuhr diz serem usadas pelos árabes nômades. 'Sua trempe é logo construída; só põem suas panelas sobre as *diversas pedras separadas*, ou num buraco feito na terra.' Pôr-se entre estas denota a mais abjeta escravidão."

A Caldaica traz "tijolos quebrados" ou "entulho", os quais são jogados fora; sendo a palavra, segundo este sentido, derivada de שפה, *shephah, esmagar, pisar*. Um substantivo semelhante, אשפה, *ashpoth*, derivado do verbo שפה, é usado no Salmo 113.7, para uma *esterqueira* ou o lugar mais ignóbil, no qual todas as espécies de entulho eram lançadas, e onde, diz a história, os pobres se deitavam. Quando Jó foi levado por Satanás à mais ignóbil das aflições, ele sentou-se entre as cinzas, e se raspava com um caco, o que indica o estado de extrema tristeza e vileza a que fora reduzido. Se tal é o mesmo sentido aqui, "deitar-se entre os tijolos quebrados ou entulho" expressa o mesmo que as traduções precedentes, a condição mais ignóbil, miserável e desprezível.

A tentativa de Harmer para explicar esta passagem é no mínimo muito engenhosa – Visto que os pastores no Oriente se valem, durante a noite, dos refúgios das cavernas que encontram em seus montes rochosos, onde podem acender o fogo para aquecer-se, bem como para cozinhar suas provisões; e visto que os pombos, bem assim outros pássaros, freqüentemente se refugiam em tais lugares, ele conjetura que o aflitivo estado de Israel no Egito é aqui comparado à condição de um pombo fazendo de Deus a enfrentar as batalhas de seu povo, ele acrescenta, à guisa de qualificação, que mesmo que permanecessem por algum tempo em trevas, eventualmente Deus surgiria para seu livramento. Pode haver alguma dúvida de que aponte para o estado de miséria e aflição a que se reduzira a nação sob o governo de Saul, pois a interferência era a mais notável, considerando a miséria da qual ela emergira. As palavras, contudo, comunicam muito mais instrução do que isso. Elas nos ensinam a verdade geral de que os crentes são, pelo secreto e misterioso poder de Deus, preservados incólumes no torvelinho das aflições, ou são subitamente restaurados a fim de não portarem as marcas delas. A linguagem admite serem interpretadas ou que resplandecem mesmo quando se acham em meio a imundícia e trevas, ou que, quando libertados de suas tribulações, lançam de si toda e qualquer conspurcação que porventura tenham contraído. Seja qual

---

sua habitação nas escarpas de uma rocha que foram enegrecidas pelas fuligens das fogueiras que os pastores faziam nelas. Ele pressupõe que a palavra aqui traduzida por *panelas* significa os pequenos montes de pedras sobre os quais os pastores colocavam suas panelas, havendo ali um buraco debaixo delas para conservar o fogo. – *Harmer'se Observations*, vol. I. pp. 176, 177.

Gesenius acredita que a palavra é equivalente המשפתים, *hammishpethaim*, a qual ocorre em Juízes 5.16, e a qual em nossas versões faz 'currais' a única diferença entre as duas palavras, sendo que a palavra, aqui, carece da letra formativa מ, *mem*. Por isso, ela poderia referir-se à condição dos israelitas vivendo entre seus rebanhos no deserto. Ainda não exaurimos as diferentes significações afixadas pelos comentaristas a esta palavra; mas, sem outras referências, apenas acrescentaremos que, segundo alguns, a alusão é à condição dos israelitas no Egito que eram condenados ao penoso trabalho de fazer tijolos e cerâmica, e tinham, provavelmente, que dormir entre os tijolos secos ou artefatos de cerâmica nos quais eram empregados.

Com respeito à segunda cláusula do versículo, na qual se introduz uma imagem tomada do pombo, tem-se encontrado certa dificuldade no sentido de suas penas assemelharem-se ao amarelo do ouro. À luz da circunstância de o esplendor do ouro ser aqui misturado, Harmer conclui que essa não é uma descrição do animal meramente adornado pela mão da natureza, mas que a alusão é aos pombos brancos que eram consagrados às divindades sírias e adornados com pequenas jóias de ouro, cujo significado sendo este: "Israel deve ser para mim como uma pomba *consagrada*, ainda que tuas circunstâncias te tenham feito parecer antes com uma pobre pomba, enegrecida por fazer sua habitação numa caverna enfumaçada das rochas, contudo te tornaste bela e gloriosa como um pombo sírio prateado, sobre o qual se acha algum ornamento dourado." – *Harmer's Observations*, vol. I. p. 180. Certamente há, porém, pombos que correspondem à descrição dada, possuindo alguns deles penas aos lados do pescoço de um brilho cor de cobre, que à luz do sol se assemelha ao ouro. Veja-se *Encyc. Brit. Art. Columbia*. Além disso, a referência não é necessariamente à cor do ouro, e, sim, ao seu brilho. Emblema este sublimemente poético com o intuito de descrever a gloriosa mudança efetuada na condição dos hebreus pelo livramento que Deus lhes concedera sobre os soberbos e formidáveis inimigos que os mantinham na degradante condição representada na primeira cláusula deste versículo!

for o sentido adotado, permanece sendo verdade que o crente jamais é consumido nem é submerso por suas aflições, senão que sai sempre incólume. Uma elegante figura se deduz da pomba que, embora pouse entre as panelas, retém a beleza que naturalmente lhe pertence, e não deixa agregar qualquer mancha em suas asas. Deste fato aprendemos que a Igreja nem sempre apresenta um aspecto belo e pacífico; ao contrário, emerge ocasionalmente das trevas que a envolvem, e recupera sua beleza tão perfeitamente como se jamais estivesse sujeita a qualquer calamidade.

14. Quando o Todo-Poderoso dispersou nela os reis. Poderíamos ler *estendeu* ou *dividiu os reis* etc., e então a alusão seria à sua ação de guiá-los em triunfo. É preferível, porém, a outra redação, e a mesma corresponde melhor ao que se disse acima sobre serem postos em fuga. Há mais dificuldade na segunda parte do versículo que é traduzida por alguns: *era branco em Salmom*; isto é, a Igreja de Deus apresentava uma aparência justa e bela. Ou o verbo pode ser considerado na segunda pessoa: *Tu, ó Deus, o fizeste belo e alvo como o monte Salmom*[21] *coberto de neve*. O leitor pode adotar ambas as construções, pois o significa acaba sendo o mesmo. É evidente que Davi insiste ainda sobre a figura da alvura da prata, a qual introduzira previamente. O país fora, por assim dizer, enegrecido ou maculado pelas confusões hostis em que mergulhara, e o salmista diz que agora recuperara sua aparência bela, o que lembrava Salmom, que notoriamente permanecia sempre coberto de neve.[22]Outros

---

21 Salmom é o nome de uma montanha em Samaria, na tribo de Efraim (Jz 9.48), com sua neve perpetuamente branca.

22 Carriéres, em sua paráfrase, traz: "Tu te tornaste branco como a neve sobre o monte Salmom." "Indubitavelmente pensamos", diz o autor do excelente comentário sobre a Bíblia, "que Carriéres atingiu a idéia correta. A intenção, evidentemente, é descrever por meio de uma figura a honra e prosperidade que os hebreus adquiriram pela derrota de seus inimigos, bem como expressar isso pela brancura, e superlativamente pela brancura da neve. Nada pode ser mais usual na Pérsia, por exemplo, do que para uma pessoa dizer, sob o influx da prosperidade ou honra, ou ao receber uma feliz inteligência: 'Meu rosto se faz branco'; ou agradecida por algum favor ou realização: 'Você fez meu rosto branco'; assim também: "Seu rosto está embranquecido" expressa o senso que se nutre da felicidade ou favor que fora antes recebido. Tal uso figurado da idéia de brancura, cremos nós, fornece a melhor explicação do presente e de alguns outros textos da Escritura."

pensam que Salmom não é o nome de um lugar, mas um apelido que significa *uma sombra escura*.[23]Prefiro reter a redação comumente aceita. Ao mesmo tempo, creio que poderia haver uma alusão à etimologia. Ela é oriunda da palavra צלם, *tselem*, que significa *uma sombra*, e o monte Salmom foi assim chamado por conta de seu aspecto sombrio.[24]Isso faz a comparação ainda mais notável; pois ela esclarece que, como a neve tornava essa escura montanha em alvura, assim o país reassumira sua antiga beleza e revestira-se de aspecto alegre, ao dissipar Deus as trevas que o cobrira durante a opressão dos inimigos.[25]

[vv. 15-17]
O monte de Deus, o monte de Basã, um alto monte,[26]o monte de Basã. Por que saltais, ó montes elevados? Monte sobre o qual Deus deseja habitar; sim, Jehovah habitará nele para sempre. Os carros de Deus são vinte mil milhares de anjos; o Senhor está entre eles, como no Sinai, no santo lugar.

15. O monte de Deus, o monte de Basã. Aqui ele chama a atenção para o arroio ou fonte de toda a benevolência que Deus havia demonstrado, sendo esta a circunstância que o levou a escolher o monte Sião

---

23 Em vez de "em Salmom", o Targum traz: "à sombra da morte"; e Boothroyd traz:
"Havendo o Todo-Poderoso disperso esses reis,
Por isso converteu a sombra de morte em esplendor."
Walford dá uma versão semelhante, e explica ser este o significado: "Ainda que estiveste em escravidão e nas trevas de uma miserável condição, tu és agora iluminado com o esplendor da vitória e da prosperidade."
24 Isto é, foi assim chamado em razão da sombra escura produzida por suas árvores.
25 "Que comme les neiges font blanchir ceste montagne, laquelle de soy este obscure et noire, ainsi quand il a pleu à Dieu d'oster l'obscurite qu'apportoit l'affliction des ennemis, lors on a veu la terre reluire d'un lustre naif, et par maniere de dire, porter une face joyeuse." – *v.f.*
26 "La montagne des hauteurs", "o monte das alturas ou eminências." – *v.f.* Isto é (diz Calvino à margem), 'treshaute', "muito alto". A tradução literal das palavras originais é: "um monte de protuberâncias", "um monte com corcovas", isto é, projeções, saliências. Isso parece peculiarmente aplicável a Basã, o qual tinha muitos cumes; e isso bem que poderia explicar a origem do nome dessa montanha. Ela deriva seu nome de שן, *um dente*; e הר בשן, *a montanha com dentes*, o qual lhe foi dado em virtude da aparência de sua face ser guarnecida com pequenos montes. Veja-se Street, *in loco*. O que é aqui traduzido "um alto monte", na Septuaginta é traduzido ὄρος τετυρωμένον, e na Vulgata, "mons coagulatus", "queijoso, cheio de queijos"; ou, como o traduz Hammond, "um monte que produza muita manteiga e queijo", sendo Basã uma rica e fértil montanha dalém do Jordão. Horsley traz: "um monte de cumes elevados"; e Fry: "um monte de elevações altas".

como o lugar de seu palácio e templo, donde todas as bênçãos emanariam para a nação. Uma declaração divina a esse propósito fora feita a Davi, e essa preeminência ou dignidade conferida ao monte Sião é mui apropriadamente aduzida como prova de ser ele rei, legalmente e por divina designação; pois havia uma inseparável conexão entre o habitar de Deus naquela montanha e o assentar-se Davi no trono a governar o povo. As palavras do versículo admitem ambos os sentidos. Podemos presumir que a montanha de Deus é comparada ao monte Basã como sendo semelhante a ela, ou podemos entender que a mesma se lhe opõe. O primeiro é o sentido adotado quase por todos os intérpretes, a saber: enquanto Basã era famoso por sua fertilidade, Sião o excelia. É de somenos importância qual prefiramos; mas é provável haver uma distinção realçada como se devêssemos construir as palavras *o monte de Deus* e considerar o de Basã com sua soberba altitude a ter mais tarde precedência, como se Davi dissesse que não havia senão uma só montanha que Deus consagrara a si por decreto irrevogável, e que, embora Basã fosse renomado por sua altitude e fertilidade, ele se enfileiraria com outras montanhas, as quais poderiam debalde rivalizar-se em igualdade com Sião, honrada como a residência escolhida de Deus. Se lermos o versículo diferentemente, e considerarmo-lo como aplicando-se ao monte Sião do começo ao fim, então o salmista a enaltece como alta e ilustre, e isso porque dela emanava o divino favor, o qual distinguia os judeus de todas as demais nações.

16. Por que saltais,[27] ó montes elevados? Neste versículo não há

---

[27] O termo aqui traduzido, *saltai*, "ocorre somente aqui," observa Hammond, "e por analogia traduzido por *saltar*, ou *erguer*, ou *exaltar* alguém a si mesmo; mas pode ser melhor interpretado, não saltar, ou pular, como expressão de alegria, mas *elevar-se* ou *exaltar-se*, movido pela soberba"; e entende ser este o significado: Por que erguei-vos, exaltai-vos, montes elevados? Deus não escolheu a nenhum dos montes mais elevados para construir seu templo, senão o monte Sião, de tamanho um tanto moderado, mais baixo que o monte Hermom, e ao sopé dele (Sl 133.3). Comentaristas judeus, baseando sua opinião na palavra arábica cognata, רצד, a traduziram *procurar*. O que fornece o mesmo sentido. O que procurais? O que esperais, vós, montes elevados, que se vos faça? Não sois aquele que Deus escolheu para enaltecer com sua gloriosa presença, mas o monte Sião, que é o objeto de sua escolha. Aquila e Jerônimo lêem: "Por que contendeis?" Dr. Chandler o traduz assim: "Por que olhais com inveja?", isto é, "com olhar de ciúme malígno", na expressão de Milton. "Por que estais com ciúme?" Horseley, seguindo Jerônimo, redige assim: "Pelo quê contenderíeis?"

obscuridade nem ambigüidade alguma. Havendo Davi afirmado que só havia uma montanha, em todo o mundo, que Deus escolhera, ele convoca as mais altas montanhas a render-lhe preeminência. Ao repetir no plural o que dissera imediatamente antes de Basã, isso me leva a crer que pretendia primeiramente contrapor aquela montanha, e então todas as demais montanhas geralmente altas, a Sião.[28] Montanhas, aqui, devem ser entendidas em sentido figurado, e a grande verdade comunicada é que o reino de Cristo, o qual Deus começou a prefigurar na pessoa de Davi, é mais excelso que tudo quanto se pode considerar glorioso pelo mundo. A reprovação que o salmista administra, a fim de humilhar a soberba vanglória do mundo, é justificada por aquele desdém que bem sabemos certas pessoas carnais e ímpias nutrem pelo reino de Cristo, devotadas como são a seus próprios prazeres ou riquezas e incapazes de apreciar as bênçãos espirituais. A lição será mais útil e necessariamente sentida se considerarmos que essa vã soberba do homem assumirá uma adicional importância quando se oferece a mais leve ocasião para seu exercício. Ao vermos tais pessoas agindo assim sem qualquer base para isso, não carece que nos sintamos surpresos ante a arrogância assumida por aqueles que se deixam possuir pela riqueza e influência. O povo do Senhor, porém, pode dar-se ao luxo em deixá-los a seu bel-prazer, repousando satisfeitos com o privilégio de saberem que Deus decidiu estabelecer sua habitação no meio deles. Não temos razão de lamentar por sua sorte enquanto estiverem em união com Deus, única e suficiente fonte de sua felicidade.

---

28 "O salmista", diz Horsley, "havendo estabelecido os israelitas entre seus montes, avança para a circunstância de Deus haver escolhido um monte para estabelecer seu templo. Poeticamente, ele imagina os diferentes montes como sendo todos eles ambiciosos de honra, ansiosamente aguardando a decisão divina e prontos a entrar em ciumenta contenda; *aguardando uns aos outros com olhos ansiosos*. A montanha altaneira de Basã primeiramente apresenta sua reivindicação, pleiteando sua elevada dignidade:
O monte de Deus é o monte de Basã;
Monte de elevados corcovados é o monte de Basã.
O salmista interrompe a contenda:
Por que contendeis, ó montes de elevados corcovados?
Este é o monte que Deus quis para ser sua habitação;
Sim, Jeohvah habitará nele para sempre."

17. Os carros de Deus são vinte mil milhares de anjos.[29] A maioria de nós se dispõe a dar pouco valor à presença divina, e por isso Davi nos apresenta uma descrição oportuna com o fim de exaltá-la em nossa imaginação. Em virtude de nosso coração incrédulo, o mínimo perigo que ocorre no mundo influi mais em nós do que o poder de Deus. Trememos ante a mais leve tribulação; pois olvidamos ou nutrimos conceitos mui pobres acerca da onipotência divina. Com o fim de poupar-nos desse erro, Davi nos conduz às incontáveis miríades de anjos que se encontram sob o comando divino – circunstância esta cuja ponderação pode muito bem capacitar-nos a desafiar os males que nos cercam. *Vinte mil* são o número dado; mas é um número que se destina a informar-nos que os exércitos do Deus vivo, os quais ele comissiona para socorrer-nos, são inumeráveis; e indubitavelmente isso deve confortar-nos em meio às mortais aflições desta vida. Ao adicionar que **o Senhor está entre eles**, o salmista deve ser ainda entendido como a proporcionar-nos uma exaltada visão do que se acha incluso na presença de Deus; pois as palavras sugerem

---

29 As palavras אלפי שנאן, *alphey shinan*, as quais Calvino traduz "milhares de anjos", são literalmente "milhares de repetições"; sendo o substantivo שנאן, *shanan*, derivado de שנה, *shanah*, *ele repetiu ou reiterou*. Por conseguinte, a redação preferida por muitos é: "Os carros de Deus são vinte mil milhares multiplicados ou reiterados." Hammond, que adota esta tradução, observe que, "embora os anjos não sejam mencionados, devem ser subentendidos, como em Judas 14, μυριάδες ἁγίαι, *santas miríades*." Horsley traduz assim: "Vinte mil milhares de milhares é a cavalaria de Deus." "A cavalaria de Deus", diz ele, "são todas as coisas na natureza que ele usa como os instrumentos ou veículos de seu poder. Não posso admitir a imagem que alguns introduzem aqui de Deus dentro de um carro puxado por anjos; nem creio que se deva encontrar a mesma em alguma passagem da Escritura corretamente compreendida." Deus, porém, mesmo que não seja representado aqui dentro de um carro puxado por anjos, é indubitavelmente, no mais magnificente estilo da poesia oriental, representado dentro de seu carro exaltado, atendido por legiões de anjos, também dentro de seus carros. Comp. Deuteronômio 32.3 e 2 Reis 6.16. French e Skinner apresentam um conceito diferenciado da passagem, o qual realça um sentido muito bom:
"Deus foi a eles (os israelitas) em duas vezes dez mil carros,
sim, em milhares de milhares."
Os carros eram muito usados em guerras pelas nações da antigüidade; e ao povo eleito foi proibido o uso de carros e cavalos na guerra. Deus, porém, era para eles tão eficiente guardião quanto teriam sido os inumeráveis carros de guerra. Ele era "os carros de Israel e seus cavaleiros" (2Rs 2.12; comp. Sl 20.7). E deviam confiar em sua proteção e socorro. "Quando saíres à peleja contra teus inimigos, e vires cavalos e carros, e povo maior em número do que tu, deles não terás temor; pois o Senhor teu Deus, que te tirou da terra do Egito, está contigo. Pois o Senhor vosso Deus é o que vai convosco, a pelejar contra vossos inimigos, para salvar-vos" (Dt 20.1, 4).

que ele não pode renunciar sua própria existência, assim como possui aquele poder pelo qual os anjos estão subordinados à sua vontade. Outra idéia sugerida é que Deus é muito mais desejável que a todo um universo de anjos. A imensurável distância a que somos capazes de conceber Deus a afastar-se para longe de nós é uma circunstância que testa nossa fé; e, a fim de esclarecer isso, o salmista nos traz à lembrança o *Sinai*, lugar onde houve grande exibição de sua majestade. A inferência era conclusiva de que ele ainda habitava *o santuário*. Pois, por que Deus se manifestou naquela ocasião de uma maneira tão gloriosa? Evidentemente, para mostrar que seu pacto formava um sacro vínculo de união entre si e a posteridade de Abraão. Aqui estão as palavras de Moisés: "Não está nos céus, para dizeres: Quem subirá por nós aos céus, que no-lo traga, e no-lo faça ouvir, para que o cumpramos? Nem tampouco está além do mar, para dizeres: Quem passará por nós além do mar, para que no-lo traga, e no-lo faça ouvir, para que o cumpramos?" [Dt 30.12, 13]. Conseqüentemente, menciona-se o Sinai com o intuito de ensinar-nos que, se devemos fortificar nossa mente com inabalável fé na presença divina, é preciso que a derivemos da Lei e dos Profetas.

[vv. 18-24]
Tu subiste ao alto, levaste cativo o cativeiro;[30] recebeste dons entre os homens;[31] sim, os rebeldes, para que o Senhor Jehovah[32] habite no meio de seu povo. Bendito seja o Senhor dia a dia; este Senhor nos cumulará com livramentos. Selah. Aquele que é nosso Deus é o Deus das salvações; e ao Senhor Jehovah[33] pertencem as saídas da morte. Seguramente Deus

---

30 "Isto é, um número de prisioneiros *cativos*. Vejam-se Juízes 5.12; Ester 2.6; Isaías 20.4." – *Arcebispo Secker*. Veja-se a frase semelhante em 2 Crônicas 28.5, 11; Números 21.1; Deuteronômio 21.10. "A alusão poderia ser aos triunfos públicos, quando os cativos eram levados em correntes, mesmo os reis e os grandes homens, que haviam feito outros seus cativos." – *Dr. Gill*.

31 Hebraico, באדם, *baädam, no homem*, "*na natureza humana*", diz Dr. Adam Clarke, "e Deus, manifestado na carne humana, habita entre os mortais." "Os dons que Jesus Cristo distribui *ao homem*, ele tem recebido *no homem*, em e por virtude de sua *encarnação*, e é em conseqüência de se ter feito homem que ele nos capacita a dizermos: 'o Senhor Deus habita entre nós'; pois Jesus foi chamado *Emanuel*, 'Deus-conosco', em conseqüência de sua encarnação."

32 O hebraico, aqui, não é יהוה, *Jehovah*, e, sim, יה, *Jah*.

33 "É digno de nota que enquanto אלהים ocorra neste Salmo vinte e seis vezes, אדני ocorre sete vezes, e אל, cinco vezes, יהוה ocorre apenas duas vezes." – *Rogers' Book of Psalms in Hebrew*, vol. II. p. 221.

ferirá a cabeça de seus inimigos, o crânio cabeludo daquele que anda em sua impiedade. Disse o Senhor: Eu os farei retroceder de Basã; eu trarei novamente das profundezas do mar; para que teu pé seja manchado com sangue, sim, a língua de teus cães no [sangue] de teus inimigos. Ó Deus, eles têm visto as tuas atividades no santuário, sim, as atividades de meu Deus, meu Rei.

18. Tu subiste ao alto, levaste cativo o cativeiro. É possível que haja alguma dúvida se estas palavras se destinam a magnificar as provas do favor divino proporcionadas na elevação de Davi ao trono, ao contrastar o estado das dificuldades com o [estado] sob [o reinado de] Saul. O *subir ao alto* implica o haver descido previamente, e ele informa que, sob as sombrias confusões que haviam prevalecido no reino, não havia mais a mesma conspícua exibição da glória divina como anteriormente. O governo de Saul que, desde o início, havia se originado de uma forma condenável, se destinou a cair no desprazer de Deus, enquanto seu favor, em contrapartida, se destinava a ser restaurado sob [o governo de] Davi; e as inegáveis aparências deste não deixou lugar a dúvida de que aquele que começou seu reinado sob tais auspícios era o objeto da eleição divina. Davi, ainda que se distinguira com coragem nas batalhas que se deflagrava, atribui toda a glória delas a Deus, dizendo que fora ele quem fizera cativo os inimigos, e os forçou a pagar tributo e reduziu os mais ferozes e rebeldes à sujeição. Pelo termo סוררים, *sorerim*, *rebeldes*, contumazes ou revoltosos, evidentemente ele tinha em mente uma classe distinta de pessoas dos outros inimigos, as quais ele menciona como tendo sido feito cativos; e notifica que, embora aqueles que não se aventuravam a resistir, e que se rendiam, foram conduzidos sob jugo, os mais soberbos e insubordinados foram forçados à submissão. O fim a que isso se destina é declarado nas palavras que se seguem, a saber, **para que Deus habitasse no meio de seu povo**; e para que ele demonstrasse ser um protetor auto-suficiente em relação aos que põem nele sua confiança.

Visto que a passagem que ora estivemos considerando é aplicada por Paulo a Cristo num sentido mais espiritual [Ef 4.8], torna-se necessário demonstrar como isso concorda com o significado e escopo do salmista. É preciso estabelecer como uma verdade axiomática que Davi, ao reinar sobre o antigo povo de Deus, prefigurava o princípio do eterno reino de Cristo. Isso parece evidente a todo aquele que se relembra da promessa a ele feita de [receber] uma sucessão ininterrupta, o quê recebeu sua autenticação na pessoa de Cristo. Como Deus ilustrou seu poder em Davi, exaltando-o com o intuito de livrar seu povo, assim ele magnificou seu nome em seu Filho unigênito. Consideremos, porém, mais particularmente, como o paralelo se concretiza. Cristo, antes de ser exaltado, esvaziou-se de sua glória, havendo assumido não simplesmente a forma de servo, mas humilhou-se até ao ponto de morrer por crucifixão. Para mostrar quão exatamente a figura se cumpriu, Paulo observa que o que Davi predissera se concretizou na pessoa de Cristo, ao ser ele lançado nas regiões mais baixas da terra na exprobração e ignomínia a que se submeteu antes de sua ascensão à destra de seu Pai [Sl 22.7]. Ao termos em mente a ascensão, não devemos confinar nossa visão ao corpo de Cristo, mas nossa atenção é direcionada para o resultado e fruto dela, ao sujeitar ele céu e terra ao seu governo. Os que eram anteriormente seus inveterados inimigos, ele compeliu à submissão e os fez seus tributários – sendo esse o efeito da palavra do evangelho, o de levar os homens a renunciarem seu orgulho e sua obstinação e ao reprimir todo pensamento soberbo que se exalta e reduzir os sentidos e as afeições dos homens à obediência a Cristo. Quanto aos demônios e homens réprobos que se deixam instigar à rebelião e sublevação pela malícia obstinada, ele os mantém dominados por secreto controle e os impede de executar a destruição que engendraram. Até aqui o paralelo é completo. Tampouco, ao falar Paulo de haver *Cristo concedido dons aos homens*, há qualquer inconsistência real com o que é aqui afirmado, embora ele tenha alterado as palavras, havendo seguido a versão grega à guisa de acomodação aos leitores incultos.[34] Não foi a ele mesmo que Deus

---

34 As palavras de Paulo não são exatamente as da Septuaginta, sendo desta a presente redação

enriqueceu com os despojos dos inimigos, mas a seu povo; e tampouco carecia Cristo de buscar seu próprio benefício, mas fez seus inimigos tributários para que pudesse adornar sua Igreja com o despojo [deles]. À luz da estreita união subsistente entre a cabeça e os membros, dizer que Deus manifestado na carne recebeu dons dos cativos é uma e a mesma coisa que dizer que ele os distribuiu com sua Igreja. O que se diz no final do versículo não é menos aplicável a Cristo – que ele granjeou suas vitórias para que, como Deus, pudesse habitar entre nós. Embora haja ele partido, não foi com o intuito de manter-se à distância de nós, mas, como diz Paulo, "para que pudesse encher todas as coisas" [Ef 4.10]. Por sua ascensão ao céu, a glória de sua divindade foi ainda mais ilustrativamente exibida, e ainda que não mais esteja presente conosco na carne, nossas almas recebem nutrição espiritual de seu corpo e sangue, e descobrimos, não obstante a distância de lugar, que sua carne é real comida, e seu sangue, verdadeira bebida.

19. Bendito seja o Senhor etc. Davi deseja que compreendamos, ao rememorarmos os mais particulares livramentos que Deus efetuara, que ele não queria afastar nossas mentes do fato de que a Igreja é constante e finalmente devedora pelo cuidado e proteção que Deus mantinha para sua segurança. Ele acrescenta: *Bendito seja Deus dia a dia*. E notifica que os livramentos seriam esperados dele com imensa abundância de toda sorte de bênçãos. Alguns lêem: *ele cumulará*; e outros: *ele carregará*.[35] Mas é de pouca importância que redação adotemos. Ele realça o fato de

---

ἔλαβες δοματα ἐν ἀνθρώπῳ, "Tu recebeste dons para o homem"; enquanto que as palavras de Paulo são: ἔδωκε δόματα τοῖς ἀνθρώποις. Bloomfield, porém, pensa que ἐν ἀνθρώπῳ, na Septuaginta, é uma corrupção para ἐπ᾽ ἀνθρώποις; e que Paulo lê nessa versão ἔλαζες δοματα ἐπ᾽ ἀνθρώποις, sendo que o verdadeiro sentido das palavras hebraicas não é mais que isto: "Recebeste dons em favor dos homens"; isto é, para dar aos homens. Paulo, pois, poderia dizer ἔδωκε em vez de ἔλαζες ἐπι, para fazer o sentido mais claro; como faz também a Paráfrase Caldaica, bem como os tradutores da Siríaca e Arábica. As palavras de Paulo evidentemente não pretendiam ser uma citação vulgar, como aparenta ser à luz de sua mudança da segunda para a terceira pessoa.

35 "A palavra עמס, *amas*, a qual traduzimos por *cumular*, significa *erguer, agüentar, suportar* ou *carregar um fardo em lugar de alguém*. Daí, ela não deve ir muito além do significado ideal: 'Bendito seja o Senhor, dia a dia, que carrega nossos fardos por nós." – *Dr. Adam Clarke*. Boothroyd, ao contrário, assevera que, "como um verbo ativo está implícito, 'cumular, pôr um irmão sobre o outro', mas em nenhum exemplo agüentar ou suportar alguém (1Rs 12.2)."

que Deus apresenta provas contínuas de sua benevolência para com seu povo, e é incansável em renovar os exemplos dela. Eu leio: *este Senhor*, na segunda parte do versículo, pois a letra ה, *he*, prefixada no hebraico, tem com freqüência a função de um pronome demonstrativo; e o salmista pretendia realçar, como com o dedo [em riste], aquele Deus em quem sua confiança devia estar posta. E assim no versículo seguinte, o qual podemos ler: *Este nosso Deus é o Deus da salvação*. O que aqui se diz coincide com o escopo do que imediatamente precede, e se destina a comunicar a verdade de que Deus protege constantemente sua Igreja. Ao dizer, *este Deus*, ele administra um freio à tendência humana de ter sua mente desviada do único e verdadeiro Deus. A salvação divina é posta diante da vista de todos os homens, sem exceção, mas é mui apropriadamente representada aqui como algo peculiar aos eleitos, para que se reconheçam como perenemente devedores ao cuidado preservador de Deus, ao contrário dos ímpios que pervertem, para sua destruição, aquilo que poderiam ter experimentado para a vida, em virtude de sua ingratidão. A palavra hebraica, no versículo 20, é *salvações*, no plural, para convencer-nos de que, quando a morte nos ameaçar de muitas e diversas formas, Deus pode facilmente oferecer-nos os meios necessários de preservação, e que devemos confiar na e experimentar a mesma misericórdia sempre que ela, uma vez mais, nos for estendida. A última cláusula do versículo traz o mesmo significado, onde nos é dito que ao Senhor *pertence as saídas da morte*. Alguns lêem *as saídas para a morte*,[36] supondo que a referência

---

36 A Septuaginta traz: Τοῦ Κυρίου διέξοδοι τοῦ θανάτου, "Ao Senhor pertence as passagens da morte", expressando os caminhos pelos quais a morte *vem* sobre os homens para destruí-los. A Vulgata traz "exitus mortus", "as saídas da morte"; e a Paráfrase Caldaica, "De diante do Senhor, a morte e o extinguir da alma por asfixia, para contender ou lutar contra os ímpios." Hammond segue a LXX. Ele observa que as palavras originais "devem ser traduzidas literalmente – *saídas para a morte* – e deve significar as diversas pragas e juízos infligidos por Deus aos inimigos impenitentes, os meios de punir e destruir os egípcios e cananeus, afogando no mar, matando pela espada, mandando enxames de vespões etc.; e estes devem ser apropriadamente atribuídos e imputados a Deus, como os livramentos dos israelitas, seu povo, na primeira parte do versículo; e para este sentido o versículo 21 subseqüentemente se inclina: 'Sim, Deus ferirá.' Horsley traduz assim o versículo:
"Aquele que é nosso Deus é um Deus de salvação,
E para a morte estão os fluxos do Senhor Jehovah;
  isto é, diz ele, quando Jehovah toma o campo, mortífera é a batalha para seus inimigos."

é ao caso de que Deus pode vingar e destruir seus inimigos; mas essa parece uma interpretação forçada. O significado mais natural é obviamente o seguinte: Deus tem meios mui singulares, que nos são desconhecidos, de livrar seu povo da destruição.[37] Ele aponta para a peculiaridade da forma dos livramentos divinos, ou seja, que Deus, geralmente, não desvia inteiramente de seu povo a morte, mas lhes permite que caiam, até certo ponto, sob seu poder, e depois inesperadamente os resgata dela. Esta é uma verdade particularmente digna de nossa observação, ensinando-nos a precaver-nos de julgar pelos sentidos os métodos dos livramentos divinos. Por mais fundo mergulhemos nós em dificuldades, aprendamos a confiar no poder do Deus que alega ser sua obra peculiar abrir uma via [de escape] por onde o homem nada pode ver.

21. Seguramente Deus ferirá etc. Os inimigos da Igreja são ferozes e formidáveis, e é impossível que ela se livre de seus contínuos assaltos sem que lhe seja estendida uma vigorosa proteção. Para convencer-nos de que ela desfruta de tal defesa, Davi representa Deus como que armado com terrível poder para a destruição dos ímpios. Quanto ao escopo, o versículo se acha conectado com o [versículo] precedente, e podemos traduzir a partícula hebraica, אך, *ach*, por *razão*, *motivo*, ou *por essa conta*; tudo indica, porém, ser melhor considerá-la como que expressando simples afirmação. Devemos observar a circunstância em que Deus enumera todos aqueles seus inimigos que perseguem sem razão os justos, e assim nos assegura de estar sempre pronto a interferir em nossa defesa. O zelo que ele sente por nossa preservação é forçosamente comunicado pelas expressões que se seguem, ou seja, que **ele ferirá a cabeça de seus inimigos, e o crânio cabeludo**;[38] notificando que infligirá uma ferida mortal e incurável

---

[37] Concordemente com isso, Hewlett observa que "as saídas da morte significam os muitos e providenciais escapes e livramentos da morte"; e Boothroyd traduz:
"Pois a Jehovah devemos nossos escapes da morte."
A versão Siríaca traz: "O Senhor Deus é o Senhor da morte e do escape."

[38] Os bispos Hare e Horsley supõem que haja aqui uma alusão ao costume do povo naquelas regiões árabes, o qual mantinha seu cabelo preso ao alto da cabeça, para que, com suas cabeças não raspadas e cabelos desgrenhados, pudessem parecer mais ferozes. "As expressões, 'a cabe-

naqueles que acossam sua Igreja. Isso é ainda mais notavelmente realçado no que se adiciona imediatamente a seguir, onde Deus é descrito a vaguear no meio da destruição.

22. O Senhor disse: Eu os farei voltar de Basã. Para que os israelitas não fossem levados a nutrir um conceito irreligioso e vanglorioso de suas vitórias; para que olhassem para Deus como o autor delas e repousassem certos de sua proteção em tempos futuros, Davi os faz retroceder aos períodos primevos de sua história, e os leva a refletir como seus pais foram originalmente conduzidos pelas mãos vitoriosas de Deus, tirados das mais profundas tribulações. Ele ainda quis contestá-los dizendo que, se no princípio Deus resgatou seu povo das mãos de gigantes e das profundezas do Mar Vermelho, então não deviam imaginar que ele os abandonaria em perigos semelhantes; deviam, sim, estar certos de que ele os defenderia em toda e qualquer emergência que porventura surgisse. Os profetas nutrem um perene hábito, como se sabe muito bem, de ilustrar a misericórdia divina fazendo referência à história da redenção de Israel, para que o povo do Senhor, retrocedendo ao seu grande livramento original, encontrasse sólida razão para esperar interferências do mesmo gênero no futuro. Com o intuito de provocar uma impressão mais profunda, Deus é introduzido falando a si próprio. À luz do que ele diz, pode considerar-se como uma asseveração de sua prerrogativa divina de trazer os mortos novamente à vida, pois a passagem de seu povo pelo Mar Vermelho, bem como a vitória sobre os guerreiros gigantes, eram uma espécie de ressurreição.[39] Há quem leia: *Eu farei o inimigo fugir de Basã*;[40] mas

---

ça', e 'crânio hirsuto'", observa o bispo Horne, "denotam a parte principal , a força, o orgulho e a glória do adversário que estava para ser massacrado"; e Roberts, em seu *Oriental Illustrations*, observa que "essa linguagem , *'ferindo o crânio cabeludo*', ainda usado no Oriente, equivale dizer: "Eu te matarei."

39 Ou, "Eu os trarei de volta de Basã" pode ser assim explicado: Eu farei por meu povo as mesmas maravilhas que fiz nos dias antigos; fá-los-ei vitoriosos sobre seus orgulhosos inimigos, como fui antes capaz de triunfar no conflito com Ogue, rei de Basã (Dt 3.3, 4); e os livrarei dos maiores perigos, como os salvei do Mar Vermelho, abrindo-lhes uma passagem pelo meio do Mar.

40 Walford considera as pessoas aqui mencionadas, não o povo de Deus, mas seus inimigos. "É evidente", diz ele, "à luz do versículo seguinte, que as pessoas que estão aqui implícitas são os

isso não se pode aceitar e nem se harmoniza com o contexto, como se segue: **Eu os trarei de volta das profundezas do mar**. Ao representar Deus como rociado ou manchado com sangue, Davi não lhe atribui crueldade alguma, mas propõe-se a mostrar ao povo do Senhor quão querido e precioso são eles a seus olhos, considerando o zelo que ele manifesta em sua defesa. Sabemos que Davi mesmo longe estava de ser um homem de disposição cruel, e longe estava de alegrar-se na destruição dos ímpios a pretexto dos mais puros e mais justos motivos, proporcionando uma exibição dos juízos divinos. O que é aqui atribuído a Deus pode igualmente ser asseverado como sendo de sua Igreja, pois a vingança com que os ímpios são visitados é aplicada pelas mãos dela. Há quem leia a conclusão do versículo: *a língua de teus cães em teus inimigos, até mesmo nele*, isto é, o rei e príncipe de todos eles. Essa não é a intenção do salmista, a qual simplesmente consiste em que as línguas dos cães estariam rubras por lamberem sangue, tão grande seria o número de corpos mortos dispersos por toda parte.

24. Ó Deus, eles viram tuas atividades. Este versículo poderia referir-se a procissões de tipo militar, ou àquelas que são organizadas em tempos de paz pelos que querem agradecer [a Deus] pela vitória. O povo de Deus tinha o costume, em ocasiões como a que é aqui descrita, sair e apresentar ofertas pacíficas no templo. Esse fato tem levado alguns a entenderem *as atividades de Deus*[41] como sendo as multidões

---

inimigos de Deus e de seu povo; porque o propósito pelo qual deviam ser trazidos era para que seu povo triunfasse completamente sobre eles em seu completo massacre e destruição. Estes, diz ele, serão trazidos de volta de Basã e dos abismos do mar; referindo-se, portanto, às vitórias que haviam conquistado sobre os reis dos cananeus e o triunfo de Israel no Mar Vermelho. O desígnio desta declaração é expressar a determinação de Deus de levar todos os seus inimigos à destruição; mesmo que estivessem eles nos altos de Basã ou nas profundezas do oceano, não escapariam; a mão divina os alcançaria e o poder divino os destruiria completamente. Em Amós 9.2 e Obadias 4, há duas sublimes ilustrações do sentimento que aqui se expressa." "Basã ficava ao oriente da Judéia", diz Boothroyd, "e o mar, ao ocidente; de modo que o significado consiste em que Deus traria seus inimigos de todos os cantos do mundo para serem mortos por seu povo."

41 "Isso sem dúvida se refere à ordem da procissão em sua marcha, bem como a ordem das procissões religiosas em geral. Nas procissões religiosas e festivas dos hindus, obedecem-se à mesma ordem e classes de participantes. Os cantores e as mulheres precedem, cantando cânticos apropriados à ocasião; e então os instrumentistas vêm a seguir." – *Illustrated Commentary upon the Bible*.

de seu povo quando ia ao templo. Disponho-me, porém, a pensar que Deus mesmo é aqui representado como um rei guiando e marchando com seus exércitos. Por conseguinte, adiciona-se, *no santuário*, expressão essa sob a qual há uma oportuna alusão ao símbolo visível da presença divina. A grande razão por que Deus se compromete a guardar seu povo, e sair adiante dele para repelir os ataques do inimigo, é porque ele prometeu que ouviria suas orações no santuário. Ele é, portanto, descrito como se fosse visto saindo de sua santa habitação, para conduzir seu povo à vitória. Davi o chama, *meu Rei*, com o intuito de desviar a atenção de seu povo, de si mesmo, e levá-lo a ponderar sobre o nome que pertencia a um débil mortal, como ele mesmo o era, em sua mais elevada aplicação ao supremo Cabeça de todos. É verdade que ele fala em nome do povo, mas não com o intuito de excluir-se.

[vv. 25-27]
Os cantores iam adiante, os tocadores de instrumentos seguiam após; no meio estavam as donzelas tocando tamborins.[42] Bendizei a Deus na congregação, sim, ao Senhor, ó vós que sois a fonte de Israel! Ali está o pequeno Benjamim, que governa sobre eles, os príncipes de Judá, em suas assembléias, os príncipes de Zebulom e os príncipes de Naftali.

25. Os cantores iam adiante. É evidente que ele agora não está falando de um exército aparamentado para a batalha, mas de uma solene assembléia reunida para oferecer ações de graças a Deus pela vitória.

---

42 "O instrumento musical aqui traduzido por 'tamborim' era um pequeno tambor, segurado na mão (Êx 15.20) e tocado com pancadas com a mão ou com os dedos, como é provável à luz de Naum 2.7. Era usado em ocasiões tanto civis quanto religiosas; e é às vezes mencionado, como se faz aqui, como sendo usado por mulheres, mas às vezes também por homens. Era bem parecido, se não era o mesmo tipo de instrumento, com o moderno *diff* sírio, o qual é descrito pelo Dr. Russel como 'um arco (às vezes com pedaços de metal fixados nele para provocar tinidos), sobre o qual estendia-se uma folha de pergaminho. É percutido com os dedos; e é o genuíno tímpano dos antigos, como transparece de sua figura em diversos relevos a representar os órgãos de Baco e os ritos de Cibele. É digno de nota que, segundo Juvenal, os romanos houvessem adquirido esse instrumento da Síria'. Niebuhr também nos fornece uma descrição singular e uma gravura de um instrumento que (segundo sua linguagem germânica), diz ele, se chama *döff*. Ele nos informa que 'o seguravam pelo fundo, no ar, com uma mão, enquanto com a outra o tocavam'. O *diff* oriental parece ser bem parecido com o que é conhecido pelos franceses e ingleses [e brasileiros] pelo nome de *tamborim*." – Mant.

Deus havia publicamente demonstrado ser seu líder na guerra, e a ele dirigem com propriedade o cântico de triunfo. Faz-se menção de coros distintos empregados em seu serviço, e particularmente de instrumentistas a tocarem seus tamborins; pois, por mais absurda nos pareça tal prática, era então costume que as mulheres tangessem tal instrumento. Pelo termo, *fonte*,[43] da qual são convocados a bendizer a Deus, alguns deduzem *o coração*, pois sabe-se muito bem que os louvores que procedem meramente dos lábios, e portanto hipócritas, recebem a divina reprovação. Eu, porém, imagino ser este o genuíno significado, a saber: todos os que podiam deduzir sua origem do patriarca Jacó são intimados a louvar ao Senhor. Muitos talvez não conseguissem manter o caráter que correspondia à sua sublime vocação; mas, como toda a raça havia sido escolhida por Deus, o salmista, mui apropriadamente, convida a todos a se engajarem nesse exercício devocional. Ao mesmo tempo, não vejo inconveniência alguma na opinião, caso alguém persista em preferi-la, ou seja, que o termo é aqui usado para distinguir os verdadeiros santos de Deus daqueles que vãmente se vangloriavam de ser a posteridade de Abraão, embora houvessem se degenerado de seu espírito. Aqueles que andam somente nas pegadas da fé de Abraão são reconhecidos como seus filhos. Tem causado certa estranheza em alguns o fato de, na descrição geral das santas assembléias do povo, haver-se atribuído certa preeminência à tribo de *Benjamim*. Segundo alguns intérpretes, isso se deve à posição que ela ocupava, por viver próxima a Davi; e o fato de dar honra às tribos de *Zebulom* e *Naftali*,[44] as quais, ainda que estando a

---

[43] "Metáfora essa denotando a posteridade de Israel, oriunda, por assim dizer, de uma nascente ou fonte comum." – *Mant*. A emenda conjetural do bispo Hare fornece um bom sentido; mas parece ser desnecessária. Em vez de ממקור, *mimmekor*, ele propõe o termo מקור, *mekor*, e então a passagem ficaria assim:

"A fonte donde emanam as bênçãos à raça de Israel."

Horsley traduz assim: "O Senhor do rebanho de Israel"; e o explica como procedente do Messias que era do rebanho de Israel segundo a carne. Fry imagina que a redação mais estrita poderia ser: "*da pedreira de Israel*; cavado, por assim dizer, desse poço, talhado dessa rocha. Veja-se Isaías 51.1."

"Olhai para a rocha *donde* fostes cortados,
E para a caverna do poço *donde* fostes cavados."

[44] Zebulom e Naftali ficavam na Galiléia, divididas pela meia tribo de Manassés; a primeira pelo Jordão, a última pelo Lago de Genesaré.

uma grande distância, eram de uma maneira particular amigas e ligadas a ele. Outros acreditam que toda a nação é representada sob as tribos específicas, as quais ficavam algumas mais próximas e outras mais distantes.⁴⁵ Tais conjeturas⁴⁶ são bastante prováveis, mas a questão é do tipo que poderia ser deixado na dúvida, uma vez que pode ter havido alguma outra razão que se torna impossível descobrirmos. Tem-se sugerido que Benjamim é chamado *pequeno* em razão da exigüidade de seu número, havendo sido a tribo quase de todo exterminada pelo crime dos homens de Gibeá [Jz 19.20]; Davi, porém, provavelmente não chamou a atenção para algum reproche desse gênero, chamando-os a tomar parte tão proeminente nos louvores de Deus.⁴⁷ Os escritores inspirados, ao falarem das tribos, às vezes aludem aos patriarcas de quem recebiam respectivamente sua origem; tampouco causa surpresa que a posteridade de Benjamim, que era o mais jovem dos filhos de Jacó,⁴⁸ receberia a designação que aqui se lhe dá; e a verdade é que, mesmo antes do pesado golpe que recaiu sobre eles, não eram numerosos. Os intérpretes, por consenso geral, têm considerado o fato de Benjamim ser chamado *dominador*, como Saul que foi o primeiro rei, o qual pertencia

---

45 "Por que essas tribos em particular? Poderia ser Judá (havendo, em vez de Rúben, conseguido a bênção que comunicava o privilégio de ter em sua linhagem o Principal Chefe e Messias) e Benjamim (צעיר) o mais jovem? Ou Judá e Benjamim, como duas das tribos mais ao sul e mais próximas de Jerusalém; e Zebulom e Naftali, como duas tribos que ficavam mais ao norte e mais distantes? Como outra forma de expressar, 'desde Dã a Berseba', com o fim de incluir todas." – *Dr. Lowth*.

46 Dentre outras conjeturas, as seguintes são um exemplo: "Quanto a Zebulom e Naftali, por que seus nomes são adicionados mais que quaisquer outras tribos, a razão poderia, talvez, ser extraída do que encontramos profetizado acerca de ambas (Gn 49; Dt 33; e Jz 5) por Jacó, Moisés e Débora, que excelência e conhecimento seriam mais eminentes nessas duas tribos. De Naftali, se diz (Gn 49.21): 'Naftali é uma gazela solta; ele dá palavras formosas'; e de Zebulom (Jz 5.14): 'e de Zebulom os que levaram a cana do escriba'. – *Hammond*. "Então se especificam as tribos de Judá, Zebulom e Naftali, não como se fossem as únicas tribos presentes, mas como a ocupar, talvez, as fileiras mais nobres na procissão, e seguidas por todas as demais tribos." – *Walford*

47 "Car David appelant yci ceux qui devoyent faire le plus grand devoir et estre les premiers à annoncer les louanges de Dieu, n'eus pas fait mention de ceste acte qui estoit ignominieux, et tendoit grandement à leur deshonneur." – *v.f.*

48 A Septuaginta traz: "Ali está Benjamim, o mais jovem." Ele era o filho da velhice de Jacó; e a esse fato há uma alusão no nome, o qual se compõe de בֶּן, *ben, um filho*, e יָמִים, *yamin, de dias* (segundo a terminação plural caldaica, יִן, *yin*), notificando que ele era o filho da velhice de seu pai [Gn 44.20], e não, como se diz comumente, *o filho de minha destra*. – *Bythner*.

a essa tribo; mas não consigo imaginar ser provável que Davi houvesse feito uma alusão tão sem propósito à memória de Saul, cujo governo é em toda a Escritura representado como impregnado de desdita, e o qual ficaria para sempre sepultado pelo governo de seu sucessor, cujo reinado é tão proeminentemente apresentado neste Salmo. A conjetura mais provável seria que este título de dignidade é aplicado a fim de trazer honra sobre a tribo, a qual alguns poderiam desprezar por sua pequenez, e a fim de notificar que os benjamitas, ainda que poucos em número, e sem possuírem grande influência, formavam uma liderança em Israel no mesmo nível que os demais.⁴⁹ Outros poderiam dispor-se a pensar que teria havido algum indivíduo ilustre nessa declaração, e que as duas tribos fossem mencionadas juntamente com ele, ou que toda a tribo se manifestasse de forma proeminente em alguma batalha recente. Embora se faça menção honrosa dessas tribos, todavia se dá lugar principal aos príncipes de Judá que se reuniram nesse tempo. Há quem pense que a conjunção esteja subentendida, e lê: *os príncipes de Judá e suas congregações*. A palavra hebraica que traduzimos por *congregação* é por outros traduzida por *apedrejamento*.⁵⁰ Mas tudo indica ser preferível construir as palavras como subentendendo que essa tribo presidia a assembléia que marchava para a guerra sob seus auspícios. O poder de convocar o povo a reunir-se, portanto, diz-se pertencer a Judá, e ele é representado como sendo honrado com o governo e primazia do reino.

---

49 "Caput tamen unum efficere." – *v.l.* "Font toutesfois un chef comme les autres lignees." – *v.f.*

50 A palavra רגמתם, *rigmatham*, aqui traduzida por *congregação* ou *assembléia*, significa, segundo Parkhurst, *um monte de pedras para defesa, uma amurada de pedras*; e ele a considera como sendo, aqui, aplicada metaforicamente aos príncipes de Judá que, por assim dizer, eram *a amurada* de Israel. Horsley adota a mesma redação: "Os príncipes de Judá, sua amurada." Hammond, após declarar que a palavra significa *uma pedra*, observa que "ela é aqui usada num sentido metafórico para *dominador* ou *governador*, como uma pedra fundamental que suporta todo o edifício, e que pode adequadamente aplicar-se a uma comunidade, e então significar o príncipe dela." Nesse sentido o LXX, sem dúvida, subentendeu רגמתם, *rigmatham*, e a traduziu ἡγεμόνες αὐτῶν, "seus governantes". "É possível que signifique", diz Pike, em seu Léxico Hebraico, "sua suprema autoridade, significada por *apedrejamento*, pena capital entre os israelitas, da mesma forma que era representada entre os romanos pelos Fasces e Securis, instrumentos de castigo levados perante os cônsules." Jerônimo, contudo, a tomou por outra palavra quase semelhante em suas cartas, significando púrpura – "in purpura sua" –, mas isso leva à mesma coisa como está na tradução da Septuaginta. Dathe tem 'agmen', 'um grupo'; e segundo Gesenius, ela significa 'uma multidão, populacho, bando'".

[vv. 28-30]
Teu Deus ordenou tua força; fortalece, ó Deus, o que já fizeste em nós. Desde teu templo em Jerusalém, os reis te trarão presentes. Destrói a companhia dos lanceiros [literalmente, dos juncais], a multidão de touros com os novilhos dos povos, pisando com seus pés em peças de prata; dispersa os povos que se deleitam na guerra.

28. Teu Deus ordenou tua força. Os homens se dispõem sempre a arrogar para si a glória do que porventura tenham feito em vez de atribuir a Deus seu sucesso; e Davi lembra ao povo uma vez mais que não haviam triunfado em virtude de sua própria força, mas em virtude do poder do alto a eles comunicado. Se porventura houveram se portado com bravura no campo, ele teria considerado que fora Deus quem os inspirara com tal coragem, e os resguardaria contra a soberba que ignora e despreza a divina benevolência. Usando de uma reflexão que os faria inclinar-se mais com humildade mental, ele chama sua atenção para a dependência na qual poderiam ficar firmes no futuro, recebendo em continuação o mesmo favor e proteção; sendo a grande causa da confiança presunçosa o fato de não sentirmos nosso próprio desamparo, e não nos deixarmos levar pelo senso dele para recorrermos humildemente a Deus em busca da satisfação de nossas necessidades. Outra lição que a passagem nos ensina consiste nisto: o que mais se requer além de Deus nos visitar inicialmente com sua graça preventiva, é que permaneçamos constantemente necessitados de sua assistência ao longo de toda nossa vida. Se isso procede quanto ao bem-estar literal, onde nosso conflito é com a carne e o sangue, então é mais procedente no que concerne às questões da alma. É impossível que suportemos um momento sequer na luta contra inimigos, tais como Satanás, o pecado e o mundo, se não recebemos de Deus a graça que garante nossa perseverança.

O que se diz do templo, no versículo seguinte, tem o propósito de efetuar a mesma força de sentimento que já foi expresso. Apresenta a razão por que Deus usou seu poder mais em favor dos israelitas do que em favor de outros; o que se deu para que o mesmo se exibisse no ingresso da arca do concerto no santuário. Daí a ênfase que Davi lhe imprime numa parte anterior do Salmo – *o Deus de Israel*. Não foi em vão que Deus houvera erigido seu santuário ou prometera sua presença em conexão com ele; e seu poder é aqui representado a emanar do templo, para denotar que a única garantia de seu favor era que o mesmo se alicerçava em seu gracioso pacto e promessas. Há quem leia: *desde teu templo em Jerusalém* – interpretação essa insípida, e a qual não expressa a intenção do salmista. Sua oração visava a que o poder divino fosse ordenado do santuário sobre o povo eleito, aqui denotado pelo uso de uma figura comum de linguagem por Jerusalém. Pode-se perguntar como poderia ele falar do templo, quando o mesmo ainda não havia sido edificado. A palavra *templo* ou palácio pode haver sido usada para expressar o tabernáculo. Isso, pelo menos, creio ser mais provável do que dizer que ele fala do templo por antecipação, como alguns pressupõem; e não pode haver dúvida de que a arca já havia sido estabelecida em Sião. Havendo já atribuído a Deus toda a honra das recentes vitórias, ele procede a vindicar sua pretensão de cumular os frutos delas, asseverando que os reis que foram subjugados reconheceriam que Deus havia sido seu vencedor, bem como tornar-se tributários de Davi e de seus sucessores – circunstância essa que poria o povo de Deus sob a obrigação adicional de presentear-lhe com suas espontâneas oferendas de louvor.

30. Destrói a companhia dos lanceiros. Há quem leia *repreende*; eu, porém, aprovo a distinção que já se notou por aqueles que são mais hábeis no manuseio do idioma hebreu, os quais dizem que, embora o verbo נער, *gear*, tenha este significado quando a letra ב, *beth*, é interposta, sem ela ele significa *destruir*. A palavra חית, *chayath*, a qual traduzi por *companhia*, tem sido traduzida por besta [animal selvagem],[51] mas tal sentido não é possível aplicar-

---

[51] Em vez de *a companhia dos lanceiros*, a maioria dos críticos modernos considera *a besta selvagem dos canaviais* como sendo a tradução mais correta; e isso é subentendido por muitos como que representando o povo e o governo egípcios sob o emblema do hipopótamo, o behemoth da Escritura. Esse animal – sendo um quadrúpede de enorme proporção, de força prodigiosa, feroz

-se aqui. Davi evidentemente, nesta passagem, ora para que Deus livrasse seu povo eleito, destruindo seus cruéis e sanguinários inimigos. Ao chamar estes de a companhia do *canavial* ou *caniçal*,[52] ele não pretende dizer que fossem fracos, mas indica o tipo de armadura que usavam, e da qual faziam parte as lanças. O caniço, em alguns países, chega à desenvoltura de uma árvore ou, pelo menos, adquire toda a consistência da madeira, e pessoas adquirem o hábito de fazer dardos dela. No oriente, projéteis de defesa são comumente usados na guerra. Ele os compara, por sua ferocidade, a touros, pelo quê traduzi a palavra אבירים, *abbirim*; pois mesmo que fosse traduzida por *pessoas fortes* ou *valentes* – *a congregação dos fortes* –, ocasionalmente contém o outro significado; e visto Davi acrescentar: *novilhos do povo*,[53] parece evidente que usou uma figu-

---

e cruel em sua disposição e cuja pele é tão impenetrável que nenhuma flecha é capaz de perfurar – se refugia e repousa entre os altos juncos que se espraiam em abundância pelos barrancos do Nilo (Jó 40.21). É um emblema muito apropriado do poder do Egito, no auge de sua tão formidável grandeza, bem como os inveterados inimigos de Israel. E que o salmista aqui se refere a esse fator é o que parece mais provável, à luz de sua menção, na cláusula imediatamente posterior, dos touros e dos novilhos do povo, sendo que esses animais eram honrados e cultuados como divindades por essa degenerada e supersticiosa nação. Ou, as bestas selvagens dos canaviais, como alguns presumem, poderiam denotar o mesmo poder sob a representação do crocodilo, ao qual as características do hipopótamo, ora especificadas, são igualmente aplicáveis. Faraó, rei do Egito, é representado, em Ezequiel 29.3, 5 e 32.2, bem como no Salmo 74.14, por esse feroz e truculento animal. Esse animal, tudo indica, antigamente foi empregado como em emblema do Egito. Numa medalha que o imperador Agostinho cunhou depois de haver levado à completa bancarrota e depois de reduzir esse poderoso reino à servidão, o Egito é representado pela figura de um crocodilo amarrado com correntes a uma palmeira, com a inscrição: *Nemo antea relegavit*. Dathe, contudo, rejeita a opinião de que o crocodilo, e sob ele o rei do Egito, seja aqui designado; e observa que Davi cultivava paz com o rei do Egito, e que no versículo 31, os egípcios são enaltecidos como cultuadores do verdadeiro Deus. Ele supõe que *a besta selvagem dos canaviais* poderia ser um epíteto aplicado ao leão que costuma refugiar-se em lugares onde crescem os juncos, e que sob essa imagem poderia estar o rei da Síria, com quem Davi se defrontara em encarniçadas batalhas, como se faz abundantemente evidente à luz da história sacra. Dr. Lowth também supõe que *o leão* é aqui pretendido (veja-se seu *Lectures on Sacred Poetry*, vol. I. p. 135); e o mesmo ponto de vista é adotado por Schnurrer, Rosenmüller e outros.

52 O termo original é קנה, *kane*; daí a palavra *cana*.
53 Embora pela expressão, *a multidão de touros*, alguns entendem líderes poderosos, por *novilhos do povo* entendem a massa do povo, sem distinção de posição ou poder, e particularmente os jovens. Outros, porém, como o bispo Horne, supõem que, pela expressão, *os novilhos do povo*, a idéia são os novilhos-ídolos dos egípcios, seu Apis, Osiris etc, aos quais converteram em objetos de seu culto religioso. Horsley tem a redação: "A assembléia daqueles que põem sua força nos

ra para representar o ímpeto e fúria do inimigo, e provavelmente sua força, aos quais os israelitas eram totalmente sem páreo para o combate, exceto pela divina assistência. Não é tão fácil descobrir o significado da próxima cláusula do versículo: *pisando nas peças de prata*. O verbo hebraico, רפס, *raphas*, significa *pisar* ou, literalmente (pois ele aqui está na conjugação *hithpael*), *forçando-os a pisar*; e alguns crêem que a alusão é à arrogância e à vangloriosa soberba do inimigo. Outros dão um sentido exatamente oposto às palavras, afirmando que denotam submissão, e que o inimigo traria peças de prata como emblema de sujeição.[54] Como, porém, poderíamos supor que Davi estivesse orando pela destruição de inimigos que já estavam subjugados e pagando tributo no caráter de suplicantes? A isso se tem dito, em resposta, que era porque os inimigos retinham sua animosidade com todo o seu vigor em seus próprios peitos, dispostos a desafogar-se em rebelião na primeira oportunidade, mesmo quando privados das armas que não podiam exibir publicamente, e que isso é especialmente verdadeiro dos inimigos da Igreja, cuja antipatia é virulenta, sempre irrompendo-se de novo tão logo se lhes oferecia ocasião. Não vejo, porém, necessidade de fazer violência às palavras do salmista, e as tomo em sua plena aceitação no sentido em que o inimigo, em sua soberba, pisoteava as peças de prata. É possível que a referência seja aos adereços de prata em suas sandálias, visto que as nações orientais eram sempre proverbiais em seu fausto.[55] O que imediatamente se segue de

---

novilhos"; isto é, como ele o explica, "O povo do Egito, que cultuava os novilhos e confiava neles como seus deuses."

54 Na versão interlinear de Bagster, a tradução é: "cada um se submeterá com peças de prata." Wheatland e Silvester têm esta tradução:

"Até que cada um se submeta, então os atos hostis cessarão,

E com o tributo de prata devido pela paz."

55 Várias outras explicações se têm apresentado das palavras מתרפס ברצי־כסף, *mithrappes beratsey-kaseph*, traduzidas por Calvino, *pisando sob a planta de seus pés as peças de prata*, e as quais têm deixado os críticos em grande perplexidade. "Berlin traduz assim as palavras: 'calcantem frusta argenti', as quais explica assim: 'pavimentum argento tessellatum'. De Rossi explica as palavras assim: 'Quem se prové de lâminas de prata sob os cascos de seus corcéis.' Immanuel Ben Solomon, cujo *Scholia* sobre passagens seletas dos Salmos foi publicado por De

forma alguma favorece o sentido para o qual chamamos a atenção anteriormente, a saber: *dispersa o povo que se deleita na guerra*, onde ele sugere que buscavam ocasiões oportunas para intriga e sublevação, e gratuitamente atacavam àqueles que se dispunham a viver em paz. Ao depararmo-nos com Davi, depois de todas as vitórias que granjeara, insuflando ainda a si e a seu povo a confiar na proteção de Deus, seu intuito é ensinar-nos a desistirmos da esperança de ainda vermos a Igreja estabelecida num estado de perfeita tranqüilidade neste mundo, exposta, como vive, a uma sucessão de inimigos suscitados pela malícia de Satanás, designados por Deus para nossa provação e exercício de nossa paciência. Ao comparar seus inimigos às bestas aqui mencionadas, e ao observar que se

---

Rossi, apresenta a seguinte explicação: 'Dicit (vates scil.) quod Deus disperdit nationes, quae volunt malum inferre Israeli, et coetum taurorum, seu reges illustriores, ut reges Assyriae et Babylonis, quorum quisque conculcat frusta argentea; *i. e.*, incedunt cum lamina aurea sub pedibus suis ob multitudinem divitiarum suarum.'" – *Rogers' Book of Psalms*, vol. ii. p. 223. A versão do Dr. Geddes é:
"A assembléia dos potentes senhores das nações,
Que pisam em ladrilhos de prata";
e supõe que o poeta alude aos pisos dos palácios dos reis orientais, os quais eram feitos de prata. Dr. Jubb traduz a frase assim: "os quais se excitam com fragmentos de prata"; e considera a alusão à dança dos egípcios diante de seus novilhos-ídolos, com os instrumentos sonoros chamados Sistra. Que tinham o costume de dançar diante desses ídolos é evidente à luz de Êxodo 32.6, onde somos instruídos que o povo de Israel, imitando a idolatria egípcia, ergueu-se com hilaridade e dança diante do bezerro de ouro; pois esse é o significado das palavras, "levantaram-se para divertir-se", como transparece dos versículos 17, 18 e 19. E que usavam o *sistrum* nas festas religiosas, Heródoto nos informa no segundo livro de sua História. As palavras, *peças de prata*, segundo Jubb, significam pequenas peças de metal soltas, com as quais o *sistrum* bamboleava ao redor, as quais emitiam um som agudo quando o instrumento era tangido. Essa descrição se adequa aos egípcios; e que ela realmente lhes pertence é fácil de inferir-se, com algum grau de probabilidade, do versículo seguinte, onde se diz: "Os príncipes virão do Egito", como se a dominação dessa nação, imprecada no versículo seguinte, fosse aqui plenamente pressuposta. Tucker tem aqui uma nota muito boa. "Davi", diz ele, "invoca o Messias para que suscitasse o poder do Egito; mas, em sua aversão pela idolatria do Egito, não se digna mencioná-los senão em termos os mais desdenhosos. Ele não diz: Repreende a assembléia dos que adoram touros e novilhos, e dançam ao redor dos altares ao som de instrumentos de prata, mas classifica o povo numa paridade com os ídolos aos quais adoravam – 'a assembléia de touros e novilhos, que dança para pedaços (ou peças) de prata.'"
"O *sistrum* tinha uma forma oval, ou um semicírculo dilatado, na forma de um tiracolo, com arames metálicos cruzados, que passavam por furos e se enganchavam por meio de cabeças achatadas. O instrumentista tocava nele vibrando o *sistrum* cadenciadamente, e desse modo os arames metálicos emitiam um som agudo e alto." – *Mant.*

deleitavam na guerra, sua intenção, sem dúvida, era influenciar a mente do povo de Deus a disposições contrárias de clemência e misericórdia, como sendo aquela chama do espírito no exercício da qual somos condicionados à esperança de receber a assistência divina. Quanto mais violentamente seus inimigos se enfureciam, e quanto mais ilícitas fossem suas tentativas, mais razão tinham eles de esperar aquela interferência divina que humilha a soberba e arrogância deste mundo. Sendo tal o caráter de Deus, aprendamos desta oração de Davi a recorrer a ele com confiança em algum tempo de imerecida perseguição, crendo que ele é capaz de livrar-nos prontamente de todos os nossos inimigos.

> [vv. 31-35]
> Príncipes virão do Egito; a Etiópia logo estenderá [ou, se apressará a estender] suas mãos para Deus. Cantai a Deus, vós reinos da terra; cantai louvores ao Senhor. Selah. Àquele que cavalga o céu dos céus, que existiam desde a antiguidade [literalmente, os céus da antiguidade]; eis que enviará em sua voz uma poderosa voz. Atribui a Deus força sobre Israel; sua excelência e sua força estão nas nuvens. Ó Deus, tu és terrível desde teus santos lugares; o Deus de Israel é o que dará força e poder a seu povo. Bendito seja Deus!

31. Príncipes virão do Egito. O salmista reassume o estilo de ação de graça e confirma o que havia previamente asseverado, dizendo que os reis viriam e pagariam tributo a Deus. Os exemplos que ele apresenta são aqueles dos egípcios e etíopes. Isso prova suficientemente que a predição se estenderia a Cristo, por meio de quem os egípcios e etíopes seriam trazidos sob o domínio de Deus. A palavra תריץ, *tarits*, traduzida por *logo estenderão*, também pode ser traduzida por *se apressarão a correr*.[56] Pareceu-me, porém, necessário suavizar a aspereza da figura. É duvidoso se a alusão deva ser à prontidão com que rendem submissão, ou se sua intenção seria que estendem suas mãos a implorar perdão, sendo essa a atitude comum dos suplicantes.

---

56 "O hebraico é muito enfático: 'Cush estenderá suas mãos a correr para Deus.' Ele, com grande *euforia* e deleite, dedicará seu *poder* e *influência* a Deus." – *Dr. Adam Clarke*.

Segundo essas interpretações, o que se pretendia era sua submissão, e basta saber que Davi assevera que a Etiópia e o Egito viriam [com o fim de] atribuir poder a Deus; e não só eles, mas também as regiões mais remotas do mundo. No próximo versículo ele avança mais, e convoca *os reinos da terra a louvarem a Deus*, linguagem essa que implica o seguinte: os que uma vez se distinguiram por sua hostilidade em relação a Deus, seriam enfileirados entre seus adoradores voluntários. É preciso que haja conhecimento de Deus, como já observei alhures, antes que os homens possam celebrar os louvores de seu nome; e temos uma prova da vocação dos gentios no fato de Moisés e os profetas os convidarem a oferecer sacrifícios de louvor. Não deve parecer algo estranho e incrível falar da extensão do culto divino oferecido a partir de um país, dentro do qual havia sido até então confinado, e daí ao mundo inteiro; Davi insiste no legítimo domínio de Deus sobre todas as regiões da terra.

Ele cavalga o céu dos céus; isto é, como já observamos no início do Salmo, ele tem supremo poder sobre todas as criaturas, e governa o universo a seu bel-prazer. Esta é uma verdade que, mesmo em sua aplicação geral, se adequa bem a produzir uma reverente consideração da majestade divina; mas não devemos negligenciar a razão mais específica pela qual ela é aqui introduzida. Havendo feito menção dos gentios, que ainda se encontram fora do seio da Igreja, ele exige que se deixem envolver pelo governo de Deus em virtude de sua soberania como Criador, e notifica que não havia nisso nada de inusitado, ou seja, que aquele que se assenta sobre as nuvens abarcaria todos os habitantes da terra com seu domínio.

Pela expressão, **os céus da antigüidade**, o salmista insinua que toda a família humana estava debaixo de seu poder, desde os mais remotos começos. Temos uma magistral prova do glorioso poder de Deus no fato de que, não obstante a imensidão da estrutura dos céus, a rapidez de seus movimentos, bem como as conflitantes evoluções que sucedem neles, é preservada a mais perfeita subordinação e harmonia; e que essa ordem, perfeita e bela, tem sido mantida ininterruptamente desde os tempos mais remotos. É evidente, pois, como a antigüidade dos céus nos revela a singular excelência da obra de Deus. Havendo feito menção da obra da criação, ele especifica o *trovão*, pois isso é o que pretende com a expressão: *uma voz poderosa*, como no Salmo 29.4. Há duas construções nas quais podemos elaborar as palavras usadas: ou que, por meio de sua voz de comando, ele manda os trovões para estremecerem os céus e a terra com o estrondo de seu estampido, ou que ele envia sua poderosa voz através do trovão. Já demonstrei, em certa extensão, ao comentar a outra passagem já citada, que há certa propriedade em ser Deus representado como a *trovejar*; pois o fenômeno é tal que, mais que qualquer outro, imprime temor nos espíritos humanos. E as palavras são introduzidas com a exclamação: *eis*! para melhor atrair nossos pensamentos dispersivos, ou, melhor, para repreender nossa indiferença.

34. Atribui a Deus força sobre Israel. A expressão é uma alusão à sentença que veio antes, na qual se diz que Deus emitiu uma forte e poderosa voz. Não significa que, propriamente falando, podemos atribuir-lhe tudo, mas que, dispostos como somos a retrair a honra que lhe é devida, Davi junta ao que já havia dito de seu trovejar com poderosa voz, uma ordem a que nós, de nossa parte, estejamos prontos a fazer ressoar seus louvores. Para guardar as nações gentílicas contra as falsas idéias acerca da religião, nas quais costumavam refestelar-se, ele os traz de volta à doutrina da Lei, na qual Deus especialmente se revelara, e notifica que, caso não se entregassem ao erro, avançassem passo a passo, desde a criação e governo do mundo, àquela doutrina na qual Deus condescendera fazer uma familiar revelação de si aos homens. Portanto, muito se acha incluso quando aqui se diz de Deus como *o Deus de Israel*. O salmista, porém, não se satisfaz em intimá-los a celebrarem o poder de Deus com louvores vocais. Ele os exorta ao exercício da fé, pois na verdade não podemos atribuir força a Deus melhor do que repousando em sua proteção como sendo por si só suficiente. E assim, depois de haver dito que *sua força está nas nuvens*,[57] acrescenta que *ele [Deus] é terrível desde seus santos lugares*, com isso querendo dizer que ele exerce seu poder em seu templo, o que seria suficiente para confundir seus inimigos. Há quem entenda céu e terra como sendo *os lugares santos*, mas tal idéia não concorda com o contexto, pois imediatamente se acrescenta que *o Deus de Israel* daria força a seu povo. É evidente, pois, que o salmista está se referindo à proteção de Deus sobre sua Igreja. Usa-se o plural ao referir-se ao santuário, tanto aqui como em outros lugares, porque o tabernáculo era dividido em três partes. Ele aponta, em suma, para a arca do concerto, como sendo aquilo sobre o quê o povo crente de Deus reconheceria como símbolo de confiança, recordando a promessa: "habitarei no meio de vós", e poder, assim, repousar em segurança sob as asas da divina proteção, e confiadamente invocar seu nome. Qualquer razão que porventura Israel tivesse, em distinção dos demais, de confiar na guarda divina, isso era inteiramente com base no pacto da livre graça pelo qual haviam sido escolhidos como herança peculiar de Deus. Lembremo-nos, contudo, que Deus continua a exercer ainda, em favor de sua Igreja, essas terríveis exibições de seu poder, das quais fala o salmista.

---

57 "Isso se refere ao fenômeno do trovão e do relâmpago; pois todas as nações têm observado que o fluído elétrico é um agente irresistível – destruindo vidas, reduzindo a pedaços torres e castelos, despedaçando os mais fortes carvalhos e esmiuçando as mais sólidas rochas; e por mais iluminadas sejam as nações, elas os têm considerado com razão como sendo uma especial manifestação do poder e da soberania de Deus." – *Greenfield*.

FIEL
MINISTÉRIO

O Ministério Fiel tem como propósito servir a Deus através do serviço ao povo de Deus, a Igreja.

Em nosso site, na internet, disponibilizamos centenas de recursos gratuitos, como vídeos de pregações e conferências, artigos, e-books, livros em áudio, blog e muito mais.

Oferecemos ao nosso leitor materiais que, cremos, serão de grande proveito para sua edificação, instrução e crescimento espiritual.

Assine também nosso informativo e faça parte da comunidade Fiel. Através do informativo, você terá acesso a vários materiais gratuitos e promoções especiais exclusivos para quem faz parte de nossa comunidade.

Visite nosso website

www.ministeriofiel.com.br

e faça parte da comunidade Fiel

Esta obra foi composta em Cheltenham Std Book 10.5, e impressa
na Promove Artes Gráficas sobre o papel Pólen Soft 70g/m²,
para Editora Fiel, em Fevereiro de 2021